Kohlhammer

Bernd Kollmann

Neues Testament kompakt

Verlag W. Kohlhammer

In memoriam
Dieter Zeller (1939–2014)

1. Auflage 2014

Alle Rechte vorbehalten
© W. Kohlhammer GmbH, Stuttgart
Gesamtherstellung: W. Kohlhammer GmbH, Stuttgart

Print:
ISBN 978-3-17-021235-0

E-Book-Formate:
pdf: ISBN 978-3-17-026912-5
epub: ISBN 978-3-17-026913-2
mobi: ISBN 978-3-17-026914-9

Für den Inhalt abgedruckter oder verlinkter Websites ist ausschließlich der jeweilige Betreiber verantwortlich.
Die W. Kohlhammer GmbH hat keinen Einfluss auf die verknüpften Seiten und übernimmt hierfür keinerlei Haftung.

Inhalt

Vorwort 9

I. Einführung in das Neue Testament 11
- Der Begriff »Neues Testament« 11
- Die Textüberlieferung 12
- Aufbau und Entstehung des neutestamentlichen Kanons 15
- Textausgaben, Übersetzungen und Hilfsmittel 18
- Materielle Relikte aus neutestamentlicher Zeit 19

II. Methoden der Textanalyse 21
- Textkritik 21
- Literarkritik (synchrone und diachrone Textanalyse) 23
- Traditionskritik 24
- Religionsgeschichtlicher Vergleich 26
- Formkritik 28
- Redaktionskritik 29

III. Ausgewählte hermeneutische Zugänge 31
- Existenziale Hermeneutik 31
- Biblische Theologie 33
- Evangelikales Schriftverständnis 34
- Feministische Hermeneutik und Genderforschung 35
- Sozialgeschichtliche Bibelauslegung 37
- Tiefenpsychologische Zugänge zur Bibel 38
- Rezeptionsästhetik 40
- Wirkungsgeschichtliche Bibelauslegung 41

IV. Der zeitgeschichtliche Kontext des Neuen Testaments 43
- Beginn der römischen Herrschaft über Judäa 43
- Das Königreich von Herodes dem Großen 44
- Teilung des Herodesreichs 47
- Einrichtung der Provinz Judäa 48
- Die Anfänge des Prinzipats unter den julisch-claudischen Kaisern ... 49
- Das Königreich von Herodes Agrippa I. 52
- Der Jüdische Krieg 53
- König Agrippa II. und Königin Berenike 54
- Geschichte des Kaiserreichs von Vespasian bis Hadrian 56
- Der Bar-Kochba-Aufstand 57

V. Das antike Judentum 59
- Jüdische Schriften aus hellenistisch-römischer Zeit 59
- Flavius Josephus 61
- Die jüdischen Religionsparteien 62

- Die Qumrangemeinde 68
- Die Samaritaner 70
- Das hellenistische Judentum 71
- Der Tempel 73
- Das rabbinische Judentum 76

VI. Jesus von Nazaret 79
- Geburt und Herkunft Jesu 80
- Taufe durch Johannes 82
- Der Ruf in die Nachfolge 84
- Die Botschaft von der Herrschaft Gottes 86
- Die Wunder Jesu 87
- Verkündigung in Gleichnissen 90
- Freund der Zöllner und Sünder 94
- Die Haltung zur Tora 96
- Einzug in Jerusalem und Tempelreinigung 98
- Das Abschiedsmahl 99
- Der Prozess Jesu 101
- Kreuzigung und Grablegung 103
- Die Auferstehung Jesu 105
- Jesus in Talmud und Koran 106

VII. Schlüsselfiguren im Umfeld Jesu 109
- Maria und Josef 109
- Johannes der Täufer 111
- Jakobus 113
- Simon Petrus (Kephas) 115
- Maria Magdalena 116
- Judas Iskarioth 118
- Herodes Antipas 119
- Josef Kajafas 121
- Pontius Pilatus 122

VIII. Evangelien und Apostelgeschichte 125
- Die Spruchquelle Q 125
- Das Markusevangelium 129
- Das Matthäusevangelium 133
- Das Lukasevangelium 137
- Das Johannesevangelium 141
- Die Apostelgeschichte 147

IX. Geschichte des Urchristentums 153
- Die Jerusalemer Urgemeinde 153
- Die Mission der Hellenisten 155
- Antiochia als Geburtsstätte genuinen Christentums 157
- Verfolgung der Urgemeinde unter Herodes Agrippa I. 158

- Apostelkonvent und antiochenischer Streit ... 159
- Die Lebenswelt des hellenistischen Christentums ... 162
- Die paulinischen Gemeinden ... 166
- Anfeindungen seitens des Staates und der Gesellschaft ... 169
- Das weitere Schicksal der Urgemeinde und des Judenchristentums ... 171
- Die Anfänge der christlichen Gnosis ... 173

X. Paulus von Tarsus ... 177
- Probleme der Chronologie ... 177
- Der vorchristliche Paulus ... 179
- Das Damaskuserlebnis ... 182
- Die »unbekannten Jahre« im Leben des Apostels ... 187
- Paulus in Antiochia ... 189
- Der Aufbruch nach Europa ... 194
- Paulus in Ephesus ... 200
- Letzte Jerusalemreise und Gefangennahme ... 203
- Das Ende des Paulus ... 207

XI. Mitarbeiter des Paulus und Förderer seiner Mission ... 209
- Josef Barnabas ... 209
- Philippus der Evangelist ... 211
- Silas (Silvanus) ... 212
- Titus ... 213
- Timotheus ... 215
- Priscilla und Aquila ... 216
- Apollos ... 217
- Andronikus und Junia ... 219
- Johannes Markus ... 220
- Epaphras ... 221

XII. Die Paulusbriefsammlung ... 223
- Der Römerbrief ... 225
- Der erste Korintherbrief ... 229
- Der zweite Korintherbrief ... 234
- Der Galaterbrief ... 238
- Der Epheserbrief ... 241
- Der Philipperbrief ... 244
- Der Kolosserbrief ... 247
- Der erste Thessalonicherbrief ... 250
- Der zweite Thessalonicherbrief ... 252
- Der erste Timotheusbrief ... 254
- Der zweite Timotheusbrief ... 257
- Der Titusbrief ... 259
- Der Philemonbrief ... 260
- Der Hebräerbrief ... 262

XIII. Katholische Briefe und prophetisches Buch 267
- Der Jakobusbrief 267
- Der erste Petrusbrief 270
- Der zweite Petrusbrief 273
- Der erste Johannesbrief 275
- Der zweite Johannesbrief 279
- Der dritte Johannesbrief 280
- Der Judasbrief 282
- Die Johannesoffenbarung 284

XIV. Blick auf die außerkanonischen Schriften 291
- Apostolische Väter und verwandte Schriften 291
- Apokryphe Evangelien 295
- Apokryphe Apostelakten 301
- Apokryphe Apokalypsen 305

XV. Thematische Querschnitte durch das Neue Testament 309
- Wundererzählungen 309
- Gleichnisse 312
- Die Bergpredigt 316
- Taufe 320
- Abendmahl 323
- Konzeptionen der Christologie 326
- Deutungen des Todes Jesu 328
- Auferstehung der Toten 330

XVI. Grundthemen der neutestamentlichen Ethik 333
- Nächstenliebe und Gewaltverzicht 334
- Ehe und Ehescheidung 335
- Homosexualität 337
- Kinder 339
- Eigentum 340
- Sklaverei 341
- Verhältnis zum Staat 343

XVII. Anhang 345
- Ausgewählte Literatur 345
- Glossar 352
- Zeittafel 353
- Landkarten 354

Vorwort

Angenommen, man besitzt nur ein einziges Buch zum Neuen Testament – was sollte darin nach Möglichkeit enthalten sein? Mit dieser Fragestellung im Hinterkopf begann in mir vor einigen Jahren die Idee zur Abfassung des vorliegenden Werkes »Neues Testament kompakt« zu reifen und schließlich auch Gestalt anzunehmen. Herausgekommen ist am Ende ein Lehrbuch, das einen weiten Bogen schlägt, in alle studienrelevanten Bereiche des Neuen Testaments einführt und mit seiner äußeren Gestaltung den veränderten Lesegewohnheiten entgegenzukommen sucht.

Der Band ist darum bemüht, in möglichst allgemeinverständlicher Form sämtliche mit dem Neuen Testament verbundenen Themenfelder abzudecken, die mir im Laufe meiner mittlerweile fast drei Jahrzehnte umfassenden Lehrtätigkeit an unterschiedlichen Universitäten wichtig geworden sind. Neben einer Einleitung in die Schriften des Neuen Testaments bietet das Buch biographische Portraits der wichtigsten Personen des Neuen Testaments und trägt der Einsicht Rechnung, dass Geschichte durch den Blick auf die hinter ihr stehenden Menschen konkret und anschaulich wird. Dabei sind Jesus und Paulus eigene Kapitel gewidmet. Die wichtigsten Methoden der Textanalyse und zentrale hermeneutische Zugänge zum Neuen Testament werden vorgestellt. Hinzu kommen Überblicke zur neutestamentlichen Zeitgeschichte, zur Umwelt des Neuen Testaments und zur Geschichte des Urchristentums. Ein Ausblick auf das außerkanonische Schrifttum, aus dessen Bereich die gnostischen Evangelien in der populärwissenschaftlichen Sensationsliteratur immer wieder eine zentrale Rolle spielen, schärft das Bewusstsein für den Reichtum und die Vielfalt der frühchristlichen Glaubensvorstellungen. Querschnittartige Überblicke zu ausgewählten theologischen und ethischen Themen des Neuen Testament beschließen das Werk. Dass man dabei keine erschöpfende Abhandlung aller zentralen Punkte erwarten kann, versteht sich von selbst. Das Buch vermeidet bewusst allzu weitläufige Ausflüge in die auf vielen Feldern kaum noch überschaubare wissenschaftliche Diskussion. Quellenangaben und Verweise wurden um der Klarheit der Darstellung willen auf ein Minimum beschränkt. Bei weitergehendem Interesse hilft die im Anhang angeführte Sekundärliteratur weiter.

Bei der Erstellung des Buches habe ich in unterschiedlicher Weise Hilfe und Unterstützung erfahren. Bruce Harwood (*H.I.M. Harwood Illustration & Media GmbH, Wolfsburg*) hat mir Tipps zur Gestaltung der graphischen Übersichten gegeben. Katharina Stillger, Dominik Neben und ganz besonders Andreas Kiehn danke ich für ihre Mithilfe beim Korrekturlesen. Jürgen Schneider und Florian Specker vom Kohlhammer-Verlag haben die Entstehung des Buches konstruktiv und geduldig begleitet. Gewidmet ist das Buch dem Andenken von Dieter Zeller, mit dem mich seit einem gemeinsamen Forschungsaufenthalt in Chicago Anfang der 1990er Jahre ein anregender fachlicher Austausch und ein freundschaftliches Verhältnis verbunden haben.

Siegen und Wolfsburg, im April 2014   Bernd Kollmann

I. Einführung in das Neue Testament

Das Neue Testament bildet gemeinsam mit dem Alten Testament die christliche Bibel. Es umfasst eine Auswahlsammlung von 27 Schriften, die sich in den ersten Jahrhunderten n. Chr. als zweiter Teil der Heiligen Schrift herauskristallisierten. Das Korpus der zum Neuen Testament gewordenen Schriften des frühen Christentums umfasst die Literaturgattungen Evangelium, Apostelgeschichte, Brief und Apokalypse. Zu diesen Formen findet sich in der urchristlichen Literatur eine Vielzahl weiterer Werke, die entweder aus sachlichen Gründen oder wegen ihrer späten Entstehungszeit nicht in den Bibelkanon aufgenommen wurden. Man bezeichnet diese Schriften als die Neutestamentlichen Apokryphen. Die im Neuen Testament vertretenen Literaturgattungen sind überwiegend keine völligen Neuschöpfungen, sondern haben eine Vorgeschichte. Die Gattung *Evangelium* besitzt zwar unverwechselbare Züge und kann daher als literarisches Novum gelten, weist aber Parallelen zur hellenistischen Biographie auf. Die *Apostelgeschichte* orientiert sich bei aller Originalität in vielerlei Hinsicht an den stilistischen Merkmalen der griechisch-römischen Historiographie. Die Autoren der neutestamentlichen *Briefe* folgen im Blick auf die äußere Form bzw. den Rahmen in hohem Maße den Konventionen der antiken Briefliteratur. Die literarische Form der *Apokalypse* mit Enthüllung des geschichtlichen Heilsplanes Gottes, die im Neuen Testament allein durch die Johannesoffenbarung vertreten ist, entwickelte sich im antiken Judentum und hielt von dort Einzug in das christliche Schrifttum.

Literaturgattungen im Neuen Testament

■ Der Begriff »Neues Testament«

Im Hintergrund des Begriffs »Neues Testament« steht die Verheißung eines neuen Bundes durch den Propheten Jeremia (Jer 31,31-34). In der griechischen Übersetzung des Jeremiabuches wird das hebräische Wort für Bund (*berit*) mit *diatheke* wiedergegeben, das auch Anordnung oder Verfügung heißt. Daher wählten die lateinischen Bibelübersetzer an dieser Stelle das Wort *testamentum*. Während Jeremia den neuen Bund als neuerliche Zuwendung Gottes an sein erwähltes Volk Israel verstand, haben frühchristliche Schriftsteller wie Paulus und der Autor des Hebräerbriefes diese prophetische Verheißung auf das endzeitliche Handeln Gottes im Christusgeschehen bezogen. Im 2. Jh. n. Chr. wurde die Aussage vom neuen Bund (lat. *novum testamentum*) zum Fachbegriff für den zweiten Teil der christlichen Bibel und zog gleichzeitig eine Betrachtung der heiligen Schriften Israels als Altes Testament nach sich. Diese Entwicklung ist durch die paulinische Gegenüberstellung eines alten Bundes, dessen Kennzeichen die in Stein gehauenen Buchstaben des Mosegesetzes sind, und eines neuen Bundes, der sich im Christusgeschehen verwirklicht hat, begünstigt worden (2Kor 3,6-15).

Alter Bund und neuer Bund

> Das »Neue Testament« enthält die 27 heiligen Schriften des »neuen Bundes«

Wenn der Begriff Neues Testament zur Bezeichnung des hebräischen Bibelkanons als Altes Testament führte, ist dies alles andere als unproblematisch. Die neutestamentlichen Autoren kennen keine Kategorisierung der heiligen Schriften

Keine Abwertung des Alten Testamentes

Israels als »alt«. Sie ist erst im Rahmen der Abgrenzung der Kirche vom Judentum entstanden und nicht selten mit negativen Konnotationen verbunden, indem sie eine Abwertung des Judentums und eine Betrachtung seiner heiligen Schriften als alt im Sinne von überholt beinhaltet. Vielfach gibt es daher die Forderung, sich von dem Begriffspaar »Altes und Neues Testament« völlig zu verabschieden und es durch »Erstes und Zweites Testament« oder »Hebräische und Griechische Bibel« zu ersetzen. Wenn aus Traditionsverbundenheit an den Begriffen Altes und Neues Testament festgehalten wird, kann dies nur unter der Prämisse geschehen, dass »alt« dabei ohne jeden abwertenden Bedeutungsgehalt im Sinne von »altehrwürdig« gemeint ist und die Gegenüberstellung von Altem und Neuem Testament nicht als Gegensatz, sondern als Entsprechung verstanden wird. Beide Testamente sind durch ein und denselben Gott verbunden, von dem sie in jeweils unterschiedlicher Weise Zeugnis geben. Als erster Teil der christlichen Bibel gewinnen die heiligen Schriften Israels eine neue Bedeutung, indem durch ihre Voranstellung das im Neuen Testament dokumentierte Handeln Gottes in Jesus Christus in den heilsgeschichtlichen Kontext der Erschaffung der Welt und der Bundesgeschichte mit Israel eingefügt wird.

■ Die Textüberlieferung

Probleme der Textüberlieferung

Alle 27 Schriften des Neuen Testaments sind von ihren Autoren in griechischer Sprache niedergeschrieben worden. Von keiner einzigen Schrift ist allerdings das Original erhalten. Wir verfügen nur über handschriftliche Kopien aus späterer Zeit. Diese lassen sich in Papyri, Majuskeln, Minuskeln und Lektionare unterteilen. Der Text galt in den ersten Jahrhunderten keineswegs als unantastbar. Die Kopisten sind nicht immer penibel ihren Vorlagen gefolgt, sondern haben sich die Freiheit genommen, den Bibeltext durch Kürzungen, Ergänzungen oder Kommentare zu verändern, ohne dies kenntlich zu machen. So konnte sich der Text in der Frühzeit der Kirche frei entfalten. Hinzu kommen Abschreibfehler oder versehentliche Auslassungen. Origenes beklagt im frühen 3. Jh. n. Chr. die großen Unterschiede in den Bibelhandschriften, welche die Kopisten durch nachlässiges Arbeiten oder unverfrorene Eingriffe in den Text verursacht hätten (Orig., *comm. Mt 15,14*). Die Bibelwissenschaft steht daher vor dem Problem, aus den ungefähr 5500 erhaltenen und sich zum Teil erheblich voneinander unterscheidenden handschriftlichen Zeugen für den neutestamentlichen Text dessen ursprüngliche Gestalt zu rekonstruieren. Diese Aufgabe bezeichnet man als Textkritik.

> **Mangelnde Sorgfalt oder willkürliche Eingriffe der Kopisten führten zur Verfälschung des Bibeltextes**

Papyri als älteste Textzeugen

Die ältesten entdeckten Textzeugen sind Papyri aus dem 2. und 3. Jh. n. Chr., die aber nur Teilstücke des Neuen Testamentes wiedergeben und in der Regel stark beschädigt sind. Papyrus war in der Antike ein relativ preiswertes und daher weit verbreitetes Beschreibmaterial. Für seine Herstellung wurde das Mark der Papyrusstaude verwendet, einer vor allem in Ägypten am Nil gedeihenden Sumpfpflanze. Papyrus zeichnet sich zwar grundsätzlich durch eine erstaunliche Haltbarkeit aus, beginnt aber unter dem Einfluss von Feuchtigkeit sich zu zersetzen und zu verrotten. Die alten Papyri sind noch keine Vollbibeln, sondern bieten nur einzelne Schriften oder Schriftengruppen des Neuen Testaments. Der älteste erhaltene Textzeuge für das Neue Testament, der Papyrus 52 aus der Zeit um 125 n. Chr., enthält nur wenige Sätze aus Joh 18. Dieser Papyrusfetzen ist das einzige Überbleibsel einer Handschrift, die einst das gesamte Johannesevangelium umfasste. Von herausragender Bedeutung für die Evangelien sind die Bodmer-Papyri 66 und 75, für die Paulusbriefe der Chester-Beatty-Papyrus 46, die alle aus der Zeit um 200 n. Chr. stammen.

Ab dem 4. Jh. n. Chr. setzte sich zunehmend Pergament als Beschreibstoff durch, das aus Tierhaut gewonnen wurde und ungleich beständiger als Papyrus ist. Der Siegeszug des im Vergleich mit Papyrus deutlich teureren Pergaments hängt auch mit der Konstantinischen Wende zusammen, die das zuvor noch verfolgte Christentum zur staatlich privilegierten Religion werden ließ. Kaiser Konstantin selber gab im Jahr 330 n. Chr. im Zuge der formellen Einweihung von Konstantinopel die Anfertigung von 50 Bibeln auf Staatskosten in Auftrag, nachdem in der letzten großen Christenverfolgung unter Kaiser Diokletian unzählige Bibelhandschriften vernichtet worden waren. Die in griechischen Großbuchstaben geschriebenen Pergamenthandschriften, in der Regel bereits Vollbibeln, bezeichnet man als Majuskeln. Für eine Vollbibel waren nahezu 400 große Tierhäute notwendig, die sorgfältig präpariert werden mussten, bevor sie als Beschreibmaterial dienen konnten. Die beiden ältesten griechischen Majuskel-Handschriften, die den gesamten Text des Neuen Testaments enthalten und zudem das Alte Testament in griechischer Version voranstellen, sind der Codex Sinaiticus und der Codex Vaticanus. Der aus dem 4. Jh. n. Chr. stammende Codex Sinaiticus wurde im 19. Jh. von Konstantin Tischendorf unter spektakulären Begleitumständen im Katharinenkloster auf dem Sinai entdeckt. Während Teile des Alten Testaments fehlen, ist das Neue Testament vollständig erhalten geblieben. Von der Bedeutung her vergleichbar ist der ähnlich alte Codex Vaticanus, der von seiner Textqualität her sogar noch etwas höher einzuschätzen ist, allerdings in einzelnen Teilen des Neuen Testaments wie den Paulusbriefen oder dem Hebräerbrief erhebliche Beschädigungen aufweist. Der Codex Vaticanus wird seit 1475 im Inventarverzeichnis der Bibliothek des Vatikans geführt und schlummerte dort vor sich hin, bis man im frühen 19. Jh. seine Bedeutung für die Rekonstruktion des ursprünglichen Bibeltextes erkannte und sich wissenschaftlich für ihn zu interessieren begann.

Majuskel-Handschriften

Für eine Bibel aus Pergament wurde das Fell von etwa 400 Tieren benötigt

Als Minuskeln bezeichnet man solche Handschriften des Neuen Testaments, die in griechischen Kleinbuchstaben geschrieben sind. Die Minuskeln setzen im 9. Jh. ein und sind zunächst noch aus Pergament gefertigt, das dann ab dem 12. Jh. zunehmend durch Papier als Beschreibstoff verdrängt wird. Die ganz große Mehrzahl der Minuskeln enthält den sogenannten byzantinischen Reichstext, der nach heutigen Kenntnissen eine relativ schlechte Textform darstellt. Etwa ein Zehntel der Minuskeln bietet dagegen eine alte und wertvolle Textform, die sich ohne Weiteres mit dem Text der Papyri und Majuskeln messen kann. Dazu zählt die Minuskel 33, eine in Paris aufbewahrte Handschrift aus dem 9. Jh., die auch als Königin der Minuskeln bezeichnet wird.

Minuskel-Handschriften

Zu den rund 3000 erhaltenen griechischen Papyri, Majuskeln und Minuskeln zum Neuen Testament gesellen sich weit über 2000 Lektionare, die eine Zusammenstellung von Bibeltexten für die Lesung im Gottesdienst bieten. Ihre Bedeutung für die Rekonstruktion des ursprünglichen Textes des Neuen Testaments ist

Lektionare und alte Übersetzungen

allerdings gering. Weniger wegen seines Textwertes als wegen seiner Geschichte berühmt ist das Argos-Lektionar aus dem 9. Jh., das in der Zeit der Prohibition von den Gangsterbossen Chicagos als Schwurbibel benutzt wurde und sich heute im Besitz der University of Chicago befindet. Auch alte Übersetzungen des Neuen Testaments aus dem Griechischen in das Syrische, Koptische oder Lateinische werden ebenso wie Schriftzitate der Kirchenväter in die Rekonstruktion des Urtextes einbezogen, da sie in Einzelfällen auf einer wertvolleren Textform basieren können, als sie von den erhaltenen griechischen Bibelhandschriften geboten wird.

Das Argos-Lektionar diente Al Capone und anderen Gangsterbossen Chicagos als Schwurbibel

Kodex statt Schriftrolle

Mit der Form des Kodex setzte das Christentum von Anfang an eigene Akzente. Die Literatur der Antike ist ganz überwiegend in Form von Schriftrollen überliefert. Einzelblätter aus Papyrus oder Leder wurden in gewünschter Länge zu einer Bahn zusammengeklebt, mit dem Text beschrieben und dann aufgerollt. Dieses Verfahren ist mit Nachteilen behaftet. Dadurch, dass die Rolle in aller Regel nur auf der Innenseite beschrieben ist, wird die Hälfte des zur Verfügung stehenden Platzes verschenkt. Zudem sind Rollen recht sperrig, was die Aufbewahrung oder den Transport erschwert. Die christlichen Bibelhandschriften sind dagegen alle in Kodexform erstellt, die bis heute für Bücher oder Hefte gebräuchlich ist. Dazu nahm man einen Stapel von Papyrus- oder Pergamentblättern und faltete ihn in der Mitte zu einem Bogen. Jedes Blatt wurde auf der Vorder- und Rückseite beschrieben. Am Ende wurden die Bögen mit Fäden zusammengeheftet und zu einem Buch gebunden. Ein Nachteil bestand darin, dass der Umfang des Buches vorher genau berechnet werden musste, um die Menge des benötigten Beschreibstoffes abschätzen und die Lagen passend anordnen zu können. Bei einer Schriftrolle hingegen konnte bei Bedarf immer eine weitere Bahn angeklebt werden. Dass das Christentum von Anfang an die Kodexform bevorzugte, dürfte maßgeblich zur schnellen Verbreitung der Bibel beigetragen haben. Der Kodex bot ökonomische und logistische Vorteile. Einerseits wurden die kostbaren Seiten beim Beschreiben voll ausgenutzt. Andererseits entstanden kompakte Bibeln, die sich nicht nur gut transportieren und aufbewahren ließen, sondern auch beim Lesen und Nachschlagen bequemer handhabbar waren.

Handschriftenfamilien mit unterschiedlichem Textwert

Bei der wissenschaftlichen Untersuchung der weit über 5000 erhaltenen griechischen Handschriften des Neuen Testaments haben sich bestimmte Textfamilien mit unterschiedlichem Wert herauskristallisiert. An der Spitze rangiert der alexandrinische Text, der beispielsweise von dem Codex Sinaiticus, dem Codex Vaticanus und der Minuskel 33 repräsentiert wird. Die Bezeichnung als alexandrinischer Text verdankt sich der Tatsache, dass die Kirchenväter Clemens, Origenes, Dionysios und Kyrill aus dem ägyptischen Alexandria in ihren Schriftzitaten diese Form des Textes bieten. Der sogenannte westliche Text, als dessen Hauptvertreter der Codex Bezae Cantabrigiensis und der Codex Claromontanus gelten, ist von deutlich schlechterer Qualität, da sich an vielen Stellen sekundäre Erweiterungen, Kürzungen oder Neuformulierungen nachweisen lassen. Auch der wegen seiner allgemeinen Verbreitung so genannte Koinetext oder byzantinische Reichstext, den etliche Majuskeln und die überwältigende Mehrheit der Minuskeln bieten, kann sich qualitativ nicht mit dem alexandrinischen Text messen. Er ist durch das Bemühen um die Glättung sprachlicher Härten und inhaltlicher Spannungen gekennzeichnet.

■ Aufbau und Entstehung des neutestamentlichen Kanons

Die in sich geschlossene Sammlung jener biblischen Schriften, die aufgrund bestimmter Auswahlkriterien als Heilige Schrift verbindliche Autorität für die Kirche gewonnen haben, bezeichnet man als Kanon. Das aus dem Griechischen stammende Wort bedeutet so viel wie »Maßstab« oder »Richtschnur«. Beim Bibelkanon geht es also darum, welche Schriften den Maßstab oder die Richtschnur für den Glauben darstellen sollen. Der Kanon des Alten Testaments und der Kanon des Neuen Testaments blicken auf eine unterschiedliche Entstehungsgeschichte zurück. Den Kanon des Alten Testaments hat das Christentum vom Judentum übernommen. In den Kirchen der Reformation wurde dabei das Alte Testament in Form der hebräischen Bibel, in der römisch-katholischen Kirche dagegen in Form der umfangreicheren lateinischen Bibel (Vulgata) zur Heiligen Schrift.

Der Bibelkanon

Kanon bedeutet »Maßstab« oder »Richtschnur«

Die Festlegung des neutestamentlichen Kanons war ein ebenso komplexer wie kontroverser Prozess, der sich über einen längeren Zeitraum hinzog und im 4. Jh. n. Chr. zum Abschluss kam. Jedes der 27 Bücher des Neuen Testaments wurde als Einzelschrift verfasst und stellte ursprünglich eine Einheit für sich dar. Keiner der neutestamentlichen Autoren konnte damit rechnen, dass seine Schrift einmal die Zeiten überdauern und Bestandteil eines Bibelkanons werden würde. Der Kanon entstand nicht auf einen Schlag, sondern ist das Ergebnis eines Wachstums, das sich in mehreren Etappen vollzog. Zunächst bildeten sich durch die Zusammenstellung verwandter Schriften in Gruppen so etwas wie Keimzellen heraus, die dann ihrerseits am Ende zum Kanon zusammenwuchsen. Man kann vier solcher Keimzellen oder Bausteine des neutestamentlichen Bibelkanons unterscheiden.

Wachstum des Kanons aus vier Teilsammlungen

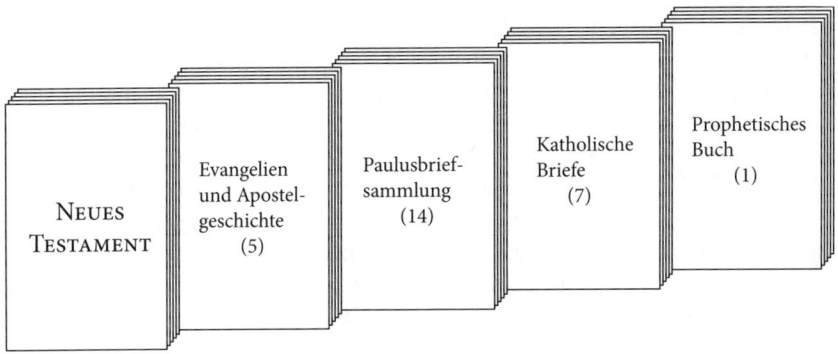

Die erste wichtige Etappe auf dem Weg zur Kanonbildung bestand darin, dass man in den Gemeinden Paulusbriefe sammelte und weitergab. Neben den dreizehn unter dem Namen des Paulus überlieferten Briefen wurde dazu meist auch der Hebräerbrief gerechnet, der keine Angaben zu seinem Verfasser macht. Der Inhalt der eigentlich nur an bestimmte Gemeinden oder Personen gerichteten Briefe des Apostels Paulus wurde im frühen Christentum als derart bedeutsam betrachtet, dass er auch außerhalb des eigentlichen Adressatenkreises Verbreitung finden sollte. Am Ende des Kolosserbriefes (Kol 4,16) fordert der Autor ausdrücklich dazu auf, sein Schreiben auch der Nachbargemeinde in Laodizea zugänglich zu machen und sich umgekehrt eine Kopie des an die dortige Gemeinde gerichteten Briefes zu besorgen, der allerdings nicht erhalten blieb. Wer einen

Sammlung von Paulusbriefen

Brief vom Apostel Paulus empfangen hatte, bewahrte diesen demnach nicht nur sorgfältig auf, sondern tauschte auch mit benachbarten Gemeinden Abschriften aus. Dies führte dazu, dass viele Kirchengemeinden bald eine mehr oder weniger umfangreiche Sammlung von Paulusbriefen ihr Eigen nennen konnten. Der um das Jahr 95 in Rom verfasste erste Clemensbrief zitiert nicht nur aus dem Römerbrief, sondern bietet auch Anklänge an den ersten Korintherbrief und den Hebräerbrief. Auch der Autor des zweiten Petrusbriefes hatte Zugriff auf ein Archiv von Paulusbriefen (2Petr 3,16). Etwa um die Mitte des 2. Jh. n. Chr. war die Sammlung jener 13 oder 14 Briefe (je nachdem, ob man den Hebräerbrief einschloss) vollständig, die von Paulus selber geschrieben wurden oder für die man Paulus als Verfasser reklamierte. Sie erfolgte vermutlich in drei Etappen, wobei der Umfang der einzelnen Briefe das Gliederungsmerkmal darstellte. Zunächst wurden die Briefe an die Römer, die Korinther, die Galater, die Epheser, die Philipper, die Kolosser und die Thessalonicher ihrer Länge nach in absteigender Reihenfolge zusammengestellt. Dann schloss sich eine zweite Teilsammlung mit den an Einzelpersonen – nämlich Timotheus, Titus und Philemon – gerichteten Briefen an. Als letztes wurde der Hebräerbrief, soweit man ihn für paulinisch hielt und zu den heiligen Schriften rechnete, angehängt.

Die Gemeinden tauschten Abschriften von Paulusbriefen untereinander aus

Im 2. Jh. n. Chr. begann man parallel zu dieser Entwicklung damit, auch Evangelien zu sammeln und in Handschriften zusammenzustellen. Gemeinden, die zunächst nur ein Evangelium kannten oder benutzten, besorgten sich nun Abschriften weiterer Evangelien. Bald kursierten in den Verbreitungsgebieten des frühen Christentums Handschriften mit unseren vier Evangelien, denen man häufig ergänzend die Apostelgeschichte des Lukas beifügte. Eine dritte Keimzelle des neutestamentlichen Bibelkanons ist die Sammlung von sieben sogenannten katholischen Briefen. Katholisch ist hier in dem Sinn gemeint, dass diese Briefe an die gesamte Kirche gerichtet oder in der gesamten Kirche anerkannt sind. Man versteht darunter den Jakobusbrief, die beiden Petrusbriefe, die drei Johannesbriefe und den Judasbrief. Nachdem sich dieses im Umfang zunächst noch offene Korpus als weitere Teilsammlung heiliger Schriften etabliert hatte, wurde ihm in vielen Manuskripten die ursprünglich an die Evangelien angehängte Apostelgeschichte vorangestellt. Die letzte Keimzelle des neutestamentlichen Kanons betrifft die literarische Gattung der Apokalypse. Als kanonisch konnte sich letztendlich nur die im Osten der Kirche lange umstrittene Johannesoffenbarung durchsetzen.

Evangelien, Katholische Briefe und Apokalypse

Aus diesen vier Keimzellen oder Bausteinen bildete sich in der zweiten Hälfte des 2. Jh. n. Chr. ein neutestamentlicher Bibelkanon heraus, über dessen exakten Umfang allerdings im Blick auf den Hebräerbrief, einzelne Katholische Briefe, die Johannesoffenbarung und etliche Schriften, die heute zu den Neutestamentlichen Apokryphen oder Apostolischen Vätern zählen, noch Uneinigkeit herrschte. Unfreiwillig beschleunigt wurde die Kanonbildung durch den Häretiker Markion, der um 140 n. Chr. für seine Gegenkirche eine eigene Bibel aus dem Lukasevangelium und zehn (von angeblichen Zusätzen bereinigten) Paulusbriefen geschaffen hatte. Damit wurde der Großkirche die Aufgabe auferlegt, den Umfang der biblischen Schriften verbindlich zu bestimmen. Neben der umstrittenen Frage, ob man den Hebräerbrief und die Johannesoffenbarung zu den heiligen Schriften

Abschluss der Kanonbildung im 4. Jh.

rechnen sollte, war auch die Zahl der Katholischen Briefe noch nicht endgültig festgelegt. Das älteste Kanonverzeichnis, der um 200 n. Chr. entstandene und nach seinem Entdecker benannte *Kanon Muratori* aus Rom, listet nur drei Katholische Briefe auf, nämlich den Judasbrief und die ersten beiden Johannesbriefe. Umgekehrt standen in vielen Kirchengebieten auch heute weitgehend ins Abseits geratene Werke wie der Barnabasbrief, die Clemensbriefe, die Petrusapokalypse, der Hirt des Hermas oder die Paulusakten im Ansehen heiliger Schriften, ohne sich dauerhaft im Bibelkanon etablieren zu können. Der älteste Beleg für den neutestamentlichen Kanon im heutigen Umfang ist der 39. Osterfestbrief des Athanasius von Alexandria aus dem Jahr 367. Nach Anführung aller Bücher des Alten Testaments listet der ägyptische Bischof die 27 Schriften unseres Neuen Testaments auf. Ergänzend erklärt er, dies seien die Quellen des Heils und in ihnen allein werde die Lehre der Frömmigkeit verkündigt. Niemand solle ihnen etwas hinzufügen oder etwas von ihnen wegnehmen. Der Prozess der Kanonbildung war damit weitgehend zum Abschluss gekommen, auch wenn es noch vereinzelte Nachhutgefechte um die Johannesoffenbarung gab, die bis ins frühe Mittelalter in einigen Kirchengebieten strittig war.

> Der Häretiker Markion wurde unfreiwillig zum Katalysator für die Kanonbildung

Auf einem anderen Blatt Papier steht die Frage, inwieweit dieser Kanon absolute Verbindlichkeit besitzt. Entscheidender Maßstab für die Aufnahme einer Schrift in den Kanon war, dass man sie durch einen Apostel oder Apostelschüler abgefasst sah. Die kritische Bibelwissenschaft hat allerdings gezeigt, dass die Verfasserangaben der neutestamentlichen Schriften in vielen Fällen in Zweifel zu ziehen sind und die entsprechenden Schriften also gewissermaßen unter falschen Voraussetzungen Einzug in den Kanon hielten. Im Endergebnis kann jedoch die Auswahl der Alten Kirche als geglückt bezeichnet werden. Nur für wenige außerkanonische Schriften wie etwa die Didache, den ersten Clemensbrief oder die Ignatiusbriefe wäre vom heutigen Standpunkt aus ihre Zugehörigkeit zum Kanon als durchaus wünschenswert zu betrachten, während umgekehrt nahezu alle neutestamentlichen Schriften ihre Aufnahme in den Kanon unter inhaltlichen Gesichtspunkten auch verdient haben.

> Verbindlichkeit des Kanons?

Martin Luther hat den Kanon zwar nicht als solchen in Frage gestellt, aber das rein formale Verständnis von Apostolizität aufgebrochen und innerhalb der Kanongrenzen Sachkritik geübt, indem er die Schriften des Neuen Testaments daran maß, inwieweit sie das Christuszeugnis sachgerecht wiedergeben. Anhand dieses Kriteriums hat er in seiner Bibelübersetzung den Hebräerbrief und den Jakobusbrief eigenmächtig hinter die Johannesbriefe gestellt. Auf diese Weise kommen in der Lutherbibel mit dem Hebräerbrief, dem Jakobusbrief, dem Judasbrief und der Johannesapokalypse jene vier Schriften am Ende des Neuen Testaments zum Stehen, die der Reformator nicht zu den »Hauptbüchern des Neuen Testaments« rechnet, welche »Christum hell und rein darbieten«. Um ihre vermeintliche Unterlegenheit gegenüber den anderen Schriften des Neuen Testaments auszudrücken, hat er ihnen zudem in den Druckausgaben seiner Bibel weder eine Nummer noch eine Seitenzahl zugewiesen. Auch wenn man über Luthers Urteil gespaltener Meinung sein kann, wurde damit die Frage nach der Berechtigung der in der Alten Kirche festgelegten Kanongrenzen aufgeworfen und das Bewusstsein für die Suche nach einer theologischen Mitte des Neuen Testaments geschärft.

> Luthers Sachkritik innerhalb des Kanons

■ Textausgaben, Übersetzungen und Hilfsmittel

Notwendigkeit von Hilfsmitteln

Das Neue Testament begegnet uns als eine komplexe Sammlung von 27 verschiedenen Schriften, die zu einem Buch zusammengebunden sind. Bereits ein Blick in das Inhaltsverzeichnis lässt die Vielfalt der neutestamentlichen Schriften in Form wie Inhalt erkennen und vermittelt einen Eindruck davon, von welchen ganz unterschiedlichen Themen und Absichten die einzelnen neutestamentlichen Schriftsteller geleitet werden. Wer mit dem Neuen Testament arbeiten will, muss sich mit dessen Aufbau vertraut machen und kann für das Verstehen des Textes auf eine ganze Reihe von Hilfsmitteln zurückgreifen.

Beschäftigung mit dem griechischen Urtext des NT

Die Standardausgabe für den griechischen Urtext des Neuen Testaments ist das *Novum Testamentum Graece* (28. Auflage) des »Instituts für Neutestamentliche Textforschung« in Münster. Diese auch als *Nestle-Aland* bekannte Edition bietet eine von Fachleuten rekonstruierte Form des Bibeltextes, wie sie sich in keiner einzelnen Handschrift wiederfindet. Im Fußnotenbereich findet sich ein für die Gesamtüberlieferung repräsentativer kritischer Apparat, der die wichtigsten Textzeugen benennt und über abweichende Lesarten mit ihrer Bezeugung informiert. Das Werk wird mit einem abgespeckten textkritischen Apparat auch als *Greek New Testament* vertrieben und liegt weltweit nahezu allen wissenschaftlich verantworteten Übersetzungen zu Grunde. Umfassende Informationen zur Vielfalt der Überlieferung des Neuen Testaments in seiner griechischen Ursprache bietet das ebenfalls in Münster erarbeitete, allerdings noch nicht vollständig vorliegende *Novum Testamentum Graecum. Editio critica maior*. Bei der Beschäftigung mit dem Urtext des Neuen Testaments leisten das *Griechisch-deutsche Wörterbuch zum Neuen Testament* von Walter Bauer/Kurt Aland und der *Neue sprachliche Schlüssel zum griechischen Neuen Testament* von Wilfrid Haubeck/Heinrich von Siebenthal wichtige Dienste.

> Die weltweit führende Textausgabe des Neuen Testaments kommt aus Münster

Deutsche Übersetzungen des Neuen Testamentes

Da die große Mehrzahl der am Neuen Testament Interessierten nicht über die sprachlichen Fähigkeiten verfügt, die Bibel im Original lesen zu können, stellt sich die Frage nach geeigneten Übersetzungen. Da jede Übersetzung bereits eine Interpretation des Bibeltextes enthält und die Orientierung am griechischen Urtext unterschiedlich eng ausgeprägt ist, ist es keineswegs gleichgültig, mit welcher deutschen Bibel man arbeitet. Zudem bestehen große Unterschiede, inwieweit die einzelnen Bibelausgaben auch weiterführende Hilfen in Form von Querverweisen, Sacherklärungen, Landkarten, Zeittafeln u.ä. bieten. Die am weitesten verbreiteten deutschen Bibelübersetzungen sind die *Lutherbibel*, die *Einheitsübersetzung* und die *Neue Zürcher Bibel*. Wer über den Bibeltext hinaus umfassende weitere Informationen sucht, greift in der Regel zur *Stuttgarter Erklärungsbibel* oder zur *Elberfelder Bibel*. Besonders stark um textgetreue Wörtlichkeit bemühte Übertragungen wie die *Interlinearübersetzung* und das *Münchner Neue Testament* müssen zwangsläufig deutliche Abstriche hinsichtlich eines grammatikalisch korrekten deutschen Textes machen. Einzelne der genannten Übersetzungen stehen in den Internet-Portalen der Deutschen Bibelgesellschaft und des Katholischen Bibelwerks auch unentgeltlich als Online-Bibeln zur Verfügung. Zudem haben Neutestamentler wie Ulrich Wilckens, Klaus Berger oder Gerd Lüdemann Übersetzungen des Neuen Testaments erarbeitet, die sich eng am Urtext bewegen. Modernere Bibelübersetzungen in zeitgemäßer Sprache wie

Gute Nachricht oder *Hoffnung für alle* gehen dagegen zwangsläufig recht frei mit dem Urtext um. Eigene Akzente setzt die allerdings kontrovers diskutierte *Bibel in gerechter Sprache*, die sich um geschlechtergerechte inklusive Sprache, soziale Gerechtigkeit und Gerechtigkeit gegenüber dem Judentum bemüht.

Der Inhalt und Aufbau der neutestamentlichen Schriften lässt sich mit Hilfe von Lehrbüchern zur Bibelkunde bequem erschließen. Für ein intensiveres Arbeiten an den Texten erweisen sich weitere Hilfsmittel wie Konkordanzen, Synopsen, Wörterbücher, Bibellexika und Bibelkommentare als unentbehrlich. Konkordanzen sind alphabetische Verzeichnisse und ermöglichen es, das Vorkommen bestimmter Wörter in der Bibel zu überprüfen. Als Synopse (»Zusammenschau«) bezeichnet man ein Buch, in dem die Paralleltexte der Evangelien in Spalten nebeneinander abgedruckt sind und sich auf diese Weise bequem miteinander vergleichen lassen. Deutschsprachige Konkordanzen und Evangeliensynopsen liegen für die Lutherbibel, die Einheitsübersetzung und die Neue Zürcher Bibel vor. Selbstverständlich gibt es auch zum Novum Testamentum Graece eine Konkordanz wie eine Evangeliensynopse. Für Begriffserklärungen, vertieftes Hintergrundwissen und archäologische Informationen stellen Wörterbücher und Bibellexika wie *Anchor Bible Dictionary*, *Encyclopedia of the Bible and Its Reception*, *Exegetisches Wörterbuch zum Neuen Testament*, *Herders neues Bibellexikon*, *Neues Bibellexikon*, *Theologisches Begriffslexikon zur Bibel* und *Theologisches Wörterbuch zum Neuen Testament* eine wichtige Hilfe dar. Hinzu kommt als Online-Angebot der Deutschen Bibelgesellschaft das *WiBiLex* (*Wissenschaftliches Bibellexikon*).

Wichtige Hilfsmittel zur Erforschung der Texte

Synopsen ermöglichen den bequemen Vergleich paralleler Evangelientexte

Mehr oder weniger umfassende Informationen zu den Texten und meist auch weiterführende Literaturangaben werden von neutestamentlichen Bibelkommentaren geboten. Zu den wichtigsten Kommentarreihen zählen *Anchor Bible (AncB)*, *Das Neue Testament Deutsch (NTD)*, *Die Neue Echter Bibel (NEB)*, *Evangelisch-katholischer Kommentar zum Neuen Testament (EKK)*, *Handbuch zum Neuen Testament (HNT)*, *Herders Theologischer Kommentar zum Neuen Testament (HThKNT)*, *Hermeneia*, *International Critical Commentary (ICC)*, *Kritisch-exegetischer Kommentar zum Neuen Testament (KEK)*, *Ökumenischer Taschenbuchkommentar zum Neuen Testament (ÖTK)*, *Papyrologische Kommentare zum Neuen Testament (PKNT)*, *Regensburger Neues Testament (RNT)*, *Theologischer Handkommentar zum Neuen Testament (ThHK)*, *Theologischer Kommentar zum Neuen Testament (ThKNT)*, *World Biblical Commentary (WBC)* und *Zürcher Bibelkommentar zum Neuen Testament (ZBK.NT)*. Etliche der genannten Wörterbücher und Bibelkommentare setzen allerdings altgriechische Sprachkenntnisse voraus.

Bibelkommentare

■ Materielle Relikte aus neutestamentlicher Zeit

Materielle Hinterlassenschaften der Antike, darunter Grabanlagen, Kunstwerke, Inschriften, Münzen, Gebrauchsgegenstände, Werke der Architektur oder ganze Siedlungen, eröffnen wichtige Aufschlüsse über soziale und wirtschaftliche Gegebenheiten aus biblischer Zeit. Zudem üben sie dadurch einen besonderen Reiz aus, dass sie neutestamentliche Texte anschaulich machen. Es ist die Aufgabe der

Bedeutung materieller Relikte

Biblischen Archäologie, diese Befunde freizulegen und zu bewerten. Neben Palästina als Schauplatz der Geschichte Jesu rückt dabei der gesamte östliche Mittelmeerraum als zentrales Ausbreitungsgebiet des neuen Glaubens und Lebenswelt des frühen Christentums in das Blickfeld.

Biblische Archäologie

Die Biblische Archäologie war lange Zeit zu einseitig auf das Heilige Land beschränkt und Grabungen wurden nicht selten instrumentalisiert, um apologetisch die Wahrheit der Bibel zu untermauern. Heute dominiert in der Biblischen Archäologie eine unvoreingenommene Herangehensweise, welche die Grenzen Palästinas programmatisch überschreitet und neue Verständnismöglichkeiten für die Geschichte wie Kulturgeschichte der neutestamentlichen Orte eröffnet. Durch eine ergebnisoffene archäologische Forschung lässt sich ein eigenständiges Bild der Lebensverhältnisse in neutestamentlicher Zeit erheben, das über die literarischen Quellen hinausgehend auch zu völlig neuen Einsichten führen kann. Grabungen in Israel, bei denen nicht nur Teile des antiken Jerusalem, sondern auch bedeutsame Städte wie Cäsarea, Sepphoris, Skythopolis oder Kafarnaum freigelegt wurden, vermitteln ein anschauliches Bild von der Lebenswelt Jesu. Durch lokalgeschichtliche Untersuchungen im östlichen Mittelmeerraum sind zudem praktisch alle zentralen Wirkungsstätten des Apostels Paulus archäologisch erschlossen. Zufallsfunde wie das 1986 im See Gennesaret während einer Dürreperiode ans Tageslicht getretene Fischerboot aus den Tagen Jesu oder die in Jerusalem bei Tiefbauarbeiten entdeckten Familiengräber liefern ebenso wie antike Münzen und Gebrauchsgegenstände wichtige Informationen zur Sozial- und Kulturgeschichte der neutestamentlichen Zeit.

> Die Biblische Archäologie arbeitet ergebnisoffen und nicht apologetisch

Epigraphische Zeugnisse

Unter den epigraphischen Zeugnissen aus neutestamentlicher Zeit ragen der Pilatusstein, eine Bauinschrift des Pontius Pilatus aus Cäsarea mit der exakten Amtsbezeichnung des römischen Statthalters von Judäa (praefectus), und der Galliostein, ein in Stein gemeißelter Brief des Kaisers Claudius mit unschätzbarem Wert für die Datierung der paulinischen Mission in Korinth, heraus. Daneben sind u.a. mit Quirinius (Lk 2,2), Sergius Paulus (Apg 13,7), Erastus (Röm 16,23), Agrippa II. (Apg 25,13) und Berenike (Apg 25,13) weitere Personen des Neuen Testaments auf antiken Inschriften erwähnt. Wenn das Jakobusossuar mit der Inschrift »Jakob, Sohn des Josef, Bruder des Jeschua« echt wäre, besäßen wir auch inschriftliche Beweise für Jesus und seinen Bruder Jakobus. Allerdings steht der Besitzer des Ossuars im Verdacht, die Worte »Bruder des Jeschua« hinzugefälscht zuhaben, um den Steinsarg gewinnbringend mit Jesus von Nazaret in Verbindung bringen zu können.

Passionsreliquien

Skepsis ist auch gegenüber den zahlreichen Passionsreliquien angebracht. Beim Grabtuch von Turin ist die Bewertung kontrovers. Während das Leinen einerseits aufgrund eines allerdings höchst umstrittenen Radiocarbontests in das Mittelalter datiert wird, gibt es andererseits ernstzunehmende Indizien, dass darin ein Mann eingehüllt war, der in der Antike in Palästina gekreuzigt wurde. Andere Objekte wie das Schweißtuch der Veronika, der Heilige Rock von Trier oder die Kreuzestafel aus der »Basilika Santa Croce in Gerusalemme« in Rom erweisen sich klar als spätere Fälschungen.

II. Methoden der Textanalyse

In der Bibelwissenschaft hat sich ein fest umrissener Kanon von Methoden der Textanalyse etabliert, mit deren Hilfe sich das Verständnis neutestamentlicher Texte tiefer erschließen lässt. Dabei handelt es sich überwiegend um philologische und literaturwissenschaftliche Zugänge zu den Texten, wie sie allgemein in allen wissenschaftlichen Disziplinen, die sich der Beschäftigung mit literarischen Zeugnissen aus Vergangenheit und Gegenwart widmen, zur Anwendung kommen. Den entscheidenden Anstoß zu der als Textkritik bezeichneten Suche nach dem Urtext des Neuen Testaments gab bereits der Humanismus. Eine historisch-kritische Betrachtung biblischer Texte im engeren Sinne setzte dann mit der Aufklärung ein. Die davon inspirierten Methoden *Literarkritik, Traditionskritik, Religionsgeschichtlicher Vergleich, Formkritik* und *Redaktionskritik* sind im 19. und 20. Jh. ausgeprägt worden. Die biblischen Texte werden dabei als von Menschen verantwortete literarische Zeugnisse betrachtet, die sich wie alle überlieferten Texte der Sachkritik zu stellen haben und deren Auslegung mit einer allgemein nachvollziehbaren wie überprüfbaren Methodik erfolgt. In den letzten Jahrzehnten kamen neue methodische Impulse aus der Linguistik und Literaturwissenschaft hinzu, die im Rahmen synchroner Textbetrachtung nach dem Aufbau, der Erzählstruktur und dem »Funktionieren« von Texten fragen.

Philologische und literaturwissenschaftliche Zugänge

Auch biblische Texte müssen sich der Sachkritik stellen

■ Textkritik

In der Textkritik geht es um die Rekonstruktion der ältesten erreichbaren Gestalt des neutestamentlichen Bibeltextes. Die Notwendigkeit der Textkritik ergibt sich dadurch, dass kein einziges der 27 Bücher des Neuen Testaments im Original oder einer wortgetreuen Abschrift des Originals überlebt hat. Die erhaltenen Handschriften sind Kopien aus späterer Zeit, die sich durch fehlerhaftes Abschreiben oder bewusste Korrekturen zum Teil erheblich vom mutmaßlichen Ursprungstext entfernt haben. Vor diesem Hintergrund besteht die Aufgabe der Textkritik darin, aus den unterschiedlichen handschriftlichen Zeugen für das Neue Testament (Papyri, Majuskeln, Minuskeln, Lektionare, alte Übersetzungen) diejenige Textform hypothetisch zu erschließen, die dem Urtext am nächsten kommt. Dazu muss man allerdings über die Fähigkeit verfügen, das Neue Testament im Original lesen und verstehen zu können.

Aufgabe der Textkritik

Beim Vollzug der Textkritik wird zu jeder umstrittenen Textstelle der gesamte handschriftliche Befund in seiner Vielfalt gesichtet, um dann anhand bestimmter Kriterien festzulegen, welche der Textvarianten dem ursprünglichen Wortlaut wohl am nächsten kommt. Dabei unterscheidet man zwischen äußeren und inneren Kriterien. In einem ersten Schritt wird die äußere Bezeugung der Textvarianten durch die unterschiedlichen Handschriften festgestellt und bewertet. Dazu sind Grundkenntnisse über Alter und Textqualität der wichtigsten handschriftlichen Zeugen des Neuen Testaments unverzichtbar. Nur eine Lesart, die von allgemein hochwertigen Handschriften bezeugt wird, kommt als ursprünglicher Text in Betracht. Die quantitative Verbreitung einer Lesart oder Textform ist dagegen

Vollzug der Textkritik

Innere Kriterien der Textrekonstruktion

kein Qualitätskriterium, denn die überwältigende Mehrheit der erhaltenen Bibelhandschriften bietet den qualitativ schlechten »byzantinischen Reichstext«.

Ergänzend zu der äußeren Bezeugung werden bei der Textrekonstruktion innere Kriterien angelegt. Bewährt hat sich die Einsicht, dass die kürzere Textform dem Urtext meistens näher steht als die längere Textform. Eine Erweiterung, Ergänzung oder Erläuterung des Bibeltextes ist wahrscheinlicher als eine bewusste Auslassung oder Verkürzung. Als im 13. Jh. die Kapiteleinteilung und im 16. Jh. die Verszählung eingeführt wurden, geschah dies auf der Grundlage von Bibelhandschriften, die aus heutiger Sicht eine qualitativ schlechte Textform bieten. In modernen Bibeln sind zahlreiche Abschnitte des Neuen Testaments wie der Schluss des Markusevangeliums (Mk 16,9-20), der Lobpreis Gottes im Vaterunser (Mt 6,13b), die Geschichte von Jesus und der Ehebrecherin (Joh 7,53-8,11) oder das Taufbekenntnis des äthiopischen Kämmerers (Apg 8,37) in Klammern gesetzt oder sogar aus dem Haupttext in den Fußnotenbereich verbannt worden, weil wertvolle alte Textzeugen wie der Codex Sinaiticus und der Codex Vaticanus sie nicht enthalten. Da nicht vorstellbar ist, dass die alten Handschriften diese Textpassagen gestrichen haben, erweist sich die kürzere Textart als die ursprünglichere. Es handelt sich also um Hinzufügungen von Kopisten. Allerdings darf diese Regel nicht mechanisch gehandhabt werden, da es beim Kopieren der Bibelhandschriften durch Unachtsamkeit auch immer wieder zu unbeabsichtigten Auslassungen kam. Eine weitere bewährte Regel lautet, dass die schwierigere Textform meist die ursprünglichere ist. Hier spiegelt sich die Einsicht wider, dass Textpassagen beim Abschreiben eher geglättet als verkompliziert werden. In Mk 1,2 findet sich, obwohl neben Jes 40,3 auch Mal 3,1 zitiert wird, in einem Teil der Textüberlieferung die Einleitungsformel »wie beim Propheten Jesaja geschrieben steht«. Wenn die große Mehrzahl der griechischen Handschriften des Neuen Testaments stattdessen in Mk 1,2 »wie bei den Propheten steht« bietet, handelt es sich um eine nachträgliche Korrektur, der als der einfacheren Lesart bei der Rekonstruktion des ursprünglichen Bibeltextes nicht der Vorzug eingeräumt werden kann.

> Beim Kopieren der Bibelhandschriften kam es unabsichtlich oder bewusst zu Veränderungen

Novum Testamentum Graece

Unentbehrliches Hilfsmittel für die Textkritik ist eine wissenschaftliche Ausgabe des griechischen Neuen Testaments. Die Rückbesinnung auf den Urtext des Neuen Testaments verdankt sich der geistigen Bewegung des Humanismus. Erasmus von Rotterdam brachte 1516 die erste griechische Druckausgabe des Neuen Testaments auf den Büchermarkt. Die heutige Standardedition ist das auch als *Nestle-Aland* bekannte *Novum Testamentum Graece* (28. Aufl.) des »Instituts für Neutestamentliche Textforschung« in Münster. Es bietet einen von Fachleuten rekonstruierten Text des Neuen Testaments. Gleichzeitig wird im Apparat für jede umstrittene Stelle Einblick in die unterschiedliche Textüberlieferung der wichtigsten neutestamentlichen Handschriften gegeben. Interessierte mit Griechischkenntnissen werden dadurch in die Lage versetzt, die Entscheidungen der Herausgeber des *Novum Testamentum Graece* kritisch nachzuvollziehen und die im Fußnotenbereich abgedruckten Textvarianten eigenständig zu bewerten. Eine umfassende Dokumentation der griechischen Textgeschichte anhand der wichtigen griechischen Handschriften, alten Übersetzungen und neutestamentlichen Zitate in der antiken christlichen Literatur bietet das allerdings noch unvollständige *Novum Testamentum Graecum. Editio critica maior.*

■ Literarkritik (synchrone und diachrone Textanalyse)

Literarkritik beschäftigt sich mit Fragen des Kontextes, der Struktur und der Einheitlichkeit eines neutestamentlichen Textes. Ihr Ziel besteht darin, einen Text von seinem Kontext abzugrenzen, auf seine Kohärenz hin zu befragen und die älteste literarische Gestalt zu rekonstruieren. Im Rahmen der Kontextanalyse werden unter Berücksichtigung des literarischen Beziehungsgeflechts zu anderen Texten innerhalb einer Schrift Anfang und Ende der Sinneinheit bestimmt. Dabei ist zu überprüfen, inwieweit die modernen Bibelausgaben mit der aus dem 13. Jh. stammenden Kapiteleinteilung, der im 16. Jh. eingeführten Verszählung und den seit der Neuzeit nachträglich in den Text eingefügten Überschriften sachgerechte Zäsuren vornehmen und sinnvolle Textabschnitte festlegen. In vielen Fällen trifft dies nicht zu. Beispielsweise markiert 1Kor 11,1 keineswegs einen Neuanfang, sondern bildet den Abschluss der vorangehenden Abhandlung über den Umgang mit Opferfleisch.

Anliegen der Literarkritik

Die von ihrem Kontext abgegrenzte Texteinheit wird zunächst auf ihre Einheitlichkeit überprüft. Dazu erfolgt zur Erhellung der im Text vorhandenen Strukturen eine synchrone Textbetrachtung. Sie setzt mit einer präzisen Lektüre (»close reading«) ein, bevor sich der Fokus gezielt auf den grammatischen Aufbau (sprachlich-syntaktische Analyse), die inhaltliche Bedeutung (semantische Analyse) und die Erzählstruktur (narratologische Analyse) des Textes richtet. Zur sprachlich-grammatikalischen Analyse zählt in erster Linie die Sichtung des Wortschatzes, der Wortarten und Wortformen, der Satzverknüpfungen und der Stilfiguren. Die semantische Analyse beschäftigt sich mit der Bedeutung von Wörtern und Wortverbindungen (Syntagmen) in Texten. Sie prüft, wie der Text intern organisiert ist, welche Beziehungsstrukturen zwischen seinen einzelnen Bedeutungselementen bestehen und inwieweit ein kohärentes Sinngefüge vorliegt. Dabei wird sowohl nach der allgemeinen Bedeutung von im Text begegnenden Wörtern, Motiven oder Wortfeldern als auch nach ihrer besonderen Bedeutung im konkreten Zusammenhang gefragt. Die narratologische Analyse schließlich untersucht Texte im Hinblick auf die in ihnen erzählten Handlungen, arbeitet die Interaktionen zwischen den Handlungsträgern heraus und beleuchtet die Raumdarstellung wie Zeitdarstellung.

Synchrone Textanalyse

> Synchrone Textbetrachtung beginnt mit »close reading«

Aus der synchronen Analyse ergeben sich erste Rückschlüsse darauf, inwieweit der zu untersuchende Text eine homogene Einheit oder eine durch den Rekurs auf Vorlagen gekennzeichnete Komposition darstellt. Mangelnde Textkohärenz deutet auf die Verwendung von Quellen hin. Insbesondere Spannungen und Brüche im Darstellungsablauf, auffällige Doppelungen und störende Wiederholungen sowie ein unterschiedlicher Stil oder Sprachgebrauch in einzelnen Textpassagen können Indizien dafür sein, dass ein Text nicht aus einem Guss entstand, sondern älteres Traditionsgut enthält oder nachträglich überarbeitet wurde. Im Zuge der diachronen Analyse wird die Vorgeschichte des Textes erhellt, wobei sich das Erkenntnisinteresse der Literarkritik darauf richtet, ob der Text auf einer schriftlichen Vorlage basiert und welche Gestalt diese hatte. Sofern inhaltlich eng verwandte Paralleltexte vorhanden sind, stellt sich die Frage nach Abhängigkeiten und Prätexten. In den Evangelien ergibt sich diese Aufgabe in besonderer Weise durch das enge Verwandtschaftsverhältnis zwischen den Werken

Diachrone Textanalyse

des Matthäus, Markus und Lukas, die auch als die Synoptiker bezeichnet werden. Diesbezüglich stellt die Zwei-Quellen-Theorie, der zufolge Matthäus und Lukas neben dem Markusevangelium eine verlorengegangene Spruchquelle als Prätexte benutzt haben, die weithin anerkannte Lösung dar. Für das Johannesevangelium ist umstritten, ob es von den anderen Evangelien literarisch abhängig ist oder in den inhaltlich mit synoptischen Texten verwandten Passagen auf ähnlichen Quellen wie diese basiert. Eine weitere kontroverse Frage der Literarkritik am vierten Evangelium besteht darin, inwieweit Spannungen und Brüche im Text auf eine spätere Überarbeitung durch eine »kirchliche Redaktion« hindeuten. In der Apostelgeschichte haben die unterschiedlichen Versuche, mit Hilfe literarkritischer Methoden ältere Quellenschriften (Wir-Quelle; antiochenische Quelle; Reisestationenverzeichnisse) herauszuschälen, zu keinen allgemein anerkannten Ergebnissen geführt. Wo schriftliche Quellen nachweisbar sind, ist es Aufgabe der Quellenkritik, deren Umfang und Charakter zu bestimmen.

Literarkritik in den Briefen

In den neutestamentlichen Briefen stellt sich die Aufgabe der Literarkritik in unterschiedlichsten Facetten. Zunächst einmal gibt es zwischen einzelnen Briefen derart enge Übereinstimmungen, dass an einer literarischen Abhängigkeit kein Zweifel bestehen kann und die Richtung des Benutzungsverhältnisses zu klären ist. So hat sich gezeigt, dass der Epheserbrief auf dem Kolosserbrief basiert und der Verfasser des zweiten Petrusbriefes den Judasbrief als Prätext verarbeitet. Darüber hinaus wird angesichts inhaltlicher Spannungen oder Brüche für mehrere Paulusbriefe – allen voran die beiden Korintherbriefe und den Philipperbrief – desöfteren vermutet, dass sie aus unterschiedlichen Schreiben des Paulus zusammengesetzt wurden. Zudem lassen sich in allen neutestamentlichen Briefen wie auch in der Johannesoffenbarung mit literarkritischer Methodik solche Überlieferungsstücke herausschälen, die zitiert oder stillschweigend übernommen wurden. Es handelt sich dabei um alte Gemeindetraditionen, die für die Theologiegeschichte des frühen Christentums höchst bedeutsam sind.

Literarkritik öffnet den Blick auf alte Gemeindeüberlieferungen

Im Wesentlichen geht es um Abendmahls- oder Tauftraditionen, Bekenntnisformeln, Christushymnen, Tugend- oder Lasterkataloge und Haustafeln. Schließlich gibt es in den Paulusbriefen einzelne Passagen wie etwa 1Kor 14,33b-36, 1Kor 15,56 oder 2Kor 6,14-7,1, die aus inhaltlichen Gründen oder wegen eines für Paulus atypischen Sprachgebrauchs im Verdacht stehen, nicht vom Apostel selber zu stammen, sondern von späteren Kopisten oder Bearbeitern der Paulusbriefe als sogenannte »Glossen« nachträglich in den Text eingefügt worden zu sein. Das Urteil darüber, ob tatsächlich ein inhaltlicher Bruch vorliegt, ist allerdings in hohem Maße der Subjektivität des Betrachters unterworfen. Dementsprechend fallen etwa bei der Frage nach der literarischen Einheitlichkeit von Paulusbriefen die Urteile häufig weit auseinander.

■ Traditionskritik

Anliegen der Traditionskritik

Die Traditionskritik oder Traditionsgeschichte begibt sich auf Spurensuche nach der mündlichen Vorgeschichte neutestamentlicher Texte. Es geht ihr darum, die Stadien der Überlieferung zu erhellen, die der konkret fassbaren erstmaligen Verschriftlichung eines Textes vorausgingen. Bevor die in den neutestamentlichen

Schriften verarbeiteten Traditionsstücke, beispielsweise Wundergeschichten, Gleichnisse oder Bekenntnisformeln, ihre vorliegende Gestalt gewannen, ging in aller Regel ein längerer Prozess der mündlichen Überlieferung voraus. Die Traditionskritik nimmt die von der Literarkritik herausgearbeitete älteste Fassung des Textes zum Ausgangspunkt und befragt sie nach Spuren möglicher Erweiterung im Verlauf des vorliterarischen Traditionsprozesses. Besonderes Augenmerk gilt den nach der literarkritischen Analyse noch verbliebenen Spannungen, Brüchen oder Doppelungen im Text, die Signale für ein traditionsgeschichtliches Wachstum sein können. Dieses Unterfangen bleibt naturgemäß hypothetisch und führt häufig zu unterschiedlichen Ergebnissen. Während etwa die einen in Mk 5,1-20 damit rechnen, dass der Evangelist eine in sich geschlossene und von Anfang an in der vorliegenden Form erzählte Wundererzählung aufgenommen hat, versuchen andere plausibel zu machen, dass diese Geschichte ursprünglich einen sehr viel kürzeren Erzählkern umfasste, der im Verlauf der mündlichen Traditionsgeschichte mehrfach erweitert wurde. Erleichtert wird die Aufgabe der Traditionskritik, wenn es literarisch unabhängige Parallelen zum betreffenden Text gibt, die ein älteres Überlieferungsstadium repräsentieren. Beispielsweise scheint das Schwurverbot Jesu im Jakobusbrief in einer Form zitiert zu werden (Jak 5,12), die dem ursprünglichen Wortlaut insgesamt näher kommt als die in der Bergpredigt (Mt 5,33-37) überlieferte Version. In der Regel schließt die traditionskritische Analyse auch Überlegungen zur Historizität einer Tradition mit ein, beispielsweise die Frage, welches Geschehen am Anfang des Entstehungs- und Entwicklungsprozesses einer neutestamentlichen Jesusgeschichte stand. Die Traditionskritik verfährt damit letztlich analytisch und synthetisch. In einem ersten Schritt fragt sie von der ältesten schriftlichen Fassung eines Textes aus zurück, um dessen Vorformen bis hin zur Entstehung zu ergründen. Anschließend versucht sie in umgekehrter Fragerichtung, anhand der analytisch gewonnenen Ergebnisse ein in sich stimmiges Modell zu entwerfen, das den traditionsgeschichtlichen Werdegang einer Überlieferung von ihrer Entstehung bis hin zur erstmaligen literarischen Fixierung in einer neutestamentlichen Schrift nachzeichnet. Eine weitere Aufgabe der Traditionskritik besteht in der Erhellung von Herkunft und Geschichte zentraler Begriffe oder Motive eines neutestamentlichen Textes.

Es geht um Spurensuche nach der mündlichen Vorgeschichte von Texten

In vielen Lehrbüchern zur Methodik der Textauslegung wird die Aufgabenstellung der Traditionskritik als Unterpunkt der Formgeschichte abgehandelt. Dies birgt die Gefahr in sich, sich auf die Formbestimmung zu fokussieren und die Frage nach der vorliterarischen Geschichte eines Textes nicht angemessen zu gewichten. Vor diesem Hintergrund macht es Sinn, Traditionskritik oder Traditionsgeschichte als eigenständige Methode zu benennen und anzuwenden. Unscharf bleibt zudem die Abgrenzung zwischen Traditionsgeschichte und Überlieferungsgeschichte. Meist werden beide Begriffe synonym verwendet. Zuweilen wird allerdings unter Überlieferungsgeschichte die Erhellung der Weitergabe eines individuellen Textes verstanden, während man die Aufgabe der Traditionsgeschichte als Frage nach den in einem Text enthaltenen überindividuellen Denkstrukturen, Vorstellungen oder Vorstellungskomplexen definiert. Wenn damit Traditionsgeschichte als Geschichte der vom Text aufgenommenen Traditionen, Worte oder Begriffskombinationen scharf von Überlieferungsgeschichte

Terminologische Unschärfen

Begriffs- und Motivgeschichte

abgegrenzt wird, stiftet dies Verwirrung. Stattdessen sollte an dieser Stelle besser von Begriffs- und Motivgeschichte gesprochen werden.

Begriffs- und Motivgeschichte umfasst die Frage nach der Herkunft, Geschichte und Bedeutung der im Text vorhandenen Begriffe und Motive. Dahinter steht die Erkenntnis, dass die neutestamentlichen Texte nicht quasi im luftleeren Raum Gestalt gewannen, sondern in vorgeprägte religiöse und geistesgeschichtliche Zusammenhänge eingebettet sind, die in Anknüpfung wie Abgrenzung rezipiert werden. Wenn beispielsweise in Gleichnissen Jesu vom Weinberg die Rede ist oder in Wundergeschichten Jesus als Sohn Davids begegnet, kann dies nur dann angemessen gewürdigt werden, wenn die metaphorische Bedeutung des Weinbergs im Alten Testament oder die messianischen Implikationen des Davidssohntitels im antiken Judentum bekannt sind. Andere Begriffe und Motive, beispielsweise der Verweis des Paulus auf das Gewissen (Röm 2,15) oder die Betrachtung Christi als Ebenbild des unsichtbaren Gottes im Kolosserhymnus (Kol 1,15), erschließen sich erst bei Wahrnehmung ihres Bedeutungsgehalts in der griechischen Philosophie in voller Tiefe. Durch eine begriffs- und motivgeschichtliche Analyse wird deutlich, wo die neutestamentlichen Texte an Vertrautes anknüpfen und inwieweit sie es mit neuen Sinnfüllungen versehen.

■ Religionsgeschichtlicher Vergleich

Anliegen des religionsgeschichtlichen Vergleichs

Der religionsgeschichtliche Vergleich schreitet den geistigen und kulturellen Horizont ab, vor dem die neutestamentlichen Überlieferungen ihre Prägung erhielten. Der biblische Text wird aus seiner Isoliertheit gelöst und zu vergleichbaren Traditionen seines zeitgenössischen Umfelds in Beziehung gesetzt. Die Entstehung der neutestamentlichen Texte vollzog sich im Spannungsfeld von alttestamentlich-jüdischem Erbe und griechisch-römischem Denkhorizont. Die religionsgeschichtliche Erhellung des Neuen Testaments nimmt daher neben den Glaubensvorstellungen des antiken Judentums auch die religiösen Strömungen des Hellenismus in den Blick. Dazu zählen Mysterienreligionen, Volksglaube, Herrscherkult, Gnosis und philosophische Konzeptionen.

Biblische Texte werden vor dem Hintergrund der antiken Religionsgeschichte betrachtet

Die Religionsgeschichtliche Schule

Dass die alttestamentlich-jüdische Tradition zum sachgerechten Verstehen der neutestamentlichen Texte angemessen wahrgenommen werden muss, versteht sich angesichts der Anfänge des Christentums als einer innerjüdischen Erneuerungsbewegung von selbst. Auf dem Feld der vergleichenden Einbeziehung hellenistischer Traditionen leistete die Religionsgeschichtliche Schule wichtige Pionierarbeit. Der Name steht für eine Gruppe von evangelischen Theologen, die Ende des 19. Jh. überwiegend an der Universität Göttingen ihre akademische Laufbahn begannen und dabei die biblischen Überlieferungen gezielt vor dem Hintergrund der antiken Religionsgeschichte betrachteten. Herausragende Gestalten auf dem Gebiet der Erforschung des Neuen Testaments waren Wilhelm Bousset (1865-1920) und Wilhelm Heitmüller (1869-1926). Unter Aufnahme von Ansätzen aus der Religionswissenschaft, der Altphilologie und den Altertumswissenschaften traten die Mitglieder der Religionsgeschichtlichen Schule für einen radikalen Wandel in der theologischen Forschung ein, indem sie eine

Abkehr von einer dogmatisch beeinflussten Bibelauslegung forderten. Stattdessen wurden die biblischen Traditionen in den universalen Kontext der antiken Kultur- und Geistesgeschichte gestellt. In der neutestamentlichen Wissenschaft führte dieser Ansatz zu einer verstärkten Beschäftigung mit den Religionen der griechisch-römischen Welt, um deren Einflüsse auf die Prägung der neutestamentlichen Texte und den Glauben der ersten Christen zu ergründen. Dies ging allerdings oftmals auf Kosten einer Vernachlässigung des alttestamentlich-jüdischen Traditionshintergrunds der neutestamentlichen Texte.

Unentbehrliche Hilfsmittel für die Durchführung des religionsgeschichtlichen Vergleichs sind Textbücher und Quellensammlungen zur religiösen Umwelt des Neuen Testaments, um das Vergleichsmaterial möglichst umfassend in den Blick zu bekommen. Dazu zählen das »Religionsgeschichtliche Textbuch zum Neuen Testament« von Klaus Berger/Carsten Colpe, der von Udo Schnelle herausgegebene »Neue Wettstein« und die »Texte zur Umwelt des Neuen Testaments« von Jens Schröter/Jürgen Zangenberg. Auch in Bibelkommentaren zu den neutestamentlichen Schriften finden sich vielfältige Hinweise auf religionsgeschichtliche Parallelen. Das Vergleichsmaterial aus der Umwelt umfasst beispielsweise Gleichnisse der Rabbinen, hellenistische Wundergeschichten oder Lehrtraktate antiker Philosophen, die sich zu den neutestamentlichen Texten in Beziehung setzen lassen, um Gemeinsamkeiten wie Unterschiede wahrzunehmen und eventuelle Beeinflussungen zu erhellen.

Hilfsmittel

Das Vergleichsmaterial muss umfassend in das Blickfeld kommen

Bei der Urteilsbildung spielen die zeitliche Einordnung der religionsgeschichtlichen Parallelen, der tatsächliche Grad der Übereinstimmungen mit den neutestamentlichen Texten und die Reflexion der Frage nach dem Weg einer möglichen Beeinflussung eine wichtige Rolle. Methodisch wird deshalb beim Vergleich neutestamentlicher Texte mit religionsgeschichtlichen Parallelen zwischen direkten Abhängigkeiten und phänomenologischen Entsprechungen unterschieden. Bei einer Vernachlässigung dieses Aspektes droht die Gefahr, aus der bloßen Existenz einer religionsgeschichtlichen Parallele vorschnell abzuleiten, dass die biblischen Erzähler oder Autoren an dieser Stelle einseitig von religiösen Vorstellungen aus ihrer Umwelt abhängig sind und ihr Denken keine besondere Originalität aufweist. Zudem muss der Weg einer möglichen Beeinflussung plausibel gemacht werden. Die zweite Gefahr besteht darin, religionsgeschichtliche Parallelen primär als Negativfolie heranzuziehen, um vor ihrem Hintergrund die neutestamentlichen Überlieferungen umso heller erstrahlen zu lassen. Daher ist eine unvoreingenommene Wahrnehmung der Parallelen geboten, ohne die Überlegenheit der Bibel erweisen zu wollen. Die dritte Gefahr hat mit der Auswahl des vergleichend herangezogenen Materials aus der Umwelt der Bibel zu tun. So war es im Blick auf die religionsgeschichtliche Erhellung des Neuen Testaments lange Zeit prägend, sich einseitig auf die hellenistischen Befunde zu fokussieren und den jüdischen Traditionshintergrund des Neuen Testaments nicht angemessen zu berücksichtigen. Dies führte zu einer verzerrten Wahrnehmung und Interpretation der biblischen Überlieferung bis hin zur Ausgrenzung Jesu aus dem Judentum.

Gefahren und Fehlurteile

■ Formkritik

Anliegen der Formkritik

Die Aufgabe der formkritischen Methode ist es, einerseits den literarischen Charakter der Großformen des Neuen Testaments (Evangelium, Geschichtswerk, Brief, Apokalypse) unter Berücksichtigung ihrer Stellung in der antiken Literaturgeschichte zu erhellen, andererseits die in den neutestamentlichen Schriften verarbeiteten Texte auf ihre Form oder Gattung hin zu befragen und Erwägungen über deren Funktion im Gemeinschaftsleben anzustellen. Die Begriffe Form und Gattung werden dabei in der Regel synonym verwendet, obwohl manche unter Gattung die übergreifende Gestalt verstehen, während sie den Begriff Form der Bezeichnung kleinerer Einheiten oder der individuellen Gestalt eines Textes vorbehalten wissen wollen. Voraussetzung der Formkritik ist die von der Literarkritik gewonnene Erkenntnis, dass die neutestamentlichen Autoren eine Vielzahl von in sich geschlossenen Einzeleinheiten verarbeitet haben, die aus der Gemeindeüberlieferung stammen und unabhängig von ihrem jetzigen Rahmen untersucht werden müssen. In erster Linie geht es in der Formkritik darum, innerhalb des Neuen Testaments Gruppen ähnlich strukturierter Texte auszumachen und die jeweiligen formspezifischen Eigenarten festzustellen. Daneben bemüht sich die Formkritik darum, das soziale Umfeld und die Interaktionsbereiche zu erfassen, in die bestimmte Textarten eingebettet sind. Dies bezeichnet man als die Suche nach dem soziologischen »Sitz im Leben« einer Überlieferung.

Formbestimmung und »Sitz im Leben«

Begründet wurde die formkritische Betrachtung der neutestamentlichen Überlieferungen durch Martin Dibelius und Rudolf Bultmann. Bei der Formbestimmung der Jesustraditionen hat sich mit kleineren Modifikationen das Modell von Bultmann durchgesetzt. Dieser unterschied in den Evangelien zwischen Wortüberlieferung, Erzählüberlieferung und Zwischenformen. Zur Erzählüberlieferung gehören Geburts- und Kindheitsgeschichten, Wundergeschichten, Christusgeschichten, die Leidensgeschichte und Ostergeschichten. Die Mehrzahl dieser Formen lässt sich nochmals unterteilen. So zerfallen die stilechten Wundergeschichten in Heilungen, Exorzismen, Geschenkwunder, Rettungswunder und Epiphanien, während sich bei den Ostergeschichten die Berichte vom leeren Grab von den Erzählungen über Erscheinungen des auferstandenen Herrn abheben. Innerhalb der Wortüberlieferung sind die Gleichnisse die bedeutsamste Größe, wobei sich unter dem Einfluss von Adolf Jülicher eine allerdings längst nicht mehr unumstrittene Unterscheidung zwischen eigentlichen Gleichnissen, Parabeln, Beispielerzählungen und Allegorien eingebürgert hat. Weitere wichtige Formen der Wortüberlieferung sind Gesetzesworte, Gemeinderegeln, Weisheitsworte, prophetische und apokalyptische Worte, Ich-Worte und Nachfolgeworte. Unter die Zwischenformen fasste Bultmann solche Evangelienüberlieferungen, die als Erzählungen beginnen und dann auf ein Jesuswort als End- und Höhepunkt hinauslaufen. Diese Texte bezeichnete er als Apophthegmata, wobei dieser Begriff etwas unglücklich ist, da das griechische Wort *apophthegma* »Ausspruch« bedeutet und dem auch erkennbaren Erzählcharakter der betreffenden Überlieferungen nicht gerecht wird. Innerhalb dieser Gruppe lassen sich Streitgespräche, Schulgespräche, biographische Apophthegmata und Normenwunder unterscheiden. Die Frage nach dem »Sitz im Leben« dieser Überlieferungen im Urchristentum bleibt ein Stück weit spekulativ. Wundergeschichten

> Martin Dibelius und Rudolf Bultmann waren Pioniere der Formkritik

wurden sicher in die Missionspredigten eingebaut, um mit den Machterweisen Jesu Werbung für den neuen Glauben zu betreiben. Apokalyptische Jesusworte konnten dem Trost der Gemeinde dienen (1Thess 4,15f), ethische Weisungen Jesu wie das Ehescheidungsverbot fanden im innergemeindlichen Lehrbetrieb Verwendung (1Kor 7,10).

Auch in den übrigen Schriften des Neuen Testament lässt sich die Verarbeitung fest geprägter Formen der Überlieferung ausmachen. Dabei handelt es sich im Wesentlichen um liturgisches Material (Kultätiologien, Hymnen, Gebetsrufe, Homologien, Doxologien), homiletisches Material (christologische und kerygmatische Formeln) und paränetisches Material (Haustafeln, Pflichtenkataloge, Tugend und Lasterkataloge). Das liturgische Material fand im Gottesdienst Verwendung, während das homiletische Material in der innergemeindlichen wie missionarischen Verkündigung beheimatet war und das paränetische Material der ethischen Unterweisung, beispielsweise im Rahmen des Taufunterrichts, diente.

Formen außerhalb der Evangelien

■ Redaktionskritik

Die Redaktionskritik richtet als Methode synchroner Textbetrachtung den Fokus auf die durch die neutestamentlichen Schriftsteller vermittelte Endgestalt einer Schrift. Ihre Aufgabe besteht darin, die Bearbeitung und Anordnung der Überlieferungen durch die neutestamentlichen Autoren zu ergründen, um auf dieser Grundlage den Blick auf deren Gestaltungstendenzen und theologische Leitthemen freizulegen. Die Redaktionsarbeit schlägt sich in Auswahl, Bearbeitung und Anordnung der vorgefundenen Überlieferungen nieder. Bereits die Auswahl lässt Gestaltungswillen erkennen. Beispielsweise verzichten sowohl Matthäus als auch Lukas auf die Wiedergabe solcher Wundergeschichten, in denen Jesus sich volkstümlich-magischer Heilpraktiken bedient (Mk 7,31-37; 8,22-26). Bei den aus Quellen übernommenen Texten bilden die Anteile, die sich im Zuge der literarkritischen Analyse als redaktionell erwiesen haben, die Grundlage der redaktionsgeschichtlichen Untersuchung. In diesem Zusammenhang werden alle Veränderungen auf ihre Intention hin befragt. Ein Autor kann seinen Quellentexten durch Ergänzungen, Kürzungen oder Umformulierungen seinen ganz eigenen Stempel aufdrücken. Ein weiterer wichtiger Aspekt der Redaktionskritik ist die an die Ergebnisse der Kontextanalyse anknüpfende Kompositionskritik, die sich dem Aufbau und der Struktur neutestamentlicher Schriften widmet. In diesem Zusammenhang rückt das Beziehungsgeflecht in den Blick, das innerhalb eines Werkes zwischen den Texten geschaffen wurde. Dabei geht es um die Frage, in welchen möglicherweise völlig neuen Sachzusammenhang Texte gestellt werden oder wie durch Aneinanderreihung bis dahin als Einzelüberlieferungen kursierender Texte bestimmte Kompositionen entstehen. Indem Matthäus beispielsweise der von Markus übernommenen Erzählung von der Sturmstillung überschriftartig Nachfolgeworte Jesu voranstellt (Mt 8,18-22), gewinnt die Wundergeschichte einen völlig neuen Sinn.

Anliegen der Redaktionskritik

Bereits die Auswahl der Texte lässt Gestaltungswillen erkennen

Die Redaktionskritik kristallisierte sich in den späten 1950er Jahren zunächst als Methode der Evangelienauslegung heraus. Sie korrigiert eine einseitige Be-

Geschichte der Redaktionskritik

trachtung der Evangelienschreiber als bewahrender Sammler und Tradenten der Jesusüberlieferungen, wie sie von der klassischen Literar- und Formkritik in den Raum gestellt worden war. Demgegenüber wurde nun die Einsicht gewonnen, dass es sich bei den Verfassern der Evangelien um Schriftstellerpersönlichkeiten handelt, die eigene theologische Interessen verfolgen und in ihre Darstellung der Geschichte Jesu einfließen lassen. Die ersten bedeutsamen redaktionskritischen Arbeiten wurden nicht zufällig zum Matthäus- und Lukasevangelium vorgelegt. Bei diesen beiden Schriften lässt sich auf der Grundlage der Zweiquellentheorie besonders anschaulich zeigen, nach welchen inhaltlichen Gesichtspunkten ihre Autoren die vorgefundenen Überlieferungen bearbeitet und in neue Kontexte gestellt haben. Zudem gibt sich Lukas bereits im Proömium seines Evangeliums als kritischer Bearbeiter der ihm überlieferten Texte zu erkennen, der eigene Vorstellungen von der sachgerechten Darstellung der Jesusgeschichte hat. Schwieriger stellt sich die Redaktionskritik im Markus- und Johannesevangelium dar, wo die Rekonstruktion der verarbeiteten mündlichen oder schriftlichen Traditionen mit größeren Unsicherheiten behaftet ist und sich bei Kompositionen oftmals nicht genau sagen lässt, ob sie vom jeweiligen Evangelisten eigenständig geschaffen oder aber bereits in den Quellen vorgefunden wurden. Dementsprechend klaffen die Einschätzungen über die kompositorische Leistung der Autoren oftmals weit auseinander. Auch für die Apostelgeschichte und die Briefliteratur des Neuen Testaments lässt sich mit redaktionskritischer Methodik erhellen, wie die Autoren mit den von ihnen verarbeiteten Traditionen umgegangen sind und welchen theologischen Stempel sie ihnen durch Veränderungen im Text oder Einordnung in einen bestimmten Kontext aufgedrückt haben.

Die neutestamentlichen Autoren verfolgen eigenständige theologische Interessen

Beim Vollzug der Redaktionskritik ist die Situation der intendierten Rezipienten einzubeziehen. Indem die Evangelien sich an christliche Gemeinden richten und deren Glaubenspraxis zu beeinflussen suchen, sind sie doppelbödig. Neben der textinternen Ebene der Jesusgeschichte schwingt die textexterne Ebene der Gemeinde mit, für die sie erzählt wird. Beispielsweise wollen Jesuserzählungen, die vordergründig vom einstigen Verhalten der Jünger handeln, in Wirklichkeit etwas über die Situation in der Zeit der Kirche aussagen. Eine wichtige Erweiterung erfuhr die Redaktionskritik durch die literaturwissenschaftliche Methode der pragmatischen Analyse. Die Textpragmatik widmet sich der Beziehung von Text und Leser, indem sie nach der Kommunikationsabsicht des Textes und den vom Autor zum Erreichen der gewünschten Wirkung eingebauten Steuerungselementen fragt. Zu den die Leser führenden Signalen zählen unter anderem Elemente der Rhetorik, welche die Rezipienten aufmerken lassen oder geschickt in die Argumentation einbeziehen, und Erzählformen, die in besonderer Weise zur Identifikation mit den Handlungsträgern einer Erzählung einladen. In vergleichbarer Weise versucht der »Narrative Criticism« den Plot eines Textes und dessen Botschaft an den impliziten Leser zu ergründen.

Textpragmatik und Leserlenkung

III. Ausgewählte hermeneutische Zugänge

Hermeneutik ist die Wissenschaft des Verstehens von Texten. Bibelauslegung umfasst neben der Wahrnehmung der biblischen Texte in ihrer geschichtlichen Dimension auch eine auf die Gegenwart bezogene Aneignung der Schrift. Die biblischen Texte sind in einer Lebenswelt entstanden, die uns fremd ist, und einem Weltbild verpflichtet, das sich grundlegend von dem der Neuzeit unterscheidet. Die historisch-kritische Rekonstruktion der geschichtlichen Ursprünge der biblischen Tradition, die den Blick auf den Ursprungssinn eines Textes öffnet, hat diese Kluft zwischen damals und heute in ganzer Tiefe sichtbar werden lassen. Zuweilen wird der historisch-kritischen Methode sogar eine gewisse Leidenschaftslosigkeit vorgeworfen, welche die Entfremdung gegenüber den lebendigen biblischen Überlieferungen weiter voranschreiten lässt. Als Konsequenz ist die historische Betrachtung von Bibeltexten, die auf die Freilegung von Quellenschriften, Traditionen und religionsgeschichtlichen Bezügen abzielt, um eine gegenwartsbezogene Schriftauslegung zu ergänzen. Es ergibt sich die Notwendigkeit, die Botschaft der Bibel in die veränderten Gegebenheiten unserer Zeit hinein zu übersetzen und Bezüge zur Situation des heutigen Menschen herzustellen. Unausgesprochene Voraussetzung ist, dass die distanzierte Betrachtung biblischer Traditionen als geschichtlicher Phänomene der Vergangenheit entschieden zu kurz greift, ihnen vielmehr eine weit über ihren ursprünglichen geschichtlichen Ort hinausweisende Aktualität zu Eigen ist, die immer wieder neu erschlossen werden will. Die neutestamentliche Hermeneutik umfasst die von einem Ringen um das sachgemäße Verstehen gekennzeichnete Durchführung und methodische Reflexion der Übertragung neutestamentlicher Aussagen in die Gegenwart. Dafür gibt es sehr unterschiedliche Ansätze.

Aufgabe der Hermeneutik

> Es geht um einen Brückenschlag vom Text zur Gegenwart

■ Existenziale Hermeneutik

Die von der Philosophie Martin Heideggers beeinflusste existenziale Hermeneutik des Marburger Theologen Rudolf Bultmann (1884-1976) zählt zu den profiliertesten Ansätzen gegenwartsbezogenen Verstehens des Neuen Testaments. Sie war nach dem Zweiten Weltkrieg lange Zeit vorherrschend, hat allerdings in den letzten Jahrzehnten an Bedeutung eingebüßt und sieht sich von unterschiedlichster Seite der Kritik ausgesetzt. Bultmann geht von der Prämisse aus, dass man von Gott nicht unter Ausklammerung der eigenen Existenz reden kann. Die von Gott bestimmte Existenz des Menschen gilt als das eigentliche Thema der Bibel. Der existenzialen Interpretation biblischer Traditionen liegt die feste Überzeugung zugrunde, dass sich in ihnen die existenziellen Grundstrukturen menschlichen Daseins wie Glück, Sorge oder Angst niedergeschlagen haben und die Texte auf sie hin befragt werden können. Die biblischen Überlieferungen thematisieren demnach die gleichen menschlichen Grundfragen, die auch den modernen Leser bewegen. Es besteht eine grundsätzliche Gleichheit von damaliger und heutiger Existenz. Die von der Bibel angebotenen Daseinsmöglichkeiten gilt es zu erkennen und im Glauben zu ergreifen.

Rudolf Bultmann als Begründer existenzialer Hermeneutik

Programm der Entmythologisierung

Allerdings liegen die Existenzangebote der biblischen Überlieferungen nach Bultmann nicht offen zutage, sondern sind in die Form mythologischer Vorstellungen gekleidet, die das wirkliche Heilsgeschehen verhüllen. Zu diesen Mythen zählen beispielsweise Jungfrauengeburt, Himmelfahrt und Wunder. Der antike Mensch sah die Welt in drei Stockwerke aufgeteilt, wobei er sich die zwischen Himmel und Unterwelt angesiedelte Erde als Schauplatz des Wirkens göttlicher wie dämonischer Mächte vorstellte. Ein zentrales Charakteristikum des mythologischen Denkens sieht Bultmann darin, dass es das göttliche Wirken nach Analogie des menschlichen Wirkens darstellt und von Göttern wie von Menschen redet, nur dass diese mit übermenschlicher Macht ausgestattet sind. Das Programm der Entmythologisierung verfolgt das Ziel, das mit dem dreistöckigen Weltbild der Antike zusammenhängende mythologische Denken als für den modernen Menschen nicht annehmbares Glaubenshindernis zu überwinden und den dahinter liegenden Kern der Texte freizulegen.

Das mythologische Weltbild soll als Glaubenshindernis überwunden werden

Der Mythos soll nicht eliminiert, sondern existenzial interpretiert werden. Es geht um die Möglichkeit christlichen Glaubens unter den Bedingungen des von den Naturwissenschaften geprägten neuzeitlichen Daseinsverständnisses. Um der Redlichkeit des Glaubens willen soll dem Menschen für seine Religion keine Bejahung eines Weltbildes abverlangt werden, das er in seinem sonstigen Leben verneint. In der Forderung, die neutestamentliche Mythologie blind zu akzeptieren, sieht Bultmann die Gefahr, den Glauben zu einer dem Menschen abgezwungenen Opferung seines Verstandes und damit zu einem Werk zu machen. Das zeitlos Gültige, das vom Mythos zum Ausdruck gebracht wird, ist das existenziale Wissen, dass der Mensch nicht Herr über die Welt und sein Leben ist, sondern die Welt und das menschliche Leben ihren Grund und ihre Grenze in einer Macht haben, die jenseits all dessen liegt, was sich im Bereich menschlicher Berechnung und Verfügung befindet. Der Kern der hinter den Mythen verborgenen Glaubensbotschaft ist für Bultmann das Ärgernis vom Kreuz. Es hält dem Menschen, der sein Leben aus eigenem Willen und aus eigener Kraft glaubt gestalten zu können, seine Erlösungsbedürftigkeit vor Augen und stellt ihn in seiner alten Existenz radikal in Frage. Glaube bedeutet Preisgabe der menschlichen Selbstherrlichkeit im Angesicht des Kreuzes.

Existenziale Deutung von Wundergeschichten

Beliebte Objekte der existenzialen Auslegung von Evangelienüberlieferungen sind die Wunder und Gleichnisse Jesu. Die neutestamentlichen Wundergeschichten mit ihren mythologischen Vorstellungen vom krankmachenden Wirken dämonischer Kräfte gelten in diesem Kontext als Relikte eines längst überholten Weltbildes und werden zu austauschbaren Bildern für etwas viel Größeres. An Wunder zu glauben heißt aus der Sicht existenzialer Hermeneutik nicht, sie für wahr zu halten, sondern an Gott als den Befreier vom Tod zu glauben und für die wunderbare Begegnung mit ihm bereit zu sein, die dem Leben eine völlige Wende gibt. Der Bultmann-Schüler Walter Schmithals betrachtet jede einzelne der markinischen Wundergeschichten als eine »Dogmatik in nuce«, die eine narrative Entfaltung paulinischer Glaubensaussagen biete. Wunder wie die Stillung des Sturms (Mk 4,35-41) oder die Heilung des besessenen Geraseners (Mk 5,1-20) sind demnach keine Ereignisse der Vergangenheit, sondern zeitbedingte Entfaltungen des zeitlosen Kerygmas. Sie sprechen davon, wie der verlorene Mensch immer wieder durch die Begegnung mit Christus in seiner alten Daseinsweise in Frage gestellt, in die Eigentlichkeit der Existenz geführt und in unbedingtem Gottvertrauen durch alle Lebensnöte hindurch bewahrt wird.

Auch die Gleichnisse werden unter dem Einfluss von Bultmanns Hermeneutik existenzial interpretiert. Ernst Fuchs bemühte sich um ein Verständnis der Gleichnisse als einem die Verkündigung Jesu auszeichnenden Sprachgeschehen, in dem sich die Sprachkraft der Existenz des Glaubens in charakteristischer Weise äußert. Die Gleichnisse wollten nicht einfach ein Urteil der Hörerinnen oder Hörer provozieren, sondern es gehe in ihnen um das rechte Ereigniswerden der Existenz. Eberhard Jüngel betrachtet in Weiterentwicklung dieser Gedanken die Gleichnisse Jesu als Sprachereignisse, in denen die in ihnen zur Sprache kommende Gottesherrschaft als Gleichnis präsent ist. Nach Wolfgang Harnisch bergen die Parabeln Jesu Möglichkeiten des Existenzgewinns oder Existenzverlusts in sich. Wie ein gelungenes Bühnenstück verwickelten Gleichnisse ihre Hörer in den Gang der Handlung und eröffneten ihnen so die Möglichkeit, neue Existenzweisen zu entdecken und zu realisieren. Im Gleichnis vom großen Gastmahl etwa lasse die unglaubliche Reaktion der Gäste den Hörer in einem Spiegel die Fragwürdigkeit seiner eigenen Existenz entdecken, wobei die Erst- und Zweitgeladenen als antithetisches Zwillingspaar auf zwei Seiten im Hörer selbst anspielten. Der Hörer werde zuerst an seine alte Einstellung erinnert, die der Sorge verhaftet ist, um daraufhin mit einer neuen Möglichkeit konfrontiert zu werden, die sich als das Fest der Freiheit inmitten einer Welt der Zwänge anbiete.

Angebote des Existenzgewinns in Gleichnissen

In den Parabeln Jesu wird die Fragwürdigkeit der eigenen Existenz offenbar

■ Biblische Theologie

Das Programm der Biblischen Theologie (u.a. P. Stuhlmacher) verfolgt das Ziel, eine Altes und Neues Testament übergreifende Theologie der Bibel zu entwerfen, wie sie lange Zeit eine selbstverständliche Voraussetzung der Bibelauslegung war. Erst mit der neuzeitlichen Bibelwissenschaft zerbrach die Einheit von Altem und Neuem Testament, indem die individuelle geschichtliche Bedingtheit der einzelnen biblischen Schriften erkannt wurde und sich eine jeweils eigenständige, in zunehmenden Maße getrennte Wege gehende Theologie des Alten Testaments und des Neuen Testaments herausbildeten. Das Konzept einer Biblischen Theologie sucht dieser Entwicklung entgegenzusteuern. Die Theologie des Neuen Testaments soll, so die programmatische Forderung, als eine vom Alten Testament herkommende und zu ihm hinführende Theologie entworfen und als Teilgebiet einer beide Testamente gemeinsam betrachtenden Theologie begriffen werden, die gleichzeitig zur dogmatischen Stellungnahme anleitet. Das hermeneutische Interesse richtet sich damit auf einen Brückenschlag von den biblischen Texten zur kirchlichen Glaubens- und Lebenserfahrung. Biblische Theologie dürfe sich nicht in historisch-kritischer Textbetrachtung erschöpfen, sondern müsse für den Offenbarungsanspruch des Evangeliums offen sein, wie er sich im Raum der Kirche als Vollzug gemeinschaftlicher Glaubensexistenz durchsetzt.

Anliegen und Zielsetzung

Die neutestamentlichen Texte werden im Rahmen dieser Konzeption in einen weiten, die gesamte Bibel umspannenden heilsgeschichtlichen Zusammenhang eingeordnet und vor dem Hintergrund der messianischen Erwartungen Israels

Kontinuität zwischen beiden Testamenten

betrachtet. Sie gelten als Bestandteil des Weges Gottes zu den Menschen, der mit der Schöpfung beginnt, die gesamte Erwählungsgeschichte Israels durchläuft, im Christusgeschehen seinen Höhepunkt erreicht und schließlich auf das kommende Reich Gottes hinführen wird. Im Hinblick auf Sachkritik an der Jesusüberlieferung wird ein Treueverhältnis eingefordert, das der Exeget den Texten schulde. Bei der Erhellung des Traditionshintergrunds der neutestamentlichen Überlieferungen soll das Alte Testament gegenüber dem hellenistischen Bereich absolute Priorität genießen. In Fällen, wo sich unterschiedliche Herleitungen einer neutestamentlichen Aussage anbieten, wird die alttestamentlich-jüdische Tradition programmatisch als der näherliegende Bereich betrachtet. Eine wichtige Rolle spielt der Verweis darauf, dass Jesus und die Mehrzahl der neutestamentlichen Autoren von Hause aus Juden waren, womit eine Traditionskontinuität zwischen beiden Testamenten gesichert und das Frühjudentum als entscheidender Bezugsrahmen für das Verständnis der neutestamentlichen Glaubensbotschaft erwiesen sei.

■ Evangelikales Schriftverständnis

Ablehnung der Bibelkritik

Die Vertreter der Biblischen Theologie betonen zwar den Offenbarungsanspruch der Heiligen Schrift und fordern ein Treueverhältnis ihr gegenüber ein, sind aber grundsätzlich der historisch-kritischen Methodik verpflichtet, auch wenn diese häufig nur in gemäßigter Form zur Anwendung gebracht wird. In evangelikalen Kreisen hingegen werden die historisch-kritischen Auslegungsmethoden mit größtem Argwohn betrachtet. Als evangelikal bezeichnet man unabhängig von der konfessionellen Zugehörigkeit eine theologische Richtung des Christentums, die sich auf die Bibel als göttlich inspiriertes, absolut zuverlässiges und in allen Fragen des Glaubens wie der Lebensführung autoritatives Buch stützt, wie es in der »Lausanner Verpflichtung« von 1974 festgeschrieben wird. Eine zentrale Rolle spielen für evangelikale Gläubige das Eintreten für die Schrift als unantastbares Wort Gottes, die spezifische Gewichtung von persönlicher Umkehr, der Bezug zur Gemeinde, der Glaube an das Wirken des Heiligen Geistes und die Notwendigkeit der Evangelisation. Die historisch-kritische Bibelwissenschaft betrachtet die Bibel als Gottes Wort durch Menschenhand und analysiert sie mit philologischen Methoden, wie sie beispielsweise auch in der Literatur- und Geschichtswissenschaft Anwendung finden. Dabei geht es darum, die von der Bibel selbst aufgeworfenen Spannungen und Widersprüche zu erklären, das geschichtliche Wachstum der biblischen Traditionen zu erhellen und die Vielfalt wie Einheitlichkeit der Glaubensvorstellungen herauszuarbeiten. Diese Art des Umgangs mit der Bibel wird von evangelikaler Seite meist scharf kritisiert. Innerhalb der evangelikalen Bewegung gibt es zwar eine große Bandbreite, die von Fundamentalisten bis hin zu gemäßigten Vertretern der historisch-kritischen Schule reicht. Zum konsequent evangelikalen Selbstverständnis gehört aber in der Regel eine klare Abgrenzung von einer kritischen Infragestellung biblischer Traditionen. Evangelikale Schriftauslegung zielt darauf ab, das Wort Gottes im Raum der Gemeinde wirksam werden zu lassen. Dabei steht die Überzeugung im Hintergrund, dass der wahre Ausleger der Schrift im Gehorsam gegenüber den Texten vom Geist Gottes geleitet und erfüllt ist.

> Die Bibel gilt als göttlich inspiriertes Buch und unfehlbare Autorität

Von vielen evangelikal ausgerichteten Bibelschulen oder Ausbildungsstätten werden neben der »Lausanner Verpflichtung« die drei Chicago-Erklärungen zur Irrtumslosigkeit der Bibel (1978), zur biblischen Hermeneutik (1982) und zur biblischen Anwendung (1986) als normativ betrachtet. Im Zentrum der erstgenannten Chicago-Erklärung steht das Bekenntnis zur völligen Autorität, Unfehlbarkeit und Irrtumslosigkeit der Schrift, die frei von Fehlern, Fälschungen oder Täuschungen sei. Die Bibel gilt in allen ihren Teilen bis hin zu den Worten des Urtextes als göttlich inspiriert, auch wenn von der Extremposition Abstand genommen wird, die biblischen Autoren nur als willenlose Schreibwerkzeuge Gottes und des Heiligen Geistes zu betrachten. Vor diesem Hintergrund stößt die wissenschaftliche Bibelauslegung mit ihren Quellentheorien und ihrer kritischen Hinterfragung der Verfasserangaben in den biblischen Schriften auf entschiedene Ablehnung. In Artikel 18 heißt es: »Wir verwerfen die Berechtigung jeder Behandlung des Textes und jeder Suche nach hinter dem Text liegenden Quellen, die dazu führen, dass seine Lehren relativiert, für ungeschichtlich gehalten oder verworfen oder seine Angaben zur Autorschaft abgelehnt werden.«

Chicago-Erklärung zur Irrtumslosigkeit der Bibel

Einen eng an der »Lausanner Verpflichtung« und den »Chicago-Erklärungen« orientierten Entwurf evangelikaler Bibelhermeneutik hat Helge Stadelmann vorgelegt. Die im Zuge der Aufklärung aufgekommenen historisch-kritischen Zugänge zur Bibel gelten – auch in gemäßigter Form – als »fremdes Joch« und »Philisterherrschaft«, die den Kirchen schwer zu schaffen mache. Zu den Eckdaten evangelikaler Hermeneutik wird die Herausforderung an den Interpreten gezählt, dem Wesen der biblischen Texte als inspiriertem Gotteswort gerecht zu werden und ihren Literalsinn herauszuarbeiten. Als angemessene menschliche Antwort auf die göttliche Offenbarung in der Schrift werden nicht Kritik und Hinterfragung, sondern genaues Verstehen, Glaube und Gehorsam betrachtet. Auf entschiedene Ablehnung stoßen auch feministische und tiefenpsychologische Zugänge zur Bibel. Sie werden mit dem Vorwurf bedacht, Aussagen aus der Schrift zur Rechtfertigung der eigenen Ideologie zu missbrauchen. An literaturwissenschaftlichen Methoden der Bibelauslegung wie der Rezeptionsästhetik wird bemängelt, dass sie weder nach der historischen Wirklichkeit des Berichteten fragen noch dem Offenbarungsanspruch der Texte Rechnung tragen. Bei der ethischen Urteilsbildung steht für die evangelikale Hermeneutik außer Frage, dass die biblischen Aussagen ungebrochen in die Gegenwart zu übertragen sind. Vor dem Hintergrund des Axioms, dass die Bibel in allen Bereichen des Glaubens, der Lehre und der Lebensführung die einzige und unfehlbare Autorität darstellt, werden etwa ein entschiedenes »Nein« zur Frauenordination oder zur Trauung gleichgeschlechtlicher Paare als Testfall für wirkliche und nicht nur vorgegebene Bibeltreue betrachtet.

Die »Evangelikale Hermeneutik« von Helge Stadelmann

Ein »Nein« zur Frauenordination wird zum Prüfstein wahrer Bibeltreue erhoben

■ Feministische Hermeneutik und Genderforschung

Die Notwendigkeit feministischer Exegese erwuchs aus einer erdrückenden Dominanz androzentrischer Bibelwissenschaft, die sich als ergänzungs- und korrekturbedürftig erwies. Dabei geht es zunächst einmal um eine geschichtliche Rekonstruktion der weithin vergessenen, im Überlieferungsprozess verdrängten

Historisches wie emanzipatorisches Erkenntnisinteresse

oder heruntergespielten Bedeutung der Frau in der Jesusbewegung und im frühen Christentum. Jenseits des historischen Erkenntnisinteresses verbinden sich damit auch emanzipatorische Impulse für die Gleichberechtigung der Frau in Kirche und Gesellschaft. Darüber hinaus macht sich feministische Exegese die kritische Prüfung frauenfeindlicher Bibelauslegungstraditionen zur Aufgabe, bemüht sich um eine eigenständige Bibelhermeneutik mit Gleichberechtigung der Geschlechter und ist an der Wiederentdeckung oder Entwicklung spezifisch weiblicher Formen von Spiritualität interessiert. Die Anfänge feministischer Auslegung des Neuen Testaments liegen in den 1970er Jahren. Als bahnbrechend erwiesen sich Bücher wie »Frauen um Jesus« (1980) von Elisabeth Moltmann, »In Memory of Her« (1983) von Elisabeth Schüssler Fiorenza oder »Lydias ungeduldige Schwestern« (1994) von Luise Schottroff. Als Standardwerk hat sich zudem das von Luise Schottroff und Marie-Theres Wacker herausgegebene »Kompendium Feministische Bibelauslegung« (1998) etabliert.

Erforschung von Frauengestalten im Neuen Testament

Zunächst richtete sich der Fokus darauf, die zentrale Rolle der Frau in der Jesusbewegung und den frühchristlichen Gemeinden angemessen in den Blick zu bekommen. Beispielsweise gab es noch vor einigen Jahrzehnten zwar viele Arbeiten über Petrus, aber kaum eine über Maria Magdalena. Eine vordringliche Aufgabe war daher die Erforschung von Frauengestalten in der Bibel, aus der sich zudem handfeste Argumente für die von vielen Kirchen nach wie vor verweigerte Zulassung von Frauen in das kirchliche Amt ergeben. Inzwischen ist das Bewusstsein dafür gewachsen, dass Frauen in der Nachfolge Jesu wichtige Funktionen ausübten und in den frühchristlichen Gemeinden als Apostelinnen, Prophetinnen oder Diakoninnen bedeutsame Ämter innehatten. Zudem ist zu berücksichtigen, dass der androzentrische Sprachgebrauch der Bibel die Bedeutung der Frau in neutestamentlicher Zeit verschleiert. Die Evangelien etwa sprechen ausschließlich von Jüngern, obwohl auch Frauen in die Nachfolge eintraten (Lk 8,3). Paulus redet in den Briefen die Gläubigen stereotyp als Brüder an, während sich nachweislich auch eine Vielzahl von Frauen in den Gemeinden befunden hat. In den Kontext einer angemessenen Wahrnehmung von Frauen in der biblischen Überlieferung gehört daher auch die »Bibel in gerechter Sprache«. Sie macht mit ihrer inklusiven Sprache deutlich, dass Jesus auch Jüngerinnen hatte und Paulus nicht nur an Brüder, sondern auch an Schwestern im Herrn geschrieben hat.

> **Es gab viele Publikationen zu Petrus, aber kaum eine zu Maria Magdalena**

Korrektur frauenfeindlicher Auslegungstraditionen

Zudem hat die feministische Exegese auch mit frauenfeindlichen Auslegungstraditionen aufgeräumt. Ein besonders krasses Beispiel dafür war, dass man aus der Apostelin Junia (Röm 16,7) im Mittelalter willkürlich einen Mann namens Junias machte. Erst nachdem die Theologin Bernadette Brooten in einem kurzen Aufsatz 1978 auf diesen Skandal aufmerksam gemacht hatte, begann sich das Blatt in Kommentaren zum Römerbrief und anderen Publikationen wieder zu wenden. Das »Griechisch-deutsche Wörterbuch zu den Schriften des Neuen Testaments und der frühchristlichen Literatur« von Walter Bauer zeigt sich allerdings auch in der Neubearbeitung durch Kurt Aland aus dem Jahr 1988 davon gänzlich unberührt. Das Standardlexikon vermerkt zunächst ganz richtig, dass es für die Existenz eines Männernamens Junias in der Antike keinerlei Belege gibt. Danach fährt es aber fort, die lexikalische Möglichkeit, dass es sich in Röm 16,7 um eine Frau namens Junias handele, sei durch den Zusammenhang (gemeint ist »hervorragend unter den Aposteln«) wohl ausgeschlossen. Statt wissenschaftlicher Sorgfalt waltet an dieser Stelle unverkennbar das Prinzip, dass nicht sein kann, was nicht sein darf.

Bei der Suche nach weiblichen Gottesbildern und Formen weiblicher Spiritualität im Neuen Testament richtet sich der Fokus darauf, dass die bereits im Alten Testament personifizierte Weisheit in der Verkündigung Jesu eine nicht unbedeutende Rolle spiele (Lk 7,35) und Jesus sich im Gespräch mit der Syrophönizerin (Mk 7,24-30) überzeugen lasse, Nationalismus und Mannesstolz als die beiden Eckpfeiler des Patriarchats abzustreifen und matriarchale Fürsorge zu praktizieren. Radikale Strömungen der feministischen Theologie brechen im Rahmen einer »Hermeneutik der Verurteilung« programmatisch mit weiten Teilen des von patriarchalen Denkstrukturen bestimmten Bibeltextes und ziehen damit zu Recht auch massive Kritik auf sich. Exemplarisch machen sich solche Kontroversen an einer Ablehnung der Vorstellung vom Sühnetod Jesu fest, die angeblich dem blutrünstigen Denken der Männer entsprungen ist. Noch einen Schritt weiter gehen Feministinnen wie Mary Daly (1928-2010) oder die Vordenkerinnen des »Women's Spirituality Movement« mit der Erklärung, dass Frauen den Glauben an einen unterdrückenden Vatergott und männlichen Versöhner zurückweisen und nach einer Muttergottheit und weiblichen messianischen Symbolen suchen müssten.

»Hermeneutik der Verurteilung«

Radikale Feministinnen bestreiten, dass Frauen von einem männlichen Erlöser gerettet werden können

In jüngerer Vergangenheit wird die feministische Hermeneutik zunehmend durch die Genderforschung befruchtet und ergänzt. Die neutestamentlichen Texte sind nachhaltig von geschlechtsabhängigen Differenzen und Machtstrukturen geprägt, die danach rufen, wahrgenommen und offengelegt zu werden. Exegese aus der Genderperspektive geht der Frage nach, inwieweit die Texte beispielsweise durch Rollenzuweisungen oder Handlungsermächtigungen an der Konstruktion von »Geschlecht«, der Verfestigung einer hierarchisch organisierten Geschlechterordnung und der Reproduktion der auf Zweigeschlechtlichkeit basierenden Geschlechterdifferenz beteiligt sind. Ziel ist letztlich, die sozial wie kulturell bedingten Geschlechterkonstrukte aufzubrechen oder zu zerschlagen. Die Mehrzahl der biblischen *gender studies* bleibt dem feministischen Ansatz verhaftet. Daneben hat aber auch die kritische Erforschung der Konstruktion von Männlichkeitsvorstellungen (*masculinities*) im Neuen Testament Fahrt aufgenommen.

Bibelanalyse aus der Genderperspektive

■ Sozialgeschichtliche Bibelauslegung

Um die neutestamentlichen Überlieferungen und die Welt ihrer Tradenten in voller Tiefe zu verstehen, bedarf es auch einer angemessenen Berücksichtigung der hinter den Texten stehenden oder von ihnen widergespiegelten sozialen Wirklichkeit. Dabei geht es unter anderem um Machtstrukturen, Geschlechterrollen, ökonomische Abhängigkeiten und daraus resultierende Muster der Gruppenbildung in der Lebenswelt der neutestamentlichen Autoren und ihrer Adressaten. Die dafür entwickelte sozialgeschichtliche Methode, die sich als ergänzende Bereicherung der historisch-kritischen Exegese versteht, ist durch eine Integration soziologischer, ökonomischer und kulturwissenschaftlicher Fragestellungen in die Bibelwissenschaft gekennzeichnet. Sozialgeschichtliche Exegese

Erhellung der sozialen Wirklichkeit hinter den Texten

ist damit grundsätzlich eher vergangenheitsorientiert, arbeitet aber auch die gegenwartsbezogene Bedeutung der neutestamentlichen Texte heraus. Dies schließt eine handlungsorientierte Hermeneutik mit ein, die sich von der sozialgeschichtlichen Analyse biblischer Texte Impulse für eine verantwortliche Gestaltung unserer Wirklichkeit erhofft. Gegenüber einer einseitigen Vereinnahmung der Bibel als Glaubenszeugnis und Trostbuch wird das Bewusstsein für deren politische Sprengkraft zur Veränderung der sozialen Verhältnisse geschärft. In diesem Punkt ergibt sich eine Anschlussfähigkeit der sozialgeschichtlichen Bibelauslegung zur Befreiungstheologie.

Sozialgeschichtliche und soziologische Auslegung

Die Anfänge sozialgeschichtlicher Exegese gehen in das späte 19. Jh. zurück. Im Methodenkanon fest etablieren konnte sie sich aber erst ab den 1970er Jahren, wobei sie an einem allgemein gestiegenen Interesse an den Sozialwissenschaften partizipierte. Das Hauptaugenmerk bisheriger sozialgeschichtlicher Erforschung des Neuen Testaments gilt der Sozialstruktur der Jesusbewegung und der frühchristlichen Gemeinden vor dem Hintergrund der sozialen Verhältnisse in der mediterranen Welt der Zeitenwende. Dazu zählt auch die Frage, inwieweit sich etwa die paulinischen Gemeinden von der Organisationsform und Sozialstruktur her mit griechischen Vereinen vergleichen lassen oder sich sogar an diese anlehnen. Vom sozialgeschichtlichen Zugang zum Neuen Testament lässt sich die soziologische Auslegung neutestamentlicher Texte unter Einbeziehung spezifisch soziologischer Modelle oder Theorien unterscheiden. So wird etwa die radikale Lebenswende des Paulus vor Damaskus im Rahmen soziologischer Theorien zur gesellschaftlichen Konstruktion der subjektiven Wirklichkeit als Prozess der totalen Transformation erklärt (P.L. Berger/T. Luckmann) oder die Leidenstheologie des Paulus mit dem soziologischen Modell der Selbststigmatisierung im Sinne der freiwilligen Übernahme einer gesellschaftlich negativ bewerteten Rolle interpretiert (H. Möritzer).

■ Tiefenpsychologische Zugänge zur Bibel

Tieferes Verständnis der Texte und Anstoß zu Selbsterfahrung

Auch die tiefenpsychologische Bibelauslegung ist gleichermaßen von einem historischen wie gegenwartsbezogenen Erkenntnisinteresse geleitet. Zunächst einmal versucht sie durch Einbeziehung psychologischer Betrachtungsweisen das geschichtliche Verständnis neutestamentlicher Texte zu fördern. So werden etwa die Wunderheilungen der Evangelien auf ein psychotherapeutisches Wirken Jesu zurückgeführt oder das von vorübergehender Erblindung begleitete Damaskuserlebnis des Paulus mit unterdrückten sexuellen Begierden oder einem unbewussten Christuskomplex in Verbindung gebracht. Dabei wird Paulus gewissermaßen auf die Couch gelegt und einer tiefenpsychologischen Anamnese unterzogen. Eine methodisch disziplinierte psychologische Analyse ausgewählter Paulustexte, die auf phantasievolle Diagnosen verzichtet, bietet Gerd Theißen in seinem Werk »Psychologische Aspekte paulinischer Theologie« (1983). Mit der Offenlegung der von den Texten widergespiegelten psychischen Prozesse ist allerdings die Zielsetzung tiefenpsychologischer Exegese bei weitem nicht erschöpft. Es geht ihr letztlich darum, den unter der Oberfläche der biblischen Überlieferungen verborgenen Schatz heilsamer Krisenbewältigung zu

Der Apostel Paulus wird von Tiefenpsychologen auf die Couch gelegt

heben. Über das biblische Medium erfolgt ein Anstoß zu Selbsterfahrung und Identitätsfindung, indem die Tiefendimension der Texte mit dem eigenen psychischen Tiefenerleben in Verbindung gebracht wird. Es geht um einen Brückenschlag von den biblischen Texten zur seelischen Befindlichkeit des modernen Menschen. Die in den Tiefenschichten der Bibel abgelagerten menschlichen Grunderfahrungen werden in unser Leben hineingeholt und können einen Beitrag zur Persönlichkeitsbildung leisten.

Das bedeutsamste tiefenpsychologische Interpretationsmodell stammt von Eugen Drewermann und ist dem Ansatz von Carl Gustav Jung (1875-1961) verpflichtet. Jung rechnet mit einer angeborenen Tiefenschicht der Psyche, die eine in jedem Menschen vorhandene Grundlage überpersönlicher Art darstellt und daher das kollektive Unbewusste genannt wird. In die Tiefenschicht der Seele haben sich nach Jung bestimmte Urbilder, Archetypen, eingeprägt, die sich in eher rational bestimmte männliche, als Animus bezeichnete und in eher emotional bestimmte weibliche, als Anima bezeichnete Elemente unterteilen. Nicht nur eine Disharmonie zwischen Animus und Anima, sondern vor allem auch die sogenannten Schatten, vom Ich an sich selbst nicht akzeptierte und daher verdrängte Persönlichkeitsanteile, ließen die Seele krank werden. Heilung geschieht in einem als Individuation bezeichneten allmählichen Prozess der Selbstwerdung. Ein intensives Hören auf das kollektive Unbewusste erweise sich dabei von unschätzbarem Wert, da dort die grundlegenden Möglichkeiten der Krisenbewältigung verborgen seien, wie sie von der Menschheit in ihrer Frühgeschichte erlernt wurden. Am Ende des Selbstwerdungsprozesses steht ein ganzheitliches Ich, das seine angstvoll zurückgewiesenen Persönlichkeitsanteile integriert und seine psychischen Gegensätze in ein harmonisches Gleichgewicht gebracht hat.

Der Ansatz von Eugen Drewermann

Vor diesem Hintergrund bemüht sich Drewermann darum, durch die Oberfläche der biblischen Geschichten hindurch zu dringen, um die auf der darunter liegenden Tiefenebene verborgenen psychischen Konfliktsituationen und Bilder der Hoffnung an das Tageslicht zu befördern. Neben seinem programmatischen zweibändigen Werk »Tiefenpsychologie und Exegese« hat Drewermann umfängliche Kommentare zu allen vier Evangelien vorgelegt. Den geschichtlichen Jesus versteht er als einen Schamanen, der durch eine Wiederherstellung der Einheit von Körper und Seele Heilung brachte. Während die historisch-kritische Bibelwissenschaft als ein verspäteter Bastard des Rationalismus und Säkularismus von einer Peinlichkeit in die andere stolpere, könne ein einziger Blick auf die Schamanen oder Medizinmänner primitiver Stammeskulturen zeigen, wie die biblischen Heilungswunder zu verstehen seien und vor allem welche zeitlos gültige Wirkmacht einer unverfälschten Form von Religiosität innewohne. Aus den Bibeltexten versucht Drewermann zeitlos gangbare Wege der Befreiung von Angst, innerer Zerrissenheit und seelischer Erkrankung, hin zu einer stabilen, in ganzheitlicher Harmonie lebenden und dabei auch ihre Schattenseiten bewältigenden Persönlichkeit aufzuzeigen. Wenn Menschen sich emotional auf eine Kommunikation mit den Tiefendimensionen der biblischen Überlieferungen einließen, könnten heilsame Prozesse der Selbstfindung in Gang kommen. Dabei werden allerdings oftmals auch phantasievolle Krankheitsdiagnosen in die neutestamentlichen Texte hineingelesen, um diese anwendungsorientiert in Szene zu setzen.

Jesus als Schamane

In neutestamentlichen Texten ist ein Schatz zur heilsamen Selbstfindung verborgen

■ Rezeptionsästhetik

Paradigmenwechsel in der Literaturwissenschaft

Rezeptionsästhetik oder Wirkungsästhetik, im Amerikanischen meist als »reader response criticism« bezeichnet, ist eine in den 1960er Jahren aufgekommene literaturwissenschaftliche Methode, die in den letzten Jahrzehnten zunehmend Einzug in die Bibelauslegung hielt. Von der Rezeptionsästhetik wird die Frage aufgeworfen, ob es in der durch Beliebigkeit gekennzeichneten Postmoderne überhaupt noch so etwas wie richtiges oder falsches Verstehen der Bibel gibt. Die Rezeptionsästhetik zählt zu den synchronen Formen der Textauslegung, die vom Endtext als einem organischen Ganzen ausgehen und dessen »Funktionieren« oder Wirken untersuchen, hingegen auf ein diachrones Lesen des Textes verzichten, also an einer Rekonstruktion literarischer Vorstufen und überlieferungsgeschichtlicher Bausteine nicht interessiert sind. Das Aufkommen der Rezeptionsästhetik ist das Ergebnis eines Paradigmenwechsels in der Literaturwissenschaft, indem eine auf das Werk und den Autor zentrierte Betrachtungsweise dadurch abgelöst wird, dass nunmehr die Leserin oder der Leser als entscheidende Größe ins Blickfeld kommt. Der Fokus richtet sich auf die Wahrnehmung, die ein Werk auslöst, und auf den Prozess, in dem die Wahrnehmung geschieht. Es geht also um die Interaktion zwischen Werk und Rezipienten. Der Text ist eine unfertige Größe, ein offenes Kunstwerk, das Steuerungssignale enthält und durch den Interpreten zur Vollendung kommt. Man kann ihn als Partitur begreifen, die erst durch den Leser zum Klingen gebracht wird. Unter dem Eindruck der Rezeptionsästhetik haben Bas van Iersel und Hubert Frankemölle Kommentare zum Markus- bzw. Matthäusevangelium vorgelegt, in denen die biblischen Texte streng aus der Perspektive ihrer ersten Leser interpretiert und die vom Text ausgehenden Signale der Leserlenkung eruiert werden. Bei Frankemölle verbindet sich dies mit einer pragmatischen, handlungsorientierten Texttheorie. Die Wirkabsicht der Texte des Matthäusevangeliums auf die Erstadressaten liege im Entwurf einer alternativen Lebenswelt, der traditionelle Verhaltensmuster in Frage stelle und neue Handlungsmöglichkeiten erschließe.

> Der Sinn des Bibeltextes wird durch den Leser konstituiert

Rezeptionsästhetische Zugänge zu Wundern und Gleichnissen

Von der Rezeptionsästhetik inspirierte Ansätze der Textauslegung liegen beispielsweise für die neutestamentlichen Wundergeschichten und Gleichniserzählungen vor. Heike Bee-Schroedter zieht aus der Tatsache, dass die Wundergeschichten in der neuzeitlichen Bibelwissenschaft seit der Aufklärung in sehr unterschiedlicher Weise ausgelegt wurden, den Rückschluss, dass jede Bibelauslegung der Subjektivität unterworfen ist, und sieht dadurch im Sinne der Rezeptionsästhetik den Nachweis für die prinzipielle Virtualität und Offenheit eines Textes erbracht. Dieter Massa hat sich aus rezeptionsorientierter Perspektive den Verstehensbedingungen der Gleichnisse Jesu gewidmet. Er stellt dabei heraus, dass Gleichnisse durch eine konstitutive Offenheit geprägt sind und der Rezipient wesentliche Elemente zur Sinnerstellung beitragen muss. Der Sinn eines Gleichnisses werde als konstruktive Leistung des Hörers oder Lesers im Zuge der rezeptiven Verarbeitung mit ihren Möglichkeiten und Regeln konstituiert. Auch nach Stefanie Schulte lässt die wirkungsästhetische Theorie Raum dafür, die Unbestimmtheit der Gleichniserzählungen mit eigenen Vorstellungen zu füllen und individuelle Wege der Interpretation und damit der Sinnkonstituierung zu finden. Sie sieht bereits darin eine unzulässige Einengung und Bevormundung des Rezipienten, wenn von diesem erwartet wird, das Gleichnis als Gleichnis zu lesen. Welchen Sinn ein Gleichnis im Akt der Rezeption gewinnt, entziehe sich dem Einfluss der Außenstehenden. An dieser Stelle zeigen sich allerdings deutlich auch die Probleme eines verabsolutierten rezeptionsästhetischen Zugangs, der das Verständnis des Textes uneingeschränkt in das Belieben der Rezipienten stellt.

■ Wirkungsgeschichtliche Bibelauslegung

Wirkungsgeschichtlicher Exegese geht es um die Einbeziehung der Glaubenstradition und Rezeptionsgeschichte in den Prozess der Schriftauslegung. Dies hat unterschiedliche Konnotationen. Hans-Georg Gadamer tritt in seiner philosophischen Hermeneutik für die Entwicklung eines wirkungsgeschichtlichen Bewusstseins ein, das den Menschen in die ihn tragende Wirkungsmacht der Vergangenheit eintreten und den Gegenwartshorizont mit den Horizonten vergangener Zeiten verschmelzen lässt. Das Konzept der Biblischen Theologie fordert eine wirkungsgeschichtlich reflektierte Auslegung biblischer Texte im Lichte der kirchlichen Glaubenslehre und in kritischem Einverständnis mit der von ihnen ausgehenden christlichen Tradition. Vollends geschärft wurde das Bewusstsein für die Notwendigkeit wirkungsgeschichtlicher Schriftauslegung von der Rezeptionsästhetik. Indem sie den Sinn eines Textes erst im Akt des Lesens unter Einbeziehung vorangegangener Rezeptionen konstituiert sieht, und lenkt sie den Blick auf die Wirkungsgeschichte mit ihren unterschiedlichen Sinnzuschreibungen.

Einbeziehung der Rezeptionsgeschichte

Eine zentrale Aufgabe des Verstehens von neutestamentlichen Texten besteht vor diesem Hintergrund darin, die Fülle ihrer Rezeptionen aufzuarbeiten, die sie seit ihrer Entstehung hervorgerufen haben. Texte besitzen nicht den einen zeitlos gültigen Sinn, sondern sind durch eine prinzipielle Offenheit gekennzeichnet, indem sie in unterschiedlichen Zeiten und Situationen von unterschiedlichen Lesern in ganz unterschiedlicher Weise interpretiert werden kann. Die aktive Aneignung eines Werkes erfolgt über die Vermittlung vorausliegender Aneignungen, also unter Berücksichtigung der Rezeptionsgeschichte. Damit ist der Prozess des Verstehens eng mit der Wirkungsgeschichte verzahnt. Wirkungsgeschichtliche Bibelauslegung geht den Spuren nach, die ein biblischer Text im Laufe von fast zweitausend Jahren in der Kirchen- und Theologiegeschichte, aber auch in der Literatur und der bildenden Kunst hinterlassen hat. Sie basiert auf der Einsicht, dass alle Auslegung biblischer Überlieferungen, sei es bewusst oder unbewusst, immer bereits in einer langen Tradition steht, die den Horizont der eigenen Interpretation entscheidend mitbestimmt. Niemand kann sich von den Auslegungen seiner Vorgänger freimachen, vorurteilsfreie Bibelauslegung gibt es nicht. Deshalb ist es unumgänglich, die reiche Auslegungsgeschichte eines biblischen Textes quer durch alle Epochen hindurch wahrzunehmen und bei den eigenen Bemühungen um eine Sinngebung einzubringen. Wenn dies geschieht, öffnet sich der Blick auf einen großen Schatz geschichtlicher Erfahrungen, die Menschen früherer Zeiten mit biblischen Texten gemacht haben. Gleichzeitig bewahrt ein wirkungsgeschichtliches Bewusstsein

Prinzipielle Offenheit von Bibeltexten

> Die biblischen Texte werden im Spiegel ihrer Wirkungsgeschichte betrachtet

davor, eigene Interpretationen absolut zu setzen oder theologisch problematische Auslegungstraditionen unreflektiert in die eigene Schriftinterpretation einfließen zu lassen. Ein unentbehrliches Hilfsmittel ist die in ökumenischer Verantwortung erarbeitete Reihe »Evangelisch-katholischer Kommentar zum Neuen Testament«, die besonderen Wert auf die Wirkungsgeschichte der neutestamentlichen Texte von der Alten Kirche bis zur Gegenwart legt und eine Fülle von Material bietet. Hinzu kommt das auf mehr als 40 Bände angelegte, allerdings erst in den Anfängen befindliche Kommentarwerk *Novum Testamentum Patristicum* (NTP), das die Rezeption der neutestamentlichen Schriften in der antiken christlichen Literatur dokumentiert und aus den jeweiligen Zusammenhängen heraus erläutert.

Chancen und Grenzen wirkungsgeschichtlicher Zugänge

Das Studium der Wirkungsgeschichte zeigt, dass es vielerlei unterschiedliche Möglichkeiten der Interpretation einer biblischen Überlieferung gibt und solche Offenheit in erheblichem Maße bereits im Text selbst angelegt ist. Die Wahrnehmung solcher Vielfalt leitet dazu an, sich der Vorläufigkeit der eigenen Auslegung bewusst zu sein und Toleranz gegenüber abweichenden Auslegungsmodellen zu üben. Der Blick auf die Wirkungsgeschichte legt zudem eine zeitbedingte Subjektivität aller Auslegung offen, die von der Fixierung auf ein allein gültiges Textverständnis befreit und einer Bevormundung des Interpreten durch die Auslegungstradition gegensteuert. Umgekehrt heißt dies allerdings nicht, dass der biblische Text ein wehrloser Spielball des Auslegers wäre und jeder beliebigen Interpretation ihr Recht zuzugestehen sei, wie es von Seiten der Rezeptionsästhetik postuliert wird. Je weiter sich Auslegungen von der ursprünglichen Intention eines Textes entfernt haben, desto kritischer sind sie auf ihre Rechtmäßigkeit hin zu befragen. Dies gilt nicht zuletzt, wenn eine Auslegung bedenkliche Züge aufweist, indem sie beispielsweise Gewalt legitimiert oder antijüdische Untertöne trägt. Historisch-kritische Rückbesinnung auf die ursprüngliche Aussageabsicht eines Textes stellt deshalb ein wichtiges Korrektiv zur Auslegungsgeschichte dar und hält dieser den Spiegel vor. Sie fungiert als Anwalt des Textes gegenüber willkürlicher Interpretation oder Fehldeutung durch den Interpreten.

> **Der Bibeltext darf nicht zum Spielball seiner Ausleger werden**

IV. Der zeitgeschichtliche Kontext des Neuen Testaments

Der Freiheitskampf der Makkabäer hatte dem jüdischen Volk im 2. Jh. v. Chr. mit der hasmonäischen Herrscherdynastie überraschend politische Unabhängigkeit von den Seleukiden beschert. In der Zeit der Königin Alexandra Salome (76-67 v. Chr.) begann sich das durch den Niedergang der Diadochenherrschaften entstandene Machtvakuum, dem das Hasmonäerreich seine Entstehung verdankte, zu schließen. Am Ende teilte es das Schicksal anderer hellenistischer Monarchien, in denen Machtkämpfe um den Thron zur treibenden Kraft des Verfalls wurden. Unmittelbar nach dem Tod von Alexandra Salome begann ein blutiger Bruderkrieg um das Thronerbe, an dessen Ende der Einmarsch des Pompeius in Jerusalem und die Römerherrschaft über Judäa standen.

■ Beginn der römischen Herrschaft über Judäa

Nachdem Rom in den Punischen Kriegen mit Karthago seinen gefährlichsten Gegner niedergerungen hatte, erhob es sich zur Hegemonialmacht im gesamten Mittelmeerraum und dehnte seinen Einfluss systematisch nach Osten aus. Schritt für Schritt kamen Griechenland, Kleinasien und Syrien unter die Herrschaft Roms. Das jüdische Staatswesen konnte sich dem Sog der römischen Expansionspolitik nicht entziehen. Durch Pompeius erfolgte eine Befriedung und völlige Neuordnung des Ostens, von der auch das Hasmonäerreich in Mitleidenschaft gezogen wurde. Pompeius begab sich 64 v. Chr. nach Damaskus, um nach dem Untergang des Seleukidenreichs Syrien als römische Provinz neu zu organisieren. In Jerusalem hatte Aristobul II., der ehrgeizige jüngere Sohn von Alexandra Salome, seinen Bruder Hyrkan II. aus dem Hohepriesteramt und vom Thron verdrängt. Als die verfeindeten Brüder den römischen Feldherrn in ihren Machtkampf einschalteten, ahnten sie nicht, wie weit dessen Einmischung gehen sollte. Die Eroberung Jerusalems durch Pompeius 63 v. Chr. markiert den Beginn der römischen Herrschaft über Palästina und das Ende des hasmonäischen Königtums, obgleich Antigonos zwei Jahrzehnte später nochmals für kurze Zeit eine Restitution der alten Verhältnisse gelang. Pompeius drang mit einem Teil seiner Offiziere in das Allerheiligste des Tempels ein. Auch wenn er den Tempelschatz unangetastet ließ, handelte es sich um ein Sakrileg, dessen Schrecken sich in den apokryphen Psalmen Salomos mit ihrer Anspielung auf den Fall Jerusalems widerspiegeln (PsSal 2).

Einmarsch des Pompeius in Jerusalem

Pompeius drang mit seinen Offizieren in das Allerheiligste des Tempels ein

Die Rechtsbeziehung zwischen Rom und Jerusalem veränderte sich von einem Freundschafts- zu einem Vasallenverhältnis. Politisch wie territorial wurde das jüdische Staatsgebilde auf jene Größe zurückgestutzt, die es im Zeitalter der persischen und hellenistischen Fremdherrschaft besessen hatte. Vordringliches Ziel des Pompeius war es, die Region zu befrieden und in das römische Herrschaftssystem einzubinden. Judäa wurde dabei nicht in eine römische Provinz umgewandelt, sondern als ein unter römischer Aufsicht stehender Klientelstaat organisiert. Mit der Herrschaftsausübung betrauten die Römer Hyrkan II. aus der alten Hasmonäerdynastie, der ins Hohepriesteramt zurückkehrte, und Antipater,

Aufstieg der Herodesfamilie

den Vater des späteren Königs Herodes, der als Statthalter amtierte. Antipater erwies sich als loyaler Sachwalter der Interessen Roms und baute dadurch seine Macht zielstrebig aus. Als Julius Cäsar 48 v. Chr. nach dem Sieg über Pompeius in Alexandria vom ägyptischen Heer eingeschlossen war, verdankte er Antipater seine Rettung. Dieser hatte Hilfstruppen aus Syrien mobilisiert und mit seinen jüdischen Kämpfern im Nildelta die Entscheidung zugunsten Cäsars herbeigeführt. Zum Dank für die existenzielle Hilfeleistung räumte Cäsar den Juden im gesamten Reich eine Reihe bedeutsamer Privilegien ein, darunter das Recht der freien Religionsausübung und die Befreiung vom Militärdienst. Antipater selbst nutzte den Machtgewinn dazu, seine Söhne Phasael und Herodes mit wichtigen militärischen Positionen zu betrauen. Phasael wurde zum Oberbefehlshaber über Jerusalem eingesetzt, Herodes übernahm diese Funktion in Galiläa aus und sollte bald als König über das jüdische Volk herrschen.

■ Das Königreich von Herodes dem Großen

Restitution der Hasmonäerherrschaft durch Antigonos

Im Jahr 40 v. Chr. drangen überraschend die Parther in Syrien ein, trieben dort den Statthalter in die Flucht und ließen sich als Befreier vom Joch der Römerherrschaft feiern. Auch in Judäa sahen weite Bevölkerungskreise unvermittelt die Chance gekommen, sich der romtreuen Führungsschicht um Hyrkan II., Herodes und Phasael zu entledigen. Kristallisationspunkt der Hoffnungen auf eine Wiederherstellung des hasmonäischen Königtums war Antigonos Mattathias, ein Sohn von Aristobul II., der ein Bündnis mit den Parthern einging. Das Partherheer rückte in Jerusalem ein und verhalf Antigonos dazu, knapp vier Jahre lang als letzter hasmonäischer Priesterkönig zu regieren.

Ernennung des Herodes zum König

Während Herodes die Flucht aus Jerusalem gelang, fielen Hyrkan II. und Phasael in die Hände von Antigonos. Phasael kam seiner sicheren Hinrichtung durch Selbstmord zuvor, Hyrkan II. wurden von Antigonos die Ohren abgeschnitten.

> **Dem Hohepriester Hyrkan wurden die Ohren abgeschnitten**

Mit dieser Verstümmelung konnte er keinerlei Ansprüche mehr auf das Hohepriesteramt erheben, da die Tora nur körperlich Unversehrte zum Priesterdienst zulässt (Lev 21,18). Herodes bewies in dieser schier aussichtslosen Lage politische Weitsicht. Den Römern musste zur Herrschaftssicherung im Osten daran gelegen sein, die Parther umgehend aus Syrien zu vertreiben und den mit ihnen verbündeten Antigonos zu stürzen. Herodes brachte seine Familie auf der Festung Masada in Sicherheit und begab sich nach Alexandria. Ein Angebot Kleopatras auf einen hohen Posten im ptolemäischen Heer schlug er aus und gelangte auf dem Seeweg nach Rom. Dort vermochte er sowohl Antonius als auch Octavian, den späteren Kaiser Augustus, von seiner Position zu überzeugen. Vom Senat wurde er feierlich zum König von Judäa ernannt, während man Antigonos wegen seiner Allianz mit den Parthern zum Feind des römischen Volkes erklärte.

König ohne Königreich

Zunächst war Herodes allerdings ein König ohne Königreich. Die Mehrheit des Volkes erhoffte sich von einer Wiederherstellung der Hasmonäerherrschaft eine Verbesserung der wirtschaftlichen Verhältnisse und lehnte den romtreuen Emporkömmling aus Idumäa entschieden ab. Bei den Frommen galt das Königtum des Herodes als Verstoß gegen die Weisung der Tora, keinen Fremden zum König über Israel einzusetzen (Dtn 17,15). Zudem wurde ihm angelastet, dass er in Rom nach seiner Ernennung zum König auf dem Kapitol Jupiter ein Opfer dargebracht hatte. Auch die Jerusalemer Aristokratie stand klar auf der Seite von Antigonos. Es bedurfte langer Kämpfe, bis Herodes die Lage im Land kontrollierte und schließlich 37 v. Chr. mit Hilfe einer römischen Streitmacht Jerusalem erobern konnte. Zuvor vollzog er die Vermählung mit der Hasmonäerprinzessin Mariamme und brachte damit den Anspruch zum Ausdruck, als rechtmäßiger Erbe des alten Herrscherhauses in Jerusalem einzuziehen. Antigonos wurde auf Befehl von Marcus Antonius hingerichtet, um jede Hoffnung auf ein Wiederaufleben des hasmonäischen Königtums im Keim ersticken und das jüdische Volk zur Anerkennung des Herodes zu zwingen.

Unmittelbar nach der Eroberung Jerusalems griff Herodes mit harter Hand gegen seine Widersacher durch. Die erste Aktion zur Festigung der Herrschaft war eine Hinrichtungswelle, der 45 hochrangige Anhänger des Antigonos zum Opfer fielen. Die von Intrigen und Verdächtigungen gekennzeichneten familiären Verstrickungen am Hof stellten das Königtum des Herodes vor große Belastungsproben. Im Königspalast hatten mit seiner Ehefrau Mariamme, seinem Schwager Aristobul III., seiner Schwiegermutter Alexandra und deren Vater Hyrkan II. einflussreiche Mitglieder des alten Hasmonäerhauses Einzug gehalten. Herodes ließ diese engsten Verwandten nach und nach wegen tatsächlichen oder angeblichen Hochverrats hinrichten. Außenpolitisch drohte Herodes von Seiten Kleopatras Ungemach. Nicht anders als vor ihm Julius Cäsar war auch Marcus Antonius, der seit der Schlacht von Philippi 42 v. Chr. im Osten des Römischen Reichs die Herrschergewalt ausübte, den Reizen der ägyptischen Schönheit erlegen. Kleopatra strebte eine Wiederherstellung des ptolemäischen Großreiches an, dem sie das Herrschaftsgebiet des Herodes einzuverleiben suchte. Neben dem Fürstentum Chalkis im Libanon und Teilen des Nabatäerreiches hatte Antonius ihr auch Gebiete aus dem Königreich Judäa zu Füßen gelegt, darunter die Gegend um Jericho mit ihren einträglichen Balsam- und Dattelplantagen. Erst die Seeschlacht von Actium, die 31 v. Chr. das Ende von Kleopatra und Marcus Antonius besiegelte, befreite Herodes aus der ägyptischen Umklammerung. Unter Kaiser Augustus erhielt er nicht nur die an Ägypten gefallenen Territorien zurück, sondern konnte später sein Königreich sogar um die Gebiete nordöstlich des Sees Gennesaret erweitern.

Mit der Stabilisierung der Herrschaft ging eine Phase der Ruhe einher, die Herodes zur Entfaltung seiner Macht nutzte. Im Mittelpunkt standen zahlreiche Baumaßnahmen, die zu einem wichtigen Element der Herrschaftslegitimation des römischen Klientelkönigs wurden. Die alten Hasmonäerburgen Hyrkania, Alexandreion, Machairos und Masada ließ Herodes zu teilweise luxuriösen Palästen ausbauen. Jerusalem erhielt ein neues Königsschloss, südlich der Stadt errichtete er die Festung Herodeion als Prunkschloss und Mausoleum. In Jericho mit seinem milden Klima entstanden imposante Palast- und Gartenanlagen, in denen Herodes weite Teile des Winters verbrachte. Das über das gesamte Königreich gespannte Netz opulent ausgebauter oder neu errichteter Festungen und Paläste diente der sichtbaren Manifestation der Herrschaft. Hinzu kamen umfassende städtebauliche Aktivitäten. Prunkvolle Städte wie Phasaelis, Antipatris oder Gaba entstanden aus dem Nichts. Die phönizische Siedlung Stratonsturm baute Herodes zur Hafenstadt Cäsarea aus, die den internationalen Handel vorantrieb und die Wirtschaftskraft stärkte. Dabei konnte er ebenso wie bei der Neugründung Samarias als Sebaste (Augusta) ungehindert seinen Vorstellungen von hellenistischer Kultur und seiner engen Verbundenheit mit dem Kaiserhaus Ausdruck verschaffen, ohne in Konflikt mit strenggläubigen Juden zu kommen. Das mit Abstand bedeutsamste aller herodianischen Bauprojekte war die völlige Umgestaltung des Jerusalemer Tempels, mit der sich Herodes selbst bei den Frommen Respekt verschaffte. Weit über die Grenzen seines Herrschaftsgebietes hinaus stiftete er in zahlreichen Städten Syriens, Kleinasiens und Griechenlands nach Sitte hellenistischer Fürsten Bauten und Denkmäler. Auch hier zeigte sich Herodes als weltoffener Monarch, der als Förderer griechischer Lebensart auftrat und sich durch die Einbindung seines Landes in die Weltkultur auf der Höhe der Zeit bewegte. Beispielsweise beteiligte er sich am Bau des Zeustempels in Athen und der Finanzierung der Olympischen Spiele. Das Diasporajudentum profitierte immens von diesen Aktivitäten, da sie die Reputation der jüdischen Gemeinden im Römischen Reich steigerten und zur Verbesserung ihrer Rechtsstellung beitrugen.

Blutige Familienkonflikte am Ende der Herrschaft

Die letzte Phase der Regierungszeit von Herodes ist durch blutige Familienkonflikte im Rahmen der Nachfolgeregelung gekennzeichnet. Aus den zehn Ehen des Königs waren zahlreiche männliche Nachkommen hervorgegangen, die um das Erbe konkurrierten. Um sein Königtum in politischer wie personeller Hinsicht für die nachfolgenden Generationen abzusichern, hatte Herodes mit Billigung des Kaisers früh seine Söhne Alexander und Aristobul aus der Ehe mit der Hasmonäerprinzessin Mariamme als Nachfolger auserkoren.

Die Thronerben wollten den Tod des Königs nicht abwarten und bezahlten dies mit dem Leben

Als Gerüchte aufkamen, dass sie ihren Vater bei Augustus verklagen wollten, um vorzeitig die Herrschaft zu übernehmen, machte Herodes ihnen 7 v. Chr. mit römischer Erlaubnis den Prozess und ließ sie hinrichten. Der nun als Thronfolger vorgesehene älteste Sohn Antipater konnte das Ableben des mittlerweile sterbenskranken Königs nicht erwarten und plante einen Giftanschlag auf Herodes. Daraufhin wurde auch er von einem Gericht unter Vorsitz des syrischen Statthalters Varus zum Tode verurteilt. Nach der Hinrichtung Antipaters änderte Herodes noch zweimal sein Testament, bevor er 4 v. Chr. in seinem Winterpalast in Jericho verstarb. Die prunkvolle Beisetzung erfolgte gemäß den testamentarischen Verfügungen. Im Purpurgewand mit goldener Krone auf dem Haupt und dem Zepter in der rechten Hand wurde er auf einer mit Edelsteinen verzierten Bahre zur Festung Herodeion überführt, wo er in dem schon zu Lebzeiten errichteten Mausoleum seine letzte Ruhestätte fand.

Bewertung des Herodes und seiner Herrschaft

In der Bewertung des Herodes hat sich in der Geschichtsforschung eine deutliche Wende vollzogen. In der jüdischen wie christlichen Historiographie fiel das Urteil über Herodes lange Zeit ausgesprochen negativ aus. Aus jüdischer Sicht war dafür vor allem die Öffnung des Herodes gegenüber dem Hellenismus verantwortlich, die sich in der Förderung griechischer Kultur, Lebensart und Religiosität niederschlug. Auf christlicher Seite wirkte unverkennbar die Legende vom Kindermord in Bethlehem (Mt 2,16-18) nach. Diese negative Wirkungsgeschichte verschleiert die unbestreitbaren Verdienste des Herodes bis zur Unkenntlichkeit. Bei aller Grausamkeit und Härte, mit der Herodes zweifellos regierte, verfolgte er mit großem diplomatischem Geschick die Einbeziehung Judäas in die hellenistisch-römische Weltkultur. Er war sich der Abhängigkeit von Rom und des daraus resultierenden engen Handlungsspielraums bewusst. In diesem Rahmen machte er aus Überzeugung wie aus machtpolitischem Kalkül die bedingungslose Gefolgschaft gegenüber Rom und die konsequente Einbindung seines Territoriums in das Römische Reich zum Garanten seiner erfolgreichen Herrschaft. Mit Kaiser Augustus und dessen Schwiegersohn Agrippa verband ihn ein geradezu freundschaftliches Verhältnis. In seinem ethnisch heterogenen Königreich trat Herodes für ein friedliches Miteinander von Juden und Griechen ein. Bei allem Eifer für die griechische Kultur nahm er in hohem Maße Rücksicht auf die religiösen Gefühle des Volkes und verschaffte dem Judentum im gesamten Römischen Reich immenses Ansehen. Durch umfangreiche Baumaßnahmen und eine Steigerung der landwirtschaftlichen Produktivität wurde der Wohlstand der Bevölkerung nachhaltig gefördert. Jerusalem ließ er im Glanz einer hellenistischen Metropole erstrahlen. Herodes bescherte dem Land Frieden und Wohlstand, wie es ihn seit den Tagen Salomos nicht mehr erlebt hatte. Mit seinem Tod ist zugleich der schleichende Verfall des jüdischen Staatswesens verbunden.

■ Teilung des Herodesreichs

Auf dem Sterbebett hatte Herodes sein Testament ein letztes Mal geändert und nun eine Aufteilung des Königreiches auf seine Söhne Archelaus, Herodes Antipas und Philippus verfügt. Herodes war kaum unter der Erde, da brachen die Spannungen und Gegensätze in seinem bis dahin mit harter Hand regierten Reich offen aus. In Jerusalem zettelten Pharisäer während des Passahfestes einen Aufstand am Tempel an, den Archelaus als designierter Thronfolger brutal niederschlug. Herodes war zwar von Augustus das Recht eingeräumt worden, seine Nachfolge selbst zu regeln, doch lag die Entscheidung über die Zukunft Judäas letztlich in der Hand Roms. Während alle designierten Thronerben in Rom weilten, brach im Herodesreich eine Reihe unkoordinierter Aufstände aus, die durch messianische Sehnsüchte und apokalyptische Erwartungen motiviert waren. In Emmaus und Sepphoris stürmten die Rebellen königliche Getreidelager und Waffenarsenale, in Jericho setzten sie den Winterpalast des Herodes in Brand. Der Funke sprang auf Jerusalem über, als der römische Reichsverweser Sabinus das Königsschloss besetzte und das herodianische Vermögen zu beschlagnahmen begann. Diese demonstrative Machtgeste Roms führte in der aufgeheizten Atmosphäre des Wochenfestes zu schweren Unruhen. Erst als der syrische Statthalter Varus mit zwei Legionen von Norden anrückte und sich kämpfend den Weg nach Jerusalem bahnte, bekamen die Römer die Lage in den Griff. Varus machte die Aufstandszentren Sepphoris und Emmaus dem Erdboden gleich, marschierte in Jerusalem ein und ließ insgesamt rund zweitausend Juden kreuzigen.

Unruhen nach dem Tod des Herodes

Die Entscheidung über die Zukunft Judäas lag allein in Roms Händen

Kaiser Augustus bestätigte nach reiflicher Überlegung das letzte Testament des Herodes in den wesentlichen Punkten. Archelaus konnte die Herrschaft über Judäa, Samaria und Idumäa antreten. Herodes Antipas, der in einem früheren Testament des Herodes noch als Alleinerbe vorgesehen war, musste sich mit der Herrschaft über Galiläa und Peräa begnügen. Er war damit der Landesherr Jesu und Johannes des Täufers. Philippus fielen die Reichsteile nordöstlich des

Herrschaft des Archelaus

Sees Gennesaret zu. Die Hauptstadt seines Herrschaftsgebiets war Cäsarea Philippi nahe den Jordanquellen, in dessen Umgebung das Petrusbekenntnis (Mk 8,27-30) angesiedelt ist. Archelaus blieb der Königstitel vorenthalten. Er musste sich mit der niedrigeren Stellung eines Ethnarchen begnügen und erlitt zudem empfindliche territoriale Verluste. Die wirtschaftlich bedeutsamen Städte Gaza, Gadara und Hippos, die schon lange das jüdische Joch abzuschütteln suchten, wurden aus seinem Herrschaftsgebiet ausgegliedert und der Provinz Syrien zugeschlagen. Während Herodes der Große jahrzehntelang die Gegensätze in seinem Reich zusammengehalten und sich als Garant römischer Interessen im Osten erwiesen hatte, war Archelaus dieser Aufgabe nicht gewachsen. Verdienste erwarb er sich durch eine Reihe von Baumaßnahmen. Er ließ den bei den Unruhen nach dem Tod des Herodes zerstörten Königspalast von Jericho wiederherstellen und setzte sich mit der Neugründung der Stadt Archelais ein Denkmal. Ansonsten ist seine Herrschaft von inneren Unruhen und schweren Protesten gegen seine Amtsführung gekennzeichnet. Mit der brutalen Niederschlagung des Aufstandes am Passahfest, die unzählige Menschen das Leben kostete, hatte Archelaus sich von Anfang an die Sympathien des Volks verscherzt. Unmut in der priesterlichen Aristokratie erregte er durch die willkürliche Absetzung des Hohepriesters Joazar, dem er eine Mitschuld an den Unruhen in Jerusalem gab. Zudem zog er dadurch die Kritik der Frommen auf sich, dass er Glaphyra heiratete. Sie war die Witwe seines von Herodes dem Großen hingerichteten Halbbruders Alexander. Diese Ehe mit der Schwägerin stellte einen schweren Verstoß gegen das jüdische Religionsgesetz dar (Lev 18,16). Das von Archelaus ausgeübte Schreckensregiment spiegelt sich auch im Neuen Testament wider. Nach der Rückkehr aus Ägypten soll Josef aus Furcht vor Archelaus Judäa gemieden haben und mit seiner Familie nach Galiläa in das Herrschaftsgebiet des Herodes Antipas übergesiedelt sein (Mt 2,22).

> Mit der Heirat von Glaphyra verstieß Archelaus gegen das jüdische Religionsgesetz

■ Einrichtung der Provinz Judäa

Absetzung von Archelaus

Im Jahr 6 n. Chr. begab sich eine Delegation jüdischer und samaritanischer Aristokraten nach Rom, um beim Kaiser die Absetzung des Archelaus einzufordern. Da Augustus dem Anliegen stattgab und Archelaus nach Gallien verbannte, müssen schwere Anschuldigungen gegen ihn vorgebracht worden sein, die Rom um die Stabilität im Osten bangen ließen. Sowohl Philippus als auch Herodes Antipas bemühten sich vergeblich darum, ihren Bruder zu beerben. Sein Reich wurde in die Provinz Judäa umgewandelt und der direkten Herrschaft Roms unterstellt. Gleichzeitig konfiszierten die Römer den gesamten Besitz des Archelaus. Die Ländereien wurden verkauft und der Erlös in die römische Staatskasse überführt.

Der Zensus des Quirinius

Die Umwandlung des Herrschaftsgebiets von Archelaus in eine römische Provinz hatte einen Zensus zur Folge, der in die Hände des syrischen Statthalters Quirinius gelegt wurde. Der Zensus war von Augustus in den Provinzen des Reiches zur Bemessung der Kopfsteuer und Grundsteuer eingeführt worden. Ihm mussten sich bei der Neueinrichtung einer Provinz all deren Bewohner unterziehen, die nicht das römische Bürgerrecht besaßen. In regelmäßigen Abständen wurden die Daten aktualisiert. Auf diese Weise verschaffte sich die

Provinzialverwaltung Einblick in die Zahl der kopfsteuerpflichtigen Personen und deren Vermögensverhältnisse. Normalerweise erschien der Hausvorstand vor den Behörden. Seine Angaben zu den Personen im Haushalt, dem Grundbesitz und dem durchschnittlichen Bodenertrag wurden auf einer Urkunde aus Papyrus festgehalten, von der er eine Abschrift erhielt. Die Weihnachtsgeschichte des Lukas bringt die Steuerschätzung mit der Geburt Jesu in Verbindung (Lk 2,1-3), die in die Endphase der Herrschaft von Herodes dem Großen fällt. Aus dem Werk des Josephus geht dagegen deutlich hervor, dass der Zensus des Quirinius nach der Verbannung des Archelaus erfolgte (Joseph., *ant.* 18,1-9) und somit in das Jahr 6 n. Chr. zu datieren ist. Der mit Einrichtung der Provinz Judäa erstmalig durchgeführte Zensus markiert die Geburtsstunde der zelotischen Bewegung, die sich zum Widerstand gegen die Steuerschätzung formierte. Jenseits des sozialen Aspektes, dass die Steuern schwer auf dem Rücken der jüdischen Bevölkerung lasteten, wurde der Zensus zum Symbol der römischen Fremdherrschaft, die es mit allen Mitteln zu bekämpfen galt.

Die Einrichtung der römischen Provinz Judäa stellte eine markante Zäsur dar. Sie besiegelte im jüdischen Kernland das vorläufige Ende des von Rom abhängigen, aber innenpolitisch autonomen herodianischen Herrschertums. Die Regierungsgewalt einschließlich der Kapitalgerichtsbarkeit und Steuerhoheit ging in die Hände des römischen Statthalters über. Dieser unterstand der Dienstaufsicht des Statthalters von Syrien, trug den militärischen Titel eines Präfekten und war Oberbefehlshaber der römischen Truppen im Land. Die Militärpräsenz war allerdings nicht allzu hoch, im Bedarfsfall rückten die römischen Legionen aus Syrien an. Von den ersten Statthaltern Judäas ist kaum mehr als ihr Name bekannt. Ungleich kräftiger sprudeln die Nachrichten über Pontius Pilatus (26-36 n. Chr.). Eigentlicher Gewinner der politischen Umwälzungen nach Absetzung des Archelaus war die jüdische Aristokratie, die das Synedrion beherrschte und von der geringen Präsenz des Statthalters in Jerusalem profitierte. Der Statthalter stellte zwar die höchste Instanz in allen Fragen dar, die das Recht, die innere Sicherheit und die Finanzen der Provinz Judäa betrafen. Er hielt sich aber die meiste Zeit in Cäsarea auf und trat weite Teile der innenpolitischen Befugnisse an das Synedrion in Jerusalem ab. Neben der Aristokratie gehörten ihm auch Pharisäer als Repräsentanten des Volks an. Als jüdisches Parlament und oberster Gerichtshof gewann es eine bis dahin nicht gekannte Bedeutung, indem es sich zur höchsten innenpolitischen Entscheidungsinstanz und zum zentralen Organ jüdischer Selbstverwaltung entwickelte. Auch die Rolle des an der Spitze des Synedrions stehenden Hohepriesters erfuhr gegenüber der herodianischen Zeit eine Aufwertung. Zusätzlich zu seinen kultischen Funktionen gewann der Hohepriester nun auch wieder politische Macht, indem er zum obersten Repräsentanten des jüdischen Volkes gegenüber den Römern wurde und letztlich die Verantwortung für die Innenpolitik trug.

Rolle des Statthalters und Befugnisse des Synedrions

Hohepriester und Synedrion waren die eigentlichen Gewinner bei den Umwälzungen

■ Die Anfänge des Prinzipats unter den julisch-claudischen Kaisern

Die Staatsform des römischen Kaiserreichs in neutestamentlicher Zeit war der von Augustus (Octavian) geschaffene Prinzipat. Dieser Begriff bezeichnet die

Die Staatsform des Prinzipats

Integration von republikanischen Traditionen in die Vorherrschaft eines herausragenden Einzelnen (lat. *princeps*). Nach dem Sieg über Marcus Antonius gelang Octavian eine Einbindung der Monarchie in die republikanische Rechtsordnung, indem er die Institutionen und Ideale der römischen Republik äußerlich am Leben erhielt. Der Senat betraute ihn 27 v. Chr. in Anbetracht seiner Verdienste mit der allgemeinen Fürsorge für den Staat. Gleichzeitig wurde ihm zur Idealisierung seiner Person der in den sakralen Bereich führende Ehrenname Augustus (»der Erhabene«) verliehen. Mit seiner Konzeption des Prinzipats schuf Augustus Strukturen der Regierung und Verwaltung, die dauerhaft Bestand hatten. Den Provinzen des Reiches brachte der Prinzipat des Augustus nach einer endlosen Kette von Kriegen die Pax Romana.

Tiberius

Tiberius (14-37 n. Chr.), in dessen Regierungszeit das Auftreten Jesu fällt (Lk 3,1), wuchs mit seiner Adoption durch Augustus in die Rolle des Thronfolgers hinein und entwickelte sich zur wichtigsten Stütze des Systems. Unmittelbar nach dem Tod des Augustus forderte er den Truppen den Treueid ab und legte damit den Grundstein für die Konsolidierung des Prinzipats, dessen Aufgaben ihm vom Senat auf Lebenszeit übertragen wurden. Das Verhältnis zum Senat war allerdings bald von Misstrauen geprägt und das Denunziantentum hatte Hochkonjunktur. Vor allem gegen Ende seiner Herrschaft erwirkte Tiberius unzählige Todesurteile wegen Majestätsbeleidigung und Hochverrat. Die Vergöttlichung wurde ihm nach seinem Tode vom Senat verwehrt. Diese Schattenseiten seiner Herrschaft können nicht darüber hinwegtäuschen, dass mit ihm ein erfahrener Militär und tatkräftiger Administrator an die Spitze des römischen Gemeinwesens gerückt war.

> Tiberius wurde die posthume Vergöttlichung durch den Senat verwehrt

Gaius Caligula

Als Gaius Caligula (37-41 n. Chr.) nach dem Tod des verhassten Tiberius die Herrschaft an sich riss, brach in Rom Freudenstimmung aus, auf die schnell Ernüchterung folgen sollte. Zwischen den hoffnungsvollen Anfängen und dem weiteren Verlauf seiner Herrschaft klafft ein tiefer Riss. Caligula war zwar nicht die wahnsinnige Bestie, als die er im geschichtlichen Rückblick bald dargestellt wurde, doch führte er in seiner Selbstherrlichkeit das Reich an den Rand des Abgrunds. Den Senat und die Oberschicht brüskierte er in einer Weise, wie sie bis dahin im Prinzipat ohne Beispiel war. Er vollzog eine Selbstinszenierung als Gottheit, die der Herrschaftslegitimation diente und im Interesse der Machtpolitik das Ziel verfolgte, die römische Aristokratie zu demütigen und sich ihres Gehorsams zu versichern. In Alexandria und Antiochia instrumentalisierte die griechische Oberschicht mit Billigung der römischen Behörden den Kaiserkult als Waffe gegen das Judentum, das nach politischer Mitbestimmung strebte. Da die Juden sich dem Kaiserkult aus religiösen Gründen verweigern mussten, wurden sie Opfer von Pogromen, die sich zum Flächenbrand ausweiteten und im Osten die Stabilität bedrohten. Caligula trug durch unkluges Handeln und Missachtung der religiösen Gefühle des Judentums zur Verschärfung der Lage bei. Der in letzter Sekunde verhinderte Versuch des Kaisers, sein eigenes Standbild im Jerusalemer aufstellen zu lassen, hätte um ein Haar zum Aufstand gegen Rom geführt.

Claudius

Claudius (41-54 n. Chr.), der Neffe des Tiberius und Onkel des Caligula, war wegen eines Sprachfehlers und einer Gehbehinderung von Kindheit an stark gehandicapt. Die kaiserliche Familie blickte seit jeher mit Geringschätzung auf ihn herab, obwohl er über eine hervorragende Ausbildung und ausgeprägte geistige

Fähigkeiten verfügte. Augustus und Tiberius hatten ihm systematisch den Zutritt zu allen bedeutsamen Ämtern verwehrt. Sie fürchteten, er könne das Kaiserhaus in der Öffentlichkeit zum Gespött der Leute machen. Erst unter seinem Neffen Caligula war Claudius in das lang ersehnte Amt des Konsuls aufgestiegen und Mitglied des Senats geworden. Nach dem Attentat auf Caligula fürchtete Claudius um sein Leben und verbarg sich im Palast hinter einem Vorhang. Ehe er wusste, wie ihm geschah, zerrten ihn Soldaten der Prätorianergarde aus seinem Versteck hervor und riefen ihn zum Kaiser aus. Mit Billigung des Senats, wo nach den Erfahrungen mit Caligula ernsthaft eine Rückkehr zur Republik in Erwägung gezogen wurde, konnte er schließlich die Herrschaft antreten. Während Claudius bei den antiken Geschichtsschreibern als körperlich gebrechlicher, seelisch labiler und von seinen Beratern gesteuerter Herrscher ohne wirklich eigenständige Leistungen gilt, hat er in der modernen Geschichtsschreibung eine völlige Neubewertung erfahren. Seine Herrschaft, die er mit viel Energie und Geschick ausübte, brachte eine Phase innerer Konsolidierung und nimmt im frühen Prinzipat eine hervorgehobene Stellung ein. In Rom kam es während seiner Herrschaftszeit innerhalb der Judenschaft zu Auseinandersetzungen um die Christusverkündigung, die zur Vertreibung der Rädelsführer führten. Dazu gehörten Aquila und Priscilla, die nach Korinth übersiedelten und dort Gastgeber des Paulus wurden (Apg 18,2).

> Claudius blieb wegen seines Sprachfehlers lange der Zugang zu höheren Ämtern verwehrt

Nero (54-68 n. Chr.) verdankte den politischen Aufstieg dem Ehrgeiz seiner Mutter Agrippina, die 49 n. Chr. den verwitweten Claudius ehelichte und die Adoption ihres Sohnes durch den Kaiser erreichte. Fünf Jahre später starb Claudius, ohne eine verbindliche Nachfolgeregelung getroffen zu haben. Eine Reihe von Indizien sprechen dafür, dass Agrippina den Herrscher vergiftete, um ihrem Sohn den Weg zum Thron zu ebnen. Die Resonanz auf die am Vorbild des Augustus orientierte Politik Neros, die auf ein gutes Einvernehmen zwischen Senat und Princeps abzielte, war zunächst ausgesprochen positiv. Das Ansehen Neros verschlechterte sich aber bald durch eine Reihe politischer Morde. Neben Britannicus, dem leiblichen Sohn des Claudius, ließ Nero auch seine Mutter Agrippina und seine im Volk überaus beliebte Gattin Octavia umbringen. Die Herrschaft Neros stieß zudem auf immer stärkere Ablehnung, weil der Kaiser sich kaum der Politik widmete, sondern vornehmlich das Ziel verfolgte, als Wagenlenker, Sänger und Künstler Anerkennung zu finden. Nach dem verheerenden Brand Roms geriet Nero in den wohl unbegründeten Verdacht, das Feuer selbst gelegt zu haben. In dieser Situation machte er die Christen zu Sündenböcken. Die öffentlichen Hinrichtungen in der Arena vollzogen sich auf eine derart grausame Weise, dass sie nach Darstellung des Tacitus in der Bevölkerung eher Mitleid mit den Christen hervorriefen als den Hass auf sie zu schüren (Tac., *ann.* 15,44). Als ihm die Prätorianergarde die Gefolgschaft versagte, war Nero politisch am Ende und wurde 68 n. Chr. vom Senat zum Feind des Gemeinwesens erklärt. Nero setzte seinem Leben durch Selbstmord ein Ende. Er wird im Neuen Testament nicht bei seinem Namen erwähnt, verbirgt sich aber hinter der Gestalt des Tieres aus dem Meer in Offb 13. Die geheimnisvolle Zahl 666, die als gematrisches Rätsel den Namen des Tieres bezeichnet, stellt im Hebräischen, das keine Zahlzeichen kennt und stattdessen Buchstaben mit festgelegten Zahlenwerten verwendet, die Quersumme von קסר נרון (Kaiser Neron) dar.

Das Königreich von Herodes Agrippa I.

Vom Lebemann zum König von Judäa

Herodes Agrippa I. glückte für kurze Zeit (41-44 n. Chr.) nochmals die Wiederherstellung der herodianischen Monarchie. Seine Lebensgeschichte bietet mit Geld, Intrigen, Macht und Tragik die Zutaten zum Stoff, aus dem die Mythen sind. Er war ein Enkel von Herodes dem Großen. Sein Vater Aristobul stammte aus der Ehe des Königs mit der Hasmonäerprinzessin Mariamme. Nachdem Aristobul gemeinsam mit seinem Bruder Alexander von Herodes dem Großen wegen Hochverrats hingerichtet worden war, ließ sich seine Witwe Berenike mit ihren Kindern in Rom nieder. Dort pflegte sie intensive Kontakte zum kaiserlichen Hof. Zu ihren engsten Freundinnen zählte Antonia, die Frau des älteren Bruders von Kaiser Tiberius, die eine Tochter von Marcus Antonius und eine Nichte von Kaiser Augustus war. Agrippa I. wurde gemeinsam mit Antonias Sohn, dem späteren Kaiser Claudius, erzogen. Zudem verband ihn mit Drusus, dem 23 n. Chr. verstorbenen Sohn des Tiberius, seit Kindheitstagen eine innige Freundschaft. Auf der Flucht vor Gläubigern musste Agrippa I., der weit über seine Verhältnisse lebte, in den Osten fliehen. Dort wollte er bereits Selbstmord begehen, als ihm sein Schwager und Onkel Herodes Antipas finanziell unter die Arme griff. Später kehrte er nach Rom zurück und gewann das Vertrauen Caligulas, dem er die baldige Kaiserwürde wünschte. Als Kaiser Tiberius davon Kenntnis gewann, bezichtigte er Agrippa I. der Verschwörung und ließ ihn in Haft nehmen. Mit dem Tod des Tiberius und der Inthronisation von Caligula begann 37 n. Chr. Agrippas rasanter Aufstieg. Sogleich nach seiner Freilassung wurde zum König über das Herrschaftsgebiet seines wenige Jahre zuvor verstorbenen Onkels Philippus ernannt. Im Jahr 39 n. Chr. kam das Reich des nach Gallien verbannten Herodes Antipas hinzu, den Agrippa I. vor Caligula mit Erfolg der Konspiration mit den Parthern bezichtigt hatte. Nach dem Tod Caligulas, der einem Attentat der Prätorianergarde zum Opfer fiel, hatte Agrippa I. in Rom maßgeblichen Anteil daran, dass Claudius vom Senat zum Princeps ernannt wurde. Im Gegenzug übertrug ihm Claudius bei seinem Amtsantritt 41 n. Chr. auch die Herrschaft über die ehemalige Tetrarchie des Archelaus, die seit 6 n. Chr. als Provinz Judäa unter der Verwaltung römischer Statthalter gestanden hatte.

Agrippas Leben bietet den Stoff, aus dem die Mythen sind

Politische Aktivitäten und Herrschaftsstil

Die politischen Aktivitäten von Agrippa I. zeigen, dass er im Rahmen seiner Möglichkeiten auf Eigenständigkeit gegenüber Rom bedacht war. Wie Herodes der Große steigerte Agrippa I. das allgemeine Ansehen des Judentums, indem er außerhalb seines Herrschaftsgebietes als Förderer hellenistischer Kultur auftrat. Zugleich verstand er sich als Anwalt aller Juden im Römischen Reich. Bereits während der Caligulakrise hatte er mäßigend auf den Kaiser eingewirkt und diesen zumindest vorübergehend dazu bewegen können, von den Plänen zum Aufstellen seines Standbildes im Jerusalemer Tempel Abstand zu nehmen. Als um 41 n. Chr. der Synagoge von Dora eine Bildsäule des Claudius aufgezwungen wurde, intervenierte er mit Erfolg beim Statthalter von Syrien. Außerhalb des jüdischen Kernlandes trat Agrippa I. als weltoffener Hellenist auf und war auch für eine sakrale Überhöhung seiner Herrschaft empfänglich. Nach innen hingegen zeigte er sich als energischer Förderer von Gesetzesfrömmigkeit und Tempelkult. Im Jahr 44 n. Chr. erlag er überraschend in Cäsarea einer schweren Krankheit. Wegen seines engagierten Eintretens für Tora und Tempel wird Agrippa I. bei Josephus und in der rabbinischen Tradition äußerst positiv gezeichnet. In das christliche Geschichtsbewusstsein ging er hingegen wegen seiner Zwangsmaßnahmen gegen die Jerusalemer Urgemeinde als Gewaltherrscher ein, der durch qualvollen Würmerfraß von Gott die gerechte Strafe für sein Handeln empfing (Apg 12).

■ Der Jüdische Krieg

Nach dem unerwarteten Tod von Herodes Agrippa I. ließen die Römer 44 n. Chr. das Modell der Provinz Judäa wieder aufleben, die nun das gesamte ehemalige Herodesreich umfasste. Damit geriet erstmals auch das rebellische Galiläa, wo die Wurzeln der zelotischen Bewegung lagen, unter direkte römische Herrschaft und Steuerhoheit. Mit der Oberaufsicht über den Tempel, die das Recht zur Ernennung und Absetzung des Hohepriesters mit einschloss, wurde König Herodes von Chalkis, der ältere Bruder von Agrippa I., betraut. Die Wiederherstellung der Provinz Judäa erweist sich im geschichtlichen Rückblick als fatale Fehlentscheidung der römischen Politik. Die neuerliche politische Entmündigung, die nun das gesamte jüdische Territorium betraf, rief einen wachsenden Hass auf die Römer hervor. Hinzu kam, dass sich die Qualität der Provinzialverwaltung dramatisch verschlechterte und die Besatzungsmacht immer weniger Rücksicht auf religiöse wie nationale Gefühle nahm. Auch die mit wenigen Ausnahmen nur zweijährige Amtszeit der Statthalter war einer Konsolidierung der Verhältnisse nicht förderlich. Zusätzlich verschärft wurde die Lage durch wirtschaftliche und soziale Probleme.

Wiederbelebung der Provinz Judäa

> Die neuerliche politische Entmündigung rief einen wachsenden Hass auf die Römer hervor

Unmittelbare Folge der Unzufriedenheit mit der römischen Herrschaft war, dass das radikale Gedankengut der Zeloten auf immer fruchtbareren Boden fiel und das Land unaufhaltsam auf einen bewaffneten Aufstand gegen die Römer zusteuerte. Das Jahr 66 n. Chr. markierte den Beginn des Jüdischen Krieges. Der revolutionäre Funke sprang sogar auf Teile der Aristokratie über, die sich eigentlich bestens mit den Römern arrangiert hatte. Nach anfänglichen Erfolgen der Aufständischen wurde der Feldherr Vespasian von Nero mit der Niederschlagung der Erhebung betraut. Vespasian und sein Sohn Titus rückten im Frühjahr 67 n. Chr. mit einer rund 60.000 Soldaten umfassenden Streitmacht nach Galiläa ein, der die jüdischen Truppen nichts entgegenzusetzen hatten. Bald befand sich bis auf Jerusalem und wenige von den Aufständischen gehaltene Festungen das gesamte Land unter römischer Kontrolle. Vor dem Hintergrund des Selbstmords Neros und des Bürgerkriegs in Rom zögerte Vespasian die Eroberung Jerusalems hinaus, die erst 69 n. Chr. von Titus mit vier Legionen in Angriff genommen wurde. In Jerusalem hatten sich verfeindete Zelotengruppen verschanzt, die auch im Angesicht der römischen Belagerung noch gegeneinander Krieg führten. Im Juni 70 n. Chr. fielen die Burg Antonia und der Tempelbezirk. Bald darauf konnten die Römer auch den Rest der Stadt erobern. Da von jüdischer Seite im Verlauf der Belagerung mehrere Verhandlungsangebote der Römer brüsk ausgeschlagen worden waren, gingen die römischen Truppen nach dem Fall Jerusalems mit aller Härte vor. Die Stadt und der Tempel wurden weitgehend dem Erdboden gleichgemacht. Unter den am Leben gebliebenen Personen richteten die Soldaten ein Blutbad an. Wer nicht exekutiert wurde, den erwartete Sklavenarbeit in

Zerstörung Jerusalems und des Tempels

Bergwerken oder der blutige Gladiatorenkampf in der Arena. Während Titus sich bereits auf dem Weg nach Rom befand, leisteten einige Festungen im Lande noch Widerstand. Am längsten hielt sich Masada, wo rund tausend Zeloten im Frühjahr 74 n. Chr. bei der spektakulären Eroberung der als uneinnehmbar geltenden Festung durch den römischen Legaten Flavius Silva ihrer Verhaftung durch Selbstmord zuvorkamen.

Folgen des Jüdischen Krieges

Die Folgen des Jüdischen Krieges waren in politischer, wirtschaftlicher und religiöser Sicht verheerend. Jerusalem lag in Trümmern. Weite Teile des Landes waren verwüstet und entvölkert. Besonders schmerzlich war der Verlust des Tempels als Mittelpunkt des religiösen Lebens. Zur entscheidenden Größe wurde nun der gemäßigte Flügel des Pharisäismus, der relativ unbeschadet aus der Katastrophe hervorging und eine Führungsrolle bei der Neuformierung des Judentums übernahm, das sich gewissermaßen im Angesicht des zerstörten Tempels neu erfinden musste. Dies geschah außerhalb Jerusalems in Jabne.

■ König Agrippa II. und Königin Berenike

Aufstieg zum König

Agrippa II. war der letzte namhafte Vertreter des herodianischen Herrscherhauses. Er kam 27 n. Chr. in Rom als Sohn von Agrippa I. und Kypros zur Welt. Beim überraschenden Tod seines Vater im Jahr 44 n. Chr. blieb es ihm wegen seines jugendlichen Alters von 17 Jahren verwehrt, dessen Thronerbe anzutreten. Stattdessen entschied sich Claudius auf Druck seiner politischen Berater zu einer Wiederbelebung der römischen Provinz Judäa. Erst einige Jahre später begann Agrippa II. eine wichtigere Rolle bei der römischen Herrschaftsausübung im Osten zu spielen. Nach dem Tod seines Onkels Herodes von Chalkis wurde er um 50 n. Chr. zum Herrscher über dessen Königreich im südlichen Libanon eingesetzt. Gleichzeitig ging die Oberaufsicht über den Jerusalemer Tempel auf ihn über. Ende 53 n. Chr. vollzog Kaiser Claudius eine Neuordnung der politischen Verhältnisse im Osten und betraute Agrippa II. im Tausch gegen das kleine Königreich von Chalkis mit der Herrschaft über die ehemalige Tetrarchie des Philippus und das Königreich von Abilene (Joseph., *bell.* 2,247). Agrippa II. war damit Herrscher über ein Gebiet, das die Golanhöhen und das südliche Syrien umfasste. Unter Kaiser Nero, in dessen militärischer Offensive gegen die Parther ihm eine zentrale Rolle zugedacht war (Tac., *ann.* 13,7), konnte er seinem Königreich zusätzlich auch Teile von Peräa und Galiläa, darunter die Stadt Tiberias, einverleiben.

> König Agrippa II. wurde mit der Aufsicht über den Tempel betraut

Das königliche Glamourpaar

Königin Berenike, die älteste der drei Schwestern Agrippas II., war eine der aufregendsten, vermögendsten und politisch einflussreichsten Frauen ihrer Zeit. Mit 20 Jahren war sie nach Ehen mit Alexander, dem Neffen Philos, und Herodes von Chalkis, ihrem Onkel, bereits zweifache Witwe. Da Agrippa II. unverheiratet war, nahm sie an seiner Seite die Repräsentationsaufgaben einer Königin wahr, was Gerüchte über eine mehr als nur geschwisterliche Beziehung anheizte. In Jerusalem diente dem Glamourpaar der alte Hasmonäerpalast als Residenz. Beide hielten sich häufig in der Stadt auf und pflegten enge Kontakte zur römischen Provinzialverwaltung. Ihre Schwester Drusilla war mit dem Statthalter Felix vermählt (Apg 24,24). Dessen Nachfolger Festus statteten sie einen Antrittsbesuch ab und trafen dabei auch mit Paulus zusammen (Apg 25,13-26,32). Mit der Tempelaristokratie stand Agrippa II. in einem gespannten Verhältnis. Von dem Recht der Ernennung bzw. Absetzung von Hohepriestern machte er ausgiebig Gebrauch. Durch den Anbau eines Turms an den Hasmonäerpalast, von dem aus er die Opferhandlungen im Tempel beobachten konnte, beschwor er einen Konflikt herauf, der bis nach Rom vor den Kaiser ging. Die Priester hatten im Gegenzug im Tempel eine hohe Mauer als Sichtschutz errichtet, deren Beseitigung Agrippa II. von Nero vergeblich forderte. Umstritten waren auch die von ihm eingeleiteten Reformen am Tempel, die auf eine Besserstellung der Leviten innerhalb der Tempelhierarchie abzielten. Unter der Leitung von Agrippa II. kam es kurz vor dem Jüdischen Krieg zum endgültigen Abschluss der Bauarbeiten am Tempel, die sein Urgroßvater Herodes der Große in Gang gesetzt hatte.

Bei den Unruhen des Jahres 66 n. Chr. gegen den Statthalter Florus, der den Tempelschatz zur Begleichung rückständiger Steuerzahlungen konfisziert und die anschließenden Proteste mit aller Härte niedergeschlagen hatte, trat Berenike als Fürsprecherin des jüdischen Volkes auf. Erst als die aufgebrachte Bevölkerung Agrippa II. nach dessen Vermittlungsversuchen mit Steinen bewarf und bald darauf den Hasmonäerpalast in Flammen setzte, ergriffen Berenike und ihr Bruder vorbehaltlos für Rom Partei. Im Jüdischen Krieg kämpfte Agrippa II. mit eigenen Truppen auf Seiten der Römer und war an der Eroberung Jerusalems durch Titus beteiligt. Berenike war zu jenem Zeitpunkt bereits mehr als zwei Jahre die Geliebte von Titus. Agrippa II. zählte nach dem Tod Neros zu jenem einflussreichen Zirkel römischer Statthalter und Vasallenkönige, dem Vespasian die Thronbesteigung verdankte (Tac., *hist.* 2,81). Auch Berenike, die aus dem herodianischen Familienerbe und ihren ersten beiden Ehen über beträchtliche Vermögenswerte verfügte, stellte einen namhaften Betrag zugunsten der Flavier bereit. Titus hat ihr offenkundig dafür die Ehe versprochen.

Kampf auf Seiten der Flavier

Agrippa II. und Berenike zählten zum finanzstarken Unterstützerkreis Vespasians

Nach dem Jüdischen Krieg hat Vespasian aus Dankbarkeit das Königreich Agrippas II. nochmals erweitert. Zudem wurde Agrippa II. 75 n. Chr. in Rom feierlich in den Rang eines Prätors erhoben. Berenike begleitete ihren Bruder nach Rom, wo sie mit Titus im Kaiserpalast auf dem Palatin zusammenlebte und bereits wie seine Ehefrau auftrat. Die sich anbahnende Eheschließung des Thronerben mit einer skandalumwitterten jüdischen Königin stieß allerdings in der römischen Öffentlichkeit auf vehemente Ablehnung. Obwohl Titus sogar einen der Kritiker hinrichten ließ, vermochte er die negative Stimmung gegen seine Geliebte nicht zu stoppen. Das Liebesverhältnis mit Berenike schwächte seine politischen Ambitionen spürbar und stellte eine ernsthafte Gefahr für Vespasians Bemühen um die Etablierung einer neuen Dynastie dar. Titus beugte sich der Staatsräson und beendete schweren Herzens die Beziehung, um einen Beitrag zur Stabilisierung der Flavierherrschaft zu leisten. Mit dem Tod Vespasians und der Thronbesteigung von Titus im Jahr 79 n. Chr. machte sich Berenike Hoffnungen auf eine Wiederbelebung der Liebesbeziehung und reiste erneut nach Rom, wurde aber ein zweites Mal zurückgewiesen. Damit verliert sich ihre Spur. Als Agrippa II. um 100 n. Chr. starb, hatte er unter insgesamt zehn Kaisern als Vasallenkönig regiert und sich über mehr als ein halbes Jahrhundert hinweg als einer der wichtigsten Garanten der römischen Interessen im Osten erwiesen. Da er keine Thronerben hatte, starb mit seinem Tod die herodianische Dynastie aus.

Tragische Liebesbeziehung zwischen Berenike und Titus

Damit endete eine einzigartige Epoche in der jüdischen Geschichte, in der die Mitglieder der Herodesfamilie in engstem Kontakt zum Kaiserhaus standen, Jerusalem zu einer festen Größe im Römischen Reich machten und in nicht unbeträchtlichem Maße Einfluss auf die Weltpolitik nahmen.

■ Geschichte des Kaiserreichs von Vespasian bis Hadrian

Überraschende Inthronisation Vespasians

Mit dem Selbstmord Neros endete die Epoche der julisch-claudischen Kaiser. In Rom brach ein Bürgerkrieg aus, der das Reich an den Rand des Abgrunds und das Kaisertum in eine tiefe Krise stürzte. Der Senat übertrug dem bereits über 70 Jahre alten Galba den Prinzipat, woraufhin die Rheinarmee ihren in Köln residierenden Oberbefehlshaber Vitellius zum Nachfolger Neros ausrief. Bald darauf beseitigte in Rom Otho mit Hilfe der Prätorianergarde Galba und amtierte nun als Gegenkaiser zu Vitellius. Im April 69 n. Chr. wurde Otho bei Cremona in Oberitalien von den Truppen des Vitellius vernichtend geschlagen und beging Selbstmord. Die Legionen im Osten hatten derweil Vespasian zum Kaiser ausgerufen, der im Jüdischen Krieg das Kommando führte. Während Vespasian selbst im Hintergrund blieb, rückten die mit ihm sympathisierenden Donaulegionen nach Italien vor und schlugen die Truppen des Vitellius vernichtend. Als Vespasian auf diese Weise an die Herrschaft gelangt war, beauftragte er seinen Sohn Titus mit der endgültigen Niederwerfung des jüdischen Aufstandes und begab sich nach Rom, wo er ein knappes Jahr nach seiner Ernennung die Herrschaft antrat. Als Kaiser widmete Vespasian sich mit ganzer Kraft der Lenkung der Staatsgeschäfte. Er fasste die Herrschaft als Verpflichtung gegenüber der Allgemeinheit auf und zeichnete sich durch einen vorbildlichen Regierungsstil aus. Mit großem Geschick gelang es ihm, den bei seinem Amtsantritt mehr als brüchigen römischen Staat zu festigen und mit neuem Glanz zu versehen.

> Vespasian ist es gelungen, dem Prinzipat neuen Glanz zu verleihen

Titus und Domitian

Für Vespasian hatte nie in Zweifel gestanden, dass nur seine Söhne für die Nachfolge in Betracht kamen. Angesichts seiner Verdienste um den Staat war es ihm gelungen, eine neue Dynastie zu begründen. Sein älterer Sohn Titus (79-81 n. Chr.) starb nach nur zweijähriger Regierungszeit an einer Fieberkrankheit und wurde von Domitian (81-96 n. Chr.) als drittem Flavier beerbt. Domitian hatte mit größter Ungeduld auf das Ableben seines älteren Bruders gewartet, um endlich aus dessen übermächtigem Schatten heraustreten zu können. Er knüpfte an die bereits vorgeprägten Strukturen des Herrscherkults an und baute sie zielstrebig aus. Nahezu völlig verdunkelt wird das Bild Domitians durch jene innenpolitischen Konflikte, welche die letzten Jahre des nun seelisch kranken und an einem übersteigerten Selbstbewusstsein leidenden Kaisers zur Schreckenszeit werden ließen. Dazu zählten eine allgemeine Philosophenvertreibung aus Rom und willkürliche Hinrichtungen politischer Gegner. In den urbanen Zentren Kleinasiens kam es in der Regierungszeit Domitians auf Betreiben der lokalen Eliten, die sich von ihrem Engagement für den Kaiserkult Vorteile erhofften, verstärkt zu Zwangsmaßnahmen gegen Christen, die sich der göttlichen Verehrung des Kaisers verweigerten.

Traian als »princeps optimus«

Mit Domitian, der kinderlos verstarb, war das Ende des Flavierdynastie besiegelt. Sein Nachfolger Nerva (96-98 n. Chr.) starb nach nur zweijähriger Herrschaft. Die Regentschaft seines Adoptivsohns Traian (98-117 n. Chr.) ist innenpolitisch durch ein harmonisches Verhältnis des Kaisers zum Senatorenstand, außenpolitisch durch Feldzüge im Osten mit signifikanter Verschiebung der Reichsgrenzen geprägt. Das Römische Reich gewann unter seiner Herrschaft eine nie gekannte Ausdehnung und erstreckte sich bis an den Indischen Ozean. Traian verkörperte in geradezu idealer Weise das Bild des Princeps, wie es von Augustus geprägt wurde. Nach seinem überraschenden Tod im Jahr 117 n. Chr. wurde Traian zum Staatsgott erhoben. In krassem Gegensatz zu dieser hohen Reputation als idealtypischer Princeps hat Traian in der jüdischen und christlichen Tradition eine negative Wirkungsgeschichte. Dies hängt mit der brutalen Niederschlagung des großen Judenaufstands, der seinen Schwerpunkt in den Diasporagemeinden Nordafrikas und Zyperns hatte, und mit Zwangsmaßnahmen gegen Christen zusammen, von denen der Briefwechsel mit Plinius (Plin., *ep.* 10,96f) und Nachrichten christlicher Schriftsteller (Euseb, *hist. eccl.* 3,32-36) zeugen.

Nach dem Tod Traians ging die Herrschaft an Hadrian (117-138 n. Chr.) über. Traian soll seinen langjährigen Weggefährten auf dem Sterbebett in Abwesenheit adoptiert und zum Thronfolger bestimmt haben. Hadrian hatte bereits in seiner Jugend eine leidenschaftliche Begeisterung für die griechische Kultur entwickelt und förderte sie nach Kräften. Aufsehen erregte seine offen zur Schau gestellte homoerotische Beziehung zu Antinous, der nach seinem frühen Tod zum Gott erhoben und kultisch verehrt wurde. Auf Münzen, die seine Wohltaten bezeugen, ließ Hadrian sich programmatisch als Erneuerer und Bereicherer des Erdkreises abbilden. In der Außenpolitik brach er mit den Expansionsbestrebungen seines Vorgängers, dessen Offensive im Osten bald in sich zusammengefallen war, und verfolgte eine Friedenspolitik. Ein wichtiger Ausdruck seines Regierungsprogramms waren ausgedehnte Reisen in die Provinzen des Reiches, mit denen er sich einen persönlichen Einblick in die örtlichen Gegebenheiten, die Verfassung der römischen Truppen und den Zustand der Reichsgrenzen verschaffte. Damit verbunden war eine umfangreiche Bautätigkeit. Der Fürsorge für die Sicherung der Grenzanlagen entsprangen der Ausbau des Limes und die Errichtung des Hadrianwalls. In den Städten des Imperiums erwies sich Hadrian als großzügiger Stifter zahlreicher Bauten.

Hadrian

Hadrian ließ sich als Erneuerer und Bereicherer des Erdkreises feiern

■ Der Bar Kochba-Aufstand

Bei einer Reise in die östlichen Reichsprovinzen besuchte Hadrian 130 n. Chr. auch Jerusalem und verfügte dort eine Neugründung der Stadt als römische Kolonie Aelia Capitolina. Die Auswirkungen auf die religiösen und nationalen Gefühle der jüdischen Bevölkerung hatte Hadrian nicht bedacht. Im Zentrum der Kritik stand die Tatsache, dass auf dem verwaisten Tempelberg ein Jupiterheiligtum errichtet werden sollte. Mit dieser Entweihung des Zion hatten sich gleichzeitig alle Hoffnungen auf einen Wiederaufbau des Tempels zerschlagen. Zudem soll Hadrian auch ein Beschneidungsverbot erlassen haben.

Das jüdische Volk wahrte nach außen hin Ruhe, doch wurden insgeheim bereits Waffenarsenale angelegt und unterirdische Stellungen befestigt. Nachdem der Kaiser den Osten in Richtung Athen verlassen hatte, kam es im Sommer 132

Pläne zur Neugründung Jerusalems

Kriegerische Erhebung gegen Rom

n. Chr. zum offenen Krieg gegen die Römer. Der Anführer der Rebellen war Simon, der den Beinamen Bar Kochba trug und sich als Fürst Israels bezeichnete. Bar Kochba bedeutet »Sternensohn« und leitet sich daraus ab, dass Simon als der verheißene messianische Stern aus dem Geschlecht Jakobs galt (Num 24,17). Zum Zeichen der wiedergewonnenen Freiheit prägten die Aufständischen Münzen und führten eine neue Zeitrechnung ein, die mit dem ersten Jahr der Erhebung einsetzte. Münzen mit Tempelmotiven und der Aufschrift »Für die Befreiung Jerusalems« zeigen, dass der Aufstand auf die Eroberung Jerusalems und die Wiederherstellung des Tempelkultes abzielte. Einen anschaulichen Eindruck von der Persönlichkeit und den Charaktereigenschaften Bar Kochbas vermitteln Dokumente, die in der judäischen Wüste gefunden wurden, darunter mehrere Briefe des Aufstandsführers.

Niederschlagung des Aufstands

Territorial konzentrierte sich der Aufstand auf den Süden der Provinz Judäa. Wichtigster Stützpunkt der Rebellen war die Festung Bether südwestlich von Jerusalem. Das von den Aufständischen kontrollierte Territorium war in Militärdistrikte eingeteilt und Befehlshabern unterstellt, deren Namen aus den Briefen Bar Kochbas teilweise bekannt sind. Die Römer wurden von den Entwicklungen völlig unvorbereitet getroffen und erlitten im Anfangsstadium des Aufstandes hohe Verluste. Dem Statthalter Tineius Rufus gelang es auch mit Hilfe der syrischen Legionen nicht, die Erhebung niederzuschlagen. Bar Kochba und seine Kämpfer machten sich ein weitverzweigtes Netz unterirdischer Gänge und Höhlen zu Nutze, von denen aus sie ihren Partisanenkrieg gegen die Besatzungsmacht führten. Allerdings scheint der Aufstand sein vorrangiges Ziel einer Wiederherstellung des Opferkults auf dem Zion verfehlt zu haben. Die Tatsache, dass bei Ausgrabungen in Jerusalem bisher keine Münzen aus der Bar-Kochba-Zeit gefunden wurden, spricht gegen eine Einnahme der Stadt durch die Rebellen. Erst als der erfahrene Feldherr Julius Severus von Britannien nach Judäa beordert und mit dem Oberkommando betraut wurde, gewannen die Römer nach erbitterten Kämpfen die Kontrolle über die Provinz zurück. Dazu bedurfte es eines Heeres von sechs oder sieben Legionen, die von den tüchtigsten Generälen Roms angeführt wurden. Hadrian selbst scheint sich ebenfalls für kurze Zeit am Kriegsschauplatz aufgehalten zu haben. Mit der römischen Eroberung der Festung Bether im Jahr 135 n. Chr. fiel die letzte Bastion der Rebellen. Der Aufstandsführer Bar Kochba fand dabei den Tod.

> Die Römer wurden vom Bar-Kochba-Aufstand völlig überrascht

Strafmaßnahmen Hadrians

Nach der Niederschlagung des Aufstandes brachten die Römer die Umwandlung Jerusalems in die römische Kolonie Aelia Capitolina zielstrebig zum Abschluss und verhängten drastische Strafmaßnahmen. Unzählige Menschen, die den Krieg überlebt hatten, wurden in die Sklaverei verkauft. Hadrian erließ ein Gesetz, das allen Juden unter Androhung der Todesstrafe verbot, die Stadt Jerusalem und das umliegende Gebiet zu betreten. Die einzige Ausnahme stellte der Tag der Tempelzerstörung dar, an dem das jüdische Volk einmal im Jahr auf dem Zion Wehklage über das zerstörte Heiligtum erheben durfte. Zu den weiteren Sanktionen des Kaisers gehörte die Umwandlung des Provinznamens Judäa in Palästina. Mit dieser einzigartigen Maßnahme wurde programmatisch zum Ausdruck gebracht, dass es fortan kein Land der Juden mehr geben sollte.

V. Das antike Judentum

Das antike Judentum zeichnet sich bis zur Zeit der Tempelzerstörung durch eine große Vielfalt von Glaubensvorstellungen und einen ungeheuren Reichtum an religiösen Schriften aus. Zwar gab es gemeinsame Grundüberzeugungen und Ausdrucksformen des Glaubens, die mit dem von Ed P. Sanders geprägten Schlagwort eines *Common Judaism* auf den Punkt gebracht werden. Dazu zählten der Monotheismus, die Bundestheologie, die Tora, der Tempelkult und der Wortgottesdienst. Über zentrale Fragen wie die konkrete Auslegung des Religionsgesetzes, die Ordnungsgemäßheit des in Jerusalem von den Sadduzäern organisierten Tempelkultes, den Kanon heiliger Schriften über den Pentateuch hinaus, die Erwartung eines Messias, die Hoffnung auf ein Leben nach dem Tod oder die Beurteilung der römischen Fremdherrschaft aus religiöser Perspektive konnte man im Judentum der Zeitenwende aber völlig unterschiedlicher Meinung sein. Nochmals ganz eigene Akzente setzte das ägyptische Diasporajudentum, wo es unter hellenistischem Einfluss zu einer philosophischen Interpretation des Pentateuchs kam und mit der Septuaginta eine Form der Heiligen Schrift entstand, die unter Wahrung der Tradition auch durch schöpferische Neuaneignung der alten Texte gekennzeichnet ist. Das religiöse Schrifttum des antiken Judentums vermittelt einen anschaulichen Eindruck von der bunten Palette an Glaubensvorstellungen und Auslegungstraditionen, die erst in rabbinischer Zeit einer gewissen Einförmigkeit wich.

»Common Judaism« und religiöse Vielfalt

Über viele Glaubensinhalte konnte man im antiken Judentum geteilter Meinung sein

■ Jüdische Schriften aus hellenistisch-römischer Zeit

In der Zeit des Zweiten Tempels ist eine Vielzahl jüdischer Schriften entstanden, die im frühen 2. Jh. n. Chr. bei der endgültigen Festlegung des Umfangs der Hebräischen Bibel durch die Rabbinen unter den Tisch fielen. Die beliebten Begriffe »Alttestamentliche Apokryphen« und »Alttestamentliche Pseudepigraphen« sind zur Bezeichnung dieses Schriftenkorpus nur bedingt geeignet. Stattdessen sollte besser von außerkanonischen jüdischen Schriften aus hellenistisch-römischer Zeit gesprochen werden, wobei die Werke von Philo und Josephus ebenso wie die Gemeinschaftstexte aus Qumran in der Regel gesondert behandelt werden.

Begriffsklärungen

Als Pseudepigraphen bezeichnet man literarische Werke mit falscher Verfasserangabe. Das Phänomen der Pseudepigraphie ist in der Antike weit verbreitet. In unserem Kontext geht es um Schriften des antiken Judentums, die zur Steigerung ihres Ansehens vorgeben, von großen Gestalten der Vorzeit wie Adam, Henoch, Abraham, Moses oder Elia verfasst worden zu sein. Nicht zuletzt in der Apokalyptik erfreute sich die Pseudepigraphie großer Beliebtheit, um der Zukunftsschau besondere Autorität zu verleihen. Allerdings decken die Pseudepigraphen nur einen Teil der außerkanonischen jüdischen Literatur aus der Zeit des Zweiten Tempels ab. Zudem gibt es das Phänomen der Pseudepigraphie auch innerhalb des Kanons, beispielsweise bei den fünf Büchern Moses, dem Psalter Davids oder dem Jonabuch. Nicht minder missverständlich ist der Begriff Alttestamentliche Apokryphen, der verborgene oder geheime Bücher bezeichnet,

Pseudepigraphen und Apokryphen

die keinen Eingang in den Bibelkanon fanden. Aus protestantischer Perspektive werden dabei Werke als Apokryphen betrachtet und aus der Heiligen Schrift ausgegrenzt, die in der römisch-katholischen Tradition fester Bestandteil des Alten Testaments sind.

Konfessionelle Unterschiede beim Kanon des AT

Die römisch-katholische Kirche des Mittelalters hat sich den Bibelkanon des Alten Testaments im Umfang der Vulgata, der lateinischen Bibel, zu eigen gemacht. Unter dem Einfluss der Septuaginta, des griechischen Alten Testaments, enthält die Vulgata über die Hebräische Bibel hinaus eine Reihe weiterer Bücher. Die Reformatoren schieden dagegen alle nicht in Hebräisch vorliegenden Bücher oder Buchteile aus dem Bibelkanon des Alten Testaments aus. Es handelt sich um die Bücher Judit, Weisheit Salomos, Tobit, Jesus Sirach, Baruch, Brief des Jeremia und 1-2 Makkabäer. Hinzu kommen Zusätze zu den biblischen Büchern Ester und Daniel, welche die Septuaginta wie auch die Vulgata über den hebräischen Text hinaus bieten, und das in der Septuaginta noch nicht anzutreffende, aber von einem Teil der lateinischen Bibelausgaben des Mittelalters als Ergänzung zu 2Chron 33 eingefügte »Gebet des Manasse«. Diese Schriften werden in der lutherischen Tradition als »Alttestamentliche Apokryphen« bezeichnet. Martin Luther vertrat die Auffassung, dass sie der Heiligen Schrift nicht gleichzustellen, aber mit Gewinn zu lesen seien.

> Protestantischen Gläubigen sind die »Alttestamentlichen Apokryphen« meist völlig unbekannt

Protestantischen Gläubigen sind sie freilich weitgehend unbekannt. Auf römisch-katholischer Seite hingegen bekräftigte 1546 das Konzil von Trient nochmals, dass die Bücher Judit, Tobit, 1-2 Makkabäer, Weisheit, Jesus Sirach und Baruch (einschließlich dem Brief des Jeremia) als kanonisch gelten sollen. Vor diesem Hintergrund werden die betreffenden Schriften im Katholizismus nicht als Alttestamentliche Apokryphen, sondern als deuterokanonische Bücher bezeichnet, da sie gewissermaßen einen zweiten Kanon innerhalb des Alten Testaments bilden. Der alttestamentliche Kanon der orthodoxen Kirchen hat nochmals einen anderen Umfang. In der griechisch-orthodoxen Kirche gelten auch das 3. Esrabuch und das 3. Makkabäerbuch als kanonisch. Das Alte Testament der äthiopisch-orthodoxen Kirche enthält aus dem Bereich der apokryphen Schriften des Judentums das Henochbuch und das Jubiläenbuch.

Rezeption jüdischer Schriften im frühen Christentum

Neben den Alttestamentlichen Apokryphen oder deuterokanonischen Büchern gibt es eine Vielzahl weiterer jüdischer Schriften aus hellenistisch-römischer Zeit. Diese lassen sich in historische und legendarische Erzählungen, lehrhafte Unterweisungen, poetische Schriften und Apokalypsen unterteilen. Viele dieser Schriften führten im Judentum eine Randexistenz oder gerieten völlig in Vergessenheit, nachdem sie von den Rabbinen nicht in den Bibelkanon aufgenommen wurden. In christlichen Kreisen erfreuten sie sich dagegen großer Beliebtheit und haben zum Teil nur deshalb überlebt, weil sie dort weiterüberliefert wurden. So war die Henochapokalypse nur in Übersetzungen der griechischen, äthiopischen und slawischen Kirche bekannt, bis sich in Qumran auch hebräische bzw. aramäische Textfragmente fanden. Nicht wenige Werke, beispielsweise die Testamente der zwölf Patriarchen und etliche Apokalypsen, wurden mit christlichen Zusätzen versehen. Dabei ist es in vielen Fällen schwierig, die von der christlichen Bearbeitung überlagerte jüdische Grundschicht exakt freizulegen.

■ Flavius Josephus

Flavius Josephus erweist sich mit seinem literarischen Werk als wichtigster jüdischer Geschichtsschreiber der Antike. Er kam zu Beginn der Herrschaft Caligulas (37-41 n. Chr.) in Jerusalem als Abkömmling einer vornehmen Priesterfamilie zur Welt, die ihren Stammbaum auf das Hasmonäergeschlecht zurückführte. In seiner *Vita* beschreibt er, wie er sich nach dem Elementarunterricht, dem intensivem Studium der Religionsparteien und einem Wüstenaufenthalt bei dem Asketen Bannus für die Richtung des Pharisäismus entschied. Im Jüdischen Krieg (66-70 n. Chr.) wurde Josephus vom Synedrion mit dem militärischen Kommando über Galiläa betraut. Dort kam es zu schweren Konflikten mit dem radikalen Zeloten Johannes von Gischala, der mit Unterstützung einflussreicher Personen wie Simon ben Gamaliel und Justus von Tiberias für die Ablösung des Josephus eintrat und ihm sogar nach dem Leben trachtete. Als Vespasian mit seinem Heer anrückte, konnte Josephus sich auf die Festung Iotapata retten, die aber der römischen Belagerung nicht standhielt. Josephus entzog sich dem kollektiven Selbstmord seiner Einheit und ergab sich den Römern. Seitdem haftete ihm der Ruf des Verräters am eigenen Volk an, auch wenn er sich in seinen Schriften als engagierter Verteidiger des Judentums zeigt. In der Gefangenschaft prophezeite er Vespasian die künftige Weltherrschaft. Als dieser 69 n. Chr. tatsächlich zum Kaiser aufstieg, wurde Josephus freigelassen, erhielt das römische Bürgerrecht und nahm im Gegenzug Vespasians Familiennamen Flavius an. Den weiteren Kriegsverlauf erlebte Josephus als Berater und Dolmetscher im römischen Stab mit. Später siedelte er nach Rom über, wo er in Vespasians ehemaligem Palast lebte und vom kaiserlichen Hof ein festes Gehalt bezog.

Das älteste erhaltene Werk des Josephus ist seine ursprünglich auf Aramäisch geschriebene und dann in einer griechischen Neufassung erschienene Abhandlung über den Jüdischen Krieg (*De bello Judaico*), den er über weite Strecken als Augenzeuge miterlebt hatte. Darin versucht er die Leserschaft von der Berechtigung der jüdischen Niederlage und der Unüberwindbarkeit der römischen Macht zu überzeugen, was leicht als flavische Propaganda missverstanden werden konnte. Der Darstellung des Kriegsverlaufs geht ein Abriss der jüdischen Geschichte ab der Makkabäerzeit voran. Weitaus umfangreicher sind die *Antiquitates Judaicae*, in denen einem gebildeten griechisch-römischen Lesepublikum die Geschichte des Judentums von den Anfängen bis in die Zeit Neros nahe gebracht wird. Für die Epoche des Hellenismus basiert die Darstellung hochgradig auf der verlorengegangenen Universalgeschichte des Nikolaus von Damaskus, der einer der bedeutsamsten Gelehrten seiner Zeit war und als Historiker am Hof des Herodes gewirkt hatte. In seiner *Vita*, die als Anhang zu den Antiquitates Judaicae entstand, wehrt sich Josephus gegen Vorwürfe, sein Volk an die Römer verraten zu haben. Die apologetische Schrift *Contra Apionem* bietet eine umfassende Auseinandersetzung mit dem antiken Antijudaismus und zeichnet ein positives Bild jüdischer Kultur. Auch wenn die Zuverlässigkeit des Josephus angesichts seiner ausgeprägten Darstellungsabsichten und der unterschiedlichen Qualität seiner Quellen nicht überschätzt werden sollte, ist er der bedeutsamste Zeuge für die Geschichte und das Denken des antiken Judentums. Den Sakralbereich des Tempels kannte er vom aktiven Priesterdienst aus eigener Anschauung.

■ Die jüdischen Religionsparteien

Vier jüdische Religionsparteien

In der Mitte des 2. Jh. v. Chr. bildeten sich die Pharisäer, Sadduzäer und Essener als maßgebliche Religionsparteien des antiken Judentum heraus. Im 1. Jh. n. Chr. kam die radikale Bewegung der Zeloten hinzu. Diese Gruppierungen waren nicht nur auf Glaubensfragen fokussiert, sondern verfolgten auch politische Ziele. Die Sadduzäer und Pharisäer gestalteten im Synedrion die Innenpolitik mit. Die Zeloten propagierten den Befreiungskampf gegen die römische Besatzungsmacht.

Name und Ursprung der Pharisäer

Die Ursprünge der Pharisäer reichen in die Makkabäerzeit zurück. Sie erwuchsen aus der »Versammlung der Frommen« (1Makk 2,42), die sich gegen die Hellenisierungsbestrebungen unter Antiochus IV. formiert hatte. Ihr vom hebräischen *peruschim* abgeleiteter Name bedeutet »die Abgesonderten« und ist eine Fremdbezeichnung. Sie entstand wohl deshalb, weil die Pharisäer zu ihrer Umwelt Abstand wahrten, um als heilige Gemeinde Gottes nicht mit Unreinheit in Berührung zu kommen. Wichtigster Zeuge für den Pharisäismus ist Josephus. Sein aus unterschiedlichen Quellen wie persönlicher Erfahrung gespeistes Pharisäerbild ist zwar nicht frei von Widersprüchen und Interessen, vermittelt aber einen im Kern sachgerechten Eindruck vom Denken der Pharisäer und ihrem Einfluss auf die politische Entwicklung Judäas. Im Neuen Testament treten die Pharisäer vor dem Hintergrund schmerzhafter Auseinandersetzungen des Christentums mit einem pharisäisch bestimmten Judentum überwiegend in polemischer Perspektive in den Blick. Bei Matthäus gelten sie pauschal als Heuchler. Einzelne Jesustraditionen und autobiographische Aussagen des Paulus liefern aber wichtige Informationen über das Toraverständnis der Pharisäer.

Das Pharisäerbild des Neuen Testaments ist von Polemik geprägt

Regierungskritische Volkspartei

Im Gegensatz zu den Sadduzäern waren die Pharisäer eine breit im Volk verankerte und sich wohl überwiegend aus der Mittelschicht rekrutierende Religionspartei. Am hasmonäischen Priesterfürstentum mit seiner Vermischung von weltlicher und geistlicher Macht übten sie heftige Kritik. Sie forderten Johannes Hyrkan (134-104 v. Chr.) zum Verzicht auf das Hohepriesteramt auf und standen an der Spitze des Widerstands gegen Alexander Jannai (103-76 v. Chr.). Unter Alexandra Salome (76-67 v. Chr.), die einen Kurswechsel vollzog und eine Politik des Ausgleichs mit dem Volk betrieb, erreichten sie den Höhepunkt ihrer politischen Macht. In der herodianischen Zeit gerieten die Pharisäer erneut in Konflikt mit der staatlichen Gewalt. Sie zählten zu den Verweigerern des Loyalitätseids auf Herodes und standen im Verdacht, am gescheiterten Mordkomplott des Herodessohns Antipater gegen seinen Vater beteiligt zu sein. In dem goldenen Adler, den Herodes über dem Tor des Tempelgebäudes anbringen ließ, sahen sie einen Verstoß gegen das Bilderverbot. Als zwei pharisäische Gesetzeslehrer ihre Schüler zum Abreißen der Figur animierten, wurden sie hingerichtet. Unmittelbar nach dem Tod des Herodes zettelten Pharisäer schwere Unruhen in Jerusalem an, weil Archelaus sich weigerte, die für die Hinrichtung Verantwortlichen zur Rechenschaft zu ziehen. Während der Zeit der römischen Herrschaft, der sie mit deutlicher Distanz begegneten, bestimmten die Pharisäer im sadduzäisch dominierten Synedrion die Innenpolitik mit. Im Jüdischen Krieg gehörten die Pharisäer mehrheitlich zur Friedenspartei, die eine Eskalation des Konfliktes zu verhindern suchte. Namhafte Pharisäer waren allerdings zeitweilig in den Aufstand verstrickt.

Das Zentrum der pharisäischen Bewegung lag in Jerusalem. Schammai und Hillel begründeten dort Ende des 1. Jh. v. Chr. die beiden bedeutsamsten Lehrhäuser. In der Folgezeit war Gamaliel der Große, der rabbinischen Tradition zufolge ein Enkel Hillels, einer der einflussreichsten Pharisäer. Er gehörte dem Synedrion an (Apg 5,34–39) und war der Lehrer des Paulus (Apg 22,6). Die Evangelien zeigen, dass der Pharisäismus auch in Galiläa präsent war. Die Pharisäer standen im Ruf, das mosaische Gesetz um der Ehre Gottes willen besonders akribisch zu befolgen. Auch Paulus rühmt im Rückblick auf seine pharisäische Vergangenheit die Treue gegenüber der Tora (Phil 3,6; vgl. Apg 22,3). Der Tora stellten die Pharisäer, wie sowohl Josephus (*ant.* 13,297) als auch das Neue Testament (Mk 7,3; Gal 1,14) verbürgen, Ausführungsbestimmungen aus dem Erbe der väterlichen Überlieferungen als gleichberechtigtes Offenbarungszeugnis zur Seite. Dabei handelte es sich um mündliche Halacha. Viele der von pharisäischen Schriftgelehrten entwickelten Auslegungstraditionen dürften später in die Gesetzeswerke des rabbinischen Judentums (Mischna, Tosefta, Talmudim) eingeflossen sein, ohne dass Pharisäismus und Rabbinentum einfach gleichgesetzt werden dürften. In Verschärfung der Tora forderten die Pharisäer vor jeder Mahlzeit rituelle Waschungen der Hände und des Geschirrs (Mk 7,3f), in denen sich das Bemühen um kultische Reinheit im Alltag anschaulich widerspiegelt. Die in der Tora für Korn, Wein und Öl vorgeschriebene Verzehntung wurde auf weitere agrarische Produkte wie Kräuter und Gewürze ausgeweitet (Mt 23,23). In anderen Bereichen wie etwa der Sabbatheiligung bemühten sich die Pharisäer, die Tora durch erleichternde Bestimmungen wirklichkeitsnah zu gestalten. Oberstes Ziel der Pharisäer war es, die ursprünglich nur für den sakralen Bereich des Tempels geltende Priestertora allgemeinverbindlich zu machen. Es ging ihnen um die rituelle Heiligung des profanen Lebens nach den Richtlinien, wie sie im Tempel für das Kultpersonal galten. Das ganze Land sollte zum Heiligtum Gottes werden. Das Endzeitdenken der Pharisäer war von apokalyptischen Hoffnungen auf die neue Welt Gottes, das Kommen eines kriegerischen Messias aus dem Stamm Davids und die Auferstehung der Toten geprägt. Das wichtigste Zeugnis für die Messiaserwartung sind die vermutlich aus pharisäischen Kreisen stammenden Psalmen Salomos (PsSal 17).

Bei den Sadduzäern handelt es sich um die priesterliche Oberschicht und deren Parteigänger. Der Name leitet sich von Zadok ab, den David in Jerusalem zum Hohepriester eingesetzt hatte (2Sam 8,17) und dessen Geschlecht der Zadokiden in der Folgezeit die Herrschaft über den Tempelkult ausübte. Unser Bild von der Geschichte und den Glaubensvorstellungen der Sadduzäer stützt sich auf Josephus, das Neue Testament, die rabbinische Literatur und Äußerungen der Kirchenväter. Originalschriften der Sadduzäer sind nicht vorhanden. Man vermutet allerdings, dass das um 190 v. Chr. in Jerusalem entstandene Weisheitsbuch des Jesus Sirach (*Ecclesiasticus*) sadduzäische bzw. zadokidische Lehren widerspiegelt. Jesus Sirach ist ein aus priesterlichen Kreisen stammender Schriftgelehrter. Er will in einer Zeit der Hellenisierung des jüdischen Denkens zeigen, dass die mit der Mosetora identische Weisheit als Geschenk Gottes an sein erwähltes Volk auf dem Zion Wohnung genommen hat und im Tempelkult präsent ist.

Als der nur aus einer einfachen Priesterfamilie stammende Makkabäer Jonathan um 150 v. Chr. das Hohepriesteramt an sich riss, wendeten sich hochrangige

> **Theologisches Profil der Pharisäer**

> **Die Pharisäer verschärften die rituellen Vorschriften der Tora**

> **Quellen zu den Sadduzäern**

> **Geschichte der Sadduzäer**

Zadokiden wie der Lehrer der Gerechtigkeit, der die Qumrangemeinde begründete, oder Onias IV., der im ägyptischen Leontopolis einen neuen Jahwetempel erbauen ließ, vom Jerusalemer Tempel ab. Die Mehrheit der Zadokiden betrachtete aber die Bindung an das Heiligtum und die Heilige Stadt als unverzichtbar. Aus dem Kreis der in Jerusalem verbliebenen Zadokiden und ihrer Sympathisanten konstituierten sich zu Beginn der Hasmonäerherrschaft die Sadduzäer als eine Religionspartei, der die führenden Priesterfamilien, das gehobene Bürgertum und der judäische Landadel zugehörten.

Politische Bedeutung der Sadduzäer

Um auf das politische Geschehen Einfluss nehmen zu können, arrangierten sich die Sadduzäer mit den hasmonäischen Herrschern, obwohl diese ihnen das Hohepriesteramt genommen hatten und nun selbst besetzten. Unter Johannes Hyrkan (134-104 v. Chr.) und Alexander Jannai (103-76 v. Chr.), die sich massiver Anfeindung vonseiten der Pharisäer ausgesetzt sahen, wurden die Sadduzäer zur staatstragenden Partei. Das Grundprinzip der hasmonäischen Staatsideologie, die Bevölkerung der eroberten Gebiete konsequent in das Judentum zu integrieren und an den Jerusalemer Tempel zu binden, dürfte ebenso wie die Zerstörung des Jahwetempels in Samaria durch Johannes Hyrkan die Zustimmung der Sadduzäer gefunden haben. Unter Alexandra Salome (76-67 v. Chr.), die den Pharisäismus begünstigte, rückten sie wieder in die Opposition. Durch die Entscheidung von Herodes dem Großen, seinen Schwager Aristobul III. zu beseitigen und dem hasmonäischen Hohepriestertum ein Ende zu setzen, gewannen die Sadduzäer das Hohepriesteramt und den damit verbundenen Einfluss zurück.

Im Hasmonäerreich wurden die Sadduzäer zur staatstragenden Religionspartei

Dabei rückten vornehme Priesterfamilien aus der Diaspora, die Herodes loyal ergeben waren, in den Vordergrund. Mit der Einrichtung der römischen Provinz Judäa standen die Sadduzäer auf dem Höhepunkt ihrer Macht. Sie wurden zur einflussreichsten Religionspartei, die nicht nur das Synedrion dominierte und den Hohepriester stellte, sondern nun unter römischer Aufsicht auch die Innenpolitik bestimmte. Da die Römer die Religionsfreiheit und den Tempelbetrieb nicht antasteten, konnten sich die Sadduzäer bestens mit ihnen arrangieren. Mit ihrem realpolitischen Opportunismus waren sie im Interesse des Machterhalts nach Kräften bemüht, den von den Zeloten angefachten Widerstand gegen die Fremdherrschaft einzudämmen.

Theologisches Profil der Sadduzäer

Die Sadduzäer glaubten, dass es kein Schicksal gebe und der Mensch selbst für sein Ergehen verantwortlich sei. Normative Bedeutung als heilige Schrift und Willenskundgabe Gottes maßen sie allein dem Pentateuch, den fünf Büchern Moses, bei. Da sie sich eng am schriftlichen Wortlaut der Tora orientierten, war ihr Gesetzesverständnis teilweise strenger als das der Pharisäer, etwa im Blick auf Sabbatheiligung und Strafrecht. Die Herrschaft Gottes sahen sie im Tempelkult und im Gesetz uneingeschränkt verwirklicht. Keine Anerkennung fanden bei den Sadduzäern alle Vorstellungen und Erwartungen, die sich in der Geschichte des Judentums über die Tora hinaus entwickelt hatten. Apokalyptische Hoffnungen auf eine Überwindung der bestehenden Verhältnisse, das Kommen eines Messias, eine Auferstehung der Toten und den Anbruch einer neuen Welt Gottes blieben ihnen fremd, da sie im Pentateuch noch nicht belegt sind. In der Frage der Auferstehung kam es sowohl mit Jesus (Mk 12,18-27) als auch mit den Pharisäern (*bSanh* 90b) zu Kontroversen. Ihrem nüchternen Denken gemäß lehnten sie auch jede Form von Engel- und Dämonenglaube ab (Apg 23,8).

Die Essener werden im Neuen Testament nicht erwähnt. Unser Wissen über sie stützt sich im Wesentlichen auf Philo und Josephus, die mit Blick auf ihre hellenistische Leserschaft die Essener in den Farben einer pythagoreischen Philosophenschule zeichnen, die durch ihr von Tugendhaftigkeit, Gütergemeinschaft und Gelehrsamkeit gekennzeichnetes Ethos in vorbildlicher Weise das philosophische Ideal der Kaiserzeit verwirklicht. Zudem gibt es eine kurze, aber wichtige Beschreibung der Essener bei Plinius (*nat. hist.* 5,73). Der Name der Essener leitet sich wahrscheinlich von dem aramäischen Wort *chassaja* (»die Frommen«) ab und erlaubt den Rückschluss darauf, dass ihre Anfänge in die Makkabäerzeit zurückreichen. Wie die Pharisäer sind sie aus der »Versammlung der Frommen« (1Makk 2,42) entstanden, die sich am Kampf um Religionsfreiheit beteiligte und später enttäuscht von den Makkabäern abwandte, als diese nach der politischen Herrschaft strebten und gleichzeitig das Hohepriesteramt an sich rissen.

Name und Ursprung der Essener

Zur Bewahrung der kultischen Reinheit und zur Verwirklichung des priesterlichen Ideals sonderten die Essener sich noch strenger als die Pharisäer von ihrer Umwelt ab und schlossen sich in klosterähnlichen Gemeinschaften zusammen. Dafür bevorzugten sie die Abgeschiedenheit der ländlichen Regionen Palästinas, waren aber auch in Städten anzutreffen. Die Existenz eines Essenertores in Jerusalem deutet darauf hin, dass sich dort im südwestlichen Stadtbezirk ein Essenerviertel befand. Die hierarchisch strukturierten Gemeinden wurden von einem priesterlichen Vorsteher geleitet. Dem Jerusalemer Tempel standen die Essener distanziert gegenüber. Sie entrichteten zwar die vorgeschriebenen Abgaben an den Tempel, beteiligten sich aber nicht am Opferkult. Im Blick auf die Ehe gab es keine einheitliche Linie. Die Mehrzahl der Essener lebte ehelos, um Askese zu üben und sich nicht durch den Umgang mit menstruierenden Frauen kultisch zu verunreinigen. Daneben gab es aber auch Gruppen von verheirateten Essenern, die im Interesse von Fortpflanzung und Nachkommenschaft eine positive Haltung gegenüber der Ehe einnahmen.

Abschottung von der Umwelt

Die Essener standen in Distanz zum Tempel und beteiligten sich nicht am Opferkult

Das Aufnahmeritual erstreckte sich über einen Zeitraum von drei Jahren. Nach erfolgreicher Absolvierung einer einjährigen Probezeit erfolgte die Zulassung zu den kultischen Waschungen. Erst nach weiteren zwei Jahren wurde die Vollmitgliedschaft mit Berechtigung zur Teilnahme an den Mahlzeiten erworben, die den Mittelpunkt des Gemeindelebens ausmachten. Dem ging ein Eid voraus, in dem die aufnahmewillige Person sich feierlich zur Ehrfurcht vor Gott, zur Pflichterfüllung gegenüber den Menschen, zum Hass gegenüber den Ungerechten, zur Wahrheitsliebe und zur Einhaltung der Gemeinschaftsregeln bekannte. Die Essener verachteten den Reichtum und lebten in Gütergemeinschaft. Mit dem Eintritt in die Gemeinde ging aller Privatbesitz in Gemeinschaftseigentum über. In allen Dingen, die das Zusammenleben, die Satzungen, die Schriften und die magischen Riten der Gemeinde betrafen, waren die Mitglieder gegenüber Außenstehenden zur strengsten Geheimhaltung verpflichtet. Bei Fehlverhalten griff ein mehrstufiges Verfahren der Gemeindedisziplin. Schwere Verstöße gegen die Ordensregeln zogen den Ausschluss aus der Gemeinschaft nach sich, der aber nach einer Zeit der Reue wieder aufgehoben werden konnte.

Aufnahmeritual und Satzungen

Der Tagesablauf der Essenergemeinden war fest geregelt. Nach dem Morgengebet vor Sonnenaufgang gingen die Essener der Feldarbeit oder einer handwerklichen Tätigkeit nach, die für ein Gemeinschaftsmahl zur Mittagszeit unter-

Gemeinschaftsleben und Glaubenslehren

brochen wurde. Abends schloss sich ein weiteres Mahl an, an dem auch Gäste aus anderen Essenergemeinden teilnehmen konnten. Die Essener maßen den kultischen Reinheitsvorstellungen der Tora besonders hohe Bedeutung bei und betonten das priesterliche Element. Aufnahmewillige Essener erhielten als erstes eine Axt, mit der sie ihre Exkremente vergruben, einen Lendenschurz, mit dem sie ihre Scham bedeckten, und ein weißes Gewand, das als Alltagskleidung diente. Der Speisesaal galt als sakraler Bezirk, der nicht kultisch verunreinigt werden durfte und dessen Betreten Unbefugten untersagt war. Den gemeinsamen Mahlzeiten gingen rituelle Waschungen voraus. Wie die Priester zum Tempeldienst trugen die Essener zu den Mahlzeiten eigens dafür bestimmte Leinengewänder, die danach wieder gegen die Alltagskleidung getauscht wurden. Die Mahlgebete vor und nach dem Essen wurden von einem Priester gesprochen. Einzelne Essener studierten magische Bücher über die Heilkraft von Wurzeln und die Wunderwirkung von Steinen, wie sie im hellenistischen Zeitalter in der Umwelt des antiken Judentums vielfach bezeugt sind und im Zuge der Hellenisierung auch nach Palästina gelangten. Das Sabbatgesetz hielten die Essener besonders streng ein. Sogar das Verrichten der Notdurft war an diesem Tag untersagt. Die Essener glaubten fest an ein Fortleben der Seele nach dem Tod.

Radikalisierung der Religion durch die Zeloten

Im Zusammenhang mit der Steuerschätzung des Quirinius formierte sich im Jahr 6 n. Chr. die Religionspartei der Zeloten (Eiferer), deren Ursprünge in Galiläa liegen und die zur treibenden Kraft des Kriegs gegen Rom wurden. Ihr Name bringt zum Ausdruck, dass sie den seit der Makkabäerzeit zentralen Gedanken des Eifers für Gott und das Gesetz angesichts der römischen Fremdherrschaft neu entfachten. Im Denken der Zeloten vereinten sich ein sozialrevolutionäres Bewusstsein und eine radikalisierte pharisäische Theologie. Die Begründer der Bewegung waren Judas der Galiläer und der Pharisäer Zadok. Judas ist wohl mit jenem gleichnamigen Aufrührer identisch, der zehn Jahre zuvor in Sepphoris schwere Unruhen hervorgerufen hatte und ein Sohn des von Herodes hingerichteten Bandenführers Hiskia war. Hiskia hatte als eine Art antiker Robin Hood im galiläisch-syrischen Grenzgebiet die Reichen ausgeraubt und das Geld den Kleinbauern gegeben, die seit Beginn der Römerherrschaft über Palästina unter steigenden Steuerlasten litten und von der Schuldsklaverei bedroht waren. Judas der Galiläer vollzog dann den Schritt vom revolutionären Banditentum zur Religionspartei, indem er unter Mitwirkung von Zadok der Bewegung ein klares Profil mit tragfähigem ideologischem Unterbau und festen Organisationsstrukturen gab. Mit Simon dem Zeloten (Lk 6,15) befand sich ein früherer Anhänger der Aufstandsbewegung unter den Jüngern Jesu.

> Der Räuberhauptmann Hiskia war eine Art antiker Robin Hood

Alleinherrschaft Gottes und soziale Gerechtigkeit

Im Zentrum der zelotischen Ideologie stand ein vom ersten Gebot abgeleitetes Programm der Alleinherrschaft Gottes, das eine Anerkennung des Kaisers als Herrscher über das jüdische Volk ausschloss. Nach der römischen Rechtsauffassung der Kaiserzeit, welche die Grundlage der Provinzialsteuern bildete, gingen Grund und Boden der besiegten Völker in den Besitz Roms über. Die Steuerschätzung des Quirinius und der damit verbundene Anspruch des Augustus auf das Heilige Land stellten sowohl aus sozialen als auch aus religiösen Gründen das Startsignal zum bewaffneten Befreiungskampf dar. Nie zuvor wurde im Judentum die Unterwerfung unter Fremdherrschaft derart kategorisch abgelehnt, wie dies nun unter Judas und Zadok erfolgte. Das Ziel der Aufstandsbewegung war die Befreiung des erwählten Gottesvolkes vom römischen Joch, die Reinigung des Heiligen Landes von Gesetzesübertretern und die Herstellung einer gerechten Gesellschaftsordnung. Zu Beginn des Jüdischen Kriegs setzten die Zeloten in Jerusalem das Archiv mit den Steuerlisten und Schuldurkunden in Flammen. Die Zeloten hatten in der jüdischen Landbevölkerung, die in besonderem Maße unter den wirtschaftlichen Verhältnissen litt, ihren stärksten Rückhalt. Der Hass der Zeloten richtete sich gleichermaßen gegen die Römer wie gegen deren Sympathisanten im eigenen Volk. Eine besonders militante Untergruppe, die Sikarier, erdolchte in Jerusalem den Hohepriester Jonathan wegen seiner Romtreue.

Der Kampf der Zeloten beschränkte sich nicht auf die Durchsetzung politischer Freiheit und sozialer Gerechtigkeit, sondern hatte die Erlösung Israels und den Anbruch der neuen Welt Gottes zum Ziel. In der jeweiligen Positionierung gegenüber der Fremdherrschaft entschied sich für die Zeloten, wer tatsächlich zum endzeitlichen Israel gehörte. Kollaborateure im eigenen Volk behandelten sie wie Heiden und setzten ihre Häuser in Brand. Im Unterschied zu anderen apokalyptischen Strömungen des Judentums beschränkten sich die Zeloten nicht auf ein reines Herbeisehnen der neuen Welt Gottes, sondern vertraten die These eines »revolutionären Synergismus«. Sie waren der Überzeugung, dass man Gottes endzeitliches Heilshandeln herbeiführen und aktiv bei der Durchsetzung der Alleinherrschaft Gottes mitwirken könne. Schon Judas hatte die Pflicht zur Steuerverweigerung in diesem Sinne begründet. Auch mit dem Massenselbstmord auf Masada könnte sich der Gedanke verbunden haben, den Eintritt der Gottesherrschaft zu beschleunigen. Anschauliche Beispiele liefern zudem die zelotischen Zeichenpropheten (vgl. Apg 5,36; 21,38). Sie mobilisierten mit der Ankündigung von Wundern, wie sie beim Exodus oder der Landnahme geschehen waren, große Volksmengen und verbanden damit die Hoffnung, das endzeitliche Eingreifen Gottes, die Befreiung von römischer Fremdherrschaft und den Anbruch der ewigen Heilszeit herbeizwingen zu können. Allerdings setzten in allen Fällen die römischen Truppen dem Spektakel ein Ende.

Apokalyptische Sehnsüchte

Die Zeloten wollten durch revolutionäres Handeln das Kommen des Gottesreiches beschleunigen

Judas der Galiläer starb eines gewaltsamen Todes (Apg 5,37). Mit seinen revolutionären Thesen drückte er der jüdischen Freiheitsbewegung seinen Stempel auf und begründete eine Dynastie, deren Mitglieder über mehrere Generationen hinweg eine führende Rolle im Kampf gegen die Römer spielten. Sein Sohn Menachem zog zu Beginn des Jüdischen Krieges als messianischer König in Jerusalem ein und hatte die Stadt zeitweise unter Kontrolle, bevor er von priesterlichen Aufständischen ermordet wurde. Eleazar ben Jair, der gegen Ende des Jüdischen Krieges die Befehlsgewalt über Masada ausübte und die Festung erbittert gegen die römischen Belagerer verteidigte, war ein Enkelsohn des Judas. Josephus führt die Katastrophe des Jahres 70 n. Chr. unmittelbar auf die Lehren des Judas zurück. Die verfeindeten Rebellenführer Johannes von Gischala, Eleazar ben Simon und Simon bar Giora, die letztlich den Untergang Jerusalems und die Zerstörung des Tempels heraufbeschworen, teilten die religiös-politischen Grundanschauungen der von Judas begründeten Bewegung. Nach dem Jüdischen Krieg lebte das zelotische Gedankengut in der Diaspora weiter und entfachte die große Judenrevolte unter Kaiser Traian. Auch der 135 n. Chr. gescheiterte Bar-Kochba-Aufstand im Mutterland stand in der Tradition des zelotischen Befreiungskampfes.

Einheit und Vielfalt der zelotischen Bewegung

▪ Die Qumrangemeinde

Entdeckung der Schriftrollen am Toten Meer

Eine höchst umstrittene Frage ist, wie sich die Textfunde von Qumran in die religiöse Landschaft des antiken Judentums einfügen. Im Jahr 1947 entdeckte ein Beduinenjunge bei der angeblichen Suche nach einer entlaufenen Ziege am Nordwestufer des Toten Meeres in der Nähe des Ruinenplateaus Chirbet Qumran (Mondhügel) eine Höhle mit Tonkrügen, die wertvolle Schriftrollen in sich bargen. In der Folgezeit konnten zehn weitere Höhlen in unmittelbarer Umgebung Qumrans aufgespürt werden. Die Gesamtzahl der dort gefundenen, überwiegend aber nur noch bruchstückhaft erhaltenen Dokumente aus der Zeit des Zweiten Tempels beläuft sich auf rund 800, von denen sich ungefähr 600 inhaltlich bestimmen lassen. Die Textfunde umfassen Bücher, die als Bestandteil der Hebräischen Bibel bekannt sind, und jüdische Pseudepigraphen oder Apokryphen, die bei der späteren Kanonisierung der Heiligen Schrift durch die Rabbinen keine Berücksichtigung fanden. Eine dritte Gruppe von Texten besteht aus Gemeindeordnungen, schriftgelehrten Abhandlungen und Hymnensammlungen. Sie können einer religiösen Gruppierung des antiken Judentums zugeordnet werden, die sich selbst als *Jachad* (Vereinigung) bezeichnete und ihre Anfänge auf einen »Lehrer der Gerechtigkeit« zurückführte.

> Die Suche nach einer entlaufenen Ziege führte zur archäologischen Sensation

Die Siedlung Qumran

Bald nach Entdeckung der ersten Schriftrollen wurden die Ruinen von Qumran, die in unmittelbarer Nähe der Höhlen östlich der Felsenhänge auf einem Plateau liegen, einer intensiven archäologischen Untersuchung unterzogen. Bei den Ausgrabungen kamen die Grundmauern und Gebäudereste einer Siedlung zutage. Der archäologische Befund wird überwiegend so bewertet, dass sie drei Hauptkomplexe enthielt, nämlich Wohnbereich, Wirtschaftsgebäude und Versammlungshalle mit Speisesaal. Die Siedlung verfügte über eine ausgeklügelte Trink- und Nutzwasserversorgung. Die Wasserzufuhr erfolgte über ein im Gebirge angelegtes Staubecken, mit dem die Zisternen der Siedlung durch einen Aquädukt verbunden waren. Die in Qumran freigelegten Wasserbecken gelten in der Regel als Beleg dafür, dass dort religiöse Reinigungsriten zelebriert wurden. Im Jahr 68 n. Chr., als Vespasian im Verlauf des Jüdischen Kriegs mit seinen Truppen das Tote Meer passierte, wurde die Siedlung zerstört.

Kontroverse Bewertung der Funde

Bei der Bewertung des Gesamtbefunds wird kontrovers diskutiert, ob die in den Höhlen gefundenen Schriftrollen aus der Siedlung Qumran stammen, diese ein religiöses Zentrum war und es sich bei den Bewohnern um Essener handelte. Bei der archäologischen Erschließung Qumrans wurde all dies mit großer Selbstverständlichkeit vorausgesetzt und nicht ergebnisoffen gearbeitet. Norman Golb vertrat demgegenüber die Auffassung, Qumran sei ein Militärstützpunkt gewesen; die Schriftrollen stammten aus Jerusalem und seien erst im Verlauf des Jüdischen Krieges ans Tote Meer gebracht worden, um sie dort in den Höhlen vor den Römern in Sicherheit zu bringen. In neueren archäologischen Publikationen wird Qumran als Handelszentrum ohne besonderen religiösen Hintergrund betrachtet (Y. Hirschfeld; J. Zangenberg). Dennoch hat die traditionelle Annahme, dass Qumran von Essenern besiedelt war und die in den Höhlen am Toten Meer gefundenen Dokumente deren Bibliothek darstellten, nach wie vor die größte Wahrscheinlichkeit für sich. Die Krüge, in denen die Rollen verborgen waren, wurden offenkundig in Qumran hergestellt. Die in antiken Schriftstellerberichten gegebenen Informationen über die Essener stimmen bemerkenswert gut mit dem überein, was sich aus den Schriftrollen über die Lebensweise und religiöse Prägung des von den Qumrantexten repräsentierten *Jachad* (Vereinigung) entnehmen lässt. Plinius verortet die Essener am Westufer des Toten Meeres in der Nähe von Engedi, was vorzüglich zur geographischen Lage von Qumran passt. Im Jahr 1996 wurde bei Ausgrabungen in Qumran eine Tonscherbe gefunden, auf der ein Mann namens Choni in Erfüllung seiner Verpflichtung gegenüber dem *Jachad* die Übertragung seines Eigentums an Eleazar ben Nachmani, offensichtlich der Schatzmeister der Gemeinschaft, verfügt. Damit wird die Annahme einer direkter Verbindung zwischen der Siedlung und den Schriftrollen aus den Höhlen untermauert. Das Beharren der Qumrangemeinde auf einem Sonnenkalender mit 364 Tagen anstelle des im Judentum üblich gewordenen Mondkalenders wirft Licht auf die Nachrichten von Josephus und Philo, dass die Essener das Gebet in Richtung der Sonne sprachen und sich nicht am Tempelkult beteiligten. Ihrer Auffassung nach wurden am Jerusalemer Tempel aufgrund einer Missachtung der Festordnung, wie sie Israel im Exil geoffenbart worden war (vgl. CD 3,12-17), die jüdischen Feste an den falschen Tagen gefeiert.

Die Damaskusschrift blickt auf die weit vor der Besiedlung von Qumran liegenden Anfänge der Bewegung zurück und verankert sie in einem »neuen Bund im Land Damaskus«, der vom Lehrer der Gerechtigkeit begründet wurde. Mehrere Stellen des Habakuk- und Psalmenkommentars aus Qumran sehen den Lehrer der Gerechtigkeit in lebensbedrohlicher Auseinandersetzung mit einem »Frevelpriester«, der in Israel zur Herrschaft gelangt war und den Versuch unternahm, den ins Exil gegangenen Lehrer der Gerechtigkeit zu beseitigen. Später geriet der Frevelpriester selbst in die Hände von Feinden, die ihn töteten. Mit dem namentlich ungenannten Frevelpriester ist aller Wahrscheinlichkeit nach der Makkabäer Jonathan gemeint, der von 152-143 v. Chr. das Hohepriesteramt innehatte und dann von dem seleukidischen General Trypho hingerichtet wurde. Der Lehrer der Gerechtigkeit wurde offenkundig von Jonathan aus dem Hohepriesteramt verdrängt und konstituierte im Exil den neuen Bund im Land Damaskus, eine Sammlungsbewegung frommer Juden gegen die Usurpation des höchsten geistlichen Amtes durch die hasmonäischen Priesterfürsten, die nicht zadokidischer Herkunft waren. Später kehrte er mit seinen Anhängern nach Judäa zurück. Wahrscheinlich erst nach seinem Tod ließ sich die Bewegung in Qumran nieder, wobei offenkundig die Forderung von Jes 40,3, die Wüste zu einem Ort der Erneuerung des Gottesverhältnisses zu machen, eine entscheidende Rolle spielte.

Der Lehrer der Gerechtigkeit und der Frevelpriester

Die Damaskusschrift blickt auf die Anfänge der Bewegung zurück

Von allen bekannten jüdischen Gruppen weisen die Essener die meisten Ähnlichkeiten mit der Qumrangemeinde auf. Die Qumrantexte spiegeln solche Aufnahmemodalitäten, Gemeinschaftsregeln, Glaubensvorstellungen, Riten und Handlungsweisen wider, wie sie von den antiken Quellen als typisch essenisch charakterisiert werden. Allerdings fehlen in den antiken Essenerdarstellungen apokalyptische Aspekte. Das Endzeitdenken der Qumrantexte ist von der Erwartung eines apokalyptischen Endkampfes zwischen den Mächten des Lichtes und der Finsternis geprägt, wie ihn die Kriegsrolle beschreibt. Neben einem königlichen Messias wurde auch ein priesterlicher Messias erwartet. Solche Aspekte waren Philo und Josephus offensichtlich unbekannt oder fielen ihrer gefärbten

Übereinstimmungen mit den Essenern

Darstellung der Essener als Philosophenschule zum Opfer. Allerdings ist aufgrund der Unterschiede zwischen den antiken Essenerberichten und den Schriftrollen vom Toten Meer auch nicht auszuschließen, dass sich hinter den Essenern und der Qumrangemeinde zwei vom Denken und der Organisationsform her eng miteinander verwandte, aber nicht völlig identische religiöse Gruppierungen verbergen. Zuweilen vermutet man, dass der Lehrer der Gerechtigkeit sich mit seinen Gefolgsleuten von einer breiteren essenischen Bewegung abgespalten haben könnte.

■ Die Samaritaner

Samarien als Zentrum des einstigen Nordreichs

Als Samaritaner bezeichnet man die Jahwe-Verehrer in Samaria. Juden und Samaritaner haben gemeinsame Wurzeln, von denen aus sie sich in unterschiedliche Richtungen entwickelten, bis ihre Beziehung in offene Feindschaft umschlug. Die Samaritaner sind Repräsentanten der alten israelitischen Volksreligion. Nach dem Tod Salomos zerfiel dessen Herrschaftsgebiet in das Nordreich Israel und das Südreich Juda als eigenständige Königtümer. Samarien stellt als Territorium der Stämme Ephraim und Manasse das Kerngebiet des alten Nordreichs dar, das 722 v. Chr. den assyrischen Expansionsbestrebungen zum Opfer fiel. Nachdem die Assyrer das Land erobert hatten, veranlassten sie die Deportation der israelitischen Oberschicht und den Zuzug von Siedlern aus dem Zweistromland. In der Folgezeit hatte Samarien unter allen Fremdmächten den Status einer eigenständigen Provinz. Im 2. Jh. v. Chr. wurde das Land dann von Johannes Hyrkan erobert und in das Hasmonäerreich eingegliedert. In den Tagen Jesu gehörte Samarien zur römischen Provinz Judäa und besaß wie Jerusalem ein eigenes Synedrion.

Ausgrenzung der Samaritaner aus dem Judentum

Die nach der assyrischen Invasion im Land verbliebene israelitische Bevölkerung Samariens beteiligte sich zunächst weiterhin am Jerusalemer Tempelkult. Zwischen der Aristokratie Jerusalems und Samarias bestanden enge verwandtschaftliche Bindungen. Als in der Perserzeit die aus Babylon nach Jerusalem zurückgekehrten Exilanten den exklusivem Anspruch erhoben, das wahre und geläuterte Israel zu sein, begann die Ausgrenzung und Diffamierung der Samaritaner. Infolge der strengen Ehegesetze Esras und Nehemias mussten die in Ehen mit samaritanischen Frauen lebenden Priester Jerusalem verlassen. Unter Alexander dem Großen kam es in Samarien zum Bau eines eigenen Jahwetempels, der auf dem heiligen Berg Garizim entstand und in Jerusalem als unzulässige Konkurrenz zum Tempel auf dem Zion betrachtet wurde. Als Johannes Hyrkan um 130 v. Chr. Samarien eroberte, machte er den Tempel auf dem Garizim dem Erdboden gleich. Infolge dieser Ereignisse war das Tischtuch zwischen Samaritanern und Juden endgültig zerschnitten, wie es sich auch in der Erzählung von der Begegnung Jesu mit einer samaritanischen Frau am Jakobsbrunnen von Sychar widerspiegelt (Joh 4,9). Während die Samaritaner von jüdischer Seite des Abfalls vom wahren Glauben bezichtigt und aus dem Judentum ausgegrenzt wurden, betrachteten sie selbst sich als legitime Erben der alten Traditionen Israels und konnten die Zerstörung ihres Tempels auf dem Garizim nicht verwinden. Anfang des 1. Jh. n. Chr. verstreute eine Gruppe militanter Samaritaner am Passahfest Leichenteile im Jerusalemer Tempel und machte

> Die Samaritaner sahen sich als legitime Erben der religiösen Traditionen Israels

ihn damit unrein (vgl. Num 19,16). Wiederholt kam es auch zu Übergriffen auf jüdische Festpilger, die auf dem Weg nach Jerusalem durch Samarien zogen.

Die Religion der Samaritaner gründete sich, genau wie die jüdische Religion, auf den Glauben an den einen Gott der Väter. Als autoritative Schrift akzeptierten sie allein den Pentateuch, die fünf Bücher Moses. Die übrigen Bücher des späteren Alten Testaments lehnten sie ab. Der samaritanische Pentateuch weist einige Eigenheiten auf. Konkret geht es um textliche Abweichungen vom jüdischen Pentateuch, die vor allem auf eine Betonung der Heiligkeit von Sichem und dem Garizim abzielen. Im Zentrum der samaritanischen Zukunftserwartung stand das im Buch Deuteronomium (18,15-18) angekündigte Kommen eines Endzeitpropheten, der die Züge des Moses tragen sollte. Die Erscheinung des Propheten nach Art des Moses wurde auf dem heiligen Berg Garizim erwartet. Während der Amtszeit von Pontius Pilatus führte ein samaritanischer Zeichenprophet, der sich offensichtlich als der wiedergekommene Mose ausgab, eine große Volksmenge auf den Garizim und verkündigte den Anbruch der Heilszeit. Dass Pontius Pilatus aus Furcht vor Unruhen die Menschenmenge niedermetzeln ließ, führte zu seiner Amtsenthebung. Da die Samaritaner den Pentateuch als einzige autoritative Offenbarungsquelle betrachteten, haben sie in Analogie zu den Sadduzäern den Glauben die Auferstehung der Toten nicht geteilt.

Glaubensvorstellungen der Samaritaner

Der samaritanische Pentateuch weist textliche Eigenheiten auf

■ Das hellenistische Judentum

In der Antike lebten, wie es auch heute der Fall ist, ungleich mehr Juden in der Diaspora als im Mutterland. Einen Grund dafür stellte die Deportation jüdischer Kriegsgefangener durch Fremdmächte wie die Babylonier, Seleukiden, Ptolemäer oder Römer dar. Zahlenmäßig bedeutsamer war allerdings die freiwillige Auswanderung aus wirtschaftlichen Gründen, wie sie sich auch im Gleichnis vom verlorenen Sohn widerspiegelt. Während in der Perserzeit noch Babylon das unumschränkte Zentrum des Diasporajudentums darstellte, verlagerte sich der Schwerpunkt im Zeitalter des Hellenismus in das syrische Antiochia und das ägyptische Alexandria. In beiden Metropolen lebten vermutlich mehr als hunderttausend Juden. Auch die Kyrenaika war ein beliebtes Ziel jüdischer Einwanderer. Jüdische Gemeinden waren allerdings nicht nur in Syrien, Ägypten und Libyen, sondern im gesamten Mittelmeerraum bis hin nach Rom anzutreffen. In jedem größeren Ort mit jüdischer Bevölkerung gab es Synagogen als Zentren des religiösen und sozialen Lebens. Nachdem Julius Cäsar dem Judentum eine Reihe von Privilegien eingeräumt hatte, war praktisch überall im Römischen Reich die freie Religionsausübung möglich, wobei es in den Provinzen allerdings auch immer wieder zu Übergriffen gegen jüdische Gemeinden kommen konnte. Die Herrscher des herodianischen Königshauses verstanden sich als Schutzherren aller Juden im Römischen Reich. Mehrheitlich war das Diasporajudentum durch verwandtschaftliche Beziehungen, die Teilnahme an Pilgerfahrten nach Jerusalem und die Entrichtung der Tempelsteuer eng mit dem Mutterland verbunden.

Verbreitung des Judentums in der Diaspora

In der Diaspora war das Judentum noch stärker als im Mutterland dem Einfluss der Hellenisierung ausgesetzt. Die geistige Prägung des Diasporajudentums lässt sich allerdings nicht über einen Kamm scheren. Einerseits konnte das Leben

Öffnung gegenüber der hellenistischen Kultur

in einer nichtjüdischen Umgebung zu einem besonders strikten Festhalten am Glauben der Väter und Mütter führen, um in der Fremde die jüdische Identität zu wahren. Andererseits zeigen sich Tendenzen zur Öffnung gegenüber der hellenistischen Kultur und zur Anpassung an die hellenistische Umwelt. Literarische Zeugnisse, die aus erster Hand einen Eindruck von der geistigen Prägung des Diasporajudentums vermitteln, sind allerdings fast ausschließlich aus Alexandria erhalten. Dort entstand nicht nur die griechische Übersetzung der Hebräischen Bibel, sondern die Stadt war auch der Wirkungsort bedeutsamer hellenistisch-jüdischer Schriftstellerpersönlichkeiten wie Demetrius, Aristobul, Artapanos, Pseudo-Hekataios und Philo.

Die Septuaginta

Die Septuaginta machte es den in Ägypten lebenden Juden möglich, die Heilige Schrift in der ihnen geläufigen Sprache zu lesen. In Alexandria wurde im 3. Jh. v. Chr. zunächst die Tora ins Griechische übertragen, weil die des Hebräischen nicht mehr mächtigen Juden auf eine solche Übersetzung angewiesen waren und zudem der ptolemäische Staat ein kulturelles wie politisches Interesse an einer griechischen Version des Mosegesetzes hatte. Später kam die griechische Übersetzung der übrigen Schriften des Alten Testaments hinzu. Der Aristeasbrief berichtet in legendenhafter Form von den Anfängen der Septuaginta. Ptolemaios II. entsandte angeblich eine Delegation mit Geschenken zum Jerusalemer Hohepriester Eleazar, die mit kostbaren hebräischen Schriftrollen und zweiundsiebzig des Griechischen kundigen Juden zurückkehrte. Die Gelehrten sollen vom ägyptischen König auf der Insel Pharos einquartiert worden sein und innerhalb von zweiundsiebzig Tagen die Übersetzung des Pentateuchs zum Abschluss gebracht haben. Da in einem Teil der Überlieferung die Zahl der Gelehrten auf siebzig abgerundet wird, spricht man von der Septuaginta. In ihrer Endgestalt geht die Septuaginta vom Umfang her deutlich über die Hebräische Bibel hinaus. Sie enthält auch Schriften, die von vornherein auf Griechisch geschrieben wurden oder deren hebräische Urfassung nicht mehr erhalten ist. Zudem bietet sie einen 151. Psalm, der sich auch in Qumran fand. Wie alle Übersetzungen bewegt sich die Septuaginta nicht immer wortgetreu an der Vorlage, sondern nimmt Interpretationen vor und führt neue theologische Gedanken ein. Nachdem sich das Christentum die Septuaginta als Heilige Schrift angeeignet hatte, kam es im antiken Judentum zu neuen griechischen Übersetzungen des Alten Testaments, die sich enger am hebräischen Urtext bewegen.

Der Aristeasbrief berichtet von der Entstehung der Septuaginta

Hellenistisch-jüdische Schriftsteller

Die Werke zahlreicher jüdischer Schriftsteller aus der Diaspora sind verloren gegangen und nur dadurch bekannt, dass sie vereinzelt von anderen antiken Autoren zitiert werden. Demetrius (um 200 v. Chr.) und Aristobul (um 175 v. Chr.) verfassten in Alexandria exegetische Abhandlungen zum Pentateuch, von denen bei den Kirchenvätern einzelne Passagen wiedergegeben werden. Während sich Demetrius eher geschichtlichen Fragen widmet, bietet Aristobul eine von stoischer Kosmologie und pythagoreischer Zahlenspekulation beeinflusste Bibelhermeneutik. Jason von Kyrene verfasste ein fünfbändiges Geschichtswerk über den Makkabäeraufstand. Ein Exzerpt daraus liegt dem 2. Makkabäerbuch zugrunde. Die um 100 v. Chr. in Alexandria entstandene Schrift des Pseudo-Hekataios »Über die Juden« wird von Josephus in Ausschnitten rezipiert. Während es sich bei ihr um ein Stück apologetischer Historiographie handelt, trägt das ungefähr zeitgleich in der ägyptischen Metropole geschriebene und ebenfalls über die Juden handelnde Werk des Artapanos eher romanhafte Züge. Auf Artapanos machten die politischen, wirtschaftlichen und kulturellen Errungenschaften im Ptolemäerreich einen derart vorbildhaften Eindruck, dass er sie als jüdisches Verdienst betrachtete. Josef wird als oberster Verwaltungsbeamter Ägyptens und Begründer der Landwirtschaft porträtiert. Mose habe dann den Ägyptern nicht nur technische Entwicklungen wie Schiffbau, Steinhebevorrichtungen oder Bewässerungssysteme beschert, sondern auch die Staatsverwaltung eingerichtet und die Philosophie wie Schreibkunst hervorgebracht.

Fast vollständig erhalten sind die Schriften des Religionsphilosophen Philo von Alexandria (ca. 20 v. Chr. - 50 n. Chr.), der aus einer der reichsten und vornehmsten Familien der ägyptischen Metropole stammte. Sein Bruder Alexander zählte zu den Freunden von Kaiser Claudius, war als Finanzverwalter für dessen Mutter Antonia tätig und rettete Herodes Agrippa I. mit einem Kredit aus einer prekären Situation. Philos Neffe Tiberius Alexander war römischer Statthalter von Judäa, später dann von Ägypten und im Jüdischen Krieg hochrangiger militärischer Berater von Titus. Philo verfügte über eine ausgezeichnete griechische Bildung und war einer der führenden Repräsentanten des hellenistischen Judentums. Inwieweit er die Fähigkeit besaß, die Tora im hebräischen Urtext zu lesen, lässt sich nicht sagen. Philo verfasste zahlreiche Kommentare zum Pentateuch, die mit ihrer allegorischen Schriftauslegung von unschätzbarem Wert sind. Hinzu kommen philosophische und historische Schriften. In *Quod omnis probus liber sit* und *Hypothetica* beschreibt Philo die Essener. Die Schrift *De vita contemplativa* ist der ansonsten unbekannten Gemeinschaft der Therapeuten gewidmet. Um 40 n. Chr. führte Philo die Gesandtschaft nach Rom an, die den Gaius Caligula erfolglos dazu zu bewegen versuchte, den Pogromen in Alexandria Einhalt zu gebieten. In seinen Schriften *Legatio ad Gaium* und *In Flaccum* beschreibt er die Ausschreitungen gegen die Juden in Alexandria, das tatenlose Zusehen des Statthalters Flaccus und die überhebliche Ignoranz des Kaisers. Philo erweist sich in seinen Schriften als fundierter Kenner der griechischen Philosophie, die er sich eklektisch für die Interpretation des Pentateuchs zunutze macht. Dabei ist er insbesondere von der Stoa, dem Platonismus und dem Pythagoreismus inspiriert, während er den Peripatetikern eher kritisch gegenübersteht. Philo hält zwar an einer wörtlichen Befolgung der Tora fest, ist aber davon überzeugt, dass sie sich als philosophisches Werk erst durch eine allegorische Deutung in ihrem tieferen Sinn erschließt. Seine Schriften spiegeln damit ein deutlich anderes Judentum wider, als es in der rabbinischen Tradition begegnet.

Philo von Alexandria

Philo stammte aus einer der vornehmsten Familien Alexandrias

■ Der Tempel

Der Jerusalemer Tempel wurde von Herodes dem Großen zu einem der prachtvollsten Heiligtümer in gesamten Römischen Reich ausgestaltet. Der Talmud rühmt ihn als ein Muster an Schönheit. Die Baumaßnahmen begannen um 20 v. Chr. und kamen erst weit nach dem Tod des Herodes zum endgültigen Abschluss. Das viereckige Areal des auf einem gewaltigen Plateau angelegten Tempels wurde gegenüber dem Vorgängerbau nahezu verdoppelt und übertraf mit einem Umfang von etwa einheinhalb Kilometern alle vergleichbaren Kultstätten

Neubau des Tempels durch Herodes

der Antike an Größe. Das Tempelhaus wurde in Anlehnung an Stilelemente des hellenistischen Zeitalters um verschiedene Höfe und umlaufende Säulenhallen erweitert. Dabei diente der im hellenistischen Raum verbreitete Tempelbautypus des Kaisareion als architektonisches Vorbild.

Unterschiedliche Zonen der Heiligkeit

Im Zuge der gewaltigen Vergrößerung des Tempelareals entstand mit dem Vorhof der Völker eine Art Markt, der als äußerer Bezirk die gesamte Anlage umgab. Dieses von der königlichen Säulenhalle begrenzte Areal war ein lebendiger Ort des Handels, der Begegnung und der theologischen Debatten. Dort konnte man Opfertiere kaufen und mitgebrachte Geldmünzen in Schekel eintauschen. Unter dem Schekel verstand man in den Tagen Jesu die tyrische Tetradrachme, die aufgrund ihrer für antike Verhältnisse einzigartigen Wertbeständigkeit zur einzig akzeptierten Tempelwährung wurde. Der innere Tempelbezirk war durch eine Balustrade, deren Überschreiten Nichtjuden bei Todesstrafe untersagt war, vom äußeren Vorhof abgetrennt. Er gliederte sich in Zonen zunehmender Heiligkeit, nämlich Frauenhof, Männerhof und Priesterhof mit Tempelhaus. Der Priesterhof war durch eine Schranke vom Männerhof abgegrenzt. In ihm befanden sich der große Brandopferaltar mit seinen hörnerartig in die Höhe ragenden Ecken, Schlachtbänke, Becken zu rituellen Waschungen und Schlafkammern für die Dienst habenden Priester.

Tempelhaus mit dem Allerheiligsten

Das nur über den Priesterhof zugängliche Tempelhaus bestand aus Vorhalle, Hauptraum und Allerheiligstem. Seine inneren Wände waren komplett mit Goldplatten verkleidet. Die Vorhalle beherbergte Geschenke, die dem Tempel von Monarchen wie Kaiser Augustus oder der Königin Helena von Adiabene gestiftet worden waren. Der Hauptraum beherbergte mit dem Schaubrottisch, der Menora und dem Räucheraltar die drei wertvollsten Kultgeräte. Die aus massivem

Das Allerheiligste des Zweiten Tempels blieb leer

Gold bestehende Menora brannte Tag und Nacht, die sieben Arme des Leuchters symbolisierten das Planetensystem. Der Schaubrottisch aus vergoldetem Akazienholz wurde am Sabbat mit zwölf Schaubroten belegt, die den Priestern zufielen, und symbolisierte die Erde. Er ist genau wie die Menora auf dem Titusbogen in Rom zu sehen. Der aus dem gleichen Material wie der Schaubrottisch gefertigte Räucheraltar war permanent mit dreizehn Arten köstlichen Räucherwerks aus aller Welt bedeckt und stand als Sinnbild für die Wohltaten, die durch Gott und die Naturelemente gewährt werden. Den innersten Raum des Tempelgebäudes stellte das durch einen kostbaren Vorhang abgetrennte Allerheiligste dar. Es durfte ausschließlich vom Hohepriester betreten werden, und zwar nur einmal im Jahr an Jom Kippur, um dort das große Ritual des Versöhnungstages zu vollziehen. Das Allerheiligste hatte im Tempel Salomos die sagenumwobene Bundeslade beherbergt, die nach der Zerstörung des Heiligtums durch die Babylonier verloren ging. Im Zweiten Tempel, der nach Ende des babylonischen Exils errichtet wurde, wie auch im neuen Tempel des Herodes blieb das Allerheiligste leer.

Die Tempelhierarchie

An der Spitze der Tempelhierarchie stand der Hohepriester, der als Vorsitzender des Synedrions zudem über erheblichen politischen Einfluss verfügte. Nur er konnte das kultische Ritual des Versöhnungstages vollziehen, um Sühne für die Sünden des Klerus und des Volkes zu schaffen. Zudem brachte er am Sabbat, an ausgewählten Festtagen und in der Woche vor dem Versöhnungstag persönlich das tägliche Opfer am Tempel dar. Beim Ritual des Versöhnungstags war er in schlichtes Leinen gekleidet, im Anschluss daran und zu den anderen festlichen

Anlässen trug er über dem einfachen Priesterkleid ein mehrteiliges Gewand von ungeheurer Pracht. Dieses bestand aus einem ärmellosen Mantel in dunkelblau oder violett, einer mit Goldfäden durchwobenen und wertvollen Edelsteinen besetzten bunten Jacke, einem quadratischen Brustschild aus zwölf in Gold gefassten Edelsteinen, einem kostbaren Gürtel und einer Kopfbedeckung mit goldener Platte, auf der in Höhe der Stirn die Buchstaben des Gottesnamens eingraviert waren. Zweitmächtigste Person und Stellvertreter des Hohepriesters war der Tempeloberst, der als Befehlshaber über die Tempelpolizei die Verantwortung für die Sicherheit trug. Schlüsselpositionen hatten auch die sieben Finanzverwalter und drei Schatzmeister inne, die über das immense Vermögen des Tempels wachten. Der Opferdienst fiel in den Zuständigkeitsbereich von 24 Priesterklassen, die mit ihren Familien in der Regel außerhalb Jerusalems lebten und im Rotationsverfahren für jeweils eine Woche am Tempel tätig waren. Am unteren Ende der Tempelhierarchie standen die Leviten. Der Zutritt zum Altar und Tempelgebäude war ihnen streng untersagt. Sie unterstanden dem Tempeloberst und durften lediglich untergeordnete Tätigkeiten wie die Bewachung des äußeren Tempelareals, das Schlachten von Opfertieren oder das Herbeischaffen der Torarollen verrichten. Eine gehobene Klasse von Leviten sorgte für Tempelgesang und Musik. Das Blasen der Posaunen und der Schofar blieb ihnen allerdings verwehrt. Erst kurz vor der Zerstörung des Tempels kam es zu Reformen, die auf eine Besserstellung der Leviten innerhalb der Tempelhierarchie abzielten.

Die Leviten standen am unteren Ende der Tempelhierarchie

Eine Vielzahl von Abgaben (vgl. Neh 10,33-40) sorgte dafür, dass der Tempel auf einem soliden finanziellen Fundament stand. Haupteinnahmequelle war die dem Kultbetrieb und der Armenversorgung dienende Tempelsteuer, die als Symbol nationaler und religiöser Einheit seit der Hasmonäerzeit auch außerhalb des Mutterlandes erhoben wurde. Sie betrug einen halben Schekel pro Jahr, galt für jeden männlichen Juden über zwanzig Jahre und wurde bereitwillig entrichtet, zumal den dadurch finanzierten Opfern Sühnewirkung für das Volk Israel zugeschrieben wurde, an der jeder einzelne partizipierte. Zu der Tempelsteuer kamen unterschiedlichste Naturalabgaben hinzu, die für die bäuerliche Bevölkerung eine empfindliche Belastung über die staatlichen Steuern hinaus darstellten. Die Holzabgabe diente der Befeuerung des Brandopferaltars, während die Abgaben vom landwirtschaftlichen Ertrag den Lebensunterhalt des Kultpersonals sicherten. Dazu zählten die Erstlingsfrüchte und der Zehnte vom Ernteertrag des Landes, der den Leviten zustand. Weitere Naturalabgaben waren die auf bestimmte Getreidearten erhobene »Teighebe« und die ungefähr den fünfzigsten Teil aller geernteten Früchte ausmachende »Priesterhebe«. Dank der Tempelsteuer und weiterer Zuwendungen verfügte der Jerusalemer Tempel über einen immensen Reichtum an Kultgegenständen und Bargeld. Da er durch seine Heiligkeit grundsätzlich vor widerrechtlichem Zugriff geschützt war, diente er wie die meisten Heiligtümer der Antike auch als Gelddepot für Privatpersonen.

Tempelsteuer und weitere Abgaben

Im Zentrum der Tempelfrömmigkeit stand der Opferkult. In ihm ging es darum, Gott durch Opfergaben Dankbarkeit zu erweisen, ihn gütig zu stimmen, in enge Gemeinschaft mit ihm zu treten, Gelübde einzulösen, Schuld zu tilgen und Sühne zu bewirken. Die wichtigste öffentliche Opferhandlung war das Brandopfer (Tamid), bei dem die Priester Tag für Tag vormittags und nachmittags ein einjähriges Lamm opferten (Ex 29,38). Damit verbunden wurde das im Namen

Der Opferkult

des Hohepriesters, aber nicht von ihm persönlich dargebrachte Speiseopfer (Lev 6,13). Als Judäa im Jahr 6 n. Chr. römische Provinz wurde, kam zweimal am Tag ein Tieropfer für den Kaiser hinzu. Auf diese Weise bekundete das jüdische Volk, das mit Rücksicht auf den monotheistischen Glauben von der göttlichen Verehrung des Kaisers befreit war, seine Loyalität gegenüber Rom. Für Privatpersonen dargebrachte Opfer dienten vor allem der Wiedererlangung der kultischen Reinheit. Reinigungsopfer waren beispielsweise nach der Heilung von Aussatz, der Niederkunft im Wochenbett, dem Kontakt mit Ausflüssen aus den Geschlechtsorganen oder der Berührung von Toten vorgeschrieben. Dazu wurden zwei Opfertiere benötigt. Dem Sündopfer, bei dem das Blut des einen Tieres an den Altar gesprengt wurde, folgte das Brandopfer, bei dem das andere Tier auf dem Altar verbrannt wurde. Durch diese Doppelhandlung erwirkten die Priester Sühne für die betroffenen Personen. Als Opfertiere standen Tauben an oberster Stelle. Sie waren auch für die kleinen Leute erschwinglich (Lev 5,7) und konnten auf dem Tempelvorplatz käuflich erworben werden.

Die Feste am Tempel

Für das Judentum in der gesamten antiken Welt stellte der Jerusalemer Tempel den zentralen Bezugspunkt der Frömmigkeit dar. Das wichtigste der am Heiligtum gefeierten Feste war der im Zeichen von Buße und Sühne stehende Versöhnungstag (Jom Kippur). Zunächst vollzog der Hohepriester im Allerheiligsten einen Ritus zur Reinigung des Tempels von allen Sünden, die dort im Verlauf des Jahres durch den Klerus und die Kultgemeinde begangen worden waren. Dazu sprengte er das Blut eines Stieres für die Verfehlungen der Priester und das Blut eines Ziegenbocks für die Verfehlungen des Volkes an den Vorhang des Allerheiligsten. Im Tempel Salomos war das Blut noch auf den Deckel der Bundeslade gespritzt worden. Anschließend trat der Hohepriester aus dem Tempelhaus heraus und reinigte auch die Hörner des Brandopferaltars im Priesterhof mit dem Blut der beiden Tiere. Als Abschluss wurde das Sündenbockritual vollzogen. Dazu legte der Hohepriester alle Sünden des Volkes auf einen zweiten Ziegenbock, der aus dem Tempel in die judäische Wüste gejagt wurde und sinnbildlich alle Schuld der Menschen hinwegtrug. Zu den großen Wallfahrtsfesten Passah, Shavuot (Pfingsten) und Sukkot (Laubhüttenfest) pilgerten jährlich unzählige Menschen aus der Diaspora nach Jerusalem. Dazu gesellten sich im Jahreszyklus weitere Festivitäten wie das vom Klang der Posaunen untermalte Neujahrsfest (Rosh hashanah), das der Wiedereinweihung des Tempels durch die Makkabäer gewidmete Chanukka (Joh 10,22) oder der an den Sieg von Judas Makkabäus über den syrischen Heerführer Nikanor erinnernde Nikanortag (2Makk 15,36). Das ganze Jahr über war der Tempel ein Ort pulsierenden Lebens.

> **Der Sündenbock trug die Schuld der Menschen sinnbildlich weg**

■ Das rabbinische Judentum

Neuformierung des Judentums in Jabne

Der Verlust des Tempels infolge des Jüdischen Krieges stellte einen tiefen Einschnitt dar. Da das Judentum seines kultischen Zentrums beraubt war, wurde das Gesetz zur unumschränkten Mitte der Religion und die Synagoge zum zentralen Ort der Religionsausübung. Die Führungsrolle bei der Neuformierung des Judentums übernahm der gemäßigte Flügel des Pharisäismus, der relativ unbeschadet aus der Katastrophe hervorgegangen war. Dies geschah fernab von Jerusalem in dem südlich von Jaffa nahe der Küste gelegegen Jabne (Jamnia), das nun zu einem beherrschenden Zentrum jüdischer Gelehrsamkeit wurde und kraft der geistigen Autorität der dort versammelten Rabbinen bald einen gewichtigen Einfluss auf das religiöse Leben ausübte. Die Leitfigur der Anfangszeit war der Pharisäer Jochanan ben Zakkai. Eine rabbinische Legende berichtet davon, wie er während des Jüdischen Krieges in einem Sarg aus dem von Rebellen besetzten Jerusalem geschmuggelt wurde, zu den Römern überlief und von Vespasian persönlich die Genehmigung zur Errichtung des Lehrhauses in Jabne erhielt.

Lange Zeit neigte man zu der Annahme, dass es nach der Katastrophe der Tempelzerstörung zur sofortigen Etablierung eines normativen Judentums pharisäischer Prägung kam. Die tatsächliche Entwicklung verlief wesentlich komplexer. Das Rabbinentum kristallisierte sich in einem längeren Prozess, der nach der Tempelzerstörung einsetzte und im frühen 3. Jh. n. Chr. zu einem gewissen Abschluss kam, als beherrschende Form des Judentums heraus und steht keineswegs in ungebrochener Kontinuität zum Pharisäismus der Zeit des Zweiten Tempels. Mit der für ihr Denken charakteristischen Ausweitung des priesterlichen Ansatzes auf die profane Welt konnten die in besonderer Weise auf die Tora ausgerichteten Pharisäer allerdings den Verlust des Tempels besser als andere bewältigen. An der Neuformierung des Judentums waren aber auch weitere Gruppen beteiligt, allen voran die Sadduzäer. Sie wurden vom Ende des Tempelkults, dem Erlöschen des Hohepriesteramts und der Auflösung des Synedrions besonders empfindlich getroffen, verschwanden aber nicht schlagartig vom Boden des Judentums, zumal zunächst die Hoffnung auf einen Neubau des Tempels bestand. Die mit dem Tempelkult in Zusammenhang stehenden priesterlichen Traditionen und Gesetze galt es daher in Jabne zu bewahren und weiterzuführen. Gleichzeitig ergab sich aber die Notwendigkeit, gesetzliche Neuerungen einzuführen, die eine Weiterführung des religiösen Lebens im Angesicht des zerstörten Tempels ermöglichten. Von Jochanan ben Zakkai sind Notverordnungen (*taqqanot*) überliefert, die ohne biblische Grundlage allein aufgrund rabbinischer Autorität ergingen. Dabei dreht es sich im Wesentlichen darum, auf den Tempel bezogene halachische Vorschriften derart an die neuen Gegebenheiten anzupassen, dass sie auch ohne Existenz des Heiligtums durchführbar waren. Zudem wurde von der Versammlung in Jabne die dann im 2. Jh. n. Chr. zum Abschluss gekommene Festlegung des Kanons der Hebräischen Bibel vorangetrieben, indem ein erster Versuch unternommen wurde, die umstrittenen Bücher Hohes Lied und Prediger (*Kohelet*) für verbindlich zu erklären.

In Jabne kam es bald zu ersten Ausgrenzungstendenzen innerhalb des Judentums. Eine Führungsrolle hatte dabei Gamaliel II. inne, der nach Jochanan ben Zakkai die Leitung des Lehrhauses übernahm. Auf seine Initiative hin wurde die zwölfte Bitte des jüdischen Achtzehngebetes um eine Ketzerverfluchung erweitert. Dies richtete sich gegen verschiedene Gruppen von jüdischen Abweichlern, davon betroffen waren auch Judenchristen. Damit begann die Idee eines normativen Judentums Gestalt anzunehmen. Unter dem Eindruck des gescheiterten Bar-Kochba-Aufstands (132-135 n. Chr.) wurde dann deutlich, dass das Jahr 70 n. Chr. unwiderruflich einen gravierenden Einschnitt mit sich gebracht hatte, indem alle Hoffnungen auf eine Wiederherstellung des Tempelkults und Rückkehr

Führungsrolle der Pharisäer

> Es ging um die Weiterführung des religiösen Lebens im Angesicht des zerstörten Tempels

Ausgrenzung von »Abweichlern«

zur alten Ordnung begraben werden mussten. Nun begann sich das Rabbinat allmählich als neue Führungsschicht durchzusetzen und mit einer rigiden Ausgrenzung Andersdenkender die Vielfalt des Judentums vor der Tempelzerstörung zu einer gewissen Einförmigkeit zu reduzieren.

Mischna und Tosefta

Innerhalb der rabbinischen Literatur stellt die Mischna (»Lernen«, »mündliche Lehre«) das älteste in sich geschlossene Werk dar. Sie bietet in sechs thematisch ausgerichteten Hauptabteilungen oder Ordnungen (Samen, Festzeiten, Frauen, Beschädigungen, Heiliges, Reinheiten) mit insgesamt 63 Traktaten eine Art Kommentar zum Mosegesetz. Die auf Hebräisch abgefasste Mischna entstand um 200 n. Chr., wobei das dargebotene Material zu jenem Zeitpunkt bereits auf einen längeren Prozess der mündlichen Überlieferungsgeschichte zurückblickte. In beträchtlichem Umfang dürfte es sich um solche pharisäischen Auslegungstraditionen handeln, die Paulus (Gal 1,14), Markus (Mk 7,3) und Josephus (*ant.* 13,297) als Satzungen der Väter oder Überlieferungen der Alten bezeichnen. In die analog zur Mischna aufgebaute Tosefta (»Hinzufügung«, »Ergänzung«) wurden ergänzende Gesetzeslehren aufgenommen.

Babylonischer und Palästinischer Talmud

Die Mischna bildet das Grundgerüst des Talmud (»Studium«, »Belehrung«), in den sie vollständig einfloss. Dort wurde sie um die Gemara (traditionelle Lehre, Wissenschaft) erweitert, die aus Kommentaren und Analysen zur Mischna in aramäischer Sprache besteht. Der Talmud ist in zwei Versionen überliefert, wobei der Babylonische Talmud den Palästinischen oder Jerusalemer Talmud von der Bedeutung her in den Schatten stellt. Beide Versionen sind im frühen 5. Jh. entstanden und lassen jeweils zahlreiche Mischnatraktate unkommentiert. Der Babylonische Talmud geht auf die jüdischen Gelehrten in Babylon zurück und weist einen enzyklopädischen Charakter auf, da über Gesetzeslehren hinaus auch Legenden, Anekdoten, geschichtliche Erinnerungen und naturwissenschaftliche Erkenntnisse Aufnahme fanden. Man kann ihn als eine im Aufbau an der Mischna orientierte »Nationalbibliothek des babylonischen Judentums« betrachten (G. Stemberger). Der deutlich kürzere Palästinische Talmud wird häufig auch als Jerusalemer Talmud bezeichnet. Entstanden ist er allerdings wohl in Tiberias, das in der Spätantike Jabne als Zentrum rabbinischer Gelehrsamkeit im Mutterland den Rang ablief.

> Der »Jerusalemer Talmud« entstand in Wirklichkeit in Tiberias

Midraschim und Targumim

Daneben spielen in der rabbinischen Literatur die Midraschim und die Targumim eine wichtige Rolle. Bei einem Midrasch (»Forschung«, »Auslegung«) handelt es sich um ein Werk, das die Auslegung eines Buches aus der hebräischen Bibel bietet. Dabei wird in der Regel ein Vers nach dem anderen zunächst zitiert und dann kommentiert. Man kann zwischen halachischen Midraschim wie *Mekhilta Exodus* oder *Sifra Leviticus*, die auf die Gesetzesauslegung fokussiert sind, und haggadischen Midraschim wie *Bereschit Rabba* oder *Leviticus Rabba*, die eher Erzähltraditionen bieten, unterscheiden. Unter einem Targum (»Übersetzung«, »Auslegung«) versteht man die Übertragung eines biblischen Buches aus dem Hebräischen in das Aramäische. Die Notwendigkeit dazu ergab sich, weil um die Zeitenwende das Hebräische vom Aramäischen als Alltagssprache längst verdrängt worden war und von vielen nicht mehr verstanden wurde. Die Targumim, aus denen der Targum Onkelos zum Buch Genesis herausragt, sind nicht immer um wörtliche Übersetzung bemüht, sondern bieten zuweilen auch freiere Übertragungen mit midraschartigen Hinzufügungen.

VI. Jesus von Nazaret

Jesus von Nazaret ist die zentrale Figur des Neuen Testaments, die den Stein des Christentums ins Rollen brachte und zum Begründer einer Weltreligion wurde. Sein Leben und Wirken bleibt in vielerlei Hinsicht von Geheimnissen und Mythen umgeben, lässt sich aber in Grundzügen rekonstruieren. Nachdem die liberale Leben-Jesu-Forschung des 19. Jh. in eine Sackgasse geführt hatte und im 20. Jh. von Rudolf Bultmann die historische Rückfrage nach Jesus für theologisch irrelevant erklärt worden war, erwachte unter dem Eindruck des bahnbrechenden Aufsatzes »Das Problem des historischen Jesus« (1953) von Ernst Käsemann das Interesse an der geschichtlichen Jesusgestalt aufs Neue. Dabei kam es allerdings unter Anwendung des zweifelhaften »Differenzkriteriums« zu einer problematischen Isolation Jesu von seinen jüdischen Wurzeln. Durch die als »Third Quest« bezeichnete dritte große Welle der Rückfrage nach dem historischen Jesus, die den Mann aus Nazaret nun gezielt vor dem Hintergrund seiner engen Verflechtung mit den religiösen, politischen, wirtschaftlichen und sozialen Gegebenheiten im Palästina der Zeitenwende in den Blick nimmt, hat die Jesusforschung entscheidende neue Impulse erfahren.

Die Rückfrage nach dem historischen Jesus

Die Quellen über Jesus sprudeln kräftig. Neben den vier kanonischen Evangelien zeichnen auch apokryphe Evangelienschriften und Evangelienfragmente ein lebendiges Bild seiner Verkündigung und seines Wirkens. Als Glaubenszeugnisse, die seine Worte und sein Handeln aus der christlichen Binnenperspektive beleuchten und im Licht der frühkirchlichen Bekenntnisbildung darstellen, können sie allerdings nicht den Status von Tatsachenberichten beanspruchen, sondern müssen immer auch kritisch auf ihre Darstellungstendenzen und ihren geschichtlichen Wert hin befragt werden. Ein weiteres Standbein der Jesusforschung sind antike Jesusüberlieferungen aus dem nichtchristlichen Bereich. Der jüdische Historiker Flavius Josephus zeichnet in seinem christlich überarbeiteten, aber im Kern authentischen »Testimonium Flavianum« ein Bild von Jesus als »weisem Menschen«, dessen Kreuzigung durch Pontius Pilatus auf Betreiben der jüdischen Aristokratie vollzogen wurde (*ant.* 18,63f). Der syrische Philosoph Mara bar Sarapion lässt um 73 n. Chr. eine von Sympathie getragene Betrachtung Jesu als »weiser König der Juden« erkennen, der wie Sokrates und Pythagoras grundlos sterben musste. Weniger freundlich fällt das Urteil des römischen Historikers Tacitus über Jesus und seine Anhänger aus. Er weiß zu berichten, dass die im Volk wegen ihrer Schandtaten verhassten Christen ihren Namen auf den von Pontius Pilatus hingerichteten Christus zurückführen, bei dem es sich um den Urheber jenes verderblichen Aberglaubens handele (*ann.* 15,44,3). Im rabbinischen Judentum und bei dem griechischen Philosophen Celsus (um 180 n. Chr.) gilt Jesus als Bastard, Zauberer und Verführer, der mit zwielichtigen Kunststücken aus Ägypten das Volk zu beeindrucken suchte und über dessen Hinrichtung kein Wort des Bedauerns laut wird. Wie auch immer man den Wert dieser höchst ambivalenten Aussagen beurteilen mag – sie zeigen, in welchem Maße die Person Jesu früh auch außerhalb des Christentums Interesse auf sich gezogen hat. Dass Jesus wirklich gelebt hat und unter Pontius Pilatus den Tod fand, zählt zu den bestbezeugten Ereignissen der Antike.

Christliche und nichtchristliche Quellen

Der Philosoph Mara bar Sarapion bezeichnet Jesus als »weisen König der Juden«

■ Geburt und Herkunft Jesu

Geburtsjahr und Geburtstag Jesu

Jesus erblickte nicht etwa zur Zeitenwende das Licht der Welt, sondern wurde im letzten Jahrzehnt v. Chr. geboren. Dieses Kuriosum hängt mit einem Rechenfehler des Mönchs Dionysius Exiguus zusammen, der 525 in Rom mit der Berechnung des exakten Ostertermins beauftragt wurde und nebenbei die christliche Zeitrechnung begründete. Dionysius ging von der damals weit verbreiteten Meinung aus, dass Jesus an einem 25. März auferstanden sei. Bei der Suche nach einem geeigneten Jahr, in dem der Ostersonntag auf den 25. März gefallen war, stieß er auf das Jahr 784 ab der Gründung Roms. Aufgrund der Annahme, dass Jesus bei der Kreuzigung dreißig Jahre alt war, legte Dionysius in einem nächsten Schritt 754 ab der Gründung Roms als Geburtsjahr Jesu fest und bezeichnete dies als das Jahr eins der christlichen Zeitrechnung. Damit lag der Mönch, der nur wenige zuverlässige Anhaltspunkte zur Verfügung hatte und teilweise auf Schätzungen zurückgreifen musste, um mindestens vier Jahre daneben. Nach Zeugnis der Evangelien fällt die Geburt Jesu eindeutig noch in die letzten Regierungsjahre von Herodes dem Großen. Seit dem frühen 19. Jh. weiß man aber, dass der jüdische Herrscher im Jahr 750 ab der Gründung Roms gestorben ist, welches dem Jahr 4 v. Chr. entspricht, in dem Jesus folglich allerspätestens zur Welt gekommen sein muss. Der Geburtstag Jesu ist unbekannt. Die christliche Begehung des Weihnachtsfestes am 25. Dezember, die sich erst im 4. Jh. n. Chr. durchsetzte, dürfte sich einer gezielten Übernahme und Christianisierung des Festes der Geburt des unbesiegbaren Sonnengottes (*Sol Invictus*) verdanken.

> Jesus wurde bereits einige Jahre vor der Zeitenwende geboren

Geburt in Bethlehem?

Die Geburt Jesu ist in der christlichen Tradition fest mit Bethlehem verbunden. Die kritische Bibelwissenschaft rechnet allerdings damit, dass dies aus dogmatischen Gründen geschah und Jesus in Nazaret zur Welt kam. Von der Geburt Jesu in Bethlehem berichten im Neuen Testament allein Matthäus und Lukas. Die Evangelien des Markus und Johannes kennen keine Weihnachtsgeschichte und vermitteln deutlich den Eindruck, dass Jesus aus Nazaret stammt. Für Matthäus ist Bethlehem die Heimatstadt von Josef und Maria. Die Geburt Jesu gilt ihm als Erfüllung der Verheißung des Propheten Micha, dass der erwartete Messias aus Bethlehem, der Stadt Davids, kommen werde (Mi 5,1). Erst bei der Rückkehr aus Ägypten siedelt die Heilige Familie dann aus Furcht vor Archelaus nach Nazaret in das Herrschaftsgebiet des Herodes Antipas über (Mt 2,22f). Lukas liefert dagegen in seiner Weihnachtsgeschichte mit dem Verweis auf die Steuerschätzung des Quirinius eine auf den ersten Blick plausibel erscheinende Erklärung dafür, warum Josef und die hochschwangere Maria sich aus ihrer Heimatstadt Nazaret nach Bethlehem begaben. Das Problem liegt allerdings darin, dass die Steuerschätzung des Quirinius erst etliche Jahre nach Jesu Geburt stattgefunden hat. Nach dem Zeugnis des Josephus (*ant.* 18,1-4) fällt dieser römische Verwaltungsakt in das Jahr 6 n. Chr., in dem das Herrschaftsgebiet des Herodessohns Archelaus in die Provinz Judäa umgewandelt und der direkten Kontrolle Roms unterstellt wurde. Dies hatte einen Zensus zur Bemessung der Kopfsteuer und Grundsteuer durch den syrischen Statthalter Quirinius zur Folge. Da zwischen der Geburt Jesu gegen Ende der Regierungszeit des Herodes und der Einrichtung der römischen Provinz Judäa eine zeitliche Lücke von mindestens zehn Jahren klafft, ist Lukas mit der Einbettung des Weihnachtsgeschehens in den Zensus des Quirinius ein chronologischer Irrtum unterlaufen. Alle Versuche, einen Zensus des Quirinius zur Zeit der Geburt Jesu plausibel zu machen, scheitern daran, dass sich eine Statthalterschaft des Quirinius in Syrien zu Lebzeiten von Herodes dem Großen nicht belegen lässt. Zudem bestand von römischer Seite keinerlei Veranlassung, in einem innenpolitisch autonomen Herrschaftsgebiet wie dem Herodesreich einen Zensus durchzuführen. Wenn es im Geburtsjahr Jesu keine römische Steuerschätzung gab, dann fällt die im Lukasevangelium gegebene Begründung für die Bethlehemreise von Josef und Maria in sich zusammen. Allerdings könnte es sein, dass in der Weihnachtsgeschichte des Lukas unterschiedliche historische Erinnerungen zusammenflossen und mehrere Bethlehemreisen zu einer einzigen verdichtet worden. Der Altertumswissenschaftler Klaus Rosen vermutet, dass Maria in Bethlehem ererbten Grundbesitz hatte und daher auch bereits in den Tagen von Herodes dem Großen mit den dortigen Steuerbehörden verhandeln musste. Bei der Abgabe solch einer früheren Steuererklärung in Bethlehem könne Jesus dort zur Welt gekommen sein. Auch wenn vieles für Nazaret spricht, ist damit eine Geburt Jesu in Bethlehem nicht gänzlich ausgeschlossen.

Aufgewachsen ist Jesus in jedem Fall in Nazaret, einer abseits der Handelsstraßen gelegenen Hangsiedlung im südgaliläischen Bergland, deren vielleicht 200 Bewohner in Wohnhöhlen lebten, die man in den Kalksteinfels geschlagen hatte. Der Ort war von so geringer politischer und wirtschaftlicher Bedeutung, dass er in antiken Quellen außerhalb des Neuen Testaments überhaupt nicht erwähnt wird. Jesus übte wie sein Vater Josef den Beruf des Bauhandwerkers (*tektōn* Mk 6,3; Mt 13,55) aus, dessen Anforderungsprofil von der in deutschen Bibeln gewählten Übersetzung »Zimmermann« nur unzulänglich erfasst wird, da das Bauwesen in der Lebenswelt Jesu vor allem mit der Steinverarbeitung zu tun hatte. In Nazaret gab es kaum genug Arbeit für Bauhandwerker. Josef und Jesus waren vermutlich auf den beiden Großbaustellen des Herodes Antipas in Galiläa tätig, nämlich in Sepphoris, das nach der 4 v. Chr. erfolgten Zerstörung durch die Römer wiederaufgebaut wurde, und in Tiberias, das ab 19 n. Chr. als neue Hauptstadt Galiläas aus dem Boden gestampft wurde.

Herkunft aus Nazaret und Betätigung als Bauhandwerker

Josef und Jesus wirkten vermutlich am Aufbau von Sepphoris und Tiberias mit

Umstritten ist die Frage, inwieweit Galiläa eine spezifische religiöse, ethnische und kulturelle Prägung aufwies, durch die das spätere Geschick Jesu bereits ein Stück weit vorgezeichnet war. Das Schlagwort vom »Galiläa der Heiden« (Jes 8,23; Mt 4,14), das nicht selten zur Rechtfertigung einer Herauslösung Jesu aus seinem jüdischen Kontext dient, stellt für die Tage Jesu keine adäquate Beschreibung der ethnischen und kulturellen Verhältnisse des Landes dar. Nachdem Galiläa unter Aristobul I. (104-103 v. Chr.) dem Hasmonäerreich einverleibt worden, kam es zu einer Rejudaisierung des Landes. In der Zeit der Seleukidenherrschaft aus Galiläa vertriebene jüdische Siedler (1Makk 5,21ff) kehrten dorthin zurück, während die im Laufe der Jahrhunderte eingedrungenen »Fremdstämmigen« unter dem politischen Druck der Hasmonäer das Land verließen oder sich der Zwangsjudaisierung unterwarfen. In den Tagen Jesu war Galiläa kein multiethnisches, sondern ein ganz überwiegend jüdisches Gebiet, das allerdings rundum von hellenistischen Stadtstaaten wie Sidon, Tyrus, Ptolemais, Sebaste und Skythopolis umgeben ist. Zudem förderte Herodes Antipas mit seinen städtebaulichen Maßnahmen in Sepphoris, das über ein Theater verfügte, und Tiberias, das auf einem ehemaligen Friedhofsgelände errichtet wurde und damit von

Spezifische Prägung Galiläas

strenggläubigen Juden nicht betreten werden konnte, auch inmitten von Galiläa die hellenistische Kultur. Dadurch ergaben sich in Krisenzeiten Spannungen zwischen den hellenisierten Städten und ihrem jüdischen Umland. Galiläa war ein rebellisches Land, in dem der Freiheitswille stark ausgeprägt war und der radikale Widerstand gegen die Herrschenden Tradition hatte. Die Aktivitäten des Räuberhauptmanns Hiskia in den Tagen des Herodes, die zur Zerstörung von Sepphoris führenden schweren Aufstände nach dem Tod des Herodes, die Begründung der zelotischen Bewegung durch Judas den Galiläer, die Kreuzigung zweier Söhne des Judas nach der Integration Galiläas in die 41 n. Chr. von den Römern wiederbelebte Provinz Judäa und die zentrale Rolle des Johannes von Gischala im Jüdischen Krieg sprechen diesbezüglich Bände. Die Insellage Galiläas zog nicht nur eine besondere Betonung der jüdischen Identität, sondern auch eine eigenständige Form der Schriftauslegung nach sich. In Joh 7,47-52 wird jemand, der aus Perspektive der Sadduzäer und Pharisäer nichts von der Tora versteht, als Galiläer beschimpft. Von dem Pharisäer Jochanan ben Zakkai ist der Ausspruch »Galiläa, Galiläa, du hasst die Tora!« überliefert, den er nach langjährigen erfolglosen Versuchen, die Galiläer die Tora zu lehren, von sich gegeben haben soll (*jSchab* 15d). Dies bedeutet nicht, dass die Torafrömmigkeit in Galiläa schwächer als in Jerusalem ausgeprägt gewesen wäre, legt aber fundamentale Differenzen zur Auslegung der Tora durch die Pharisäer nahe. Vor diesem Hintergrund wird zuweilen die Auffassung vertreten, dass Jesus schon allein wegen seiner galiläischen Herkunft dem von Sadduzäern wie Pharisäern repräsentierten Jerusalemer Establishment als politisch wie religiös verdächtige Person erschienen sei und hier eine wesentliche Ursache seines späteren Kreuzestodes liege (G. Vermes). In Jerusalem wurden die Galiläer zuweilen bereits wegen ihres besonderen aramäischen Dialekts verspottet.

▪ Taufe durch Johannes

Die Lücke im Leben Jesu zwischen Geburt und Taufe

Daran, was Jesus in den ersten dreißig Jahren seines Lebens bis zur Taufe durch Johannes unternahm, zeigen die neutestamentlichen Schriften kein ausgeprägtes Interesse. Markus und Johannes halten sich in dieser Hinsicht völlig bedeckt. Die Informationen des Matthäus versiegen mit der Rückkehr der heiligen Familie aus Ägypten und der Übersiedlung nach Nazaret. Lukas bietet mit der Legende vom zwölfjährigen Jesus im Tempel zumindest *eine* Episode aus der Kindheit Jesu. Die im Dunkeln liegenden Lebensabschnitte Jesu riefen geradezu nach Erhellung, um mit frommer Phantasie und abenteuerlicher Spekulation die natürliche Wissbegierde zu befriedigen. In die Lücke zwischen Geburt und Aufenthalt des zwölfjährigen Jesus im Tempel stießen Schriften wie das Kindheitsevangelium des Thomas, das Protevangelium des Jakobus oder das Pseudo-Matthäusevangelium, die von der Bibel nicht gelieferte Informationen über die heilige Familie geben und die Kindheit Jesu wunderbar ausschmücken, wobei sich der geschichtliche Wert gegen Null bewegt. Was Jesus dann zwischen dreizehn und dreißig unternahm, hat in der Antike offenbar niemanden auch nur ansatzweise interessiert. Diesen Umstand machten sich im 19. und 20. Jh. Schriftsteller wie Nikolas Notowitsch,

> **Die Lücke im Leben Jesu wurde mit frommer Phantasie und abenteuerlicher Spekulation aufgefüllt**

Gideon J.R. Ouseley, Ernst Edler von der Planitz oder Holger Kersten zu Nutze, um durch pseudowissenschaftliche Hypothesen und unter Berufung auf dreist gefälschte Dokumente wie den »Benanbrief«, die angeblich in Tibet gefundenen Dokumente über den großen Propheten Issa (Jesus) oder das »Evangelium der vollkommenen Wahrheit« jene gänzlich unbekannten Jahre im Leben Jesu zu erhellen, die auch von der apokryphen Legendenbildung des frühen Christentums nicht ausgeschmückt worden waren. Dies verbindet sich mit dem Interesse, Jesus als Verbreiter östlicher Weisheitslehren zu porträtieren und die typisch jüdischen Züge seiner Verkündigung herunterzuspielen. Besonders hoch im Kurs steht dabei ein Aufenthalt Jesu in Indien, wo er angeblich in den Buddhismus eingewiesen wurde. Von dort soll er sich als Wanderprediger nach Palästina zurückbegeben haben, um auch sein Mutterland in den Genuss jener Lehren kommen zu lassen, die zur Vollkommenheit und zum höchsten Glück führen. Im Benanbrief wird Ägypten, wo Jesus als junger Mann angeblich die wissenschaftliche Heilkunst erlernte und tiefsinnige Gespräche mit dem großen Gelehrten Philo von Alexandria führte, als Ursprungsort seiner Weisheit ins Spiel gebracht.

Festen Boden bekommt man bei der Rekonstruktion des Lebens Jesu erst wieder mit der Taufe Jesu durch Johannes unter die Füße. Johannes verstand sich als der wiedergekommene Elia, der als Endzeitprophet erwartet wurde (Mal 3,22f). Er kündigte das bevorstehende Zorngericht Gottes an und rief zur Buße auf (Mt 3,7-10par), die sich durch ein Sündenbekenntnis mit daran anschließender Untertauchtaufe im Jordan vollzog. Mit der Taufe wurde eine Art Anrecht auf Sündenvergebung im Endgericht erworben. Der Taufort des Johannes lag in der Einöde am Ostufer des Jordans nahe Bethanien (Joh 1,28), das zu der von Herodes Antipas beherrschten Tetrarchie Peräa gehörte. Zu den Jüdinnen und Juden, die sich zum Unterlauf des Jordans begaben und dort der Johannestaufe unterzogen, zählte auch Jesus von Nazaret. Offensichtlich hat er die Botschaft des Johannes vom unmittelbar bevorstehenden Gericht geteilt und war der Überzeugung, dass er der Umkehr und der Taufe zur Sündenvergebung bedürfe, um dem Zorn Gottes zu entfliehen. Nach der Taufe kehrte Jesus nicht in das Alltagsleben zurück, sondern gehörte zum engeren Schülerkreis des Täufers. In diesem Zusammenhang verdienen einige kaum bekannte Stellen aus dem Johannesevangelium besondere Beachtung, die von einer Fortführung der Johannestaufe durch Jesus berichten (Joh 3,22.26; 4,1). Zudem soll Jesus nach Darstellung des vierten Evangeliums seine ersten Jünger aus dem Kreis der Täuferschüler rekrutiert haben (Joh 1,35-42).

Taufe und Zugehörigkeit zum Schülerkreis des Johannes

Jesus gehörte nach der Taufe eine Zeit lang zum Schülerkreis des Johannes

Dem Christentum bereitete es zunehmend Anstoß, dass Jesus als Schüler des Täufers seine Wirksamkeit begonnen und diesen zumindest eine Zeit lang als überlegenen Lehrer anerkannt hatte. Zudem ergaben sich dadurch, dass die Johannestaufe ein Sakrament zur Sündenvergebung war, Spannungen zum Dogma von der Sündlosigkeit Jesu (Hebr 4,15). Vor diesem Hintergrund wird bereits in den Evangelien die Überlegenheit Jesu betont. Matthäus zufolge soll Johannes es zunächst abgelehnt haben, Jesus zu taufen, da er doch eigentlich der Taufe durch Jesus bedürfe (Mt 3,13-17). Dass die Johannestaufe der Sündenvergebung diente, wird in diesem Zusammenhang gänzlich unterschlagen. Das Johannesevangelium degradiert den Täufer zum Zeugen für die in der Herabkunft des Geistes sichtbare Gottessohnschaft Jesu, ohne dessen Taufe überhaupt zu schildern, und

Die Taufe Jesu im Spiegel der christlichen Überlieferung

betont, dass Jesus nicht seine eigenen Sünden, sondern die der Welt trug (Joh 1,29-34). Nach Darstellung des apokryphen Nazaräerevangeliums (*fragm.* 2) lässt sich Jesus nur auf Drängen seiner Familie taufen und dementiert dabei, dass er der Sündenvergebung bedürfe.

Trennung Jesu von Johannes dem Täufer

Auch wenn Jesus seinen Lehrer zeitlebens hoch verehrte (Mt 11,7-14), kam es nach einer Zeit der Schülerschaft zu einer »theologischen Abnabelung« von ihm. In den Evangelien werden maßgebliche Unterschiede zwischen Jesus und Johannes sichtbar. Dazu gehören die Zukunftserwartung, die Wunderpraxis und der Lebensstil. Der Täufer warnte radikal vor dem Zorngericht Gottes. Jesus rückte dagegen bald das Heilsangebot der im Anbruch begriffenen Herrschaft Gottes in den Mittelpunkt seiner Verkündigung. Gerichtsvorstellungen wurden dadurch an den Rand gedrängt und eine vor dem Zorn Gottes rettende Taufe spielte keine Rolle mehr. Während Johannes keine Wunder vollbrachte (Joh 10,41), manifestierte sich für Jesus in Dämonenaustreibungen und Krankenheilungen der Anbruch der Gottesherrschaft (Lk 11,20). Die Botschaft von der Gegenwart des Heils zog einen veränderten Lebensstil nach sich. Fasten und Askese, wie sie von den Johannesjüngern praktiziert wurden, waren nach Auffassung Jesu im Horizont der anbrechenden Heilszeit unangebracht (Mk 2,18-22). In der Wahrnehmung seiner Zeitgenossen hob sich Jesus als »Fresser und Weinsäufer« deutlich vom Täufer ab, dem man wegen seiner Nahrungsaskese dämonische Besessenheit nachsagte (Mt 11,18f). Diese Entwicklungen im religiösen Denken Jesu wurden aller Wahrscheinlichkeit nach durch ein Schlüsselerlebnis in Gang gesetzt, das die Initialzündung für die Trennung vom Täufer darstellte. In Lk 10,18 »Ich sah den Satan wie einen Blitz vom Himmel fallen« blickt Jesus auf eine Vision zurück, die den Bruch mit Johannes dem Täufer hervorgerufen haben dürfte. In der jüdischen Apokalyptik wurde der Sturz des Satans als noch ausstehendes Ereignis im Rahmen des Endzeitszenarios, das einen himmlischen Krieg zwischen Gott und den Mächten der Finsternis bringen würde, erwartet. Jesus wurde dagegen in seiner Vision bewusst, dass die Entmachtung des Satans bereits vollzogen war und Gott mit der Wiederaufrichtung seiner Herrschaft begonnen hatte. Er löste sich vom Schülerkreis des Johannes, um eine eigenständige Wirksamkeit als Verkündiger und Wundertäter zu entfalten.

> Die Vision des Satanssturzes war die Initialzündung für Jesu Abnabelung vom Täufer

■ Der Ruf in die Nachfolge

Unterschiedliche Formen von Berufungsgeschichten

Jesus wandte sich nicht als Einzelperson an die Öffentlichkeit, sondern versammelte in Analogie zu anderen antiken Propheten und Weisheitslehrern eine Reihe von Menschen um sich, die er in seiner Lehre unterwies und mit bestimmten Aufgaben betraute. Nach der Darstellung der Evangelien eröffnete Jesus seine Wirksamkeit mit Jüngerberufungen, bei denen der Eintritt in die Nachfolge spontan und ohne eigene Initiative der Betroffenen erging. Die beiden Brüderpaare Petrus und Andreas sowie Jakobus und Johannes werden während der Ausübung ihres Berufs vom Charisma Jesu überwältigt und lassen alle sozialen Bindungen hinter sich (Mk 1,16-20). Mit der Berufung verbindet sich die Beauftragung, indem Jesus die betreffenden Personen zu Menschenfischern machen will. Die neue Tätigkeit in der Nachfolge wird symbolträchtig anhand des bisherigen Berufes erläutert. Ausschlaggebend für den Eintritt in die Nachfolge ist nicht der Entschluss des Berufenen, sondern der auswählende Wille des Berufenden. Die unmittelbarste Parallele dazu bietet die Berufung des Elisa durch Elia (1Kön 19,19-21). Im Fall von Maria Magdalena, Johanna und Susanna erfolgt dagegen der Eintritt in die Nachfolge aufgrund von Heilungen, die Jesus an ihnen vollzogen hat (Lk 8,1-3). Diese Praxis spiegelt sich auch in der Geschichte vom besessenen Gerasener wider, dessen Nachfolgebegehren allerdings abgewiesen wird (Mk 5,18f). Ein dritter Typus neutestamentlicher Berufungsgeschichten (Mt 8,18-22) folgt dem Muster des antiken Schulbetriebs, indem der Lernbegierige selber sich einen Rabbi oder Philosophen sucht, von dem er sich den Erwerb größtmöglichen Wissens erhofft und dessen Schüler er werden möchte.

Wieviele Personen die Jesusbewegung insgesamt umfasste, lässt sich schwer ermessen. Neben Menschen, die sich zeitweilig oder dauerhaft mit Jesus auf Wanderschaft begaben, existierten auch ortsfeste Sympathisanten, die im Bedarfsfall materielle Hilfe bereitstellten. Als engeren Kreis seiner Begleiter und Mitarbeiter versammelte Jesus die Zwölf um sich (Mk 3,13-19parr), an deren Spitze in allen Jüngerlisten Simon Petrus steht. Der Zwölferkreis ist eine symbolträchtige Größe, die das neue Israel repräsentiert. Faktisch existierten in den Tagen Jesu nur noch die Stämme Juda, Benjamin und – ohne Erbland – Levi. Für die Endzeit erhoffte man sich die Sammlung und Wiederaufrichtung aller zwölf Stämme Jakobs (Sir 36,13; 48,10; PsSal 17,28-31). Jesus machte vor diesem Hintergrund von der symbolträchtigen Zwölferzahl Gebrauch, um den Anbruch der Heilszeit zu versinnbildlichen und zugleich gängige Zukunftserwartungen provokativ zu durchbrechen. Die endzeitliche Wiederherstellung des Zwölf-Stämme-Bundes ist nicht wie in den Psalmen Salomos mit Krieg und politischer Befreiung von Fremdherrschaft verbunden. Zudem verkörpern nicht Angehörige der gesellschaftlichen oder religiösen Elite, sondern »Underdogs«, allen voran einfache galiläische Fischer, das neue Israel. Neben dem Zwölferkreis gab es eine Gruppe von Frauen mit Maria Magdalena an der Spitze, die Jesus von Galiläa bis nach Jerusalem nachfolgten (Mk 15,40; vgl. Lk 8,2f). Die Personen, die sich der Jesusbewegung anschlossen, wurden zu Heilung und Verkündigung beauftragt (Lk 10,9par).

Einsetzung der Zwölf

Gesellschaftliche Underdogs repräsentieren das endzeitliche Israel

Der Eintritt in die Jesusbewegung ging mit dem radikalen Abbruch aller alten Bindungen einher. Während Elisa mit einem Mahl Abschied von seiner Familie nehmen kann, lassen die erstberufenen Jünger sofort alles hinter sich. In Mt 8,21f wird einem nachfolgewilligen Mann die Teilnahme an der Bestattung des Vaters untersagt. Damit verstößt Jesus in skandalöser Weise gegen all das, was Gesetz, Frömmigkeit und Sitte vorschreiben. Vor diesem Hintergrund ist es wenig verwunderlich, wenn der Anspruch Jesu die Familien zutiefst spaltet und ihre Mitglieder gegeneinander aufbringt (Lk 11,49-53). Mit dem Eintritt in die Nachfolge verlieren die verwandtschaftlichen Beziehungen jede Bedeutung. An die Stelle der Herkunftsfamilie tritt die Jesusbewegung als die neue Familie Gottes (Mk 10,28-30). Dies liefert auch die Erklärung dafür, warum Jesus in einem äußerst angespannten Verhältnis zu seinen Eltern und Geschwistern stand (Mk 3,31-35). Die Nachfolge selbst ist durch ein entbehrungsreiches Leben auf Wanderschaft gekennzeichnet. Jesus und seine Anhänger sind diesbezüglich schlechter gestellt als Tiere und müssen auf gastliche Aufnahme in Häusern hoffen. »Die

Familienfeindliches Ethos und Vertrauen in Gottes Fürsorge

Füchse haben Gruben, und die Vögel unter dem Himmel haben Nester; aber der Menschensohn hat nichts, wo er sein Haupt hinlege« (Mt 8,20). In der ältesten Fassung der Aussendungsrede Jesu werden Stab, Brottasche, Geld, Sandalen und ein zweites Gewand verboten (Mt 10,9f). Im Vertrauen auf den fürsorglichen, seine Herrschaft durchsetzenden Schöpfergott, der das zum Leben Notwendige schenken wird, sind die Jüngerinnen und Jünger von der Sorge um die materiellen Dinge des Lebens enthoben (Mt 6,25-34par).

■ Die Botschaft von der Herrschaft Gottes

Herrschaft Gottes als Zentralbegriff der Predigt Jesu

Im Zentrum der Verkündigung Jesu stand die Predigt von der Königsherrschaft Gottes (*basileia toū theoū*). Die deutschen Bibelübersetzungen wählen in der Regel den Begriff »Reich Gottes«, um die räumliche Ausdehnung der Herrschaft Gottes hervorzuheben. Nicht nur die Mehrzahl der Gleichnisse Jesu, sondern auch seine Wundertaten und seine umstrittenen Mahlgemeinschaften sind auf das engste mit der Vorstellung von der Gottesherrschaft verbunden und erschließen sich erst vor diesem Hintergrund in ganzer Tiefe. Mit der Königsherrschaft Gottes stellt Jesus einen Begriff in das Zentrum seiner Verkündigung, der eine intensive Vorgeschichte in den Schriften des Alten Testament und des antiken Judentums hat.

Königsherrschaft Gottes im AT und antiken Judentum

In den Psalmen wird Gott als ewiger König gepriesen, der von seinem Himmelsthron aus die universale Herrschaft über die Welt ausübt (Ps 103,19; 145,13). Als irdischer Thronsitz Jahwes gilt der Zion, wo er im Allerheiligsten Platz genommen hat und seine Königsherrschaft im Tempelkult verwirklicht (Ps 97,1f; 99,1f). In nachexilischer Zeit etablierte sich parallel dazu unter dem Eindruck der geschichtlichen Erfahrungen eine apokalyptische Konzeption von der Königsherrschaft Gottes, die sich von der Zukunft die Wiederaufrichtung der königlichen Herrschaft Gottes über die gesamte Schöpfung erhofft und dies mit einem Endzeitinferno verbindet. Die Königsherrschaft Gottes wird damit zu einer futurischen Größe, die jenseits dieser Welt liegt. »An jenem Tage wird ein lebendiges Wasser von Jerusalem ausgehen, ein Teil nach dem östlichen Meer, und der andere nach dem westlichen Meer; so wird es sommers und winters sein. Und der Herr wird dann König sein über die ganze Erde; an jenem Tage wird der Herr einzig sein und sein Name einzig« (Sach 14,8f). Der Verwirklichung der Königsherrschaft Gottes gehen das Gericht und die endzeitliche Entmachtung des Satans voraus. Gedankliche Voraussetzung ist dabei, dass Gott seit dem Sündenfall die Herrschaft über seine Schöpfung nicht uneingeschränkt ausübt, sondern das Wirken des Bösen zulässt, das dann am Ende der Tage vernichtet wird. Mit der künftigen Königsherrschaft Gottes ist der Anbruch einer neuen Welt verbunden, in der Krankheit, Leid und Tod überwunden sind. Jüdische Apokalypsen wie die Himmelfahrt des Mose (10,1) oder die syrische Baruchapokalypse (73,1-3) bringen diese Hoffnung anschaulich auf den Punkt.

> Mit der Herrschaft Gottes ist der Anbruch einer neuen Welt verbunden

Gegenwart und Zukunft der Königsherrschaft Gottes

Jesu Botschaft von der Herrschaft Gottes gewinnt dadurch ein unverwechselbares Profil, dass sie vertraute Bilder mit neuem Inhalt füllt. Jesus knüpft an den endzeitlich-apokalyptischen Traditionsstrang vom königlichen Herrschen Gottes an, sieht dabei aber das, was sich seine Zeitgenossen für die Zukunft als königliches Herrschen Gottes erhofften, bereits in der Gegenwart wirksam. Im Hintergrund steht die visionäre Erkenntnis (Lk 10,18), dass Gott den Satan vernichtet und mit der Wiederaufrichtung seiner Königsherrschaft begonnen hat. Charakteristisch ist in diesem Zusammenhang ein Nebeneinander von präsentischen und futurischen Aussagen zur Herrschaft Gottes. Während sich die zweite Bitte des Vaterunsers auf das Kommen der Herrschaft Gottes richtet und sie als noch ausstehende Größe betrachtet, ist an anderen Stellen von ihrer Nähe oder Gegenwart die Rede. Neben Aussagen Jesu, dass die Gottesherrschaft gewissermaßen unmittelbar vor der Tür steht (Mk 1,15; Lk 10,9par), finden sich auch Jesusworte, die bereits von einem direkten Anbruchsbewusstsein gekennzeichnet sind. Die Gottesherrschaft ist auf die Zeitgenossen Jesu gekommen (Lk 11,20par) und befindet sich schon unter ihnen (Lk 17,21). Wenn einerseits von der Gegenwart und andererseits vom Kommen der Herrschaft Gottes gesprochen wird, handelt es sich nicht um einen Widerspruch. Die Durchsetzung der Herrschaft Gottes ist ein dynamischer Prozess, der mit dem Gericht an dem Satan (Lk 10,18; Mk 3,27) begonnen hat und sich in einer Art Automatismus Durchsetzung verschaffen wird. Das Neue hat bereits inmitten der alten Welt Gestalt angenommen und ist unaufhaltsam auf dem Vormarsch.

Angesichts der im Anbruch befindlichen Königsherrschaft Gottes hat Jesus zur Umkehr gerufen. Ein besonderes Anliegen war es ihm, die »verlorenen Schafe« Israels für die Herrschaft Gottes zu gewinnen. Der religiösen Elite wird nichts genommen, doch sie muss sich mit dem Gedanken vertraut machen, dass auch die stigmatisierten Randgruppen der jüdischen Gesellschaft von Gott eingeladen sind. In Mt 21,31 heißt es provokativ, dass Zöllner und Prostituierte den Pharisäern sogar in das Gottesreich vorangehen werden. Einzelne Jesusworte formulieren konkrete Zulassungsbedingungen für den Eintritt in die Gottesherrschaft, beispielsweise ein kindlich-naives Vertrauen in die Güte Gottes (Mk 10,15), den Verzicht auf Reichtum (Mk 10,25) und das Erfüllen des göttlichen Willens (Mt 7,21). Wer dagegen der durch Jesus ausgesprochenen Einladung Gottes nicht Folge leistet, indem er den Umkehrruf Jesu ignoriert und die Einlassbedingungen nicht erfüllt, schließt sich selbst vom Heil aus und zieht das Gericht auf sich.

Zugang zur Herrschaft Gottes

Jesus wollte die verlorenen Schafe Israels für das Gottesreich gewinnen

■ Die Wunder Jesu

Jesus war einer der erfolgreichsten Wundertäter der Antike. Dämonenaustreibungen gehören zu den am sichersten bezeugten Taten Jesu und stehen im Zentrum seines Wunderwirkens. Jesus selbst nimmt zu ihnen Stellung (Lk 11,20par; 13,32), von seinen Gegnern werden sie als unbestrittene Tatsache anerkannt (Mk 3,22). Es geht in erster Linie um die Heilung von Epilepsie (Mk 1,21-26; 9,14-29) und Manie (Mk 5,1-20) durch die rituelle Austreibung böser Geister. Der Glaube an Dämonen und Besessenheit ist in hohem Maße ein soziales Konstrukt, das in Krisensituationen gehäuft auftritt und es Menschen ermöglicht, in einer gesellschaftlich akzeptierten Form auf ihre verzweifelte Lage aufmerksam zu machen und Hilfe einzufordern. In der von römischer Fremdherrschaft geprägten Lebenswelt Jesu ist damit zu rechnen, dass unter dem politischen wie sozialen

Dämonenaustreibungen Jesu

Druck der Besatzungssituation zerbrechende Menschen ihre mentalen Störungen in einem Hilfeschrei als dämonische Besessenheit artikulierten. Dämonenaustreibungen sind durch einen Machtkampf zwischen Wundertäter und bösem Geist gekennzeichnet. Jesus selbst spricht davon, dass er in Übereinstimmung mit anderen jüdischen Wundertätern seine Dämonenaustreibungen in der Macht Gottes bewirkte (Lk 11,19f). Die Techniken, die Jesus in der Erzählüberlieferung zugeschrieben werden (Bedrohung des Dämons, Namenserfragung, Ausfahrbefehl, Einschickung in ein anderes Objekt, Rückkehrverbot), rücken ihn in die Nähe antiker Magier.

Krankenheilungen

Neben Dämonenaustreibungen hat Jesus auch Krankenheilungen vollbracht (Mt 11,5par; Lk 13,32). Anders als bei den Dämonenaustreibungen wird dabei nicht vorausgesetzt, dass sich die krankheitsverursachenden bösen Geister noch im Körper der betroffenen Personen befinden. Als Krankheitsbilder stehen Blindheit, Lähmungen, Aussatz, Taubheit und die umgangssprachlich mit dem veralteten Begriff der Taubstummheit bezeichnete Hörstummheit (*Audimutitas*) im Vordergrund. Da die Heilungsgeschichten keine Dokumente aus dem Bereich der empirischen Medizin sind und kaum Interesse an einer detaillierten Beschreibung des Leidens zeigen, bleiben verlässliche medizinische Diagnosen über weite Strecken hypothetisch. Überwiegend scheint es sich um psychogene Leiden gehandelt zu haben, die von Jesus durch ein charismatisches Wort und vertrauensvolle Gesten der Berührung geheilt wurden, wobei der Glaube der Hilfsbedürftigen eine zentrale Rolle spielt und heilungsfördernde Kräfte freisetzt. In anderen Fällen hat Jesus sich traditioneller Heilpraktiken aus dem Bereich der Volksmedizin bedient (Mk 7,31-37; 8,22-26; Joh 9,1-7). Vereinzelt konnten Krankenheilungen beim Weitererzählen auch zu Totenerweckungen gesteigert werden. Ohne unmittelbaren Anhalt am geschichtlichen Wirken Jesu bleiben die Geschenk- und Rettungswunder. Jesus selbst erwähnt sie nicht und der Logienquelle Q sind sie anders als die Dämonenaustreibungen und Heilungen unbekannt. Dass die Naturwunder im frühen Christentum nicht unbedingt zu den charakteristischen Taten Jesu gerechnet wurden oder zumindest als missverständlich galten, zeigt auch ihr Fehlen in den Summarien (Mk 3,7-12; 6,53-56). In der vorliegenden Gestalt handelt es sich bei den Naturwundern um theologische Lehrerzählungen, die hochgradig durch alttestamentliche oder hellenistische Wundertradition beeinflusst sind.

> Das Charisma Jesu und der Glaube an Heilung setzten positive Kräfte frei

Vergegenwärtigung endzeitlichen Heils durch die Wunder

Die Dämonenaustreibungen und Heilungen Jesu sind Bekundungen des endzeitlichen Handelns Gottes. Sie stehen im Zusammenhang mit der Wiederaufrichtung der Herrschaft Gottes und beinhalten eine Verwirklichung eschatologischen Heils. Jesus teilte das dämonistische Weltbild seiner Zeit, wie es sich in jüdischen Schriften der zwischentestamentlichen Zeit (Henochapokalypse, Jubiläenbuch, Testamente der zwölf Patriarchen; Qumrantexte) findet, indem er Krankheit auf das Wirken der dem Satan untergebenen bösen Geister zurückführte. Die im antiken Judentum erst für die Endzeit erwartete Entmachtung des Teufels mit Wiederherstellung der uneingeschränkten Herrschaft Gottes über seine Schöpfung war für Jesus aber bereits im Vollzug. Als Folge der Entmachtung des Satans (Lk 10,18; Mk 3,27) ist ein Eindringen in seinen Herrschaftsbereich möglich, indem der kranke Mensch vom Bösen befreit und in seiner schöpfungsgemäßen Bestimmung wiederhergestellt wird. Mit seinen Dämonenaustreibungen verstand Jesus sich als Werkzeug Gottes bei der allmählichen Durchsetzung der Gottesherrschaft (Lk 11,20). Wie die Dämonenaustreibungen stehen die Krankenheilungen Jesu im Licht einer neuen Zeit, indem durch sie mitten in der gegenwärtigen Welt die Gottesherrschaft Gestalt annimmt. Auch die Sabbatheilungen gewinnen vor diesem Hintergrund ihren tieferen Sinn. Der Sabbat war von Gott vor Einbruch des Bösen in die Welt zum Wohlergehen des Menschen eingesetzt worden und stellte daher im antiken Judentum ein Sinnbild für die künftige Welt dar. Jesus hat unter Verstoß gegen die Halacha am Sabbat auch Menschen geheilt, die nicht lebensbedrohlich erkrankt waren, um dem Sabbat seine ursprüngliche Bestimmung als Vollendung der Schöpfung zurückzugeben. Krankheit oder Behinderung sind in der Lebenswelt Jesu in sozialer wie religiöser Hinsicht von weitreichender Bedeutung für das Leben der Betroffenen. Sie sind vielfach mit der Zuweisung von Schuld, dem Verlust der Arbeitsfähigkeit, der Ausgrenzung aus dem Gemeinschaftsleben und der Beeinträchtigung der Beteiligung am Kult verbunden. Mit den Heilungen Jesu geht eine Wiedereingliederung ausgegrenzter oder stigmatisierter Personen in das gesellschaftliche wie religiöse Leben einher.

In der Forschungsgeschichte haben sich unterschiedliche Bilder von Jesus als Wundertäter etabliert. Dabei steht das Bemühen im Vordergrund, die Wunder Jesu vor dem Hintergrund vergleichbarer Phänomene seiner Zeit verständlicher und anschaulicher zu machen. Beliebt ist der Versuch, Jesus mit seinen Machttaten als messianischen Propheten zu betrachten (P.W. Barnett; D. Aune), der in der Tradition des von Elia und Elisa geprägten Wunderprophetentums stand. Andere wollen in Jesus den herausragenden Vertreter einer auch von Choni und Chanina ben Dosa repräsentierten Bewegung jüdischer Chassidim sehen, die durch unmittelbaren Kontakt zu Gott Wunder vollbrachten und nicht mit geheimen Kräften operierten (G. Vermes; S. Safrai). Während Jesus hier scharf von der antiken Magie abgegrenzt wird, erfreut sich umgekehrt auch die These von Jesus als Magier großer Beliebtheit. So versucht man aus den Evangelien das in sich stimmige Bild einer Magierlaufbahn Jesu zu rekonstruieren (M. Smith) und geht davon aus, dass er im Rahmen seiner Vision von einer besseren Gesellschaft über ein soziales Programm aus »Magie und Mahl« verfügte (J.D. Crossan). Nochmals andere Akzente setzt die von ethnologischen und kulturanthropologischen Zugängen inspirierte Betrachtung Jesu als eines Kontakt zur göttlichen Welt herstellenden Schamanen (E. Drewermann; P. Craffert) oder eines signifikante Elemente der Weltsicht mit seinen Klienten teilenden »Volksheilers« (W. Stegemann; C. Strecker).

Bilder von Jesus als Wundertäter

Jesus gilt wahlweise als Wunderprophet, Chassid, Magier, Schamane oder Volksheiler

Von der Dämonologie, dem Erscheinungsbild und der Wirkungsgeschichte her trägt der Wundertäter Jesus durchaus Züge des antiken Magiers. Er teilte das dämonistische Weltbild der Antike und bediente sich insbesondere bei den Exorzismen solcher Praktiken, wie sie aus magischen Zeugnissen der Antike bekannt sind. Die Wirkungsgeschichte Jesu ist mit der antiker Magier über weite Strecken deckungsgleich. Für die Anhänger Jesu zeigt sich in den Wundern sein göttliches Wesen. Die Gegner Jesu bestreiten dies, indem sie ihn der betrügerischen Magie (Goetie) bezichtigen, wie sie nahezu allen prominenten Magiern in der griechisch-römischen Welt vorgeworfen wird. Die kontroverse Diskussion um Jesus als Magier wird durch den Paradigmenwechsel in der Bewertung von

Jesus als Magier der besonderen Art

Magie deutlich entschärft. Die lange Zeit populäre Betrachtung von Magie als primitiver Vorstufe oder degenerierter Fehlentwicklung von Religion erweist sich als Klischee. Wo die Grenze zwischen abgelehntem magischem Wunder und gutgeheißenem charismatischem Wunder gezogen wird, ist im Wesentlichen eine Frage des subjektiven Standpunkts und der gesellschaftlichen Machtstellung. Solche Aspekte, die Magie zu einer problembehafteten Form der Religionsausübung machen, insbesondere die Zwangsbeeinflussung von Gottheiten, die Durchsetzung fragwürdiger Wünsche und die Anwendung von Schadenszauber, sind für Jesu Wunder bedeutungslos. Dabei lässt er sich keiner magischen Strömung des antiken Judentums oder der hellenistischen Welt unmittelbar zuordnen. Der Gesamtbefund deutet darauf hin, dass Jesus sich nach der Taufe durch Johannes in einer Art Berufungsvision (Lk 10,18) seiner besonderen Kräfte bewusst wurde und im Horizont der anbrechenden Gottesherrschaft als Wunderheiler aktiv wurde (Lk 11,20). Im Weichen der Dämonen manifestierte sich für Jesus im Kleinen bereits die neue Welt Gottes. Diese eschatologische Perspektive der Wunder Jesu ist singulär und macht sie unverwechselbar.

■ Verkündigung in Gleichnissen

Erfolgsgeheimnis der Gleichnisse

Gleichnisse stehen im Zentrum der Verkündigung Jesu und erfreuen sich wegen ihrer Anschaulichkeit großer Beliebtheit. In Quintilians Handbuch der Rhetorik rangieren die wegen ihres fiktiven Charakters mit den Gleichnissen eng verwandten Fabeln bei Behandlung der Frage, welcher Art von Beispielen man sich in einer überzeugenden Rede bedienen solle, an unterster Stelle. Sie pflegten als nur erfundene Beweismittel »auf die Herzen vor allem von Bauern und Ungebildeten zu wirken«, die voller Vergnügen sogleich zum Einverständnis mit jenem Redner neigten, der sie in den Genuss derart harmloser Geschichten gebracht habe (Quint., *inst.* 5,11,19). Diese abwertende Äußerung liefert einen wichtigen Schlüssel für die Überzeugungskraft der Gleichnisreden Jesu. Jesus bedient sich bewusst einer in gebildeten Kreisen eher gering geschätzten Redeform, um die einfachen Menschen im bäuerlichen Galiläa mit seiner Botschaft zu erreichen und sie mit den Forderungen der Gottesherrschaft zu konfrontieren. Mit den fiktiven Gleichniserzählungen gelingt es ihm, komplexe religiöse Aussagen anschaulich und verständlich zu machen. Ein weiteres Erfolgsgeheimnis der Gleichnisse Jesu ist ihre tiefe Verwurzelung in der Alltagswelt der Adressaten. Sie beziehen ihr Bildmaterial ganz überwiegend aus dem ländlichen Leben Palästinas und spiegeln die soziale Wirklichkeit nicht nur treffend wider, sondern lehren sie in vielen Fällen auch neu zu sehen.

> Gleichnisse machen komplexe religiöse Aussagen anschaulich und verständlich

Unscheinbare Anfänge und großartiges Ende

In mehreren seiner Gleichnisse macht Jesus den Kontrast zwischen den unscheinbaren Anfängen und dem großartigen Kommen der Gottesherrschaft zum bestimmenden Thema. Beispiele dafür sind die Gleichnisse vom viererlei Acker (Mk 4,1-9), vom Senfkorn (Mk 4,30-32) und vom Sauerteig (Lk 13,20f), die der Verteidigung der Botschaft Jesu gegenüber Skeptikern dienen und mutmachende Visionen der Hoffnung bieten. Mit vertrauten Bildern aus dem bäuerlichen und häuslichen Leben, in denen sich die Alltagserfahrungen der Menschen in Galiläa realistisch widerspiegeln, versucht Jesus Zweifel am baldigen Kommen der Gottesherrschaft auszuräumen und die Zuversicht zu vermitteln, dass der Prozess ihrer Durchsetzung und damit das heilvolle Ende unaufhaltsam in Gang gesetzt wurde.

Andere Gleichniserzählungen wie das Doppelgleichnis vom Schatz im Acker und von der kostbaren Perle (Mt 13,44-46) veranschaulichen die Notwendigkeit des entschlossenen und zielgerichteten Handelns angesichts der Chance der Gottesherrschaft. Ein Mann, der vermutlich als Tagelöhner auf einem fremden Acker einen Schatz entdeckt, vergräbt den Fund wieder und setzt alles daran, den Acker zu erwerben und damit zum rechtmäßigen Besitzer des Schatzes zu werden. Auch der Kaufmann veräußert alles, was er hat, um die eine kostbare Perle zu erwerben, die es ihm angetan hat. Besonderer Aufmerksamkeit konnte Jesus sich gewiss sein, wenn er »unmoralische Helden« (T. Schramm/K. Löwenstein) zu Vorbildern erhob. Schon das Verhalten des Schatzfinders, der seine Entdeckung verheimlicht statt den Grundstücksbesitzer davon in Kenntnis zu setzen, wirkt moralisch grenzwertig. In Lk 16,1-9 ist es ein Urkundenfälscher, der vorbildhaft agiert. Der Verwalter eines landwirtschaftlichen Gutes steht wegen inkompetenter Geschäftsführung vor der Entlassung. In dieser scheinbar ausweglosen Situation zitiert er Schuldner seines Herrn herbei und legt ihnen revidierte Urkunden zur Unterschrift vor, in denen ihre Verbindlichkeiten drastisch nach unten korrigiert wurden. Als Gegenleistung für den betrügerischen Schuldenerlass erwartet der unmittelbar vor der Arbeitslosigkeit stehende Verwalter gastliche Aufnahme in den Häusern der Schuldner. Am Ende erfährt der unfähige Verwalter, der aus der Not heraus auch noch zum Urkundenfälscher wurde, überraschend die uneingeschränkte Bewunderung seines Arbeitgebers. Auch diese Gleichniserzählung ist wahrscheinlich auf die Herrschaft Gottes gemünzt. Der Protagonist verfügt über den Mut und die Bereitschaft, einer existenziell einschneidenden Situation mit sämtlichen zur Verfügung stehenden Mitteln zu begegnen und sie zu meistern. Er hat die Dinge nicht laufen lassen, sondern zum entscheidenden Zeitpunkt alles riskiert und dabei gewonnen. Ein derartige Haltung ist gefordert, wenn es um den Eintritt in die Gottesherrschaft geht. In einem apokryphen Gleichnis aus dem Thomasevangelium (EvThom 98) wird sogar ein planvoll vorgehender Attentäter zum Vorbild: »Jesus sagte: Das Königreich des Vaters gleicht einem Menschen, der einen mächtigen Mann töten wollte. Er zog das Schwert in seinem Haus. Er stieß es in die Wand, um zu erkennen, ob seine Hand stark wäre. Dann tötete er den Mächtigen.« Der Wagemut, den der betrügerische Verwalter oder der Attentäter an den Tag legen, und die Akribie, mit der sie ihre kriminellen Taten durchführen, lassen sie zu Vorbildern werden. Im Horizont der anbrechenden Gottesherrschaft sind Inbrunst, Leidenschaft und Zielstrebigkeit, wie man sie auf den Feldern der Unmoral und des Verbrechens antrifft, in besonderem Maße gefragt.

Die großen Gleichniserzählungen vom verlorenen Sohn (Lk 15,11-32) und von den Arbeitern im Weinberg (Mt 20,1-16) veranschaulichen den Umkehrruf Jesu an Zöllner und Sünder. Die im großbäuerlichen Milieu der Lebenswelt Jesu angesiedelte Gleichniserzählung vom verlorenen Sohn behandelt in anschaulicher Weise existenzielle Themen wie Schuld, Umkehr und Vergebung. Der jüngere Sohn erbittet vom Vater den ihm zustehenden Erbteil, um sich damit in der Fremde eine eigene Existenz aufzubauen. Dieses Verhalten ist durch das damalige Erbrecht abgedeckt und hat nichts Verwerfliches an sich. Die Schuld des Sohnes besteht erst darin, dass er aufgrund eines ausschweifenden Lebenswandels das gesamte Vermögen vergeudet und in soziales Elend gerät. Am Tiefpunkt des selbst verschuldeten Abstiegs setzt ein Prozess der Selbstbesinnung und Umkehr ein. Dieser findet sein überraschendes Ende darin, dass der zurückgekehrte Frevler vom Vater mit überschwänglicher Freude aufgenommen und durch die Ausstattung mit Festkleid und Siegelring in den alten Rechtsstand der Sohnschaft zurückversetzt wird. Die Reaktion des älteren Sohnes, der sich zurückgesetzt fühlt, ist durch Zorn und Anklage gegenüber dem Vater gekennzeichnet. Die Erzählung schließt mit einem Appell, in die Freude einzustimmen. Das Gleichnis bringt die Gottesherrschaft als Ereignis der Liebe und Vergebung zur Sprache. Es wird der Überzeugung Ausdruck verliehen, dass bei Gott über bereits verloren geglaubte Menschen, die in Erkenntnis ihrer Schuld umkehren und auf den rechten Weg zurückfinden, ganz besondere Freude herrscht. Durch die Vergebungsbereitschaft Gottes steht dem umkehrwilligen Sünder immer der Zugang zum Vater offen, ohne dass dies für den Gerechten, der niemals vom Pfad der väterlichen Weisung abgewichen ist, eine Benachteiligung bedeutete oder ihn gar von der Liebe Gottes ausschlösse. Das Gleichnis wirbt bei Menschen, die in ihrem Denken dem älteren Sohn gleichen, darum, in die Freude über die Umkehr der Verlorenen in Israel mit einzustimmen. Konkreter Bezugspunkt dürften die umstrittenen Mahlgemeinschaften Jesu mit gesellschaftlichen Randgruppen wie Zöllnern oder Sündern sein, in denen die gleichnishaft beschriebene Liebe Gottes Ereignis wird.

»Unverdienter« Eintritt in die Gottesherrschaft

Das Gleichnis von den Arbeitern im Weinberg führt in die Alltagswelt der Tagelöhner hinein, die ein Leben am Existenzminimum fristeten und bei Arbeitslosigkeit oder Krankheit über keinerlei soziale Absicherung verfügten. Eine Analyse des sozialgeschichtlichen Hintergrunds zeigt, dass das Gleichnis weitgehend die Alltagswirklichkeit widerspiegelt. Völlig aus dem Rahmen fällt erst die Entlohnungsszene, in der die Kurzarbeiter für ihre einstündige Tätigkeit den vollen Tagelohn erhalten. Gegenüber den protestierenden Ganztagsarbeitern beruft sich der Weinbergbesitzer darauf, dass er die Abmachungen nicht verletzt hat, und behält sich das Recht der Güte gegenüber denen vor, die weniger geleistet haben. Das Lohnprinzip wird nicht außer Kraft gesetzt, verliert aber seine uneingeschränkte Gültigkeit. Das Gleichnis, das in bildhafter Sprache von der Beziehung der Menschen zu Gott handelt und in der Einleitungsformel ausdrücklich auf die Gottesherrschaft bezogen ist, wirbt um Verständnis für die Güte Gottes und klagt Solidarität mit den Schwachen ein. Was die einen als verdienten Lohn erhalten, wird den anderen unverdientermaßen geschenkt. Diese Güte Gottes wird im Verhalten Jesu gegenüber Randgruppen vergegenwärtigt und der Gleichnisinhalt damit zum erfahrbaren Ereignis. Das Gleichnis dürfte sich in der Verkündigung Jesu nicht zuletzt an Pharisäer und Schriftgelehrte gerichtet haben, um ihnen gegenüber die »unverdiente« Hineinnahme von Zöllnern und Sündern in die Gottesherrschaft zu rechtfertigen.

Jesus wirbt um Verständnis für die Güte Gottes und klagt Solidarität ein

»Beispielerzählungen« Jesu

In einer Gruppe von Gleichnissen Jesu aus dem lukanischen Sondergut sind die Protagonisten tatsächliche oder auch abschreckende Vorbilder für angemessenes ethisches Handeln. Adolf Jülicher spricht von »Beispielerzählungen«, wobei dieser Begriff allerdings von vornherein auf eine ganz bestimmte Deutung festlegt und damit eine interpretatorische Engführung beinhaltet. Im Gleichnis vom barmherzigen Samaritaner (Lk 10,25-37) wird der Angehörige einer vom Judentum verachteten Volksgruppe zum Vorbild für selbstlose Nächstenliebe, die weit über die Grenzen der eigenen Gemeinschaft hinausgeht. Das Gleichnis vom reichen Kornbauern (Lk 12,16-21) zielt darauf ab, am abschreckenden Beispiel des Protagonisten zum rechten Umgang mit irdischen Gütern im Angesicht des jederzeit möglichen Todes anzuleiten. Das Gleichnis vom reichen Mann und armen Lazarus (Lk 16,19-31) hält eindringlich vor Augen, wie der selbstbezogene Umgang mit Reichtum in das endzeitliche Verderben führt. Es warnt solche Menschen, die dem reichen Mann gleichen, eindringlich vor dem drohenden Verhängnis. Mit dem Gleichnis vom Pharisäer und Zöllner (Lk 18,9-14) will Jesus die religiöse Elite durch die provokative Überzeichnung des frommen Pharisäers zum Überdenken ihrer Position anregen und sie für seinen Weg der Zuwendung gegenüber Zöllnern und Sündern gewinnen.

Zu den Gleichnissen Jesu gibt es rabbinische Parallelen, deren vergleichende Einbeziehung lange Zeit von einer verzerrten Darstellung jüdischer Frömmigkeit und einer unsachlichen Abwertung rabbinischer Erzählkunst begleitet war. Jesus partizipiert als Gleichniserzähler an der Gedankenwelt des antiken Judentums und greift hochgradig auf Bilder oder Motive zurück, wie sie auch in rabbinischen Gleichnissen begegnen. Beispielsweise gibt es im Midrasch »Deuteronomium Rabba« zur Erläuterung von Dtn 4,30 eine Parallele zum Gleichnis vom verlorenen Sohn, die ebenfalls von der unermesslichen Güte und Vergebungsbereitschaft Gottes handelt (*DtnR* 2,24): »Rabbi Samuel Parergita sagte im Namen des Rabbi Meir: Womit ist diese Sache zu vergleichen? Mit einem Königssohne, der ausgeartet war, der König schickte seinen Erzieher ihm nach und ließ ihm sagen: Geh in dich, mein Sohn! Der Sohn aber ließ seinem Vater sagen: Mit welchem Gesichte kann ich zurückkehren, ich schäme mich vor dir. Darauf ließ ihm der Vater sagen: Mein Sohn, schämt sich wohl ein Sohn, zu seinem Vater zurückzukehren? Wenn du zurückkehrst, kehrst du nicht zu deinem Vater zurück?« Ein direktes Abhängigkeitsverhältnis in der einen oder der anderen Richtung lässt sich dabei nicht nachweisen. Jesus und die Rabbinen schöpfen mit ihrer Gleichnisrede unabhängig voneinander aus dem gleichen Fundus von Bildern und Erzählmustern und entfalten diese in ähnlicher Form. Bei aller gemeinsamen Verwurzelung in einer vorgeprägten jüdischen Erzählkultur bestehen Unterschiede in der Akzentuierung und Zielsetzung. Die rabbinischen Gleichnisse dienen ganz überwiegend der Schriftauslegung und sind eng darauf zugeschnitten. Jesus hingegen entführt seine Hörerinnen und Hörer in die fiktionale Welt, um ihnen seine eschatologische Botschaft zu erschließen und nahe zu bringen. Seine Gleichnisse handeln von der Gottesherrschaft, die nicht nur beschrieben, sondern als Sprachereignis auch erfahrbar wird. Der Form nach sind die Gleichnisse der Rabbinen genau wie die Gleichnisse Jesu durch einen kunstvollen Aufbau gekennzeichnet und verfügen über eine eigene Ästhetik. Beim Vergleich zeigt sich allerdings, dass die rabbinischen Gleichnisse durch eine Straffheit der Gedankenführung und eine Konzentration auf die wesentlichen Züge der Handlung gekennzeichnet sind, während ihre neutestamentlichen Gegenstücke die soziale Wirklichkeit lebendiger widerspiegeln und dabei auch kritisch hinterfragen, eine ausgefeiltere Erzählstruktur aufweisen und einen grö-

Gleichnisse Jesu und Gleichnisse der Rabbinen

Jesus hat die Kunst des Gleichniserzählens zu besonderer Blüte gebracht

ßeren Spannungsbogen aufbauen. Nicht die Unfähigkeit der Rabbinen zu lebendiger Rede oder die staubige Luft der Toraschulen allerdings ist für diese Unterschiede verantwortlich, wie oft behauptet wurde, sondern der unterschiedliche Bezugspunkt und Verwendungszweck der Gleichnisse. Die Rabbinen konnten sich bei der Einbeziehung von Gleichnissen in die Schriftauslegung auf die gedankliche Beweisführung konzentrieren, während Jesus sein Zielpublikum nur durch eine intensive und möglichst lebendige Verstrickung in die erzählte Welt für eine provokative Lebenspraxis gewinnen konnte. Jesus hat somit die Kunst des Gleichniserzählens nicht neu erfunden, aber im Rahmen seines Werbens für die Gottesherrschaft doch zu besonderer, sonst selten erreichter Blüte gebracht.

■ Freund der Zöllner und Sünder

Konfliktreiche Mahlgemeinschaften

Jesus hat sich in besonderer Weise den ausgegrenzten Menschen in Israel zugewandt, um sie zur Umkehr zu bewegen und für die Gottesherrschaft zu gewinnen. Zu den Handlungen Jesu, die in diesem Zusammenhang von seinen Gegnern als besonders anstößig empfunden wurden, zählten die symbolträchtigen Mahlgemeinschaften mit Zöllnern und Sündern. Erzählungen aus dem Neuen Testament veranschaulichen das darin verborgene Konfliktpotenzial. Mit der Teilnahme an einem Gastmahl im Haus des Zöllners Levi zog Jesus die Kritik pharisäischer Schriftgelehrter auf sich (Mk 2,13-17), und auch die Einkehr bei dem reichen Oberzöllner Zachäus stieß bei den Augenzeugen des Geschehens auf Empörung (Lk 19,1-10). Jesus wurde abfällig als »Fresser und Weinsäufer, ein Freund der Zöllner und Sünder« (Mt 11,19) bezeichnet.

Zöllner als verachtete Berufsgruppe

Zöllner waren für die Erhebung von Wegezöllen zuständig, die auf Personen und Waren entrichtet werden mussten. Die Zollrechte wurden von den zuständigen Behörden gegen einen Pauschalbetrag verpachtet. Zachäus wird als reicher Oberzöllner beschrieben, der offenkundig Hauptpächter eines größeren Zollbezirkes war. Bei Levi hingegen dürfte es sich um den Angestellten eines Oberzöllners oder den selbstständigen Kleinpächter einer einzelnen Zollstation gehandelt haben, der nur mit Mühe auf seine Kosten kam. Zöllner zählten aus moralischen, politischen und religiösen Gründen zu den verachteten Berufsgruppen. Sie galten als notorische Betrüger, die im Talmud mit Dieben und Räubern auf eine Stufe gestellt werden (*bSanh* 25b). Um ihre Zollstationen trotz der dafür entrichteten Pacht gewinnbringend zu betreiben oder ihr spärliches Einkommen als abhängig Beschäftigte zu verbessern, übervorteilten die Zöllner die Durchreisenden. Sie trieben mehr ein, als staatlicherseits festgesetzt war, beispielsweise indem sie den Warenwert überhöht ansetzten oder mit falschen Gebührentabellen arbeiteten. Im Neuen Testament spiegelt sich dies in der Standespredigt Johannes des Täufers (Lk 3,12f) und der Zachäusgeschichte (Lk 19,8) wider. Die Mischna erlaubt ausdrücklich, Zöllnern gegenüber gezielte Falschangaben zur Zollhinterziehung zu machen (*Ned* 3,4). Sklaven wurden gern als eigene Kinder ausgegeben, damit sie nicht verzollt werden mussten (*bBB* 127b). Aus politischen Gründen wurden Zöllner verachtet, weil sie die verhasste Obrigkeit repräsentierten und als deren Kollaborateure betrachtet wurden. In den Tagen Jesu profitierte

Familienangehörige von Zöllnern wurden in Sippenhaft genommen

von den Zöllen in Galiläa der im Volk unbeliebte Herodes Antipas, während die Zölle in Judäa direkt der römischen Provinzialverwaltung zufielen. Da die Zöllner an den Zollstationen ständig mit Nichtjuden und deren Waren in Berührung kamen, galten sie als unrein. Strenggläubige Juden durften von ihnen weder Geld wechseln lassen noch Almosen annehmen (*BQ* 10,1). Die Verachtung der Zöllner erstreckte sich in Form von Sippenhaft auf die Angehörigen, ein Sprichwort aus dem Talmud lautet »Es gibt keine Familie, in der ein Zöllner ist, ohne dass sie alle Zöllner sind« (*bSchab* 39a).

Gemeinsames Essen und Trinken mit anderen Menschen war in der Lebenswelt Jesu ein intimer Akt. Strenggläubige Juden vergewisserten sich vor der Annahme einer Einladung zunächst, wer mit ihnen gemeinsam am Tisch sitzen würde. Für sie müssen Jesu Mahlgemeinschaften ein Alptraum gewesen sein. Die Pharisäer blieben aus Sorge um die rituelle Reinheit (vgl. Mk 7,3f) und die vorschriftsgemäße Verzehntung aller dargebotenen Speisen am liebsten unter sich. Bei den Essenern erfolgte erst nach Abschluss des dreijährigen Aufnahmerituals die Zulassung zu den gemeinsamen Mahlzeiten. Josephus berichtet, dass aus der Essenergemeinschaft ausgeschlossene Personen eher den Hungertod starben, als von Fremden Speise anzunehmen (*bell.* 2,143f). Jesus dagegen ließ sich von gesellschaftlich verachteten Personen einladen, mit denen sich kein frommer Jude an einen Tisch gesetzt hätte. Aufschlussreich sind die Worte, mit denen er seine umstrittenen Mahlgemeinschaften in den Häusern von Zöllnern rechtfertigt. Nicht die Gesunden bedürfen des Arztes, sondern die Kranken; seine Sendung gilt nicht den Gerechten, sondern den Sündern (Mk 2,17). Auch ein betrügerischer Zöllner wie Zachäus zählt zu den erwählten Abrahamskindern, die durch Umkehr Zutritt in die Gottesherrschaft erlangen können; Jesus sieht sich gekommen, um das Verlorene zu suchen und zu retten (Lk 19,9f). Ideeller Gastgeber einer jeden jüdischen Mahlzeit ist Gott, an den sich die Tischgebete richten. Nicht nur die Etablierten sind Jesu Überzeugung zufolge bei Gott zu Tisch geladen, sondern gerade auch die Zöllner und Sünder. Dies wird im Gleichnis vom großen Gastmahl (Lk 14,16-24par) veranschaulicht, das als eine Art Kommentar zu Jesu Mahlpraxis von Mk 2,15-17 und Lk 19,1-10 verstanden werden kann. Die offenen Mahlgemeinschaften Jesu haben Symbolcharakter im Blick auf die Gottesherrschaft, weil in jüdischer Tradition die Freuden der Heilszeit, analog zu unseren Schlaraffenlandvorstellungen, mit dem Bild vom Essen und Trinken umschrieben werden können (Jes 25,6; Mt 8,11f). Es geht bei den Mahlgemeinschaften Jesu mit Zöllnern und Sündern neben der Zuwendung zu ausgegrenzten Personengruppen auch um die zeichenhafte Abbildung der Gottesherrschaft, deren Heil vergegenwärtigt wird.

Vergegenwärtigung des Heils im Mahl

Für fromme Juden müssen Jesu Mahlgemeinschaften ein Alptraum gewesen sein

In der Gewissheit, dass das Leben – unabhängig davon, wie sehr es auch durch Schuld belastet sein mag – von der unermesslichen Vergebungsbereitschaft Gottes getragen wird, hat Jesus sich den Verachteten in Israel zugewandt. Von einer mutmaßlichen Prostituierten ließ er sich die Füße salben und sprach ihr Sündenvergebung zu (Lk 7,36-50). In der Geschichte von der Ehebrecherin, deren Vergehen gemäß der Tora mit der Steinigung zu bestrafen wäre, warnt Jesus vor selbstgerechter Verurteilung von Sündern (Joh 8,2-11). Eigentlich befindet er sich in einer Zwickmühle. Entweder muss er seine Lehre von Barmherzigkeit und Vergebungsbereitschaft aufgeben oder dem klaren Wortlaut der Tora wider-

Zuwendung zu Prostituierten und Ehebrecherinnen

sprechen, die eindeutig die Todesstrafe vorsieht. Jesus hütet sich zunächst vor einer direkten Antwort und vollzieht stattdessen eine rätselhafte Zeichenhandlung, indem er etwas mit dem Finger in den Sand schreibt. Wahrscheinlich wollte er damit den Schriftgelehrten und Pharisäern die Aussage aus dem Prophetenbuch Jeremia vor Augen halten, dass die Namen der dem Gericht anheimfallenden Abtrünnigen auf die Erde geschrieben werden (Jer 17,13). Während die Ankläger die Frau mit aller Schärfe des Gesetzes verurteilen wollten, machte Jesus ihnen bewusst, dass alle Menschen zu Sündern werden können und auf die Gnade Gottes hoffen müssen. Der einprägsam formulierte Satz »Wer unter euch ohne Sünde ist, der werfe den ersten Stein« untermauert dies anschaulich. Mit dem Gleichnis vom Schalksknecht (Mt 18,21-35) formuliert Jesus eine Art »Grundgesetz für die Gottesherrschaft« (J. Becker). Wer selbst Gottes überwältigende Liebe und grenzenlose Vergebung erfahren hat, kann anderen nicht Liebe und Vergebung verweigern.

■ Die Haltung zur Tora

Haltung zur Tora als Prüfstein

Die Forderungen Gottes an den Menschen offenbaren sich nach jüdischem Verständnis in der Tora, dem Gesetz des Mose mit seinen 613 Geboten und Verboten. Wenn sich in der Tora der Wille Gottes manifestiert, dann wird die Haltung Jesu gegenüber der Tora zum Prüfstein dafür, inwieweit er sich mit seiner Verkündigung noch auf dem Boden des zeitgenössischen Judentums bewegt. Insbesondere mit Pharisäern und Schriftgelehrten sehen wir Jesus immer wieder in Konfliktszenen verstrickt, bei denen es um grundlegende Fragen des Toraverständnisses geht. In diesem Zusammenhang wird in der Forschung kontrovers diskutiert, ob Jesus das Gesetz gebrochen und womöglich sogar seine jüdische Identität preisgegeben hat oder ob er lediglich gegen bestimmte zeitgenössische Auslegungen der Tora verstoßen hat.

> Unter der Tora versteht man das Gesetz des Moses mit seinen 613 Vorschriften

Radikalisierung des Liebesgebots

Innerhalb der Tora lassen sich das »Sittengesetz« und das »Ritualgesetz« unterscheiden. Einerseits enthält das Mosegesetz sittliche Weisungen, die das Verhältnis zu Gott und den Mitmenschen betreffen, andererseits rituelle Vorschriften, in denen es unter anderem um den Opferkult, die Begehung von Feiertagen und Fragen der kultischen Reinheit geht. Die Haltung Jesu zur Tora ist durch eine Verschärfung ethischer Normen bei gleichzeitiger Entschärfung oder Relativierung ritueller Normen gekennzeichnet (G. Theißen). Im Zentrum der Ethik Jesu steht das in seiner Bedeutung aufgewertete Liebesgebot. Jesus betrachtete das Doppelgebot der Gottesliebe und Nächstenliebe als Summe und Inbegriff der Tora (Mk 12,28-34). In den Worten von der Feindesliebe und Wiedervergeltung (Lk 6,27-30par) wird das im Alten Testament auf den Angehörigen der eigenen Gemeinschaft begrenzte Gebot der Nächstenliebe (Lev 19,18) auf den Feind hin ausgeweitet und anstelle von Rache das aktive Erdulden von Unrecht gefordert. Als Verstehensschlüssel für beide Weisungen dient die »Goldene Regel« (Lk 6,31), die völlig zu Unrecht immer wieder als moralisch fragwürdiges Prinzip eines naiven Egoismus diskreditiert und der authentischen Verkündigung Jesu abgesprochen wird. Sie verfährt gerade nicht nach dem Motto »Wie du mir, so ich dir«, sondern richtet das eigene Verhalten gegenüber den Mitmenschen daran aus, wie man von diesen in idealer Weise behandelt zu werden wünscht. Das alttestamentliche Verbot des Tötens wird dahingehend verschärft, dass bereits der Zorn mit dem Töten auf eine Stufe gestellt wird (Mt 5,21f). Das Gebot der Gottesliebe erfährt eine Aufwertung, indem Jesus die von der Tora vorgesehene Praxis des Schwörens bei Gott strikt ablehnt, da sie einer Entheiligung des Gottesnamens Vorschub leistet und dem Ideal der Wahrheitsliebe widerspricht (Mt 5,33-37). Mit diesen Normverschärfungen sticht Jesus in besonderer Weise heraus, verlässt aber keineswegs den Boden des Judentums. Eine Zusammenfassung der Tora im Liebesgebot, die Forderung der liebevollen Zuwendung gegenüber dem Feind, die Warnung vor dem Zorn als Töten in Gedanken, die Goldene Regel als grundlegendes Prinzip zwischenmenschlichen Verhaltens und die Kritik am Schwören sind im antiken Judentum vor allem in weisheitlichen Traditionen belegt.

Mit der Normverschärfung im Bereich des Liebesgebots geht eine Normentschärfung im Bereich ritueller Vorschriften einher. Dies zeigt sich insbesondere bei Konflikten um den Sabbat und um Reinheitsvorschriften. Das Gebot der Sabbatheiligung (Ex 20,10/Dtn 5,14) wird im Alten Testament kaum konkretisiert und rief daher nach Auslegungsbestimmungen. In den Mischnatraktaten *Schabbat* und *Erubin* (»Vermischungen«) wird genau festgelegt, was am Sabbat erlaubt und verboten ist. Viele der dort überlieferten Bestimmungen dürften schon in den Tagen Jesu gültig gewesen sein. Das Ährenraufen der Jünger (Mk 2,23) konnte als verbotene Erntearbeit am Sabbat interpretiert werden. Jesus selbst hat mit seinen Heilungen am Sabbat provokativ gegen die zeitgenössische Auslegung des Sabbatgebots verstoßen. Medizinische Behandlungen am Sabbat waren nach der Halacha ausschließlich bei Lebensgefahr erlaubt, was aber auf die Heilung chronischer Leiden wie Lähmung (Mk 3,1-5; Lk 13,10-17) oder Wassersucht (Lk 14,1-6) nicht zutrifft. Ohne den Sabbat als göttliche Ordnung in irgendeiner Weise in Frage zu stellen, hat Jesus das Wohlergehen des Menschen über die strikte Sabbateinhaltung gestellt und sich darauf berufen, dass der Mensch vor dem Sabbat geschaffen wurde (Mk 2,27). Dabei ging es ihm um eine Aufwertung des Sabbats als Tag der Freude und Vorabbildung der Gottesherrschaft.

Haltung zum Sabbat

> Mit seiner Haltung zur Tora hat Jesus die Grenzen des Judentums nicht verlassen

Auch die Reinheitstora hat Jesus weniger streng ausgelegt als andere jüdische Lehrer seiner Zeit. Die Pharisäer hatten Auslegungstraditionen zur Tora entwickelt, die vor dem Essen zur rituellen Waschung der Hände und des Kochgeschirrs verpflichteten. In der Konfliktszene Mk 7,1-23 wird in Auseinandersetzung damit die ethische Reinheit der kultischen Reinheit programmatisch übergeordnet. In vergleichbarer Weise stellte Jesus die von Recht, Barmherzigkeit und Glaube handelnden Passagen der Tora über eine exakte Befolgung der Verzehnungsvorschriften (Mt 23,23). An Aussatz oder Blutfluss leidenden Personen, die im Lichte der Tora unrein waren und ausgegrenzt wurden (Lev 13-15), hat Jesus sich ohne Scheu vor eigener Verunreinigung helfend zugewandt (Mk 1,40-45; 5,25-34). Auch in umstrittenen Mahlgemeinschaften mit den als unrein geltenden Zöllnern und Sündern zeigt sich eine Lockerung ritueller Vorschriften, die auf eine Integration stigmatisierter Randgruppen Israels in die Gottesherrschaft abzielt. Auch mit seiner Haltung zum Ritualgesetz bewegt sich Jesus innerhalb der Grenzen des Judentums, zumal weder der Sabbat noch der Gedanke kultischer Reinheit grundsätzlich verworfen werden. Jesus setzt sich allerdings über

Entschärfung ritueller Reinheitsvorschriften

weithin anerkannte Auslegungsbestimmungen zu den alttestamentlichen Gesetzen hinweg und legt die Tora mit einer Autorität aus, die zu scharfen Auseinandersetzungen mit Pharisäern und Schriftgelehrten führte.

■ Einzug in Jerusalem und Tempelreinigung

Messianische Erwartungen

Jesus begab sich mit seinen Anhängern nach Jerusalem, um dort das Passah zu feiern. Während die Synoptiker nur den zur Kreuzigung führenden Jerusalembesuch Jesu schildern, hatte er sich nach Darstellung des Johannesevangeliums auch zuvor bereits mehrfach zu Festen in Jerusalem aufgehalten. Symbolträchtig zog er dieses Mal auf einem Eselfüllen in die Heilige Stadt ein (Mk 11,1-11), was ihn vor dem Hintergrund von Sach 9,9 als messianischen König erscheinen ließ. Menschen entlang des Weges umringten Jesus und feierten ihn mit Hosanna-Rufen. Jesus hatte wahrscheinlich ein messianisches Selbstbewusstsein, verstand sich aber mit Sicherheit nicht als kriegerischer Gesalbter Gottes, wie er beispielsweise von den Psalmen Salomos erhofft wird. Im Volk scheint er jedoch Erwartungen in dieser Richtung erweckt zu haben, ohne dass er sich klar davon distanzierte. Mit seinem Einzug in Jerusalem verband sich in der aufgeladenen Atmosphäre des bevorstehenden Passahfestes die Hoffnung, dass er als königlicher Messias in der Heiligen Stadt die Herrschaft ergreifen würde.

Prophetische Zeichenhandlung im Tempel

In den Tagen vor seinem Tod kam es zur provokativen Aktion der »Tempelreinigung« (Mk 11,15-19), die Johannes vermutlich aus Unkenntnis mit einem früheren Jerusalemaufenthalt Jesu in Verbindung bringt (Joh 2,13-17). Das Geschehen trug sich auf dem Vorhof der Völker zu. In diesem äußeren Tempelbezirk, der die Funktion eines Marktplatzes erfüllte, fand ein von der Tempelbehörde konzessionierter Handel mit Opfertieren statt. Zudem bot sich bei Geldwechslern die Möglichkeit, die mitgebrachten Münzen gegen eine festgelegte Gebühr in den Schekel, die tyrische Tetradrachme, umzutauschen. Sie war wegen ihrer für antike Verhältnisse außergewöhnlichen Wertbeständigkeit die einzige am Tempel akzeptierte Währung und zeigte auf der Vorderseite das Porträt des tyrischen Stadtgottes Melkart. Die von Jesus auf dem Vorhof der Völker durchgeführte Aktion sollte man sich nicht zu spektakulär vorstellen. An eine Säuberung des riesigen Vorhofs der Völker durch eine einzelne Person ist schon aus praktischen Erwägungen nicht zu denken. Zudem hätte dies sofort die römische Kohorte auf den Plan gerufen, die von der Burg Antonia aus das Geschehen auf dem Tempelplatz argwöhnisch kontrollierte und bei Unruhen sofort eingriff. Jesus hat wahrscheinlich in Form einer prophetischen Zeichenhandlung einzelne Tische von Geldwechslern und Taubenverkäufern umgestürzt. Ergänzend blockierte er Personen, die Güter über den Tempelplatz trugen, den Weg. Offensichtlich wurde der Vorhof der Völker von Lastträgern als Abkürzungsweg verwendet. Jesus versah seine provokative Handlung mit einem Kommentar, der die Intention erschließt. Es ging nicht um Kritik am Opferkult im inneren Tempelbezirk. Vielmehr forderte Jesus unter Berufung auf ein Wort aus dem Buch Jesaja (Jes 56,7), den gesamten Tempel und damit auch dessen Vorhof zu einem Ort des Gebetes und der Gottesverehrung für die Völker zu machen. Vermutlich implizierte das Umstoßen der Geldwechslertische auch Kritik daran,

> Die »Tempelreinigung« sollte man sich nicht allzu spektakulär vorstellen

dass eine heidnische Münze mit dem Bild des Stadtgottes von Tyros als Tempelwährung diente. Darüber hinaus hat er damit gerechnet, dass Gott den bestehenden Tempel zerstören und auf wunderbare Weise einen neuen Tempel an dessen Stelle setzen könnte (Mk 14,58), wie es im Judentum im Rahmen apokalyptischer Sehnsüchte vereinzelt erwartet wurde. Mit dieser Tempelkritik geriet Jesus ins Visier der sadduzäischen Priesteraristokratie, deren Existenz vom reibungslosen Funktionieren des Tempelbetriebs abhing und die den Beschluss fasste, sich mit Hilfe der Römer des missliebigen Propheten aus Galiläa zu entledigen.

■ Das Abschiedsmahl

Am Vorabend seines Todes hat Jesus gemeinsam mit seinen Jüngern ein Abschiedsmahl in Jerusalem gefeiert. Die Details lassen sich kaum noch erhellen, zumal die Autoren der neutestamentlichen Schriften widersprüchliche Angaben zur Chronologie machen, das Mahlgeschehen unterschiedlich schildern und die jeweilige liturgische Praxis ihrer Gemeinden in die Darstellung einfließen lassen. Bei den chronologischen Fragen ist zu berücksichtigen, dass nach jüdischer Tradition der Tag mit Sonnenuntergang anbricht und das Passah ein bewegliches Fest ist, das auf jeden beliebigen Wochentag fallen kann. Alle Evangelien bezeugen, dass das Abschiedsmahl Jesu nach unserer Zeiteinteilung an einem Donnerstagabend stattfand. Nach jüdischer Zeiteinteilung hatte zu jenem Zeitpunkt bereits der neue Tag begonnen, an dem dann auch die Verurteilung und Hinrichtung Jesu erfolgte. In den synoptischen Evangelien ist das Abschiedsmahl Jesu als Passahmahl gekennzeichnet. Nach dem Zeugnis des Johannesevangeliums war der Tag des letzten Mahls und der Kreuzigung Jesu dagegen der Rüsttag für das Passahfest (Joh 19,31). Es spricht viel dafür, dass Johannes die zuverlässigere Chronologie bewahrt hat, da das Synedrion an Feiertagen nicht zu Prozessen oder zum Fällen von Schuldsprüchen zusammenkommen durfte (*Sanh* 4,1) und die Vorstellung, dass die Römer am Passahfest Kreuzigungen durchführten und Unruhen riskierten, zumindest Schwierigkeiten bereitet. Zudem macht die Amnestie, von der Barabbas profitierte, mehr Sinn, wenn der Freigelassene auch am Passahmahl teilnehmen konnte. Es wird aber auch die Auffassung vertreten, dass Johannes aus theologischen Gründen die Kreuzigung Jesu auf den Rüsttag verlegte, um sie mit der Schlachtung der Passahlämmer im Tempel zeitlich zusammenfallen zu lassen. Paulus geht bei seiner Schilderung des Abschiedsmahls Jesu nicht auf das Passah ein (1Kor 11,23-25) und scheint mit der Betrachtung Christi als wahrem Passahlamm (1Kor 5,7) wie Johannes davon auszugehen, dass die Kreuzigung am Rüsttag des Passah erfolgte.

Chronologischer Rahmen

Nach dem Johannesevangelium war Jesu letztes Mahl kein Passahmahl

Für die Rekonstruktion der ältesten Fassung der Einsetzungsworte kommen nur Mk 14,22-25 und 1Kor 11,23b-25 in Betracht. Matthäus ist von Markus abhängig (Mt 26,26-29), betont aber mit der Einfügung der Sündenvergebung in das Kelchwort, dass die Gemeinde im Abendmahl Anteil an der sündenvergebenden Heilskraft des Todes Jesu gewinnt. Lukas verfügt für das Abschiedsmahl Jesu über eine Sonderüberlieferung, die er mit dem Bericht des Markus zu einer Einheit verschmilzt, um dabei den Passahcharakter des Geschehens schärfer zu profilieren (Lk 22,7-38). In den Berichten handelt Jesus zunächst wie ein jüdi-

Rekonstruktion der Einsetzungsworte

scher Tischvater, indem er über Brot und Kelch dankt, wie es im Judentum bei jeder Mahlzeit verpflichtend ist. Die betreffenden Segensworte finden sich im Mischna-Traktat *Berakhot* (6,1). Abweichend von jüdischer Praxis schließen sich ein Brot- und Kelchwort Jesu an, deren Herkunft und Interpretation umstritten sind. Das Brotwort lautet bei Markus und Paulus übereinstimmend »Das ist mein Leib«, wobei Paulus die Formel »für euch gegeben« ergänzt. Beim Kelchwort bestehen deutliche Unterschiede. In Mk 14,24 wird der Kelchinhalt in Anspielung auf Ex 24,8 mit dem »für viele« vergossenen Bundesblut Jesu gleichgesetzt, während Jesus nach 1Kor 11,25 den Kelch vor dem Hintergrund von Jer 31,31-34 auf den »neuen Bund in meinem Blut« deutet. Dies ist im Gegensatz zum markinischen Befund (Wein = Blut) eine sperrige Gleichung (Wein = neuer Bund), die oft für älter gehalten wird als die markinische Parallele. Am Anfang habe 1Kor 11,23b-25 gestanden. Durch Wegfall des »nach dem Essen« (11,25) und ein dadurch bedingtes Zusammenrücken beider Kulthandlungen sei dann die symmetrische Doppelgleichung Brot = Leib/Wein = Blut entstanden und die »für«-Wendung zum Kelchwort gerutscht, wie wir es Mk 14,22-25 vorfinden. Umgekehrt verbürgt aber bereits 1Kor 10,16 ein hohes Alter der »glatteren« markinischen Form der Einsetzungsworte, so dass das paulinische Kelchwort gegenüber der Markusfassung sekundär sein kann. Letzte Klarheit läßt sich nicht gewinnen.

Gleichnishafte oder »realpräsentische« Interpretation?

Bei der Interpretation ist umstritten, ob die Abendmahlsworte symbolisch oder wörtlich gemeint sind. Die gleichnishafte Deutung begegnet in der bis heute erwogenen Form schon im 19. Jh. bei David Friedrich Strauß: Beim Zerbrechen des Brotes habe sich Jesus das Bild seines Leibes aufgedrängt, den ein ähnliches Schicksal erwartete, und beim Eingießen des Kelches habe er an sein Blut gedacht, das in Kürze dahinfließen würde. Präzisierend wurden in der Folgezeit nicht mehr Brot- und Kelchhandlung, sondern Brot- und Kelchwort gleichnishaft gedeutet. Beim Brotwort markiere das jeweilige Zerbrochensein, beim Kelchwort die rote Farbe des Weins den Vergleichspunkt

Engere Bezüge der Deuteworte Jesu zur Passahhaggada sind nicht erkennbar

zwischen Mahlelementen und dem bevorstehenden Geschick Jesu. In Anknüpfung an diese Deutung betrachtete Joachim Jeremias die Einsetzungsworte als ein an die Passahhaggada angelehntes Doppelgleichnis Jesu. Mit dem Begriffspaar Leib-Blut habe Jesus Termini der Opfersprache aufgegriffen und sich selbst als das wahre Passahlamm bezeichnet, dessen stellvertretender Sühnetod den neuen Gottesbund in Kraft setzen werde. Im Passahritual, wie wir es aus dem Mischnatraktat *Pesachim* kennen, werden allerdings ganz andere Speisen als im Abendmahl, nämlich Mazzen, Bitterkräuter und das Passahlamm gedeutet. Zudem ist der Ort der Deuteworte im Gesamtablauf des Mahles ein ganz anderer, denn es handelt sich um einen einheitlichen Block nach der Vorspeise wie der Darreichung des zweiten Bechers und vor der eigentlichen Mahlzeit. In den Einsetzungsworten selber deutet bei Markus und Paulus nichts auf einen Passahhintergrund hin, allein durch den Kontextbezug zur Chronologie des markinischen Passionsberichtes handelt es sich bei Jesu Abschiedsmahl um ein Passahmahl. Zudem liegt zwischen Brot und Leib Jesu sowie zwischen Kelchinhalt und Blut Jesu kaum eine symbolische, sondern eine real gedachte Beziehung vor, wie es sich auch in Joh 6,51-58 widerspiegelt. Die Einsetzungsworte sind kein Doppelgleichnis, sondern Identifikationsformeln, die von der Vorstellung geprägt sind, dass man sich gewissermaßen Fleisch und Blut Christi einverleibt. Ob die Einsetzungsworte auf Jesus zurückgehen, ist fraglich. Zumindest das Brotwort wird häufig für authentisch gehalten und mit einer »präsakramentalen Geste« Jesu gerechnet, der sich beim Abschiedsmahl den Jüngern personal zu eigen gegeben habe (J. Gnilka; H.-J. Klauck). Wahrscheinlicher ist allerdings die Annahme, dass in den Einsetzungsberichten das sakramentale Mahl der Gemeinden in Erzählform auf Jesus als Kultstifter zurückgeführt und in der Situation seines Abschieds verankert wird. Dafür spricht auch der Befund im Johannesevangelium, das keine Einsetzungsworte beim Abschiedsmahl kennt (Joh 13). Auch wenn die Abendmahlsworte auf die Kultpraxis der Gemeinde zurückgehen dürften, war das Abschiedsmahl Jesu mit seinen engsten Vertrauten von einer feierlichen Atmosphäre geprägt, wobei er der Hoffnung Ausdruck verlieh, dass die vollständige Durchsetzung der Gottesherrschaft unmittelbar bevorstehe (Mk 14,25).

■ Der Prozess Jesu

Jesus starb durch die Hände der Römer, wie es neben den Evangelien auch Tacitus bezeugt. In Gang gesetzt wurden die Ereignisse, die zu seiner Hinrichtung führten, von der Priesteraristokratie und führenden Mitgliedern des Hohen Rats. Im Anschluss an das Abendmahl wanderte Jesus mit seinen Jüngern durch das nächtliche Jerusalem zum Garten Gethsemani, einem Landgut im Osten der Stadt, das sich jenseits des Kidronbachs am Fuße des Ölbergs erstreckte. Der Besitzer war vermutlich ein Sympathisant der Jesusbewegung. Jesus scheint sich auch vorher schon dort aufgehalten und den Ort wegen seiner Ruhe geschätzt zu haben (Joh 18,2). In Gethsemani erschien unvermittelt ein vom Hohepriester ausgesandtes Kommando der Tempelwache, um Jesus zu verhaften. Judas hatte der Priesteraristokratie den Aufenthaltsort Jesu in der von Festpilgern überfüllten Stadt preisgegeben und einen geeigneten Zeitpunkt für die Festnahme genannt. In Gethsemani ermöglichte er der Tempelwache durch den Judaskuss die sofortige Identifikation der gesuchten Person. Jesus wurde als Gefangener durch das Kidrontal zurück in die Stadt geführt, während seine Anhänger nach einem Handgemenge mit dem Verhaftungskommando die Flucht ergriffen.

Verhaftung in Gethsemani

Judas hatte der Priesteraristokratie den Aufenthaltsort Jesu preisgegeben

Über den weiteren Verlauf der Ereignisse machen die Quellen unterschiedliche Angaben. Nach dem Johannesevangelium kam es zu einem Verhör Jesu durch Hannas, den Schwiegervater des Hohepriesters Kajafas (Joh 18,19-23). Anschließend lässt Hannas den Gefangenen zu Kajafas bringen, der ihn an Pontius Pilatus überstellt. Nach Darstellung der anderen Evangelien wurde Jesus dagegen von Gethsemani direkt in den Palast des Kajafas geführt. Markus und Matthäus zufolge wurde er dort von einem Kollegium aus Hohepriester, Ältesten und Schriftgelehrten einem nächtlichen Verhör unterzogen und ein Todesbeschluss gefasst (Mk 14,53; Mt 26,66). In den frühen Morgenstunden schloss sich eine formelle Verhandlung vor dem Synedrion an, das die gegen Jesus vorgebrachten Beschuldigungen bestätigte und die Auslieferung an Pontius Pilatus veranlasste (Mk 15,1; Lk 23,1). Der hohepriesterliche Palast befand sich in der Oberstadt, ohne dass sich die Lage exakt bestimmen ließe. Als Sitz des Synedrions nennt die Mischna eine innerhalb des Tempelbezirks liegende Quaderhalle. Nach dem

Jesus vor Kajafas und dem Synedrion

Rechtsgeschichtliche Probleme

Zeugnis des Josephus tagte der Hohe Rat dagegen in einem Rathaus in der Oberstadt, das nahe der westlichen Säulenhalle unterhalb des Tempelplatzes lag.

Der zu nächtlicher Stunde im Palast des Hohepriesters geführte und dann im Synedrion fortgesetzte Prozess Jesu weist, so wie er von Markus und Matthäus dargestellt wird, eine Reihe von Widersprüchen zum jüdischen Prozessrecht der Mischna auf. Nach der Chronologie der synoptischen Evangelien fand die Verhandlung Jesu am Passahfest statt, das mit Sonnenuntergang begonnen hatte, während die Mischna Gerichtsverhandlungen an Festtagen verbietet. Verhandlungen in der Nacht, bei denen eine Übermüdung der Beteiligten drohte, waren ohnehin nicht erlaubt. Lukas scheint dies zu wissen, da er die nächtliche Episode im Palast des Hohepriesters übergeht und nur von dem frühmorgendlichen Prozess vor dem Synedrion berichtet (Lk 22,63-71). Das Gerichtsverfahren gegen Jesus beginnt mit der Anklage und zieht das sofortige Todesurteil nach sich, während gemäß der Mischna Kapitalprozesse zum Schutz des Angeklagten mit der Verteidigung einzusetzen haben und ein Todesurteil erst einen Tag nach der Verhandlung verkündet werden darf, um keine voreiligen Beschlüsse zu fassen. Auch der eigentliche Verurteilungsgrund, Jesus habe sich als Messias ausgegeben und damit Blasphemie betrieben, wirft Fragezeichen auf. Das Erheben messianischer Ansprüche galt im antiken Judentum nicht als Gotteslästerung und stellte kein todeswürdiges Verbrechen dar. Nimmt man die Bestimmungen der Mischna als Maßstab, dann wurde im Fall Jesu entweder von der Priesteraristokratie gegen geltendes Recht verstoßen oder der Prozess hat sich nicht in allen Punkten in der von den Evangelien geschilderten Form abgespielt, was die größere Wahrscheinlichkeit für sich hat. Zuweilen wird auch vermutet, dass in den Tagen Jesu ein schärferes Recht herrschte, als es die Mischna bietet.

Todesurteil durch Pontius Pilatus

Kein Zweifel kann daran bestehen, dass das Synedrion in der Zeit der Römerherrschaft keine Befugnis zur Vollstreckung von Todesurteilen hatte (Joh 18,31). Deshalb wurde Jesus an Pontius Pilatus überstellt, in dessen Händen sein weiteres Schicksal lag. Der offizielle Amtssitz des römischen Statthalters von Judäa befand sich in Cäsarea. In Jerusalem hielt sich Pontius Pilatus nur an hohen Feiertagen auf. Als Residenz und Gericht diente ihm dort das Prätorium, das Schauplatz des Prozesses Jesu war (Mk 15,16) und mit dem wahrscheinlich der alte Königspalast des Herodes gemeint ist. Bereits die biblische Tradition zeichnet ein verzerrtes Bild von Pontius Pilatus als gütigem Statthalter, der die Kreuzigung Jesu nur widerwillig vollzieht. Dass Pontius Pilatus juristisch die Verantwortung für die Hinrichtung Jesu trug, steht außer Zweifel. Jesus wurde von einem Wachkommando des Synedrions in Fesseln an ihn überstellt.

=====
Der Richterstuhl von Pontius Pilatus stand vor dem ehemaligen Herodespalast
=====

Vor dem Prätorium erstreckte sich eine als Gabbatha (Anhöhe) bezeichnete ebene Fläche, die mit Steinplatten gepflastert war (Joh 19,13). Dort befand sich der Richterstuhl, auf dem Pontius Pilatus am Vormittag des Karfreitags das Todesurteil über Jesus von Nazaret und drei weitere Aufrührer fällte. Anschließend soll Pontius Pilatus eine Volksbefragung durchgeführt haben, da er einen der zum Tode verurteilten Unruhestifter begnadigen wollte. Er könnte sich an der Praxis der Festtagsamnestie orientiert haben, wie sie allerdings erst im Recht der späten Kaiserzeit belegt ist. Wenn Barabbas, bei dem es sich wahrscheinlich um einen Zeloten handelte, aus dem Volksentscheid als Sieger hervorging, ist dies nicht überraschend. Vermutlich wohnten der öffentlichen Gerichtsverhandlung vor dem Prätorium viele Sympathisanten der zelotischen Bewegung bei, während die Anhänger Jesu längst das Weite gesucht hatten. Zudem hatte Jesus mit seiner Tempelkritik sicher auch die Stadtbevölkerung Jerusalems, deren wirtschaftliche Existenz eng mit dem Florieren des Heiligtums verknüpft war, gegen sich aufgebracht.

Jesus wurde als vermeintlicher König der Juden zum Tode verurteilt und dies mit einer Holztafel am Kreuz für alle sichtbar gemacht. Die Praxis, am Kreuz eine Schuldtafel anzubringen, ist ausschließlich im Zusammenhang mit dem Tod Jesu belegt. Einzelne Bibelwissenschaftler und Historiker halten die Kreuzesinschrift daher für ein Produkt erzählerischer Phantasie. Allerdings gibt es in der antiken Literatur Belege dafür, dass Delinquenten auf dem Weg zur Hinrichtung eine den Grund für das Todesurteil benennende Holztafel vorangetragen oder umgehängt wurde, um ihr Vergehen öffentlich zu machen. Die INRI-Inschrift am Kreuz wie die gesamte Darstellung des Prozesses Jesu deuten darauf hin, dass Pontius Pilatus das Todesurteil über Jesus verhängte, weil er ihn für einen Aufrührer und Unruhestifter mit politisch-messianischen Ansprüchen hielt, wie sie immer wieder im jüdischen Volk auftraten. Jesus selbst hat sich vor dem römischen Statthalter nicht klar von diesen Vorwürfen distanziert. In der aufgeheizten Atmosphäre des Passahfestes, in der es in der von Festpilgern überfüllten Stadt immer wieder zu Unruhen kam, machte Pontius Pilatus kurzen Prozess.

Verurteilung als »König der Juden«

■ Kreuzigung und Grablegung

Die Kreuzigung Jesu vollzog sich auf Golgotha. Dabei handelte es sich um einen weithin sichtbaren Felsen im Westen Jerusalems, der zu einem alten Steinbruch gehörte und den Römern als Hinrichtungsstätte diente. Der nur aus der christlichen Traditionsliteratur bekannte Name Golgotha bedeutet Schädel (Lk 23,33) und verdankt sich wahrscheinlich der schädelförmigen Gestalt des Felsplateaus, das in den Tagen Jesu noch außerhalb der Stadtmauern lag. Gemeinsam mit Jesus wurden zwei weitere Aufrührer durch die Gassen Jerusalems hinaus zur Hinrichtungsstätte geführt und dort gekreuzigt. Während die Längsbalken der Kreuze fest im Boden von Golgotha verankert waren, mussten die Delinquenten die Querbalken selbst dorthin tragen. Offenbar in der Nähe des nordwestlichen Stadttores, durch das man Jerusalem in Richtung Golgotha verließ, brach Jesus unter dem Gewicht des Kreuzesbalkens zusammen. Die römischen Soldaten zwangen kurzerhand den zufällig vorbeikommenden Diasporajuden Simon aus Kyrene, der zwei Söhne namens Alexander und Rufus hatte, zum Tragen des Balkens. Im Kidrontal wurde 1942 ein Gebeinkasten aus Kalkstein gefunden, der seitlich die Aufschrift »Alexander (Sohn) des Simon« und auf dem Deckel die Worte »Alexander (der) Kyrenäer« trägt. Dabei dürfte es sich um den Sarg des Mk 15,21 erwähnten Sohnes des Simon von Kyrene handeln.

Gologotha

Golgotha war ein schädelförmiges Felsplateau vor den Stadttoren Jerusalems

Die Kreuzigung, der in der Regel eine Geißelung vorausging, war im römischen Recht die mit Abstand grausamste und unehrenhafteste Form der Hinrichtung. Mit dem Tod am Kreuz ahndete die römische Gerichtsbarkeit Kapitaldelikte wie Mord, Tempelraub, Hochverrat oder Aufruhr. An zum Tode verurteilten

Bedeutung der Kreuzesstrafe

Personen, die das römische Bürgerrecht besaßen, wurde die Kreuzigung in der frühen Kaiserzeit normalerweise nicht vollzogen, sondern das Urteil durch die vergleichsweise humanere Enthauptung vollstreckt. Bei der Kreuzigung nagelte oder band man den Verurteilten an den ausgestreckten Armen an einen Querbalken, der an einem bereits im Boden befindlichen Holzpfahl befestigt wurde. Meist stützte ein am Pfahl angebrachter Holzklotz als eine Art Sitzbrett den Körper ab. Dies diente zur Erleichterung, verlängerte aber den Todeskampf. Der Tod trat erst nach langen Qualen durch Ersticken oder Kreislaufzusammenbruch ein. Der römische Rhetoriker Quintilian preist die Kreuzigung als gutes Werk und fordert, dass die Kreuze zur Abschreckung an den verkehrsreichsten Straßen stehen sollten. Dieses Kriterium wurde von Golgotha erfüllt, das nahe einer stark frequentierten Ausfallstraße aus Jerusalem lag. Nicht selten verweigerten die Behörden den Hinterbliebenen die Bestattung der Hingerichteten, so dass die am Kreuz hängenden Leichname zum Fraß der Vögel wurden und einen verheerenden Anblick boten. Cicero hält schon die Erwähnung des Kreuzes für eine Sache, die eines römischen Bürgers und freien Mannes unwürdig sei.

Die Knochenreste des Jochanan

Im Jahr 1968 wurde in einem Grab im Nordosten Jerusalems der Steinsarg eines im Alter von etwa 30 Jahren verstorbenen Mannes namens Jochanan entdeckt, dessen Knochenreste die Spuren der Kreuzigung tragen. Dieser Fund aus dem 1. Jh. n. Chr. liefert erstmals konkrete Hinweise über die Kreuzigungstechniken, wie sie von den Römern in den Tagen Jesu in Judäa angewandt wurden.

> **Die sterblichen Überreste des Jochanan liefern erstmals Details über die Kreuzigungstechniken**

Die von einem knapp 12 cm langen Eisennagel durchbohrten Knochen des Mannes wurden als sein rechtes und linkes Fersenbein bestimmt. Dabei zeigte sich, dass die beiden Fersen beim Annageln mit der Innenseite aufeinander lagen, was auf eine seitliche Befestigung der Füße am Längspfahl schließen lässt. Am Nagel befanden sich noch Holzreste vom Kreuz. Spuren an der unteren Speiche des rechten Armes legen die Vermutung nahe, dass Jochanan am Unterarm an den Querbalken angenagelt war. Anders als bei Jesus (Joh 19,33) waren ihm zur Verkürzung des Todeskampfes gewaltsam die Knochen gebrochen worden. Dadurch vermochten sich die Delinquenten nicht mehr hochzuziehen und erstickten nach einiger Zeit. Während die Mehrzahl der Jünger schon in Gethsemani das Weite gesucht hatte und sich die Spur des Petrus mit der Verleugnungsszene verliert, wohnte die Frauengruppe um Maria Magdalena, die Jesus von Galiläa nach Jerusalem gefolgt war, aus der Ferne der Kreuzigung bei (Mk 15,40). Die Frauen brachten damit einen Mut auf, den man bei den Jüngern vergeblich sucht. Noch näher konnten sie sich kaum an das Kreuz heranwagen, da das Trauern über Gekreuzigte ein gefährlicher Akt der Solidarisierung war, der die betreffenden Personen schnell selbst in das Fadenkreuz der römischen Justiz geraten ließ.

Die Grablegung Jesu

Nachdem Jesus am Kreuz gestorben war, erbat Josef von Arimathäa von Pontius Pilatus den Leichnam zur Bestattung. Die Ausrichtung eines Begräbnisses für verstorbene Personen, deren Familienangehörige dazu nicht in der Lage waren, zählte im antiken Judentum zu den allgemein vorgeschriebenen Liebeswerken. Josef von Arimathäa, der als Mitglied des Synedrions eine einflussreiche Persönlichkeit war und offenkundig mit der Jesusbewegung sympathisierte, besaß in Jerusalem eine Grabstätte. Dabei handelte es sich um ein in den Felsen geschlagenes Kammergrab, das man betreten konnte und dessen Eingang zum Schutz gegen

Tiere mit einem Rollstein verschlossen war. Jesus wurde nach übereinstimmendem Zeugnis aller Evangelien an einem Freitag ans Kreuz geschlagen und hauchte in den Nachmittagsstunden desselben Tages nach qualvollem Todeskampf sein Leben aus. Mit Sonnenuntergang begann der Sabbat, an dem Bestattungen nicht erlaubt sind. Angesichts dieser Rahmenbedingungen war klar, dass die Grablegung Jesu in aller Eile erfolgen musste. Nach Darstellung des Markusevangeliums kaufte Josef von Arimathäa ein Leinen und hüllte den Leichnam Jesu ohne vorherige Totensalbung darin ein (Mk 15,46). Nackt beigesetzt zu werden hätte eine Schande dargestellt. Im Jahr 2000 wurde in einem Grab in Hakeldamach ein Leichentuch aus den Tagen Jesu entdeckt. Es handelt sich um den bislang einzigen Fund dieser Art in Jerusalem. Nach dem Bericht des Johannesevangeliums war neben Josef von Arimathäa der ebenfalls dem Synedrion angehörende Pharisäer Nikodemus an der Grablegung beteiligt. Das Grab Jesu befand sich in unmittelbarer Nähe von Golgotha (Joh 19,41f). Aller Wahrscheinlichkeit nach wurde Jesus in jener Gruft beigesetzt, die seit ältester Zeit als seine Grabstätte verehrt und unter Kaiser Konstantin mit der Grabeskirche überbaut wurde. Das 1867 nördlich des Damaskustores in einer Parkanlage entdeckte Gartengrab hingegen vermittelt zwar einen anschaulichen Eindruck von einem Felsengrab aus neutestamentlicher Zeit, kommt aber schon wegen der relativ großen Entfernung zu Golgotha nicht ernsthaft als Begräbnisstätte Jesu in Betracht. Als Phantasiegebilde erwies sich die von Simcha Jakobovici und James Cameron in dem Dokumentarfilm »The Burial Cave of Jesus« (2007) medienwirksam verbreitete These, ein 1980 im Jerusalemer Vorort Talpioth entdecktes Familiengrab habe Jesus, Maria Magdalena und einem gemeinsamen Sohn namens Jehuda als letzte Ruhestätte gedient.

Die spektakuläre These vom Familiengrab Jesu in Talpioth ist ein Phantasiegebilde

■ Die Auferstehung Jesu

Alle vier Evangelien stimmen darin überein, dass sich Maria Magdalena allein oder in Begleitung weiterer Frauen am Tag nach dem Sabbat zum Grab Jesu begab. Dort stellte sie fest, dass der Stein vor der Grabkammer weggewälzt wurde, und empfing von einem Engel die Botschaft von der Auferstehung Jesu. Von den Jüngern, die wahrscheinlich nach Galiläa geflohen waren, ist in der ältesten Überlieferung keine Rede. Erst im Johannesevangelium werden dann Petrus und der Lieblingsjünger in die Geschichte vom leeren Grab integriert, um auch die männlichen Autoritäten als Zeugen der ersten Stunde am Ostergeschehen teilhaben zu lassen (Joh 20,1-10). An den Geschichten vom leeren Grab scheiden sich die Geister. Die einen sehen in ihnen das Urgestein des Osterglaubens, die anderen halten sie für späte Legenden, zumal sie im Erzählablauf einige Ungereimtheiten aufweisen. Die Totensalbung erfolgte vor der Grablegung, womit das entscheidende Motiv für den Gang der Frauen zum Grab fraglich wirkt. Zudem ist schwer vorstellbar, dass die Frauen den Gang zum Grab auf das Genaueste vorbereiteten und ihnen dann erst unterwegs einfiel, dass sie gar nicht in der Lage sein würden, den Rollstein wegzubewegen. Andererseits handelt es sich bei den Geschichten vom leeren Grab kaum um Erfindungen, da man dann nicht Frauen, deren Zeugnis in der Antike nicht viel galt, zu Bürgen des Osterglaubens gemacht

Geschichten vom leeren Grab

hätte. Die Beweiskraft der Erzählungen hält sich ohnehin in Grenzen. Bereits die Geschichte von der Bestechung der Grabwache durch die jüdischen Autoritäten (Mt 28,11-15) spiegelt den weit verbreiteten Vorwurf wider, die Anhänger Jesu hätten seinen Leichnam gestohlen, um die Auferstehung vorzutäuschen.

Berichte von Erscheinungen des Auferstandenen

Ein festeres Fundament für den Osterglauben bieten die Berichte von Erscheinungen des Auferstandenen, die sich in Jerusalem, auf dem Weg nach Emmaus und auch in Galiläa zugetragen haben sollen. Nach den Evangelien des Matthäus und Johannes entdeckte Maria Magdalena am Ostermorgen nicht nur das leere Grab, sondern begegnete dort auch dem Auferstandenen (Mt 28,9f; Joh 20,11-18). Lukas und Johannes berichten zudem von einer Erscheinung des Herrn vor dem Jüngerkreis, der sich in Jerusalem in einem geschlossenen Raum versammelt hatte (Lk 24,33-49; Joh 20,19-23). Paulus zitiert in 1Kor 15,5-8 eine alte, vermutlich sogar in die Urgemeinde zurückgehende Bekenntnistradition, die von unterschiedlichen Erscheinungen des auferstandenen Herrn vor seinen Anhängern spricht, allerdings die zentrale Rolle von Maria Magdalena verschweigt und keine Angaben zum jeweiligen Ort des Geschehens macht. In vielerlei Hinsicht rätselhaft bleibt die von Paulus erwähnte Erscheinung des auferstanden Jesus vor 500 Anhängern, die sich in Jerusalem zugetragen haben dürfte und zuweilen mit dem Pfingstereignis in Verbindung gebracht wird.

> Eine Vielzahl von Zeugen beteuerte den auferstandenen Herrn gesehen zu haben

Schon in der Antike wurden die Berichte über Erscheinungen des Auferstandenen von den Gegnern des Christentums als Produkte übersteigerter Phantasie betrachtet. Wie bei vielen Gerichtsverhandlungen lässt sich das tatsächliche Geschehen nicht beweisen, sondern man ist auf Zeugenaussagen verwiesen und steht vor der Frage, inwieweit diesen Glauben geschenkt werden kann. Immerhin basiert die alte Bekenntnistradition aber auf dem Zeugnis von mehreren hundert Personen, die beteuerten, den auferstandenen Herrn gesehen zu haben. Die Mehrzahl von ihnen war zu der Zeit, als Paulus den ersten Korintherbrief schrieb, noch am Leben (1Kor 15,6) und konnte zu ihrer Christuserscheinung befragt werden.

Die Himmelfahrt Jesu

Für das frühe Christentum bestand kein Zweifel daran, dass Jesus nach seiner Auferstehung zur Rechten Gottes erhöht wurde. Eines der ältesten Zeugnisse dafür ist der Christushymnus, den Paulus im Philipperbrief rezitiert (Phil 2,9). Diesen Erhöhungsvorgang scheint man sich als unsichtbare Aufnahme Jesu in den Himmel vorgestellt zu haben. Von einer allgemein sichtbaren Himmelfahrt Jesu, bei der dieser 40 Tage nach der Auferstehung am Ölberg vor den Augen seiner Getreuen auf einer Wolke entrückt wird, weiß im Neuen Testament allein Lukas zu berichten (Lk 24,50-51; Apg 1,9-11). Vermutlich ließ er sich dabei von antiken Entrückungslegenden aus der Umwelt des Neuen Testaments inspirieren.

■ Jesus im Talmud und Koran

Jesus in der rabbinischen Tradition

Jesus begegnet sowohl im Talmud als auch im Koran. Ihn aus der Perspektive des Judentums und Islams wahrzunehmen, ist einerseits ein wichtiger Aspekt seiner Wirkungsgeschichte und andererseits ein reizvoller Aspekt des interreligiösen Dialogs. Während die muslimische Jesusrezeption durch eine weitestgehend positive Integration kanonischer und apokrypher Evangelienüberlieferungen in das eigene religiöse System gekennzeichnet ist, bietet die rabbinische Tradition polemische Gegenentwürfe zum christlichen Jesusbild. Jesus von Nazaret begegnet im Talmud nicht unter seinem eigentlichen Namen, sondern unter den rätselhaften Namen Ben Pandera/Pantera und Ben Stada. Hinter der erstgenannten Bezeichnung verbirgt sich die bei dem platonischen Philosophen Celsus unter Berufung auf eine jüdische Quelle belegte Behauptung, dass Jesu leiblicher Vater ein römischer Soldat namens Pant(h)era gewesen sei, mit dem Maria sich eingelassen habe. Diese polemische These, die keinen historischen Wert besitzt, war die im Judentum kursierende Antwort auf den christlichen Glaubenssatz von der unbefleckten Empfängnis Jesu. Der Talmud behauptet, Ben Pandera sei am Vorabend des Passahfests wegen Zauberei hingerichtet worden. Zudem erfolgt eine sekundäre Identifikation von Ben Pandera mit dem jüdischen Magier Ben Stada (*bSanh* 67a; *bSchab* 104b). Dieser war zum Tode durch Steinigung verurteilt worden, weil er Götzendienst betrieben, auf seinen Körper magische Zeichen aus Ägypten eintätowiert und gegen den Sabbat verstoßen hatte. Das negative Jesusbild der rabbinischen Tradition, das sich im frühen Mittelalter mit den »Toledot Jeschu« als einer Art satirischem Gegenevangelium verfestigte, ist das Resultat des schmerzhaften Trennungsprozesses von Christentum und Judentum, wobei sicher auch der bald aufgekommene christliche Antijudaismus eine Rolle spielte. Erst im 19. und 20. Jh. kam es durch Gelehrte wie Abraham Geiger, Joseph Klausner, David Flusser und Schalom Ben-Chorin zu einer positiven Betrachtung Jesu aus jüdischer Perspektive und einer Art Heimholung Jesu in das Judentum.

Anders als im Talmud erfreut sich Jesus (*Isa*) im Koran größter Wertschätzung. Er findet als Sohn Marias (*Ibn Maryam*), Wort von Gott, Geist von Gott, Prophet, Gesandter und Knecht Gottes in 19 der 114 Suren Erwähnung. Der Koran unterstreicht das Dogma der unbefleckten Empfängnis und sieht in der Zeugung Jesu einen göttlichen Schöpfungsakt (Sure 3,42-47; 19,16-22). Der Jesusknabe vermag sofort nach der Geburt zu sprechen und nimmt Maria gegenüber der Verwandtschaft vor dem Vorwurf des unzüchtigen Verhaltens in Schutz (Sure 19,27-34). Neben Gestalten wie Noah, Abraham, Mose und Mohammed zählt der Sohn Marias zu den großen Persönlichkeiten, die von Gott (*Allah*) auserwählt wurden. In einzelnen Schichten des Korans gilt Jesus auch als Messias, als Gesalbter Gottes, ohne dass dieser Titel eine göttliche Würde im christlichen Sinne implizierte. Auch als herausragender Gesandter Allahs, der mit dem »Geist der Heiligkeit« gestärkt ist, bleibt Jesus ein Mensch. Seine Wunder bewirkte er allein mit der Erlaubnis Gottes (Sure 5,110). Neben Blindenheilungen, Aussätzigenheilungen und Totenerweckungen kennt der Koran auch die Geschichte aus dem Kindheitsevangelium des Thomas, wie der Jesusknabe aus Lehm Vögel formt, die auf sein Klatschen hin lebendig werden und davonfliegen (Sure 3,49). Dieses Wunder floss über das arabische Kindheitsevangelium in den Koran ein und wurde so ein fester Bestandteil des muslimischen Jesusbildes.

Positives Jesusbild des Korans

Jesus zählt zu den großen Persönlichkeiten, die von Allah auserwählt wurden

Im Rahmen seines spezifischen Jesusbildes vertritt der Koran eine vom biblischen Befund deutlich abweichende Theorie bezüglich der Kreuzigung. Er kann sich nicht vorstellen, dass Allah seinen Gesandten den Händen der Frevler überließ. Von Pontius Pilatus und den Römern als den eigentlich für den Kreuzestod Verantwortlichen ist in antijüdischer Frontstellung keine Rede. Den Juden als

Aussagen des Korans zum Tod Jesu

den frevlerischen Feinden Jesu gelang es nach der Darstellung des Korans nicht, ihn zu kreuzigen, sondern es kam ihnen nur so vor (Sure 4,157). Der Sinn dieser Aussage ist umstritten. Nach der Mehrheit der Koranausleger ist sie so gemeint, dass anstelle Jesu eine andere, ihm zum Verwechseln ähnlich sehende Person am Kreuz starb. In vergleichbarer Weise hatte bereits im 2. Jh. n. Chr. der christliche Gnostiker Basilides die Behauptung aufgestellt, dass in Wirklichkeit nicht Jesus, sondern Simon von Kyrene ans Kreuz gegangen sei. Das muslimische Barnabasevangelium präzisiert die Substitutionstheorie dahingehend, dass Judas anstelle von Jesus gekreuzigt wurde. Weniger plausibel sind Auslegungstraditionen dieser Koranstelle, denen zufolge die Juden sich lediglich einbildeten, Jesus gekreuzigt zu haben. In jedem Fall hat nach Überzeugung des Korans Gott in seiner Weisheit und Allmacht seinen Gesandten Jesus errettet, indem er ihn unmittelbar zu sich nahm (Sure 4,158). Allerdings wirft auch diese Aussage Fragen auf. Die meisten Interpreten des Korans verstehen sie so, dass Jesus lebendig erhöht wurde, ohne vorher gestorben zu sein. Von einer Parusie Jesu ist im Koran selbst noch keine Rede. Allerdings ist in nachkoranischen Zeugnissen muslimischer Frömmigkeit die Vorstellung belegt, dass der in den Himmel erhobene Sohn Marias am Ende der Tage wiederkommen, das Leben eines rechtgläubigen Muslims führen, auch heiraten und Kinder zeugen wird, um schließlich zu sterben und neben Mohammed in Medina beigesetzt zu werden.

Anstelle Jesu soll eine ihm ähnlich sehende Person am Kreuz gestorben sein

VII. Schlüsselfiguren im Umfeld Jesu

Der Blick auf konkrete Personen lässt Geschichte fassbar werden. Unter Historikern und Bibelwissenschaftlern setzt sich zunehmend die Erkenntnis durch, dass ein tieferes Verständnis der Entwicklungen in Gesellschaft, Religion und Kultur durch die Wahrnehmung der sie tragenden Gestalten und ihrer Persönlichkeitsprofile gefördert wird. Prosopographische Studien zu den Schlüsselfiguren im Umfeld Jesu schärfen das Bewusstsein für die sozialen Beziehungen des Mannes aus Nazaret. Ein ganz besonderes Verhältnis verband ihn mit seinem Lehrer Johannes dem Täufer. Mit dem Beginn seines eigenständigen Wirkens war Jesus als Charismatiker, der eine ungeheure Ausstrahlungskraft auf andere Menschen ausübte, von den Hoffnungen und der Zustimmung seiner Anhänger abhängig. Während er wie viele Charismatiker in einem äußerst angespannten Verhältnis zu seiner leiblichen Familie lebte, scharte er Jüngerinnen und Jünger um sich, mit denen er sich in der neuen Gemeinschaft der endzeitlichen »Familie Gottes« geborgen wusste. Umso überraschender ist angesichts des familienfeindlichen Ethos der Jesusbewegung der Sachverhalt, dass einzelne Verwandte Jesu, allen voran sein Bruder Jakobus, nach den Ostereignissen eine führende Rolle in der Kirche einnahmen. Das Charisma Jesu entfaltete sich aber nicht nur in der Begegnung mit Anhängern, sondern auch in der Auseinandersetzung mit konkreten Gegnern. Die prominentesten Gestalten, mit denen er in Konflikt geriet, sind Herodes Antipas, Josef Kajafas und Pontius Pilatus.

Bedeutung prosopographischer Studien

Jesus lebte in einem äußerst angespannten Verhältnis zu seiner Familie

■ Maria und Josef

Jesus war der Sohn von Maria und Josef. Mit der Glaubensaussage von der Jungfrauengeburt, die in der Bibel nur in den Evangelien des Matthäus (1,18-25) und Lukas (1,26-38) begegnet, soll die Göttlichkeit Jesu in besonderer Weise herausgestellt werden. Andere neutestamentliche Traditionen wie Joh 6,42 oder Lk 3,23 setzen unbefangen die leibliche Vaterschaft Josefs voraus. Aus den Evangelien und der Apostelgeschichte besitzen wir nur wenige historisch verwertbare Angaben über die Eltern Jesu. Josef, der möglicherweise aus Bethlehem stammte (Lk 2,4), gehörte als selbstständiger Bauhandwerker (Mk 6,3) der unteren Mittelschicht an. Wahrscheinlich hat er beim Wiederaufbau des 4 v. Chr. durch den römischen Feldherrn Varus zerstörten Sepphoris mitgewirkt, das nur sechs Kilometer von Nazaret entfernt lag und Herodes Antipas bis zur Gründung von Tiberias als Residenzstadt diente. Maria stammte aus Nazaret in Galiläa (Lk 1,26). Während das Neue Testament keine Angaben zu ihrem sozialen Status macht, porträtiert der Christengegner Celsus sie im 2. Jh. n. Chr. unter Rückgriff auf jüdische Tradition als arme Landfrau, die ihren Lebensunterhalt als Spinnerin verdiente (Orig., *Cels.* I,28). Nach dem Talmud soll Maria Haarflechterin gewesen sein. Bezogen auf das durchschnittliche Heiratsalter von Frauen in der Antike wird Maria etwa vierzehn Jahre alt gewesen sein, als sie ihren ältesten Sohn gebar. Der von Celsus wie vom Talmud erhobene Vorwurf, Jesus sei aus einer Liaison Marias mit einem römischen Soldaten namens Pant(h)era hervorgegangen, entbehrt der Grundlage

Historische Informationen zu den Eltern Jesu

und ist als Reaktion auf das christliche Dogma von der Jungfrauengeburt entstanden. In den Evangelien ist von vier Brüdern Jesu, nämlich Jakobus, Judas, Jose und Simon, und mehreren Schwestern die Rede (Mk 6,3). Die Namensgebung der Kinder orientiert sich eng an biblischer Tradition und deutet auf eine fromme Prägung der Familie hin.

Finstere Kapitel der jesuanischen Familienforschung

Zu den finstersten Kapiteln der neueren Theologiegeschichte zählt der willkürliche und rein ideologisch motivierte Versuch renommierter Theologen aus der Zeit des Nationalsozialismus, Jesus die jüdische Herkunft abzuerkennen und ihn zum »Arier« zu machen. Der Jenaer Neutestamentler Walter Grundmann stellt in seinem 1940 erschienenen Buch »Jesus der Galiläer und das Judentum« zunächst abstruse Spekulationen darüber an, dass Maria in Mt 1,16 als nichtjüdische Frau gekennzeichnet sei, um dann auch die ethnische Zugehörigkeit Josefs zum Judentum in Abrede zu stellen. Dabei stützt er sich auf eine zweifelhafte Aussage des Kirchenvaters Epiphanius von Salamis, dass Jesu Großvater Jakob den Beinamen Panthera getragen habe. Der völlig unjüdische Familienname Panthera zeige, dass die Familie Josefs zur Annahme des jüdischen Glaubens gezwungen worden sei. Wir könnten mit größter Wahrscheinlichkeit davon ausgehen, dass Jesus kein Jude gewesen sei. Bereits zuvor hatte Emanuel Hirsch in das gleiche Horn gestoßen. In seinen Ausführungen »Zum Wesen des Christentums« (1939) schätzte er die Chance für einen Galiläer im Zeitalter Jesu, dass er nicht einen Tropfen jüdischen Blutes in sich trage, auf neun zu eins. Nach allen Regeln wissenschaftlicher Wahrscheinlichkeit sei Jesu Familie nichtjüdischen Blutes gewesen. Um dies zu untermauern, griff auch Hirsch auf die altkirchliche Tradition zurück, dass der Großvater Jesu den Namen Panthera getragen habe. Diesen heidnischen Namen habe ihm der Urgroßvater Jesu gegeben, um seine Abneigung gegen das ihm aufgezwungene Judentum zum Ausdruck zu bringen. In beiden Fällen handelt es sich um Theologen, die nicht nur entschieden für die nationalsozialistische Ideologie eintraten, sondern sie auch noch mit mehr als zweifelhaften Methoden bibelwissenschaftlich zu untermauern suchten.

Im »Dritten Reich« wollten führende Theologen den »Ariernachweis« Jesu erbringen

Stammbäume Jesu und Protevangelium des Jakobus

Weitere Informationen zur Herkunft Jesu bieten die beiden Stammbäume im Neuen Testament (Mt 1,1-17; Lk 3,23-38). Sie scheinen noch nicht von der Vorstellung der Jungfrauengeburt geprägt zu sein, da sie die väterliche Herkunftslinie Jesu als Sohn Josefs nachzeichnen. Bereits zum Großvater Jesu machen sie widersprüchliche Angaben. Er soll den Namen Jakob (Mt 1,16) oder Eli (Lk 3,23) getragen haben. Bei allen Unterschieden sind sich die Stammbäume darüber einig, dass Josef von David abstammte. Darin spiegelt sich der Glaube an Jesus als messianischen Davidssohn wider. Legendarische Überlieferungen zu Maria und Josef bietet im späten 2. Jh. n. Chr. das Protevangelium des Jakobus. Dort wird geschildert, wie bereits Maria als Kind des betagten Ehepaars Anna und Joachim unter wunderbaren Umständen zur Geburt kam, indem Anna im hohen Alter noch schwanger wurde. Zudem gelten die Brüder und Schwestern Jesu in dieser Schrift als Halbgeschwister, die der verwitwete Josef aus einer früheren Ehe in die Beziehung mit Maria einbrachte. Diese Angaben sind der Glaubensvorstellung von der immer währenden Jungfräulichkeit Marias geschuldet. Die Evangelien denken offenkundig an leibliche Geschwister Jesu (Mk 6,3; Mt 13,55f). Jesus stand allerdings in einer spannungsgeladenen Beziehung zu seinen Eltern und Geschwistern, von denen ihm zu seinen Lebzeiten Ablehnung zuteil wurde (Mk 3,21; Joh 7,5). Anstelle einer Verbundenheit mit den leiblichen Angehörigen betrachtete Jesus die Familie Gottes als seine wahre Verwandtschaft (Mk 3,31-35). Die nur im vierten Evangelium überlieferte Notiz, dass Maria Augenzeugin der Kreuzigung Jesu war (Joh 19,25-27), ist von zweifelhaftem historischen Wert. Glaubwürdig erscheint dagegen die Nachricht der Apostelgeschichte, dass Maria der Jerusalemer Urgemeinde angehörte (Apg 1,14). Nach der altkirchlichen Tradition ist sie auch in Jerusalem verstorben, wo bis heute ihr Sterbehaus auf dem Zion und ihre Grabstätte am Fuße des Ölbergs verehrt werden.

Während Josef bereits im Neuen Testament in den Hintergrund tritt und bei der Kreuzigung Jesu möglicherweise schon nicht mehr lebte, entfaltete Maria eine reiche Wirkungsgeschichte und begleitet die Menschen als Glaubensgestalt bis heute, wobei die Marienfrömmigkeit die geschichtliche Gestalt der Mutter Jesu bald völlig überlagerte. Die neutestamentliche Aussage von der Jungfrauengeburt hielt Einzug in das Apostolische Glaubensbekenntnis. Auf dem Konzil von Chalcedon wurde 451 die Vorstellung von Maria als Gottesgebärerin festgeschrieben. Das Konzil von Konstantinopel erklärte 553 das Bekenntnis von der immer währenden Jungfräulichkeit Marias zum verbindlichen Glaubenssatz. Während dieses Dogma in den Kirchen der Reformation keine zentrale Bedeutung hat, wurde es von der römisch-katholischen Kirche auf dem Konzil von Trient im 16. Jh. nochmals bekräftigt. Weitere Eckpfeiler der katholischen Marienfrömmigkeit sind das 1854 durch Papst Pius IX. festgeschriebene Dogma von der unbefleckten Empfängnis Marias durch Anna, derzufolge die Mutter Jesu frei von jedem Makel der Erbsünde und Aktualsünde ist, sowie das 1950 von Papst Pius XII. verfügte Dogma von der Himmelfahrt Marias. Für den Protestantismus sind diese Dogmen, die ohne Anhalt in der Bibel und der altkirchlichen Tradition bleiben, bedeutungslos. Hohes Ansehen genießt Maria auch im Koran (Sure 19,21), wo der Glaube an die Jungfrauengeburt ausdrücklich verteidigt wird. Als Mutter Jesu, erwählte Jungfrau und Urbild des Glaubens hat Maria die Frömmigkeits- und Kulturgeschichte durch die Zeiten hindurch wie keine andere biblische Gestalt nachhaltig beeinflusst.

Eckpfeiler der Marienfrömmigkeit

Die Marienfrömmigkeit überlagert die geschichtliche Person der Maria

■ Johannes der Täufer

Johannes der Täufer war der Lehrer Jesu. Über ihn wird nicht nur in den Evangelien, sondern auch bei dem jüdischen Geschichtsschreiber Josephus berichtet (Joseph., ant. 18,116-119). Jesus sprach immer mit größter Hochachtung von ihm (Mt 11,7-19). Dem Lukasevangelium zufolge war Johannes als Sohn von Zacharias und Elisabeth priesterlicher Abstammung (Lk 1,5). Johannes trat als Prophet in der Wüste auf (Mk 1,4), die im antiken Judentum als endzeitlicher Heilsort galt. Es herrschte die Erwartung, dass Gott am Ende der Tage erneut in der Wüste sein Heil erweisen würde, wie er dies einst nach dem Exodus aus Ägypten getan hatte. Johannes taufte in der Einöde am Ostufer des Jordans nahe Bethanien (Joh 1,28), das zu der von Herodes Antipas beherrschten Tetrarchie Peräa gehörte. Beziehungen des Täufers zu Qumran, das nur rund 15 km Luftlinie entfernt war, sind nicht nachweisbar. Bethanien lag in jener Gegend, in der Israel nach der

Herkunft, Erscheinungsbild und Selbstverständnis

Wüstenwanderung den Jordan durchschritten hatte. Johannes versetzte durch die Wahl des Tauforts die zu ihm strömenden Menschen symbolisch in jene Situation zurück, in der sich das erwählte Volk Gottes vor der Landnahme befunden hatte. Nach Art der Wüstenbewohner kleidete er sich mit einem Kamelhaarmantel und ernährte sich von Heuschrecken und wildem Honig. Zugleich rief sein Erscheinungsbild die Erinnerung an den Propheten Elia wach, der ein zottiges Fell mit Ledergürtel trug (2Kön 1,8) und dessen Wiederkehr am Ende der Tage erwartet wurde (Mal 3,23). Offenkundig imitierte Johannes bewusst den Kleidungsstil des Elia und erhob den Anspruch, der wiedergekommene Elia zu sein, als der er auch von Jesus anerkannt wurde (Mt 11,14). Sein Taufort lag wohl kaum zufällig in jener Gegend am Ostufer des Jordan, wo Elia einst im Feuerwagen zum Himmel entrückt worden war (2Kön 2,11).

Ankündigung des Zorngerichts Gottes

In der Tradition der alttestamentlichen Propheten kündigte Johannes das bevorstehende Zorngericht Gottes an und rief zur Umkehr auf (Mt 3,7-10par). In der Ausmalung des Gerichts bediente er sich traditioneller Bilder aus dem Alten Testament. Die Axt sei schon an die Wurzel gelegt und nicht fruchtbringende Bäume ins Feuer würden geworfen (vgl. Jes 10,15f). Die Spreu werde vom Weizen getrennt und verbrannt (vgl. Jes 5,24; 10,17). Israel dürfe sich nicht auf seine Abrahamskindschaft verlassen, denn Gott könne sogar aus beliebigen Steinen am Wegesrand neue Abrahamskinder erschaffen. Angesichts des bevorstehenden Gerichts hat Johannes konkrete Früchte der Umkehr angemahnt. In der »Standespredigt« des Täufers an Zöllner und Soldaten (Lk 3,10-14) werden Besitzverzicht und das Ende von Betrug, Gewalt wie Unrecht gefordert. Umstritten ist die Identität des von Johannes angekündigten »Stärkeren«, der mit Geist und Feuer taufen werde. Die Feuertaufe ist ein weiteres Bild für das Zorngericht, während die Geisttaufe auf die endzeitliche Geistausgießung (Ez 36,25ff; Joel 3,1-5) Bezug nimmt. Das Neue Testament deutet den »kommenden Stärkeren« auf Jesus und degradiert den Täufer zu dessen Wegbereiter. Dagegen spricht, dass die Täuferbewegung in Konkurrenz zur Jesusbewegung weiterexistierte (Mk 2,18; Apg 19, 1-7). Am ehesten hat Johannes mit dem kommenden Stärkeren Gott selber gemeint, der das Feuergericht vollziehen und den Geist geben wird.

Das Neue Testament degradiert den Täufer zum Wegbereiter Jesu

Analogielosigkeit der Johannestaufe

Die angesichts des bevorstehenden Zorngerichts Gottes von Johannes geforderte Umkehr oder Buße vollzog sich durch ein Sündenbekenntnis mit daran anschließender Untertauchtaufe im Jordan. Durch die Taufe wurde eine Art Anrecht auf Sündenvergebung durch Gott im Endgericht erworben. Intensiv diskutiert wird die Frage, ob Johannes an traditionelle Taufriten anknüpfen konnte. In diesem Zusammenhang rücken die alttestamentlich-priesterlichen Waschungen, die Tauchbäder in Qumran und die Proselytentaufe in den Fokus. Die Johannestaufe stellt allerdings eine völlige Neuschöpfung dar. Bei den von der Tora insbesondere für Priester vorgeschriebenen Reinigungsriten und den Tauchbädern in Qumran handelt es sich um regelmäßig zu wiederholende Selbstwaschungen, die der Wiederherstellung der kultischen Reinheit dienen. Die beim Übertritt zum Judentum praktizierte Proselytentaufe ist ein Tauchbad vor Zeugen, das die Verpflichtung zu den alttestamentlich-jüdischen Waschungen nach sich zieht. Johannes hingegen hat umkehrwilligen Jüdinnen und Juden eine einmalige Taufe gespendet, mit der sich Sündenvergebung und Rettung vor dem Zorngericht Gottes verband.

Vermutlich um 35 n. Chr. wurde Johannes, dessen Taufort am Ostufer des Jordans im peräischen Herrschaftsgebiet des Herodes Antipas lag, von dem Tetrarchen hingerichtet. Mit der Heirat seiner Schwägerin Herodias hatte Herodes Antipas gravierend gegen die Ehegesetze der Tora (Lev 20,21) verstoßen. Johannes der Täufer zählte zu den schärfsten Kritikern dieser Eheschließung und drohte wegen seiner großen Anziehungskraft auf das Volk zur innenpolitischen Gefahr zu werden. Aus diesem Grunde ließ Herodes Antipas ihn inhaftieren und hinrichten. Über das Ende des Täufers existieren zwei unterschiedliche Versionen. In der biblischen Erzählung Mk 6,14-29 fordert Salome auf Betreiben ihrer Mutter Herodias während eines Gastmahls für die Aristokraten Galiläas den Kopf des Täufers, der ihr wunschgemäß auf einem Tablett serviert wird. Ort des Geschehens scheint der Königspalast in Tiberias zu sein. Es handelt sich um eine Klatschgeschichte mit hohem Unterhaltungswert, in der rachsüchtige und blutrünstige Frauen die Schuld am gewaltsamen Ende des Propheten tragen. Die Nachricht des Josephus, dass Johannes der Täufer auf der Festung Machairos im Ostjordanland inhaftiert und hingerichtet wurde, wirkt dagegen deutlich glaubwürdiger.

Hinrichtung des Täufers

Markus bietet eine Klatschgeschichte mit hohem Unterhaltungswert

■ Jakobus

Jakobus war der älteste der vier Brüder Jesu (Mk 6,3). Da er leicht mit den Aposteln Jakobus Zebedäus und Jakobus Alphäus aus dem Kreis der zwölf Jünger zu verwechseln ist, bezeichnet man ihn als den Herrenbruder Jakobus. Nach protestantischem Verständnis spricht nichts dagegen, ihn für den leiblichen Bruder Jesu zu halten. Die griechisch-orthodoxe Kirche betrachtet ihn dagegen als Halbbruder des Herrn und stützt sich dabei auf das apokryphe Protevangelium des Jakobus. In der römisch-katholischen Auslegungstradition dominiert ein weitläufigeres Verständnis des Begriffs Bruder als Vetter oder Blutsverwandter Jesu. In beiden Fällen steht das 553 auf dem Konzil von Konstantinopel festgeschriebene Dogma der immer währenden Jungfräulichkeit Marias im Hintergrund.

Herrenbruder

Wie die anderen Mitglieder der Familie stand auch Jakobus dem Wirken Jesu ausgesprochen distanziert gegenüber (Joh 7,5). Nach dem Kreuzestod Jesu auf Golgotha änderte sich die Haltung des Jakobus gegenüber der Jesusbewegung grundlegend. Unter dem Eindruck des Ostergeschehens schloss er sich der Jerusalemer Urgemeinde an und wurde bald zu ihrer Leitfigur. In 1Kor 15,7 begegnet Jakobus in der Reihe der Auferstehungszeugen. Das apokryphe Hebräerevangelium berichtet in legendarischer Form von seiner Ostervision. Neben dem Kreis der zwölf Apostel, in dessen Händen anfangs die Gemeindeleitung lag, stand Jakobus früh in hohem Ansehen. Als Paulus sich drei Jahre nach dem Damaskuserlebnis nach Jerusalem begab, traf er dort nicht nur mit Petrus, sondern auch mit Jakobus zusammen (Gal 1,19). Da Petrus als Wandermissionar zeitweise außerhalb Jerusalems wirkte und Anfang der 40er Jahre während der Verfolgung unter Agrippa I. die Stadt vorübergehend völlig meiden musste (Apg 12), rückte Jakobus bald zur unumschränkten Führungsgestalt der Urgemeinde auf. Zur Zeit des Apostelkonvents im Jahr 48 n. Chr. stand er an der Spitze des nun aus den »drei Säulen« bestehenden Gemeindeleitungsgremiums (Gal 2,9), das neben ihm

Führungsgestalt der Urgemeinde

noch Petrus und Johannes umfasste. Später lagen die Geschicke der Urgemeinde allein in seiner Hand. Euseb bezeichnet ihn der Sache nach treffend als ersten Bischof von Jerusalem.

Festhalten an der Tora

Der antiochenische Konflikt (Gal 2,11-14) zeigt einen die Grenzen Jerusalems weit überschreitenden Autoritätsanspruch des Jakobus, dem sich nicht nur die Gemeinde von Antiochia, sondern auch Petrus beugte. Das sogenannte Aposteldekret (Apg 15,19f.29), das Heidenchristen im Umgang mit Judenchristen ein Minimum an kultischer Reinheit abverlangt, geht vermutlich auf Jakobus zurück. Unter Rückgriff auf die Vorschriften von Lev 17,8-16 und 18,6-18 werden Heidenchristen darin verpflichtet, auf solche Speisen und geschlechtlichen Verbindungen zu verzichten, wie sie den in Israel lebenden Fremdlingen untersagt sind. Jakobus billigte zwar auf dem Apostelkonvent das beschneidungsfreie paulinische Evangelium. Er erweist sich aber als Vertreter eines streng gesetzeskonformen Judenchristentums, das mit großer Selbstverständlichkeit an den Forderungen der Tora festhielt, die Kirche als Teil des Judentums verstand und der von Paulus eingeleiteten Entwicklung des Christentums zu einer sich zunehmend von ihren jüdischen Wurzeln lösenden Weltreligion ablehnend gegenüberstand. Wegen seiner untadeligen Treue zum Gesetz des Mose trug Jakobus den Beinamen »der Gerechte« (Ev Thom, Log. 12; Euseb, *hist. eccl.* 2,23,4-7). Im Jahr 62 n. Chr. wurde Jakobus während einer Vakanz in der römischen Statthalterschaft auf Initiative des Hohepriesters Ananos zum Tode verurteilt und durch Steinigung hingerichtet, ohne dass die Gründe dafür bekannt wären. Das hohe Ansehen des Jakobus im Judentum spiegelt sich darin wider, dass darauf hin auch die »eifrigsten Beobachter des Gesetzes«, also die Pharisäer, bei König Agrippa II. und dem neuen Statthalter Albinus Protest erhoben (Joseph., *ant.* 20,201). Nach seinem Tod wurde Jakobus im toratreuen Judenchristentum, das den Apostel Paulus als einen Apostaten vom jüdischen Gesetz ablehnte, zur unumschränkten Autoritätsfigur. Mit dem pseudepigraphen Jakobusbrief wurde unter seinem Namen ein Schreiben verfasst, dessen Gesetzesverständnis in deutlicher Spannung zu dem des Apostels Paulus steht.

Das umstrittene Jakobus-Ossuar

Großes Aufsehen erregte das 2002 der Öffentlichkeit präsentierte und aus einer Raubgrabung stammende Jakobus-Ossuar. Im Falle seiner Echtheit könnte es den ersten archäologischen Beweis für die Existenz von Jesus wie Jakobus darstellen. Der Steinsarg stammt aus den Tagen Jesu und trägt die aramäische Inschrift »Jakob, Sohn des Josef, Bruder des Jeschua«. Der Antiquitätenhändler Oded Golan als Besitzer des Objekts wurde allerdings von einem israelischen Gericht angeklagt, einem an sich echten antiken Ossuar mit der Inschrift »Jakob, Sohn des Josef« die Worte »Bruder des Jeschua« zur Wertsteigerung hinzugefügt zu haben. Der Prozess endete mit einem Freispruch, da wissenschaftliche Expertisen zu widersprüchlichen Ergebnissen kamen. Auch wenn ganz erhebliche Verdachtsmomente für eine Fälschung vorliegen, kann die Möglichkeit nicht ausgeschlossen werden, dass die Inschrift in ihrem vollen Bestand echt ist. Dann könnte es sich bei dem Fundstück tatsächlich um einen Steinsarg handeln, der einst die sterblichen Überreste des Bruders Jesu in sich barg.

Der Prozess gegen den Besitzer des Jakobus-Ossuars endet mit einem Freispruch

■ Simon Petrus (Kephas)

Der Fischer Simon Petrus verkörpert wie kein anderer die Kontinuität zwischen der Zeit Jesu und der Zeit der Kirche. Er war die mit Abstand wichtigste Figur im Jüngerkreis und nahm nach Ostern in der Urgemeinde eine Schlüsselrolle ein. Der Beiname Petrus, aramäisch Kephas, hat die Bedeutung »Stein« oder »Fels« und bezeichnet bildhaft die Festigkeit Simons. Das Neue Testament zeichnet ein facettenreiches Bild von Simon Petrus, der als Bekenner und Zweifler, Fels der Kirche und Verleugner Jesu, erfolgreicher Evangeliumsverkünder und schwankender Charakter begegnet. Petrus stammte aus Bethsaida am Nordostufer des Sees Gennesaret (Joh 1,44) und siedelte später nach Kafarnaum um. Die Fundamente des mutmaßlichen Wohnhauses der vom Fischfang lebenden Familie konnten bei archäologischen Ausgrabungen freigelegt werden. Als Fischer übte er ein gleichermaßen hartes wie entbehrungsreiches Handwerk aus und ist in der Sozialpyramide Palästinas in der unteren Mittelschicht anzusiedeln. Nach Darstellung des vierten Evangeliums gehörte Simon Petrus wie sein Bruder Andreas zu den Schülern von Johannes dem Täufer, als ihn in Bethanien am Unterlauf des Jordans nahe dem Toten Meer der Ruf in die Nachfolge ereilte und der Eintritt in die Jesusbewegung erfolgte (Joh 1,35-42). Die Synoptiker lokalisieren die Berufung des Brüderpaares dagegen am See Gennesaret in der Nähe von Kafarnaum (Mk 1,16-20parr). Durch den Ruf Jesu wurde Simon Petrus abrupt aus dem beruflichen wie familiären Umfeld herausgerissen und begab sich in ein unstetes Wanderleben.

Herkunft und Berufung

Petrus und sein Bruder sollen ursprünglich Schüler des Täufers gewesen sein

Im Kreis der zwölf Jünger nahm Petrus als Erstberufener eine hervorgehobene Stellung ein, trat als ihr Sprecher auf und stand in besonderer Nähe zu Jesus. Er begegnet in den Evangelien durchweg als Hauptakteur des Zwölferkreises und stellt jene Fragen, die für alle Jünger von Bedeutung sind. Im Munde Jesu sind zentrale Auftrags- und Verheißungsworte an Petrus überliefert. Mit der Berufung verbindet sich das Menschenfischerwort (Mk 1,17). Gegenstand kontroverser Diskussion ist das Bildwort von Petrus als dem mit der Schlüsselgewalt ausgestatteten Fels der Kirche, das allein Matthäus überliefert und in den Kontext der Bekenntnisszene nahe Cäsarea Philippi einordnet (Mt 16,17-19). Die Vollmacht zum Binden und Lösen meint eine Lehr- und Entscheidungskompetenz, die sich auch auf Fragen der Sündenvergebung erstreckt (vgl. Mt 18,15-18). Das »Felsenwort« mit Zuspruch der Schlüsselgewalt ist wohl ebenso aus der Perspektive der nachösterlichen Situation formuliert wie die Aufforderung zur Stärkung der Brüder (Lk 22,31f) und der pastorale Auftrag zum Weiden der Schafe (Joh 21,15-17). Das Petrusbild der Evangelien zeugt auch von Schwächen und Fehlverhalten des Apostels, der nicht als übermächtiges und erdrückendes Vorbild begegnet, sondern dessen Glaube Höhen wie Tiefen umfasst. Dies zeigt sich anschaulich in der Episode vom Seewandel des Petrus (Mt 14,28-31) und in der Verleugnungsszene des Passionsberichtes, wo Petrus eklatante Glaubensschwäche, aber auch tiefe Reue zeigt. Dem Ansehen des Petrus hat dieses Versagen nicht geschadet. Unklar bleibt die Rolle des Petrus bei den Osterereignissen. Anders als in den Evangelien des Markus und Matthäus ist er bei Lukas, Johannes und Paulus wichtiger Zeuge des Ostergeschehens. Im Johannesevangelium ist Petrus genau wie der Lieblingsjünger an der Entdeckung des leeren Grabes mitbeteiligt. Das Evangelium des

Hervorgehobene Stellung im Jüngerkreis

Lukas (24,34) und die alte Bekenntnistradition in 1Kor 15,5 sprechen davon, dass Petrus die Ersterscheinung des auferstandenen Herrn empfing. Dabei ist allerdings damit zu rechnen, dass er in der Überlieferung Maria Magdalena als wichtigste Osterzeugin verdrängte.

Bedeutung des Petrus im frühen Christentum

In der Zeit nach Ostern begegnet Petrus als Organisator des kirchlichen Lebens in Jerusalem und Protagonist der Mission. Zunächst wandelt er in traditionellen Bahnen, indem er sich durch Toratreue und eine enge Bindung an den Tempel auszeichnet. Sein weiterer Weg ist durch eine zunehmend freizügigere Haltung gegenüber dem Ritualgesetz gekennzeichnet und lässt ihn in geistige Nähe zu den Hellenisten rücken. Aus der Apostelgeschichte (Apg 9,32-11,18) und Äußerungen des Paulus (Gal 2,7; 1Kor 9,5) wird deutlich, dass Petrus nach Ostern zu den besonders aktiven Verkündigern des neuen Glaubens zählte und weit über Jerusalem hinaus hohes Ansehen in der Kirche genoss. Gemeinsam mit seiner Ehefrau bereiste er die christlichen Gemeinden und stärkte sie im Glauben. Einzelne Heilungsberichte der Apostelgeschichte zeigen Petrus als legitimen Sachwalter der Wundermacht Jesu. Theologisch nimmt Petrus eine Mittelstellung zwischen dem gesetzestreuen Jerusalemer Judenchristentum unter Führung des Jakobus und der nicht mehr dem jüdischen Ritualgesetz verpflichteten paulinischen Mission ein, erscheint aber auch hier im Zwielicht. Auf der einen Seite brach er mit der Taufe des Kornelius (Apg 10) paradigmatisch der beschneidungsfreien Heidenmission Bahn, auf der anderen Seite zog er sich mit seinem Verhalten beim antiochenenischen Konflikt (Gal 2,11-14) von Paulus den Vorwurf der wankelmütigen Heuchelei zu. Mit dieser Einschätzung stand Paulus allerdings allein auf weiter Flur und tat sich selbst mit dem offenen Angriff auf den Apostelfürsten keinen Gefallen. Die spätere Entstehung der gegen Paulus agierenden Petruspartei in Korinth zeugt von der weiterhin hohen Reputation des Petrus im frühen Christentum. Es spricht viel für die Annahme, dass Petrus auf dem Weg nach Rom in Begleitung seiner Ehefrau die Gemeinden des paulinischen Missionsgebietes besuchte und dort gewollt oder ungewollt zum Antipaulinismus beitrug.

Petrus bereiste in Begleitung seiner Ehefrau die christlichen Gemeinden

Fragezeichen um das Ende des Petrus

Das Ende des Petrus lässt sich nicht völlig erhellen. Der um 95 n. Chr. verfasste erste Clemensbrief (5,5f) spricht ohne Angabe des Ortes davon, dass Petrus genau wie Paulus den Märtyrertod starb. Quellen des 2. Jh. n. Chr., deren Wert allerdings zuweilen angezweifelt wird (O. Zwierlein), konkretisieren dies dahingehend, dass Petrus unter Nero in Rom hingerichtet wurde. Vermutlich fand er im Zuge der Christenverfolgung, die Nero im Anschluss an den Brand von Rom in Gang setzte, sein Ende. Über der mutmaßlichen Grabstätte des Petrus wurde der Petersdom errichtet. Die Petrus-Rom-Tradition wurde zum Ausgangspunkt und Stützpfeiler der römisch-katholischen Lehre vom Primat des Papstes, der als direkter Nachfolger des Petrus an dessen besonderer Schlüssel-, Lehr- und Hirtengewalt (Mt 16,18f; Lk 22,32; Joh 21,17) partizipiere.

■ Maria Magdalena

Herkunft aus Magdala

Im Lichte dessen, dass Jesus die Zwölf als engsten Vertrautenkreis um sich versammelt hat, wird die Rolle der Frau in der Jesusbewegung oftmals nicht in ihrer wirklichen Bedeutung wahrgenommen. Trotz der androzentrischen Tendenz, Frauentraditionen im Überlieferungsprozess zu unterdrücken, begegnen in den Evangelien auffallend viele Frauen im Umfeld Jesu. Die mit Abstand bedeutsamste Person unter ihnen war Maria Magdalena. Die neutestamentlichen Traditionen lassen noch erahnen, dass sie hinsichtlich ihrer Rolle in der Jesusbewegung dem Apostel Petrus kaum nachstand. Wie ihr Beiname zeigt, stammte sie aus Magdala am See Gennesaret. Vermutlich war sie alleinstehend, da verheiratete Frauen im Neuen Testament gewöhnlich über den Namen des Ehegatten näher bestimmt werden. Da Maria nicht unvermögend war (Lk 8,3), könnte sie eine Geschäftsfrau gewesen und beispielsweise im Fischhandel wirtschaftliche Aktivitäten entfaltet haben. Der See Gennesaret war in der Antike für seinen immensen Fischreichtum berühmt. Die durch Salz konservierten Fische wurden auch in andere Regionen des östlichen Mittelmeerraumes exportiert. Am Westufer drängten sich auf einer Strecke von etwa zwanzig Kilometern mit Kafarnaum, Gennesaret, Magdala und Tiberias vier Städte dicht aneinander, deren Einwohner überwiegend vom Fischreichtum des Sees ihren Lebensunterhalt bestritten.

Lukas berichtet davon, dass Maria Magdalena mit anderen Frauen in die Nachfolge eintrat, nachdem Jesus sie von sieben bösen Geistern geheilt hatte (Lk 8,2). Das Krankheitsbild deutet auf eine schwere Persönlichkeitsstörung hin, die als dämonische Besessenheit interpretiert wurde. Die Praxis Jesu, Frauen gleichberechtigt in die Nachfolge und damit auch in den Dienst der Verkündigung und Heilung zu berufen, stellte in seiner von patriarchalen Strukturen geprägten Lebenswelt einen Verstoß gegen die gesellschaftlichen Konventionen dar. Maria Magdalena begab sich mit Jesus auf Wanderschaft und folgte ihm auf seinem Weg bis nach Jerusalem. Während die Jünger in den synoptischen Evangelien bei den Passionsereignissen nicht präsent sind und offenkundig bereits das Weite gesucht hatten, befindet sich Maria Magdalena in der Todesstunde Jesu in der Nähe des Kreuzes (Mk 15,40). Zugleich stand sie an der Spitze jener Frauen, die sich nach der Kreuzigung zum Grab Jesu begaben und dort zu den ersten Osterzeugen wurden. Bei Matthäus und Johannes ist Maria Magdalena sogar diejenige Person, die den auferstandenen Herrn als erste zu Gesicht bekommt (Mt 28,9f; Joh 20,14-18). Damit tritt sie in Konkurrenz zu Petrus, der in der vorpaulinischen Bekenntnisformel 1 Kor 15,5-8 als Empfänger der Ersterscheinung des Auferstandenen gilt. Wenn Maria Magdalena dort im Kontext der Epiphanien überhaupt keine Erwähnung findet, hängt dies mit der Zeugnisunfähigkeit der Frau im damaligen jüdischen Recht zusammen. Maria Magdalena wurde als Empfängerin der Ersterscheinung des auferstandenen Herrn wohl schon früh durch Petrus als vermeintlich glaubwürdigeren Zeugen verdrängt.

Verlässliche Jüngerin und zentrale Osterzeugin

Maria Magdalena folgte Jesus bis nach Jerusalem

Die historischen Konturen von Maria Magdalena werden durch zahlreiche Legenden überwuchert. In der Großkirche wurde Maria Magdalena zur heiligen Hure. Ausgangspunkt dieser Entwicklung war die im 4. Jh. n. Chr. bei den Kirchenvätern einsetzende und sachlich nicht zu begründende Identifizierung von Maria Magdalena mit der großen Sünderin aus Lk 7,36-50, bei der es sich recht deutlich um eine stadtbekannte Prostituierte handelt. In der Gnosis erfreute sich Maria Magdalena dagegen als engste Vertraute Jesu besonderer Wertschätzung. Unter ihrem Namen sind mehrere apokryphe Schriften zumindest fragmentarisch überliefert, von denen das Evangelium der Maria die bedeutsamste ist. Dort

Autoritätsfigur in gnostischen Gemeinden

wird Maria Magdalena als Lieblingsjüngerin und Empfängerin besonderer Offenbarungen des auferstandenen Jesus porträtiert. Eine ähnlich prominente Rolle hat Maria Magdalena in Schriften wie der »Sophia Jesu Christi« oder der »Pistis Sophia« inne, wo sie ebenfalls zentrale theologische Fragen mit dem auferstandenen Erlöser erörtert. Historische Rückschlüsse auf das Verhältnis zwischen Jesus und Maria Magdalena eröffnen die gnostischen Evangelien nicht. Sie zeigen allerdings, dass Maria Magdalena in den gnostischen Gemeinden, die keine Vorbehalte gegenüber Frauen in kirchlichen Leitungsfunktionen hatten, als besondere Autorität galt. Im Philippusevangelium aus Nag Hammadi repräsentiert Maria Magdalena als Gefährtin oder Paargenossin Jesu gewissermaßen dessen weibliche Seite und lässt ihn so vollkommen werden. Im Hintergrund steht die gnostische Vorstellung, dass die Wesen aus der himmlischen Welt stets paarweise vorkommen und so höchste Vollkommenheit verkörpern.

Phantasiereiche Spekulationen

In der populärwissenschaftlichen Jesusliteratur wurden nicht zuletzt die gnostischen Texte zum Nährboden abenteuerlichster Theorien über eine sexuelle Beziehung zwischen Jesus und Maria Magdalena bis hin zu gemeinsamen Kindern. Die phantasiereichen Spekulationen in diese Richtung, von denen Dan Browns »Da-Vinci-Code« den mit Abstand höchsten Bekanntheitsgrad aufweist, entbehren allerdings jeglicher Grundlage. Auch die 2007 von dem Dokumentarfilmer Simcha Jacobivici und dem Starregisseur James Cameron verbreitete sensationelle Nachricht, ein 1980 in Jerusalem entdecktes Kammergrab habe neben den sterblichen Überresten Jesu auch die Särge von Maria Magdalena und einem gemeinsamen Kind namens Jehuda beherbergt, erwies sich als haltlose Spekulation.

Belastbare Indizien für eine Ehe Jesu mit Maria Magdalena und gemeinsame Kinder gibt es nicht

■ Judas Iskarioth

Beweggründe des Verräters

Keiner der Menschen im unmittelbaren Umfeld Jesu steht derart im Zwielicht der Geschichte wie Judas Iskarioth. Er hat nach der Passionsüberlieferung der Evangelien dem Hohepriester den Aufenthaltsort Jesu preisgegeben, der Tempelwache im Garten Gethsemani durch den Judaskuss die Identifikation des Gesuchten ermöglicht und später Geld dafür erhalten. Die Beweggründe des Verräters bleiben im Dunkel. Während Markus als ältester Evangelist keine Erklärung für die Tat des Judas liefert, rückt Matthäus das Motiv der Geldgier in den Vordergrund und bietet damit bereits ein verzerrtes Judasbild. Am ehesten sind enttäuschte messianische Hoffnungen für das Vorgehen des Judas verantwortlich. Vermutlich betrachtete er Jesus als königlichen Messias und erwartete von ihm vergebens die Beendigung der römischen Fremdherrschaft. Mit dem Verrat mag sich die Hoffnung verbunden haben, dass Gott beim Anblick seines am Kreuze hängenden Sohnes in die Geschichte eingreifen und sein Reich verwirklichen würde, wie es Gegenstand apokalyptischer Hoffnungen war.

Tendenziöses Judasbild der Bibel

In den Evangelien wird die Tat des Judas als schändlicher Akt gebrandmarkt und die Person des Verräters in dunkelsten Farben gemalt. Insbesondere bei Lukas und Johannes gilt Judas als Werkzeug oder Verkörperung des Satans. Die neutestamentlichen Nachrichten über das Ende des Judas sind bei aller Uneinheitlichkeit vom Motiv der gerechten Strafe für den gottlosen Frevler durchzogen. Am Ende des Matthäusevangeliums ist davon die Rede, dass Judas sich aus Verzweiflung erhängte. Nach der Apostelgeschichte (1,16-20) sollen beim Sturz von einem Dach seine Eingeweide zerborsten sein. Im frühen 2. Jh. n. Chr. wird von dem Bischof Papias aus der kleinasiatischen Stadt Hierapolis eine noch unappetitlichere Geschichte erzählt, derzufolge der Körper des gottlosen Verräters vor dem Tod immens anschwoll, von Eiter wie Würmern befallen war und einen unerträglichen Gestank von sich gab. Aufgrund der biblischen Berichte und ihrer Wirkungsgeschichte steht Judas bis heute allgemein für Hinterhältigkeit und gemeinsten Verrat. Zudem wurde er mit mehr als verhängnisvollen Folgen vielfach geradezu zur antisemitischen Verkörperung des »Juden« schlechthin.

In der Fachwelt erfährt die Person des Judas dagegen seit Jahrzehnten einen kontinuierlichen Imagewandel. Neben historischer Bibelkritik trug dazu die angemessene Wahrnehmung und Würdigung der Tatsache bei, dass es nach einhelliger Überzeugung der neutestamentlichen Schriften des Todes Jesu als heilsgeschichtlicher Notwendigkeit bedurfte. Der Verräter Judas ist damit fest in den Heilsplan Gottes eingebunden. Wenn Jesus für die Erlösung der Welt am Kreuz sterben sollte, dann setzte Judas mit seiner von den Motiven her letztlich im Dunkel bleibenden Handlung dieses Geschehen in Gang und beging so etwas wie heilvollen Verrat. Vor dem Hintergrund derartiger Überlegungen fordert der Tübinger Germanist Walter Jens in seinem 1975 erschienenen Werk »Der Fall Judas« provokativ sogar eine Seligsprechung des Judas. Eine Sensation stellte im Frühjahr 2006 die Veröffentlichung des bis dahin nur dem Namen nach bekannten gnostischen Judasevangeliums dar, dessen geschichtlicher Wert allerdings als äußerst gering zu veranschlagen ist. Judas hat in diesem fiktiven Werk die Führungsrolle innerhalb des Jüngerkreises inne. Er weiß als einziger um die Herkunft Jesu aus der ewigen göttlichen Welt und empfängt als engster Vertrauter Jesu das zur Erlösung notwendige Geheimwissen, das den anderen Jüngern verborgen bleibt. Das Positive der Judastat besteht im apokryphen Judasevangelium darin, dass sie im Rahmen eines problematischen gnostischen Schöpfungsverständnisses dem göttlichen Funken im Leibe Jesu die Weltflucht ermöglicht. Dennoch fügt sich das Judasevangelium nahtlos in die seit langem im Gange befindliche Revision des negativen Judasbildes der christlichen Tradition ein.

Neubewertung der Tat des Judas

Walter Jens plädiert für die Seligsprechung des Judas

■ Herodes Antipas

Herodes Antipas ging aus der Ehe Herodes' des Großen mit der Samaritanerin Malthake hervor. Anders als sein Bruder Archelaus (Mt 2,22) und sein Halbbruder Philippus (Mk 6,17) spielt er in den Evangelien eine größere Rolle. Im vorletzten Testament von Herodes dem Großen war er zum Alleinerben über das Reich bestimmt worden. Nachdem der König auf dem Sterbebett ein weiteres Mal seinen letzten Willen geändert hatte, musste Herodes Antipas sich mit der Herrschaft über Galiläa und Peräa begnügen. Dabei erwies er sich über einen Zeitraum von rund 40 Jahren als Garant der römischen Interessen im Osten, bis er durch unbesonnenes Handeln seinen Untergang selbst einläutete.

Herrscher über Galiläa und Peräa

Wie sein Vater erwies sich Herodes Antipas als ambitionierter Bauherr. Zu seinen hervorgehobenen städtebaulichen Leistungen in Galiläa zählen der Auf-

Städtebauliche Leistungen

bau von Sepphoris und die Neugründung von Tiberias. Sepphoris war 4 v. Chr. als Zentrum der Unruhen, die nach dem Tod des Herodes ausgebrochen waren, von dem römischen Feldherrn Varus zerstört worden. Herodes Antipas befestigte Sepphoris wieder und baute es zur prunkvollen Residenzstadt seines Reiches aus, die über gepflasterte und mit Säulen gerahmte Straßen, mehrstöckige Häuser und ein Theater für ungefähr 4000 Zuschauer verfügte. Jesus wuchs im nur 6 km entfernten Nazaret im Dunstkreis dieser hellenistisch geprägten Stadt auf und war mit seinem Vater Josef wahrscheinlich an den Bauarbeiten beteiligt. Mit der im Jahr 19 n. Chr. erfolgten Neugründung von Tiberias büßte Sepphoris seinen Rang als Hauptstadt Galiläas ein. Bei den Bauarbeiten in Tiberias stellte sich heraus, dass die Stadtgründung auf einem Friedhofsgelände erfolgt war, was Herodes Antipas aber nicht an der Fortführung des Projekts hinderte. Da nach der Tora der Kontakt mit Gräbern kultisch unrein macht (Num 19,16), wurde Tiberias von frommen Juden gemieden. Herodes Antipas schuf dort einen ihm loyal ergebenen nichtjüdischen Bürgerstand. Der Königspalast des Herodes Antipas in Tiberias erregte durch seine Tierbilder den Anstoß frommer Juden und wurde deshalb im Jüdischen Krieg von Zeloten gestürmt. Bei seinen Münzprägungen, die unverfängliche Motive wie das Schilfrohr oder den Ölbaum zeigen, respektierte der Tetrarch allerdings das Bilderverbot. Mit seinen städtebaulichen Maßnahmen in Sepphoris und Tiberias förderte Herodes Antipas inmitten von Galiläa die hellenistische Kultur. Dadurch ergaben sich in Krisenzeiten Spannungen zwischen den hellenisierten Städten und ihrem jüdischen Umland.

Amouröse Verstrickungen

Zum Verhängnis wurde Herodes Antipas ein amouröses Abenteuer, in das er sich im vorgerückten Alter von etwa 60 Jahren verstrickte. Die Ostgrenze von Peräa markierte in neutestamentlicher Zeit die Trennungslinie zwischen Römischem Reich und Nabatäerreich. Damit trug Herodes Antipas besondere Verantwortung für die Stabilität der römischen Herrschaft im Vorderen Orient. Bald nach seinem Herrschaftsantritt vermählte er sich mit der Tochter des Nabatäerkönigs Aretas IV. (vgl. 2Kor 11,32). Diese von politischem Kalkül diktierte Verbindung mit dem nabatäischen Hof verschaffte Herodes Antipas lange Zeit Ruhe an der verwundbaren Ostgrenze seines Herrschaftsgebietes. Die Dinge nahmen eine tragische Wendung, als er sich während eines Besuchs bei seinem Bruder Herodes in dessen ehrgeizige Ehefrau Herodias verliebte und ihr die Ehe versprach. Die brüskierte Nabatäerprinzessin kam ihrer Verstoßung zuvor und setzte sich nach Petra zu ihrem Vater ab. Diese Vorgänge zogen eine rapide Verschlechterung des Verhältnisses zu den Nabatäern nach sich. Zudem geriet Herodes Antipas innenpolitisch massiv unter Druck, da die Hochzeit mit der Schwägerin gegen die Tora verstieß (Lev 20,21). An der Spitze der Opposition stand Johannes der Täufer, dessen Hinrichtung (Mk 6,14-29) Herodes Antipas allerdings nicht den erhofften Befreiungsschlag brachte, sondern die Kritik im Volk weiter anwachsen ließ.

> **Herodes Antipas stürzte über eine leidenschaftliche Affäre mit seiner Schwägerin**

Jesus und Herodes Antipas

Auch Jesus geriet vorübergehend in das Visier des Herodes Antipas und hat ihn als verschlagenen Fuchs bezeichnet (Lk 13,31). Eine Beteiligung des Tetrarchen am Prozess Jesu, wie sie Lk 23,6-16 geschildert wird, ist fraglich, da Herodes Antipas keine juristischen Kompetenzen in Jerusalem hatte und seine Beziehung zu Pontius Pilatus recht spannungsgeladen war. Wenn die Szene historisch sein sollte, müsste sie sich im einstigen Hasmonäerpalast abgespielt haben, der in der

Zeit der römischen Provinz Judäa den Mitgliedern des herodianischen Königshauses als Jerusalemer Residenz diente. Josephus verbürgt, dass Herodes Antipas zu hohen Festen nach Jerusalem kam. Ein Interesse von Herodes Antipas, Jesus persönlich in Augenschein zu nehmen, wäre nicht verwunderlich. Er hatte den Lehrer Jesu hinrichten lassen und auch Jesus selbst in Galiläa nach dem Leben getrachtet. Andererseits trägt die gesamte Szene deutlich die Handschrift des Lukas und könnte erst auf ihn zurückgehen.

Das politische Ende des Herodes Antipas wurde 36 n. Chr. durch eine vernichtende Niederlage gegen die Nabatäer eingeläutet. Anlass des Krieges waren Grenzstreitigkeiten, doch dürften auch Rachegelüste von Aretas IV. gegen seinen ehemaligen Schwiegersohn mitgeschwungen haben. Kaiser Tiberius war derart erbost, dass er eine Strafexpedition der syrischen Legionen gegen Aretas IV. anordnete, die aber mit dem Tod des Kaisers im Sande verlief. Im Volk wurde die Kriegsniederlage des Herodes Antipas als Strafe Gottes für die Hinrichtung des Täufers gedeutet. In seiner bedrängten Situation ließ sich Herodes Antipas von Herodias zu einem verhängnisvollen Bittgang nach Rom drängen. Hintergrund war, dass deren Bruder Agrippa I. 37 n. Chr. von Kaiser Caligula nicht nur die Tetrarchie des Philippus, sondern auch die Königswürde erhalten hatte. Das Ansinnen des Herodes Antipas, ebenfalls den ihm seit mehr als 40 Jahren vorenthaltenen Königstitel tragen zu dürfen, endete 39 n. Chr. mit der Verbannung nach Gallien. Herodes Agrippa I. hatte ihn erfolgreich beim Kaiser verleumdet, um selbst seine Herrschaft auf Galiläa und das Ostjordanland ausweiten zu können.

Verbannung nach Gallien

■ Josef Kajafas

Josef Kajafas, der von 18-37 n. Chr. als Hohepriester amtierte und maßgeblich am Passionsgeschehen beteiligt war, gehört als oberster Repräsentant des jüdischen Tempelstaates zu den bedeutendsten Figuren im Umfeld Jesu. Seine Familie stammte aus Beth Mekoshesh, einem Landgut in der Nähe von Jerusalem, und gehörte sicher den Sadduzäern an. Seinen Aufstieg in das Hohepriesteramt verdankte Kajafas der Vermählung mit der Tochter des Hannas, durch die er Mitglied einer der einflussreichsten Priesterfamilien Jerusalems wurde. Nach Einrichtung der römischen Provinz Judäa war der Clan des Hannas (Apg 4,6) zum vorherrschenden Priestergeschlecht aufgestiegen und stellte in den Jahrzehnten bis zur Zerstörung des Tempels mindestens acht Hohepriester. Hannas selbst hatte das Hohepriesteramt bis zum Beginn der Statthalterschaft des Valerius Gratus im Jahr 15 n. Chr. inne. Dass drei Jahre nach seiner Absetzung sein Schwiegersohn Kajafas in das Hohepriesteramt gelangte und dieses fast zwanzig Jahre ausübte, sicherte Hannas einen bleibenden Einfluss auf die hohepriesterlichen Geschäfte und ermöglichte ihm, als »graue Eminenz« im Hintergrund weiterhin die Fäden zu ziehen. Nach Darstellung des Johannesevangeliums soll es im Rahmen der Passionsereignisse zunächst sogar zu einem Verhör Jesu durch Hannas gekommen sein, bevor dieser den Gefangenen zum Palast des Kajafas führen ließ.

Schwiegersohn des Hannas

Hannas zog als »graue Eminenz« im Hintergrund die Fäden

Der hohepriesterliche Palast befand sich in der Oberstadt, ohne dass sich die Lage exakt bestimmen ließe. Heute wetteifern die Kirche »St. Petrus in Gallicantu« und das Kajafashaus innerhalb des armenischen Klosters um die Ehre, die

Beteiligung am Prozess Jesu

Erinnerung an den Ort des nächtlichen Prozesses Jesu bewahrt zu haben. Im Palast des Kajafas wurde Jesus von einem Kollegium aus Hohepriester, Ältesten und Schriftgelehrten einem nächtlichen Verhör unterzogen und der Todesbeschluss gefasst. In den frühen Morgenstunden schloss sich eine formelle Verhandlung vor dem Synedrion an, das die gegen Jesus vorgebrachten Beschuldigungen bestätigte und die Auslieferung an Pontius Pilatus veranlasste (Mk 15,1). Der Tempel stellte die ökonomische Basis für die Priesteraristokratie dar. Mit seiner provokativen Zeichenhandlung auf dem Vorhof der Völker (Mk 11,15-18) und dem prophetischen Drohwort gegen den Tempel (Mk 14,58) hatte Jesus die Priesteraristokratie, deren Existenz vom reibungslosen Funktionieren des Tempelbetriebs abhing, gegen sich aufgebracht. Sie fasste den Beschluss, sich mit Hilfe der Römer des missliebigen Propheten aus Galiläa zu entledigen. Bei der Umsetzung dieses Vorhabens dürfte sich das enge Einvernehmen zwischen Kajafas und Pontius Pilatus als vorteilhaft erwiesen haben. Die ungewöhnlich lange Amtszeit des Kajafas zeigt, dass er sich für die römischen Statthalter der unruhigen Provinz Judäa als verlässlicher Partner und Garant der Stabilität erwies. Dass Kajafas bald nach der Absetzung von Pontius Pilatus ebenfalls sein Amt verlor, wird kaum ein Zufall sein. Angesichts des engen Einvernehmens zwischen ihm und Pontius Pilatus ist davon auszugehen, dass er durch den Sturz des römischen Statthalters mit in den Abgrund gerissen wurde.

> Kajafas wurde durch den Sturz von Pontius Pilatus mit in den Abgrund gerissen

Über den Tod des Kajafas ist nichts Zuverlässiges bekannt. Die christliche Legendenbildung spricht phantasievoll davon, dass er Selbstmord beging oder in eine Erdspalte fiel, die infolge des Erdbebens während der Kreuzigung Jesu aufgerissen wurde. Vermutlich lässt sich aber seine letzte Ruhestätte identifizieren. Im Jahr 1990 wurde im Jerusalemer Vorort Talpioth eine Grabkammer mit zwölf Ossuarien entdeckt, von denen eines die Aufschrift »Joseph bar Kaiphas« trägt. Dabei dürfte es sich um den Knochenkasten handeln, der die sterblichen Überreste des aus dem Passionsbericht bekannten Hohepriesters Josef Kajafas in sich barg.

Ossuar des Joseph bar Kaiphas

■ Pontius Pilatus

Pilatusinschrift aus Tiberias

Pontius Pilatus war von 26 bis 36 n. Chr. der fünfte römische Statthalter der Provinz Judäa. Kaiser Tiberius machte es zu einem typischen Merkmal seiner Politik, die Statthalter über einen möglichst langen Zeitraum im Amt zu belassen, um Kontinuität und Stabilität in den Provinzen zu schaffen. Pontius Pilatus verdankte seine Ernennung wahrscheinlich dem Prätorianerpräfekten und Judenfeind Seianus, der lange Zeit der engste Vertraute und einflussreichste Ratgeber des Kaisers war. Im Jahr 1961 wurde bei Ausgrabungen in Cäsarea der sogenannte Pilatusstein entdeckt. Es handelt sich bei diesem epigraphischen Zeugnis um eine in Stein gemeißelte Bauinschrift, die sich ursprünglich an einem Kaiser Tiberius gewidmeten Gebäude befand und auf der Pontius Pilatus als Präfekt der Provinz Judäa erwähnt wird. Der Rang des Präfekten bezeichnet in der Regel eine Position, die militärischer Natur ist. Vor seiner Ernennung zum Präfekten von Judäa hat Pontius Pilatus vermutlich eine militärische Laufbahn als Centurio oder Tribun in einer der Grenzlegionen an Rhein oder Donau absolviert.

Schon Matthäus zeichnet ein verzerrtes Bild von Pontius Pilatus als gütigem Statthalter, der von seiner Frau aufgrund eines Traums vor der Hinrichtung Jesu gewarnt wird, seine Hände in Unschuld wäscht und die Kreuzigung Jesu nur widerwillig vollzieht (Mt 27,19-26). In den neutestamentlichen Apokryphen setzt sich diese Entschuldungsstrategie fort. Nach Darstellung der auch als Nikodemusevangelium bekannten Pilatusakten, bei denen es sich über weite Strecken um fiktive Protokolle zum Prozess Jesu handelt, versucht der Statthalter mit allen Mitteln sich dem Vollzug der Kreuzigung zu verweigern. Er vermag immer wieder nur die Unschuld Jesu festzustellen. Schließlich verweisen die jüdischen Ankläger auf königlich-messianische Ansprüche Jesu und drohen Pilatus mit dem Kaiser. Daraufhin gibt der völlig verängstigte Statthalter dem Drängen der jüdischen Volksmenge nach, wäscht seine Hände in Unschuld und lässt Jesus ans Kreuz nageln. Auf die Nachricht vom eingetretenen Tod Jesu reagieren Pilatus und seine Frau mit einem eintägigen Trauerfasten. Breit bezeugt ist ein angeblicher Brief des Pilatus an den Kaiser, in dem er allein die Juden für den Tod Jesu verantwortlich macht und den Vorschlag unterbreitet, Jesus vom römischen Senat zum Gott erklären zu lassen. Auch um das Ende des Pilatus ranken sich bunte Legenden. Bei Eusebius von Cäsarea ist von Selbstmord als gerechter göttlicher Strafe für die Kreuzigung Jesu die Rede. Ein apokryphes Werk mit dem Titel »Auslieferung des Pilatus« berichtet dagegen von einer Enthauptung des Statthalters durch Kaiser Tiberius. Dieser soll erbost darüber gewesen sein, dass Pilatus die Hinrichtung Jesu zuließ, obwohl er in ihm den Messias erkannt hatte. Dabei wird der römische Statthalter als unschuldiges Werkzeug der Juden und bekennender Christ porträtiert, dessen Haupt nach dem Märtyrertod sofort von einem Engel in den Himmel aufgenommen wird. Von der äthiopischen Kirche wird Pontius Pilatus bis heute als Heiliger verehrt.

Christliche Schönfärbung des Pilatusbildes

Im Licht jüdischer Quellen bekommt das christliche Bild vom gütigen Statthalter tiefe Risse und beginnt zu bröckeln. Als Präfekt von Judäa war Pontius Pilatus Oberbefehlshaber der römischen Truppen im Land und höchste Instanz in allen Fragen, die das Recht und die Finanzen betrafen. Wenn es um die Durchsetzung der römischen Ordnung in der Provinz Judäa ging, war Pontius Pilatus alles andere als zimperlich. Zu Beginn seiner Amtszeit beschwor er durch provokative Demonstrationen kaiserlicher Macht schwere Konflikte mit dem Judentum herauf. Bei Philo ist ein Brief von König Agrippa I. an Caligula überliefert, dem zufolge Pontius Pilatus im Herodespalast in Jerusalem vergoldete Schilde anbringen ließ, die zwar keine figürliche Darstellung enthielten und damit keinen Verstoß gegen das alttestamentliche Bilderverbot darstellten, aber den Namen des Kaisers nannten und dadurch Protest hervorriefen. Vermutlich wurde Tiberius auf den Standarten als Sohn des göttlichen Augustus bezeichnet. Ein Bittgesuch der Herodessöhne soll dazu geführt haben, dass Kaiser Tiberius persönlich die Entfernung der anstößigen Schilde aus Jerusalem und ihre Überführung nach Cäsarea anordnete, wo sie im Kaisertempel eine neue Bleibe fanden. Josephus berichtet von einem ähnlichen, vielleicht sogar damit identischen Vorfall. Seiner Darstellung nach ließ Pontius Pilatus bei seinem Amtsantritt römische Feldzeichen mit dem Abbild des Kaisers nach Jerusalem bringen. Was in anderen Provinzen eine Selbstverständlichkeit darstellte, galt in Judäa als Verstoß gegen das Bilderverbot und rief Empörung hervor. Die Vor-

Amtsführung von Pontius Pilatus

Pontius Pilatus geriet in scharfen Konflikt mit dem jüdischen Religionsgesetz

gänger des Pilatus hatten mit Rücksicht auf die religiösen Gefühle des Judentums beim Einzug in Jerusalem stets Standarten ohne Bilder verwendet. Aus Protest zog eine Gruppe von Juden nach Cäsarea, um Pilatus zur Beseitigung der Bilder zu bewegen. Im Hippodrom, wo Pontius Pilatus in der Mitte der Rennbahn auf dem Richterstuhl thronte, versuchten römische Soldaten, die protestierenden Juden mit gezückten Schwertern zur Akzeptanz der Kaiserbilder zu zwingen. Diese wollten aber eher für den Glauben der Väter sterben, als Kaiserbilder in der Heiligen Stadt zu dulden. Sie knieten nieder und boten den Legionären demonstrativ den Nacken dar. Pontius Pilatus zeigte sich von der Martyriumsbereitschaft beeindruckt und ordnete die Entfernung der Kaiserbilder an, um den Beginn seines Wirkens als Statthalter von Judäa nicht mit einem Blutbad zu überschatten. Einige Zeit später ordnete Pontius Pilatus in Jerusalem den Bau eines Aquädukts zur Sicherung der Wasserversorgung Jerusalems an. Dass er zur Finanzierung der sinnvollen Baumaßnahme den Tempelschatz antastete, rief erneute Unruhen hervor. Dieses Mal ging Pontius Pilatus kompromisslos zu Werke. Mit Knüppeln bewaffnete Soldaten hatten sich in Zivilkleidung unter die Volksmenge gemischt. Auf das verabredete Zeichen des Statthalters hin wurden die Rädelsführer des Protestes totgeschlagen. Aus unbekannten Gründen veranlasste der Statthalter zudem ein Blutbad an Galiläern, die sich zu Opferdarbringungen nach Jerusalem begeben hatten (Lk 13,1). An der Kreuzigung Jesu trug er ebenfalls juristisch die Schuld. Allein Pontius Pilatus kann das Todesurteil über Jesus verhängt haben, da nur er über die Schwertgewalt in der Provinz Judäa verfügte. Zudem erlitt Jesus mit der Kreuzigung die römische Todesstrafe, wie sie gegen Aufrührer und Verbrecher verhängt wurde.

Amtsenthebung durch Vitellius

Die Aktion, mit der Pontius Pilatus das Ende seiner politischen Laufbahn besiegelte, fügt sich nahtlos in das Gesamtbild ein. Im Jahr 36 n. Chr. richtete Pontius Pilatus am Garizim ein Massaker an aufständischen Samaritanern an, die ein Prophet mit dem Versprechen zu dem heiligen Berg geführt hatte, ihnen die dort angeblich von Mose vergrabenen Tempelgefäße zu zeigen. Im Hintergrund stand die eschatologische Erwartung der Samaritaner, das Auffinden der Tempelgefäße auf dem Garizim werde den Anbruch der Heilszeit und das Ende der Fremdherrschaft markieren. Eine Delegation des samaritanischen Hohen Rates verklagte Pontius Pilatus wegen seines Vorgehens beim syrischen Legaten Vitellius und erreichte seine Ablösung. In seiner Amtsführung unterschied sich Pontius Pilatus nicht gravierend von anderen römischen Statthaltern. In entscheidenden Momenten ließ er es allerdings an Fingerspitzengefühl fehlen, verletzte durch unbedachte Aktionen die religiösen Empfindungen des Judentums tiefer als seine Vorgänger und scheint bei Widerstand gegen die römische Ordnung zu unverhältnismäßiger Gewaltanwendung geneigt zu haben. In den Münzprägungen des Pontius Pilatus zeigt sich im Blick auf den Respekt gegenüber der jüdischen Religion ein ambivalentes Bild. Die von ihm emittierten Münzen tragen einerseits pagane Kultsymbole wie den Augurenstab und die Schöpfkelle, verzichten aber andererseits auf die provokative Abbildung von Herrscherporträts oder Götterbildern. Weitere Konsequenzen für das Massaker am Garizim blieben Pontius Pilatus erspart, da bei seiner Rückkehr nach Rom Tiberius verstorben war und der neue Kaiser Caligula kein Interesse an einer Verfolgung der Angelegenheit zeigte.

Ein Massaker am Garizim besiegelte das politische Ende des Pilatus

VIII. Evangelien und Apostelgeschichte

Der Begriff Evangelium bedeutet wörtlich »frohe Botschaft«. Bei Paulus bezeichnet er die Predigt von Gottes Heilshandeln in Jesus Christus (Röm 1,1-4). Markus stellt seiner Jesusgeschichte die Worte »Anfang des Evangeliums von Jesus Christus« voran (Mk 1,1). Daraus entwickelte sich im 2. Jh. n. Chr. die Spezialbedeutung von Evangelium als einer Schrift, die das Leben Jesu zum Inhalt hat. Evangelien sind nicht historische Biographien im modernen Sinne, sondern wollen Glauben wecken und verfolgen eigenständige theologische Interessen. Die Literaturform des Evangeliums stellt etwas Neues dar, als dessen Erfinder Markus gilt. Sie wurde aber keineswegs aus dem Nichts geschaffen. Auch wenn keine unmittelbaren Vorbilder aus der antiken Literatur bekannt sind, gibt es doch Berührungspunkte mit hellenistischen Biographien, antiken Philosophenviten und biographischen Erzählungen aus jüdischer Tradition. Das Werk des Markus besaß Modellcharakter und fand schnell Nachahmer. Keines der biblischen Evangelien wurde von einem Augenzeugen des Wirkens Jesu geschrieben. Ihre Verfasser sind Christen der zweiten oder dritten Generation, welche die Jesusüberlieferungen für ihre Gemeinden zusammenstellten und bewahrten. Matthäus und Lukas orientierten sich am Markusevangelium und hatten zudem Zugriff auf eine Spruchquelle Q, die eine Vorstufe der Evangelienform bietet. Das Evangelium des Johannes geht dagegen ganz eigene Wege. Lukas gab als einziger seinem Evangelium mit der Apostelgeschichte eine Fortsetzung.

Literaturform des Evangeliums

Markus fand mit seinem Evangelium schnell Nachahmer

■ Die Spruchquelle Q

Die Annahme einer Spruch- oder Logienquelle Q basiert auf der Zwei-Quellen-Theorie, die sich ab der Mitte des 19. Jh. als weithin anerkannte Lösung zur Erklärung der Abhängigkeitsverhältnisse zwischen den drei ersten Evangelien etablierte. Nachdem 1835 durch Karl Lachmann die Einsicht gewonnen worden war, dass das Markusevangelium die älteste Evangelienschrift darstellt und Matthäus wie Lukas als Quelle diente, stellte sich die Frage nach der Herkunft jener Jesusüberlieferungen, die Matthäus und Lukas gemeinsam haben, ohne dass sie sich auch bei Markus fänden. Dabei handelt es sich überwiegend um Spruchgut. Christian Hermann Weiße (1801-1866) vertrat 1838 als erster die Auffassung, dass Matthäus und Lukas unabhängig voneinander auf eine verlorengegangene Spruchsammlung zurückgriffen, die ihnen neben dem Markusevangelium als weitere Quelle diente. Im Jahr 1899 wurde durch Paul Wernle die Bezeichnung dieser Quelle mit dem Kürzel Q begründet. Die Spruchquelle ist eine hypothetische Größe, deren Existenz sich nicht mit absoluter Sicherheit erweisen lässt. Sie wird aus den Texten erschlossen, die Matthäus und Lukas über Markus hinausgehend miteinander teilen. Es gibt keine einzige Bibelhandschrift, die Q enthielte.

Entdeckungsgeschichte von Q

Jene Überlieferungen, die Matthäus und Lukas unabhängig von Markus gemeinsam haben, machen lediglich den Mindestbestand der Spruchquelle aus. Darüber hinaus dürfte Q weitere Texte aus dem matthäischen und lukanischen Sondergut umfasst haben, ohne dass sich diese noch bestimmen ließen. Da Mat-

Probleme der Rekonstruktion von Q

thäus und Lukas das Markusevangelium nicht jeweils komplett verarbeiten, sondern einzelne Texte übergehen, ist für ihren Umgang mit der Spruchquelle eine analoge Vorgehensweise zu vermuten. In den Fällen, wo einer der beiden Evangelisten einen Q-Text auslässt, kann dieser allerdings nicht mehr als Bestandteil der Spruchquelle identifiziert werden und man kommt kaum über Vermutungen hinaus. Nur vereinzelt gibt es aussagekräftige Indizien. So ist beispielsweise für das Sondergutgleichnis Lk 12,35-38 zu vermuten, dass es sich um einen von Matthäus nicht berücksichtigten Bestandteil der Logienquelle handelte, weil die Verbindung dieses Textes mit dem Q-Gleichnis Lk 12,39-40 auch unabhängig vom Lukasevangelium bezeugt ist (Did 16,1). Insgesamt hat Lukas die Konturen der Logienquelle authentischer bewahrt als Matthäus, bei dem sich die Q-Texte unter Durchbrechung der ursprünglichen Reihenfolge über das ganze Evangelium verstreut finden und in neue Kompositionen integriert wurden. Deshalb wird bei der Benennung einer Q-Stelle immer die Zählung des Lukasevangeliums verwendet (z.B. Q 11,9-13 = Vaterunser Lk 11,9-13), ohne dass der dortige Text in allen Punkten den ursprünglichen Q-Wortlaut repräsentiert.

Zwei-Quellen-Theorie

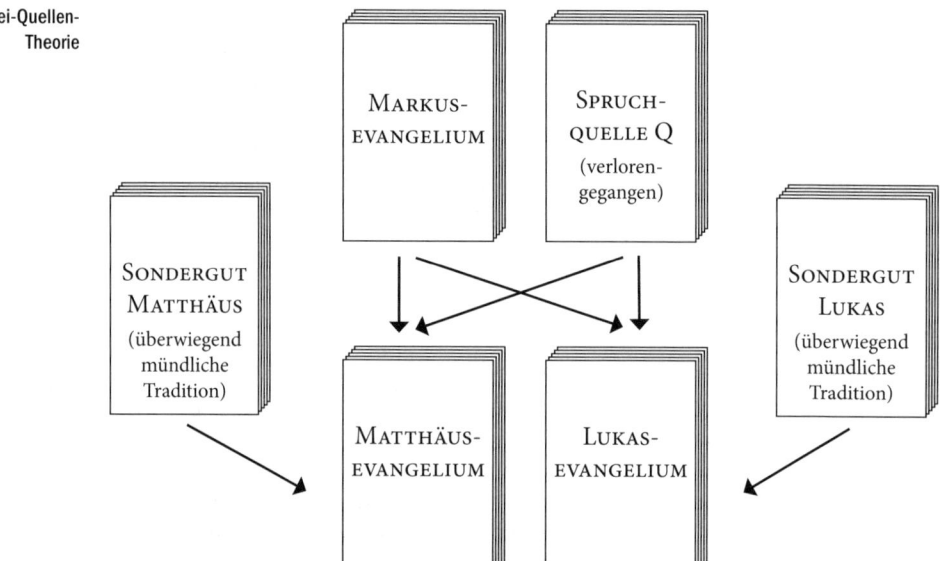

Form und Charakter von Q

Die Spruchquelle Q ist keine Evangelienschrift, die den Lebensweg Jesu von der Geburt bis hin zu Kreuz und Auferstehung schildert, sondern eine Sammlung von locker miteinander verbundenen Jesusüberlieferungen. Formal ist eine gewisse Verwandtschaft mit dem apokryphen Thomasevangelium aus Nag Hammadi gegeben. Anders als das Thomasevangelium bietet die Spruchquelle aber keine mehr oder weniger beliebige Aneinanderreihung von Jesusworten, sondern weist zumindest in Ansätzen eine sachliche Ordnung auf, indem sie mit Johannes dem Täufer einsetzt und mit einem apokalyptischen Ausblick Jesu endet. Dies macht allerdings aus der Spruchquelle noch kein »Halbevangelium« mit festem chronologischem wie geographischem Rahmen. Der Literaturgattung nach bleibt Q ohne wirkliche Analogie und kann am ehesten als ein Spruchbuch mit weisheitlichen, prophetischen und apokalyptischen Zügen bezeichnet werden.

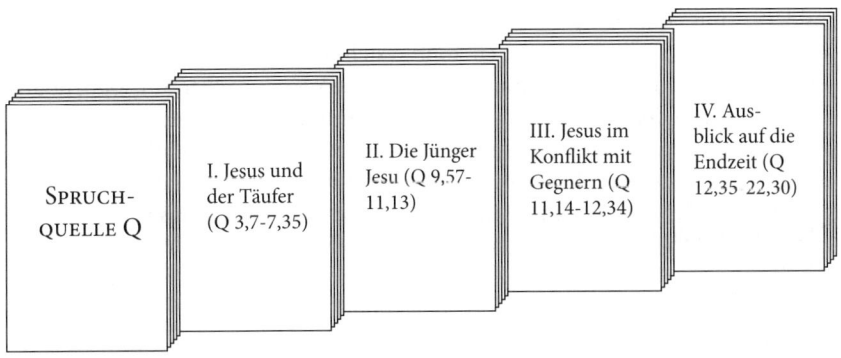

Aufbau und Inhalt

Der Aufbau von Q lässt sich nur grob eruieren, zumal die Spruchquelle sicher mehr enthielt als die Matthäus und Lukas gemeinsamen Nicht-Markus-Texte. Im Mittelpunkt des *ersten Hauptteils* von Q steht das Thema »Jesus und der Täufer«. Er wird von der Gerichtspredigt des Täufers (Q=Lk 3,7-9) und der Täuferverkündigung vom kommenden Stärkeren (3,16f) einerseits, von der Anfrage des Täufers aus dem Gefängnis (7,18-23) und Jesu Worten über den Täufer (7,24-35) andererseits gerahmt. Darin eingebettet sind die Versuchungsgeschichte (4,1-13), die Feldrede (6,20-6,49) – u.a. mit den Seligpreisungen und den Worten von der Feindesliebe – und die Geschichte vom Hauptmann von Kafarnaum (7,1-10). Der *zweite Hauptteil* von Q hat die Mission der Jünger zum Inhalt. Er umfasst die Worte vom Ernst der Nachfolge (Q=Lk 9,57-60), die Aussendungsrede (10,2-16), den Jubelruf Jesu (10,21-24) und die Unterweisung im Beten mit dem Vaterunser (11,2-13). Der *dritte Hauptteil* von Q kreist um Jesu Konflikte mit seinen Gegnern, wie sie sich in der Beelzebulkontroverse (Q=Lk 11,14-26), der Ablehnung der Zeichenforderung (11,29-32), Weherufen gegen Pharisäer und Schriftgelehrte (11,39-52) sowie Mahnungen zu furchtlosem Bekennen in lebensbedrohlicher Situation (12,2-12) widerspiegeln, und schließt mit den Sprüchen vom Sorgen (12,22-34). Der *vierte Hauptteil* der Logienquelle richtet den Fokus auf die Endzeit und das Gericht. Mit Gleichnissen wird zur Wachsamkeit angesichts der Parusie Christi ermahnt (Q=Lk 12,35-48) und mit drastischen Bildern das familienfeindliche Ethos der Jesusbewegung beschworen (12,49-53). Texte wie das Doppelgleichnis vom Senfkorn und vom Sauerteig (13,18-21), die Worte von der engen Pforte (13,24-29), die Wehklage über Jerusalem (13,34f), das Gleichnis vom großen Gastmahl (14,16-23), die Sprüche vom Salz (14,34f), das Gleichnis vom verlorenen Schaf (15,4-7) oder die Worte von Verführung, Sünde und der Kraft des Glaubens (17,1-6) sprechen vom Gottesreich, dem Gericht über Israel und den Anforderungen an die Jünger. Am Ende steht die Heilszusage an die Jünger, dass sie im Reich Gottes schlemmen und am Gericht über Israel mitwirken werden (22,28-30).

Wachstum und Rezensionen von Q

In der Regel wird davon ausgegangen, dass Q über etwa zwei Jahrzehnte hinweg schrittweise gewachsen ist und in mehreren Stufen redaktionell bearbeitet wurde. Der durchaus gewagte Versuch, das Wachstum einer hypothetischen Quelle nachzuzeichnen, bleibt naturgemäß mit vielen Unsicherheiten behaftet und führt zu recht unterschiedlichen Theorien. Man kann sich die Spruchquelle gut als eine Art »Ringbuch« oder Notizheft vorstellen, dessen Seiten nur locker mit Bindfäden verbunden waren und in das sich problemlos zusätzliche Papyrusblätter mit weiteren Jesusüberlieferungen einschieben ließen. Von den unterschiedlichen Schichtenmodellen konnte sich bislang keines allgemein durchsetzen. Es spricht allerdings einiges für die Theorie von John S. Kloppenburg, dass am Beginn der Entwicklung von Q eine Sammlung ermahnender Instruktionsreden Jesu stand, die später durch Spruchgruppen mit Gerichtsthematik und einem deuteronomistischen Geschichtsverständnis erweitert wurde, bevor auf einer dritten Redaktionsstufe die Versuchungsgeschichte und weitere Jesusworte hinzukamen. Weit verbreitet ist zudem die Annahme, dass Matthäus und Lukas unterschiedliche Rezensionen der Logienquelle (Q^{Mt} und Q^{Lk}) vorlagen. Die Spruchsammlung Q hätte sich dann im Verlauf ihrer Ausformung in zwei Richtungen aufgespalten und unterschiedlich weiterentwickelt. Beispielsweise ist bei den Weherufen Lk 6,24-26, die den Seligpreisungen ergänzend an die Seite treten und im Matthäusevangelium fehlen, damit zu rechnen, dass Lukas sie in seiner Q-Version vorgefunden hat.

Die Spruchquelle Q war eine Art »Ringbuch«

Trägerkreis und Entstehungsverhältnisse

Die Spruchquelle zeigt eine ausgeprägte Israelorientierung und weist in ein judenchristliches Gemeindemilieu, das sich in konfliktträchtiger Auseinandersetzung mit dem Judentum befand. Ihre Entstehung vollzog sich in Kreisen charismatischer judenchristlicher Wanderprediger, die das radikale Ethos Jesu verwirklichten und zur Legitimation ihres Auftretens die Erinnerung an die betreffenden Jesustraditionen wach hielten. Ihnen diente die Spruchsammlung vor dem Hintergrund der Ablehnung, die sie von »dieser Generation« erlitten, zur Identitätssicherung und Selbstvergewisserung, dass Jesus als wiederkommender Menschensohn sie ins Recht setzen wird. Der Grundbestand von Q dürfte zwischen 50 und 60 n. Chr. Gestalt angenommen haben. Die Endredaktion der Spruchquelle erfolgte vermutlich in der Zeit um 70 n. Chr., da sich in Q 13,35 offenkundig die Zerstörung des Jerusalemer Tempels widerspiegelt. Über den Entstehungsort von Q lassen sich nur Vermutungen anstellen. Q setzt einerseits ein von der griechischen Sprache geprägtes Milieu mit einem lebendigen Judentum, andererseits eine Nähe zu Galiläa mit seinen Jesusüberlieferungen voraus. Am ehesten dürften die hinter der Spruchquelle stehenden Trägerkreise in Galiläa selbst oder im südlichen Syrien im Königreich von Agrippa II., dem ehemaligen Herrschaftsgebiet des Herodessohnes Philippus, beheimatet gewesen sein.

Ethos der Besitzlosigkeit und des Gewaltverzichts

Im Blick auf die theologischen Schwerpunkte von Q fällt auf, dass die Überlieferungen der Logienquelle in besonderer Weise das von Heimatlosigkeit, Familienfeindlichkeit, Besitzkritik, Gewaltverzicht und Feindesliebe gekennzeichnete radikale Ethos Jesu widerspiegeln. Der Eintritt in das Reich Gottes und die Erlangung ewigen Lebens werden konstitutiv mit der Erfüllung der von Jesus erhobenen ethischen Forderungen in Verbindung gebracht. Zahlreiche der in die Spruchquelle aufgenommenen Weisungen, beispielsweise die Sprüche vom Sorgen oder die Worte von der Feindesliebe, sind von einer weisheitlichen Begründung der Ethik mit Verweis auf den Schöpfergott geprägt. Dabei herrscht absolutes Vertrauen in die Fürsorge Gottes, der all seinen Geschöpfen das zum Leben Notwendige zuteilwerden lässt.

Gerichtsworte gegen Israel

In der Spruchsammlung finden sich zahlreiche Gerichtstexte wie die Weherufe über galiläische Städte (Q 10,13-15) oder die Klage über Jerusalem (13,34f), die im Kontext der Ablehnung Jesu stehen und hochgradig die gescheiterten missionarischen Bemühungen der Q-Boten um Israel widerspiegeln. Die Erfahrungen der Zurückweisung und des Scheiterns werden geschichtstheologisch unter Heranziehung des deuteronomistischen Schemas vom gewaltsamen Geschick der Propheten in Israel aufgearbeitet (Q 6,22f; 13,34). Ob die Tradenten der Spruchquelle bei deren Endredaktion noch Hoffnung auf eine Umkehr Israels hegten, ist zweifelhaft. Die wohl relativ spät erfolgte Integration der Geschichte vom Hauptmann in Kafarnaum (Q 7,1-10) in die Spruchsammlung deutet eher darauf hin, dass nun das Werben um die Heiden im Mittelpunkt des missionarischen Horizontes stand.

Auffällig ist die Tatsache, dass Jesu Kreuzestod und Auferweckung in der Spruchquelle keine Rolle spielen. Daraus werden zuweilen radikale Rückschlüsse auf das Verständnis der Person Jesu und die Anfänge des Christentums gezogen. So stellt Burton L. Mack in seinem Werk »The Lost Gospel« (1994) die These auf, dass der geschichtliche Jesus ein vom hellenistischen Kynismus inspirierter Wanderphilosoph nach Art des Diogenes war. Die Spruchquelle Q eröffne den Rückschluss auf die Ursprünge eines Christentums, für das weder der Kreuzestod und die Auferstehung Jesu noch der Messiasglaube oder die Sakramente eine Rolle gespielt hätten. Allerdings wissen wir viel zu wenig über die Trägerkreise von Q und ihre Jesusüberlieferungen, um derart weitreichende Folgerungen ziehen zu können. So ist durchaus mit der Möglichkeit zu rechnen, dass in jenem Milieu, in dem die Spruchquelle Q entstand, auch der vormarkinische Passionsbericht und damit die Vorstellung vom heilvollen Kreuzestod Jesu bekannt war.

Radikale Schlussfolgerungen aus Q

War Jesus ein kynischer Wanderphilosoph?

■ Das Markusevangelium

Die große theologische Leistung des Markus besteht darin, dass er als erster die Jesusüberlieferungen in die Form einer Biographie mit chronologisch-geographischem Rahmen gegossen hat, um sie für die Zukunft der Kirche zu bewahren. Er schrieb sein Werk in einer Zeit, in der einerseits die mündliche Überlieferung von Einzelepisoden aus dem Leben Jesu noch im Fluss war, andererseits aber die Zusammenstellung thematisch verwandter Jesustraditionen zu umfänglicheren Sammlungen und die schriftliche Fixierung der Passionsereignisse bereits eingesetzt hatte. Die Quellen des Markus lassen sich zumindest in groben Zügen rekonstruieren. Die umfangreichste Vorlage, von der er Gebrauch machen konnte, war ein die Ereignisse vom Einzug in Jerusalem bis zur Entdeckung des leeren Grabes umfassender Passionsbericht, der wohl den Grundbestand dessen enthielt, was in Mk 11,1-16,8 geschildert wird. In Mk 13 hat der Evangelist eine kleine Apokalypse, in der Literatur oftmals als »apokalyptisches Flugblatt« tituliert, verarbeitet. Darüber hinaus flossen wahrscheinlich eine Zusammenstellung galiläischer Konfliktszenen (2,1-3,6), eine Gleichnisrede (4,1-34), ein Zyklus von Wundergeschichten (4,35-6,44) und eine Schulgesprächsammlung (10,1-45) in das Markusevangelium ein. Die Spruchquelle hat Markus sicher nicht gekannt, doch hatte er möglicherweise Zugriff auf eine Art Vorstufe von Q. Zumindest finden sich im Markusevangelium einzelne Texte – etwa die Versuchung Jesu (Mk 1,12f), die Zeichenforderung (Mk 8,11f) oder das Ehescheidungslogion (Mk 10,11f) –, die in ähnlicher Form auch Bestandteil von Q waren und daher als Doppelüberlieferungen bezeichnet werden.

Quellen

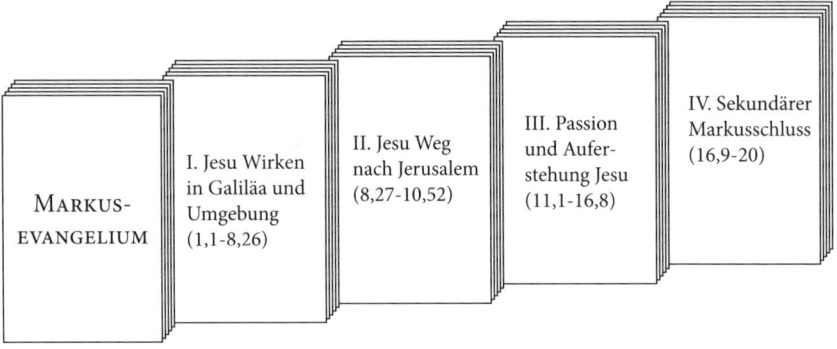

Aufbau und Inhalt

Markus hat sein Evangelium kunstvoll als eine Art Drama in drei Akten konzipiert. Der *erste Hauptteil* des Markusevangeliums (1,1-8,26) hat Jesu Auftreten in Galiläa und umliegenden Gegenden zum Inhalt. Er setzt mit Johannes dem Täufer und Jesus ein, um dann nach der Versuchung in der Wüste und den ersten Jüngerberufungen das Wirken Jesu rund um den See Gennesaret zu schildern. Breiten Raum nehmen dabei Wunder, Streitgespräche und Gleichnisse ein. In Mk 7,24-8,26 begegnet Jesus außerhalb Galiläas in der Dekapolis (wo er nach 5,1-20 zuvor bereits den besessenen Gerasener geheilt hatte), der syrisch-phönizischen Küstenebene und dem nördlich des Sees Gennesaret gelegenen Herrschaftsgebiet des Philippus. Mit dem Petrusbekenntnis in der Nähe von Cäsarea Philippi bei den Jordanquellen wird der *zweite Hauptteil* des Markusevangeliums (8,27-10,52) eingeleitet, der den Weg Jesu nach Jerusalem schildert und in dem die Passion bereits ihre Schatten vorauswirft. Die Wunder treten nun mit Ausnahme der Bartimäusgeschichte (10,46-52) völlig in den Hintergrund. Im Mittelpunkt stehen neben der Verklärung (9,2-13) die drei Leidensankündigungen Jesu sowie Weisungen an die Jüngergemeinde, die um die Themen Nachfolge, Kinder, Ehe und Besitz kreisen. Der Einzug in Jerusalem eröffnet den *dritten Hauptteil* des Markusevangeliums (11,1-16,8). Dieser beinhaltet das Wirken Jesu im Tempel, die apokalyptische Rede auf dem Ölberg und die Passionsereignisse mit letztem Mahl, Verhaftung, Prozess und Kreuzestod, bevor das Evangelium mit der Entdeckung des leeren Grabes am Ostermorgen endet. Bei Mk 16,9-20 handelt es sich um einen *sekundären Schluss*, der in den besten Bibelhandschriften fehlt und erst im 2. Jh. n. Chr. angefügt wurde, um auch das Markusevangelium mit Erscheinungen des Auferstandenen enden zu lassen.

Christologie

Markus will das göttliche Wesen Jesu offenbar machen, wobei der Jesus der Wunder und der Jesus der Leiden für ihn untrennbar zusammengehören. Der christologische Hoheitstitel schlechthin ist »Sohn Gottes«, wobei aber noch nicht die Göttlichkeit Jesu vor seiner Menschwerdung (Präexistenzchristologie) thematisiert wird. Als Markus mit seiner Darstellung des Lebens Jesu die Literaturgattung des Evangeliums schuf, vereinigte er Einzeltraditionen, thematische Sammlungen und die Passionsüberlieferung zu einem geschlossenen Ganzen. Er stand dabei vor der anspruchsvollen Aufgabe, als erster überhaupt den vollmächtigen Jesus der Wundergeschichten in einen sinnvollen Zusammenhang mit dem in Niedrigkeit in den Tod gehenden Jesus der Passionsüberlieferung zu bringen. Die Offenbarung der Gottessohnschaft vollzieht sich an drei Schlüsselstellen seines Lebensweges in einer Art Stufenmodell. Mit der Taufe durch Johannes wird

Jesus in Anknüpfung an Ps 2,7 als Sohn Gottes »adoptiert« (Mk 1,11), im Zuge der Verklärung einem ausgewählten Jüngerkreis als Sohn Gottes präsentiert (9,7) und schließlich unter dem Kreuz durch den römischen Hauptmann aller Welt als Sohn Gottes proklamiert (15,39). Markus deutet somit die Geschichte Jesu von der Taufe bis zur Kreuzigung als eine Art Inthronisationsvorgang, wobei erst mit der Kreuzigung die Gottessohnschaft Jesu vollgültig offenbar wird. Es handelt sich dabei um eine Interpretationshilfe für die Leser, die selbstverständlich von Anfang an Kenntnis davon haben, dass es sich bei Jesus um den Sohn Gottes handelt (1,1). In diesen Zusammenhang gehören auch die befremdlichen Schweigegebote an Dämonen (1,25.34; 3,12) und Geheimhaltungsgebote nach Heilungen (1,44; 7,36). Es handelt sich um ein theologisches Konstrukt im Dienste der »Messiasgeheimnistheorie«, das die Herrlichkeitschristologie der Wunderüberlieferung von der Kreuzeschristologie der Passionsüberlieferung her relativiert. Dass Jesus sich durch Wundertaten als Gottessohn erweist, bleibt für Markus gebrochene, ergänzungsbedürftige Offenbarung. Aus diesem Grunde lässt er die im Wunder nach außen drängende Offenbarung des Wesens Jesu vom Geheimnis umgeben sein. Dämonen, Geheilte und andere Beteiligte wissen um das göttliche Wesen Jesu, dürfen dies aber noch nicht publik machen, da es sich erst von Kreuz und Auferstehung her in eigentlicher Tiefe erschließen wird.

Ein weiteres signifikantes Charakteristikum des Markusevangeliums ist sein Jüngerbild. Die Jünger stehen als Jesusnachfolger stellvertretend für die Gläubigen in der Gemeinde. Die Rezipienten des Markusevangeliums sollen sich mit den Jüngern identifizieren, an ihren Erfahrungen teilhaben und ihre Fehler vermeiden. Vor diesem Hintergrund erklärt sich die oft negative Darstellung der Jünger durch Markus, wie sie sich in den Motiven des Jüngerunverständnisses (Mk 4,13; 8,14-21; 9,10) und des Jüngerversagens (4,35-41; 6,50f) zeigt. Am Beispiel der Jünger, deren Unverständnis sich nicht nur auf Gleichnisse und Wunder, sondern auch auf die Notwendigkeit des Leidens erstreckte (9,32), soll die Leserschaft des Markus begreifen, dass Nachfolge in der Gemeinschaft Jesu Christi Kreuzesnachfolge bedeutet (10,41-44). Diese manifestiert sich im dienenden Dasein für andere, wie es bei Jesus selbst zur lebensbestimmenden Wirklichkeit wurde (10,45). Das negative Jüngerbild spiegelt nicht nur eine »illusionslose Anthropologie« wider, sondern hat auch entlastende Funktion. Wenn schon die engsten Vertrauten Jesu dessen Anspruch nicht immer auf Anhieb gerecht wurden und vertiefter Belehrung bedurften, besteht für die Gläubigen kein Grund zu verzagen, wenn es ihnen ebenso ergeht.

Jüngerbild

> Das negative Jüngerbild hat entlastende Funktion für die Gläubigen

Die Bibelhandschriften bieten in Form einer *Inscriptio* bzw. *Subscriptio* die Verfasserangabe »Nach Markus« oder »Evangelium nach Markus« und schreiben das Werk damit offenkundig Johannes Markus zu. Papias von Hierapolis weiß um 120 n. Chr. unter Berufung auf den Presbyter Johannes zu berichten, Markus habe in Rom aus den Predigten des Petrus seine Darstellung des Lebens Jesu geschaffen, ohne dabei Wert auf die Einhaltung der richtigen Reihenfolge zu legen (Euseb, *hist. eccl.* 2,15; 3,39,15). Johannes Markus war der Neffe von Barnabas (Kol 4,10). Er stammte aus Jerusalem, wo seine Mutter Maria auf ihrem Anwesen eine Hausgemeinde beherbergte, zu der Petrus engen Kontakt pflegte (Apg 12,12-17). Markus nahm als Gehilfe an der ersten Missionsreise teil (13,5), beendete diese aber vorzeitig (13,13) und fiel daher bei Paulus in Ungnade (15,36-40).

Verfasser

Später gehörte er allerdings erneut zum Mitarbeiterstab des Apostels (Phlm 24; vgl. Kol 4,10; 2Tim 4,11). Wenn er im ersten Petrusbrief als Vertrauter des Petrus begegnet (1Petr 5,13), entspringt dies der Absicht des unbekannten Briefautors, Anschluss an die Paulustradition zu suchen. Später wirkte Markus in Ägypten (Euseb, *hist. eccl.* 2,16,1), wo er den apokryphen Markusakten zufolge in Alexandria das Martyrium erlitt. Seine Reliquien werden in Venedig in der Markuskirche verehrt. Der vielleicht von 1Petr 5,13 inspirierten Nachricht des Papias über die Entstehung des Markusevangeliums wird allgemein mit Skepsis begegnet. Sie versucht das Werk mit der apostolischen Autorität des Petrus in Verbindung zu bringen und es gleichzeitig wegen seiner von den anderen Evangelien abweichenden Anordnung der Jesusüberlieferungen in Schutz zu nehmen. Das Markusevangelium basiert nicht auf Vorträgen des Petrus, sondern auf schriftlichen wie mündlichen Quellen unterschiedlichster Herkunft. Damit scheidet aber Johannes Markus nicht zwangsläufig als Verfasser aus. Das Evangelium stammt von einer Person, die sich mit jüdischen Bräuchen vertraut zeigt (7,3f.11) und in der Lage war, aramäische Aussagen sachgerecht ins Griechische zu übersetzen (5,41; 7,34; 15,22.34). Dies deutet auf einen zweisprachigen Judenchristen hin, wie Johannes Markus es war. Wenn sich das Evangelium an mehreren Stellen (5,1; 7,31; 11,1) über die geographischen Gegebenheiten in Palästina nicht exakt im Bilde zeigt, berechtigt dies kaum zu dem weitreichenden Schluss, dass es keinesfalls von einer in Jerusalem aufgewachsenen Person stammen könne. Auf jeden Fall wurde das Evangelium früh mit einer Person namens Markus in Verbindung gebracht. Wenn es nicht von Johannes Markus verfasst wurde, dann von einem sonst unbekannten Markus.

> Johannes Markus kommt durchaus als Verfasser des Markusevangeliums in Betracht

Ort und Zeit der Abfassung

Als mutmaßlicher Abfassungsort des Markusevangeliums wird auch dort, wo man der Papiasnotiz skeptisch gegenübersteht, meist Rom genannt. Die Verwendung etlicher aus dem Lateinischen stammender Termini wie *legio* (5,9), *speculator* (6,27) oder *praetorium* (15,16) stellt allerdings keinen Beweis dafür dar. Auch die Tatsache, dass in Mk 12,42 der Wert einer in den östlichen Provinzen gebräuchlichen Münze (Lepta) mit einer fast ausschließlich in der westlichen Reichshälfte verbreiteten Münze (Quadrans) erklärt wird, deutet nicht zwingend darauf hin, dass Markus sein Evangelium in Rom oder zumindest im Westen des Reichs niedergeschrieben hat. Alternativ kommen auch Syrien oder die Dekapolis in Frage. Entscheidende Hinweise auf das Alter des Markusevangeliums gibt die Endzeitrede in Mk 13, in der sich die Tempelzerstörung im Jahr 70 n. Chr. widerspiegelt. Zudem scheint auch das Gleichnis von den bösen Weingärtnern mit der Aussage vom Verlust des Weinbergs (Mk 12,9) auf den Fall Jerusalems zurückzublicken. Das Markusevangelium dürfte demnach bald nach den einschneidenden Ereignissen des Jahres 70 n. Chr. entstanden sein. Eine Frühdatierung des Markusevangeliums in die Zeit um 50 n. Chr., wie sie unter Berufung auf die angebliche Existenz einer alten Markushandschrift in Qumran postuliert wurde (C.P. Thiede), bleibt Wunschdenken. Das Qumranfragment 7Q 5 lässt sich nicht als Teil des Markusevangeliums verifizieren.

Urmarkus, Deuteromarkus, geheimes Markusevangelium

Intensiv diskutiert wird die Frage nach unterschiedlichen Rezensionen des Markusevangeliums. Aus der Tatsache, dass Lukas bei der Wiedergabe der markinischen Jesusgeschichte in seinem Evangelium zwischen Lk 9,17 und 9,18 den gesamten Inhalt von Mk 6,45-8,26 übergeht, hat man immer wieder auf einen

Urmarkus, also eine kürzere Vorform des kanonischen Markusevangeliums, geschlossen. Allerdings dürfte sich die »lukanische Lücke« eher bewusster Auslassung oder der Benutzung eines unvollständigen, vielleicht beschädigten Markusexemplars durch Lukas verdanken. Die Annahme eines *Deuteromarkus* im Sinne einer sprachlich-stilistisch geglätteten Überarbeitung des kanonischen Markusevangeliums stützt sich auf die Tatsache, dass Matthäus und Lukas bei der unabhängig voneinander erfolgten Wiedergabe von Markustexten in vielen Fällen gegen den Markuswortlaut miteinander übereinstimmen (»minor agreements«). Die Annahme eines Deuteromarkus als Vorlage von Matthäus und Lukas macht durchaus Sinn, sollte aber nicht überstrapaziert werden. Die Spekulationen um ein *geheimes Markusevangelium* schließlich basieren auf einem 1973 von Morton Smith edierten Brief des Clemens von Alexandria. Aus diesem geht hervor, dass in Alexandria eine angeblich von Markus selbst erstellte »geistlichere« Fassung des Evangeliums kursierte, die sorgsam behütet und nur einem exklusiven Kreis der in die großen Geheimnisse Eingeweihten zugänglich gemacht wurde. Dem Häretiker Karpokrates sei es gelungen, mit unlauteren Mitteln in den Besitz einer Kopie des geheimen Markusevangeliums zu gelangen und es durch blasphemische Zusätze zu beschmutzen. Im Brief des Clemens geht es insbesondere um die Frage, ob ein auf obskure magische Riten und sexuelle Freizügigkeit Jesu hindeutender Abschnitt zum geheimen Markusevangelium gehörte oder erst von Karpokrates hinzugedichtet wurde. Die vereinzelt vertretene These, das biblische Markusevangelium sei eine zensierte Version des geheimen Markusevangeliums (J. D. Crossan), entbehrt jeder Grundlage. Zudem sind nach wie vor nicht alle Zweifel daran ausgeräumt, dass Morton Smith das von ihm publizierte Dokument gefälscht haben könnte.

> Unser Markusevangelium ist keine zensierte Version des »Geheimen Markusevangeliums«

■ Das Matthäusevangelium

Matthäus schuf sein Evangelium aus zwei großen Quellen, nämlich dem Markusevangelium und der Spruchquelle Q. Wie Lukas benutzte er wohl nicht das kanonische Markusevangelium, sondern eine sprachlich wie stilistisch leicht geglättete Version davon (»Deuteromarkus«). Daneben konnte Matthäus auf Sonderüberlieferungen zurückgreifen, die überwiegend noch nicht verschriftlicht waren, sondern aus der mündlichen Gemeindetradition stammen. Dazu zählt auch eine Reihe umfangreicher Gleichnisse, aus denen das Gleichnis vom Schalksknecht (Mt 18,23-35), das Gleichnis von den Arbeitern im Weinberg (20,1-16) und das Gleichnis von den klugen und den törichten Jungfrauen (25,1-13) hervorstechen. Das matthäische Sondergut hat keine einheitliche literarische Gestalt. Die 1924 von B.H. Streeter aufgestellte These einer von Matthäus verarbeiteten Sondergutquelle konnte sich zu Recht nicht durchsetzen. Auch die Vermutung, dass Matthäus neben dem Markusevangelium und der Spruchquelle Q als weitere schriftliche Quelle eine Sammlung von Erfüllungs- oder Reflexionszitaten zur Verfügung stand, bleibt spekulativ und lässt sich am Text nicht verifizieren. Matthäus hat sein Evangelium wohl primär deshalb verfasst, weil er angesichts der Kenntnis der Logienquelle und umfangreichen Sondergutmaterials die markinische Jesusgeschichte für ergänzungsbedürftig hielt und ersetzen wollte.

Quellen

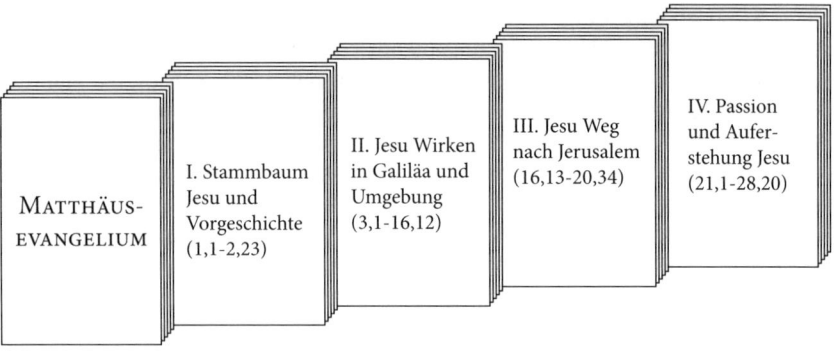

Aufbau und Inhalt

Als erzählerisches Grundgerüst dient Matthäus das Markusevangelium, dessen Rahmen er im Groben beibehalten hat, um ihn durch Texte der Spruchquelle Q und des Sondergutes aufzufüllen. Die Jesusgeschichte des Markus wird dabei nach vorne und hinten verlängert. Typisch für Matthäus sind große Redekompositionen (Bergpredigt, Aussendungsrede, Gleichnisrede, Gemeinderede, Endzeitrede), die er aus unterschiedlichstem Material kunstvoll erstellt und stereotyp mit »und es geschah, als Jesus diese Worte beendet hatte« o.ä. enden lässt. Im *ersten Hauptteil* (1,1-2,23) bietet er einen Zyklus von Traditionen, die sich um die Herkunft, Geburt und früheste Kindheit Jesu ranken, darunter die Legenden vom Kindermord in Bethlehem und der Flucht der Heiligen Familie nach Ägypten. Der *zweite Hauptteil* (3,1-16,12) schildert in grober Anlehnung an Mk 1,2-8,26, aber mit kleineren Auslassungen, gezielten Umstellungen und zahlreichen Ergänzungen aus Q oder dem Sondergut das Wirken Jesu in Galiläa und Umgebung. Matthäus hat die Mehrzahl der ihm überlieferten Wundergeschichten zu einem großen Zyklus (8,1-9,34) vereinigt, dem er die Bergpredigt (5,1-7,29) vorangehen lässt. Erst nachdem Jesus dort in aller Ausführlichkeit als »Messias des Wortes« vorgestellt wurde, begegnet er auch als »Messias der Tat«. Weitere Höhepunkte dieses Abschnitts sind die Jüngeraussendungsrede (9,35-10,42), das Zeugnis Jesu über Johannes den Täufer (11,1-19) und die Gleichnisrede (13,1-52). Der *dritte Hauptteil* (16,13-20,34) schildert auf der Grundlage von Mk 8,27-10,46 den Weg Jesu nach Jerusalem. Die Szene mit dem Petrusbekenntnis nahe Cäsarea Philippi ist um das berühmte Verheißungswort an Petrus erweitert, das ihn als Fels der Kirche bezeichnet und ihm die Schlüsselgewalt zuspricht (16,17-19). Neu gegenüber Markus ist auch die Gemeinderede, in der es um Schuld und Vergebung geht (18,1-35). Der *vierte Hauptteil* (21,1-28,20) hat in enger Anlehnung an Mk 11,1-16,8 das Ende Jesu in Jerusalem und das Ostergeschehen zum Inhalt. In der von ihm gestalteten Weherede (23,1-39) bietet Matthäus, dessen Gemeinde sich in Auseinandersetzung mit einem pharisäisch dominierten Judentum befindet, eine Generalabrechnung mit Pharisäern und Schriftgelehrten. Die apokalyptische Rede auf dem Ölberg Mk 13 baut er zu einer fulminanten Endzeitrede (24,1-25,46) aus. Neue Traditionen im Passionsbericht sind die Geschichten vom Ende des Judas (27,3-10) und von der korrupten Grabwache (27,62-66; 28,11-15). Während Markus mit der Entdeckung des leeren Grabes schließt, weiß Matthäus auch von Erscheinungen des Auferstandenen zu berichten. Mit den Abschiedsworten Jesu an die Jünger (28,16-20) schuf er einen großartigen Schlussakkord, der mit dem Sendungsbefehl an die Völker und der Zusage der unverbrüchlichen

Gegenwart des erhöhten Herrn in seiner Gemeinde wichtige Anliegen des Evangeliums in gebündelter Form anklingen lässt.

Die zentralen christologischen Hoheitstitel für Matthäus sind Immanuel und Sohn Davids. Die Aussage, dass es sich bei Jesus um den Immanuel (»Gott mit uns«) handelt, legt sich wie eine Klammer um sein Evangelium. In Mt 1,23 wird die Ankündigung der Jungfrauengeburt als Erfüllung der Immanuelverheißung des Propheten Jesaja (Jes 7,14) gekennzeichnet und in Mt 28,20 verabschiedet sich der Auferstandene mit der Verheißung »Siehe, *ich bin mit euch* alle Tage bis an der Welt Ende« von den Jüngern. Damit bringt Matthäus die Gewissheit zum Ausdruck, dass der erhöhte Herr bei seiner Gemeinde als Immanuel gegenwärtig ist. Vor dem Hintergrund der jüdischen Hoffnung auf einen königlichen Messias aus dem Stamme Davids (Jes 11,1) wird Jesus zudem gleich zum Auftakt als messianischer Davidssohn präsentiert (Mt 1,1), während bei Markus an dieser Stelle von Jesus als Gottessohn die Rede ist (Mk 1,1). Die vormatthäisch nur in der Bartimäusgeschichte belegte Vorstellung, dass Jesus sich speziell durch Wunderheilungen als Davidssohn erweist, rückt betont in den Vordergrund (Mt 9,27; 15,22; 20,30-31; 21,15). Gegenüber der Hoffnung Israels auf einen Davidssohn, der als kriegerischer Messias mit eisernem Stab regiert (PsSal 17), bedeutet dies eine Korrektur. Matthäus zeichnet ein Bild vom Davidssohn als friedvollem Herrscher, der seine Regentschaft durch das Erbarmen mit den Leidenden und Schwachen begründet. Israels wirklicher Messias ist der heilende Davidssohn Jesus, der den Kranken hilft und die Gemeinde begleitet.

Jesus als Immanuel und Sohn Davids

Der Davidssohn Jesus ist ein Gegenentwurf zur Erwartung eines kriegerischen Gesalbten Gottes

An insgesamt zehn Stellen des Matthäusevangeliums begegnen Erfüllungs- oder Reflexionszitate aus dem Alten Testament, deren Wortlaut nicht immer dem Text der Septuaginta folgt. Sie bringen die vorangehende Erzählung mit einem Schriftzitat aus den Prophetenbüchern in Verbindung. An mehreren Stellen werden sie nachträglich in Markustexte eingefügt (Mt 8,17; 12,18-21; 13,35; 21,4f). Sie sollen deutlich machen, dass die Geschichte Jesu sich als Erfüllung und Vollendung dessen erweist, was von den alttestamentlichen Propheten angekündigt wurde. Da die Reflexionszitate thematisch eng mit dem Kontext verzahnt sind und nicht unbedingt zentrale Textstellen des Alten Testamentes aufgreifen, hat Matthäus an dieser Stelle kaum eine Art Testimoniensammlung benutzt, in der alttestamentliche Texte als Zeugnisse für das Christusgeschehen zusammengestellt waren. Vielmehr gibt er sich als christlicher Schriftgelehrter zu erkennen, der in der Lage ist, durch souveränen Umgang mit dem Alten Testament Grundthemen seiner Theologie (Jesus als Immanuel, gewaltloser messianischer König, heilender Messias Israels und Gottesknecht für die Heiden) betont als Erfüllung prophetischer Verheißung hervorzuheben. Wenn allein das Christusgeschehen als Erfüllung der Schrift gilt, spiegelt sich darin allerdings ein exklusiver Anspruch des Christentums auf die heiligen Schriften des Judentums wider. Das letzte Reflexionszitat bezieht sich auf den Ackerkauf vom Judaslohn (Mt 27,9) und wird vom Evangelisten nur Jeremia zugeschrieben, während es sich in Wirklichkeit um ein Mischzitat aus Jer 32,9 und Sach 11,12f handelt.

Erfüllungszitate

Die Ethik und das Gesetzesverständnis des Matthäusevangeliums sind vom Motiv der Gerechtigkeit (*dikaiosynē*) bestimmt, das im Munde Jesu nur dort begegnet. Alle sieben Belege für »Gerechtigkeit« (3,15; 5,6.10.20; 6,1.33; 21,32)

Die »bessere Gerechtigkeit«

dürften erst auf den Evangelisten zurückgehen. Matthäus betrachtet die Tora, deren Quintessenz die Goldene Regel darstellt (7,12) und an der »Recht, Barmherzigkeit und Glaube« das Wichtigste sind (23,23), als eine positive Größe, von der kein Tüpfelchen vergehen soll (5,17-20). Die Streichung der Aussage von Mk 7,19, dass Jesus alle Speisen für rein erklärte, in Mt 15,17 legt ein Festhalten der matthäischen Gemeinde an den jüdischen Speisegeboten nahe. Im Kontrast zu den Paulusbriefen, wo die Gerechtigkeit eine Gabe Gottes mit Geschenkcharakter darstellt und den Werken des Gesetzes antithetisch gegenüber steht (Gal 2,16), ist sie bei Matthäus das Ergebnis eines aktiven Handelns des Menschen und die vorbildliche Befolgung der Tora. Während Jesus den Jüngern mit den Worten »Selig seid ihr, die ihr jetzt hungert« (Lk 6,21) Trost zusprach, macht Matthäus daraus die ethische Forderung »Selig sind, die da hungert und dürstet *nach Gerechtigkeit*« (Mt 5,6). Das Tun der »besseren Gerechtigkeit« wird als Erfüllung des Gesetzes charakterisiert und von der Gerechtigkeit der Pharisäer und Schriftgelehrten abgehoben (5,20). In Abgrenzung von jüdischer Frömmigkeitspraxis, die vor dem Hintergrund des Bruchs der matthäischen Gemeinde mit der Synagoge undifferenziert als heuchlerisch gilt, sollen Almosen, Beten und Fasten mit einer radikal veränderten Haltung vollzogen werden (6,1-18).

Sündenvergebung in der Gemeinde

Matthäus betont wie kein anderer neutestamentlicher Autor die Notwendigkeit, die von Gott empfangene Vergebung auch gegenüber den Mitmenschen zu praktizieren. Die in Gottes Zuwendung gegenüber den Menschen gründende Liebe und Vergebung sind wie ein Stromkreislauf, an dem nur der teilhat, der sie auch weiterleitet. In Mt 6,14f wird von allen Gebetsinhalten des Vaterunsers die Vergebungsbitte in das Zentrum gerückt und als über die Gemeindegrenzen hinausgehende Vergebungspflicht bestimmt. In der Bearbeitung der Geschichte von der Heilung des Gelähmten (Mk 2,1-12) weitet Matthäus die Jesus als dem Menschensohn zu eigene Sündenvergebungsvollmacht auf alle Menschen aus (9,8). Die Gemeindeordnung Mt 18,1-35, eine der großen Redekompositionen des Matthäusevangeliums, handelt unterschwellig vom Umgang mit sündigenden Christen in der Gemeinde, vom Suchen und Zurückgewinnen der vom rechten Weg abgeirrten Gläubigen. Die Petrus gegebene Binde- und Lösegewalt (16,19) wird nun auf die Jünger in ihrer Gesamtheit und damit auf die matthäische Gemeinde übertragen (18,18). Dabei geht es um das »Binden« oder »Lösen« der Sünde. Was die Gemeinde auf Erden vergibt, soll auch bei Gott im Himmel vergeben sein. Diese Lösegewalt dürfte auch vor schweren Verfehlungen der Gläubigen nicht haltmachen. Das disziplinarische Handeln der Gemeinde zielt auf das Wiedergewinnen der »verlorenen Schafe« (18,10-14) und ist im Geiste Jesu von grenzenloser Vergebungsbereitschaft geprägt (18,21-35).

Verweigerung von Vergebung unterbricht den Stromkreis der Güte Gottes

Verfasser

Die sehr früh in den Handschriften vorangestellte Überschrift »Evangelium nach Matthäus« oder »Nach Matthäus« führt das Werk auf den Apostel Matthäus aus dem Zwölferkreis zurück. Dieser gewinnt im ersten Evangelium besonderes Gewicht, da die bei Markus noch von dem Zöllner Levi handelnde Berufungsgeschichte (Mk 2,13f) auf ihn übertragen wird (Mt 9,9). Dementsprechend begegnet er im Jüngerkatalog nun als *der Zöllner* Matthäus (10,3). Papias von Hierapolis weiß unter Berufung auf den Presbyter Johannes ergänzend zu berichten, dass Matthäus die Jesusworte in hebräischer Sprache zusammenstellte und jeder sie übersetzte, so gut er konnte (Euseb, *hist. eccl.* 3,39,16). Wenn all dies den Tatsachen entspräche, wäre das Matthäusevangelium nicht nur von einem Augenzeugen der Wirksamkeit Jesu abgefasst worden, sondern hätte zudem ursprünglich auf Aramäisch vorgelegen. Beides wurde allerdings von der neuzeitlichen Bibelwissenschaft als Fiktion entlarvt. Es gibt keine sprachlichen Indizien dafür, dass das Matthäusevangelium auf einer Übersetzung aus dem Aramäischen basiert. Vielmehr wurde es auf Griechisch abgefasst, und zwar kaum von dem Apostel Matthäus, da dieser als Augenzeuge des berichteten Geschehens nicht auf das Markusevangelium und die Spruchsammlung Q als Quellen hätte zurückgreifen müssen. Der unbekannte Verfasser des Matthäusevangeliums war zweifellos ein Judenchrist, der seine geistige Prägung in der Synagoge erfahren hat und in der Gemeinde wohl als christlicher Schriftgelehrter wirkte. An vielen Stellen des Evangeliums (u.a. 5,32; 7,12) zeigt sich, dass er über detaillierte Kenntnisse der zeitgenössischen jüdischen Debatten um den sachgemäßen Umgang mit der Tora verfügt. Trotz des offenkundig bereits vollzogenen Bruchs mit der Synagoge bewegt er sich noch im jüdischen Milieu und scheint sich am halachischen Diskurs in der Krise nach der Tempelzerstörung zu beteiligen.

> Matthäus war ein christlicher Schriftgelehrter und erfuhr seine geistige Prägung in der Synagoge

Die These von C.P. Thiede, der von allen Experten auf 200 n. Chr. datierte Papyrus 64 mit Teilen von Mt 26 stamme in Wirklichkeit aus der Zeit um 60 n. Chr. und verbürge ein deutlich höheres Alter des Matthäusevangeliums als gemeinhin angenommen, hat sich als haltlos erwiesen. Die Entstehung des Matthäusevangeliums fällt in die Zeit nach dem Jüdischen Krieg (66-70 n. Chr.), da ihm das um 70 n. Chr. verfasste Markusevangelium zugrunde liegt und sich im Gleichnis vom großen Gastmahl die Zerstörung Jerusalems widerspiegelt (Mt 22,7). Weil es einige Jahre dauerte, bis das Markusevangelium sich verbreitet hatte und als Quelle benutzt werden konnte, nimmt man für das Matthäusevangelium meist eine Entstehungszeit um 80 n. Chr. an. Schon der um 90 n. Chr. verfasste erste Petrusbrief scheint vom Matthäusevangelium Gebrauch zu machen, um 100 n. Chr. wird es von der Didache (Did 8,2; 11,3; 15,3f) und wenige Jahre später auch von Ignatius von Antiochien (Ign., *Smyrn.* 1,1) rezipiert. Das Matthäusevangelium entstand in einem hellenistisch-jüdischen Milieu, wo es zum schmerzhaften Trennungsprozess der matthäische Gemeinde von der Synagoge kam. Am ehesten wurde es im südöstlichen Syrien im Königreich von Agrippa II. oder in der Dekapolis verfasst, denn Judäa liegt für den Autor »jenseits des Jordans« (Mt 19,1). Diese geographische Angabe spricht deutlich gegen Antiochia, das oft als mutmaßlicher Abfassungsort genannt wird.

Ort und Zeit der Abfassung

▪ Das Lukasevangelium

Gleich zu Beginn weist Lukas ausdrücklich darauf hin, dass er sein Evangelium auf der Grundlage von älteren Jesusdarstellungen geschaffen hat (1,1f). Lukas verarbeitet in seinem Werk das Markusevangelium, das ihm wohl in einer sprachlich leicht überarbeiteten »deuteromarkinischen« Fassung vorlag, und die Spruchquelle Q. Fast die Hälfte des Lukasevangeliums umfasst allerdings Texte, die allein dort zu finden sind und daher als lukanisches Sondergut bezeichnet

Abfassungszweck und Quellen

werden. Dazu zählen viele der bekanntesten Gleichniserzählungen Jesu wie das Gleichnis vom barmherzigen Samariter (Lk 10,30-37), das Gleichnis vom reichen Kornbauern (12,16-21), das Gleichnis vom verlorenen Sohn (15,11-32), das Gleichnis vom ungerechten Haushalter (16,1-9) oder das Gleichnis vom reichen Mann und armen Lazarus (16,19-31). Ob Lukas diese Gleichnisse als Einzelüberlieferungen aus der Gemeindetradition bekannt wurden oder ihm eine den anderen Evangelienschreibern nicht zugängliche Gleichnissammlung vorlag, lässt sich nicht sagen, wie überhaupt alle Spekulationen um lukanische Sonderquellen mit eigenständigem Profil ohne sichere Ergebnisse bleiben. Dies gilt nicht nur für die Vorgeschichte (Lk 1,1-2,52), sondern auch für die Darstellung des Passions- und Ostergeschehens, wo Lukas teilweise von Markus abweicht und gleichzeitig Berührungen mit dem Johannesevangelium aufweist. Lukas erhebt im Proömium des Evangeliums den Anspruch, besser und sorgfältiger als seine Vorgänger recherchiert zu haben (Lk 1,3f). Mit seinem Evangelium wollte er die ihm bekannten älteren Jesusdarstellungen ersetzen und verdrängen. Theophilus, dem beide Teile des lukanischen Doppelwerks gewidmet sind, war in der christlichen Lehre unterwiesen. Das Lukasevangelium ist in erster Linie für die Gemeinde des Theophilus geschrieben, hat aber als Zielgruppe wohl auch gebildete Juden und Heiden vor Augen, denen die Wahrheit über den christlichen Glauben vermittelt werden soll. Lukas bindet dabei die Geschichte Jesu in das Weltgeschehen ein und rückt sie in eine neue Perspektive, indem er ihr in Gestalt der Apostelgeschichte eine Fortsetzung gibt.

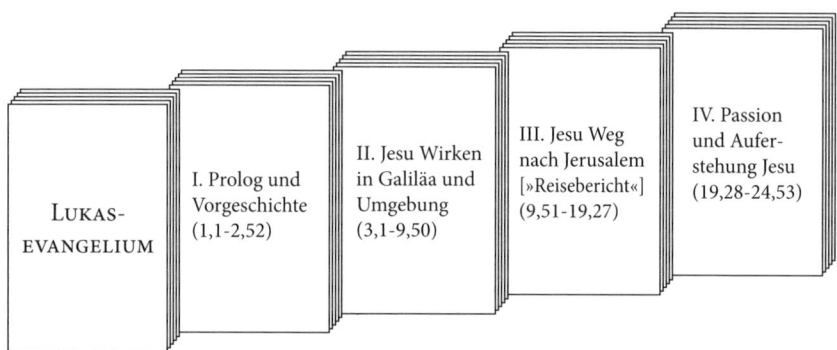

Aufbau und Inhalt

Im *ersten Hauptteil* (1,1-2,52), der die Vorgeschichte des Wirkens Jesu enthält, erweist sich Lukas als einziger Evangelienschreiber, der seinem Werk ein Vorwort nach den Konventionen der griechisch-römischen Literatur voranstellt. Nach dem Proömium setzt er mit Überlieferungen ein, die den anderen Evangelisten unbekannt waren. Die Vorgeschichte Johannes des Täufers und die Vorgeschichte Jesu werden kunstvoll ineinander verwoben (1,5-80), bevor sich Erzählungen von der Geburt und Kindheit Jesu (2,1-52) anschließen. Im *zweiten Hauptteil* (Lk 3,1-9,50), der Jesu Wirken in Galiläa und Umgebung schildert, orientiert sich Lukas eng am Aufriss des Markusevangeliums (Mk 1,1-9,41), übergeht aber unerklärlicherweise Mk 6,45-8,26. Die Tradition über den Aufenthalt Jesu in Nazaret, die bei Markus erst an späterer Stelle begegnet (Mk 6,1-6), wird von Lukas an den Anfang des Wirkens Jesu gerückt und zu einer eindrucksvollen Antrittspredigt ausgestaltet (4,16-30). Mit Lk 6,20-8,3 erfolgt die sogenannte

»kleine Einschaltung« von Texten aus der Spruchquelle, darunter die Feldrede Jesu, und aus dem Sondergut in den Erzählfaden des Markus. Der *dritte Hauptteil* (9,51-19,27), der den Weg Jesu nach Jerusalem schildert, ist eine eindrucksvolle Demonstration der lukanischen Gestaltungsfähigkeit. Auf der schmalen Traditionsgrundlage von Mk 10,13-52 konzipiert Lukas kunstvoll einen umfänglichen »Reisebericht«, der Jesus von Galiläa nach Jerusalem führt, ohne dass allerdings eine klare geographische Route erkennbar würde. Darin integriert er Reden, Gleichnisse und Wundergeschichten aus der Spruchquelle und dem Sondergut, die ohne Situationsangabe überliefert waren und nun einen sinnvollen Platz in der Jesusgeschichte finden. Erst gegen Ende dieser »großen Einschaltung« (9,51-18,14) fädelt sich Lukas mit seinen Versionen der Texte aus Mk 10,13-52 wieder in die Erzählspur des Markusevangeliums ein (18,15-43), die dann mit der Zachäusgeschichte und dem Gleichnis von den anvertrauten Talenten nochmals verlassen wird. Im *vierten Hauptteil* seines Evangeliums (19,28-24,53), der die Passion und Auferstehung Jesu schildert, orientiert sich Lukas wieder enger am Aufriss des Markusevangeliums. Beim Abschiedsmahl Jesu (22,7-38) verfügt Lukas über eine Sonderüberlieferung, die er mit dem Bericht des Markus zu einer Einheit verschmilzt, um dabei den Passahcharakter des Geschehens schärfer zu profilieren. Zudem kann er sich auf Traditionen stützen, wie sie auch in das Johannesevangelium eingeflossen sind. Dazu gehören etwa die Nachricht von der Einfahrt des Teufels in Judas Iskarioth (22,3) und die Erzählung von der Erscheinung des Auferstandenen vor allen Jüngern (24,36-49). Ansonsten gibt am Schluss des Evangeliums mit der Emmausgeschichte (24,13-35) und der Himmelfahrtserzählung (24,50-53) nochmals das Sondergut den Ton an. Der Abschied Jesu führt nicht zu Traurigkeit, sondern eröffnet angesichts des Verkündigungsauftrags und des Segens Perspektiven für die Zeit der Kirche, die dann im zweiten Teil des lukanischen Doppelwerks im Mittelpunkt der Darstellung steht.

Die im Proömium sichtbaren Ambitionen des Lukas als Geschichtsschreiber spiegeln sich darin wider, dass er die Jesusgeschichte durch Synchronismen in die große Weltgeschichte einbettet und als entscheidenden Teil davon versteht. Die Geburt Jesu wird mit der Herrschaft des Kaisers Augustus und dem Zensus des Quirinius in Verbindung gesetzt, der allerdings in Wirklichkeit erst 6 n. Chr. bei der Einrichtung der römischen Provinz Judäa stattfand. Während Mk 1,4 ohne zeitliche Einordnung vom Auftreten des Täufers spricht, bietet Lukas nicht nur eine Datierung des Geschehens in das 15. Regierungsjahr des Tiberius, sondern gibt seiner Leserschaft auch umfängliche Informationen über die politischen und religiösen Machthaber in der Lebenswelt Jesu. Angesichts der Tatsache, dass in das lukanische Doppelwerk zahlreiche historische Nachrichten einfließen, die sich auch bei Josephus finden, wird zuweilen in Erwägung gezogen, dass Lukas Kenntnis von dessen *Antiquitates Judaicae* gehabt haben könnte.

Einbettung des Wirkens Jesu in die Weltgeschichte

Lukas kannte möglicherweise die Werke des Josephus

Neben Matthäus kennt im Neuen Testament nur Lukas die Vorstellung von der jungfräulichen Empfängnis Jesu (1,26-38). In der Geburtsgeschichte ist es Lukas wichtig, dass Jesus als Retter oder Heiland (*sōtēr*) in die Welt kommt (2,11). Dieser Titel war in der hellenistischen Welt als Beiname von Gottheiten und weltlichen Herrschern verbreitet. Lukas übt damit indirekt Kritik am Herrscherkult. Nicht der römische Kaiser, sondern das Kind in der Krippe erweist sich als wahrer Heiland. Darüber hinaus ist die Christologie des Lukas stärker als die der

Jesus als Heiland und großer Prophet

anderen Evangelisten von prophetischen Zügen Jesu geprägt. In der »Antrittspredigt« in Nazaret (4,16-30), die für Lukas das Urbild und den Schlüssel des gesamten Auftretens Jesu bildet, wird dieser im Lichte von Jes 61,1f als messianischer Prophet porträtiert, der durch den Empfang des Heiligen Geistes zu Verkündigung und Heilung berufen ist. Mit der Ablehnung, die ihm in seiner Heimatstadt Nazaret begegnet, steht Jesus für Lukas in der Tradition von Elia und Elisa, die ebenfalls mangelnde Akzeptanz in Israel erfuhren. Die Vorstellung, dass Gott in den Wundern des großen Propheten Jesus sein Volk heimsuchte (7,16) und Jesus sich in seinem Erdenleben als »Prophet, mächtig in Taten und Worten vor Gott und allem Volk« erwies (24,19), bringt die Christologie des Lukasevangeliums auf den Punkt. Die wunderbaren Zeichen der Heilszeit, die sich im Wirken der alttestamentlichen Propheten bereits ankündigten, erreichen mit dem Auftreten Jesu ihren Höhepunkt und ihre Erfüllung.

Bedeutung von Frauen in der Nachfolge Jesu

Lukas hebt wie kein anderer die zentrale Rolle von Frauen im Umfeld Jesu hervor. Allenfalls Johannes ist ihm darin ansatzweise vergleichbar. Man kann ihn durchaus als den »Frauenfreund« unter den Evangelisten bezeichnen. Allein er erzählt davon, wie Maria Magdalena und andere wohlhabende Frauen in die Nachfolge eintraten und die Jesusbewegung materiell unterstützten (8,1-3). In der ebenfalls nur bei Lukas überlieferten Geschichte von Maria und Martha (10,38-42) werden am Beispiel der beiden Frauen unterschiedliche Rollenmuster in der Begegnung mit Jesus gegenübergestellt, wobei sich zeigt, dass es in erster Linie auf das Interesse am Wort ankommt. Weitere wichtige »Frauentexte« aus dem lukanischen Sondergut sind die Erzählung von der großen Sünderin (7,36-50) und die Wundergeschichte von der Heilung der gelähmten Frau am Sabbat (13,10-17). Lukas hat sich bei der Konzeption seines Evangeliums offenkundig in besonderem Maße um die Integration frauenbezogener Überlieferungen bemüht und lässt damit Parteinahme für die »Sache der Frau« erkennen. Dies hängt wohl damit zusammen, dass er aus der kirchlichen Praxis Frauen wie Tabitha (Apg 9,36), Maria (Apg 12,12) oder Lydia (Apg 16,14) als Gönnerinnen und unentbehrliche Stützen der christlichen Gemeinden kennt.

> **Lukas ist der »Frauenfreund« unter den Evangelisten**

Soziale Fragen

Auch die Problematik von Armut und Reichtum spielt im Lukasevangelium eine ungleich zentralere Rolle als in den anderen Evangelien. Lukas nimmt nicht zuletzt aus seinem Sondergut viele Traditionen auf, die sich mit der sozialen Thematik beschäftigen, und tritt in redaktionellen Notizen für Besitzverzicht ein. Im Lobgesang der Maria »Er stößt die Mächtigen vom Thron und erhöht die Niedrigen. Die Hungrigen füllt er mit Gütern und lässt die Reichen leer« (1,52f) ist programmatisch von einer Umkehr der Macht- und Besitzverhältnisse die Rede, die Gott durch das Christusgeschehen bewirken wird. In der »Standespredigt« Johannes des Täufers findet sich der Appell zum Teilen (3,11), wie er vom Zöllner Zachäus absolut vorbildlich in die Tat umgesetzt wird (19,8). Nur Lukas überliefert einen Weheruf Jesu gegen die Reichen (6,24) und eine Warnung Jesu vor Habgier (12,15). Auch die Sondergutgleichnisse vom reichen Kornbauer (12,16-21) und vom reichen Mann und armen Lazarus (16,19-31) halten den Wohlhabenden eindrücklich vor Augen, welches Geschick ihnen bei einem sozial unverantwortlichen Umgang mit ihrem Besitz droht. Bei Jüngerberufungen fügt Lukas in den Markustext ein, dass die betreffenden Personen beim Eintritt in die Nachfolge alles verließen (5,11.28). Die Tatsache, dass Lukas weitaus stärker als die anderen Evangelisten die Problematik des Reichtums thematisiert und den sozialen Ausgleich fordert, erlaubt den Rückschluss darauf, dass Theophilus und andere Mitglieder seiner Gemeinde zur Oberschicht gehörten.

Der Verfasser des dritten Evangeliums spricht zwar von sich selbst in der ersten Person (Lk 1,1-4), nennt aber nirgendwo seinen Namen. In den Bibelhandschriften heißt es in der *Inscriptio* über dem Text oder der *Subscriptio* unter dem Text »Evangelium nach Lukas« bzw. abgekürzt »Nach Lukas«. Spätestens gegen Ende des 2. Jh. n. Chr. war man der festen Überzeugung, dass es sich dabei um keine andere Person als den Arzt Lukas aus dem Umfeld des Paulus (Phlm 24; Kol 4,14; 2Tim 4,11) handeln kann, dem auch die Apostelgeschichte zugeschrieben wird. Älteste Zeugen dafür sind Irenäus (*adv. haer.* 3,1,1; 3,14,1) und der *Kanon Muratori*, ein um 200 n. Chr. in Rom entstandenes Kanonverzeichnis. Wenn die altkirchliche Tradition von Lukas dem Arzt als Verfasser des lukanischen Doppelwerkes in Frage gestellt wird, hängt das nicht mit dem Lukasevangelium, sondern mit der Apostelgeschichte zusammen. Diese lässt derart wenig Kenntnis von der Theologie der Paulusbriefe erkennen, dass bezweifelt werden muss, ob sie tatsächlich von einem Mitarbeiter und Begleiter des Apostels verfasst worden sein kann. Der namenlos bleibende, in den Bibelhandschriften früh als Lukas bezeichnete Autor des dritten Evangeliums und der Apostelgeschichte war aller Wahrscheinlichkeit nach von Hause aus Jude oder zählte zumindest zu den gottesfürchtigen Griechen aus dem Umfeld der Synagoge. Seine ausgezeichnete Kenntnis der Septuaginta, die Vertrautheit mit jüdischer Tradition und das hervorgehobene Interesse an der Israelfrage legen diese Annahme nahe. Er verfasste seine Jesusgeschichte wohl Anfang der 80er Jahre oder – sollte er tatsächlich die 93 n. Chr. veröffentlichten *Antiquitates Judaicae* des Josephus gekannt haben – in der 90er Jahren des ersten Jahrhunderts. Über den Abfassungsort lassen sich nur Mutmaßungen anstellen. Neben Rom werden auch Antiochia, Cäsarea, Ephesus oder Korinth in Erwägung gezogen.

Verfasser und Abfassungsumstände

Der Verfasser des Lukasevangeliums ist in der jüdischen Tradition verwurzelt

■ Das Johannesevangelium

Wer sich mit den drei ersten Evangelien im Hinterkopf dem Johannesevangelium nähert, betritt gleichsam eine neue Welt und begegnet einem in vielerlei Hinsicht ganz anderen Jesus. Schon der Kirchenvater Euseb suchte nach einer Erklärung für den deutlich eigenständigen Charakter des vierten Evangeliums und meinte, dass Johannes primär das darstellen wolle, was Jesus zu Beginn seiner Lehrtätigkeit vor Inhaftierung des Täufers getan habe (*hist. eccl.* 3,24,7). Die Eigenheiten beginnen beim veränderten chronologischen und geographischen Rahmen der Jesusgeschichte. Die Synoptiker erwähnen nur ein Passahfest und setzen somit ein knapp einjähriges öffentliches Wirken Jesu voraus, wobei sie zunächst das Auftreten Jesu in Galiläa und Umgebung in den Blick nehmen, um dann die Ereignisse in Jerusalem mit Passion und Auferstehung zu schildern. Im Johannesevangelium kreist das Wirken Jesu dagegen ständig zwischen den beiden Polen Galiläa und Jerusalem, wobei er sich vor seinem Todespassah bereits zu einem früheren Passahfest (2,23), einem weiteren Fest (5,1), dem Laubhüttenfest (7,10) und dem Chanukkafest (10,22) in der Heiligen Stadt aufgehalten hat. Insgesamt

Eigenheiten des Johannesevangeliums

fallen drei unterschiedliche Passahfeste in die Zeit des öffentlichen Auftretens Jesu (2,23; 6,4; 12,1), das sich damit über mehr als zwei Jahre erstreckt. Weitere Auffälligkeiten des Johannesevangeliums sind das völlige Fehlen von Dämonenaustreibungen und Gleichnisreden Jesu, die in den synoptischen Evangelien im Zentrum stehen. Umgekehrt bietet Johannes stattdessen große Offenbarungsreden Jesu, die einzigartig im Neuen Testament sind. Weitgehend neu ist auch die Form der Abschiedsrede, in der Jesus in Form eines Vermächtnisses das Leben der Jüngergemeinde über seinen Tod hinaus regelt. Das Weltbild des vierten Evangeliums ist durch einen Dualismus von Licht und Finsternis bestimmt. In besonderer Weise werden die Göttlichkeit Jesu und seine Einheit mit dem Vater betont. Er ist der himmlische Gesandte, der zur Entscheidung ruft. Der Abfassungszweck des Johannesevangeliums besteht darin, Glauben an Jesus als Messias und Sohn Gottes zu wecken (20,31).

Quellen Die Suche nach schriftlichen Quellen und Vorlagen des Johannesevangeliums blieb bislang ohne wirklich gesicherte Ergebnisse. Ob Johannes eines oder mehrere der anderen Evangelien kannte, wird kontrovers diskutiert und lässt sich nicht zweifelsfrei klären. Wenn man Unabhängigkeit von den Synoptikern annimmt, wofür es durchaus gute Gründe gibt, dann hat Johannes über einen eigenen Passionsbericht und eine Sammlung von Wundergeschichten (»Zeichenquelle«) verfügt. Im Prolog (1,1-18) verarbeitet er Teile eines Christusliedes. Eine Quelle von Offenbarungsreden oder eine Sammlung von »Ich-bin-Worten«, wie sie immer wieder ins Gespräch gebracht werden, lassen sich nicht mit Sicherheit erweisen.

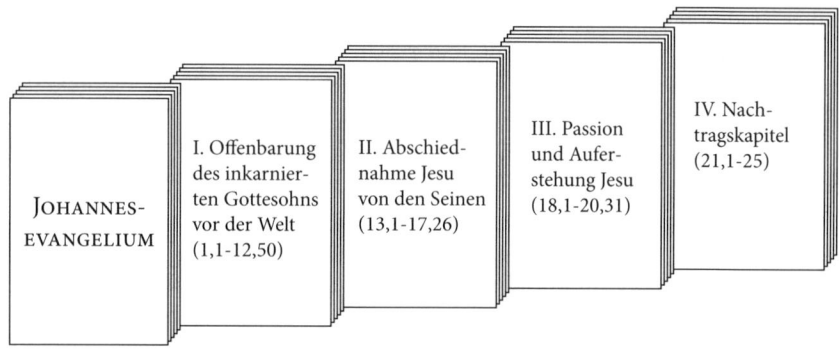

Aufbau und Inhalt Der *erste Hauptteil* des vierten Evangeliums schildert die Offenbarung des menschgewordenen Gottesohnes Jesus vor der Welt (1,1-12,50). Der hymnische Prolog (1,1-18) verfolgt den Anfang der Jesusgeschichte bis in die Zeit vor der Erschaffung der Welt zurück. Es schließen sich Berichte über Johannes den Täufer und erste Jüngerberufungen an. Das öffentliche Wirken Jesu beginnt mit dem Weinwunder zu Kana und der Tempelbereinigung, die in den anderen Evangelien im Passionsbericht verankert ist. Das Lehrgespräch mit dem Pharisäer Nikodemus (3,1-21) entfaltet grundlegende Fragen des Glaubens und führt in das Zentrum der johanneischen Theologie. Es geht um ein Neuwerden des Menschen und den Zugang zum Heil. Die Begegnung mit der samaritanischen Frau (4,1-42) mündet in die Selbstoffenbarung Jesu als Messias aller Menschen und Retter der Welt. Mit der Heilung eines Fieberkranken (4,43-54) schließt sich das zweite Wunder an. Die Heilung eines Gelähmten am Teich Bethesda dient als Basis der ersten Offenbarungsrede an Juden (5,1-47). Nach der Speisung der 5000 und dem Seewandel gibt sich Jesus am See Gennesaret als das Brot des Lebens zu erkennen, das im Glauben ergriffen wird und in der Eucharistie gegenwärtig ist (6,1-71). Anschließend begibt sich Jesus von Galiläa nach Jerusalem, um dort das Laubhüttenfest zu feiern (7,1-8,59). In diesem Zusammenhang kommt es im Tempel zu ersten Auseinandersetzungen mit der jüdischen Führungsschicht um die Messianität Jesu. Die Heilung eines Blindgeborenen am Sabbat zieht Konflikte mit den Pharisäern nach sich (9,1-41). Das Wunder wird symbolisch auf das Sehen Gottes gedeutet, während die Pharisäer geistlich blind bleiben. Mit der Rede vom guten Hirten (10,1-21), die Motive aus Ez 34 aufnimmt, wird die Auseinandersetzung Jesu mit den Pharisäern auf eine neue Stufe geführt. Zugleich entfaltet der vierte Evangelist Grundlinien seines Christusbildes und seiner Kirchenlehre. Als es während des Chanukkafestes fast zu einer Steinigung Jesu kommt, flieht dieser in das Ostjordanland an den Ort seiner Taufe (10,22-42). Die Auferweckung des Lazarus in Bethanien zieht den Todesbeschluss des Hohen Rates nach sich (11,1-57). Mit der Salbung in Bethanien und dem Einzug in Jerusalem werden die Passionsereignisse eingeläutet (12,1-36). Ein letzter eindringlicher Appell zum Glauben an das Licht der Welt beschließt die Darstellung des öffentlichen Wirkens Jesu (12,37-50). Der *zweite Hauptteil* (13,1-17,26) thematisiert den Abschied Jesu von seinen Vertrauten. An das letzte Mahl Jesu, bei dem statt der Einsetzung des Abendmahls die Fußwaschung erfolgt, schließen sich umfängliche Abschiedsreden an. Die bekannteste davon ist die Rede vom Weinstock und den Reben. Im *dritten Hauptteil* (18,1-20,31) werden in grundsätzlicher Übereinstimmung mit den anderen Evangelien, aber doch mit ganz eigenständiger Akzentuierung die Passion und Auferstehung Jesu geschildert. Er setzt mit der Verhaftung in Gethsemani ein und endet mit Erscheinungen des Auferstandenen vor seinen Jüngern. Das »*Nachtragskapitel*« (21,1-25) bietet weitere Erzählungen von Erscheinungen des Auferstandenen.

In der uns überlieferten Form ist das Johannesevangelium nicht aus einem Guss. Die Erzählung von Jesus und der Ehebrecherin (7,53-8,11) fehlt in den besten Bibelhandschriften. Sie stand wohl im apokryphen Hebräerevangelium (Euseb, *hist. eccl.* 3,39,17) und wurde von einem Kopisten an passend erscheinender Stelle in das Johannesevangelium eingefügt, um sie vor dem Vergessenwerden zu bewahren. Zudem endete das Johannesevangelium ursprünglich mit Joh 20,31. Das 21. Kapitel setzt neu an und gibt sich damit als Nachtrag zu erkennen, der vermutlich nach dem Tod des Evangelisten von seinem Schülerkreis angehängt wurde. Inwieweit darüber hinaus mit sekundär eingefügten Passagen gerechnet werden muss, ist umstritten. Unter dem Eindruck der Thesen von Rudolf Bultmann ging man lange Zeit davon aus, dass erst ein Redaktor oder Redaktorenkreis nachträglich die Sakramente, die Ekklesiologie und die apokalyptische Zukunftserwartung eingebracht habe, um das Johannesevangelium großkirchlich salonfähig zu machen. Dabei handelt es sich um eine willkürliche Annahme, die kaum Anhalt an den Texten hat, sondern hochgradig von einem konstruierten Wunschbild des vierten Evangelisten als bekehrtem Gnostiker und einer Art Vordenker des Entmythologisierungsprogramms geprägt ist. Die beanstandeten Passagen sind wichtige Bestandteile des vierten Evangeliums, das auf einen nicht mehr exakt rekonstruierbaren

Literarische Einheitlichkeit

Die Geschichte von der Ehebrecherin ist kein ursprünglicher Teil des Johannesevangeliums

Entstehungsprozess zurückblickt. Offenkundig wurde es von seinem Verfasser in mehreren Etappen überarbeitet bzw. einer mehrstufigen *relecture* unterzogen. An diesem komplexen Prozess waren auch Schüler des Evangelisten beteiligt.

Jesus und Johannes der Täufer

Das Täuferbild des Johannesevangeliums weist unverwechselbare Züge auf. Die positive Funktion Johannes des Täufers im vierten Evangelium besteht darin, für Jesus Zeugnis abzulegen. In seinem Mund begegnet das zentrale Bekenntnis von Jesus als Lamm Gottes, das die Sünde der Welt trägt (1,29). Ansonsten wird der Täufer abgewertet. Er gilt weder als Prophet noch als wiederkehrender Elia (1,25) und tat keine Wunder (10,41). Die Heilsbedeutung der Johannestaufe zur Vergebung der Sünden findet keine Erwähnung, Jesu Taufe durch Johannes wird nicht geschildert. Nur das Johannesevangelium weiß zu berichten, dass Jesus seine ersten Jünger vom Täufer »abgeworben« hat (1,35-42) und die Taufe seines Lehrers eine Zeit lang fortführte (3,22-26). Die johanneische Gemeinde verortet ihre Wurzeln offensichtlich in Täuferkreisen und reduziert dabei den Täufer allein auf die Funktion des Zeugen Christi.

Christologie

Das Johannesevangelium vertritt eine Drei-Stufen-Christologie mit Präexistenz, Inkarnation und Erhöhung Jesu Christi, wie sie aus den neutestamentlichen Christushymnen (Phil 2,6-11; Hebr 1,3f) bekannt ist. Gemäß dem Prolog (1,1-18) war der präexistente Jesus als der Logos, das personifizierte »Wort« Gottes, schon an der Schöpfung beteiligt, um dann die Gestalt eines irdischen Wesens aus Fleisch und Blut anzunehmen und zum Licht der Welt zu werden. Das Evangelium selbst schildert den Lebensweg des menschgewordenen Logos und begreift

> **Vertritt Johannes einen »naiven Doketismus«?**

dessen Tod pointiert als Erhöhung (3,14; 12,32) und Verherrlichung (12,23). Dies wirft die kritische Frage auf, ob der Kreuzestod im Johannesevangelium überhaupt eine eigenständige Heilsbedeutung besitzt oder nicht primär ein notwendiges Durchgangsstadium zur himmlischen Herrlichkeit Jesu darstellt. Im Passionsbericht überlagern die Züge des strahlenden Siegers das Bild des gequälten und verzweifelten Jesus, wie es in den ersten drei Evangelien begegnet. Dies hat zu der provokanten These geführt, das Johannesevangelium vertrete einen »naiven Doketismus«, indem es Jesus als über die Erde wandelnden Gott zeichne und nur mit dem Mindestrepertoire an irdischen Züge ausstatte, die für jemanden nötig seien, der sich eine Weile bei den Menschen aufhält (E. Käsemann). Unter Doketismus versteht man die von Gnostikern vertretene Irrlehre, dass Jesus nicht wirklich Mensch geworden sei und lediglich über einen Scheinleib verfügt habe. Auch wenn dies wohl zu weit geht, zeigen die Konflikte in den Johannesbriefen, dass das Johannesevangelium in dieser Richtung interpretierbar war. Die aus der Mitte der Gemeinde hervorgegangenen Gegner, welche die reale Menschwerdung Jesu in Abrede stellten (1Joh 4,1-3; 2Joh 7), berufen sich offenkundig auf die Herrlichkeitschristologie des vierten Evangeliums.

Gegenwart des Heils

Im Johannesevangelium wird die Gegenwart des Heils radikal betont. Das Zentralthema ist die heilvolle Selbstoffenbarung Jesu Christi, wie sie sich in charakteristischer Form in den »Ich-bin-Reden« zeigt. Der Anspruch Jesu als des menschgewordenen göttlichen Logos ruft den Menschen in die Entscheidung und stellt ihn vor die Alternative zwischen Glaube oder Unglaube, Heil oder Gericht. Es wird betont, dass für die an Jesus Glaubenden die Auferstehung bereits vollzogen ist. Wer sein Wort hört, »der kommt nicht mehr ins Gericht, sondern ist schon vom Tod ins Leben hinübergegangen« (5,24). Die Auferweckung des

Lazarus, bei der es nur noch vordergründig um die Rückkehr in nach wie vor vergängliches Leben geht, gewinnt Vorbildcharakter für die Auferstehung der Toten, die der Glaubende bereits gegenwärtig besitzt. Der Tod im alten Sinne ist bedeutungslos geworden, denn wer Jesus im Glauben ergreift, hat bereits Anteil am ewigen Leben (11,24-26). Die futurische Heilserwartung wird zwar nicht aufgegeben (5,28f, 6,39f.44), tritt aber in den Hintergrund.

Das Johannesevangelium beschränkt sich auf eine Auswahl von sieben Wundern Jesu, bei denen im Vergleich zu den Synoptikern aber das wunderhafte Element massiv gesteigert ist. Dämonenaustreibungen fehlen traditionsbedingt oder durch bewusste Unterdrückung völlig. Die Diskussion um das johanneische Wunderverständnis war lange von der Auffassung geprägt, der Evangelist habe nur deshalb auf eine Sammlung von Wundergeschichten (Semeiaquelle) zurückgegriffen, um deren positive Sicht des Wunders kritisch umzubiegen (R. Bultmann, J. Becker). In Wirklichkeit stellen die Wunder einen integralen Bestandteil der johanneischen Christologie dar. Die den Wundern positiv gegenüberstehenden Aussagen sind keine widerwillig mitgeschleppten Traditionsrelikte, sondern spiegeln die Theologie des Evangelisten wider. Die als Zeichen (*semeia*) geltenden Wunder demonstrieren die Hoheit Jesu, machen seine himmlische Herrlichkeit sichtbar (Joh 2,11; 11,4.40) und wecken Glauben (4,53; 20,30f), auch wenn dieser durch das Hören des Wortes ergänzungsbedürftig ist (4,48; 20,29). Eigenständige Offenbarungsfunktion misst Johannes den Zeichen in Joh 2,1-11, 4,46-54 und 6,16-21 bei. Anderen Wundern wird durch Offenbarungsreden Jesu ein tieferer Sinn eingehaucht. Die grundlegende Bedeutung des Wunders bleibt unangetastet, doch das Wort erschließt interpretativ eine symbolträchtige Tiefendimension, die das Wunder gleichsam doppelbödig erscheinen lässt und den Blick auf Jesus als Lebensspender öffnet.

Verständnis der Wunder Jesu

Neu gegenüber den anderen Evangelien sind bei Johannes große Abschiedsreden, in denen Jesus Anordnungen über seinen Tod hinaus gibt. Die Jünger repräsentieren dabei die Gemeinde. Es geht um die Zukunftssicherung der Kirche für die Zeit nach dem Weggang Jesu. Die Abschiedsrede ist ein Stilmittel aus jüdischer Tradition. Im Alten Testament finden sich Abschiedsreden von Mose (Dtn 32,44-47) und Josua (Jos 23-24) an die Israeliten. Voll ausgeprägt ist die literarische Gattung der Abschiedsrede dann in den »Testamenten der zwölf Patriarchen«, einer jüdischen Schrift aus der Zeit zwischen den Testamenten. Durch Einbettung in die Abschiedssituation wird die Autorität von Weisungen mahnenden oder tröstenden Charakters gesteigert, indem sie als Vermächtnis und letzter Wille der aus der Welt scheidenden Person begegnen. Im Mittelpunkt der johanneischen Abschiedsreden stehen die Einschärfung des Liebesgebotes, die Zusicherung der bleibenden Gemeinschaft mit dem aus der Welt scheidenden Jesus, die Verheißung des Heiligen Geistes als Paraklet (Tröster, Fürsprecher) für die Zeit nach dem Weggang Jesu und der Trost angesichts der Verfolgung um des Glaubens willen.

Abschiedsreden Jesu

> **In den Abschiedsreden geht es um die Zukunftssicherung der Kirche**

Einzelne Stellen des Johannesevangeliums geben zu erkennen, dass die johanneische Gemeinde von einem pharisäisch bestimmten Judentum aus der Synagoge ausgeschlossen wurde (Joh 9,22; 12,42; 16,2). Im Hintergrund dürften erste Versuche der Versammlung von Jabne stehen, nach der Katastrophe der Tempelzerstörung ein normatives Judentum zu etablieren und um der Einheit Israels wil-

Synagogenausschluss

len nicht konform gehende Meinungen abzuwehren. In diesem Zusammenhang wurde das Achtzehngebet um eine Ketzerverfluchung erweitert, die sich zwar nicht gezielt gegen Judenchristen richtete, von der diese aber mitbetroffen waren. Eine Verfluchung von Judenchristen in Synagogen ist auch durch Justin verbürgt (*dial.*16,4). Der Synagogenausschluss ging mit einem schmerzhaften Abbruch der sozialen und wirtschaftlichen Verbindungen einher. Vor diesem Hintergrund erklären sich die höchst problematischen Aussagen des Johannesevangeliums über die Juden als Kinder des Teufels (8,44), die in der Kirchengeschichte immer wieder zur Rechtfertigung judenfeindlichen Denkens und Handelns missbraucht wurden. Dabei handelt es sich um eine »Tragödie der Nähe«. Das johanneische Christentum stellt eine jüdische Minderheit dar, die vom Synagogenausschluss betroffen ist, um ihre Existenz ringt und dabei zu einer polemisch verzerrten Darstellung des feindlich gesonnenen Judentums kommt.

Abweichender Todestag Jesu

Alle Evangelien bezeugen, dass das Abschiedsmahl Jesu nach unserer Zeiteinteilung an einem Donnerstagabend stattfand. Nach jüdischer Zeiteinteilung hatte mit Sonnenuntergang bereits der neue Tag begonnen, an dem dann auch die Verurteilung und Hinrichtung Jesu erfolgte. In den Evangelien des Markus, Matthäus und Lukas ist das Abschiedsmahl Jesu als Passahmahl gekennzeichnet. Nach der Darstellung des Johannesevangeliums war der Tag des letzten Mahls und der Kreuzigung Jesu dagegen der Rüsttag für das Passahfest (Joh 19,31). Johannes könnte aus theologischen Gründen die Kreuzigung Jesu auf den Rüsttag verlegt haben, um den Tod Christi als Lamm Gottes (1,29) mit der Schlachtung der Passahlämmer zeitlich zusammenfallen zu lassen. Es spricht aber viel dafür, dass Johannes die zuverlässigere Chronologie bewahrt hat. Das jüdische Recht verbietet es, an Festtagen Prozesse zu führen oder Schuldsprüche zu fällen (*Sanh* 4,1). Die Vorstellung, dass die Römer am Passahfest Kreuzigungen durchführten und damit Unruhen riskierten, bereitet Schwierigkeiten. Zudem macht die Amnestie, von der Barabbas profitierte, mehr Sinn, wenn der Freigelassene auch am Passahmahl teilnehmen konnte.

Jesus wurde wahrscheinlich am Vortag des Passahfestes gekreuzigt

Der »Lieblingsjünger«

Den »Jünger, den Jesus liebte«, der in der Literatur meist als »Lieblingsjünger« bezeichnet wird, kennt nur das vierte Evangelium. Einzelne Lieblingsjüngerstellen wurden erst im Laufe der komplexen Entstehungsgeschichte des Evangeliums nachträglich eingefügt. Der Lieblingsjünger ist eine mit Petrus konkurrierende Figur, die ganz nah an Jesus herangerückt wird und als dessen engster Vertrauter begegnet. Er liegt beim Abschiedsmahl an der Brust Jesu (13,23), wird unter dem Kreuz von Maria adoptiert (19,26f), gewinnt den Wettlauf zum leeren Grab (20,4) und erkennt beim wunderbaren Fischfang als erster den auferstandenen Herrn (21,7). Damit läuft er Petrus, dessen gesamtkirchliche Bedeutung als Fels (1,42) und Hirte (21,15) aber auch für die johanneische Gemeinde außer Frage stehen, den Rang ab.

Verfasser und Entstehungszeit

Das Evangelium wird in der *Inscriptio* oder *Subscriptio* der Bibelhandschriften einer Person namens Johannes zugeschrieben und im Nachtragskapitel auf den »Lieblingsjünger« zurückgeführt (21,24). Vor diesem Hintergrund wird um 180 n. Chr. von Irenäus der Apostel Johannes Zebedäus als Lieblingsjünger identifiziert und für den Verfasser des Evangeliums gehalten (Iren., *haer.* 3,1,1). Er habe in Ephesus bis in die Zeit Traians (98-117 n. Chr.) gelebt und dort das Johannesevangelium herausgegeben, um die gnostischen Lehren des Kerinth und der Nikolaiten zu widerlegen (3,11,1). Mit der historisch unwahrscheinlichen Platzierung der Tempelreinigung an den Anfang des Wirkens Jesu, dem völligen Fehlen von Gleichnissen, dem weitgehenden Zurücktreten der Botschaft von der Gottesherrschaft als Mitte der Verkündigung Jesu und seiner an der nachösterlichen Perspektive orientierten Gedankenwelt stammt das Johannesevangelium allerdings kaum von einem Augenzeugen des Lebens Jesu. Es wurde von einer Gründergestalt der johanneischen Gemeinde abgefasst, die sich selbst als »Lieblingsjünger« an zentralen Stellen der Jesusgeschichte in das Erzählgeschehen einbringt, um als vermeintlicher Augenzeuge und Garant der Wahrheit das Johannesevangelium mit seinem eigenständigen theologischen Entwurf zu autorisieren und legitimieren. Wenn schon Irenäus das Johannesevangelium nach Ephesus lokalisiert, dürfte dies den Tatsachen entsprechen. Zuweilen wird wegen der palästinischen Prägung des Johannesevangeliums aber auch Syrien bzw. das Königreich von Agrippa II. als Abfassungsort in Erwägung gezogen. Der Versuch, beide Abfassungstheorien durch Mutmaßungen über einen Umzug der johanneischen Gemeinde aus dem syrischen in den kleinasiatischen Raum miteinander zu verbinden, bleibt hochspekulativ. Da das Johannesevangelium auf der einen Seite mit den Aussagen vom Synagogenausschluss wohl die im späten 1. Jh. n. Chr. entstandene Ketzerverfluchung durch die Rabbinen widerspiegelt, auf der anderen Seite in der ersten Hälfte des 2. Jh. n. Chr. durch den Papyrus 52 handschriftlich bezeugt ist und im ersten Johannesbrief verarbeitet wird, ist es um 100 n. Chr. entstanden. Der Versuch einer Frühdatierung in die Zeit um 60 n. Chr. (K. Berger) erweist sich als wenig überzeugend und hat keine Akzeptanz gefunden.

> Der Autor rückt als »Lieblingsjünger« in die engstmögliche Nähe zu Jesus

■ Die Apostelgeschichte

Lukas hat die Apostelgeschichte als Fortsetzung seines Evangeliums konzipiert und damit etwas völlig Neues geschaffen. Der Titel des Werkes lautet in den griechischen Bibelhandschriften überwiegend »Taten der Apostel« (*praxeis apostolōn*). Diese nicht von Lukas stammende, sondern später aufgekommene Bezeichnung ordnet die Apostelgeschichte in die antike Praxeis-Literatur ein. Als Praxeis werden romanhafte Biographien bezeichnet, die eine Aneinanderreihung wunderbarer Taten berühmter Persönlichkeiten bieten. Diese Zuordnung wird allerdings dem literarischen Charakter des Werks nicht gerecht. Anders als in den apokryphen Apostelakten, die anschauliche Zeugnisse der christlichen Praxeis-Literatur sind, machen in der kanonischen Apostelgeschichte Wundertaten und andere spektakuläre Ereignisse nur einen Bruchteil der Schilderung aus. Zudem will Lukas keinen Roman, sondern eine geschichtliche Abhandlung verfassen. Das vorrangige Interesse liegt in der Darstellung dessen, wie durch Gottes Handeln die Kirche entstand und das Evangelium sich von Jerusalem aus über Judäa und Samaria in die gesamte Welt ausbreitete. Mit dieser Zielsetzung stellt die Apostelgeschichte ein Stück antiker Historiographie dar und steht in der Tradition von Geschichtswerken sowohl aus dem alttestamentlich-jüdischen wie auch aus dem hellenistisch-römischen Bereich. Der Form nach kann man sie am ehesten als historische Monographie bezeichnen (E. Plümacher), in der Lukas

> Literarischer Charakter

sich der Darstellungsmittel der antiken Historiographie bedient, um die theologische Aufgabe einer religiösen Geschichtsbetrachtung zu bewältigen. Dabei dürfen die antiken Geschichtsschreiber nicht mit den Maßstäben der neuzeitlichen Geschichtswissenschaft gemessen werden. Fiktive Reden der Protagonisten an entscheidenden Punkten des Geschehens waren ebenso wie die Integration von Wundern ein typisches Stilmittel der Darstellung. Anders als pagane Geschichtsschreiber lässt Lukas aber einen kritischen Abstand zum Berichteten und eine prüfende Abwägung unterschiedlicher Nachrichten über die Ereignisse vermissen. Die Apostelgeschichte bietet damit apologetische Historiographie zur Etablierung der eigenen Identität gegenüber der Außenwahrnehmung (K. Backhaus).

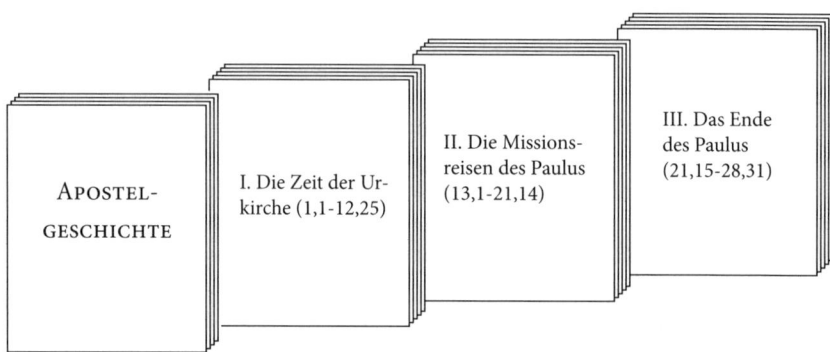

Aufbau und Inhalt

Im *ersten Hauptteil* seines Werkes (1,1-12,25) schildert Lukas in zwei Blöcken die Zeit der Urkirche. Zunächst geht es um das Leben der Jerusalemer Urgemeinde (1,1-5,42), dann um die vorpaulinische Mission (6,1-12,25). Indem Lukas mit der nochmaligen Erzählung der Himmelfahrt einsetzt, die bereits den Abschluss des Evangeliums bildete, schafft er innerhalb seines Doppelwerks einen kunstvollen Übergang. Danach wird über das Ende des Judas und die Nachwahl des Matthias in den Zwölferkreis berichtet. Zentrale Aspekte der Pfingstgeschichte (2,1-41) sind die Geistausgießung, das Sprachenwunder und die erste große Rede des Petrus. Bei der Schilderung des Gemeindelebens der ersten Christusgläubigen in Jerusalem (3,1-5,42) stehen Heilungswunder, Besitzverzicht und Konflikte mit dem saddzäisch dominierten Synedrion im Mittelpunkt der Darstellung. Mit dem Märtyrertod des Stephanus und der Flucht der Hellenisten aus Jerusalem (6,1-8,3) öffnet sich die Perspektive auf die Verbreitung des Evangeliums außerhalb Jerusalems. Zunächst werden die missionarischen Aktivitäten des Evangelisten Philippus aus dem Stephanuskreis in Samaria und in der Gegend um Gaza geschildert (8,4-40). Nach dem Bericht über die Bekehrung des Paulus vor Damaskus und seine Anfänge als Verkündiger des neuen Glaubens (9,1-31) kommen das Wirken des Petrus in der palästinischen Küstenebene (9,32-11,18) und die zur Entstehung des Christennamens führende Mission der Hellenisten im syrischen Antiochia (11,19-30) in den Blick. Mit der Schilderung der Verfolgung der Urgemeinde durch König Herodes Agrippa I. schwenkt die Kamera nach Jerusalem zurück. Der *zweite Hauptteil* (13,1-21,14), der sich in drei Blöcke untergliedert, kreist um die Missionsreisen des Paulus. Zunächst schildert Lukas die von Barnabas und Paulus im Auftrag der Gemeinde von Antiochia durchgeführte »erste Missionsreise« nach Zypern und Kleinasiens, die den Apostelkonvent nach sich zog (Apg 13,1-15,35). Danach kommen die »zweite Missionsreise« mit dem Aufbruch des Paulus nach Europa (Apg 15,36-18,22) und die »dritte Missionsreise«, die den Aufenthalt des Paulus in Ephesus und die Kollektenreise nach Jerusalem beinhaltet (Apg 18,23-21,14), ausführlich zur Sprache. Der *dritte und letzte Hauptteil* der Apostelgeschichte nimmt das Ende des Paulus in den Blick. Zunächst geht es um die Verhaftung des Paulus in Jerusalem und den Prozess in Cäsarea (21,15-26,30), dann um die Überführung des Gefangenen nach Rom (27,1-28,31), die vom Schiffbruch vor Malta und von Wundertaten auf der Insel begleitet ist. Die Apostelgeschichte endet mit der Schilderung dessen, wie Paulus in Rom in eine mildere Form der Untersuchungshaft genommen wird, bei der er unter Bewachung in einer Privatwohnung lebt und Besucher empfangen kann. Rätselhaft bleibt, warum Lukas den aus frühen außerbiblischen Quellen verbürgten Märtyrertod des Paulus verschweigt.

Dass Lukas seine 28 Kapitel umfassende Apostelgeschichte nicht ohne den Rückgriff auf Quellen und Vorlagen geschaffen haben kann, versteht sich von selbst. Die Suche nach zusammenhängenden Quellenschriften hat bislang allerdings nicht zu allgemein anerkannten Ergebnissen geführt. Für die Darstellung des Lebens der Urgemeinde (Apg 1-5; 12) konnte Lukas vermutlich auf Jerusalemer Traditionen zurückgreifen, die sich aber kaum einer durchgehenden Quellenschrift verdanken. Gewisser Beliebtheit erfreut sich nach wie vor die durch Adolf von Harnack begründete Vermutung, dass weiten Teilen dessen, was in Apg 6-15 erzählt wird, eine Quelle aus der Gemeinde von Antiochia (6,1-8,4; 11,19-30; 12,25-15,35) zugrunde liegt. Die recht unterschiedlichen, zum Teil deutlich von der Rekonstruktion Adolf von Harnacks abweichenden Vorstellungen vom Umfang dieser antiochenischen Quelle deuten bereits die Schwierigkeit an, zu methodisch abgesicherten Ergebnissen zu kommen. Zumindest der Bericht über die »erste Missionsreise« und den Apostelkonvent dürfte aber im Kern aus antiochenischer Gemeindetradition stammen. Bei der Darstellung des missionarischen Wirkens von Philippus (8,5-40) und Petrus (9,32-11,18), das Adolf von Harnack als Teil einer »jerusalemisch-cäsareensischen Quelle« plausibel machen wollte, stützte Lukas sich in Wirklichkeit wohl auf mündliche Traditionen oder Erzählkränze über die großen Gestalten der Frühzeit, die in den Gemeinden noch lebendig waren. Der Bericht über die Bekehrung des Paulus (Apg 9) dürfte auf einer Lokaltradition aus der Gemeinde von Damaskus basieren.

Auch die Diskussion um eine in Apg 16-28 verarbeitete »Wir-Quelle« bleibt kontrovers. Fakt ist, dass einzelne Textabschnitte im Unterschied zur übrigen Berichterstattung in der ersten Person Plural formuliert sind (16,10-17; 20,5-15; 21,1-18; 27,1-28,16). Nicht selten rechnet man mit dem Rückgriff des Lukas auf Aufzeichnungen eines Augenzeugen, wobei am ehesten Timotheus in Betracht zu ziehen wäre. Da sich die Wir-Passagen allerdings im Vokabular und Stil nicht signifikant vom Rest der Apostelgeschichte unterscheiden, gehen andere davon aus, dass sich mit dem »wir« Lukas selbst zu Wort meldet, um seine persönliche Anwesenheit bei den geschilderten Ereignissen kenntlich zu machen. Dabei zieht man ergänzend in Erwägung, dass es sich bei den Wir-Passagen um Reisenotizen des Lukas aus der Zeit des gemeinsamen Wirkens mit Paulus handelte, auf die er Jahrzehnte später bei Abfassung seines Geschichtswerks zurückgreifen konnte.

Antiochenische Quelle

Die Suche nach Quellenschriften der Apostelgeschichte gestaltet sich schwierig

Die Wir-Passagen

Wenn man angesichts der schwer erklärbaren Unkenntnis des Lukas über einzelne Reisewege und die Theologie des Paulus einen Begleiter und Mitarbeiter des Apostels als Verfasser der Apostelgeschichte ausschließt, drängt sich ein drittes Erklärungsmodell für die Wir-Passagen auf. Die Verwendung des »wir« ist dann am ehesten ein fiktives Stilmittel des Lukas, mit dem dieser eine persönliche Augenzeugenschaft vorspiegeln wollte, ohne tatsächlich bei den geschilderten Ereignissen dabei gewesen zu sein.

Itinerar und Rechenschaftsbericht

Während sich der Nachweis umfangreicher Quellenschriften in der Apostelgeschichte somit als schwierig erweist, erfreut sich die von Martin Dibelius begründete Annahme eines von Lukas in Apg 13,4-21,16 verarbeiteten Reisestationenverzeichnisses größerer Akzeptanz. Ein derartiges Itinerar, das die Reisestationen des Paulus auflistete und durch kurze Notizen erläuterte, könnte das Gerippe für das Mittelstück der Apostelgeschichte gebildet haben, das Lukas dann durch Paulusreden und Einzeltraditionen mit Fleisch versah. Für Apg 20,4-21,18 allerdings wurde die These ins Spiel gebracht, dass Lukas hier Teile eines Rechenschaftsberichts über die Kollektenreise des Paulus verarbeite (D.-A. Koch). Dieser Bericht sei von einem Kollektendelegierten aus Philippi verfasst worden, um gegenüber seiner Gemeinde Rechenschaft über die ordnungsgemäße Verwendung der Spendengelder abzulegen. Lukas habe daraus nur die Darstellung der Hinfahrt nach Jerusalem verwendet und um die große Abschiedsrede des Paulus in Milet (20,18-38) bereichert. Wenn tatsächlich eine derartige Quelle existiert haben sollte, dürfte sie allerdings auch die Nachricht über die paulinische Finanzierung von Opferhandlungen am Tempel (21,23-26) enthalten haben, die über den Verbleib der Spendengelder Auskunft gibt.

Die Reden der Apostelgeschichte

An nahezu allen markanten Punkten im Gesamtablauf der Apostelgeschichte baut Lukas große Reden ein, die ungefähr ein Drittel des Gesamtwerks umfassen. Die Mehrzahl der Reden verteilt sich gleichmäßig auf Petrus und Paulus, aber auch andere Personen wie Gamaliel der Große oder Stephanus treten als Redner auf den Plan. Auch wenn diese Reden auf den ersten Blick den Eindruck der Situationsechtheit vermitteln, bedeutet dies nicht, dass sie von den betreffenden Personen in der vorliegenden Form gehalten wurden und Lukas protokollarische Aufzeichnungen davon zur Verfügung hatte. Wie andere antike Schriftsteller nimmt sich Lukas die Freiheit, Reden zu komponieren und sie an passender Stelle den Protagonisten in den Mund zu legen. Diese Vorgehensweise gehörte zu den bewusst gewählten Darstellungsmitteln antiker Historiker.

Fiktive Reden zählen zum Repertoire antiker Geschichtsschreiber

Reden stellen in antiken Historiographien bestenfalls ungefähre sinngemäße Wiedergaben des tatsächlich Gesagten dar und sind von einer großen Gestaltungsfreiheit des jeweiligen Schriftstellers gekennzeichnet sind. Die Apostelgeschichte, in deren Reden die besonderen Merkmale der lukanischen Sprache und Theologie markant in den Vordergrund treten, macht diesbezüglich keine Ausnahme. Dies schließt allerdings Traditionsgrundlagen und eventuelle geschichtliche Haftpunkte in einzelnen Reden nicht aus.

Geschichtswert der Apostelgeschichte

Trotz der deutlich erkennbaren lukanischen Gestaltungstendenzen ist der Geschichtswert der Apostelgeschichte grundsätzlich hoch zu veranschlagen. Das Werk stellt die wichtigste Quelle für eine Rekonstruktion der Anfänge der christlichen Kirche dar, enthält eine Vielzahl von nachweislich zutreffenden Nachrichten und verdient allgemein größeres Zutrauen, als ihm in der Forschungsgeschichte oftmals zugebilligt wurde. Das von der redaktionskritischen Forschung in den Raum gestellte Bild des Lukas als Erbauungsschriftsteller, der sich die Ereignisse nach Gutdünken zusammengereimt oder Episoden nach Bedarf frei erfunden habe, wird der Bedeutung seines Werkes nicht gerecht. Weite Teile dessen, was Lukas über das Wirken des Paulus berichtet, sind auch durch die Paulusbriefe bezeugt und werden von ihnen bestätigt. In zahlreichen Punkten sind allerdings die Informationen des Lukas lückenhaft oder tendenziös. Über den unmittelbar an das Damaskuserlebnis anschließenden Arabienaufenthalt des Paulus (Gal 1,17) weiß er nichts. Für die lebensbedrohliche Situation, die zur abenteuerlichen Flucht des Paulus aus Damaskus führte, macht er in problematischer Weise die Juden der Stadt verantwortlich (Apg 9,23-25), während in Wirklichkeit der Ethnarch des Nabatäerkönigs Aretas IV. dem Apostel nach dem Leben trachtete (2Kor 11,32f). Die Jerusalemreise des Paulus in Apg 11,30/12,25 kann zu dem betreffenden Zeitpunkt nicht stattgefunden haben, da Paulus nach eigenem Bekunden die Heilige Stadt erst zur Teilnahme am Apostelkonvent das zweite Mal nach dem Damaskuserlebnis aufsuchte (Gal 2,1). Den antiochenischen Streit (Gal 2,11-14) als eigentlichen Grund für die Trennung von Paulus und Barnabas kennt Lukas nicht oder verschweigt ihn diskret. Die in den Paulusbriefen vielfach erwähnte Kollekte für Jerusalem unterschlägt Lukas wegen ihres mutmaßlichen Scheiterns bis auf eine Randbemerkung (Apg 24,17). Auffällig ist zudem, dass sich in der Apostelgeschichte die Grundzüge der paulinischen Theologie, wie sie in den Briefen des Apostels greifbar wird, so gut wie nicht widerspiegeln. Dies gilt vor allem für die paulinische Lehre vom heilvollen Sühnetod Christi und der Glaubensgerechtigkeit, die lediglich an zwei Stellen anklingt (13,38f; 15,9-11). Während Paulus immer wieder die für sein Selbstverständnis grundlegende Bedeutung der Berufung zum Apostel betont (u.a. 1Kor 9,1; Gal 1,1), wird ihm im zweiten Teil des lukanischen Doppelwerks der Aposteltitel mit Ausnahme von Apg 14,4.14 vorenthalten, da Lukas die Apostelwürde auf den Zwölferkreis beschränkt sieht.

> Die Informationen der Apostelgeschichte über Paulus bleiben lückenhaft

In der Apostelgeschichte geht es um die Schilderung dessen, wie durch Gottes Handeln die Kirche entsteht und das Evangelium sich von Jerusalem aus über Judäa und Samaria in die gesamte Welt ausbreitet. Apg 1,8 bringt diese Programmatik formelhaft auf den Punkt. Indem Lukas seinem Evangelium in Gestalt der Apostelgeschichte eine Fortsetzung gibt, rückt er die Jesusgeschichte in eine völlig neue Perspektive. Er reagiert damit auf das Problem der ausbleibenden bzw. sich verzögernden Wiederkehr Christi und entdeckt die theologische Dimension von Geschichte, die sich von Israel über Jesus bis in die Kirche hineinstreckt und eng mit der Weltgeschichte verwoben ist. Schon der Sachverhalt, dass Lukas die Idee zur Abfassung einer Art »Kirchengeschichte« entwickelt und die Anfänge der Evangeliumsverkündigung für die Nachwelt festhalten will, zeugt von einem Schwinden der Naherwartung. Lukas stellt im zweiten Teil seines Doppelwerks die Geschichte des Christuszeugnisses von Jerusalem bis nach Rom, von den Juden zu den Heiden, von Jesus bis zu Paulus dar. Indem die Apostel als authentische Zeugen die Kontinuität zwischen der Jesuszeit und der Zeit der Urkirche verbürgen (1,8) und Paulus dank des Damaskuserlebnisses an dieser Zeugenschaft partizipiert (26,16), will Lukas die Zuverlässigkeit und Unverfälschtheit des Christuszeugnisses erweisen und den Lesern die Gewissheit vermitteln, dass

> Theologie der Heilsgeschichte

Gott alle seine Verheißungen erfüllen wird, zumal in der vom Lukasevangelium beschriebenen Jesuszeit bereits eine Teilverwirklichung des universalen Heils geschehen ist. In diesem Zusammenhang ist Lukas in besonderem Maße an der Israelfrage interessiert. Dabei betont er einerseits die heilsgeschichtliche Priorität Israels (Apg 3,25f), lässt aber andererseits keinen Zweifel daran, dass mit der ablehnenden Haltung Israels gegenüber dem Evangelium das Heilsangebot an die Völkerwelt übergegangen ist (13,46). Wenn das Verhalten Israels und der Übergang des Heils an die Heiden am Ende der Apostelgeschichte ausdrücklich auf eine Verstockung zurückgeführt wird (28,25-27), könnte Lukas in Analogie zu Paulus (Röm 11,25f) durchaus die Hoffnung gehabt haben, dass Gott diese am Ende der Tage aufheben wird.

Verfasser und Entstehungszeit

Die Apostelgeschichte wurde vom Autor des Lukasevangeliums als dessen Fortsetzung konzipiert. Sie bildet damit den zweiten Teil des lukanischen Doppelwerkes, über dessen Verfasser bereits oben im Zusammenhang des Lukasevangeliums Erwägungen angestellt wurden. Euseb vertritt die Auffassung, dass Lukas in der Apostelgeschichte als Begleiter des Paulus und Vertrauter der übrigen Apostel nicht mehr wie im Evangelium nur Gehörtes, sondern vielmehr persönlich Erlebtes aufgezeichnet habe (Euseb, *hist. eccl.* 3,4,6). Eine kritische Analyse der Apostelgeschichte zeigt allerdings deutlich, dass der altkirchlichen Tradition von Lukas dem Arzt aus dem Umfeld des Paulus (Phlm 24; Kol 4,14; 2Tim 4,11) als Verfasser des lukanischen Doppelwerks mit größter Skepsis zu begegnen ist. Der Autor der Apostelgeschichte ist zwar deutlich in der Paulustradition verwurzelt, zeigt sich aber in entscheidenden Punkten der Paulusbiographie schlecht oder falsch informiert und scheint die Lehren des Paulus nur vom Hörensagen zu kennen. Jedenfalls lässt er keinerlei tiefere Kenntnis paulinischer Theologie erkennen, wie man sie von einem Mitarbeiter und Begleiter des Apostels auf dessen Missionsreisen erwarten würde. Auch das Erklärungsmodell, der vermeintlich hinter dem »wir« steckende Verfasser des lukanischen Doppelwerks sei nach dem Gründungsaufenthalt in Philippi (Apg 16,11-18) erst wieder bei der Kollektenreise (Apg 20,6ff) an der Seite des Paulus gewesen und habe die dazwischen liegende Phase der Abfassung der Paulusbriefe verpasst (M. Wolter), bietet keine wirklich befriedigende Lösung dieses Dilemmas. Das lukanische Doppelwerk stammt von einem hellenistisch gebildeten und mit jüdischen Traditionen vertrauten Autor, der den Namen Lukas getragen haben kann, uns aber nicht näher bekannt ist. Die Apostelgeschichte wurde von ihm wahrscheinlich in der Zeit zwischen 90 und 100 n. Chr. geschrieben.

> **Lukas scheint die paulinische Theologie nur vom Hörensagen zu kennen**

IX. Geschichte des Urchristentums

Nach der Kreuzigung auf Golgotha schien die Sache Jesu ein für alle Mal gescheitert zu sein, doch behielt die Hoffnungslosigkeit seiner Anhänger nicht das letzte Wort. Mit dem Ostergeschehen erfolgte ein Neuanfang, der zur Entstehung der Kirche führen und die Weltgeschichte nachhaltig verändern sollte. Entscheidend für diesen Umschwung war der Glaube daran, dass Gott seinen Sohn nicht im Stich gelassen, sondern am dritten Tage von den Toten auferweckt hatte. Dieses Geschehen wurde als Auftakt der Endzeit betrachtet und verdichtete sich im Pfingstereignis mit der Geistererfahrung, die als Erfüllung der auf die letzten Tage bezogenen Verheißung des Propheten Joel galt (Apg 2,14-21). Von Jerusalem aus verbreitete sich der neue Glaube in atemberaubender Geschwindigkeit im gesamten Römischen Reich. Dies geschah nicht allein durch planmäßige Mission, sondern auch durch Mund-zu-Mund-Propaganda von Kaufleuten oder Reisenden. Eine gewichtige Rolle spielten sicher die unzähligen Pilger, die Jerusalem alljährlich zu den großen Wallfahrtsfesten aufsuchten und von denen manche das Evangelium von Jesus Christus in ihre Heimat mitbrachten. Die Anfänge der Kirche und die Verbreitung des christlichen Glaubens sind durch eine wechselhafte Geschichte gekennzeichnet, deren Konturen sich in den neutestamentlichen Schriften deutlich abzeichnen. Als bahnbrechend erwies sich der Übergang des Christentums von einer innerjüdischen Erneuerungsbewegung zu einer neuen Religionsgemeinschaft, deren Mitglieder mehrheitlich aus der Völkerwelt stammten und ohne den Umweg über das Judentum zu Christen wurden. Mit der raschen Ausbreitung des christlichen Glaubens gerieten seine Anhänger bald auch in das Visier der römischen Behörden. In Judäa war die Entwicklung des Christentums eng mit der wechselvollen Geschichte des Judentums verbunden, für das sich die beiden gescheiterten Aufstände gegen Rom als schicksalhaft erweisen sollten. Aufgrund der lückenhaften Quellenlage bleiben allerdings viele Fragen der Geschichte des Urchristentums offen. Beispielsweise erfahren wir aus dem Neuen Testament und den frühen außerkanonischen Schriften nicht das Geringste darüber, wie das Evangelium nach Ägypten kam, das bald eines der blühenden Zentren des Christentums war.

Anfänge der Kirche

Der neue Glaube verbreitete sich in atemberaubender Geschwindigkeit

■ Die Jerusalemer Urgemeinde

Die Anfänge der christlichen Kirche sind in Jerusalem zu lokalisieren. Vor dem Hintergrund der Erfahrung, dass Jesus nicht im Tod geblieben war, bildete sich dort die »Urgemeinde«, die in der Frühzeit des Christentums das unumschränkte Zentrum der Kirche darstellte und deren Geschicke für die folgenden Jahrzehnte maßgeblich bestimmte. Mit den Erscheinungen des auferstandenen Jesus war eine Neukonstituierung des nach der Kreuzigung in tiefer Resignation am Boden liegenden Zwölferkreises verbunden. Nach dem zwangsläufigen Ausscheiden des Judas aus dem Zwölferkreis kam es zur Nachwahl des Matthias, um das symbolträchtige Gremium wieder zu vervollständigen (Apg 1,15-26). An Pfingsten, dem sieben Wochen nach dem Passah begangenen jüdischen Wochenfest (*Shavuot*),

Ostererfahrung und Pfingstgeschehen

wurden die Christusgläubigen unvermittelt vom Geist ergriffen, den sie in ihrer Ekstase wie Feuerflammen herabkommen sahen, und begannen in Zungen zu reden (Apg 2,1-13). Vielleicht stand die 1Kor 15,6 erwähnte Erscheinung des Auferstandenen vor einer größeren Menschenmenge im Hintergrund. Die geistgewirkte Zungenrede wurde bald als Sprachenwunder gedeutet. Durch die Ostererfahrung und das Pfingstgeschehen entwickelte sich das Bewusstsein der Christusgläubigen, dass sie das messianische Gottesvolk auf Erden bildeten und mit der Aufgabe betraut waren, die Kunde von Gottes endzeitlichem Heilshandeln in die Welt hinauszutragen.

Kirche als Teil des Judentums

Für die Anfänge kann man noch nicht von Christentum als einer vom Judentum unterscheidbaren Religion sprechen. Jesus hatte sich in erster Linie an die »verlorenen Schafe« in Israel gewandt. Auch das Christentum betrat als innerjüdische Erneuerungsbewegung den Boden der Geschichte, ohne bereits die Völkerwelt im Blick zu haben. Die Bezeichnung »Christen« existierte zunächst noch nicht und kam unter anderen Vorzeichen erst etwa zehn Jahre nach der Geburtsstunde der Kirche im syrischen Antiochia auf. Die Christusgläubigen in Jerusalem wurden als Nazarener oder Nazoräer bezeichnet und betrachteten sich mit großer Selbstverständlichkeit als Teil des Judentums. Sie beteiligten sich am Tempelkult, feierten die jüdischen Feste, übten den Ritus der Beschneidung, hielten den Sabbat ein, verzehnteten ihre Ernteerträge und beachteten die alttestamentlichen Reinheitsvorschriften. Was sie von anderen Juden unterschied, war der Glaube an Jesus als den endzeitlichen Gesalbten Gottes, der im Hebräischen als Messias und im Griechischen als Christus bezeichnet wird. Dieses Bekenntnis zu Jesus als dem von Gott auferweckten Christus war durch die religiöse Vielfalt des Judentums abgedeckt, auch wenn es immer wieder zu Spannungen mit den Pharisäern und Sadduzäern führte. Während für die Pharisäer mit ihrer Hoffnung auf einen machtvollen und kriegerischen Gesalbten Gottes (PsSal 17) die Vorstellung eines gekreuzigten Messias nicht nachvollziehbar war, stellte für die rein diesseitsbezogenen Sadduzäer der Glaube an die Auferstehung den größten Anstoß an der christlichen Verkündigung dar (Apg 4,1f; 23,6-8). Nachdem Jesus auf Betreiben der sadduzäischen Priesteraristokratie von Pontius Pilatus hingerichtet worden war, ist es wenig verwunderlich, dass auch die führenden Repräsentanten der Urgemeinde immer wieder in Konflikt mit dem Hohepriester und dem Synedrion gerieten (Apg 4,1-3; 5,17f).

Jerusalemer Konzeption von Kirche

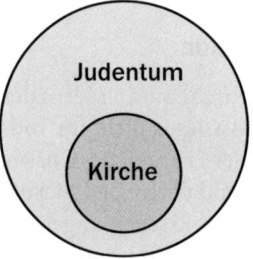

Gestaltung des Gemeindelebens

Das Bild, das Lukas in seiner Apostelgeschichte von der Urgemeinde zeichnet, trägt zwar in vielerlei Hinsicht ideale Züge, lässt aber die bedeutsamen Aspekte des Gemeindelebens erkennen. Dazu zählten regelmäßiger Besuch des Tempels, gottesdienstliche Versammlungen in Privathäusern, gemeinsame Mahlfeiern, charismatische Heilungen, freiwilliger Besitzverzicht und die Fürsorge für die Armen. Als Ort der Zusammenkunft und des gottesdienstlichen Lebens diente den Christusgläubigen in der Anfangszeit ein »Obergemach« in Jerusalem (Apg 1,13). Es handelte sich um einen Raum im oberen Stockwerk eines Privathauses, in den man über eine Treppe oder Leiter hinaufstieg. Der harte Kern der dort versammelten Gemeinde wird zunächst kaum mehr als die zwölf Apostel, die Frauen um Maria Magdalena und die engsten Familienangehörigen Jesu umfasst haben. Wenn Lukas bereits für die Zeit vor dem Pfingstwunder von 120 Gläubigen spricht (Apg 1,15) dürfte dies zu hoch gegriffen sein, zumal es sich bei 120 um eine symbolträchtige Zahl handelt, die das Zehnfache des Zwölferkreises darstellt. In dem »Obergemach« trugen sich sowohl die Nachwahl des Matthias in den Zwölferkreis als auch das Pfingstwunder zu. Die exakte Lage des Hauses lässt sich nicht mehr bestimmen. Es befand sich wahrscheinlich im südlichen Teil der Oberstadt, die von den Christusgläubigen bald als Zion bezeichnet wird, während dieser Begriff ursprünglich am Tempelberg und den damit verbundenen Verheißungen haftete. Die altkirchliche Tradition ist der festen Überzeugung, dass es sich um das Haus der Maria (Apg 12,12) handelt. Nach dem Zeugnis des Kirchenvaters Epiphanius von Salamis (4. Jh. n. Chr.) soll bereits um 130 n. Chr., als Kaiser Hadrian bei seiner Inspektionsreise in den Vorderen Orient auch Jerusalem besuchte, an der Stelle des ursprünglichen Obergemachs eine kleine Kirche gestanden haben. Die »Hellenisten« der Urgemeinde haben sich zudem am gottesdienstlichen Leben der von Diasporajuden frequentierten griechischsprachigen Synagogen in Jerusalem beteiligt, in deren Milieu sich die zum Märtyrertod des Stephanus führenden Konflikte entzündeten (Apg 6,8-15).

Teile der Urgemeinde trafen sich im Haus der Maria

■ Die Mission der Hellenisten

In der Anfangszeit der Kirche gab es zwei Fraktionen innerhalb der Urgemeinde, die über eigenständige Leitungsgremien verfügten und ein unterschiedliches theologisches Profil aufweisen. Die Apostelgeschichte bezeichnet sie als »Hebräer« und »Hellenisten« und lässt durchblicken, dass das Verhältnis zwischen ihnen nicht spannungsfrei war (Apg 6,1-7). Mit den Hebräern sind die Hebräisch sprechenden Mitglieder der Urgemeinde gemeint, wobei Hebräisch allerdings in jenen Tagen nur noch als Gottesdienstsprache diente und im Alltag längst durch Aramäisch verdrängt worden war. Das Leitungsgremium der »Hebräer« war der von Petrus angeführte Zwölferkreis, in dessen Händen zunächst alle für die Geschicke der Gemeinde wichtigen Entscheidungen lagen. Unter den »Hellenisten« in der Urgemeinde versteht die Apostelgeschichte christusgläubige Juden aus der Diaspora, deren Muttersprache das Griechische war. Sie wurden von einem siebenköpfigen Leitungsgremium mit Stephanus an der Spitze repräsentiert. Jerusalem war in neutestamentlicher Zeit eine hellenistisch geprägte Stadt. Dies zeigt sich bereits in den erhaltenen Inschriften aus dieser Epoche, von denen ungefähr ein Drittel auf Griechisch abgefasst ist. Diasporajuden, die in die Heilige Stadt zurückgekehrt waren und dort schätzungsweise zehn Prozent der Bevölkerung ausmachten, sprachen von Kindesbeinen an Griechisch und waren des Aramäischen wie Hebräischen meist nicht mächtig.

Hebräer und Hellenisten

Theologisches Profil des Stephanus

Solange die Tora nicht in Frage gestellt wurde, gestaltete sich das Verhältnis der Urgemeinde zu den Pharisäern trotz grundlegender Differenzen in der Messiaserwartung weitgehend spannungsfrei. Gamaliel der Große, der Lehrer des Paulus, soll im Synedrion bei den Auseinandersetzungen mit den Sadduzäern sogar Partei zugunsten der Apostel bezogen haben (Apg 5,34-39). Zu schweren Konflikten kam es erst, als Stephanus und seine Anhänger Kritik am Tempel und einzelnen Vorschriften der Tora übten. Das, was die Apostelgeschichte als lügenhafte Vorwürfe gegen Stephanus bezeichnet (6,11-14), dürfte im Kern der Wahrheit entsprechen. Wahrscheinlich hat Stephanus in Anknüpfung an die Gesetzeskritik Jesu Teilen des jüdischen Ritualgesetzes eine untergeordnete Bedeutung beigemessen und vor dem Hintergrund des heilvollen Sühnetodes Jesu die Bedeutung des Tempels als Ort der Sühne in Frage gestellt. Er bestritt sogar, dass Gott in einem von Händen gemachten Tempelhaus Wohnung nimmt (7,48). Diese neugewonnenen Glaubensüberzeugungen hat Stephanus unter den griechischsprachigen Juden Jerusalems offensiv vertreten und damit den Zorn von Gesetzeseiferern auf sich gezogen. Die Steinigung des Stephanus, die nicht durch das Synedrion erfolgte, sondern einen Akt von Lynchjustiz darstellte, und die Verfolgung seiner Anhänger wurden maßgeblich von Pharisäern betrieben. Einer davon war Paulus aus Tarsus, der bis zu seinem Damaskuserlebnis eine führende Rolle bei der Zerschlagung des Stephanuskreises spielte und auch vor Gewaltanwendung gegen die Anhänger des neuen Glaubens nicht zurückschreckte. Dieser Konflikt trug sich im Milieu der griechischsprachigen Synagogen Jerusalems zu. Die uneingeschränkt an der Tora festhaltenden »Hebräer« der Urgemeinde blieben von der Verfolgung unbehelligt (Apg 8,1).

> Die angeblich falschen Vorwürfe gegen Stephanus dürften der Wahrheit entsprochen haben

Verbreitung des Evangeliums durch die Hellenisten

Der Märtyrertod des Stephanus mit der daraus resultierenden Flucht seiner Anhänger markierte einen schmerzhaften Einschnitt in das Leben der Urgemeinde, erweist sich aber im Rückblick als wichtiger Faktor für die Ausbreitung des Christentums. Der Vertreibung der »Hellenisten« aus Jerusalem ist es zu verdanken, dass die Jesusbewegung bereits wenige Jahre nach dem Tod ihres Begründers in weiten Teilen des Römischen Reiches Fuß fassen konnte und die Grenzen des Judentums gezielt überschritt. Die Anhänger des Stephanus trugen den neuen Glauben innerhalb kürzester Zeit in die städtischen Zentren des östlichen Mittelmeerraums und vermutlich sogar bis nach Rom. Dabei lag es in der Logik ihres theologischen Ansatzes begründet, Christusgläubigen aus der nichtjüdischen Völkerwelt bald allein durch die Taufe Zugang zur Heilsgemeinde zu gewähren, ohne ihnen die Beschneidung und das alttestamentliche Kultgesetz aufzuerlegen. So hat der Evangelist Philippus, der nach Stephanus bedeutsamste Vertreter der Hellenisten, mit seinen missionarischen Aktivitäten im samarischen Sebaste und in der palästinischen Küstenregion die Grenzen des Gottesvolks Israel bewusst überschritten (Apg 8,4-40). Er begab sich gezielt in solche Gegenden Palästinas, in denen die griechische Kultur und das nichtjüdische Bevölkerungselement den Ton angaben. Dem äthiopischen Kämmerer, der gemäß der Tora (Dtn 23,2) als Kastrat nicht in die Gemeinde Gottes aufgenommen werden durfte, gewährte er durch die Taufe Zugang zur Heilsgemeinschaft. Die Aktivitäten der Hellenisten waren von historischer Bedeutung für die Entwicklung der Kirche und haben dazu geführt, dass sich das Christentum als eine eigenständige, vom Judentum deutlich unterscheidbare Religion herausbilden konnte. Eine besondere Rolle kommt in diesem Zusammenhang der Gemeinde von Antiochia zu.

■ Antiochia als Geburtsstätte genuinen Christentums

In Antiochia am Orontes, Amtssitz des römischen Statthalters von Syrien und ehemalige Hauptstadt des Seleukidenreichs, entwickelte sich eine gänzlich andere Konzeption von Kirche als in Jerusalem. Antiochia war die nach Rom und Alexandria drittgrößte Stadt des Römischen Reichs. Für die neutestamentliche Zeit kann man mit ungefähr einer halben Million Einwohnern rechnen, darunter mehr als 50.000 Juden, denen bereits unter den Seleukiden eine Reihe von Privilegien eingeräumt worden war. Das prosperierende Judentum Antiochias übte große Anziehungskraft auf die heidnische Umwelt aus. Josephus spricht davon, dass die Juden Antiochias ihr Heiligtum mit kunstvollen und prächtigen Weihegeschenken schmückten, dadurch ständig zahlreiche Griechen zum Besuch der Synagogengottesdienste veranlassten und sie »gewissermaßen zu einem Teil der ihren« machten (*bell.* 7,45). Wir begegnen hier dem Phänomen der Gottesfürchtigen (*sebomenoi* od. *phoboumenoi*). Griechinnen und Griechen, nicht zuletzt Personen aus der Oberschicht, wurden vom Monotheismus und der Ethik des Judentums angezogen. Sie bewegten sich im engeren Umfeld der Synagoge, ohne zum Judentum überzutreten und die rituellen Vorschriften der Tora auf sich zu nehmen. Dieser Personenkreis war eine beliebte Zielgruppe der christlichen Missionspredigt, da er bereits an den Gott der Bibel glaubte und lediglich noch vom Christusgeschehen überzeugt werden musste. Dominiert wurde die religiöse Landschaft Antiochias allerdings durch die Tempel fast aller klassischen griechischen Gottheiten, wobei das Apolloheiligtum im Vorort Daphne an Berühmtheit besonders herausragte.

Bedeutung Antiochias

In Antiochia gab es eine Vielzahl »gottesfürchtiger« Griechinnen und Griechen

Die Christengemeinde in Antiochia wurde von versprengten Stephanusanhängern gegründet (Apg 11,19-21). Entscheidend war, dass ein Teil von ihnen bald ohne Rückbindung an die Synagoge direkt unter den Griechen missionierte. Den für den christlichen Glauben gewonnenen Personen aus der Völkerwelt wurde weder die Beschneidung noch die Beachtung der jüdischen Speisegesetze abverlangt. Infolge dieser Entwicklung kam in Antiochia für die Anhänger des neuen Glaubens der Name »Christen« auf (11,26). Während die Jerusalemer Christusgläubigen streng am Mosegesetz festhielten und als Nazarener eine Sondergruppe innerhalb des Judentums darstellten, war Antiochia die Geburtsstätte genuinen Christentums als einer aus dem Schatten des Judentums heraustretenden neuen Religion. Die dortige Gemeinde, die sich aus getauften Juden wie Griechen zusammensetzte und dem alttestamentlichen Ritualgesetz keine Beachtung mehr schenkte, gewann als eigenständiges soziales Gebilde neben der Synagoge Gestalt. Sie konnte dementsprechend auch terminologisch als Gruppe der Christen von der jüdischen Gemeinde unterschieden werden. Dabei handelt es sich zunächst um eine Fremdbezeichnung, die möglicherweise sogar von den römischen Behörden in Antiochia geprägt wurde, um bei den Unruhen während der Regierungszeit Caligulas (Malalas, *chron.* X,20) Juden und Christusgläubige auseinanderhalten zu können.

Gründung der Gemeinde

Antiochenische Konzeption von Kirche

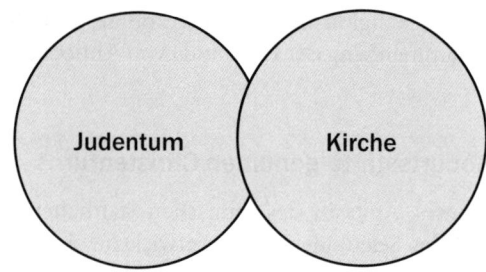

Schlüsselrolle des Josef Barnabas

Eine zentrale Rolle bei den einschneidenden Entwicklungen in Antiochia kommt Josef Barnabas, einem aus Zypern stammenden Judenchristen zu. Er war zunächst ein prominentes Mitglied der Jerusalemer Urgemeinde und siedelte dann nach Antiochia über. Dort stand er an der Spitze des fünfköpfigen Gremiums, in dessen Händen die Aufgabe der Gemeindeleitung lag (Apg 13,1). Barnabas verfügte über den Einfluss und den theologischen Weitblick, Paulus als Mitarbeiter nach Antiochia zu holen. Von ihm erhoffte er sich zu Recht tatkräftige Unterstützung für den antiochenischen Weg der Evangeliumsverbreitung. Im Auftrag der Gemeinde von Antiochia unternahmen Barnabas und Paulus die »erste Missionsreise« (Apg 13-14), die den neuen Glauben nach Zypern und in das südliche Kleinasien brachte. Dort streiften sie auch Regionen, in denen keine Jüdinnen und Juden lebten. In diesem Zusammenhang kam es zur Gründung erster christlicher Gemeinden, deren Mitglieder sich allein aus der nichtjüdischen Völkerwelt rekrutierten.

■ Verfolgung der Urgemeinde unter Herodes Agrippa I.

Enthauptung des Jakobus und Verhaftung des Petrus

Abgesehen von der Zerschlagung des Stephanuskreises waren die Konflikte der Urgemeinde mit ihrer jüdischen Umwelt, die nach dem Zeugnis der Apostelgeschichte die Frühzeit der Kirche prägten, letztlich glimpflich ausgegangen. Unter Herodes Agrippa I. (41-44 n. Chr.), der bis zu seinem überraschenden Tod für wenige Jahre nochmals an die Glanzzeiten seines Großvaters Herodes des Großen anknüpfen konnte, kam es dagegen in Jerusalem zu einer blutigen Verfolgung führender Mitglieder des Zwölferkreises. Der König ließ in der aufgeheizten Atmosphäre vor dem Passahfest den Apostel Jakobus durch das Schwert hinrichten und den Apostel Petrus inhaftieren (Apg 12,2-4). Der Grund für diese im Volk auf Zustimmung stoßenden Maßnahmen war wohl das Bestreben Agrippas, in seinem Herrschaftsgebiet die Religionspolitik des Kaisers Claudius umzusetzen, die nach den Wirren unter Caligula durch eine Rückbesinnung auf die Tradition gekennzeichnet war. Agrippa I. war seit Jugendtagen ein enger Vertrauter von Claudius und hatte nach dem Tod des Caligula maßgeblichen Anteil daran, dass der Senat die Ausrufung des Claudius zum Kaiser billigte.

> Im Hintergrund der Verfolgung stand vermutlich die Religionspolitik des Claudius

Religionspolitik des Claudius

Unter Caligula war es in Syrien und Ägypten mit Billigung der römischen Provinzialverwaltung zu schweren Judenpogromen gekommen, die den Osten des Reiches an den Rand des Abgrunds brachten. In Judäa hätte der Plan Caligulas, sein Standbild im Jerusalemer Tempel aufstellen zu lassen, um ein Haar zu einem bewaffneten Aufstand gegen Rom geführt. Nur durch das besonnene Verhalten des syrischen Statthalters Petronius und den überraschenden Tod Caligulas war die Situation nicht weiter eskaliert. Kaiser Claudius hatte im Zuge der Wiederherstellung des inneren Friedens die Judenschaft Alexandrias nach den schweren Auseinandersetzungen in der ägyptischen Metropole angewiesen, sich mit ihren traditionellen Rechten zufrieden zu geben, und nach Unruhen in Rom den dortigen Juden befohlen, an ihrer althergebrachten Lebensweise festzuhalten. Im Lichte dieser Anordnungen musste die Jerusalemer Urgemeinde als eine Gruppierung erscheinen, die sich vom traditionellen jüdischen Glauben entfernte und damit zum potenziellen Unruheherd wurde. Die Maßnahmen Agrippas, mit denen er zugleich seine Reputation als Schutzherr des Tempels und der Tora steigern konnte, richteten sich gezielt gegen die Führungspersonen der Urgemeinde und verfolgten die Absicht, deren Organisationsstruktur zu zerschlagen. Für Petrus lässt sich zudem vermuten, dass er wegen seiner auch in der Urgemeinde nicht unumstrittenen Öffnung gegenüber der beschneidungsfreien Heidenmission (Apg 10,1-11,18) im Ruf stand, dem jüdischen Ritualgesetz mangelnde Beachtung zu schenken, und dadurch für toratreue Juden zum »roten Tuch« wurde. Vermutlich wurde auch die in der Apostelgeschichte mehrfach bezeugte Praxis der Synagoge, Judenchristen vor den lokalen römischen Behörden als Unruhestifter zu verklagen (Apg 17,5-9; 18,12-16), durch die Religionspolitik des Claudius begünstigt.

> Agrippa I. wollte gezielt die Organisationsstruktur der Urgemeinde zerschlagen

Für die Führungsstruktur der Urgemeinde hatten die Zwangsmaßnahmen einschneidende Auswirkungen. In der Anfangszeit lag die Gemeindeleitung in der Hand des Zwölferkreises, an dessen Spitze Petrus stand. Mit dem auf Befehl von Herodes Agrippa I. enthaupteten Apostel Jakobus Zebedäus war ein Eckpfeiler dieses Gremiums weggebrochen. Petrus gelang die Flucht aus dem Gefängnis, doch war er zumindest vorübergehend gezwungen, Jerusalem zu verlassen. Infolge dieser Ereignisse rückte der Herrenbruder Jakobus, der zwar keiner der Zwölf war, aber als leiblicher Verwandter Jesu früh hohes Ansehen genoss (Gal 1,19) und wegen seiner Toratreue den Beinamen »der Gerechte« trug, in die Führungsposition. Er stand an der Spitze eines nun dreiköpfigen Gemeindeleitungsgremiums, dem neben Petrus auch noch Johannes Zebedäus angehörte. Damit einher ging eine verstärkte Rückbesinnung des Jerusalemer Christentums auf die traditionellen jüdischen Werte. Wenn Paulus von dem Dreiergremium als den »Säulen« spricht (Gal 2,9), deutet dies auf ein Selbstverständnis der Gemeinde als endzeitlicher Tempel Gottes hin, der auf den Schultern der Funktionsträger ruht.

> Vom Zwölferkreis zu den »drei Säulen«

■ Apostelkonvent und antiochenischer Streit

Der Apostelkonvent zählt zu den Schlüsselereignissen der frühen Kirchengeschichte schlechthin. In ihm liefen 48 n. Chr. alle Linien der vorhergegangenen fast zwanzigjährigen Geschichte des Christentums zusammen. Zugleich erfolgte von ihm aus die entscheidende Weichenstellung für die Zukunft der Kirche. Über dieses epochale Ereignis berichten sowohl die Apostelgeschichte (Apg 15) als auch Paulus (Gal 2,1-10). Es bestand aus einer Zusammenkunft in Jerusalem, an der eine von Paulus und Barnabas angeführte Gemeindedelegation aus Antiochia

> Schlüsselereignis der frühen Kirchengeschichte

und maßgebliche Teile der Jerusalemer Urgemeinde, namentlich deren »Säulen« Jakobus, Petrus und Johannes teilnahmen. Als dritte Fraktion im Hintergrund kam eine in das spätere Abkommen nicht einbezogene Gruppe besonders toratreuer Jerusalemer Judenchristen hinzu. Während Paulus polemisch von »Lügenbrüdern« spricht (Gal 2,4), wird aus der Apostelgeschichte ersichtlich, dass es sich um ehemalige Pharisäer handelte, die auch als Christen konsequent am jüdischen Gesetz festhielten.

Beschlüsse des Apostelkonvents

Zur Entscheidung stand auf dem Apostelkonvent ein Problem, das durch die gezielt an Griechen gerichtete Missionskonzeption der Gemeinde von Antiochia aufgeworfen worden war und sich durch die Entwicklungen der ersten Missionsreise zugespitzt hatte. Es ging um die Rechtmäßigkeit der antiochenischen Missionspraxis, Menschen aus der nichtjüdischen Völkerwelt zum Christentum zu bekehren, ohne ihnen das gesamte Gesetz des Mose, allem voran die Beschneidung, verpflichtend aufzuerlegen. Dieses Vorgehen wurde von den Jerusalemer Autoritäten gebilligt und eine unabdingbare Heilsbedeutung des jüdischen Gesetzes verneint. Am Ende des Apostelkonvents kam es zu einer per Handschlag besiegelten, einvernehmlichen Aufgabenteilung. Paulus und Barnabas wurden als Missionare der beschneidungsfreien Völkermission legitimiert, während die Urgemeinde mit Petrus als besonders aktivem Wanderprediger sich weiterhin an die dem Mosegesetz verpflichtete Christusverkündigung unter den Juden halten sollte. Damit wurden zwei völlig unterschiedliche Konzeptionen von Kirche festgeschrieben, die auf Dauer nicht miteinander vereinbar waren. Die Christusgläubigen in Jerusalem wären nie auf den Gedanken gekommen, dass sie etwas anderes als Juden sein könnten, und konzentrierten sich auf den Umkehrruf an Israel. Paulus und Barnabas dagegen ebneten dem Christentum den Weg zur universalen Weltreligion, bei der das Bewusstsein für die gemeinsamen Wurzeln mit dem Judentum bald verblasste. In Jerusalem wurde die Vereinbarung bei weitem nicht von allen Christusgläubigen gutgeheißen. Es spricht viel für die Annahme, dass von den »Lügenbrüdern« (Gal 2,4) die spätere Gegenmission in den paulinischen Gemeinden von Galatien und Philippi gesteuert wurde, in deren Zentrum die Beschneidungsforderung stand. Außer der Kollekte wurden, wie Paulus entschieden betont (Gal 2,6.10), keine weiteren Auflagen erteilt. Das »Apostelkonvent« war entgegen der lukanischen Darstellung (Apg 15,19-29) kein Einigungsdokument des Apostelkonvents, sondern gehört in den Zusammenhang des antiochenischen Streits.

> Beim Spitzengespräch kam es zu einer per Handschlag besiegelten Einigung

Bedeutung der Kollekte

Die im Zusammenhang mit dem Apostelkonvent vereinbarte Kollekte für die Jerusalemer Urgemeinde (Gal 2,10) ist vor dem Hintergrund einer zwischen 46 und 48 n. Chr. herrschenden Hungersnot in Judäa (Joseph., ant. 20,51.101) zu betrachten. Die Kollekte, deren Einsammlung in den paulinischen Gemeinden sich bis 56 n. Chr. hinzog, stellt die größte uns bekannte Hilfsaktion des Urchristentums dar. Da die Verkündigung des Evangeliums in Jerusalem ihren Ausgangspunkt genommen hatte, sah Paulus die von ihm außerhalb Palästinas gegründeten, überwiegend heidenchristlichen Gemeinden in einer Art Dankesschuld gegenüber der notleidenden Urgemeinde (Röm 15,27). Das intensive Ringen des Paulus um die Organisation und das Gelingen der Kollektenaktion spiegelt sich in den Kollektenanweisungen der Korintherbriefe anschaulich wider (1Kor 16,1-4; 2Kor 8-9).

Bei dem antiochenischen Streit handelt es sich um einen schwerwiegenden Konflikt zwischen Paulus und Petrus, der nicht nur das Verhältnis beider Apostelfürsten nachhaltig belastete, sondern auch den Bruch des Paulus mit Barnabas besiegelte (Gal 2,11-14). Paulus und Barnabas waren im Anschluss an das Jerusalemer Abkommen nach Antiochia zurückgekehrt, wo einige Zeit später auch Petrus eintraf. In der Gemeinde von Antiochia wurden bei den gemeinschaftlichen Mahlfeiern die jüdischen Speisegesetze nicht mehr eingehalten. Im Einzelnen dürften rituelle Waschungen vor dem Essen keine Beachtung gefunden haben. Zudem könnten sich unreine Speisen, im Extremfall sogar Opferfleisch auf dem Tisch befunden haben. Während für gesetzestreue Juden eine derartige Tischgemeinschaft mit Heiden niemals in Betracht gekommen wäre, hatten die Judenchristen Antiochias aufgrund der neugewonnenen Haltung zur Tora keine Bedenken, mit Heidenchristen Mahlgemeinschaft zu halten. Auch Petrus, der Apg 11,3 zufolge bereits bei dem römischen Hauptmann Kornelius zu Tisch gesessen hatte, passte sich nach seiner Ankunft in Antiochia zwanglos der dortigen Mahlpraxis an (Gal 2,12). Die Situation änderte sich schlagartig, als eine Jerusalemer Gruppe von Jakobusleuten eintraf und ein Mindestmaß an Rücksichtnahme auf die jüdischen Speisegebote forderte. Dabei besteht kein Grund zu der Annahme, Jakobus habe gegenüber dem Apostelkonvent seinen Standpunkt hinsichtlich der beschneidungsfreien Heidenmission revidiert. Da die Jakobusleute in Antiochia weder die Beschneidung noch eine Beachtung der gesamten Tora fordern, liegt kein Verrat am Jerusalemer Abkommen vor, zumal auch Paulus nirgendwo den Vorwurf des Vertragsbruchs erhebt. Es geht vielmehr um einen auf dem Apostelkonvent nicht verhandelten und aufgrund der antiochenischen Praxis klärungsbedürftigen Teilaspekt der Gesetzesproblematik, nämlich die Einhaltung jüdischer Speisegebote im Rahmen gemeinschaftlicher Mahlfeiern von Heidenchristen und Judenchristen. Die Urgemeinde stand in Jerusalem verstärkt unter innerjüdischem Druck. Für sie musste es eine bedrohliche Gefahr darstellen, wenn eine ihrer Leitfiguren derart gravierend gegen das Ritualgesetz verstieß, wie Petrus es in Antiochia tat.

Dass Petrus sich von den Jakobusleuten argumentativ überzeugen ließ und eine Kehrtwende vollzog, war wohl kaum einer Angsthasenmentalität geschuldet, wie Paulus es behauptet, sondern durch Rücksichtnahme gegenüber der Jerusalemer Urgemeinde motiviert. Das Ziel des Petrus war nicht die Spaltung der Gemeinde in eine judenchristliche und eine heidenchristliche Fraktion mit dauerhaft getrennten Mahlfeiern, sondern die Fortführung ungeteilter Mahlgemeinschaft unter neuen Voraussetzungen. Petrus versuchte mit Erfolg, die Heidenchristen zur jüdischen Lebensweise zu bewegen (Gal 2,14), indem er die Wiederherstellung der Mahlgemeinschaft von einer Akzeptanz bestimmter jüdischer Speisegesetze abhängig machte. Vermutlich ging es um die auch als »Jakobusklauseln« bezeichneten Regelungen des »Apostedekrets« (Apg 15,19-29), in denen Heidenchristen im Umgang mit Judenchristen ein Minimum an kultischer Reinheit abverlangt wird. Unter Rückgriff auf die Vorschriften von Lev 17,8-16 und 18,6-18 werden Heidenchristen verpflichtet, auf solche Speisen und geschlechtlichen Verbindungen zu verzichten, wie sie den in Israel lebenden Fremdlingen untersagt sind. Bei den Speiseregelungen geht es um den verbotenen Genuss von Opferfleisch, Blut und Ersticktem. Opferfleisch ist rituell geschlachtetes Fleisch, bei dem ein Stück des Tieres einer heidnischen Gottheit geopfert worden war. Deshalb heißt es aus jüdisch-christlicher Perspektive Götzenopferfleisch. Das Blut von Tieren darf nur im Tempelkult zur Entsühnung Verwendung finden, nicht aber verzehrt werden (Lev 17,10-14). Das Verbot von Ersticktem bezieht sich auf Tiere, die ohne Schächtung verendet (vgl. Lev 17,15) und damit sinnbildlich an ihrem eigenen Blut erstickt sind.

Heftigkeit der paulinischen Reaktion

Die Heftigkeit der paulinischen Reaktion wird nur vor dem Hintergrund des Apostelkonvents verständlich. Ob sie in dieser Form sonderlich geschickt war und sich für Paulus auf seinem weiteren Weg der Evangeliumsverkündigung als förderlich erwies, steht auf einem anderen Blatt. Einer vom Liebesgebot geleiteten Respektierung jüdischer Speisevorschriften hätte Paulus sich kaum widersetzt, wie sein späterer Appell zur Rücksichtnahme auf die offenkundig am jüdischen Ritualgesetz festhaltenden Schwachen in Rom zeigt (Röm 14,1-21). In der Forderung der Jakobusleute hingegen, Heidenchristen auf jüdische Speisegebote zu verpflichten, sah Paulus den Versuch, durch die Hintertür das Gesetz erneut als Heilsweg aufzurichten und die ihm wie Barnabas auf dem Apostelkonvent zugestandene beschneidungsfreie Heidenmission zu torpedieren. In letzter Konsequenz ging es aus der Sicht des Paulus um die alles entscheidende Frage, ob an Christus als alleinigem Grund des Heils festgehalten wurde. Bei einer Bewertung des Sachverhalts sollte man allerdings bedenken, dass Paulus am Ende fast völlig isoliert dastand und die Forderungen des Apostoldekrets, allen voran das Verbot von Opferfleisch, in der Folgezeit im frühen Christentum allgemeine Akzeptanz fanden. Paulus hat sich mit dem offenen Angriff auf Petrus ins Abseits gestellt, seinen judenchristlichen Gegnern in Jerusalem Wasser auf die Mühlen gegossen und das eigene Image erheblich beschädigt. Das nunmehr zerrüttete Verhältnis zu Petrus könnte einen maßgeblichen Grund für den späteren Antipaulinismus in Korinth und die dortige Gründung einer Petruspartei (1 Kor 1,12) darstellen. Auch Barnabas, der wie Petrus auf Ausgleich bedacht war, verweigerte Paulus die Gefolgschaft.

Paulus hat mit dem Angriff auf Petrus sein Image nachhaltig beschädigt

■ Die Lebenswelt des hellenistischen Christentums

Die Stadt als Lebensraum der Christen

Die Ursprünge der Kirche liegen in Jerusalem, doch den Siegeszug zur Weltreligion trat das Christentum in urbanen Zentren der antiken Welt wie Antiochia, Ephesus, Korinth und Rom an. In der Frühzeit der Kirche war die Mehrzahl der christlichen Gemeinden im städtischen Milieu verankert, wodurch sich vielfältige Verflechtungen der Gläubigen mit den gesellschaftlichen und religiösen Strukturen der urbanen Lebenswelt des Römischen Reichs ergaben. Im Besitz des Bürgerrechts einer hellenistischen Polis, das die Mitbeteiligung an den politischen Entscheidungsprozessen des Gemeinwesens gewährleistete, war nur die privilegierte Oberschicht. Das Bürgerrecht konnte durch Geburt, Ernennung oder Kauf erworben werden. Die damit verbundenen Rechte und Pflichten unterschieden sich von Stadt zu Stadt. Sie schlossen in der Regel auch die Organisation und Durchführung von Kulthandlungen bei Festen und Wettkämpfen mit ein, die einen wesentlichen Teil des religiösen und sozialen Lebens ausmachten. Tempel, Theater, Amphitheater, Hippodrome und Sportstätten (Gymnasien) waren in allen größeren Städten anzutreffen. Das Unterhaltungsbedürfnis der Menschen wurde durch künstlerische Darbietungen, Festspiele, Wagenrennen, Triumphzüge, Gladiatorenkämpfe, Tierhetzen und sportliche Wettkämpfe gestillt. In überregional bedeutsamen Wettkämpfen wie den Olympischen Spielen oder den Isthmischen Spielen, die alle zwei Jahre in Korinth abgehalten wurden, fand die hellenistische Lebensart in ganz besonderer Weise den ihr eigenen Ausdruck.

Im Mittelpunkt des religiösen Lebens stand der offizielle Kult für die klassischen Gottheiten des griechisch-römischen Pantheons wie Zeus (Jupiter), Poseidon (Neptun), Dionysos (Bacchus), Aphrodite (Venus) oder Artemis (Diana). Sie galten als Beschützer des öffentlichen Lebens und Garanten des menschlichen Wohlergehens. Ihre Tempel prägten das Stadtbild. Die Erzählungen der griechischen und römischen Mythologie über die Götter und Göttinnen gehörten zum Kulturgut sämtlicher Bevölkerungsschichten, das durch die Literatur, das Theater und die Kunst vermittelt wurde. Die ihnen zu Ehren ausgetragenen Feste, beispielsweise die in Ephesus alljährlich zum Geburtstag der Artemis abgehaltenen Artemisien, waren die wichtigsten Feiertage im Jahreszyklus und zogen große Besucherströme in die Städte. Mit den Festen wurde der religiösen Ehrfurcht Ausdruck verliehen, das Zusammengehörigkeitsgefühl gestärkt und das Sozialleben bereichert. Sie umfassten neben öffentlichen Opferhandlungen und feierlichen Prozessionen, in denen Kultbilder der Gottheiten durch die Straßen getragen wurden, auch Jahrmärkte, sportliche Wettkämpfe und musischen Wettstreit.

Verehrung der Gottheiten des Pantheons

Eine herausragende Rolle, die sich der Sehnsucht der Menschen nach Gesundheit und Heilung verdankt, nahm der Kult der Heilgottheit Asklepios ein. Seine Ursprünge hat der Asklepioskult im 6. Jh. v. Chr. im griechischen Epidauros. Von dort breitete er sich in den nachfolgenden Jahrhunderten durch systematische Filialgründungen über die gesamte griechisch-römische Welt aus. Asklepios, dessen Wahrzeichen die sich um den Stab windende Schlange ist, zählt als Sohn des Apollo und der Königstochter Coronis ursprünglich nur zu den Heroen oder Halbgöttern. Der Mythologie zufolge wurde er aber in den Olymp aufgenommen, nachdem Zeus ihn zur Strafe für eine verbotene Heilung durch einen Blitzstrahl getötet hatte. In der Regel wurden die Asklepiosheiligtümer, deren Zahl für das neutestamentliche Zeitalter auf etwa 400 geschätzt wird, an der Peripherie der Städte oder in der freien Natur errichtet, wo frische Luft und Heilquellen den Genesungsprozess der Kranken förderten. Die Asklepiosheiligtümer waren geistige Zentren, die über die Heilkunst hinaus durch Theater, Dichtung, Musik, aber auch durch Sport und die intensive Begegnung mit der Natur das Streben der Seele nach dem Schönen und Göttlichen förderten, damit der Mensch seine Gesundheit und Harmonie wieder finde. Als anerkannte Institutionen des antiken Lebens wirkten sie einer gesellschaftlichen Ausgrenzung kranker Menschen entgegen. Von den Heilungswundern des Asklepios geben zahlreiche Weiheinschriften Kunde, die von den Pilgern gelesen und weiterverbreitet wurden. Die berühmtesten davon sind die Inschriften von Epidauros; weitere Heilungsberichte sind aus Lebena, Pergamon und Rom erhalten. Zudem hat man bei der Ausgrabung von Asklepiosheiligtümern, beispielsweise in Korinth, unzählige aus Ton gefertigte Nachbildungen von geheilten Gliedmaßen gefunden, die von den Geheilten als Votivgaben gestiftet wurden. Unter den vielfältigen Krankheiten, die Asklepios geheilt haben soll, nehmen Augenleiden und Lähmungen besonders

Asklepioskult

Asklepios war ursprünglich nur ein Halbgott

breiten Raum ein, aber auch bei Wassersucht, Kindeswunsch, Haarausfall oder Geschwüren wurde angeblich Hilfe zuteil. Maßgebliche Heilmethode war die Inkubation, der Schlaf im Tempel der Gottheit. Nach vorbereitenden Opferhandlungen und Reinigungsriten übernachteten die Heilungssuchenden in einem gesonderten Liegesaal, dem Abaton oder Enkoimeterion. Dort erschien ihnen Asklepios im Traum, um entweder sofort Heilung zu bringen oder Weisungen zu erteilen, deren Ausführung später die Genesung nach sich zog. Auch wenn die zur Ermutigung der Kranken und zur Werbung für das Heiligtum verfassten Berichte übertreiben und zum Teil phantastisch ausgeschmückt sind, setzen sie doch eine Vielzahl unbestrittener Heilungen voraus. Bewirkt wurden sie durch eine Kombination religiöser, psychologischer und medizinischer Elemente. Ein unerschütterliches Vertrauen in die Heilkraft der Gottheit und für die Psyche förderliche Traumerlebnisse während der Inkubation zogen im Zusammenspiel mit ärztlichen, hauptsächlich pharmakologischen und diätetischen Praktiken Genesung nach sich. Ähnliche Heilungen wurden auch in Isis- und Sarapistempeln vollzogen.

Kaiserkult Im frühen Prinzipat gewann die göttliche Verehrung des Kaisers im offiziellen Kult zunehmend an Bedeutung. Der Kaiserkult diente primär politischen Zwecken und spannte sich als eine Art Netz über das römische Imperium. Er war Zeichen der Ergebenheit gegenüber dem Herrscher, die in religiös-kultischen Formen ausgedrückt wurde und ein bedeutsames Einigungsband für das ethnisch wie kulturell heterogene Reich darstellte. Als Medium der symbolischen Kommunikation zwischen der Reichsspitze und den lokalen Eliten leistete der Kaiserkult einen unverzichtbaren Beitrag zur Romanisierung und Integration der Provinzen. Dabei bediente er sich jener rituellen Formen, die für die Religionsausübung in der Antike charakteristisch waren, nämlich Tempelkult, Opferhandlungen, Gebete, Prozessionen, Feste und Wettspiele. Tempel oder Altäre des Kaiserkults bildeten in der Zeit des Prinzipats nahezu überall im Reich ein vertrautes Bild für die Besucher der urbanen Zentren. Sie wurden bewusst dort platziert, wo viele Menschen zusammenkamen und ein Höchstmaß an Öffentlichkeit gewährleistet war. Regelmäßige Feste, Umzüge und Wettkämpfe zu Ehren des göttlichen Kaisers gehörten zum festen Bestandteil des städtischen Lebens. Zentrale Bezugsgröße des Kaiserkults war das Standbild des Kaisers, das nicht nur bei Prozessionen mitgeführt wurde, sondern vor dem man auch Opferhandlungen und Gebete darbrachte. Zur Durchführung und Überwachung der Riten wurde Kultpersonal benötigt, das von den führenden Schichten der Provinzen gestellt wurde. Durch die Finanzierung der Institutionen des Kaiserkults und die Übernahme der begehrten, oftmals mit hohen Geldbeträgen erkauften Priesterämter konnte die lokale Oberschicht ihre soziale Reputation steigern und wurde gleichzeitig eng an die Reichsidee gebunden. In vielen Provinzen überboten sich die Städte geradezu in ihrem Engagement für den Kaiserkult, um die Aufmerksamkeit Roms auf sich zu ziehen und in besonderer Weise die Gunst des Kaisers zu gewinnen.

> Der Kaiserkult band die lokalen Eliten der römischen Provinzen an die Reichsidee

Mysterienkulte Ungeheure Anziehungskraft auf die Menschen übten die Mysterienkulte aus dem Osten aus, die sich im Zeitalter des Hellenismus in rasanter Geschwindigkeit über das gesamte Römische Reich verbreiteten und mit alteingesessenen Kulten vermischten. Mysterien sind Geheimkulte mit oft mehrstufigen Weihen, die durch intensive Bindung zum Göttlichen und Überschreitung der Alltagsgrenzen ein besseres Leben im Diesseits und Seligkeit im Jenseits verheißen. Obwohl die Mysterienkulte sich im Verborgenen abspielten und einer strengen Geheimhaltungspflicht unterlagen, vermitteln literarische und archäologische Zeugnisse ein anschauliches Bild von ihnen. Konstitutiv für alle Mysterien ist ein erklärender Mythos, der das im Kult gegenwärtige Geschehen in der Göttergeschichte verankert. Dieser Mythos beschreibt das Schicksal der Gottheit. Dabei handelt es sich meist um einen Leidensweg der Gottheit, an dessen Ende aber Rettung und neues Leben stehen. Entscheidend ist der Gedanke, dass die Mysten durch die rituellen Handlungen im Mysteriengeschehen am letztlich heilvollen Schicksal der Kultgottheit Anteil gewinnen und Rettung erfahren. Im Blick auf Inhalte, Organisationsformen und Sozialstruktur der einzelnen Mysterienkulte bestehen beträchtliche Unterschiede. Zu den bekanntesten und beliebtesten Mysterien der Antike zählten der Demeterkult, der Isiskult und der vor allem unter römischen Soldaten weit verbreitete Mithraskult. Nicht wenige Mysterienkulte sind durch archaische Rohheit geprägt. Im Dionysoskult zählten exorbitanter Weingenuss, aufreizende Musik, sexuelle Handlungen und der Verzehr von rohem Fleisch zum Bestandteil der religiösen Praxis. Andere Mysterien wie der Kybelekult oder der Atargatiskult sind sogar durch blutige Riten wie Einritzen der Gliedmaßen und ekstatische Selbstentmannung gekennzeichnet. Eine Beeinflussung des Christentums durch die Mysterienregionen lässt sich nicht von der Hand weisen, zumal die Mysterienweihe strukturelle Übereinstimmungen mit der Taufe aufwies und die Mysterienmähler mit dem Herrenmahl vergleichbar waren. In den hellenistischen Christengemeinden konnte Jesus Christus als eine Art Mysteriengottheit verstanden werden, an deren Tod und Auferstehung die Gläubigen durch die Sakramente Anteil gewinnen (vgl. Röm 6,3f; Kol 2,12). Aus der Außenperspektive erweckten die christlichen Gottesdienste mit ihren sakramentalen Riten den Eindruck von Mysterienfeiern.

Die christlichen Gottesdienste konnten den Eindruck von Mysterienfeiern erwecken

Einen prägenden Bestandteil des gesellschaftlichen Lebens in der Antike bildeten Vereine unterschiedlichster Art, zu denen sich Menschen aus ökonomischen, sozialen oder religiösen Gründen zusammenschlossen. Vereine vermittelten in einer unüberschaubar erscheinenden Welt Geborgenheit, Identität und Anerkennung. Gemeinsames Merkmal nahezu aller Vereine, auch wenn es sich um Handwerkergilden handelte oder die Pflege von Geselligkeit und Austausch primärer Vereinszweck war, ist der Bezug zu Gottheiten und deren Kult. Das Vereinsleben war durch festgeschriebene Statuten und satzungsgemäß gewählte Funktionsträger verbindlich geregelt. Im Mittelpunkt der Zusammenkünfte, deren Häufigkeit von Verein zu Verein variiert, standen Festbankette, die einerseits geselligen Charakter hatten, andererseits aber der Verehrung bestimmter Gottheiten dienten und von Opferhandlungen begleitet waren. Die Vereine finanzierten sich aus Mitgliedsbeiträgen, Strafzahlungen für Verstöße gegen die Vereinssatzung und Spenden von Patronen. Anlässe für die Bankette konnten Feiertage der Vereinsgottheit, Geburtstage von Vereinspatronen oder Gedenktage für verstorbene Vereinsmitglieder sein. In vielen Vereinen gehörten die Bestattung verstorbener Mitglieder und die Ausrichtung von Totengedächtnismählern zu den satzungsgemäß geregelten Aufgaben. Zu den antiken Vereinen, deren Statuten durch Inschriften erhalten sind, zählen der Mysterienkultverein des Dionysios

Antikes Vereinswesen

aus Philadelphia (Lydien), der Diana und Antinous geweihte Bestattungsverein von Lanuvium (Italien), der Verein für Aesculap und Hygieia in Rom und der Kultverein der Iobacchen (Dionysosverehrer) in Athen.

Bildung — In allen größeren Städten des Römischen Reiches gab es Elementar-, Rhetorik- und Philosophenschulen. Bildung setzte freie Verfügbarkeit über die eigene Zeit voraus, war mit erheblichen Kosten verbunden und blieb ein Privileg der Oberschicht. Man schätzt, dass in der Antike in den Städten um die 90 %, auf dem Land über 95 % der Bevölkerung Analphabeten waren. In Elementarschulen erwarben Kinder ab dem Alter von etwa sieben Jahren grundlegende Fähigkeiten im Lesen, Schreiben und Rechnen. Im Alter von ungefähr zwölf Jahren folgte als nächster Schritt der Besuch der Grammatikschule, wo durch die Lektüre griechischer oder römischer Schriftsteller die Elementarkenntnisse vertieft wurden. Das sich im späten Jugendalter anschließende Studium in Rhetorik und Dialektik baute auf der grammatikalischen Elementarbildung auf. Die im Unterricht zu erlernenden Lektionen sind aus antiken Handbüchern der Rhetorik wie Quintilians *Institutio* oder Theons *Prosgymnasmata* bekannt. Im Mittelpunkt der Stilübungen stand die Ausarbeitung von Reden. An das Studium der Rhetorik und Dialektik konnte sich als Krönung des Bildungswegs der Besuch einer Philosophenschule anschließen. Die wichtigsten philosophischen Strömungen im neutestamentlichen Zeitalter, die alle mehr oder weniger intensiv um zahlende Schüler warben, waren der Neupythagoreismus, der Mittelplatonismus, der aristotelische Peripatos, die Stoa und der Epikureismus.

■ Die paulinischen Gemeinden

Strategie der paulinischen Mission — Bereits durch die Christuserscheinung vor Damaskus sah Paulus sich dazu berufen, aller Welt das Evangelium zu verkünden (Gal 1,16). Nach dem Bruch mit Antiochia konzentrierte sich das Wirken des Paulus auf die städtischen Zentren im östlichen Mittelmeerraum. Während die Jesusbewegung im ländlichen Palästina ihren Ausgang genommen hatte, war die Urbanität das typische Kennzeichen der paulinischen Mission. Sie wurde durch das engmaschige und relativ gut ausgebaute Straßennetz im Römischen Reich begünstigt. Paulus und seine Mitarbeiter waren überwiegend zu Fuß unterwegs, wobei man bei normalen Straßenverhältnissen ungefähr 30 km am Tag bewältigen konnte. Überfälle durch Räuber und Gefährdung durch wilde Tiere waren dabei an der Tagesordnung. Etliche Strecken bewältigten sie auch auf dem Seeweg, wobei der Schiffsverkehr in der Antike angesichts technisch recht unzulänglicher und häufig überfüllter Boote nicht selten zu lebensbedrohlichen Situationen führte (vgl. 2Kor 11,25f). Vom äußeren Erscheinungsbild der Missionare her ergaben sich Parallelen zu kynischen oder pythagoreischen Wanderphilosophen, die durch das Römische Reich zogen und auf öffentlichen Plätzen ihre Lehren verkündigten. Der Gründungsaufenthalt des Paulus in einer Gemeinde wird normalerweise kaum mehr als einige Wochen umfasst haben. Ausnahmen bilden Korinth, wo Paulus etwa anderthalb Jahre wirkte, und Ephesus, wo er sich knapp drei Jahre in der allerdings nicht von ihm selber ins Leben gerufenen Gemeinde aufhielt und eine Art Schule begründete. Durch die Arbeit im erlernten Beruf als

> **Paulus und seine Mitarbeiter konnten zu Fuß ungefähr 30 km am Tag bewältigen**

Zeltmacher und den Verzicht auf Gemeindeunterhalt wurde der Vorstoß in neue Gebiete begünstigt. Bei dieser Pioniermission kann man nicht von einer flächendeckenden Verbreitung des Evangeliums sprechen. Die Strategie des Apostels bestand darin, durch Gemeindegründungen in Großstädten Stützpunkte oder Eckpfeiler zu schaffen, von denen aus das Evangelium in die gesamte Region hineinstrahlte. Dabei organisierten sich die Gläubigen in Form von Hausgemeinden, deren Größe man nicht zu hoch einschätzen sollte. Manche werden kaum mehr als zehn Personen umfasst haben. Dabei waren es normalerweise reichere Gemeindeglieder wie Gaius (Röm 16,23) oder Philemon (Phlm 1f), die ihr Haus zu gottesdienstlichen Versammlungen zur Verfügung stellten. Auch wenn belastbare Daten fehlen, dürfte für die Zeit des Paulus nur mit wenigen tausend Christen im Römischen Reich zu rechnen sein, bezogen auf eine Gesamtbevölkerungszahl von vielleicht 60 Millionen Menschen.

Die paulinischen Gemeinden verfügten über eine starke Integrationskraft. Von der Sozialstruktur her zeigen sie ein spannungsreiches Bild zwischen Wohlstand und Armut. In Korinth etwa setzte sich die Gemeinde ganz überwiegend aus der sozialen Unterschicht zusammen. Doch gab es neben Sklaven, Tagelöhnern und abhängig Beschäftigten auch wenige Gemeindeglieder, die mächtig und von vornehmer Geburt waren (1Kor 1,26). Dazu gehörten wohlhabende Hausbesitzer wie Krispus, Gaius oder Stephanas und ein hoher städtischer Beamter namens Erastus. Theoretisch waren mit der Taufe in Christus die sozialen Unterschiede aufgehoben (Gal 3,26-28). In der Praxis verlief es nicht immer spannungsfrei, wenn sich Gläubige aus völlig unterschiedlichen sozialen Schichten in der Gemeinde als Brüder und Schwestern auf Augenhöhe begegneten. Insbesondere in der Abendmahlsfeier, die im Rahmen eines Sättigungsmahls begangen wurde und wo es zur ungleichen Verteilung der zur Verfügung stehenden Lebensmittel kam, oder auch in Vermögensstreitigkeiten, die vor weltlichen Gerichten ausgetragen wurden, entzündeten sich die sozialen Konflikte zwischen den Gläubigen. In nachpaulinischer Zeit prangert der Jakobusbrief an, dass die Reichen in der Gemeinde über die Maßen hofiert werden.

Sozialstruktur der Gemeinden

Die Begegnung zwischen Armen und Reichen barg Spannungspotenzial in sich

Im Blick auf die geistige und religiöse Prägung liegen Welten zwischen den Gemeinden im paulinischen Missionsgebiet und den judenchristlichen Gemeinden Palästinas. Zwar wandte sich Paulus an den Orten seines Wirkens immer zunächst an die Synagoge und vermochte auch einige Jüdinnen und Juden für den christlichen Glauben zu gewinnen. Zahlenmäßig wurden die paulinischen Gemeinden aber von Gläubigen aus der griechisch-römischen Völkerwelt dominiert, die eine spezifische geistige wie religiöse Prägung mitbrachten. Während manche sich bereits als Gottesfürchtige im Umfeld der Synagoge aufgehalten hatten und den biblischen Monotheismus teilten, waren die meisten lupenreine Heiden. Für diese Personengruppe kann man sich den Bruch mit der antiken Götterwelt und dem gesellschaftlichen Leben kaum hart genug vorstellen. Eine große Zahl von Gemeindegliedern beteiligte sich in der vorchristlichen Vergangenheit an den Kulten griechisch-römischer Gottheiten. Nicht wenige werden in die hellenistischen Mysterienreligionen eingeweiht gewesen sein. Für sie lag es nahe, das Christusgeschehen und die kultischen Handlungen des Christentums im Horizont dessen zu interpretieren, was sie aus ihrer vorchristlichen Vergangenheit an religiösen Voraussetzungen mitbrachten. Beispiele dafür sind die In-

Geistige und religiöse Prägung der Gläubigen

terpretation der Taufe vor dem Hintergrund antiker Mysterienweihen und die Parallelisierung des Abendmahls mit heidnischen Kultmahlzeiten. Auch gab es Probleme, wenn Christusgläubige nach ihrer Bekehrung an altvertrauten Verhaltensweisen wie dem Genuss von Opferfleisch oder dem Gang zu Prostituierten festhielten, wie dies in Korinth der Fall war. Speziell für die Christusgläubigen aus höheren sozialen Schichten, die bestimmte gesellschaftliche Verpflichtungen hatten und sich nicht einfach von der heidnischen Umwelt absondern konnten, war es in vielerlei Hinsicht schwierig, ein mit den ethischen Grundsätzen des Christentums konformes Leben zu führen. Eine besondere Problematik bestand darin, dass in den paulinischen Gemeinden wohl in den seltensten Fällen die gesamte Familie zum Christentum übertrat. Oft war es nur ein Ehepartner. In Korinth führte dies zu der Frage, ob man in solchen Fällen von Seiten des christlichen Partners die Ehe noch aufrechterhalten könne und wie es um das Heil der gemeinsamen Kinder bestellt sei. Viele Gläubige aus der griechisch-römischen Welt brachten eine geistige Prägung durch die antike Literatur und Philosophie mit, in deren Horizont sie das Christentum hineinstellten. Einerseits gewann die christliche Religion damit an intellektuellem Niveau, andererseits entstanden Probleme, wenn beispielsweise die Auferstehungshoffnung im Rahmen der platonischen Seelenlehre auf ein körperloses Weiterleben der unsterblichen Seele reduziert oder der biblische Schöpfungsglaube einer Neuinterpretation im Lichte kosmisch-philosophischer Spekulationen unterzogen wurde.

Organisationsstruktur der Gemeinden

In der Frühzeit der Kirche dominierte in den Gemeinden das charismatisch-ekstatische Element. Apostel, Propheten und Lehrer gaben den Ton an, hoch im Kurs standen auch Wundertäter, Heiler und Zungenredner (1Kor 12,28). Der Vollzug der Taufe und die Darreichung des Herrenmahls waren noch nicht an bestimmte Ämter gebunden. In der Außenwahrnehmung konnten die paulinischen Gemeinden mit antiken Vereinen oder Mysteriengemeinschaften in einen Topf geworfen werden, wo es ebenfalls zu regelmäßigen Zusammenkünften mit Mahlfeiern und kultischer Verehrung einer Gottheit kam. Im Gegensatz zum Vereinswesen wiesen sie aber zunächst weder feste Organisationsstrukturen noch ein ausgeprägtes hierarchisches Gefälle auf. Sie verfügten weder über festgeschriebene Statuten noch über eine Gemeinschaftskasse und satzungsgemäß gewählte Funktionsträger. Mit dem Schwinden der unmittelbaren Naherwartung und dem allmählichen Wachsen der Gemeinden begannen sich in nachpaulinischer Zeit die Strukturen zu verfestigen. Vielerorts wurden die Gemeinden nun von einem Ältestenrat als kollektivem Führungsgremium geleitet, wie es beispielsweise die Apostelgeschichte (20,17), der Jakobusbrief (5,14) oder der erste Petrusbrief (5,1-4) widerspiegeln. In anderen Kirchengebieten ging die Gemeindeleitung in die Hände des Episkopos und der Diakone über, denen ein Ältestenrat zur Seite stand (1Tim 3,1-7; 5,17f; Ign., *Smyrn.* 8,1). Bei den erstmals in Phil 1,1 erwähnten Funktionen des Episkopos (Aufsichtsbeamter) und Diakons (Tischdiener) handelt es sich ursprünglich nicht um sakrale Titel, sondern um Amtsbezeichnungen, die aus der profanen Welt und dem Vereinswesen bekannt sind. Im Laufe des 2. Jh. n. Chr. beginnt sich allmählich der monarchische Episkopat zu etablieren, bei dem der Bischof (*episkopos*) zur repräsentativen Leitfigur mehrerer Gemeinden einer Stadt oder eines Kirchengebiets aufsteigt.

> In der Außenwahrnehmung konnten die Gemeinden mit Vereinen in einen Topf geworfen werden

Anfeindungen seitens des Staates und der Gesellschaft

Durch den Absolutheitsanspruch des Christentums waren Konflikte mit den staatlichen Behörden und der paganen Mehrheitsgesellschaft von Anfang an vorprogrammiert. Im Gegensatz zu anderen religiösen Bewegungen, die vom Osten her den Siegeszug durch das Römische Reich antraten und um Akzeptanz rangen, war das Christentum nicht in das bestehende religiöse System integrierbar. Vielmehr erhob es mit dem monotheistischen Bekenntnis und dem auf dem Christusgeschehen gründenden exklusivistischen Heilsverständnis den Anspruch, an die Stelle aller bestehenden Religionen zu treten. Wer sich zum Christentum bekannte, konnte nicht mehr gleichzeitig an anderen Kulten teilnehmen. Dies wurde mit der allmählichen Abnabelung vom Judentum, das seit den Tagen von Julius Cäsar eine Reihe von Privilegien im Römischen Reich genoss, zunehmend zu einem Problem. Der Glaube der Christen an den einen Gott und dessen am Kreuz dahingegebenen Sohn zog eine Selbstausgrenzung aus der Gesellschaft nach sich, da weite Teile des antiken Lebens von paganer Religiosität durchdrungen waren. Dies betraf nicht nur öffentliche Feste, die in der Regel zu Ehren bestimmter Gottheiten oder des göttlich verehrten Kaisers gefeiert wurden, und Theaterbesuche, wo heidnische Götter Hauptrollen in Komödien oder Tragödien einnahmen, sondern auch Gastmähler von Privatpersonen, Vereinen und Handwerkergilden, bei denen Opferfleisch verzehrt und Trankspenden für die Götter dargeboten wurden. Die Selbstausgrenzung nährte den Verdacht, die Christen hätten etwas zu verbergen. Da sie sowohl dem Kaiser als auch den griechischen oder römischen Gottheiten, auf deren schützende Macht der Staat und die Gesellschaft vertrauten, die kultische Verehrung verweigerten, zogen sie sich vielerorts Feindschaft zu und wurden zur Zielscheibe von Aggressionen. Die Behandlung des Christentums durch die staatlichen Behörden ist zwar nicht durch generelle und permanente Verfolgung gekennzeichnet, doch konnte es jederzeit zu Zwangsmaßnahmen gegen Christen kommen.

Man kann die Hauptvorwürfe gegen das Christentum, die dann im 2. und 3. Jh. n. Chr. von christlichen Apologeten wie Quadratus, Justin, Tertullian, Clemens Alexandrinus oder Origenes bekämpft werden, in drei Kategorien bündeln (W. Nestle). Erstens geht es um historische Einwände, die sich beispielsweise auf den Verbrechertod Jesu am Kreuz oder die geringe Glaubwürdigkeit christlicher Autoritäten wie Petrus und Maria Magdalena beziehen. Zweitens wurden metaphysische Einwände erhoben, die vom Standpunkt philosophischen Denkens und unter Verweis auf das niedrige Bildungsniveau in den Gemeinden die christliche Auffassung von Gott, Welt und Menschheit als grundlegend falsch betrachten. Kritisiert wurden insbesondere der Glaube an einen gekreuzigten Gottessohn als Erlöser und die Hoffnung auf fleischliche Auferstehung. Drittens schließlich brachte man ethisch-politische Einwände vor, welche die praktische Lebenshaltung der Christen, ihr Verhältnis zur nichtchristlichen Menschheit und insbesondere zum Staat mit seinen Ansprüchen ins Visier nehmen. Neben der als Illoyalität gegenüber dem Staat gedeuteten Verweigerung des Kaiserkults wurden den Christen sexuelle Ausschweifungen und Kannibalismus in ihren Gottesdiensten zur Last gelegt. Bezugspunkte für diese Verdächtigungen waren der liturgische Ritus des heiligen Kusses (Röm 16,16; 1Kor 16,20) und die Feier des

Herrenmahls mit dem geheimnisvollen Verzehr von Leib und Blut Christi, der aus der Außenperspektive als realer blutiger Ritus wahrgenommen wurde.

Christenverfolgung durch Nero

Vor diesem Hintergrund ist es kaum verwunderlich, dass staatliche Zwangsmaßnahmen gegen die Christen sich breiter Zustimmung in der Bevölkerung sicher sein konnten. Obwohl in der christlichen Unterweisung früh zur Unterordnung gegenüber dem Staat und zum Gebet für den Kaiser aufgerufen wird, wurden die Christen als potenzieller Unruhefaktor betrachtet, da sie sich den sozialen und religiösen Normen verweigerten. Zudem waren sie bereits dem Namen nach als Parteigänger jenes Jesus Christus erkennbar, der als politischer Aufrührer die Kreuzesstrafe erlitten hatte. Das Claudiusedikt, von dem Priscilla und Aquila betroffen waren (Apg 18,2), bezog sich noch auf Konflikte innerhalb der Judenschaft Roms, die durch die christliche Missionsverkündigung in den Synagogen der Hauptstadt hervorgerufen wurden. Unter Nero (54-68 n. Chr.) kam es im Zusammenhang mit dem Brand in Rom zum ersten gezielten Vorgehen des römischen Staates gegen das sich rasch ausbreitende Christentum, das als gemeingefährlicher Aberglaube galt. Die staatlichen Zwangsmaßnahmen trafen die Christen zunächst nicht wegen ihrer Religion, sondern wegen des Verdachts der Brandstiftung. Tacitus zufolge haben einzelne Personen sogar Geständnisse abgelegt, woraufhin die Behörden ihr Vorgehen auf alle Christen Roms wegen angeblicher Misanthropie ausweiteten.

Nero inszenierte die Hinrichtung der Christen in aller Grausamkeit

Dies war nur möglich, weil die Christen als gesellschaftlich im Abseits stehende Bewegung mit dem Vorurteil belastet waren, eine Gemeinschaft von Verbrechern und Staatsfeinden zu sein, und sich bestens als Sündenböcke eigneten. Die öffentlichen Hinrichtungen wurden im Rahmen mehrtägiger Festspiele in aller Grausamkeit vollzogen. Zu den Opfern gehörte wahrscheinlich auch Petrus. Etwa zwei Jahre vor diesen Ereignissen dürfte bereits Paulus nach einem formellen Verfahren vor dem kaiserlichen Gericht in Rom den Tod durch Enthauptung erlitten haben. Auch wenn es unter Nero keine generelle Christenverfolgung im Römischen Reich gab und von ihm kein allgemeines Gesetz gegen das Christsein erlassen wurde, hatte er mit seinen zeitlich und örtlich begrenzten Maßnahmen einen Präzedenzfall mit Signalwirkung geschaffen. Ob Nero seine Anweisung an die Behörden in Form eines administrativen Mandats fasste, das archiviert wurde und später auch in den Provinzen des Reiches als Rechtsgrundlage gegen das Christentum diente, lässt sich nicht mit Sicherheit erweisen.

Zwangsmaßnahmen unter Domitian

In der Zeit Domitians (81-96 n. Chr.) kam es vermutlich in Rom und Kleinasien zu Zwangsmaßnahmen gegen Christen, wobei allerdings seine Rolle als Christenverfolger meist überbewertet wird. Domitian ließ in der letzten Phase seiner Herrschaft einzelne Angehörige der römischen Oberschicht wegen Gottlosigkeit, also Ablehnung der römischen Staatsgötter, hinrichten oder verbannen. Ob es sich dabei um Christen handelte, wie die Kirchenväter annehmen, bleibt unsicher. Für Kleinasien führt die spätere Mitteilung des Statthalters Plinius an Trajan, einige der von ihm verhörten Personen hätten nach eigenen Angaben bereits 20 Jahre zuvor dem Christentum abgeschworen, direkt in die Zeit Domitians. Die Johannesoffenbarung, deren zentrales Thema die Bedrohung der kleinasiatischen Christen durch den Kaiserkult ist, setzt Verfolgung und Märtyrertod in den Gemeinden voraus. Johannes selber wurde wegen seines Glaubens auf die Insel Patmos verbannt, wo er seine Visionen empfing. Diese Verbannung wird schon von Irenäus in die Regierungszeit Domitians datiert, in deren Endphase unterschiedliche Maßnahmen zur Ausbreitung des Kaiserkultes fallen, darunter der Bau des prachtvollen Tempels für die flavischen Kaiser in Ephesus. Auch der erste Petrusbrief dürfte vor diesem zeitgeschichtlichen Hintergrund entstanden sein. Domitian knüpfte an die bereits vorgeprägten Strukturen des Herrscherkults an und baute sie zielstrebig aus. Die Überhöhung seiner eigenen Person gipfelte in der Forderung, als »Herr und Gott« angeredet zu werden. Er selbst hat allerdings kaum Christenverfolgungen in Kleinasien angeordnet. Die Städte Kleinasiens, deren lokale Eliten sich in der Anbetung des Kaisers als Wohltäter und Retter der Menschheit überboten, versuchten die göttliche Verehrung Domitians allgemein durchzusetzen. Den sich verweigernden Christen drohten Repressalien, tätliche Übergriffe und Anzeigen bei den Behörden.

Für Trajan (98-117 n. Chr.) sind gezielte Christenverfolgungen in Palästina, Syrien und Kleinasien bezeugt. In Jerusalem wurde der Bischof Symeon gekreuzigt. Prominentestes Opfer von Christenverfolgungen in Syrien war der Bischof Ignatius, der in seiner Heimatstadt Antiochia verhaftet wurde und später in Rom als Märtyrer den Bestien zum Fraß vorgeworfen wurde. Schlüsseldokumente nicht nur für den Umgang mit Christen in Kleinasien, sondern für die Rechtsgrundlage und Durchführung der Christenverfolgungen im gesamten Imperium sind der Brief des Plinius an Trajan aus dem Jahr 112 n. Chr. und das darauf bezogene Antwortschreiben des Kaisers. Plinius war als Statthalter der kleinasiatischen Provinz Pontus und Bithynien von Amts wegen damit befasst, kriminalrechtlich gegen mutmaßliche Angehörige der christlichen Kirche vorzugehen. Ziel war es, bei den betroffenen Verdächtigen eine Abkehr vom Christentum und eine Hinwendung zum Kaiserkult zu erreichen. Dazu mussten sie dem Standbild des Kaisers ein Opfer darbringen und Christus verfluchen. Wer sich dem verweigerte, wurde hingerichtet oder an ein stadtrömisches Bürgergericht überwiesen, obwohl Plinius von den Christen das Bild eigentlich harmloser, nur in religiöser Hinsicht starrsinniger Menschen gewann. Demnach betrachteten die Behörden bereits das Christsein an sich als ein todeswürdiges Verbrechen. Trajan billigt in seinem Antwortschreiben an Plinius dessen Vorgehensweise weitgehend, legt aber fest, dass die Behörden nicht aktiv nach Christen fahnden und keinen anonymen Anzeigen nachgehen sollten. Bis zu den Toleranzedikten des Gallienus (260 n. Chr.) und Galerius (311 n. Chr.) blieb dies die gültige Rechtslage im Römischen Reich.

▪ Das weitere Schicksal der Urgemeinde und des Judenchristentums

Auch nach dem Apostelkonvent verstand man in Jerusalem das Christentum weiterhin als innerjüdische Erneuerungsbewegung und begegnete dem paulinischen Evangelium überwiegend mit Unverständnis oder Ablehnung. Von einflussreichen Teilen der Urgemeinde wurde ein offener Antipaulinismus propagiert. Diese gesetzesstrengen Judenchristen trugen die Beschlüsse des Apostelkonvents nicht mit. Sie kritisierten nicht nur die beschneidungsfreie Evangeliumsverkündigung des Paulus in der Völkerwelt, sondern warfen ihm sogar vor, er verbiete den Juden in der Diaspora die Beschneidung ihrer Kinder und ein Leben gemäß der Tora (Apg 21,21). Im Klima eines sich intensivierenden jüdischen Nationalismus stellte die in Antiochia etablierte und von Paulus in die Welt getragene Konzeption des Christentums für die Jerusalemer Gläubigen, die sich nach wie vor als integraler Teil des Judentums verstanden, zunehmend eine Belastung dar.

Hinrichtung des Herrenbruders Jakobus

Auch für den Herrenbruder Jakobus kann kein Zweifel daran bestehen, dass er das Christentum als eine Spielart von Judentum und keineswegs als eine eigenständige neue Religion betrachtete. Bald nach dem Apostelkonvent wurde er zum alleinigen Leiter der Urgemeinde, während Petrus sich nun außerhalb Jerusalems auf Missionsreisen aufhielt (Gal 2,11-14; 1Kor 9,5). Unter Jakobus intensivierte die Urgemeinde die Hinwendung zu Tora und Tempel, um ihre Stellung innerhalb des Judentums zu festigen. Der späteren Legende zufolge soll Jakobus im Tempel derart inständig für sein Volk gebetet haben, dass seine Knie hart wie die eines Kamels waren. Als der Statthalter Festus 62 n. Chr. plötzlich verstarb und sich sein Nachfolger Albinus noch auf dem Weg nach Palästina befand, nutzte der Hohepriester Ananos II. das Machtvakuum, um ein Todesurteil des Synedrions gegen Jakobus herbeizuführen und ihn steinigen zu lassen. Dabei dürften die alten Vorbehalte der Sadduzäer gegenüber den Christusgläubigen eine entscheidende Rolle gespielt haben. Angesichts der untadeligen Toratreue des Jakobus erhoben sogar die Pharisäer Protest gegen seine Hinrichtung. Das Synedrion besaß unter römischer Herrschaft keine Befugnis zur Vollstreckung von Todesurteilen. Bald darauf wurde Ananos von Agrippa II. zur Rechenschaft gezogen und wegen Überschreitung seiner Kompetenzen des Hohepriesteramts enthoben.

Ananos überschritt mit der Hinrichtung des Jakobus seine Kompetenzen und wurde abgesetzt

Flucht nach Pella

Wie für alle religiösen Gruppierungen des Judentums stellte der Jüdische Krieg (66-70 n. Chr.) auch für die christusgläubigen Nazarener einen tiefen Einschnitt dar. Nachdem Jerusalem in die Hände der Zeloten gefallen war, gerieten sie in eine prekäre Situation, da die christliche Botschaft von Gewaltverzicht und Feindesliebe eine Beteiligung am Aufstand gegen Rom nicht zuließ. In den Augen der Rebellen musste dies als Verrat am bewaffneten Befreiungskampf erscheinen. Aufgrund einer prophetischen Eingebung ergriffen die Mitglieder der Urgemeinde die Flucht nach Pella im Ostjordanland und überlebten so die Katastrophe. Die betreffenden Nachrichten bei Euseb und Epiphanius, deren Wert zu Unrecht immer wieder angezweifelt wird, sind historisch plausibel. In Mk 13,14-18 scheint sich zudem eine Flucht aus Jerusalem in die Gebirgsregionen Judäas widerzuspiegeln. Zumindest ein Teil der Christusgläubigen ist aber später wieder zurückgekehrt, da altkirchliche Quellen für die Zeit nach dem Jüdischen Krieg die Existenz einer Christengemeinde im weitgehend zerstörten Jerusalem verbürgen.

Verfolgung durch die römische Provinzialverwaltung

Neben Anfeindungen seitens der jüdischen Umwelt war die Gemeinde in Jerusalem auch immer wieder der Verfolgung durch die römische Provinzialverwaltung ausgesetzt. Während der Herrschaft von Kaiser Domitian (81-96 n. Chr.) kam es zu einem Prozess gegen die Enkel des Herrenbruders Judas. Sie wurden bezichtigt, königlich-messianische Ansprüche zu erheben und dadurch die römische Ordnung zu gefährden. Vor Gericht konnten sie unter Verweis auf ihre niedere soziale Stellung und die regelmäßige Entrichtung der Steuern plausibel machen, dass diese Vorwürfe haltlos waren. Unter Traian (98-117 n. Chr.) wurde in Jerusalem der Bischof Symeon, der Nachfolger des Jakobus und ebenfalls ein Verwandter Jesu, vom römischen Statthalter Atticus zum Tode verurteilt und gekreuzigt.

Der Untergang des Judenchristentums und die Herausbildung einer christlichen Kirche, die sich zunehmend von ihren jüdischen Wurzeln lossagte, wurden durch den gescheiterten Bar-Kochba-Aufstand (132-135 n. Chr.) eingeläutet. Die Kirchenväter berichten glaubwürdig davon, dass Bar Kochba mit aller Härte gegen die Christen in Judäa vorging, weil diese sich weigerten, ihn als Messias anzuerkennen und am Aufstand teilzunehmen. Mit der Niederschlagung der Revolte durch Kaiser Hadrian und der Umwandlung Jerusalems in eine römische Kolonie, in der keine Juden mehr leben durften, war auch das Ende der Urgemeinde in der bis dahin bestehenden Gestalt verbunden. Während Euseb zufolge bis dahin die Jerusalemer Bischöfe allesamt »Hebräer« und »aus der Beschneidung« waren, wurde mit den Sanktionen Hadrians gegen die Jerusalemer Juden die Urgemeinde zwangsläufig heidenchristlich. Ihr erster nicht beschnittener Bischof trug den Namen Markus. Reste des Judenchristentums, das über eigene Evangelien verfügte und die paulinischen Schriften wegen der torakritischen Haltung des Apostels entschieden ablehnte, existierten vor allem in Syrien weiter, wurden aber allmählich zwischen Kirche und Synagoge zerrieben. Während man auf jüdischer Seite im Laufe des 2. Jh. n. Chr. das Achtzehngebet um eine Verfluchung der Nazarener erweiterte, wurde auf christlicher Seite immer mehr bezweifelt, dass an der Tora festhaltende Judenchristen das Heil erlangen können. Die sich von ihren Wurzeln lossagende Kirche verfiel nicht nur zunehmend in eine feindliche Haltung gegenüber dem Judentum, sondern brachte auch kaum noch Toleranz für Judenchristen in ihren Reihen auf. Judenchristliche Gruppierungen wie Ebionäer, Elkesaiten oder Nazoräer wurden als Häretiker abgestempelt und ins Abseits gedrängt. Indem das Konzil von Nicäa 325 n. Chr. eine Begehung des Osterfestes am Sonntag verbindlich festschrieb und die alte Praxis, den Ostertermin an das bewegliche Passahfest zu koppeln, mit beschämenden antijüdischen Äußerungen als Irrlehre verwarf, entledigte sich die Kirche vollends ihres judenchristlichen Erbes.

Schleichender Untergang des Judenchristentums

Die Christen verweigerten Bar Kochba die Anerkennung als Messias

■ Die Anfänge der christlichen Gnosis

In vielen Kirchengebieten war im 2. und 3. Jh. n. Chr. die Gnosis die vorherrschende Form des Christentums. Zu den bedeutendsten Schulhäuptern der Gnosis zählten Kerinth, Basilides und Valentinus. Frühformen gnostischen Denkens spiegeln sich bereits im Neuen Testament wider, wobei vor allem an Irrlehren zu denken ist, wie sie in den Pastoralbriefen und den Johannesbriefen bekämpft werden. Das griechische Wort *gnōsis* bedeutet Erkenntnis. Unter der Gnosis versteht man eine religiöse Erlösungsbewegung der Spätantike. Sie zeichnet sich in der Deutung des menschlichen Daseins durch eine konsequente Haltung der Weltverneinung aus. Gleichzeitig wird durch die Vermittlung von Geheimwissen Rettung verheißen. Soziologisch war die Gnosis stark in der kaiserzeitlichen Stadtkultur verwurzelt, wo sie der gebildeten Oberschicht in Zeiten der Umwälzung Halt gab. Die Anfänge gnostischen Weltverständnisses liegen im Dunkel. Ob die Gnosis unabhängig vom Christentum aufkam oder als eine durch phi-

Bedeutung und Verbreitung der Gnosis

losophisches Gedankengut inspirierte Spielart christlichen Denkens entstand, bleibt umstritten. Zumindest existieren auch gnostische Texte, die keinen christlichen Einfluss aufweisen. Die Rekonstruktion der Gnosis konnte sich lange Zeit fast ausschließlich nur auf Darstellungen aus der Feder ihrer Gegner stützen. Kirchenväter wie Irenäus von Lyon, Hippolyt von Rom oder Epiphanius von Salamis zitieren in ihren polemischen Schriften gegen die Häresien umfangreiches gnostisches Gedankengut. Dabei neigen sie zur Schematisierung und bösartigen Verzerrung der Gnosis. Im Verlauf des 18. und 19. Jh. wurden in Ägypten erste koptische Kodizes entdeckt, die Originalzeugnisse der antiken Gnosis wie die Bücher des Jeû, das Evangelium der Maria oder die Pistis Sophia enthalten. Eine umfassendere Rekonstruktion der Gnosis auf der Grundlage von Originalzeugnissen gnostischen Denkens wurde allerdings erst durch die sensationellen Textfunde von Nag Hammadi ermöglicht. Die »Ketzer« kamen nun selbst zu Wort.

Entdeckung der Texte von Nag Hammadi

Im Dezember 1945 stießen Bauern in Oberägypten nahe dem Ort Nag Hammadi beim Graben auf einen Tonkrug von etwa einem Meter Höhe. Der Anführer der Gruppe war ein gewisser Mohammed Ali. Anstelle des erhofften Goldschatzes barg der Tonkrug dreizehn in Leder gebundene Papyrus-Kodizes in sich. Sie bieten mehr als fünfzig Schriften, in denen sich Vielfalt und Reichtum der antiken Gnosis eindrucksvoll widerspiegeln. Vertreten sind Evangelien, Briefe, Apokalypsen und liturgische Texte, aber auch philosophische Abhandlungen und sogar ein Ausschnitt aus Platons Werk über den Staat. Nach einer Odyssee auf dem illegalen Antiquitätenmarkt gelangte letztlich der gesamte Fund von Nag Hammadi in den Besitz des ägyptischen Staates und wurde in die Bestände des Koptischen Museums in Kairo aufgenommen. Ein Teil der Texte ist allerdings unwiderruflich vernichtet worden. Die Mutter von Mohammed Ali hat ihn in der Annahme, es handele sich um wertlose Bücher oder gar um magische Papyri mit schädigender Wirkung, als Brennmaterial verwendet.

Ein Teil der Nag-Hammadi-Texte wurde von Mohammed Alis Mutter verfeuert

Abfassungszweck der Textsammlung

Zusammengestellt wurde die »Bibliothek« von Nag Hammadi im 4. Jh. n. Chr., womit allerdings noch kein Urteil über das eigentliche Alter der Texte gefällt ist. Es handelt sich bei ihnen ganz überwiegend um koptische Übersetzungen von griechischen Schriften, die im 2. und 3. Jh. n. Chr. entstanden sind. Aller Wahrscheinlichkeit nach stammen die Funde von Nag Hammadi aus dem etwa zehn Kilometer entfernt gelegenen Kloster Chenoboskeia. Die Frage, zu welchem Zweck die Texte in dieser Form zusammengestellt wurden und warum man sie später in einem Tonkrug vergrub, lässt sich nicht zweifelsfrei klären. Recht unwahrscheinlich ist die Annahme, dass »rechtgläubige« Mönche die Schriften sammelten, um auf ihrer Grundlage die Gnosis wirksamer bekämpfen zu können. Eher hat man mit den Kodizes von Nag Hammadi so etwas wie die »Bibel der Häretiker« vor sich, also ein Konkurrenzbuch zum kanonischen Neuen Testament, das in gnostischen Gemeinden gelesen wurde und dort als Heilige Schrift galt. Von den jeweils vertretenen Literaturgattungen her zeigen sich Übereinstimmungen. Das Korpus der Schriften von Nag Hammadi enthält mehrere Evangelien, ein der Apostelgeschichte vergleichbares Werk mit dem Titel »Taten des Petrus und der zwölf Apostel«, zwei Apostelbriefe (apokrypher Jakobusbrief und Philippusbrief) und zahlreiche Apokalypsen. Allerdings bleiben Zweifel, ob die Nag-Hammadi-Texte in gnostischen Gemeinden die neutestamentlichen

Bücher als Heilige Schrift völlig verdrängt haben. Sie könnten auch eine Art Ergänzung zum Kanon dargestellt haben, die einer Lektüre und Interpretation der Bibel im gnostischen Licht diente. Um die Schriften vor Konfiszierung und Vernichtung zu retten, wurden sie später in einem Grab versteckt. Es spricht viel für die Annahme, dass dies im Zusammenhang mit dem Osterfestbrief des Bischofs Athanasius von Alexandria steht, durch den 367 n. Chr. für Ägypten der exakte Umfang des neutestamentlichen Kanons festgelegt und gleichzeitig ein Feldzug gegen die apokryphen Schriften der Häretiker eingeleitet wurde.

Die Texte von Nag Hammadi und weitere Originalzeugnisse der Gnosis aus Ägypten, darunter auch das Judasevangelium, vermitteln ein deutlich klareres Bild von den gnostischen Lehren als die polemischen Darstellungen der Kirchenväter. Es zeigt sich deutlich, dass Gnostiker ein ganz anderes Verständnis von Gott und der Welt, von Schöpfung und Erlösung haben, als es aus der Bibel und den christlichen Glaubensbekenntnissen bekannt ist. Die Mehrzahl der gnostischen Systeme ist durch einen strengen kosmischen Dualismus gekennzeichnet. Der oberste Lichtgott hat als transzendente, überweltliche Gestalt keinerlei Anteil am Kosmos. Die Weisheit (Sophia) brachte ohne Mitwirken Gottes oder gegen seinen erklärten Willen den negativ besetzten Weltschöpfer hervor, der abwertend als »Handwerker« (Demiurg) bezeichnet wird. Der Schöpfergott des Alten Testaments ist damit für die Gnostiker eine untergeordnete Gottheit, die aus einem Fehltritt der Sophia resultiert. Er brachte bösartige Planetenherrscher (Archonten) hervor, welche die Kontrolle über die sieben unteren Himmelssphären ausüben. Die Welt ist nicht die bergende Heimat des Menschen, sondern ein Ort der Finsternis. Die Leibfeindlichkeit der Gnosis geht oft mit einer negativen Bewertung von Sexualität einher.

Gnostische Theorien zur Entstehung der Welt

> **Die Gnostiker hatten ein ganz eigenes Verständnis von Schöpfung und Erlösung**

Zu den Grundlinien gnostischen Denkens zählt weiterhin die Vorstellung, dass der Mensch einen nach Erlösung strebenden göttlichen Funken in sich trägt. Dabei setzt die Gnosis einen aus der platonischen Philosophie bekannten Leib-Seele-Dualismus voraus, der das wahre Ich im materiellen Körper eingesperrt und in der feindlichen Welt gefangen sieht. Vor diesem Hintergrund interpretierten die Gnostiker auch die biblische Geschichte von der Erschaffung des Menschen in ihrem Sinne um. Durch eine List gelingt es dem obersten Lichtgott, den niederen Schöpfergott des Alten Testaments dazu zu bewegen, dem noch leblosen Adam etwas von den Lichtteilen einzuhauchen, die der Schöpfergott der Sophia entwendet hatte und eigentlich für sich behalten wollte. Erlösung besteht nach der gnostischen Weltanschauung darin, dass sich nach dem Tod der göttliche Lichtteil im Menschen vom materiellen Körper trennt und die Himmelsreise antritt. Durch die rettende Erkenntnis, die den Menschen zur Einsicht in seine wahre Natur und seinen himmlischen Ursprung bringt, vermag die Seele durch die feindlichen Planetensphären in die heimatlichen Himmelsgefilde zurückzukehren. In diesem Zusammenhang spielen magische Beschwörung und Anbetung der Archonten, die genau wie der Schöpfergott als Mächte des Bösen dem Lichtfunken den Weg nach oben versperren, eine zentrale Rolle.

Anthropologie und Erlösungsverständnis

Obwohl die Gnosis eine Selbsterlösung durch Erkenntnis und Weltflucht propagiert, begegnen in vielen Systemen Erlösergestalten, darunter auch Jesus Christus. Sie vermitteln im Auftrag des oberen Lichtgottes die Heilsbotschaft von der rettenden Erkenntnis, weisen dem Menschen den Weg der Befreiung aus dem

Christus als Erlösergestalt

Kosmos und sind teilweise auch bei der Bewältigung des Seelenaufstiegs behilflich. Dem Kreuzestod Jesu kommt dagegen im gnostischen Denken keine Bedeutung zu. Jesus Christus wird als höheres Lichtwesen betrachtet, das seit Anbeginn in der göttlichen Welt beim Vater weilt und niemals wirklich Mensch wurde. Begleiterscheinungen der Gnosis sind deshalb der Doketismus, der die gesamte irdische Existenz Christi als eine Scheinexistenz betrachtet, oder die Unterscheidung zwischen dem leidenden Jesus und dem nicht leidensfähigen Christus als unterschiedlichen Personen, die sich nur vorübergehend verbunden haben.

Bekämpfung der Gnosis durch die Großkirche

Ihren Höhepunkt erreichte die Gnosis im 3. Jh. n. Chr., bevor sie nicht zuletzt aufgrund massiver Unterdrückung an Schwung verlor und schließlich nur noch im Manichäismus weiterlebte. Zweifellos gab es gute theologische Gründe dafür, den Gnostikern die Rechtgläubigkeit abzusprechen. Ihr Denken steht in deutlichem Widerspruch zum Schöpfungsverständnis und zur Erlösungslehre der Bibel. Allerdings ist die Gnosis nicht nur wegen ihrer teilweise problematischen Glaubenslehren, sondern auch wegen ihres subversiven, sich der institutionellen Kontrolle entziehenden Charakters argwöhnisch beäugt und vehement bekämpft worden. Insbesondere war es vielen Kirchenvätern ein Dorn im Auge, dass Frauen in den gnostischen Gemeinden eine zentrale Rolle als Prophetinnen und Lehrerinnen einnahmen. Ein Stück weit wurde die Gnosis von der Großkirche theologisch ausgetrocknet, indem gnostisches Gedankengut in gemäßigter Form in das eigene Denken integriert wurde. Im Bereich der Volksfrömmigkeit spielten die apokryphen Apostelakten eine zentrale Rolle, die in hohem Maße von gnostischen Lehren durchzogen sind. Im Gegensatz zu anderen gnostischen Schriften konnten sie wegen ihrer immensen Popularität nicht vollständig unterdrückt werden, sondern lebten nach der Bereinigung um allzu anstößig wirkende Passagen weiter.

> Die Gnosis wurde von der Großkirche auch wegen ihres subversiven Charakters bekämpft

Spurensuche nach der Gnosis im Neuen Testament

Die Spurensuche nach Frühformen der Gnosis im Neuen Testament ist trotz vieler Unwägbarkeiten nicht völlig aussichtslos. Die in den Johannesbriefen bekämpften Gegner, von denen die wirkliche Menschwerdung Jesu bestritten wurde, vertraten eine Christologie, wie sie für die Gnosis typisch ist. In den Pastoralbriefen wird christlichen Häretikern mit ihrer »fälschlich so genannten Gnosis« (1Tim 6,20) vorgeworfen, dass sie »ungeistliche Altweiberfabeln« (4,7; vgl. 1,4) ohne Wahrheitsgehalt verbreiten und erfolglos die Schrift zu meistern versuchen (1,7). Dies deutet auf einen spekulativen Umgang mit dem Alten Testament hin, der eine gnostische Interpretation der Schöpfungsgeschichte einschließen könnte. Wenn sie die Auferstehung als schon geschehen betrachteten (2Tim 2,18), erinnert dies daran, dass nach dem Philippusevangelium die Auferstehung für den Gnostiker schon zu Lebzeiten zu einer geistlichen Realität werden muss, damit sie nach dem Tod erlangt werden kann (Ev Phil 21.90). Auch die Gegner im Kolosserbrief, deren Philosophie maßgeblich durch die Verehrung der Weltelemente (Kol 2,8) und feindlichen Engelmächte (2,18) gekennzeichnet ist, könnten eine Frühform der Gnosis repräsentieren.

X. Paulus von Tarsus

»Keine andere Gestalt des Urchristentums steht so wie Paulus im hellen Licht, aber auch im Zwielicht der Geschichte« – mit diesen Worten lässt Günther Bornkamm sein zum Klassiker gewordenes Paulusbuch von 1969 beginnen und bringt die Zwiespältigkeit der Person des Apostels Paulus anschaulich auf den Punkt. Dank der Apostelgeschichte und der erhaltenen Briefe sind wir über keine andere Schlüsselfigur des frühen Christentums auch nur ansatzweise derart gut informiert wie über Paulus, und doch reißen die Kontroversen über seine Person und Theologie nicht ab. Als Pharisäer verfolgte Paulus Teile der Jerusalemer Urgemeinde und scheute auch vor Gewaltanwendung nicht zurück, bevor er vor Damaskus zum leidenschaftlichen Verkündiger jenes Glaubens wurde, den er bis dahin auf Schärfste bekämpft hatte. Er ist derjenige Apostel, der theologisch wie missionarisch die größte Wirkung entfaltet hat und doch zugleich umstritten wie kein anderer war. Als Symbolgestalt der beschneidungsfreien Heidenmission ebnete er dem Christentum den Weg zur universalen Weltreligion, zog damit aber heftigste Kritik vonseiten des toratreuen Judenchristentums auf sich und musste sich einer organisierten Gegenmission in seinen Gemeinden erwehren. Mit seinem literarischen Werk wurde Paulus zum Begründer einer spezifisch christlichen Theologie und sah sich gleichzeitig dem Vorwurf ausgesetzt, dass den inhaltsträchtigen Briefen ein schwächliches persönliches Auftreten und mangelnde rednerische Begabung gegenüberstehe (2Kor 10,10). Mythen und Legenden ranken sich um das Ende des Paulus, zumal erst außerkanonische Quellen von zweifelhaftem Wert über eine Durchführung der geplanten Spanienmission und den Märtyrertod in Rom zu berichten wissen.

Kontroversen um die Person des Paulus

Paulus ebnete dem Christentum den Weg zur Weltreligion

■ Probleme der Chronologie

Die Erhebung chronologischer Eckdaten aus dem Leben des Paulus ist mit vielen Unsicherheiten behaftet. Das Geburts- und Todesjahr des Apostels können nur ungefähr erschlossen werden. Weite Strecken seines Wirkens liegen im Dunkel oder lassen sich nur umrisshaft erhellen. Die erhaltenen Briefe des Paulus eröffnen zwar Rückschlüsse auf die jeweilige Entstehungssituation, machen aber so gut wie keine Angaben über Zeit und Ort ihrer Abfassung. Auch die wenigen autobiographischen Aussagen des Paulus sind nicht mit konkreten Jahreszahlen versehen. Aus der Apostelgeschichte und einzelnen Aussagen der Briefe wird der Ablauf der wesentlichen Begebenheiten aus dem Leben des Paulus allerdings zumindest in Grundzügen ersichtlich. Zudem enthält der autobiographische Rückblick im Galaterbrief, der sich von der vorchristlichen Vergangenheit über das Damaskuserlebnis und erste missionarische Aktivitäten bis hin zum Apostelkonvent und dem Bruch mit Antiochia erstreckt (Gal 1,11-2,14), zwei Zeitangaben zur relativen Abfolge der Ereignisse. Diese werden meist so interpretiert, dass Paulus drei Jahre nach dem Damaskuserlebnis erstmals nach Jerusalem zurückkehrte (1,18) und sich vierzehn Jahre später zum Apostelkonvent erneut nach Jerusalem begab (2,1). Unter Berücksichtigung der Tatsache, dass in der Antike

Unsichere chronologische Eckdaten

angebrochene Jahre voll gezählt wurden, lagen demnach zwischen dem Damaskuserlebnis und dem Apostelkonvent ungefähr sechzehn Jahre.

Judenedikt des Claudius und Gallio-Inschrift

Als Glücksfall erweisen sich zwei Nachrichten der Apostelgeschichte zur Gemeindegründung in Korinth, die sich zu zuverlässig datierbaren Ereignissen der antiken Weltgeschichte in Beziehung setzen lassen und damit belastbare Daten für die Lebensgeschichte des Paulus liefern. Konkret geht es um die Erwähnung des Judenedikts des Claudius (Apg 18,2) und des Prokonsulats von Gallio (18,12-17). Dass Kaiser Claudius (41-54 n. Chr.) eine Vertreibung von Juden aus Rom verfügte, verbürgt neben der Apostelgeschichte der Schriftsteller Sueton (*Claud.* 25), allerdings ebenfalls ohne Angabe einer Jahreszahl. Orosius, ein Schüler des Kirchenvaters Augustin, datiert in seinem Geschichtswerk (VII.6,15) unter Berufung auf Josephus das Judenedikt in das 9. Regierungsjahr des Kaisers, also in das Jahr 49. Obwohl sich in den erhaltenen Werken des Josephus nirgendwo eine Aussage über die Judenvertreibung des Claudius findet, wird Orosius meist Vertrauen geschenkt, weil seine Datierung sich harmonisch in den Bericht der Apostelgeschichte über den Prozess des Paulus vor Gallio einfügt. Lucius Junius Gallio war der ältere Bruder des Philosophen Seneca und wurde wie dieser von Nero zum Selbstmord gezwungen. Im 19. Jh. wurde in Delphi eine Inschrift entdeckt, in der Gallio Erwähnung findet. Es handelt sich um einen in Stein gemeißelten Brief des Kaisers Claudius, der zum Problem eines besorgniserregenden Bevölkerungsrückgangs in Delphi Stellung nimmt und den Zuzug von Bürgern aus anderen Städten anordnet. Aufgrund dieses Briefs und der darin getroffenen Zeitangaben lässt sich die Amtszeit des Gallio genauer bestimmen. Gallio war aller Wahrscheinlichkeit nach vom Frühsommer 51 n. Chr. bis zum Frühsommer 52 n. Chr. Prokonsul der Provinz Achaia mit Amtssitz in Korinth. Der Gemeindegründungsaufenthalt des Paulus in Korinth lässt sich vor dem Hintergrund dieser Zeugnisse chronologisch recht genau einordnen. Die Zwangsmaßnahmen des Claudius gegen stadtrömische Juden lagen bei Ankunft des Paulus in Korinth noch nicht allzu lange zurück, denn das davon betroffene Ehepaar Aquila und Priscilla war selbst erst kurze Zeit vor dem Apostel in Korinth eingetroffen (Apg 18,2). Paulus traf wohl 50 n. Chr. in Korinth ein und wurde anderthalb Jahre später (18,11) vor Gallio angeklagt, nachdem dieser im Frühsommer 51 n. Chr. sein Amt als Statthalter von Achaia angetreten hatte.

Gallio wurde später von Nero zum Selbstmord gezwungen

Kontroversen um die »erste Missionsreise«

Mit dem Judenedikt des Claudius und der Gallio-Inschrift sind chronologische Fixpunkte gewonnen, in die sich auf der Grundlage der Apostelgeschichte und der Paulusbriefe die weiteren Ereignisse aus dem Leben des Paulus zu einem weithin schlüssigen Gesamtbild zusammenfügen. Dennoch bleiben zentrale Aspekte der Pauluschronologie Gegenstand kontroverser Diskussionen. Insbesondere gibt es abweichende Auffassungen darüber, wie die sogenannte erste und zweite Missionsreise in die paulinische Chronologie einzuordnen sind. Die zuweilen vertretene Spätdatierung der im Auftrag der Gemeinde von Antiochia durchgeführten ersten Missionsreise in die Zeit zwischen Apostelkonvent und antiochenischem Streit (u.a. P. Vielhauer, M. Öhler) stützt sich im Wesentlichen darauf, dass diese in Gal 1,11-24 fehlt, wo Paulus auf die entscheidenden Etappen seines Werdegangs bis zum Apostelkonvent zurückblickt. Da Paulus im Galaterbrief die Unabhängigkeit seines Evangeliums von menschlichen Autoritäten darlegen will, hatte er allerdings gute Gründe, den Dienst im Auftrag der Gemeinde von Antiochia zu übergehen. Zudem lässt sich die erste Missionsreise in der kurzen Zeitspanne zwischen dem Apostelkonvent, für den das Jahr 48 n. Chr. die mit Abstand wahrscheinlichste Datierung darstellt, und dem in das Jahr 49 n. Chr. fallenden Aufbruch nach Europa nicht unterbringen. Deshalb sehen sich die Vertreter ihrer Spätdatierung meist gezwungen, den Apostelkonvent bereits vor dem Jahr 48 anzusetzen.

Auch die Frühdatierung der zweiten Missionsreise in die Zeit vor dem Apostelkonvent (G. Lüdemann, J. Gnilka) konnte sich zu Recht nicht durchsetzen. Im Hintergrund steht die Behauptung, das Judenedikt des Claudius (Apg 18,2) falle bereits in das Jahr 41. Dazu beruft man sich auf den Geschichtsschreiber Dio Cassius, der allerdings für das betreffende Jahr lediglich ein von Claudius verhängtes Versammlungsverbot für die Juden in Rom bezeugt (LX.6,6). Zudem kommen auch die Vertreter einer Frühdatierung der Europamission nicht an der Tatsache vorbei, dass Gallio erst Anfang der 50er Jahre Statthalter in Korinth war. Deshalb müssen sie ihre Hypothese zusätzlich durch die höchst unwahrscheinliche Annahme belasten, Lukas habe in Apg 18,1-17 zwei zeitlich weit auseinander fallende Traditionen nachträglich zu einer einzigen Episode verschmolzen, nämlich einerseits den angeblich in das Jahr 41 n. Chr. zu datierenden Gründungsaufenthalt, andererseits einen etwa zehn Jahre später erfolgten Korinthbesuch des Paulus mit Prozess vor Gallio.

Versuch einer Frühdatierung der Europamission

■ Der vorchristliche Paulus

Die intensive Erhellung der vor dem Damaskuserlebnis liegenden Lebensphase des Paulus trägt zu einem besseren Verständnis seines späteren Wirkens als Apostel Jesu Christi bei. Mit der Thematik vom vorchristlichen Paulus werden die Herkunft aus dem hellenistischen Judentum, die Ausbildung zum Pharisäer in Jerusalem und die Verfolgertätigkeit gegenüber der christlichen Gemeinde berührt. Paulus wurde kurz nach der Zeitenwende in der kleinasiatischen Stadt Tarsus geboren (Apg 22,3) und gehörte damit dem Diasporajudentum an. Die Geschichte der jüdischen Gemeinden Kleinasiens reicht mindestens bis in die Seleukidenzeit zurück. Juden lebten in den Städten meist als eigenständiges Politeuma mit besonderen Rechten und teilautonomer Selbstverwaltung.

Herkunft aus Tarsus

Das exakte Geburtsjahr des Paulus ist unbekannt

Im Blick auf das Verhältnis zur hellenistischen Umwelt ist keine einheitliche Linie erkennbar. Neben Tendenzen zur Assimilation an die griechische Lebensweise ist auch eine scharfe Abgrenzung durch besonders strenge Einhaltung der Tora und weitgehende Ablehnung von Mischehen zu beobachten. Das exakte Geburtsjahr des Paulus ist unbekannt. Einziger Anhaltspunkt ist die Aussage des Apostels in dem wohl 55 n. Chr. verfassten Philemonbrief, er sei nun ein alter Mann (Phlm 9), worunter man in der Antike eine Person im Alter von etwa 50 Jahren verstand. Die römisch-katholische Kirche nimmt an, dass Paulus 9 n. Chr. das Licht der Welt erblickte, und beging in dem von Papst Benedikt XVI. ausgerufenen Paulusjahr 2008/2009 die Zweitausendjahrfeier seiner Geburt.

Tarsus war die Hauptstadt der 66 v. Chr. errichteten römischen Provinz Kilikien, die allerdings in den Tagen des Paulus ihre Eigenständigkeit eingebüßt hatte und der römischen Provinz Syrien angegliedert worden war. Das wirtschaftliche

Wirtschaftliche und kulturelle Bedeutung von Tarsus

Leben der Stadt wurde vor allem von der Textilproduktion und Textilverarbeitung bestimmt. Mit der Lage am Unterlauf des Kydnos hatte Tarsus direkten Zugang zum Handelsverkehr auf dem Mittelmeer. Auch in geistiger Hinsicht war Tarsus eine bedeutsame Metropole. Nach dem Urteil des Schriftstellers Strabo herrschte unter den Bewohnern der Stadt ein so großer Eifer für die Philosophie und die allgemeine Bildung, dass sie darin sogar Alexandria und Athen übertrafen (XIV.5,13). Auch wenn dies eine Übertreibung darstellt, war Tarsus eine Hochburg griechischer Rhetorik und Philosophie, wobei die Stoa den Ton angab. In der Forschung wird darüber gestritten, wie groß der genuin hellenistische Einfluss auf die geistige Prägung des Paulus war. Die Verwendung von Stilelementen aus der klassischen griechischen Rhetorik, die Rezeption stoischen Gedankenguts und der Gebrauch hellenistischer Metaphorik in den Briefen des Apostels werden zu Recht mit seiner Herkunft aus Tarsus in Verbindung gebracht. Die griechische Sprache benutzt Paulus grammatikalisch korrekt, die alttestamentlichen Schriften zitiert er nach der Septuaginta oder damit verwandten Textrezensionen. Allerdings lassen seine Briefe keine Kenntnis der üblicherweise im Elementarunterricht verwendeten klassischen griechischen Literatur wie etwa Homer oder Thukydides erkennen. Das einzige griechische Schriftstellerzitat in den Paulus-Briefen ist die Menander-Sentenz »Schlechter Umgang verdirbt gute Sitten« (1Kor 15,33). Dabei handelt es sich um ein geflügeltes Wort, dessen Gebrauch nicht zwingend auf eine Kenntnis der Schriften Menanders hinweist. Vermutlich hat Paulus in Tarsus einen jüdisch geprägten Griechischunterricht genossen, der anstelle der klassischen Autoren die Septuaginta und die hellenistisch-jüdische Literatur zugrunde legte. In Bezug auf die beiden für Paulus maßgeblichen Kulturkreise erweist sich Paulus als Grenzgänger zwischen jüdischer und hellenistischer Tradition, wobei das Judentum deutlich im Vordergrund steht.

Tarsus war eine Hochburg griechischer Philosophie und Rhetorik

Der Apostelgeschichte zufolge hat Paulus von Geburt an das römische Bürgerrecht (Apg 16,37; 22,25-28) und zudem das Stadtbürgerrecht von Tarsus (21,39) besessen. Dass Paulus in den Briefen nie auf sein Bürgerrecht Bezug nimmt, berechtigt nicht dazu, die Angaben des Lukas für Fiktion zu halten. Der Kirchenvater Hieronymus (*vir. illust.* 5,1) berichtet, die Eltern des Paulus seien im Zuge kriegerischer Konflikte aus dem galiläischen Gischala nach Tarsus verschleppt worden. Vermutlich wurden sie 63 v. Chr. beim Einmarsch des Pompeius in Palästina oder 4 v. Chr., als Varus die nach dem Tod des Herodes in Galiläa ausgebrochene Revolte niederschlug, von den Römern als Kriegsgefangene in die Sklaverei verkauft und erlangten später im Zuge der Freilassung das römische Bürgerrecht. Das Bürgerrecht einer hellenistischen Polis war, sofern man es nicht qua Geburt oder Ernennung erhielt, käuflich. In Tarsus wurde es in der römischen Kaiserzeit zur Aufbesserung der Stadtkasse für 500 Drachmen veräußert (Dio Chrysostomos, *or.* 34,23). Die Eltern des Paulus könnten es erworben und an ihren Sohn vererbt haben. Allerdings handelte es sich wohl um ein eingeschränktes Bürgerrecht, da es gläubigen Juden aus religiösen Gründen nicht möglich war, alle mit dem Bürgerrecht einer griechischen Stadt verbundenen Verpflichtungen wahrzunehmen. Dass Paulus sowohl römischer Bürger als auch Bürger der Polis Tarsus war, deutet auf einen gehobenen gesellschaftlichen Status hin. Möglicherweise besaß die Familie einen eigenen Handwerksbetrieb, in dem

Rechtlicher und sozialer Status des Paulus

Paulus den Beruf des Zeltmachers erlernte (Apg 18,3), der unterschiedliche Formen der Textil- und Lederverarbeitung umfasste.

Die Familie des Paulus zählte zu jener Richtung des Diasporajudentums, die auch fern des Mutterlands tief in der jüdischen Tradition verwurzelt war. Sie rechnete sich dem Stamm Benjamin zu und ließ ihren Sohn gemäß der Tora am achten Tag beschneiden (Phil 3,5). Neben dem für die Öffentlichkeit bestimmten römischen Namen Paulus trug er den jüdischen Hausnamen Saul(us). Das Sprichwort vom Saulus, der zum Paulus wurde, ist falsch, zumal sich in der Apostelgeschichte der von Lukas aus dramaturgischen Gründen inszenierte Namenswechsel erst etwa zehn Jahre nach dem Damaskuserlebnis auf Zypern abspielt (Apg 13,9). In der kleinasiatischen Diaspora blieb die Familie des Paulus eng mit dem Mutterland verbunden. Eine Schwester und ein Neffe des Apostels lebten in Jerusalem (Apg 23,16). Vielleicht war diese familiäre Bindung an die Heilige Stadt ein maßgeblicher Grund dafür, warum Paulus im Jugendalter dorthin übersiedelte, um sich den Pharisäern anzuschließen und ein Torastudium zu absolvieren. Die Lehrhäuser befanden sich meist in Synagogen. Nach Apg 22,3 war Paulus ein Schüler von Gamaliel I., dem zu jener Zeit bekanntesten pharisäischen Gesetzeslehrer. Gamaliel gehörte dem Synedrion in Jerusalem an und war nach der rabbinischen Tradition ein Enkelsohn des berühmten Gelehrten Hillel. Unter den von Gamaliel überlieferten Lehrmeinungen findet sich auch die Weisung »Verschaffe dir einen Lehrer, halte dich fern von Zweifelhaftem« (*Aboth* 1,16). Von der Reputation Gamaliels zeugt auch die in der Mischna überlieferte Aussage, nach seinem Tod habe in Israel die Ehrfurcht vor dem Gesetz aufgehört. Im Pharisäismus der Zeitenwende konkurrierten die Schulrichtungen Schammais und Hillels, wobei die Schammaiten in der Regel die strengere Gesetzesauslegung vertraten. Da Paulus sich selber im Rückblick als besonders gesetzesstrengen Juden charakterisiert (Phil 3,6; Gal 1,14), wird zuweilen vermutet, er müsse eher der schammaitischen als der hillelitischen Schulrichtung des Pharisäismus angehört haben. Beweise dafür gibt es allerdings nicht. Jerusalem war in neutestamentlicher Zeit in hohem Maße hellenisiert. Man vermutet, dass für mehr als zehn Prozent der dort ansässigen Personen das Griechische die Muttersprache darstellte. Dabei handelte es sich überwiegend um Diasporajuden, die aus der Fremde in die Heilige Stadt zurückgekehrt waren und sich in landsmannschaftlich organisierten griechischsprachigen Synagogengemeinden zusammengeschlossen hatten (Apg 6,9). Während seines Torastudiums in Jerusalem wird der aus Kleinasien stammende Diasporajude Paulus in den griechischsprachigen Synagogen der Stadt seine geistige Heimat gefunden und seine pharisäischen Lehren verbreitet haben.

Als Pharisäer beteiligte sich Paulus an der Verfolgung der Christusgläubigen. Diese Verfolgung betraf nicht die Urgemeinde in ihrer Gesamtheit, sondern allein den Stephanuskreis, der mit seinen Lehren in den griechischsprachigen Synagogen Jerusalems auf Widerspruch stieß. Wenn man die Vorwürfe aus Apg 6,11-14 für bare Münze nimmt, war die Haltung der Hellenisten um Stephanus durch eine Infragestellung einzelner Lehrsätze der Mosetora und eine Kritik am Tempelkult gekennzeichnet. Offenkundig haben die Hellenisten Teilen des jüdischen Ritualgesetzes eine untergeordnete Bedeutung beigemessen und im Horizont einer Deutung des Todes Jesu als Sühnopfer (vgl. Röm 3,25) die Bedeutung des Tempels als Ort der Sühne in Frage gestellt. Damit gerieten sie ins Visier der Pharisäer, die in besonderer Weise um die Erfüllung des im Gesetz dokumentierten Anspruchs Gottes bemüht waren. Wenn die Hellenisten nur wegen der Verehrung des Gekreuzigten als Messias verfolgt worden wären, bliebe unerklärlich, warum die Hebräer in der Urgemeinde von den Zwangsmaßnahmen nicht betroffen waren. In der Apostelgeschichte tritt Paulus erstmals am Rande der Steinigung des Stephanus in Erscheinung und war dann maßgeblich an der Verfolgung der aus Jerusalem geflohenen Hellenisten beteiligt. Paulus geht in seinen Briefen offen mit dieser dunklen Vergangenheit um (Gal 1,13.23; Phil 3,6), beschränkt sich allerdings auf Andeutungen, da die näheren Begleitumstände bei den Adressaten bekannt waren. Wenn seine Verfolgertätigkeit, wie er selbst im Rückblick bestätigt, auf die Austilgung oder Vernichtung der christlichen Gemeinde abzielte, schloss sie Anwendung körperlicher Gewalt mit ein. Insbesondere kommt dabei die Synagogenstrafe der 39 Schläge in Betracht, die Paulus später selbst fünfmal erlitten hat (2Kor 11,24). Bei dieser Strafe, die man vorzugsweise zur Ahndung von Unzucht oder kultischer Verunreinigung verhängte, wurden die Delinquenten gebeugt an eine Säule gebunden und erhielten mit einem vierfachen, handbreiten Lederriemen 39 Geißelhiebe, ein Drittel davon auf den Bauch, zwei Drittel auf den Rücken. Auch Lynchjustiz an Anhängern des neuen Glaubens ist für den Christenverfolger Paulus nicht auszuschließen.

Vermutlich vollzog Paulus an den Christen die Synagogenstrafe der 39 Geißelhiebe

▪ Das Damaskuserlebnis

Zeugnis der Apostelgeschichte

Das »Damaskuserlebnis« gab dem Leben des Paulus eine völlige Kehrtwende. Es trug sich wohl im Jahr 32 n. Chr. auf dem Weg von Jerusalem nach Damaskus in unmittelbarer Nähe des Zielortes zu. Paulus erfuhr die dortige Berufung zum Apostel als radikalen Bruch mit seinem bisherigen Werdegang. Vor Damaskus vollzog sich die Wandlung vom erbitterten Verfolger der christlichen Gemeinde zum leidenschaftlichen Verkündiger des neuen Glaubens. Während Paulus nur knapp auf die radikale Wende in seinem Leben zu sprechen kommt, geht die Apostelgeschichte des Lukas detailliert auf das Geschehen ein und gibt wertvolle Informationen über die näheren Begleitumstände preis. Am ausführlichsten äußert sich Lukas in Apg 9, wo zunächst das eigentliche Damaskuserlebnis erzählt wird (9,1-9) und dann der sich unmittelbar anschließende Aufenthalt des erblindeten Paulus in Damaskus in das Blickfeld rückt (9,10-19). Lukas greift vermutlich auf eine Lokaltradition aus Damaskus von hohem geschichtlichem Wert zurück, bei deren Wiedergabe er das Gewicht auf die Bekehrung des Christenverfolgers legt. Nach Darstellung von Apg 9 hatte sich Paulus vom Hohepriester in Jerusalem Empfehlungsschreiben an die Synagogengemeinden in Damaskus erbeten, um dort vermutete Anhänger des neuen Glaubens gefangen zu nehmen und nach Jerusalem zu führen. Damaskus zählte in neutestamentlicher Zeit zum Städtebund der Dekapolis und wies einen beträchtlichen jüdischen Bevölkerungsanteil auf. Offenkundig hatte sich ein Teil der aus Jerusalem vertriebenen Hellenisten nach Damaskus begeben und dort eine neue Bleibe gefunden. Paulus heftete sich an ihre Fersen, um die Werbung für den neuen Glauben in den Synagogen von

Damaskus zu unterbinden. Kurz vor Damaskus kam es zu dem Ereignis, mit dem das Leben des Pharisäers Paulus einen radikalen Bruch erfuhr. Nach Apg 9,1-9 umfasste das Damaskuserlebnis neben einer hell strahlenden Lichtvision, die Paulus zu Boden stürzen ließ, auch eine Audition in Form einer Himmelsstimme. Paulus wird vom erhöhten Christus auf seine Verfolgertätigkeit angesprochen und aufgefordert, sich nach Damaskus zu begeben, um dort weitere Anweisungen abzuwarten. Zudem ist davon die Rede, dass die Macht der lichtvollen Christuserscheinung zur vorübergehenden Erblindung des Erscheinungsempfängers führte. Wenn Lukas im Erzählduktus der Apostelgeschichte Paulus in fiktiven Reden noch zweimal auf sein Damaskuserlebnis Bezug nehmen lässt (Apg 22,6-16; 26,12-18), unterstreicht dies die Bedeutung, die er dem Geschehen für die christliche Missionsgeschichte beimisst.

Paulus selbst bringt das Damaskuserlebnis in seinen Briefen an mehreren Stellen in geradezu stenographischer Kürze zur Sprache. Bei der Bewertung dieser Aussagen ist der zeitliche Abstand zwischen dem Geschehen und der Bezugnahme darauf zu bedenken. Abhängig von der jeweiligen Briefsituation werden unterschiedliche Facetten des dramatischen Ereignisses autobiographisch ausgeleuchtet. Dabei ist eine zunehmende Betonung des apostolischen Anspruchs zu beobachten, die durch wachsende Vorbehalte gegenüber Paulus in den Gemeinden mitbedingt sein wird. Wenn Paulus sich im Eingangsteil seiner Briefe als berufener Apostel oder Apostel gemäß dem Willen Gottes (1Kor 1,1; 2Kor 1,1; Röm 1,1) vorstellt, spielt er auf die im frühen Christentum bekannte Personallegende von seiner Berufung an. Im Briefwechsel mit den Korinthern wird im Rahmen einer Apologie ein Kausalzusammenhang zwischen der Vision vor Damaskus und dem Apostolat des Paulus hergestellt (1Kor 9,1). Während die Gegner des Paulus sich auf ein traditionelles Apostelverständnis stützen, das in Anlehnung an die Aussendungsanordnungen Jesu das Recht auf Gemeindeunterhalt als Eckpfeiler des Apostolats ansieht, leitet Paulus seine apostolische Autorität aus dem Berufungserlebnis ab. Mit der rhetorischen Frage, ob er nicht den Herrn Jesus gesehen habe, greift er die traditionelle Sprache der Ostererzählungen auf (Joh 20,18.25). Paulus präsentiert sich gewissermaßen als Osterzeuge, der den gekreuzigten Jesus als lebendigen Herrn erblickte. Seine Christusvision steht qualitativ auf einer Stufe mit den Erscheinungen, die den engsten Vertrauten Jesu im Kontext des Ostergeschehens zuteil wurden. Dass sich das Damaskuserlebnis für Paulus nahtlos in die Epiphanien des Auferstandenen vor dem Zwölferkreis und den anderen Gründergestalten der christlichen Kirche einfügt, wird durch 1Kor 15,5-11 untermauert. Auch dieser Text lässt einen festen Zusammenhang zwischen der empfangenen Epiphanie und der Erwählung zum Apostel erkennen. Zugleich bringt er die Überzeugung zum Ausdruck, dass damit die Erscheinungen des Auferstandenen zum Abschluss gekommen sind. Die Selbstbezeichnung des Paulus als Totgeburt oder Missgeburt unterstreicht die Größe der Gnade Gottes, die aus dem eigentlich des Apostelamtes unwürdigen Verfolger einen Verkündiger des Evangeliums werden ließ. Im Galaterbrief rückt Paulus aufgrund der gesteigerten Konfliktsituation noch deutlicher seine göttliche Autorisierung vor Damaskus in den Mittelpunkt, um die Unabhängigkeit seines Evangeliums zu erweisen. Nicht Menschen oder Gemeinden haben Paulus zur Verkündigung des Evangeliums bevollmächtigt,

Die Aussagen des Paulus

Der ehemalige Christenverfolger stellt sich auf eine Stufe mit den engsten Vertrauten Jesu

sondern seine Berufung zum Apostel erfolgte durch Jesus Christus und Gott, den Vater (Gal 1,1). Im weiteren Verlauf des Schreibens wird das Damaskuserlebnis unter Rezeption prophetischer Tradition als Ruf durch die Gnade Gottes und als Beauftragung zur Verkündigung des Christusgeschehens unter den Völkern beschrieben (Gal 1,15f; vgl. Apg 26,16-18). Dabei liegen Bezüge auf das Alte Testament vor (Jes 49,1; Jer 1,5), die eine schrifttheologische Vertiefung des Damaskusgeschehens bieten und es als prophetische Berufungsvision qualifizieren. In Analogie zum Propheten Jeremia und zum Gottesknecht aus Deuterojesaja sieht Paulus sich von Mutterleibe an ausgesondert, um zum Wohle der Völker zu wirken. Er ist Bote des Herrn, der schon vor der Geburt das Erwählungshandeln Gottes erfuhr und durch seine Gnade zum Völkerapostel berufen wurde. Das Präskript des Römerbriefes greift mit dem Motiv der Aussonderung diesen Gedanken auf (Röm 1,1). Gleichzeitig wird durch den autobiographischen Rückbezug auf den leidenden Gottesknecht deutlich, dass die Beauftragung zum Völkerapostel für Paulus maßgeblich Leidensnachfolge bedeutet.

Konkreter Inhalt des Damaskuserlebnisses

Über den konkreten Inhalt des Damaskusgeschehens äußert sich Paulus in unterschiedlicher Begrifflichkeit. Nach 1Kor 9,1 stand eine Vision des Herrn Jesus im Mittelpunkt. Während an dieser Stelle der Akzent auf dem aktiven Schauen des erhöhten Kyrios liegt, rückt in 1Kor 15,8 die passiv empfangene Erscheinung des auferstandenen Christus in den Vordergrund. In Gal 1,15f charakterisiert Paulus seine Berufung auf der Folie alttestamentlicher Prophetenberufungen als ein visionäres Offenbarungsgeschehen göttlichen Ursprungs. Vor den Stadttoren von Damaskus hat Gott in Paulus seinen Sohn offenbar gemacht. In Phil 3,8 wird die überwältigende Erkenntnis Christi als Grund der radikalen Umkehrung des bis dahin gültigen Wertesystems benannt, die im Damaskuserlebnis ihren Ausgangspunkt hat. Die überladene und in ihrem Sinn schwer zu erschließende Aussage 2Kor 4,6 deutet in Anspielung auf die Berufung an, dass Paulus vor Damaskus Jesus Christus mit dem sich auf seinem Angesicht widerspiegelnden Lichtglanz Gottes sah. Vielleicht handelte es sich um eine himmlische Thronvision nach apokalyptischem Vorbild, bei dem Paulus den zur Rechten Gottes sitzenden Herrn in seiner Herrlichkeit erblickte. Mit dem Zitat aus der Schöpfungsgeschichte (Gen 1,3) betrachtet er seine Lebenswende als Neuschöpfung, die er in seiner Verkündigung weitervermitteln soll.

> Vielleicht handelte es sich um eine himmlische Thronvision nach apokalyptischem Vorbild

Völlige Neubewertung der Person Jesu Christi

Darüber hinaus lässt Paulus in seinen Briefen keinen Zweifel daran, dass sich für ihn mit dem Damaskuserlebnis eine grundlegende Neubewertung der Person Jesu Christi verband. Vor dem Hintergrund der zeitgenössischen Messiaserwartung, wie sie sich in den wohl aus Pharisäerkreisen stammenden Psalmen Salomos widerspiegelt (PsSal 17), war der Glaube an einen gekreuzigten und auferstandenen Messias im Judentum kaum vermittelbar. Nach der Tora steht ein am Holz aufgehängter Mensch unter dem Fluch Gottes (Dtn 21,23). Diese Aussage ist eigentlich auf gesteinigte und dann am Holz zur Schau gestellte Delinquenten bezogen; die Tempelrolle aus Qumran scheint sie auch auf gekreuzigte Personen zu übertragen (11QT 64,15-20). Der Pharisäer Paulus hat den am Kreuzesholz hängenden Jesus sicher als einen von Gott verfluchten Menschen betrachtet (Gal 3,13). Die christliche Verkündigung, dass der Gekreuzigte lebt und der von der Schrift verheißene Messias Israels ist, muss er als ungeheuerlichen Anstoß empfunden haben (vgl. 1Kor 1,23). Vor Damaskus erschloss sich Paulus ein völlig neues Jesusbild, zu dessen Beschreibung er sich einer beeindruckenden Bandbreite christologischer Titulaturen bedient. Der am Kreuz gescheiterte und vom Gesetz verworfene Jesus erwies sich nun als der lebendige Kyrios, Messias, Sohn Gottes, Träger des göttlichen Lichtglanzes und damit als das wahre Bild Gottes. Den einstigen Anstoß des Kreuzes rückte der Apostel in das Zentrum seiner Verkündigung.

Äußerst umstritten ist dagegen die Bedeutung des Damaskuserlebnisses für die Entwicklung der paulinischen Rechtfertigungslehre. Es geht um die Frage, inwieweit es vor Damaskus neben dem neuen Urteil über Jesus auch zu einer Neubewertung der Tora kam. Wurde für Paulus in der Begegnung mit dem Auferstandenen seine bisherige Existenzform als Knechtschaft unter dem Gesetz und Christus als dessen Überwinder offenbar oder erschöpfte sich das Damaskuserlebnis ohne unmittelbaren Bezug zur Tora in der neuen christologischen Erkenntnis? Damit verbindet sich die Kontroverse, ob die Rechtfertigungslehre bereits im Damaskusgeschehen angelegt ist und von Anfang an im Zentrum der paulinischen Theologie stand oder ob sie sich erst relativ spät in der Auseinandersetzung mit den Entwicklungen in Galatien herausgebildet hat und damit eher eine Nebenlinie im Denken des Apostels markiert. Die mutmaßlichen Motive des Paulus für die Verfolgung der Hellenisten, seine autobiographischen Aussagen zum Gesetz und sein weiterer Werdegang als Apostel sprechen dafür, dass er die Wende vom Verfolger zum Verkündiger des neuen Glaubens auch als Befreiung von Gesetz und Sünde verstanden hat. Paulus erwähnt seine einstige Verfolgertätigkeit gegenüber der christlichen Gemeinde in einem Atemzug mit dem Eifer für die väterlichen Überlieferungen oder das Gesetz (Gal 1,13f; Phil 3,6). In Phil 3,3-9 blickt Paulus auf seine vorchristliche Vergangenheit zurück und stellt dieser die christliche Gegenwart als Apostel gegenüber, wobei die Gesetzesthematik und die Glaubensgerechtigkeit eine wichtige Rolle spielen. Seine Toratreue als Pharisäer rechnet er zu den Gütern, die er früher auf der Gewinnseite verbuchte und die ihm angesichts der überwältigenden Erkenntnis Christi nun als Verlust erscheinen. Die an dieser Stelle beschriebene Umwertung aller Werte hat sicher im Damaskuserlebnis ihren grundlegenden Anfang genommen. In Röm 7,7-25 hebt Paulus zwar allgemein auf die Erfahrung eines jeden unerlösten Menschen vor der Zuwendung zu Christus ab. Doch wird man davon ausgehen können, dass autobiographische Züge in die Darstellung eingeflossen sind und er ein Stück weit auch sein eigenes früheres Erleben im Umgang mit dem Gesetz beschreibt. Während Paulus in Phil 3,4-6 und Gal 1,14 in der Retrospektive auf seine vorchristliche Vergangenheit das Bild eines von Stolz und Selbstsicherheit geprägten Pharisäers vermittelt, scheint Röm 7,7-25 einen inneren Konflikt widerzuspiegeln, der ihm erst später bewusst wurde. Dann hätte Paulus zutiefst mit den Forderungen des Gesetzes gerungen und auch die verzweifelte Erfahrung des Scheiterns am Gesetz gemacht. Vor diesem Hintergrund ist anzunehmen, dass mit dem Damaskuserlebnis eine Neubewertung der Tora verbunden war. Theoretisch hätte Paulus durchaus die Option gehabt, auch als Christusgläubiger ein Eiferer für das Gesetz zu bleiben, wie dies andere Pharisäer in der Urgemeinde taten (vgl. Apg 15,5; 21,20). Nichts deutet darauf hin, dass er nach der Berufung zunächst diesen Weg beschritt und erst deutlich später ein

> Bedeutung für die Rechtfertigungslehre

> Mit dem Damaskuserlebnis war eine völlige Neubewertung der Tora verbunden

neues Urteil über die Tora gewann. In Damaskus erfuhr Paulus durch die Hellenisten in einer Form des christlichen Glaubens seine Prägung, die vermutlich bereits gesetzeskritische Züge trug. Später trat er in den Dienst der Gemeinde von Antiochia ein, wo es unter Einfluss der Hellenisten und des Barnabas bald zum Verzicht auf die Beschneidung und die jüdischen Speisegebote gekommen war. Für die Frühzeit des Paulus wird man sicher noch nicht die reflektierte Rechtfertigungslehre des Galaterbriefes und Römerbriefes voraussetzen dürfen, doch war die spätere Entwicklung bereits im Damaskuserlebnis angelegt.

Sowohl Berufung als auch Bekehrung

Dass das Damaskusgeschehen die Züge einer Berufung trägt, steht außer Zweifel. Paulus spricht an mehreren Stellen seiner Briefe von sich selbst als berufenem Apostel und stellt seine Lebenswende gezielt in den Horizont alttestamentlicher Prophetenberufungen. Aus der Universalität des vom gekreuzigten und auferweckten Christus ausgehenden Heils leitete sich für ihn ein Verkündigungsauftrag in der Völkerwelt ab, dem er bei seinem nachfolgenden Aufenthalt in Arabien (Gal 1,17) sogleich nachgekommen sein wird. Umstritten ist die Frage, inwieweit die Berufung vor Damaskus daneben auch als Bekehrung betrachtet werden kann. Unter einer Bekehrung wird meist die Abwendung von einer Religion und die Hinwendung zu einer anderen Religion verstanden, die nach psychologischen Erkenntnissen in der Regel mit einer tiefen inneren Krise als Ursache für den Gesinnungswandel einhergeht. Wenn sich mit dem Begriff der Bekehrung die Vorstellung eines Religionswechsels vom Judentum zum Christentum verbindet, ist er nicht dazu geeignet, die radikale Kehrtwende im Leben des Paulus angemessen zu beschreiben. Im Kontext des Damaskuserlebnisses von Christentum als Alternative zu Judentum zu sprechen, wäre von vornherein ein Anachronismus. Die christliche Kirche stellte zunächst eine innerjüdische Erneuerungsbewegung dar und die allmähliche Herausbildung des Christentums als einer eigenständigen Religion im Gegenüber zum Judentum vollzog sich erst in den nachfolgenden Jahrzehnten. Zudem beinhaltete das Damaskuserlebnis keinen Bruch des Paulus mit dem Judentum. Auch als Apostel Jesu Christi betont er seine jüdische Identität und sieht sich tief in der Religion seiner Väter verwurzelt. Assoziiert man dagegen mit Bekehrung einen radikalen Wandel der religiösen Einstellungen und Erfahrungen, der mit einer Veränderung der sozialen Beziehungen einhergeht, trifft dies auf das Damaskusgeschehen durchaus zu. Paulus hat innerhalb des Judentums einen klaren Ortswechsel vollzogen, indem er sich vom Pharisäismus abwandte und der Gemeinschaft der Christusgläubigen anschloss. Damit verband sich eine Neubewertung Jesu Christi, der Tora und der Rolle der Völkerwelt in Gottes Heilsplan. Paulus spricht zudem in Bekehrungssprache von seiner Lebenswende als einer Art Neuschöpfung (2Kor 4,6). Röm 7 bietet durchaus Grund für die Annahme, dass der Pharisäer Paulus vor seiner Hinwendung zum christlichen Glauben auch unter Schuldgefühlen oder seelischen Konflikten gelitten haben kann, wie sie einer Bekehrung oftmals vorausgehen. Wenn man das Damaskuserlebnis ausschließlich als Berufung und nicht auch als Bekehrung betrachtet, wird dies der radikalen Veränderung im Denken und im Leben des Paulus kaum gerecht.

Paulus hat vor Damaskus keinen Religionswechsel vollzogen

Prägung des Paulus durch die Gemeinde von Damaskus

Von nicht zu unterschätzender Bedeutung für den weiteren Werdegang des Apostels ist die christliche Sozialisation, die er in der Gemeinde von Damaskus erfuhr. Paulus war die Christusverkündigung bis zur Kehrtwende in seinem Leben nur aus der Außenperspektive bekannt. Seine Kenntnisse stützten sich im Wesentlichen auf die pharisäische Polemik gegen den neuen Glauben. Daneben wird er in den griechischsprachigen Synagogen Jerusalems mit der Verkündigung des Stephanuskreises in Berührung gekommen sein. In Damaskus erfuhr Paulus seine elementare Prägung in der christlichen Tradition und sammelte erste Erfahrungen als christlicher Lehrer. Nach der Apostelgeschichte war Damaskus die erste Stadt außerhalb Palästinas, in der das Christentum aufgrund der nun beginnenden missionarischen Aktivitäten der Hellenisten Fuß fasste. Obwohl vergleichsweise wenig über die christliche Gemeinde in Damaskus bekannt ist, wird die Stadt als Zufluchtsort der aus Jerusalem vertriebenen Anhänger des Stephanus eine ähnlich zentrale Rolle für das frühe hellenistische Christentum gespielt haben, wie dies für Antiochia zutrifft. Die kaum zu bestreitende Tatsache, dass Paulus in Damaskus die Taufe empfing, ist von nicht zu unterschätzender Bedeutung. Auch wenn für die Frühzeit der Kirche noch kein fest institutionalisierter Taufunterricht vorausgesetzt werden kann, wird der Taufe des Paulus eine eingehende Belehrung über die Grundinhalte des Christusglaubens vorangegangen sein.

Für einzelne Bekenntnistraditionen, wie sie später in den Paulusbriefen zitiert werden, kommt eine Herkunft aus Damaskus in Betracht. So rechnet man etwa mit der Möglichkeit, Paulus könne die Tauftradition Gal 3,26-28 oder den Christushymnus Phil 2,6-11 in Damaskus kennen gelernt haben. In diesem Zusammenhang wird sogar der Versuch der Rekonstruktion einer eigenständigen Theologie der Gemeinde von Damaskus unternommen. Diese habe im Rahmen der christologischen Konzeption von der Präexistenz und heilvollen Inkarnation des Gottessohnes einen gesetzeskritischen Universalismus vertreten, in dessen Rahmen die umfassende Macht der Sünde aufgedeckt und dem Menschen die von Gott herkommende Befreiung aus dieser Sündenmacht angeboten worden sei (W. Schmithals). Auch wenn solche Konkretionen angesichts der spärlichen Quellenlage gewagt sind, hat Paulus in Damaskus mit der Theologie der Hellenisten intensive Bekanntschaft gemacht und durch deren ansatzweise gesetzeskritisches Evangelium eine Prägung erfahren, die sein weiteres Leben als Apostel der Völker vorzeichnete. Durch sein Damaskuserlebnis wurde der bisherige Verfolger unverzüglich zum Verkünder der neuen Lehre, die er zuvor zu vernichten suchte. Er verbreitete in den Synagogengemeinden der Stadt die Botschaft von der Messianität und Gottessohnschaft Jesu (Apg 9,20). Die Tatsache, dass Paulus später im Anschluss an seinen Arabienaufenthalt nach Damaskus zurückkehrte, unterstreicht seine enge Verbundenheit mit der dortigen Gemeinde.

Spuren einer »damaszenischen Theologie«?

Die Prägung des Paulus in Damaskus hat seinen weiteren Weg als Völkerapostel vorgezeichnet

■ Die »unbekannten Jahre« im Leben des Apostels

Von der Zeit nach der Berufung vor Damaskus bis zum Eintritt in den Dienst der Gemeinde von Antiochia spricht man als den »unbekannten Jahren«, da unser Wissen über diese ungefähr acht Jahre umfassende Phase im Leben des Apostels mehr als begrenzt ist. Paulus unternahm erste Schritte als Verkünder des neuen Glaubens, hat dabei aber kaum sichtbare Spuren hinterlassen. Nach Darstellung

Erste Schritte als Verkündiger des Evangeliums

der Apostelgeschichte verbreitete Paulus im Anschluss an sein Berufungserlebnis in den Synagogengemeinden von Damaskus sogleich die Botschaft von der Messianität und Gottessohnschaft Jesu, bis er kurz darauf gezwungenermaßen die Stadt verließ und nach Jerusalem zurückkehrte (9,19b-26). Im Hintergrund steht das Interesse des Lukas, die sofortige Rückbindung des paulinischen Evangeliums an die Jerusalemer Autoritäten herauszustellen. Aus dem autobiographischen Zeugnis des Galaterbriefs geht hingegen hervor, dass Paulus sich im Anschluss an die Berufung nach Arabien begab und Jerusalem erst drei Jahre nach dem Damaskuserlebnis erneut aufsuchte (Gal 1,15-18). Arabien dient in der Antike als Bezeichnung für das weitgehend unfruchtbare Gebiet zwischen Rotem Meer und Zweistromland. Im engeren Sinne ist mit Arabien das sich südöstlich von Damaskus erstreckende Nabatäerreich gemeint.

Das Nabatäerreich

Das nabatäische Königreich entstand im Zeitalter der Staatenbildung nach dem Tod Alexanders des Großen. Aufgrund seiner geographischen Lage nahm es eine Schlüsselstellung für Handel und Wirtschaft im Vorderen Orient ein. Es wurde von wichtigen Karawanenstraßen durchzogen, wo auf den Transport von Luxusgütern wie Myrrhe und Weihrauch hohe Zölle erhoben wurden. Westlich erstreckte es sich bis zum Toten Meer, wo der Abbau von Salz und Bitumen zu wirtschaftlicher Prosperität führte. Die Hauptstadt war das in Felsen gehauene Petra. Infolge der Neuordnung des Ostens durch Pompeius geriet das Nabatäerreich zwar in den Sog der römischen Macht, konnte sich aber zunächst als eigenständiges Königtum behaupten und wurde erst im frühen 2. Jh. n. Chr. unter Kaiser Traian in die römische Provinz Arabia umgewandelt. Herodes Antipas hatte in den Tagen des Paulus die Aufgabe, die Ostgrenze des Römischen Reichs gegen die Nabatäer zu schützen, und war deshalb eine strategisch geschickte Eheschließung mit der Tochter des Nabatäerkönigs Aretas IV. eingegangen. Die polytheistische Religion der Nabatäer mit ihren astralen Zügen ist von edomitischen, syrischen und ägyptischen Elementen beeinflusst und durch die Verehrung von Dusara als männlicher Hauptgottheit gekennzeichnet. Unter den weiblichen Gottheiten kommt Allat und Aluzza eine Ausnahmestellung zu.

> Das Nabatäerreich wurde von großen Karawanenstraßen durchzogen

Konflikt mit dem Ethnarchen von Aretas IV.

Paulus betrieb im Nabatäerreich sicher Mission, auch wenn über Gemeindegründungen nichts bekannt ist. Nach seiner Rückkehr trachtete ihm in Damaskus der Ethnarch von Aretas IV. nach dem Leben (2Kor 11,32). Aretas IV., unter dem das Nabatäerreich seine größte räumliche Ausdehnung erreichte, hatte fast fünfzig Jahre die Herrschaft inne, bis er 40 n. Chr. verstarb. Damaskus zählte zwar in den Tagen des Paulus zum Städtebund der Dekapolis, stand aber unter dem politischen wie wirtschaftlichen Einfluss der Nabatäer. Der Ethnarch war wahrscheinlich eine Art Konsul, der als Vorsteher der nabatäischen Handelskolonie in Damaskus die Interessen von Aretas IV. vertrat. Das Eingreifen des Ethnarchen dürfte durch missionarische Aktivitäten des Paulus bedingt gewesen sein, die im Nabatäerviertel von Damaskus für Unruhe gesorgt hatten. Das Verhältnis zwischen Nabatäern und Juden war in jenen Tagen ohnehin höchst spannungsgeladen. Herodes Antipas hatte seinen Schwiegervater Aretas IV. durch eine neue Eheschließung brüskiert und damit schwere politische Verwicklungen heraufbeschworen, die Mitte der 30er Jahre zu kriegerischen Auseinandersetzungen führten. Im Zusammenhang mit den Ereignissen in Damaskus kam es zur spektakulären Flucht des Paulus in einem von der Stadtmauer herabgelassenen Korb, von der auch Lukas weiß, aber zu Unrecht die jüdische Gemeinde von Damaskus dafür verantwortlich macht (Apg 9,23-25).

Nachdem er Damaskus auf abenteuerliche Weise verlassen hatte, kehrte Paulus im dritten Jahr nach seiner Berufung erstmals nach Jerusalem zurück. Er blieb 15 Tage in der Stadt und nutzte diesen Besuch in erster Linie dazu, Petrus kennenzulernen (Gal 1,18). Über die Inhalte seiner Gespräche mit Petrus macht Paulus keine Angaben. Es ist allerdings davon auszugehen, dass er von Petrus umfassend über das Wirken und die Verkündigung Jesu informiert wurde. Neben Petrus sah Paulus während dieses Jerusalemaufenthalts nur noch den Herrenbruder Jakobus (Gal 1,19). Nach der Darstellung des Lukas pflegte Paulus dagegen in Jerusalem nicht nur zu Petrus, sondern zum gesamten Zwölferkreis engen Kontakt, nachdem Barnabas Vorbehalte gegenüber dem ehemaligen Christenverfolger ausgeräumt und ihm als Fürsprecher den Weg zu den Aposteln geebnet habe (Apg 9,26-30). Paulus selber betont allerdings, er habe bei seiner Rückkehr von Damaskus nach Jerusalem außer Petrus und Jakobus keinen der Apostel kennen gelernt, und untermauert diese Aussage durch einen Eid, um die Unabhängigkeit seines Evangeliums von den Jerusalemer Autoritäten zu unterstreichen (Gal 1,20).

Erster Jerusalembesuch nach der Berufung

Paulus wurde von Petrus umfassend über den geschichtlichen Jesus informiert

Paulus musste auch in Jerusalem um sein Leben fürchten und hat die Stadt bereits nach rund zwei Wochen wieder verlassen. Über die Jahre im Leben des Paulus, die sich an den kurzen Jerusalemaufenthalt anschlossen, wissen wir kaum mehr, als dass er »in die Länder Syrien und Kilikien« ging (Gal 1,21) bzw. ihn die Jerusalemer Brüder nach Cäsarea geleiteten und von dort nach Tarsus weitersandten (Apg 9,30). Mit »Syrien und Kilikien« ist der Name der römischen Doppelprovinz gemeint, die in der Folgezeit mit ihren Zentren Tarsus und Antiochia das Gebiet des paulinischen Wirkens markiert. Paulus begab sich von Jerusalem zunächst in seine kilikische Heimatstadt Tarsus, wo er die folgenden Jahre verbrachte. Über seine dortigen Aktivitäten ist nichts bekannt. Vermutlich betrieb er in Tarsus selbst und im Umland Mission. Die in Apg 15,23.41 erwähnten Gemeinden Kilikiens könnten von ihm in dieser Zeit gegründet worden sein. Ob seine Mission in Kilikien von durchschlagendem Erfolg gekrönt war, bleibt allerdings ungewiss. Der Eintritt in den Dienst der Gemeinde von Antiochia und der damit in Kauf genommene Verlust der Unabhängigkeit sprechen eher dagegen.

Rückkehr nach Tarsus und Wirken in Kilikien

■ Paulus in Antiochia

Mit dem Eintritt in den Dienst der Gemeinde von Antiochia begann eine neue Phase im Leben des Paulus, die knapp ein Jahrzehnt umfasste und ihn nachhaltig prägte. In die bewegten Jahre von Antiochia fielen die »erste Missionsreise«, der Apostelkonvent und der antiochenische Konflikt, der zum Bruch mit der Gemeinde führte. Der Ortswechsel des Apostels von Tarsus nach Antiochia erfolgte auf Initiative von Josef Barnabas und fiel in die Regierungszeit von Caligula (37-41 n. Chr.), unter dessen Herrschaft die Metropolen Ägyptens und Syriens durch bürgerkriegsähnliche Unruhen zwischen den urbanen Eliten und der nach größeren politischen Rechten strebenden jüdischen Bürgerschaft erschüttert wur-

Barnabas als Mentor von Paulus

den. Vermutlich um das Jahr 40 n. Chr. und damit auf dem Höhepunkt der von Malalas (*chron.* X,20) bezeugten judenfeindlichen Stimmung in Antiochia, von der die dortige Christengemeinde sicherlich ebenfalls in Mitleidenschaft gezogen wurde, begab sich Barnabas nach Tarsus, um den nach seiner Flucht aus Jerusalem dort weilenden Paulus als Mitarbeiter für die antiochenische Gemeinde zu gewinnen (Apg 11,25f). Dieser Vorgang zeigt, dass Barnabas in der Frühzeit der Gemeinde von Antiochia die entscheidenden theologischen Akzente setzte und über weite Strecken des gemeinsamen Wirkens die tonangebende Person war. Mit Paulus hatte sich Barnabas einen Mitarbeiter auserkoren, von dem er sich tatkräftige Unterstützung für die programmatische Heidenmission in Antiochia erhoffen konnte. Umgekehrt bot sich für Paulus, der bis dahin gänzlich auf sich gestellt und mit vermutlich eher bescheidenem Erfolg in Arabien und Kilikien missioniert hatte, mit dem Ruf nach Antiochia die Chance, nunmehr unter günstigeren Rahmenbedingungen der Berufung zum Völkerapostel nachzukommen. Dafür dürfte er den Verzicht auf die Selbständigkeit und als eine Art Juniorpartner die vorläufige Unterordnung gegenüber Barnabas in Kauf genommen haben. Die Ämter- und Namensliste von Apg 13,1 spiegelt die hierarchische Struktur der Christengemeinde von Antiochia wider. Paulus gehörte während seines Wirkens in Antiochia als Lehrer und Prophet der fünfköpfigen Gemeindeleitung an, rangierte aber an letzter Stelle, während Barnabas an der Spitze stand.

Paulus agierte zunächst als Juniorpartner von Barnabas

Die Anfänge des paulinischen Dienstes in Antiochia waren durch eine Lehrtätigkeit an der Seite des Barnabas geprägt (Apg 11,26). In die Frühzeit von Antiochia fiel auch die prophetische Entrückungsvision, auf die Paulus vierzehn Jahre später im zweiten Korintherbrief zurückblickt (2Kor 12,1-5). Von Antiochia aus unternahmen Barnabas und Paulus Anfang oder Mitte der 40er Jahre die »erste Missionsreise«, die nach Zypern sowie in den Süden der kleinasiatischen Provinz Galatien mit den Landschaften Pamphylien, Pisidien und Lykaonien führte (Apg 13-14). Dazu erfolgte eine formelle Aussendung durch die Gemeinde von Antiochia, unter deren Regie die Missionsreise stattfand. Wenn Paulus diese Reise in dem autobiographischen Rückblick von Gal 1,11-24 unterschlägt, berechtigt dies nicht dazu, an ihrer Geschichtlichkeit zu zweifeln und sie als lukanisches Konstrukt abzustempeln, zumal einzelne Passagen der Paulusbriefe auf sie anspielen (1Kor 9,6; 2Kor 11,25; 2Tim 3,11). Begleitet wurden Paulus und Barnabas von Johannes Markus, der in der altkirchlichen Tradition als Verfasser des Markusevangeliums gilt. Einen aufschlussreichen Hinweis auf die Missionsweise bietet die Aussage des Paulus, dass er in Übereinstimmung mit Barnabas das Recht des Apostels auf Gemeindeunterhalt nicht in Anspruch nehme (1Kor 9,6), was sich nur auf das gemeinsame Wirken im Dienst der Gemeinde von Antiochia beziehen kann. Diese Strategie gewährleistete ein Vordringen in neue Gebiete, sicherte die Unabhängigkeit von der jeweiligen Ortsgemeinde und begünstigte vor allem die urbane Mission.

Aussendung zur »ersten Missionsreise«

Zypernmission

Von Seleukia, dem Antiochia nächstgelegenen Hafen, führte der Weg nach Salamis am Ostrand Zyperns. Das Missionsziel Zypern erklärt sich dadurch, dass neben Barnabas (Apg 4,36) weitere Mitglieder der Gemeinde Antiochias von dort stammten (11,20) und für die Verbreitung des Evangeliums in ihrer Heimat Sorge trugen. Die drittgrößte Insel des Mittelmeers wies seit der Ptolemäerzeit ein starkes jüdisches Bevölkerungselement auf und verfügte über enge wirtschaftliche Beziehungen nach Palästina. Maßgebliche Wirtschaftsfaktoren Zyperns waren der Bergbau und eine wegen der Fruchtbarkeit der Insel ausgesprochen ertragreiche Landwirtschaft. Zudem machten die reichen Waldbestände Zypern nicht nur zu einem wichtigen Holzlieferanten für den Schiffsbau, sondern ermöglichten auch die Kupfer- und Silberschmelze in den Bergwerken. Da vor Paulus schon Mitglieder des Stephanuskreises nach Zypern gelangt waren und unter den Juden Verkündigung betrieben hatten (11,19), werden die antiochenischen Missionare in den Synagogen der Insel bereits vereinzelt auf Christusgläubige gestoßen sein. Salamis war der traditionelle Zielhafen für Zypernreisende aus dem östlichen Mittelmeerraum. Den Rang der Hauptstadt Zyperns hatte Salamis noch unter der Ptolemäerherrschaft an Paphos verloren, war aber nach wie vor die geistige wie wirtschaftliche Metropole der Insel. Lukas besitzt keine detaillierten Informationen über das Wirken der Missionare in Salamis und weiß lediglich von der Verkündigung des Evangeliums in den Synagogen der Stadt zu berichten (Apg 13,5).

Von Salamis aus gelangten Barnabas, Paulus und Markus bis nach Paphos am westlichen Ende Zyperns, das als Sitz des römischen Prokonsuls das administrative Zentrum der Insel war. Der dort amtierende Prokonsul Sergius Paulus (Apg 13,7) ist auch außerhalb der Bibel bezeugt. Auf einer Inschrift aus Rom wird ein Lucius Sergius Paullus als einer der Kuratoren erwähnt, die während der Herrschaftszeit des Claudius (41-54 n. Chr.) für die Ufer des Tiber Sorge zu tragen hatten (ILS 5926). Bei ihm dürfte es sich um den späteren Prokonsul Zyperns aus Apg 13,7 handeln. Dieser umgab sich mit dem jüdischen Magier Barjesus Elymas, der offenbar als eine Art Hofastrologe tätig war. Der geschichtliche Kern des Strafwunders an Barjesus Elymas (Apg 13,9-12) bleibt im Dunkel. Gut vorstellbar ist, dass der Magier aus Furcht um den Verlust seines lukrativen Postens den christlichen Missionaren feindselig begegnete, damit scheiterte und dies die Entstehung einer Strafwundererzählung evozierte. Der Prokonsul Sergius Paulus wurde als Sympathisant des Christentums gewonnen und hat vermutlich sogar die nachfolgende Kleinasienmission angeregt, da sein Geschlecht ursprünglich in Pisidien beheimatet war und über beträchtlichen Landbesitz in der Provinz Galatien verfügte. Inspiriert durch die Namensgleichheit mit dem römischen Prokonsul, vollzieht Lukas einen Namenswechsel und lässt Saulus von nun an nur noch unter seinem römischen Namen Paulus auftreten (13,9).

Die erste Station auf dem kleinasiatischen Festland war Perge. Dort trennte sich Johannes Markus von den anderen und kehrte in seine Heimatstadt Jerusalem zurück (Apg 13,13). Der Grund dafür war wohl, dass ursprünglich nur eine Zypernmission geplant war. Paulus und Barnabas begaben sich in das pisidische Antiochia, das wie das syrische Antiochia seinen Namen dem Seleukidenkönig Antiochus dem Großen (223-187 v. Chr.) verdankte. Zur Zeit der ersten Missionsreise war Antiochia wie Ikonion und Lystra eine von sieben römischen Kolonien, die Augustus im Süden der 25 v. Chr. geschaffenen Provinz Galatien zur Befriedung des Grenzgebietes zwischen Phrygien und Pisidien hatte errichten lassen. Die große Missionsrede Apg 13,16-41, die den Juden eine letzte Umkehrmöglichkeit einräumt und den definitiven Übergang des Evangeliums zu den Heiden einläutet, ist ein Produkt des Lukas. Nach der Vertreibung aus Antiochia gelangten Paulus und Barnabas weiter auf der *Via Sebaste,* die als Militärstraße

> Der Konflikt mit Barjesus Elymas in Paphos

> Die Familie des Sergius Paulus besaß Ländereien in Pisidien

> Mission im Süden der Provinz Galatien

die römischen Kolonien Südgalatiens miteinander verband, nach Ikonion (Apg 14,1). Es handelt sich um das fruchtbare und wohlhabende Zentrum der an sich wasserarmen, vor allem durch Schafzucht bedeutenden Landschaft Lykaonien. Verwaltungsmäßig war die Stadt zweigeteilt. Neben der römischen Kolonie *Iulia Augusta Iconium* existierte eine eigenständige Polis der nichtrömischen Bürger. Dort ansässige Juden sollen nach Darstellung der Apostelgeschichte mit Steinigungsabsichten die Vertreibung von Paulus und Barnabas veranlasst haben.

Ein Heilungswunder in Lystra

Die nachfolgenden Missionsstationen Lystra und Derbe waren Orte von recht untergeordneter Bedeutung und vermutlich ohne ein nennenswertes jüdisches Bevölkerungselement. Lukas spricht zwar Apg 16,3 von »Juden in jenen Orten«. Tatsächlich ist aber außer der Mutter des Timotheus, die eine nach dem jüdischem Religionsgesetz unrechtmäßige Mischehe mit einem Heiden eingegangen war und ihren daraus hervorgegangenen Sohn nicht hatte beschneiden lassen (Apg 16,1-3), über jüdische Bevölkerung in Lystra oder Derbe nichts bekannt. Im Mittelpunkt des Apg 14,8-20 geschilderten Aufenthaltes in der römischen Kolonie Lystra stehen ein Heilungswunder und seine Folgen. Ein seit seiner Geburt an den Füßen gelähmter Mann wird aufgrund seines Glaubens von Paulus mit den Worten »Stell dich aufrecht auf deine Füße« geheilt und kann erstmals in seinem Leben gehen (14,8-10). Auch wenn in die Erzählung Elemente aus dem Petruswunder Apg 3,1-10 eingeflossen sind, ist von einem historischen Kern auszugehen. Charismatische Heilungen psychogener Lähmungen sind in der Antike breit bezeugt, beispielsweise am Asklepiosheiligtum von Epidauros und im Wirken Jesu. Zudem gibt Paulus selber zu erkennen, dass er Wundertaten vollbracht hat (Röm 15,19; 2 Kor 12,12).

Verrehrung von Zeus und Hermes

Als Reaktion auf die Gelähmtenheilung begann die Volksmenge den Aposteln in lykaonischer Sprache, die für die Gegend um Lystra bis in das 6. Jh. n. Chr. nachweisbar ist, als Göttern in Menschengestalt zu huldigen (Apg 14,11f). Barnabas wurde für der Gottvater Zeus gehalten, während man in Paulus den Götterboten Hermes sah. Im isaurisch-lykaonischen Gebiet wurden in hellenistischer Zeit die alten luwischen Gottheiten Tarchu(nt) und Ru(nt) als Zeus und Hermes angebetet. Drei Inschriften aus der Region sind durch eine Verbindung von Zeus und Hermes geprägt und belegen die gemeinsame Verehrung beider Gottheiten in der Gegend um Lystra. Am Zeustempel von Lystra, von dem ebenso wenig wie von der Stadt archäologische Spuren erhalten sind, war nach dem Heilungswunder ein öffentliches Opfermahl geplant, das für die breite Mehrheit der Bevölkerung eine der seltenen Gelegenheiten zu Fleischgenuss dargestellt hätte. Als Opfertiere standen Stiere bereit, die mit Kränzen oder Girlanden geschmückt waren (Apg 14,13). Bei solchen Opfern wurde gewöhnlich nur ein Teil des Tieres, vielfach die ohnehin ungenießbaren Innereien, der Gottheit auf dem Altar zugeeignet, während der Rest zum gemeinschaftlichen Verzehr bestimmt war. Damit verband sich der Gedanke einer Mahlgemeinschaft zwischen den Opfernden und der Gottheit, die von der selben Speise aßen. Da in Lystra vermeintlich die Götter persönlich vor Ort waren, stand bei dem geplatzten Opfermahl der Aspekt der rituellen Götterbewirtung (Theoxenie) im Vordergrund.

> Paulus und Barnabas wurden als Götter angebetet

Die Sage von Philemon und Baucis

Das zum Verständnis der Vorgänge in Lystra zentrale Motiv der in Menschengestalt erscheinenden Götter, die durch die Städte ziehen, wie Fremde aus dem Ausland wirken und die Menschen auf die Probe stellen, findet sich bereits bei

Homer (od. 17,485-487). Im Hintergrund der Anbetung von Paulus und Barnabas als Zeus und Hermes in Menschengestalt steht offenkundig die von Ovid (met. 8,620-725) überlieferte Sage von Philemon und Baucis. Schauplatz der Handlung sind die Berge Phrygiens nahe einem sumpfigen See, der sich möglicherweise als der nicht allzu weit von Lystra entfernte Trogitissee identifizieren lässt. Die Sage erzählt, wie Zeus und Hermes (römisch Jupiter und Merkur) als müde Wanderer unerkannt über die Erde wandeln, an den Haustüren abgewiesen werden und nur in der bescheidenen Hütte des alten Ehepaars Philemon und Baucis gastliche Aufnahme finden. Diese erkennen die wahre Identität ihrer Gäste, als sich beim bescheidenen Gastmahl der Weinkrug in wunderbarer Weise immer wieder von selbst füllt. Erschrocken bitten sie um Verzeihung für die ärmliche Bewirtung und wollen ihre einzige Gans opfern, was ihnen Zeus und Hermes aber verbieten. Während dann die anderen Menschen in der Gegend zur Strafe einer Wasserflut zum Opfer fallen, wird die gastfreundliche Hütte von Philemon und Baucis von den Göttern in einen prachtvollen Tempel verwandelt, an dem die beiden Alten als Priester wirken. Vor dem Hintergrund der alten Volkssage lässt sich die Reaktion der Volksmenge auf das Wunder bestens nachvollziehen. Die Einwohner von Lystra wollen den Fehler ihrer Vorfahren vermeiden, die Zeus und Hermes nicht erkannten, ihnen die Bewirtung verweigerten und schwer dafür büßten.

> Die Bewohner Lystras wollten den Fehler ihrer Vorfahren nicht wiederholen

Die nachfolgende, an Heiden gerichtete Missionspredigt Apg 14,15-17 geht zwar auf Lukas zurück, doch werden Barnabas und Paulus den polytheistisch eingestellten Bewohnern Lystras zweifellos den jüdisch-christlichen Monotheismus verkündigt haben, wie Paulus es später beispielsweise auch in Thessalonike tat (1Thess 1,9). Dass die Bewohner Lystras anstelle des von ihnen als Vegetationsgottheit verehrten Zeus nunmehr den lebendigen Gott der Bibel als Schöpfer aller Dinge anerkennen sollten, hat nicht nur unter religiösen Gesichtspunkten Missfallen erregt. Durch die monotheistische Missionspredigt des Barnabas und Paulus sah die Einwohnerschaft der Stadt sich um ein opulentes Opfermahl gebracht. Der Volkszorn entlud sich in einer Steinigung (Apg 14,19), die als verbreitete Form der Lynchjustiz in der Antike nicht ungewöhnlich war. Als man Paulus scheinbar leblos liegen sah, ließ man von ihm ab. Juden aus Antiochia und Ikonion, wie Lukas es behauptet, waren daran kaum beteiligt. Höchstwahrscheinlich handelt es sich um jene Steinigung, die Paulus in dem Leidenskatalog 2Kor 11,25 ohne Orts- und Zeitangabe erwähnt. Von Derbe aus sollen die Missionare dann nach erfolgreicher Gemeindegründung über Lystra, Ikonion, Antiochia und Perge zur Hafenstadt Attalia gezogen sein, um auf dem Seeweg die Rückfahrt in das syrische Antiochia anzutreten und dort der Gemeindeversammlung Bericht zu erstatten (14,20b-27). Historisch ist fraglich, ob Barnabas und Paulus innerhalb kürzester Zeit sogleich wieder jene Orte aufsuchten, wo man ihnen bis zur Steinigung hin nachgestellt hatte. Eher könnten sie die Heimreise nach Syrien auf dem kürzeren, allerdings beschwerlicherem Landweg über das Taurusgebirge durch die kilikische Pforte bewältigt haben.

Versuchte Steinigung des Paulus

Für den vermutlich mehrere Jahre umfassenden Zeitraum zwischen Rückkehr nach Antiochia und Aufbruch zum Apostelkonvent verfügt Lukas über keine präziseren Informationen und beschränkt sich auf die Mitteilung, dass Barnabas und Paulus eine nicht geringe Zeit bei den Jüngern Antiochias blieben (14,28).

Apostelkonvent und antiochenischer Streit

Wahrscheinlich haben sie während dieses Zeitraums ihre gemeinsame Lehrtätigkeit in der Gemeinde (11,26) fortgesetzt, daneben sind aber auch missionarische Aktivitäten im Umland Antiochias denkbar. Auf dem Apostelkonvent erkämpfte Paulus im Jahr 48 n. Chr. dann an der Seite von Barnabas als Delegierter der Gemeinde von Antiochia die Anerkennung der beschneidungsfreien Evangeliumsverkündigung durch die Jerusalemer Autoritäten (Gal 2,1-10). Bald nach dem Apostelkonvent kam es zum überraschenden Bruch des Paulus mit Barnabas und der Gemeinde von Antiochia. Die Apostelgeschichte sieht den Grund dafür allein in einem Streit um Johannes Markus (Apg 15,36-40). Die tieferen Ursachen für das Zerwürfnis dürften allerdings im antiochenischen Konflikt (Gal 2,11-14) liegen, der sich an der Frage nach dem Umgang mit den jüdischen Speisegeboten in der christlichen Gemeinde entzündete.

Spuren antiochenischer Theologie in den Paulusbriefen

Die Jahre in Antiochia haben das theologische Denken des Paulus tief geprägt. In der syrischen Metropole hatte sich im Zuge planmäßiger Heidenmission früh eine Juden wie Griechen umfassende christliche Gemeinde etabliert, von deren Theologie Paulus zunächst getragen wurde, bevor er sie zunehmend aktiv mitzugestalten begann. In seinen Briefen greift Paulus immer wieder auf Traditionsgut zurück, das aus der Gemeinde von Antiochia stammen dürfte. So wurde dort vermutlich der programmatische Verzicht auf die Beschneidung mit formelhaften Wendungen wie 1Kor 7,19; Gal 5,6 oder Gal 6,15 theologisch legitimiert.

> Die Jahre in Antiochia haben Paulus theologisch nachhaltig geprägt

Die Gemeinde Antiochias ist zudem möglicherweise der Ort, wo die Röm 3,24-26 greifbare Deutung des Todes Jesu als Sühnopfer vollzogen wurde. Auch Tauftraditionen wie 1Kor 12,13 oder Gal 3,26-28, welche die Verschiedenheit von Juden und Griechen in Christus aufgehoben sehen, könnten in Antiochia entwickelt worden sein. Schließlich kommt für liturgische Traditionen wie den Einsetzungsbericht zum Herrenmahl (1Kor 11,23b-25) und den Christushymnus Phil 2,6-11 ebenfalls eine Herkunft aus Antiochia in Betracht. Ohne Zweifel wurde in Antiochia insbesondere die Christologie in einer Weise entfaltet, die für Paulus fundamentale Bedeutung gewinnen sollte. Dabei wird man nicht fehlgehen, wenn man für die Frühzeit der Gemeinde von Antiochia in Barnabas den führenden theologischen Kopf sieht.

■ Der Aufbruch nach Europa

Rekrutierung neuer Mitarbeiter für die Europamission

Nach dem Bruch des Paulus mit Antiochia schloss sich ab 49 n. Chr. die fruchtbarste Phase seines Wirkens an, die nicht nur durch beachtliche Missionserfolge in den urbanen Zentren Griechenlands, sondern auch durch eine rege Korrespondenz mit den neu gegründeten Gemeinden gekennzeichnet ist. Für die eigenverantwortlich durchgeführte Mission, mit der das paulinische Evangelium nach Europa getragen wurde, rekrutierte Paulus ein ihm unterstelltes Mitarbeiterteam. Mit Silas (Silvanus), einem aus Jerusalem stammenden Judenchristen, der sich beim antiochenischen Streit auf die Seite des Apostels geschlagen zu haben scheint (Apg 15,40), zog er von Syrien über Kilikien durch das Taurusgebirge in den Süden der römischen Provinz Galatien, um dort die auf der ersten Missionsreise gegründeten Gemeinden in Derbe und Lystra aufzusuchen. In Lystra stieß Timotheus als weiterer Mitarbeiter hinzu (Apg 16,3). Ab wann

Titus, der in der Apostelgeschichte merkwürdigerweise nicht erwähnt wird, an dem Unternehmen beteiligt war, lässt sich nicht klären. Von Lystra führte laut Apg 16,6-8 die Reiseroute durch Phrygien, »das galatische Land« und Mysien bis nach Troas. Mit dem galatischen Land ist die Landschaft Galatien im Norden der gleichnamigen Provinz gemeint, deren Zentrum Ankyra war. Lukas zufolge gelangten Paulus und seine Mitarbeiter jedenfalls erst in das galatische Land, nachdem sie die Städte im Süden der Provinz Galatien hinter sich gelassen und Phrygien durchzogen hatten. Apg 18,23 deutet an, dass es im Norden der Provinz Galatien zu Gemeindegründungen kam. Der Galaterbrief würde dies bestätigen, wenn seine Adressaten im Norden der Provinz Galatien zu verorten wären, was allerdings nicht mit Sicherheit bewiesen werden kann. Troas war im Nordwesten Kleinasiens der traditionelle Hafen, um nach Nordgriechenland überzusetzen. Die Bedeutung, die der Übergang des Evangeliums nach Europa hat, wird von Lukas durch eine Vision des Paulus unterstrichen. In Troas soll ihm im Traum ein Mazedonier erschienen sein und um Hilfe gebeten haben (Apg 16,9). Traumvisionen bedeutender Persönlichkeiten an zentralen Schnittstellen ihres Wirkens sind in der antiken Historiographie ein beliebtes darstellerisches Mittel.

Paulus und seine Mitstreiter gelangten von Troas auf dem Seeweg über die in der nördlichen Ägäis liegende Insel Samothrake nach Neapolis, der ungefähr 200 km Luftlinie entfernten mazedonischen Hafenstadt (Apg 16,11). Von dort begaben sie sich nach Philippi und nicht in das bedeutendere Amphipolis, das später auf dem Weg nach Thessalonike durchzogen wurde, ohne dass es dort zur Evangeliumsverkündigung gekommen wäre. Vermutlich resultierte das besondere Interesse des Paulus an Philippi daraus, dass es sich um eine römische Kolonie handelte. Die Stadt verdankt ihren Namen dem Mazedonierkönig Philipp II., dem Vater von Alexander dem Großen. Dass sie in den Tagen des Paulus römisch geprägt war, hängt mit ihrer Geschichte zusammen. Vor den Toren Philippis war es 42 v. Chr. zur Entscheidungsschlacht zwischen den Cäsarmördern Brutus und Cassius auf der einen Seite, Antonius und Oktavian, dem späteren Kaiser Augustus, auf der anderen Seite gekommen. Nach der Entlassung der siegreichen Truppen wurde Philippi von Antonius zur römischen Kolonie erhoben, in der ein Teil der Veteranen mit Land entschädigt wurde. Oktavian nahm dann 31 v. Chr., nachdem er die Alleinherrschaft über das Römische Reich errungen hatte, eine Neugründung Philippis als nunmehr ihm ergebener *Colonia Julia Augusta Philippensis* vor. Neben Römern lassen sich dort mit Thrakern, Griechen bzw. Mazedoniern und Juden weitere ethnische Gruppierungen mit jeweils unterschiedlichem kulturellen Hintergrund ausmachen.

Geschichte der Stadt Philippi

Philippi war Schauplatz der Entscheidungsschlacht gegen Cäsars Mörder

Die Kolonie Philippi war über die Via Egnatia an das römische Fernstraßennetz angeschlossen und stand unter dem Einfluss römischer Kultur wie Lebensweise. Wer wie Paulus bislang nur den vom Hellenismus geprägten Osten des Römischen Reiches kannte und von dort nach Philippi kam, betrat gewissermaßen eine neue Welt. Die Verwaltung der Stadt war nach römischem Vorbild organisiert. An der Spitze standen die beiden »Strategen« (*duumviri*). Im öffentlichen Leben Philippis stellte Latein die alles beherrschende offizielle Sprache dar. Das Theater hatten die Römer so umgebaut, dass es Gladiatorenkämpfen und Tierhetzen dienen konnte. Das Wirtschaftsleben Philippis war von Getreideanbau, Weinerzeugung und Handel geprägt. Eine bedeutsame Rolle spielten zudem der

Politische und religiöse Prägung Philippis

Abbau und die Verarbeitung von Marmor. Der in vorchristlicher Zeit noch florierende Bergbau war dagegen in den Tagen des Paulus weitgehend zum Erliegen gekommen, da die Gold- und Silbervorkommen im Pangaiongebirge erschöpft waren. Das religiöse Leben im kaiserzeitlichen Philippi wurde durch eine Vielzahl von Kulten bestimmt. Dazu zählten die Verehrung des »Thrakischen Reiters«, bei dem es sich um einen Kriegs- und Jagdgott handelt, sowie der vor allem bei den römischen Bewohnern der Stadt beliebte Kult des Silvanus. Darüber hinaus ist in der frühen Kaiserzeit für das Territorium von Philippi der Dionysoskult verbürgt, während sich die Verehrung der Kybele und der Isis vor dem 2. Jh. n. Chr. nicht mit Sicherheit nachweisen lässt. Umstritten ist, inwieweit auch der Kaiserkult in den Tagen des Paulus für Philippi bereits eine zentrale Rolle spielte.

Gemeindegründung und Haft in Philippi

Die Gründung der Christengemeinde Philippis vollzog sich nach Apg 16,11-15 an einer jüdischen Gebetsstätte außerhalb der Stadtmauern, wo sich am Sabbat eine Gruppe von Frauen versammelt hatte. Eine Synagoge existierte in Philippi, wo Juden in den Tagen des Paulus eine verschwindend kleine Minderheit darstellten, offensichtlich nicht. Die erste Person, die den christlichen Glauben annahm und eine Hausgemeinde begründete, war Lydia, eine aus dem kleinasiatischen Thyateira stammende gottesfürchtige Purpurhändlerin. Als Gottesfürchtige bezeichnet man Sympathisanten des jüdischen Glaubens, die am Gottesdienst teilnahmen, aber nicht vollgültig zum Judentum übertraten. Die weitere Darstellung der Apostelgeschichte über die Gemeindegründung ist stark vom wunderhaften Element geprägt. Zunächst gerät Paulus infolge einer Dämonenaustreibung in Konflikt mit den Behörden (Apg 16,16-24). Lukas stützt sich bei der Erzählung des Wunders auf eine alte Lokaltradition aus Philippi. Der Anklage gegen Paulus und Silas ist entnehmbar, dass man in Philippi die christliche Missionspredigt als Angriff auf die römische Lebensweise und Infragestellung der römischen Identität der Stadt betrachtete. Die Titulaturen der gegen die christlichen Missionare vorgehenden Beamten werden mit großer Präzision wiedergegeben, was die Glaubwürdigkeit der gesamten Szene untermauert. Dass Paulus in Philippi der Verfolgung durch die Behörden ausgesetzt war und Auspeitschung wie Gefangenschaft zu erleiden hatte, wird vom Selbstzeugnis her andeutungsweise bestätigt (1Thess 2,2; 2Kor 11,25). In dem legendenhaften Wunderbericht Apg 16,25-40 spiegelt sich eine vorübergehende Haft des Paulus in Philippi wider. Nächtliche, von Lichtstrahl oder Erdbeben als Zeichen der Theophanie begleitete Befreiungswunder mit Abfallen der Fesseln und Öffnen der Türen sind in der antiken Literatur weit verbreitet.

> Die Purpurhändlerin Lydia war die erste Christin in Philippi

Die Stadt Thessalonike

Nach der Freilassung aus dem Gefängnis wurden die Missionare der Stadt verwiesen und zogen auf der Via Egnatia weiter nach Thessalonike, das am Schnittpunkt wichtiger Handelsstraßen lag und über einen wirtschaftlich wie strategisch bedeutsamen Hafen verfügte. Die Gründung der Stadt geht auf Kassander zurück, der sie nach seiner Ehefrau Thessalonike, einer Halbschwester von Alexander dem Großen, benannte. Mit schätzungsweise 40.000 Einwohnern war Thessalonike die bevölkerungsreichste Stadt der seit 146 v. Chr. bestehenden römischen Provinz Mazedonien und Sitz der Provinzialverwaltung. Weil Thessalonike in den römischen Bürgerkriegen jeweils auf Seiten der späteren Sieger gestanden hatte, genoss es den rechtlichen Status einer freien Stadt (*civitas libera*), der weitgehende Autonomie in der inneren Verwaltung, eigene Gerichtsbarkeit und erhebliche Steuerprivilegien mit sich brachte. Letzteres ist nicht zu unterschätzen, da die Provinzen Achaia und Mazedonien in besonderem Maße unter der Steuerlast litten. Thessalonike beherbergte in den Tagen des Paulus ein buntes Bevölkerungsgemisch von Mazedoniern, Griechen, Thrakern, Kleinasiaten und Juden in seinen Mauern. Im Gegensatz zu Philippi, wo das Lateinische dominierte, war die Hauptumgangssprache das Griechische. Das Bürgerrecht blieb, wie es der griechischen Polisverfassung entsprach, der privilegierten Oberschicht vorbehalten. Wie in anderen Poleis war die Bürgerschaft Thessalonikes in Phylen (»Stämme«) eingeteilt, von denen vier aus Inschriften namentlich bekannt sind, nämlich die Phylen Asklepias, Antigonis, Dionysias und Gnaias.

Ähnlich vielfältig wie die Bevölkerung stellt sich die religiöse Landschaft des kaiserzeitlichen Thessalonike dar. Bereits für die vorrömische Zeit ist die kultische Verehrung ägyptischer Gottheiten wie Isis, Osiris und Sarapis nachweisbar, das Sarapisheiligtum konnte sogar ausgegraben werden. Auf eine noch längere Geschichte blickte in den Tagen des Paulus der Dionysoskult in Thessalonike zurück. Die Hochschätzung des Dionysos spiegelt sich auch darin wider, dass eine der städtischen Phylen nach ihm benannt war. Von herausragender Bedeutung war zudem der Kult der Kabiren, bei denen es sich um ursprünglich auf der Insel Samothrake beheimatete Fruchtbarkeitsgötter handelt. Dem Mythos zufolge waren die Kabiren drei Brüder, von denen einer durch die beiden anderen enthauptet und am Fuße des Olymps begraben wurde. In Thessalonike scheint nur der ermordete Kabirus als einer der Hauptgötter der Stadt kultisch verehrt worden zu sein. Eine nicht zu unterschätzende Rolle im öffentlichen Leben der Stadt spielte auch der römische Kaiserkult. Die Anweisung zum Bau des unter Augustus errichteten Tempels für den vergöttlichten Cäsar ist inschriftlich erhalten.

Religiöse Prägung Thessalonikes

Griechische und orientalische Kulte bestimmten das religiöse Leben der Stadt

Die näheren Umstände der Gemeindegründung lassen sich aus dem Bericht der Apostelgeschichte (Apg 17,1-9) und den Aussagen des Paulus (1 Thess 1,1-2,16) erhellen. Paulus muss sich deutlich länger als die Apg 17,2 genannten drei Sabbate in Thessalonike aufgehalten haben, denn er ging seinem handwerklichen Beruf nach (1 Thess 2,9) und empfing zweimal materielle Unterstützung aus Philippi (Phil 4,16). Apg 17,1-4 erweckt den Eindruck, als rekrutiere sich die Gemeinde von Thessalonike ganz überwiegend aus Juden und gottesfürchtigen Griechen, für die eine Akzeptanz des biblischen Monotheismus vorausgesetzt werden kann. Paulus gibt dagegen in 1 Thess 1,9 zu erkennen, dass die Mehrzahl der Thessalonicher in ihrer vorchristlichen Vergangenheit dem heidnischen Polytheismus verpflichtet war, sich also an den für die Stadt nachweisbaren hellenistischen Kulten beteiligte. Wegen der anfänglichen Missionserfolge im Umfeld der Synagoge schaltete die in der Stadt offenbar gut verankerte jüdische Gemeinde die lokalen Behörden ein. Ein Christ namens Jason, der die Missionare beherbergt hatte, wurde festgenommen und nur gegen Kaution wieder freigelassen (Apg 17,9). Vermutlich musste er dafür bürgen, dass Paulus und seine Mitarbeiter umgehend die Stadt verließen.

Anfänge der Gemeinde von Thessalonike

Über das Wirken des Paulus in Beröa, das 80 km von Thessalonike entfernt im äußersten Süden der Provinz Mazedonien am Fuße des Berges Bermius liegt, weiß Lukas kaum etwas Konkretes zu berichten (Apg 17,10-15). Paulus selbst erwähnt den zu jener Zeit durchaus bedeutenden Ort in seinen Briefen nicht

Beröa

explizit. Beröa ist aber mit eingeschlossen, wenn der Apostel von den Gemeinden Mazedoniens spricht (2Kor 8,1). Die Gemeinde beteiligte sich aktiv an der Kollekte für Jerusalem, wobei ein sonst unbekannter Sopater aus Beröa den Apostel auf der Kollektenreise begleitete (Apg 20,4).

Athen

Von Beröa zog es Paulus nach Athen (1Thess 3,1), das zu jener Zeit seine politische Bedeutung weitgehend eingebüßt hatte, aber nach wie vor ein wichtiges Zentrum der Kultur und des Geisteslebens darstellte. Im Mittelpunkt der lukanischen Darstellung des Athenaufenthalts steht die große Rede, die Paulus auf dem Areopag gehalten haben soll (Apg 17,22-31). Mit dem Areopag ist der nordwestlich der Akropolis gelegene Areshügel und nicht die in späterer Zeit auch anderenorts tagende gleichnamige Gerichtsbehörde gemeint. Auf diesem Hügel war nach der griechischen Sage von dem Kriegsgott Ares der Poseidonsohn Halirrhothios erschlagen worden, weil dieser sich an der Arestochter Alkippe vergangen hatte. Ares wurde am Ort seiner Tat von Poseidon vor dem Rat der Götter angeklagt, was den Namen Areopag oder Areshügel für diese Stelle nach sich zog. Der Prozess endete mit einem Freispruch. Die Areopagrede mit ihrer symbolischen Begegnung zwischen christlicher Theologie und griechischer Geistesbildung ist im Wesentlichen ein Produkt des Lukas.

Die Rede auf dem Areopag

Im Zentrum der Rede steht die monotheistische Verkündigung des christlichen Gottes, wobei der lukanische Paulus sich eines geschickten Anknüpfungspunkts bedient. Er will bei seinem Spaziergang durch Athen einen Altar mit der Aufschrift »Dem unbekannten Gott« gesehen haben und folgert daraus, die Bewohner Athens seien bereits längst Verehrer des Gottes der Bibel, ohne sich dessen bewusst zu sein. Für Athen sind allerdings bei den Schriftstellern Pausanias (*descr. Graec.* I,4) und Philostrat (*vit. Apoll.* VI 3,5) nur Altäre bezeugt, die im Plural »den unbekannten Göttern« gewidmet sind. Ihre Entstehung verdankte sich der Furcht, irgendwelche Gottheiten bei der kultischen Verehrung übergangen zu haben und sich deren Zorn zuzuziehen.

> In Athen gab es Altäre für die unbekannten Götter

Was Paulus nach Darstellung des Lukas auf dem Areopag argumentativ als Beweis für unbewusste heidnische Erkenntnis des einen Gottes der Bibel reklamiert, geht in Wirklichkeit auf ein besonders anschauliches Beispiel für griechischen Polytheismus zurück. Auch weitere zentrale Aussagen der Areopagrede wie der teleologische Gottesbeweis der Stoa, demzufolge die Schöpfung mit ihrer sinnvollen Einrichtung von Jahreszeiten und Weltzonen den Rückschluss auf Gott als Urheber erlaubt, und die philosophische Vorstellung einer Wesensverwandtschaft zwischen Gott und Mensch, wie sie mit einem Zitat des griechischen Schriftstellers Aratus betont zum Ausdruck gebracht wird, sind für den historischen Paulus eher unwahrscheinlich. Lukas ließ Paulus an einer der vornehmsten Stätten Griechenlands so predigen, wie er es für wünschenswert hielt. In Athen hatte eine neue Religion wie das Christentum kaum Chancen, sich zu etablieren. Die Apostelgeschichte berichtet zwar von einem zumindest bescheidenem Missionserfolg des Paulus (Apg 17,33f), doch entspricht dies kaum den Tatsachen. Paulus selbst bezeichnet das von ihm getaufte Haus des Stephanas in Korinth, der nächsten Missionsstation, als »Erstling von Achaia« (1Kor 16,15). Da auch Athen zur römischen Provinz Achaia gehörte, kann es dort also nicht zu einer Gemeindegründung gekommen sein.

Die Stadt Korinth

Von ungleich größerem Erfolg waren die Aktivitäten des Apostels im knapp 90 km entfernten Korinth gekrönt. Korinth verdankt seine Bedeutung der privilegierten Lage am Isthmos, die es zu einem Zentrum von Seefahrt, Handel und wirtschaftlicher Produktion machte. Die von den Römern 146 v. Chr. zerstörte Stadt war erst 44 v. Chr. auf Initiative von Julius Cäsar als römische Kolonie wiederaufgebaut worden. Aufgrund ihrer dynamischen Entwicklung hatte sie in den Tagen des Paulus Athen längst den Rang abgelaufen und war Hauptstadt der bis auf Mazedonien ganz Griechenland umfassenden Provinz Achaia. Keramikprodukte, Textilien und Metallerzeugnisse aus Korinth genossen einen weltweit guten Ruf, allem voran das »korinthische Erz«, aus dem das wertvollste Außentor des Jerusalemer Tempels gefertigt war (Joseph, *bell.* 6,201). Das Verfahren zur Erzlegierung soll 146 v. Chr. bei der Zerstörung Korinths durch Zufall entdeckt worden sein, als in der Feuersbrunst goldene, silberne und eiserne Gegenstände miteinander verschmolzen. Mit seinem bunten Bevölkerungsgemisch und seinen weitläufigen Handelsbeziehungen war Korinth auch in religiöser Hinsicht eine multikulturelle Stadt. Die wichtigsten Gottheiten und Kulte des alten Griechenland waren ebenso vertreten wie die orientalischen Mysterienreligionen, die Institutionen des römischen Kaiserkultes und die jüdische Gemeinde. Als Hafenstadt genoss Korinth in der Antike einen ähnlichen Ruf wie heute St. Pauli. In Anspielung auf die laxe Moral und die sexuelle Freizügigkeit der Stadt kursierte das Sprichwort »Eine Seefahrt nach Korinth ist nicht jedermanns Sache«. In der griechischen Sprache hatte sich der Begriff *korinthiazesthai* (»korinthisieren«) als festgeprägte Umschreibung für »Unzucht treiben« herausgebildet. Dieser schlechte Ruf geht zwar großenteils auf den Neid der Nachbarstädte, insbesondere das von Korinth überflügelte Athen zurück, ist aber nicht völlig aus der Luft gegriffen. Nicht ohne Grund thematisiert der erste Korintherbrief auch mehrere Fälle sexuellen Fehlverhaltens.

Wie alle Hafenstädte stand Korinth in einem zweifelhaften Ruf

Als eine pulsierende Stadt, die Menschen aller Länder beherbergte und für alles Neue offen war, bot Korinth einer jungen Religion wie dem Christentum optimale Möglichkeiten, Fuß zu fassen. Über die Gemeindegründung besitzen wir neben vereinzelten Anspielungen des Paulus auch ein umfangreiches Sekundärzeugnis in Apg 18,1-17. Nachdem Paulus von Athen aus nach Korinth gekommen war, arbeitete er dort bei dem jüdischen Ehepaar Priscilla und Aquila als Zeltmacher (18,3) und predigte jeden Sabbat in der Synagoge (18,4). Durchschlagenden Erfolg erzielte Paulus in Korinth aber erst, als Silas und Timotheus mit einer Geldspende aus Mazedonien eintrafen und Paulus sich mit ganzer Kraft der Verkündigung widmen konnte (Apg 18,5). Während Paulus das Haus des Stephanas als »Erstling von Achaia« bezeichnet (1Kor 16,15), soll er nach der Apostelgeschichte in Korinth zuerst bei Titius Iustus, einem der gottesfürchtigen Griechen aus dem Umfeld der Synagoge, Erfolg gehabt haben, bevor sich der Synagogenvorsteher Krispos zum Christentum bekehrte und damit eine regelrechte Übertrittswelle auslöste (18,7f). Der Missionserfolg im Bannkreis der Synagoge führte dazu, dass die Juden Korinths mit dem neuen Synagogenvorsteher Sosthenes an der Spitze einen Prozess gegen Paulus anstrengten, indem sie beim Prokonsul Gallio Anklage gegen Paulus erhoben (18,12-17). Der Prozess gegen Paulus verlief allerdings im Sande, da Gallio sich in einem Streit zweier Religionsparteien für nicht zuständig erklärte. Anders als in Philippi und Thessalonike kam es nicht zur Ausweisung der Missionare. Insgesamt hielt Paulus sich fast zwei Jahre in Korinth auf und schrieb von dort den ersten Thessalonicherbrief.

Anfänge der Gemeinde in Korinth

Paulus in Ephesus

Die Stadt Ephesus

Ephesus gehörte zu der 133 v. Chr. eingerichteten Provinz Asia und war die viertgrößte Stadt im römischen Reich. Nachdem Kaiser Augustus die Provinzialverwaltung von Pergamon nach Ephesus verlagert hatte, nahm die Stadt unangefochten die Vorrangstellung in der Asia ein. Die Einwohnerzahl wird für die Zeit des Paulus auf über 200.000 geschätzt. Der überwiegende Teil der Bewohner von Ephesus bestand aus Griechen und Angehörigen östlicher Stämme. Auch das jüdische Bevölkerungselement war zahlenmäßig stark vertreten. Das religiöse Leben der Stadt wurde vom Kaiserkult und den hellenistischen Religionen bestimmt. Der prachtvolle Tempel der Artemis (Diana) galt als eines der sieben Weltwunder und war ein Touristenmagnet. Der Geburtstag der Göttin wurde alljährlich im Mai festlich begangen. Bei Ausgrabungen konnten neben dem Artemisheiligtum weitere Tempel freigelegt werden, darunter ein Sarapisheiligtum sowie ein Tempel, der entweder der Isis oder dem Kaiser Augustus geweiht war. Ähnlich wie Korinth war Ephesus eine dynamische Handels- und Wirtschaftsmetropole, die für alles Neue offen war und dem Christentum optimale Voraussetzungen zu seiner Verbreitung bot. Paulus hielt sich wahrscheinlich vom Spätsommer 52 bis zum Sommer 55 n. Chr. in der Stadt auf. Diese Jahre markieren die fruchtbarste und zugleich krisenhafteste Phase in seinem Leben als Apostel. Einerseits hat Paulus an keinem anderen Ort missionarisch und schriftstellerisch so intensiv gewirkt wie in Ephesus, andererseits ist sein Aufenthalt in der Stadt von dort erlittenen Leiden und schweren Konflikten mit der Gemeinde in Korinth überschattet. Paulus machte Ephesus zum Zentrum seiner Mission im westlichen Kleinasien, verfasste dort eine Vielzahl seiner erhaltenen Briefe und gründete eine Art Schule, in der sein geistiges Erbe gepflegt wurde. Deren Sitz befand sich wohl im Lehrsaal des Rhetors Tyrannos, wo er über einen längeren Zeitraum predigte (Apg 19,9f).

> An keinem anderen Ort hat Paulus missionarisch und schriftstellerisch so intensiv gewirkt wie in Ephesus

Anfänge des Christentums in Ephesus

Die Anfänge des Christentums in Ephesus lassen sich nur umrisshaft erhellen. Der sonst unbekannte Epänetus war der Erstbekehrte in der Provinz Asia (Röm 16,5). Nach Apg 18,19-21 kam Paulus mit Priscilla und Aquila von Korinth nach Ephesus, verließ die Stadt aber sogleich wieder. Während seiner Abwesenheit entstand eine Gemeinde, in der neben dem Zeltmacherehepaar der Judenchrist Apollos aus Alexandria eine führende Rolle einnahm. Vermutlich wurde der neue Glaube durch ihn nach Ephesus gebracht, denn nach Apg 18,25 war er dort bereits vor der Begegnung mit Priscilla und Aquila als christlicher Verkündiger tätig. Rätselhaft bleibt die Nachricht der Apostelgeschichte, dass Apollos zwar die Botschaft von Jesus verkündigte, aber nur die Johannestaufe kannte. Vermutlich handelt es sich um eine literarische Fiktion des Lukas mit dem Ziel, die Bedeutsamkeit des Wirkens von Apollos in Ephesus herunterzuspielen. Inwieweit auch die zuweilen für Apollosschüler gehaltenen Johannesjünger aus Apg 19,1-7 als Zeugen für vorpaulinisches Christentum in Ephesus in Anspruch genommen werden können, lässt sich kaum klären. Als Paulus nach Ephesus zurückkehrte, war Apollos mit Empfehlungsbriefen seiner Anhänger nach Korinth weitergezogen (Apg 18,27). Priscilla und Aquila, die mit der Verlagerung ihres Zeltmacherbetriebs nach Ephesus die Verbreitung des paulinischen Evangeliums in der Provinz Asia förderten, begründeten in der Stadt eine Hausgemeinde (1Kor 16,19).

Lukas rückt bei seiner stark von Lokalkolorit geprägten Darstellung des paulinischen Ephesusaufenthalts die Bedeutung der Stadt als Zentrum der Magie und Hochburg des Demeterkults in den Vordergrund (Apg 19,11-40). Paulus selber taucht nur als Randfigur auf. Zunächst wird dadurch, dass von den Schweißtüchern des Paulus heilende Kräfte ausgehen, jüdische Exorzisten erfolglos den Namen Jesu zu Dämonenaustreibungen nutzbar zu machen suchen und es in der Bevölkerung im großen Stil zur freiwilligen Vernichtung von Zauberbüchern kommt, eindrucksvoll die Überlegenheit des Christentums über die Magie erwiesen (19,11-20). Danach bildet die Episode vom Aufstand in der Silberschmiede des Demetrius und dem anschließenden Tumult im Theater einen weiteren Schwerpunkt der lukanischen Darstellung (19,23-40). Demetrius bestreitet seinen Lebensunterhalt mit der Herstellung silberner Miniaturbilder des Artemistempels, die bei den Touristen als Souvenirs begehrt waren. Durch die Missionspredigt des Paulus sieht er den Artemisglauben und damit die Grundlage seines Gewerbes gefährdet. Er ruft die mit ihm vom Devotionalienhandel profitierenden Personen in seiner Silberschmiede zusammen, wo die Versammlung mit dem nicht zuletzt von wirtschaftlichen Erwägungen getragenen Ausruf »Groß ist die Diana (Artemis) der Epheser!« (19,28) endet. Die Erzählung spiegelt die Atmosphäre von Ephesus treffend wider. Der Name Demetrius ist inschriftlich für Ephesus über sechzigmal bezeugt, die Existenz einer Silberschmiede in der Stadt geht aus einer Ehreninschrift sowie einer Grabstiftung hervor, und Artemis wird in antiken Quellen des Öfteren als »die Große« oder »die Größte« bezeichnet. Allerdings fand Paulus mit seinem Wirken kaum derartig starke Resonanz, dass er dem Devotionalienhandel wirtschaftlichen Schaden hätte zufügen können.

Der Ephesusaufenthalt nach der Apostelgeschichte

Im Anschluss an die Versammlung in der Silberschmiede schildert Lukas einen Volkstumult im Theater, das bei den Ausgrabungen in Ephesus freigelegt werden konnte und mehr als 20.000 Personen Platz bot. Paulus ist bei dem Tumult nicht zugeben, während seine Reisegefährten Gaius und Aristarchos sowie ein Jude namens Alexander zur Zielscheibe des Pöbels werden. Beschwichtigt wird der Tumult schließlich durch das besonnene Auftreten eines städtischen Beamten, der eine Verklagung der christlichen Missionare an den regulären Gerichtstagen mit Urteilsfindung durch den Statthalter als den angemessenen Weg vorschlägt. Insgesamt spiegelt die lukanische Darstellung detailliertes Wissen über die Verhältnisse in Ephesus wider, ist aber angesichts ihres anekdotischen Charakters in hohem Maße der Fabulierkunst geschuldet und nur sehr bedingt dazu geeignet, das knapp dreijährige Wirken des Paulus in der Stadt geschichtlich zu erhellen. Ausgerechnet für die fruchtbarste und zugleich krisenhafteste Phase im christlichen Leben des Paulus stand Lukas nur ausgesprochen spärliches Material zur Verfügung. Aus den Paulusbriefen lassen sich dagegen die Konturen der Wirksamkeit in Ephesus ungleich schärfer erhellen, wobei sich das Gesamtbild aus verstreuten Hinweisen zusammensetzt und in mancherlei Hinsicht lückenhaft bleibt.

Tumult im Theater

Das Theater von Ephesus bot mehr als 20.000 Menschen Platz

Von Ephesus aus hielt Paulus durch Abfassung von Briefen, Empfang von Gemeindedelegierten, Entsendung von Mitarbeitern und persönliche Besuche regen Kontakt zu den von ihm gegründeten Gemeinden Griechenlands und Kleinasiens. Als schwere Belastung erwies sich der Konflikt mit den Korinthern. In der Anfangsphase seines Wirkens in Ephesus schrieb Paulus einen ersten, nicht mehr

Konflikt mit den Korinthern

erhaltenen Brief nach Korinth (1Kor 5,9). Wohl im Frühjahr 54 n. Chr. trafen Stephanas, Fortunatus und Achaikus aus Korinth in Ephesus ein (1Kor 16,17). Sie führten einen Brief mit sich, in dem die Korinther eine Reihe von Fragen an Paulus richteten (1Kor 7,1). Zuvor hatte Paulus bereits von den Leuten der Chloe besorgniserregende Nachrichten über die bedrohte Einheit der Gemeinde erhalten (1Kor 1,11). Mit der Entsendung des Timotheus nach Korinth (1Kor 4,17) und der Abfassung des ersten Korintherbriefs unternahm Paulus den Versuch, die Spaltungen in der Gemeinde einzudämmen, erste Vorbehalte gegenüber seiner Person im Keim zu ersticken und zu den an ihn gerichteten theologischen Fragen Stellung zu beziehen. Nachdem Timotheus mit der Nachricht zurückgekehrt war, dass durch das Auftreten judenchristlicher Fremdmissionare der Antipaulinismus in Korinth massiv zugenommen hatte, begab sich der Apostel im Sommer oder Herbst 54 n. Chr. persönlich zu einem Zwischenbesuch nach Korinth (2Kor 13,2). Dabei kam es zum offenen Zerwürfnis mit den Korinthern, als ihn ein Gemeindeglied unwidersprochen zutiefst beleidigte. Paulus macht in dem vom Geist der Versöhnung getragenen Rückblick auf den Vorfall (2Kor 2,5; 7,12) nur vage Angaben. Vermutlich ging es um einen Angriff auf seine apostolische Autorität. Nach seiner überstürzten Abreise schrieb Paulus von Ephesus aus unter Tränen einen Brief nach Korinth (2Kor 2,4; 7,8), der von Titus überbracht wurde und vermutlich in 2Kor 10-13 erhalten geblieben ist.

Verbreitung des Evangeliums in Kleinasien

Paulus hatte Ephesus bewusst als Standquartier für die weitere Verbreitung des Evangeliums in Kleinasien gewählt. In den rund drei Jahren seines dortigen Wirkens stand ihm eine Vielzahl von Personen helfend zur Seite. Neben Priscilla und Aquila zählten dazu Timotheus und Erastus (Apg 19,22), Titus und Sosthenes (1Kor 1,1) sowie Gaius und Aristarchos (Apg 19,29). In den mutmaßlich in Ephesus entstandenen Briefen an Philemon und die Philipper werden mit Epaphras, Markus, Demas, Lukas (Phlm 23f) und Epaphroditus (Phil 2,25) weitere Mitarbeiter erwähnt. Auch Apollos wirkte nach der Rückkehr aus Korinth erneut in Ephesus, verfolgte aber eigene Ziele und sah sich nicht in der Rolle des Befehlsempfängers (1Kor 16,12). Als politisches und wirtschaftliches Zentrum der Provinz Asia zog Ephesus unzählige Menschen an. Einzelne davon wurden von Paulus für den christlichen Glauben gewonnen und mit der Verkündigung des Evangeliums in ihren Heimatorten betraut. Dazu zählte Epaphras, der bei seiner Mission im Lykostal offenkundig die Gemeinden von Kolossä, Laodizea und Hierapolis ins Leben rief (Kol 4,12f). Paulus selbst unternahm von Ephesus aus eine Missionsreise in das kleinasiatische Zentralland, um die Gemeinden in Phrygien und Galatien zu stärken (Apg 18,23). Bei dieser Gelegenheit traf er genauere Regelungen zur Organisation der Kollekte für Jerusalem (1Kor 16,1). Auch weitere Gemeinden im Hinterland von Ephesus (u.a. Smyrna, Sardes, Pergamon, Magnesia, Tralles), deren Existenz aus der Johannesoffenbarung und den Ignatiusbriefen bekannt ist, könnten zwischen 52 und 55 n. Chr. von Paulus oder dessen Mitarbeitern gegründet worden sein.

Paulus nutzte Ephesus als Standquartier für die Mission in der Provinz Asia

Lebensbedrohliche Situationen

Die Jahre in Ephesus waren nach Bekunden des Paulus dadurch gekennzeichnet, dass sich ihm einerseits ungeahnte Möglichkeiten für ein reiches Wirken eröffneten, er andererseits zahlreichen Widersachern zu trotzen hatte (1Kor 16,9). Wenn Paulus metaphorisch davon spricht, dass er in Ephesus mit den Bestien kämpfte (1Kor 15,32), deutet dies auf eine lebensbedrohliche Situation hin, der er um 54 n. Chr. ausgesetzt war. Die letzte Phase seines Wirkens in Ephesus ist durch erneute Todesgefahr und vermutlich auch Inhaftierung gekennzeichnet. Es kam zu massiven Konflikten der Evangeliumsverkündiger mit den lokalen Instanzen und der römischen Gerichtsbehörde, wie es sich auch in der anekdotenhaften Episode vom Aufstand in der Silberschmiede des Demetrius und dem Tumult im Theater von Ephesus gebrochen widerspiegelt. In 2Kor 1,8f spricht Paulus von einer lebensbedrohlichen Bedrängnis in der Asia, bei der er schon fest mit dem Tod rechnete. Vermutlich handelt es sich um dasselbe Geschehnis, bei dem Priscilla und Aquila Kopf und Kragen für ihn riskierten (Röm 16,4). Dabei könnte es um einen Gefängnisaufenthalt des Apostels gehen, der mit den aus der Haft geschriebenen Briefen an die Philipper und an Philemon in Verbindung steht. Ein starkes Indiz dafür ist die Tatsache, dass der in den Tumult verwickelte Aristarchos (Apg 19,29) an der Seite des Apostels weilte, als dieser aus der Haft den Philemonbrief verfasste (Phlm 24). Wenn die Briefe an Philemon und die Philipper tatsächlich in Ephesus entstanden sind, lässt sich die Endphase des dortigen paulinischen Wirkens weiter erhellen. Die Gemeinde von Philippi ließ Paulus finanzielle Unterstützung zukommen (Phil 4,18). Gleichzeitig erreichten ihn besorgniserregende Nachrichten, dass judenchristliche Missionare in Philippi das beschneidungsfreie paulinische Evangelium torpedieren wollten (Phil 3,2). Mit Paulus saß Epaphras im Gefängnis (Phlm 23). Timotheus (Phil 1,1; Phlm 1) und weitere Mitarbeiter aus der Asia standen dem inhaftierten Apostel zur Seite (Phlm 24). Paulus bangte um sein Leben und sehnte sogar den Tod herbei (Phil 1,21-24), doch die Lage wendete sich noch einmal zum Guten und der Apostel konnte seine Mission fortsetzen.

■ Letzte Jerusalemreise und Gefangennahme

Das Ende der missionarischen Tätigkeit des Paulus wurde mit seiner Reise von Ephesus über Griechenland nach Jerusalem eingeläutet, die im Wesentlichen dem Abschluss und der Überbringung der Kollekte für die Urgemeinde diente. Nach der mutmaßlichen Freilassung in Ephesus verließ Paulus die Stadt und begab sich nach Troas an die nordwestliche Küste Kleinasiens (2Kor 2,12). Von dort war der Apostel Jahre zuvor bereits bei der Europamission nach Griechenland übergesetzt. Dieses Mal war Troas allerdings mehr als nur eine Durchgangsstation. Paulus hielt sich für längere Zeit in der Stadt auf und betrieb erfolgreich Missionsarbeit. Gleichzeitig hoffte er dort auf Titus zu stoßen, den er von Ephesus aus mit dem Tränenbrief nach Korinth entsandt hatte. Offenbar gab es eine Absprache zwischen dem Apostel und seinem Mitarbeiter, sich auf halbem Weg zwischen Korinth und Ephesus entweder in Troas oder in Mazedonien zu treffen. Durch das Ausbleiben des Titus und die damit verbundene Ungewissheit über die Wirkung des Tränenbriefs wurde Paulus in solche innere Unruhe versetzt, dass er vorzeitig seine Zelte in Troas abbrach und nach Mazedonien reiste (2Kor 2,13; vgl. Apg 20,1), um schneller an Informationen aus Korinth zu kommen. Eine negative Reaktion auf den Tränenbrief wäre für Paulus gleichbedeutend mit dem Verlust einer seiner wichtigsten Gemeinden gewesen. Wenn Paulus auch in Mazedonien keine Ruhe fand, sondern von äußerer Bedrängnis

In Troas und Mazedonien

> Paulus wartete verzweifelt auf Nachrichten aus Korinth

wie innerer Furcht geplagt wurde (2Kor 7,5), waren dafür wohl nicht nur die Vorgänge in Korinth, sondern auch besorgniserregende Nachrichten über den Antipaulinismus in den Gemeinden Galatiens verantwortlich. Dort hatten ebenfalls Gegner des Paulus gegen sein beschneidungsfreies Evangelium polemisiert (Gal 1,6-9; 6,12). Vermutlich handelt es sich um dieselben Wanderapostel, vor deren Auftreten Paulus bereits die Philipper gewarnt hatte. Trost fand Paulus erst, als Titus mit der freudigen Nachricht eintraf, dass die Korinther zum Einlenken bereit waren (2Kor 7,6-9). Als Folge verfasste er Ende 55 aus einer der mazedonischen Gemeinden – sei es Philippi, Thessalonike oder Beröa – ein im Ton der Versöhnung gehaltenes Schreiben nach Korinth (2Kor 1-8), das von Titus in Begleitung eines Gemeindedelegierten überbracht wurde (2Kor 8,18). In diese Zeit fällt wohl auch die Entstehung des Galaterbriefs.

Dritter Besuch in Korinth

Von Mazedonien aus führte der Weg des Paulus nach Korinth (Apg 20,2), um der Gemeinde einen längeren Besuch abzustatten und die Kollekte für Jerusalem an sich zu nehmen. Dies hatte er den Korinthern mit wechselnden Reiseplänen bereits seit längerem in Aussicht gestellt (1Kor 16,1-7; 2Kor 1,16), vor dem Hintergrund des spannungsgeladenen Verhältnisses zur Gemeinde aber hinausgezögert, weil es angesichts der ungeklärten Konflikte unweigerlich zu einer weiteren harten Konfrontation gekommen wäre (2Kor 1,13; 13,2). Nach dem wiedergewonnenen Einvernehmen mit der Gemeinde löste Paulus nun seine Ankündigung ein und verbrachte den Winter 55/56 n. Chr. in Korinth. Er wohnte im Haus des Gaius, das der Gemeinde als Versammlungsort diente, und verfasste dort den Römerbrief (Röm 16,23). Der bevorstehenden Kollektenreise nach Jerusalem blickte Paulus mit doppelter Sorge entgegen (Röm 15,30-32). Einerseits fürchtete er in Jerusalem eine Anfeindung vonseiten der Juden und andererseits rechnete er mit der Möglichkeit, dass der Urgemeinde die Kollekte unwillkommen sein könnte. Dennoch nahm er die Reise auf sich und entsandte nicht einfach Gemeindedelegierte mit der Kollekte nach Jerusalem, wie er es 1Kor 16,3 noch ernsthaft erwogen hatte. Die persönliche Überbringung dokumentiert den hohen Stellenwert, den die Kollekte für Paulus als einheitsstiftendes Band zwischen der toratreuen Urgemeinde und den beschneidungsfreien paulinischen Gemeinden hatte.

Paulus blickte der Überbringung der Kollekte mit doppelter Sorge entgegen

Von Korinth über Philippi nach Troas

Mit dem in Korinth verfassten Römerbrief als letztem Schreiben des Apostels versiegen die paulinischen Primärzeugnisse. Einzige Quelle für die nachfolgenden Ereignisse ist die Apostelgeschichte (Apg 20-28). Im Frühjahr 56 erfolgte der Aufbruch nach Jerusalem. Der ursprüngliche Plan, sich von Korinth direkt auf dem Seeweg nach Syrien zu begeben, wurde aus Sicherheitsgründen verworfen. Stattdessen wählten Paulus und seine Begleiter den Landweg über Mazedonien, legten einen Zwischenaufenthalt in Philippi ein, wo sie das Passahfest feierten, und segelten dann nach Troas. Ob die dort angesiedelte Episode von der Wiederbelebung des »ersten Kirchenschläfers« Eutychos (Apg 20,7-12) irgendwelchen historischen Anhalt hat, sei dahingestellt. Von größerer Bedeutung sind die Apg 20,4 aufgelisteten Personen, die Paulus von Troas nach Jerusalem begleiteten. Dabei handelte es sich aller Wahrscheinlichkeit nach um Kollektendelegierte aus den Gemeinden. Aus Thessalonike und der Asia, konkret Ephesus (vgl. Apg 21,29), sind wegen der Bedeutung der betreffenden Gemeinden jeweils zwei Personen abgeordnet, aus den kleineren Gemeinden von Beröa und Derbe lediglich eine Person. Vollständig kann die Liste allerdings nicht sein, da für die ebenfalls an der Kollekte beteiligten Gemeinden von Korinth und Philippi keine Delegierten benannt werden, obwohl für Korinth in jedem Falle solche vorgesehen waren (1Kor 16,4; 2Kor 1,16). Rechnet man von diesen Gemeinden noch jeweils zwei Delegierte hinzu, dann kommt eine mindestens zehnköpfige Abordnung aus den paulinischen Gemeinden zusammen, die Paulus und Timotheus nach Jerusalem begleitet haben werden. Diese relativ große Zahl war schon aus Sicherheitsgründen notwendig, um nicht unterwegs mit dem Geld in die Hände von Räubern zu fallen. Unter den mazedonischen Delegierten wird sich auch jene namentlich nicht bekannte Person befunden haben, die mit Titus in Korinth die Organisation der Kollekte vorbereitet hatte und deren Teilnahme an der Kollektenreise nach Jerusalem Paulus ausdrücklich befürwortete, damit erst gar nicht der Verdacht aufkam, der Apostel habe Gelder unterschlagen (2Kor 8,18-20).

Von Troas wurde die Reise auf dem Seeweg über Assos, Mitylene auf Lesbos, Chios und Samos nach Milet fortgesetzt. Die Schilderung des Zwischenaufenthalts in Milet mit der großen Abschiedsrede des Paulus vor den herbeigerufenen Presbytern von Ephesus ist der Feder des Lukas entsprungen (Apg 20,17-38). Von Milet segelten Paulus und seine Begleiter zunächst über Kos und Rhodos nach Patara, dann auf einem anderen Schiff nach Tyrus (Apg 21,1-4). Von Tyrus ging es erneut per Schiff nach Ptolemäis (Akko) und auf dem Landweg nach Cäsarea. Dort machte die Reisegruppe im Haus des Evangelisten Philippus aus dem Stephanuskreis Station und traf auf den Propheten Agabus, der Paulus in Form einer prophetischen Zeichenhandlung die Inhaftierung in Jerusalem vorhersagte (Apg 21,8-14).

Abschiedsrede in Milet und Aufenthalt in Cäsarea

Der Prophet Agabus sagte Paulus die Verhaftung in Jerusalem voraus

Als Paulus mit seinen Begleitern Ende des Jahres 56 n. Chr. in Jerusalem eintraf, herrschte dort eine spannungsgeladene Atmosphäre. Als Statthalter amtierte seit 52 n. Chr. Antonius Felix, der maßgeblich zum Verfall der römischen Herrschaft in Judäa beitrug. Kaiser Claudius hatte ihn auf Vorschlag des Hohepriesters Jonathan ernannt, der aber bald Kritik an der Amtsführung des Statthalters übte. Felix gehörte im Gegensatz zu den Statthaltern vor ihm nicht dem Ritterstand an, sondern war ein freigelassener Sklave, der die kaiserlichen Machtbefugnisse mit aller Grausamkeit und Willkür ausübte. Unter seiner vergleichsweise langen Statthalterschaft erreichte das zelotische Zeichenprophetentum, das die Beendigung der Fremdherrschaft durch das wunderbare Eingreifen Gottes in Aussicht stellte und die Hoffnung auf eine endzeitliche Heilswende anheizte, einen neuen Höhepunkt. Weder das kompromisslose Vorgehen des Felix gegen die Zeichenpropheten noch die Kreuzigung zahlreicher weiterer Aufständischer trug zur Beruhigung der Lage bei, sondern ließ im Gegenteil die Popularität der Zeloten im Volk weiter anwachsen. Die Sikarier, eine besonders militante Untergruppe der zelotischen Bewegung, begannen ihr mörderisches Unwesen zu treiben und erdolchten den Hohepriester Jonathan wegen seiner engen Verbindungen zu Rom. Im Klima eines sich intensivierenden jüdischen Nationalismus stellte die von Paulus etablierte beschneidungsfreie Heidenmission für die Jerusalemer Christusgläubigen, die sich nach wie vor als integraler Teil des Judentums verstanden, zunehmend eine Belastung dar. Unter den gesetzestreuen Eiferern der Urgemeinde kursierte der Vorwurf, Paulus lehre die Diasporajuden den Abfall von der Mosetora und halte sie von der Beschneidung ihrer Kinder ab

Ankunft in Jerusalem

(Apg 21,21). Da Lukas die Kollekte bis auf eine Randbemerkung (Apg 24,17) verschweigt, ist mit ihrem Scheitern zu rechnen. Vermutlich hat die Urgemeinde die Annahme heidenchristlichen Geldes verweigert, um nicht innerhalb des Judentums in Misskredit zu geraten. Dies dürfte der Grund dafür sein, warum Paulus sich auf Anraten von Jakobus an dem Opfer vierer Judenchristen beteiligte, die ein Nasiräer-Gelübde (Num 6,1-21) abgelegt hatten. Dieses zeitlich befristete Gelübde, das die Enthaltsamkeit von Produkten des Weinstocks und den Verzicht auf das Schneiden der Haare beinhaltet, fand mit kostspieligen Opferhandlungen im Tempel seinen Abschluss. Mit deren Finanzierung konnte Paulus eine offene Ablehnung der Kollekte verhindern und gleichzeitig seinen Respekt vor der Tora unter Beweis stellen. Die Kollekte, paulinisches Lebenswerk und symbolisches Einheitsband zwischen Judenchristen und Heidenchristen, wurde gewissermaßen nur durch die Hintertür abgeliefert und entgegengenommen.

Verhaftung des Paulus auf dem Tempelplatz

Im Zusammenhang mit dem Tempelbesuch des Paulus kam der Vorwurf auf, er habe den aus Ephesus stammenden Heidenchristen Trophimos in den heiligen Tempelbezirk geführt (Apg 21,28-29). Heiden hatten nur zum äußeren Vorhof des Tempels Zutritt. Selbst wenn sie das römische Bürgerrecht besaßen, drohte beim Betreten des inneren Tempelbezirks die Todesstrafe durch das Synedrion. Zwei auf Griechisch abgefasste Verbotsschilder aus dem Tempel sind bei Ausgrabungen gefunden worden. Sie tragen die Aufschrift »Niemand aus einem anderen Stamm darf eintreten in die das Heiligtum umgebende Schranke und Umwallung. Wer dabei ergriffen wird, verschuldet an sich selbst die darauf stehende Todesstrafe«. Paulus wird kaum ein derartiges Sakrileg gefördert haben, sah sich aber entsprechenden Verleumdungen kleinasiatischer Juden ausgesetzt. Es kam zu einem Tumult, in dessen Verlauf der Apostel von römischen Soldaten verhaftet und nach Cäsarea zum Amtssitz des Statthalters Felix überstellt wurde. Eine vom Hohepriester Ananias angeführte Delegation des Synedrions, die sich mit einem im römischen Recht bewanderten Anwalt namens Tertullus verstärkt hatte, reiste nach Cäsarea und sorgte dafür, dass es zu einer Anklageerhebung gegen Paulus kam (Apg 24,1-6). Felix verschleppte allerdings den Prozess. Unter dem neuen Statthalter Festus, der im Mai des Jahres 59 oder 60 n. Chr. das Amt antrat, wurde das Verfahren gegen Paulus wieder aufgenommen (Apg 25,6-12). In dieser Situation beschritt Paulus den Rechtsweg der Appellation an den Kaiser. Es handelt sich um den juristischen Akt der *provocatio*, bei der ein noch nicht verurteilter römischer Bürger das kaiserliche Gericht in Rom anrufen konnte, wenn vor Ort keine Prozessübertragung an ein hinreichend für den Fall qualifiziertes Geschworenengericht möglich war. Dem Antrag des Paulus wurde stattgegeben.

Das Synedrion engagierte einen römischen Rechtsanwalt

Begegnung mit Agrippa II. und Berenike

Unmittelbar vor der Überstellung nach Rom kam es zur Begegnung des Häftlings mit König Agrippa II. und dessen Schwester Berenike, die als »Kleopatra im Kleinen« (T. Mommsen) über eine ungeheure Ausstrahlungskraft verfügte. Überzeugende Gründe, Apg 25,13-26,32 für lukanische Fiktion zu halten, bestehen nicht. König Agrippa II. musste als Schutzherr des Tempels daran gelegen sein, den neuen Statthalter von Judäa möglichst bald persönlich kennen zu lernen, da sich der Machtbereich und die Interessen beider Personen in Jerusalem überschnitten. Umgekehrt hatte Festus gute Gründe, mit Agrippa II. den Fall des Paulus zu erörtern. Die römischen Statthalter der Provinz Judäa bewegten sich bei Konflikten mit der jüdischen Aristokratie auf dünnem Eis. Wenn Festus die geforderte Überstellung des Paulus nach Jerusalem verweigerte (Apg 25,4) und der Appellation des Häftlings an den Kaiser stattgab (25,12), barg dies durchaus das Risiko in sich, dass der Hohepriester bei Nero eine Beschwerde über ihn einreichte und Agrippa II. diese unterstützte. Aus Sicht des Festus wäre es daher geradezu fahrlässig gewesen, sich nicht der Rückendeckung des in Rom höchst einflussreichen Königs zu vergewissern, um gegen mögliche Beschwerden der vehement die Verurteilung des Paulus fordernden Tempelaristokratie gewappnet zu sein. Lukas baut diese Tradition allerdings zu einer grandiosen Prunkszene aus, in der Paulus seinen letzten spektakulären Auftritt vor der Überstellung nach Rom hat und ranghöchste Zeugen sich für die Unschuld des Paulus verbürgen.

■ Das Ende des Paulus

Zum Gefangenentransport nach Rom wurde Paulus gemeinsam mit anderen Häftlingen einem Hauptmann der kaiserlichen Kohorte mit Namen Julius unterstellt. Der einzige Wegbegleiter aus dem Mitarbeiterstab des Paulus, der sich mit Sicherheit identifizieren lässt, war Aristarchos aus Thessalonike (Apg 27,2). Er hatte sich schon bei Abfassung des Philemonbriefs an der Seite des Paulus befunden (Phlm 24) und die Kollekte mit nach Jerusalem überbracht (Apg 20,4). Von Cäsarea führte im Herbst des Jahres 59 oder 60 n. Chr. die Reiseroute auf dem Seeweg an Zypern vorbei nach Myra im kleinasiatischen Lykien. Dort erfolgte der Wechsel auf ein alexandrinisches Schiff, das aufgrund der widrigen Westwinde nur mit Mühe das auf der Südseite von Kreta bei Lasäa gelegene Kaloi Limenes erreichte. Da dort keine Überwinterungsmöglichkeit bestand, versuchte man den ein Stück weiter westlich gelegenen Hafen Phönix zu erreichen. Auf dem Weg dorthin kam allerdings ein gewaltiger Herbststurm auf. Das Schiff trieb vierzehn Tage auf offener See und strandete schließlich vor der Insel Melite (vgl. Apg 28,1), wohin sich alle an Bord befindlichen Personen retten konnten (Apg 27,13-44). Bei Melite handelt es sich um Malta. Versuche, stattdessen die griechische Insel Kephallenia als Ort der Strandung plausibel zu machen (H. Warnecke), sind an den Haaren herbeigezogen. Es wird immer wieder davon ausgegangen, dass Lukas in Apg 27 aus einem antiken Seefahrtsbericht schöpft und allein das Verzeichnis der Reisestationen historisches Zutrauen verdient. Andererseits ist die Darstellung plausibel und realitätsnah. Schiffbruch kam in der Antike häufig vor. Paulus selber war vor seiner Romfahrt bereits dreimal in Seenot geraten und dabei in einem Falle 24 Stunden auf dem offenen Meer getrieben (2Kor 11,25). Josephus berichtet, wie er auf der Fahrt nach Rom mitten auf der Adria in Seenot geriet und als einer von 80 Passagieren schwimmend ein anderes Schiff erreichte, während die restlichen 520 Schiffbrüchigen umkamen (Joseph., *vit.* 13-16).

Schiffbruch auf dem Weg nach Rom

Das Schiff des Paulus geriet in einen gewaltigen Herbststurm

Die lukanische Darstellung der Ereignisse auf Malta ist von Wundern des Paulus geprägt. Die Immunität gegenüber Giftschlangen (Apg 28,2-6) zählt zu den Merkmalen herausragender Persönlichkeiten wie Pythagoras oder Chanina ben Dosa. Bei dem Schlangenwunder handelt es sich um eine Pauluslegende, zumal die Motivkette Schiffbruch, Rettung an Land und Begegnung mit einer Giftschlange ein beliebtes Thema in der antiken Literatur darstellt. Der Heilungs-

Wunder des Paulus auf Malta

bericht Apg 28,7-9, demzufolge Paulus den Vater von Publius, dem »Ersten der Insel«, von Fieber und Ruhr kurierte, weist dagegen Lokalkolorit auf. Der Titel »Erster der Melitäer« ist inschriftlich bezeugt.

Durchführung der geplanten Spanienmission?

Nach der Ankunft in Rom wurde Paulus nicht in ein Gefängnis gesteckt, sondern kam in den Genuss einer leichteren Form der Haft, wie sie im römischen Recht belegt ist. Dabei befand sich der Angeklagte in Hausarrest und musste den Soldaten, von dem er bewacht wurde, mitversorgen. Nach Apg 28,30 hat dieser Status des Paulus zwei Jahre angedauert. Das Ende des Paulus bleibt in wesentlichen Punkten im Dunkel. Wirklich belastbare Quellen über die letzten Jahre des Apostels gibt es nicht. Merkwürdigerweise schließt die Apostelgeschichte nicht, wie man es erwarten würde, mit einem Bericht über den Tod des Paulus, obwohl sie diesen vorauszusetzen scheint (20,24f). Dementsprechend wird spekuliert, Paulus sei nochmals freigelassen worden und könne möglicherweise sogar noch zu der Röm 15,24 ins Auge gefassten Spanienmission aufgebrochen sein. Das älteste Zeugnis über das Martyrium des Paulus, nämlich der um 95 n. Chr. in Rom geschriebene erste Clemensbrief, scheint dies in der Tat vorauszusetzen, wenn er davon spricht, dass Paulus bis an die Grenze des Westen kam, bevor er aus der Welt schied (1Clem 5,7). Auch der *Kanon Muratori*, ein um 200 n. Chr. in Rom entstandenes Verzeichnis der heiligen Schriften, und die apokryphen Petrusakten gehen davon aus, dass Paulus von Rom aus noch nach Spanien aufbrach. Man kann sogar erwägen, ob nicht die Apostelgeschichte selber implizit eine Spanienmission voraussetzt. Denn in der für den Gesamtablauf der Apostelgeschichte programmatischen Kurzformel Apg 1,8 ist davon die Rede, dass das Evangelium von Jerusalem und ganz Judäa über Samaria bis zum »Ende der Welt« gelangen werde, als das man sich in der griechisch-römischen Welt aus östlicher Perspektive durchaus Spanien vorstellen konnte.

Der Tod und das Grab des Paulus

Wahrscheinlicher ist aber, dass Paulus direkt nach der zweijährigen Untersuchungshaft in Rom den Märtyrertod erlitt, entweder nach einem regulären Prozess durch Enthauptung, der bei römischen Bürgern normalerweise angewandten Hinrichtungsart, oder in einem Akt von Willkür. Für die Annahme, der Tod des Paulus stehe mit den Christenverfolgungen Neros im Anschluss an den großen Brand von Rom in Verbindung, gibt es keine Anhaltspunkte. Der älteste ausführlichere Bericht über den Tod des Paulus in Rom findet sich in den um 180 n. Chr. entstandenen Paulusakten und ist schon massiv von phantastischer Fabulierkunst geprägt. Dort wird berichtet, dass Paulus sich im Zusammenhang mit der Totenerweckung von Neros Mundschenk den Unmut des Kaisers zuzog und enthauptet wurde, wobei aus dem Hals des Apostels Milch statt Blut geflossen sein soll. Zudem sind in den Paulusakten auch Erscheinungen des auferstandenen Paulus überliefert. Das Grab des Paulus wurde schon um 200 n. Chr. an der Straße nach Ostia lokalisiert (Euseb, *hist. eccl.* 2,25,7) und nach der Konstantinischen Wende im 4. Jh. n. Chr. mit der Basilika »Sankt Paul vor den Mauern« überbaut. Dem steinernen Sarkophag unter dem Altar wurden 2009 mit Hilfe einer durch ein winziges Loch eingeführten Sonde menschliche Knochenreste entnommen, die aufgrund einer Altersbestimmung nach der Radiokarbonmethode aus dem 1. oder 2. Jh. n. Chr. datieren sollen.

> **Die Paulusakten bieten erstmals Details über den Tod des Paulus**

XI. Mitarbeiter des Paulus und Förderer seiner Mission

Paulus hat nicht als einsamer Apostel im luftleeren Raum gewirkt, sondern von namhaften Autoritäten des Urchristentums Förderung erfahren und Menschen aus seinem Umfeld zur Mitarbeit an der Verkündigung des Evangeliums gewonnen. Zu den Förderern des Paulus und seiner Mission zählen Josef Barnabas und der Evangelist Philippus. In der Apostelgeschichte und den Paulusbriefen wird zudem eine Vielzahl von Mitarbeiterinnen und Mitarbeitern erwähnt, die von Paulus persönlich für den Dienst am Evangelium gewonnen wurden und sich ihm hierarchisch unterordneten. Von vielen Personen aus dem von Paulus aufgebauten Mitarbeiternetzwerk, beispielsweise Clemens (Phil 4,3), Aristarch (Phlm 24), Demas (Phlm 24) und Urbanus (Röm 16, 9), ist allerdings nicht mehr als ihr Name bekannt. Daneben kreuzen sich die Wege des Apostels immer wieder mit bedeutsamen Persönlichkeiten aus der Frühzeit der Kirche, die unabhängig von ihm missionarisch tätig waren, eigene Ziele verfolgten und sich nicht seiner Autorität unterstellten. Dass diese Begegnungen nicht immer spannungsfrei verliefen, zeigt das Beispiel des Apollos.

Paulus knüpfte ein enges Netzwerk von Mitarbeiterinnen und Mitarbeitern

■ Josef Barnabas

Der aus dem Diasporajudentum stammende Levit Josef, der von den Aposteln den Beinamen Barnabas empfing, hat als Förderer und Lehrer des Paulus erheblichen Einfluss auf dessen theologische Entwicklung genommen. Josef Barnabas zählt zu den großen Gründergestalten der christlichen Kirche und begegnet wie kein anderer an den markanten Schnittstellen des Urchristentums in führender Funktion. Er wurde Ende des 1. Jh. v. Chr. auf Zypern geboren, wo seit der Ptolemäerzeit ein blühendes Judentum existierte. Später lebte er in Jerusalem, wo er sich früh der Urgemeinde anschloss. Da Paulus ihn zu den Aposteln zählt (1Kor 9,4-6), ist er wohl den Osterzeugen von 1Kor 15,7 zuzurechnen. Mit seinem Ackerverkauf zu Gunsten der Gemeindekasse (Apg 4,34-37) gab Barnabas ein herausragendes und keineswegs selbstverständliches Beispiel für den oft als »urchristlichen Liebeskommunismus« verklärten Besitzverzicht und Solidarausgleich unter den Christusgläubigen. Als Diasporajude, der sich Palästina eng verbunden fühlte und neben dem Griechischen wohl auch die Sprache des Mutterlandes beherrschte, war Barnabas in kultureller wie theologischer Hinsicht Grenzgänger zwischen Hellenisten und Hebräern. Er hat sicher eine wichtige Mittlerfunktion zwischen diesen konkurrierenden Fraktionen in der Urgemeinde innegehabt. Nach der Darstellung des Lukas soll Barnabas in Jerusalem zudem Vorbehalte gegenüber Paulus ausgeräumt und dem ehemaligen Christenverfolger als Fürsprecher den Weg zu den zwölf Aposteln geebnet haben (Apg 9,26-30). Paulus selber schwört allerdings, er habe bei seiner Rückkehr von Damaskus nach Jerusalem außer Petrus und Jakobus keinen der Apostel kennen gelernt (Gal 1,18-20). Vor dem Hintergrund, dass Barnabas von Paulus zu den Aposteln gerechnet wird, entspringt seine angebliche Vermittlerrolle, so plausibel sie auf den ersten Blick auch erscheinen mag, wohl der Phantasie des Lukas.

Diasporajude, Apostel und Sponsor der Urgemeinde

Umzug nach Antiochia und Rekrutierung des Paulus

Bald darauf zog es Barnabas in das syrische Antiochia, wo er sogleich eine führende Stellung in der christlichen Gemeinde einnahm und die Entwicklung der Kirche entscheidend vorantrieb (Apg 11,19-26). Die Etablierung programmatisch beschneidungsfreier Heidenmission, die Entstehung genuinen Christentums als einer vom Judentum unterscheidbaren Größe und die beginnende organisatorische Verselbständigung der christlichen Gemeinde gegenüber der Synagoge in Antiochia sind eng mit seiner Person verbunden. Vermutlich um 40 n. Chr. begab sich Barnabas nach Tarsus, um Paulus zur Übersiedlung nach Antiochia zu bewegen und in die dortige Gemeindearbeit einzubinden (Apg 11,25f). Dieser Vorgang zeigt, dass Barnabas in der Frühzeit der Gemeinde von Antiochia die entscheidenden Akzente setzte. Als Mentor und Förderer des Paulus verfügte er über den Weitblick, die theologischen Qualitäten und das missionarische Charisma des ehemaligen Christenverfolgers zu erkennen. An der Entwicklung der antiochenischen Theologie, von der Paulus zunächst getragen wurde und die deutliche Spuren in seinen Briefen hinterlassen hat, muss Barnabas als Lehrer (Apg 11,26) und Gemeindeleiter (13,1) maßgeblich beteiligt gewesen sein.

> Barnabas erkannte früh die Qualitäten und das Charisma des Paulus

Erste Missionsreise und Apostelkonvent

Von Antiochia aus unternahmen Barnabas und Paulus Anfang oder Mitte der 40er Jahre als Gemeindedelegierte die »Erste Missionsreise« nach Zypern und Kleinasien (Apg 13-14), wo es im Süden der römischen Provinz Galatien auch zur Gründung erster rein heidenchristlicher Gemeinden kam. Über weite Strecken des gemeinsamen Wirkens blieb Barnabas gegenüber seinem »Juniorpartner« Paulus die tonangebende Figur und prägte dessen Missionsstil (1Kor 9,6). Auf dem Apostelkonvent führte er gemeinsam mit Paulus die entscheidende Weichenstellung in Richtung einer grundsätzlichen Anerkennung der beschneidungsfreien Evangeliumsverkündigung durch die Jerusalemer Autoritäten herbei und zählte in jenen Tagen zu den einflussreichsten Persönlichkeiten der Kirche.

Bruch mit Paulus

Bald nach dem Apostelkonvent kam es allerdings zum antiochenischen Streit (Gal 2,11-14), der den Bruch zwischen Paulus und Barnabas besiegelte. Lukas, der um die Vorgänge von Gal 2,11-14 nicht weiß oder sie bewusst verschweigt, nennt eine Auseinandersetzung um die weitere Beteiligung des Johannes Markus an missionarischen Aktivitäten als Grund für die Trennung (Apg 15,36-39). Da für Paulus bei dem antiochenischen Konflikt um die jüdischen Speisegebote exemplarisch der »gesetzesfreie« Zugang zum Heil auf dem Spiel stand, muss es ihn in besonderer Weise getroffen haben, dass neben Petrus auch Barnabas auf die von den Jakobusleuten ausgegebene Linie umgeschwenkt war. Für Barnabas selber wird es sich um ein von Kompromissbereitschaft geleitetes Zugeständnis an gesetzestreue Judenchristen gehandelt haben, das auf seine grundsätzliche Haltung zur beschneidungsfreien Heidenmission keinerlei Auswirkungen hatte. Er wird auch hier seinem Ruf als Vermittler gerecht und erweist sich als Mann des Ausgleichs, der durch Konzessionen die Einheit der Kirche von Judenchristen und Heidenchristen zu wahren suchte. Vermutlich hatte er bei seinem Zugeständnis an die Jakobusleute auch die negativen Auswirkungen mit im Blick, die eine generelle Nichtbeachtung der Reinheitstora durch Judenchristen für die bedrängte Jerusalemer Urgemeinde nach sich ziehen konnte. Die Tragik des Barnabas besteht vielleicht darin, dass er etwas zusammenhalten wollte, was auf Dauer nicht zusammenzuhalten war, nämlich die Einheit der Kirche aus Juden und Heiden. Die von Paulus bei dem Konflikt erkämpfte Zukunftssicherung seines Evangeliums und der endgültige Schritt zur heidenchristlich bestimmten, universalen Kirche erfolgten gegen Barnabas.

Nach der Trennung von Paulus war Barnabas weiterhin missionarisch tätig. Gemeinsam mit Johannes Markus brach er zu einer neuerlichen Zypernmission auf (Apg 15,39), womit er aus dem Blickfeld der Apostelgeschichte entschwindet und die zuverlässigen Informationen über ihn versiegen. Dem Ansehen des Barnabas hat sein Verhalten beim antiochenischen Streit keinerlei Abbruch getan. Selbst Paulus wusste sich trotz des Zerwürfnisses weiterhin in zentralen Missionsgrundsätzen mit ihm einig und machte sich dies in der Auseinandersetzung mit Gegnern zunutze (1Kor 9,6). Spätere Quellen wie die Barnabasakten und die *Laudatio Barnabae* des Alexander Monachus malen das Wirken des Barnabas in legendarischer Form aus und berichten vom Martyrium des Apostels auf Zypern. In der Nähe von Salamis wurde Ende des 5. Jh. die angebliche Grabstätte des Barnabas entdeckt und mit einem Kloster überbaut.

Weiteres Wirken und Martyrium auf Zypern

Ende des 5. Jh. wurde auf Zypern das vermeintliche Grab des Barnabas entdeckt

■ Philippus der Evangelist

Philippus der Evangelist kann im weiteren Sinne als Förderer der paulinischen Mission gelten. Neben den Hellenisten in Antiochia war er ein Vorreiter für die Öffnung der Kirche gegenüber den Heiden und spielte für die Etablierung der die Grenzen Israels überschreitenden Völkermission eine bedeutsame Rolle. Damit leistete er wichtige Vorarbeit für das beschneidungsfreie paulinische Evangelium. Persönliche Kontakte zu Paulus sind durch die Apostelgeschichte verbürgt. Philippus war Gastgeber des Apostels, als dieser auf seiner Kollektenreise nach Jerusalem in Cäsarea Zwischenstation machte (Apg 21,8-14). Vermutlich haben sich die Wege beider Personen auch früher schon gekreuzt.

Protagonist der Heidenmission

Philippus der Evangelist zählte als zweitwichtigstes Mitglied des Stephanuskreises zu den Hellenisten in der Jerusalemer Urgemeinde (Apg 6,1-7). Bereits in der Alten Kirche wurde er mit dem Apostel Philippus aus dem Kreis der zwölf Jünger Jesu verwechselt. Wie die anderen Hellenisten musste Philippus im Jahr 32 n. Chr. infolge des Stephanusmartyriums Jerusalem verlassen. Danach haben sich seine Aktivitäten zunächst auf Randgebiete Palästinas gerichtet. Erste Ziele seiner Mission waren Samarien mit dem Zentrum Sebaste und das Küstengebiet von Azot bis Cäsarea. Philippus begab sich gezielt in solche Regionen Palästinas, die in hohem Maße hellenistisch geprägt waren und in denen das nichtjüdische Bevölkerungselement den Ton angab. Er war damit maßgeblich dafür verantwortlich, dass die Verkündigung des Evangeliums erstmals die engeren Grenzen des Judentums überschritt. Bei der Samariamission stand die Auseinandersetzung mit dem Magier Simon im Mittelpunkt.

Wirksamkeit in Samaria und der Küstenebene

Besondere Aufmerksamkeit verdient die Taufe eines äthiopischen Hofbeamten durch Philippus (Apg 8,26-40), die gegenüber der Evangeliumsverkündigung in Samaria einen weiteren Meilenstein auf dem Weg zur planmäßigen Heidenmission markierte. Die Bekehrung des Finanzverwalters der Königin Kandake ist der erste bekannte Fall dafür, dass ein Heide die christliche Taufe empfing, ohne sich zuvor zum Judentum bekehrt zu haben. Danach ist von einer geistgewirk-

Taufe des Äthiopiers und Aktivitäten in Cäsarea

ten Entrückung die Rede, als deren Folge sich der zwischen Jerusalem und Gaza missionierende Philippus in Azot, der alten Philisterstadt Asdod, wiederfindet und mit seiner Predigt die Küstenstädte bis Cäsarea durchzieht (Apg 8,39f). Im Anschluss an die missionarischen Aktivitäten im palästinischen Küstengebiet ist Philippus mit seinen Töchtern in Cäsarea sesshaft geworden (Apg 21,8f), das wie Sebaste von Herodes dem Großen als hellenistische Stadt mit heidnischen Tempeln konzipiert worden war. Der Aufenthalt des Paulus im Hause des Philippus deutet auf ein enges theologisches Einverständnis zwischen beiden Personen hin.

Die Töchter des Philippus sind ein Paradebeispiel für Frauen im kirchlichen Amt

Philippus erweist sich auch in Cäsarea als Repräsentant eines prophetisch-charismatisch bestimmten Milieus und pflegte offenkundig intensive Kontakte zu dem Jerusalemer Propheten Agabus. Die Töchter des Philippus waren in der Gemeinde von Cäsarea als Prophetinnen tätig (Apg 21,9). Sie sind ein herausragendes Beispiel dafür, dass auch Frauen im Urchristentum bedeutsame Gemeindeämter innehatten und im Dienst der Verkündigung standen.

Späteres Wirken in Kleinasien

Von Cäsarea siedelte Philippus wohl infolge des Jüdischen Krieges gemeinsam mit seinen Töchtern nach Hierapolis in Kleinasien über, wo er im letzten Drittel des 1. Jh. n. Chr. verstarb. Der Bischof Papias von Hierapolis lernte die Philippustöchter, die eine wichtige mündliche Quelle für Wundertraditionen in seinem nur fragmentarisch erhaltenen fünfbändigen Werk über die »Auslegung von Herrenworten« darstellen, noch persönlich kennen. Von der kleinasiatischen Kirche wurde Philippus weit über seinen Tod hinaus in besonderem Maße verehrt, wobei allerdings in der Legendenbildung Züge von Philippus dem Evangelisten und von Philippus dem Apostel ineinander geflossen sind.

■ Silas (Silvanus)

Überbringer des »Aposteldekrets«

Nachdem sich infolge des antiochenischen Streits die Wege von Barnabas und Paulus getrennt hatten, vermochte der Apostel nach dem Zeugnis der Apostelgeschichte Silas als neuen Mitarbeiter zu gewinnen. Silas begleitete Paulus auf der »zweiten Missionsreise«. Es kann kaum ein Zweifel daran bestehen, dass es sich um dieselbe Person handelt, die in den Paulusbriefen unter dem latinisierten Namen Silvanus begegnet. Silas stammte aus der Urgemeinde in Jerusalem (Apg 15,22) und zählte zum Stand der christlichen Propheten (Apg 15,32). Lukas porträtiert ihn als einen der beiden Überbringer des sogenannten Aposteldekrets nach Antiochia (Apg 15,22-32), das allerdings nach Gal 2,1-10 kein Bestandteil der auf dem Apostelkonvent in Jerusalem getroffenen Vereinbarungen war. Während in Apg 15,33 von einer Rückreise des Silas nach Jerusalem die Rede ist, hielt er sich nach Apg 15,40 immer noch in Antiochia auf, als es dort zum Bruch des Paulus mit Barnabas kam. Spätere Bibelhandschriften glätten diese Spannung durch Einfügung von Apg 15,34. Vermutlich gehörte Silas zu den nach Antiochia gekommenen Abgesandten des Herrenbruders Jakobus (Gal 2,12) und wechselte bei dem antiochenischen Konflikt die Seiten, indem er sich der theologischen Position des Paulus anschloss. Wie Paulus wird Silas neben der Beschneidung auch die jüdischen Speisevorschriften bei der Völkermission für bedeutungslos gehalten haben, sonst hätte er sich dem Apostel kaum angeschlossen.

Silas begleitete Paulus beim Aufbruch nach Europa und stand ihm als Mitarbeiter hilfreich zur Seite. In der Darstellung der Apostelgeschichte kommt er zwar kaum über eine Statistenrolle hinaus, tritt aber dennoch beim Missionsgeschehen in Griechenland häufiger in Erscheinung als Timotheus. Schärfer wird die Bedeutung seiner Person in den Paulusbriefen profiliert. Gemeinsam mit Paulus wurde Silas in Philippi festgenommen, gefoltert und ins Gefängnis geworfen (Apg 16,19-24). Die Bedeutung des Silas (Silvanus) für die Gemeinde in Thessalonike spiegelt sich darin wider, dass er in beiden Thessalonicherbriefen im Präskript neben Timotheus als Mitabsender begegnet. Im weiteren Verlauf der Europamission wurde Silas zur Fortsetzung des Gemeindeaufbaus in Beröa zurückgelassen und begleitete den Apostel nicht nach Athen (Apg 17,14). Erst in Korinth stieß er gemeinsam mit Timotheus, der von Athen aus zur Stärkung der Gemeinde in Thessalonike entsandt worden war (1Thess 3,1-3), wieder auf Paulus. Beide trugen eine Geldspende aus Mazedonien mit sich, die es Paulus zumindest vorübergehend ermöglichte, seine Tätigkeit als Zeltmacher zu beenden und sich mit ganzer Kraft der Mission zu widmen (Apg 18,5; 2Kor 11,9).

Mitwirken an der Europamission

Mit der Ankunft in Korinth entschwindet Silas aus dem Blickfeld der Apostelgeschichte. Aus dem zweiten Korintherbrief geht hervor, dass Silas (Silvanus) sich in der Gemeinde große Verdienste um die Verkündigung des Evangeliums erworben hat. Paulus erinnert die Korinther an das Fundament, das er gemeinsam mit Silvanus und Timotheus dort gelegt hat (2Kor 1,19). Allerdings befand sich Silvanus bei Abfassung des zweiten Korintherbriefs nicht mehr an der Seite des Apostels, da er im Gegensatz zu Timotheus im Präskript nicht als Mitabsender in Erscheinung tritt (2Kor 1,1). Wann und aus welchen Gründen die allem Anschein nach von großem Einvernehmen geprägte Zusammenarbeit zwischen ihm und Paulus endete, entzieht sich unserer Kenntnis. Dass Silas (Silvanus) auch Mitarbeiter des Petrus war (1Petr 5,12), ist eine fiktive Notiz, die dem pseudepigraphen ersten Petrusbrief zur Akzeptanz in paulinisch geprägten Gemeinden verhelfen soll.

Verdienste um die Verkündigung des Evangeliums

> **Mit der Ankunft in Korinth entschwindet Silas aus dem Blickfeld der Apostelgeschichte**

■ Titus

Titus war ein wahrscheinlich aus Antiochia stammender und von Paulus bekehrter Heidenchrist. In den Paulusbriefen ist er die nach Timotheus am häufigsten genannte Vertrauensperson an der Seite des Apostels. Paulus würdigt ihn als zuverlässigen Mitarbeiter und Weggefährten (2Kor 8,23). Er betont das besondere Einvernehmen, das sich durch das Handeln im selben Geist und den Wandel in denselben Fußspuren zeigt (2Kor 12,18). Wenn Titus in der Apostelgeschichte keine Erwähnung findet, schmälert dies seine Bedeutung nicht im Geringsten. Lukas standen offensichtlich keine Informationen über Titus zur Verfügung.

Heidenchrist aus Antiochia

Titus betrat erstmals im Zusammenhang mit dem Apostelkonvent die Bühne der Geschichte des Urchristentums (Gal 2,3). Er begleitete Barnabas und Paulus als Mitglied der antiochenischen Delegation nach Jerusalem und wurde dort zur Symbolgestalt des erreichten Abkommens. Das aus Jakobus, Petrus und Johannes bestehende Leitungsgremium der Urgemeinde drängte nicht auf seine Beschneidung, obwohl diese von konservativen judenchristlichen Kreisen in Jerusalem

Symbolfigur des Apostelkonvents

vehement gefordert wurde. Titus stellte für Paulus somit den lebenden Beweis dafür dar, dass die beschneidungsfreie Missionskonzeption Antiochias von den Jerusalemer Autoritäten grundsätzlich anerkannt worden war.

Vermittlerrolle im Konflikt mit den Korinthern

Aus dem zweiten Korintherbrief wird deutlich, dass Titus später im Konflikt des Paulus mit den Korinthern eine wichtige Vermittlerrolle einnahm und zudem maßgeblich an der Organisation der Kollekte für die Jerusalemer Urgemeinde beteiligt war. Nachdem in Korinth die Kritik an Paulus durch das Auftreten von Gegenaposteln einen neuen Höhepunkt erreicht hatte und es dem in Ephesus weilenden Apostel bei einem spontanen Zwischenbesuch nicht gelungen war, die Gemeinde wieder hinter sich zu bringen, verfasste er unter Tränen einen Brief an die Korinther (2Kor 2,4). Dieses Schreiben, dessen Schroffheit und Schärfe im Ton die Korinther betrübte, wurde von Titus überbracht, während Paulus sich von Ephesus über Troas nach Mazedonien begab. Titus fiel wohl die Aufgabe zu, die im Tränenbrief dargelegte Position des Paulus zu erläutern und argumentativ zu untermauern. Seine heikle Mission war von Erfolg gekrönt, nachdem Timotheus zuvor in dieser Angelegenheit gescheitert war. In Mazedonien stieß Titus wieder zu Paulus und konnte die freudige Nachricht übermitteln, dass der Tränenbrief seine Wirkung nicht verfehlt hatte und die Korinther zum Einlenken bereit waren (2Kor 7,5-9).

Organisation der Kollekte für Jerusalem

Darüber hinaus trat Titus als Organisator der beim Apostelkonvent in seiner Gegenwart vereinbarten Kollekte der paulinischen Gemeinden für Jerusalem (Gal 2,10) in Erscheinung. Er hatte bereits bei einem früheren Besuch in Korinth erfolgreich die Sammlung der Kollekte gestartet. Vermutlich spielt die Mitteilung des Paulus, dass Titus die Gemeinde nicht übervorteilt habe (2Kor 12,18), darauf an. Aus 2Kor 8,6 geht hervor, dass Titus später nochmals im Zusammenhang mit der Kollekte in Korinth aktiv wurde, nachdem das Unternehmen durch das zwischenzeitliche Zerwürfnis zwischen dem Apostel und der Gemeinde vermutlich ins Stocken geraten war. Nach einem Appell an die Spendefreudigkeit der Korinther kündigt Paulus die Entsendung des Titus mit zwei namentlich nicht genannten Begleitern an, um die Sammlung zum Abschluss zu bringen. Dabei lässt sich vermuten, dass Titus nicht nur in Korinth, sondern auch in anderen paulinischen Gemeinden mit der Organisation der Kollekte betraut war. Als Zeuge der Jerusalemer Kollektenvereinbarung war er für diese Aufgabe in besonderer Weise prädestiniert.

Paulus kündigt die Sendung des Titus zum Abschluss der Kollekte an

Sachwalter des paulinischen Erbes

Angesichts des engen Vertrauensverhältnisses zu Paulus und der von ihm erhaltenen verantwortungsvollen Aufgaben ist es nicht verwunderlich, dass Titus neben Timotheus in der kirchlichen Tradition zum maßgeblichen Sachwalter des paulinischen Erbes wurde. Im pseudepigraphen Titusbrief wird vorausgesetzt, dass er auf Kreta weilt, um dort den von Paulus begonnenen Gemeindeaufbau fortzusetzen. Dazu erhält Titus fiktive Instruktionen des Apostels, womit die Gemeindestrukturen und Amtsträger durch die Autorität des Paulus legitimiert werden sollen. Von einer Missionstätigkeit des Paulus auf Kreta verlautet weder in der Apostelgeschichte noch in den echten Paulusbriefen etwas. Möglicherweise hat aber Titus, der in der altkirchlichen Tradition als erster Bischof Kretas begegnet, tatsächlich auf der Insel gewirkt. In den apokryphen Titusakten, deren geschichtlicher Wert sich allerdings gegen null bewegt, wird der gesamte Lebensweg des Titus ausführlich beschrieben. Sie porträtieren Titus als gebürtigen Kreter und berichten, wie er nach langjähriger Bischofstätigkeit auf Kreta dort eines natürlichen Todes gestorben ist und in seiner angeblichen Heimatstadt Gortyna beigesetzt wurde. Das dort verehrte Titusgrab wurde im 6. Jh. mit einer Kirche überbaut. Die im 17. Jh. nach Venedig gelangte Schädelreliquie des Titus wurde 1966 nach Kreta zurückgeführt.

■ Timotheus

Bei Timotheus handelt es sich um den neben Titus bedeutsamsten Mitarbeiter und engsten Vertrauten des Paulus. Er stammte aus Lystra in der kleinasiatischen Landschaft Lykaonien im Süden der heutigen Türkei. Timotheus war das Kind aus einer Mischehe zwischen einer jüdischen Frau und einem griechischen Mann (Apg 16,1). In den Pastoralbriefen werden der Name der Mutter mit Eunike und der Name der Großmutter mit Lois angegeben (2Tim 1,5). Paulus erwählte Timotheus beim Aufbruch nach Europa zum Mitarbeiter, als er auf dem Weg von Kleinasien nach Griechenland die auf der ersten Missionsreise gegründeten Gemeinden im Süden der römischen Provinz Galatien besuchte. Zu jenem Zeitpunkt war Timotheus bereits Christ. Wenn Paulus die Korinther als seine geliebten Kinder bezeichnet, die er in Christus Jesus durch das Evangelium gezeugt hat, und im selben Atemzug von Timotheus als seinem lieben Sohn spricht (1Kor 4,14-17), ist dies ist ein klarer Hinweis darauf, dass der Apostel ihn bei der Gründung der Gemeinde von Lystra zum Glauben an Christus bekehrte. Die Nachricht der Apostelgeschichte, dass Timotheus von Paulus auch beschnitten wurde (Apg 16,3), wird vor dem Hintergrund des beschneidungsfreien paulinischen Evangeliums oftmals in Frage gestellt. Da nach rabbinischem Recht die Herkunft mütterlicherseits die Religionszugehörigkeit bestimmt und nach Auffassung des Apostels ein jeder in dem Stand bleiben soll, in dem er berufen wurde (1Kor 7,18-20), ist Paulus aber die Beschneidung des von Hause aus dem Judentum zugehörigen Timotheus durchaus zuzutrauen.

Engster Vertrauter des Paulus

Paulus soll an Timotheus den Ritus der Beschneidung vollzogen haben

Im Rahmen der Europamission fiel Timotheus neben der Mitarbeit an der Evangeliumsverkündigung und dem Gemeindeaufbau vor allem die Aufgabe zu, die Verbindung mit den neu gegründeten Gemeinden aufrecht zu erhalten und sie im Glauben zu stärken. Als Ersatz für die persönliche Anwesenheit des Apostels stellte die Entsendung enger Mitarbeiter neben der Abfassung von Briefen ein wichtiges Mittel der Kontaktpflege mit den in vielerlei Hinsicht gefährdeten paulinischen Gemeinden dar. Da Paulus im Zuge der Griechenlandmission mehrfach aufgrund widriger äußerer Umstände an einem Besuch in Thessalonike gehindert worden war, entsandte er von Athen aus Timotheus, um den durch äußere Anfeindungen in Bedrängnis geratenen Thessalonichern Mut zuzusprechen und ihnen Glaubenszuversicht zu vermitteln (1Thess 2,17-3,5). Diese Aufgabe hat Timotheus erfolgreich bewältigt, denn in Korinth stieß er mit guten Nachrichten über die Verfassung der Gemeinde wieder auf Paulus (1Thess 3,6).

Stärkung der Gemeinden im Glauben

Weniger erfolgreich agierte Timotheus später bei den Konflikten des Paulus mit den Korinthern. Von Ephesus aus kündigte Paulus den Korinthern das baldige Kommen des Timotheus an, während er selbst noch einige Zeit in der Asia verbringen und sich dann über Mazedonien nach Korinth begeben wollte

Scheitern in Korinth

(1Kor 4,17; 16,10f). In diesem Fall bestand die Aufgabe des Timotheus wohl darin, flankierend zu den Anweisungen im ersten Korintherbrief das Parteiwesen in der Gemeinde und die an Paulus aufgekommene Kritik einzudämmen. Dies ist Timotheus augenscheinlich nicht gelungen, da der Antipaulinismus in der Gemeinde weiter eskalierte und der Apostel angesichts dessen von einem persönlichen Besuch in Korinth zunächst Abstand nahm (2Kor 1,23).

Loblied des Paulus auf Timotheus

Im Philipperbrief stimmt Paulus im Rahmen der Ankündigung, Timotheus werde in absehbarer Zeit nach Philippi kommen, ein besonderes Loblied auf seinen verlässlichsten Mitarbeiter und engsten Vertrauten an, der wie kein anderer an einem Strang mit dem Apostel zog und persönliche Bedürfnisse zu Gunsten der Evangeliumsverkündigung in den Hintergrund stellte (Phil 2,19-24). Die hier angekündigte Philippireise des Timotheus, die in die Spätphase des paulinischen Ephesusaufenthalts fiel, dürfte mit der Apg 19,22 erwähnten Entsendung nach Mazedonien identisch sein, die vermutlich der Organisation der Kollekte diente. Nach Apg 20,4 war Timotheus jedenfalls Mitglied jener Delegation, die Paulus von Griechenland aus auf der Kollektenreise nach Jerusalem begleitete. Dies wird durch die Angaben des unmittelbar vor dem Aufbruch nach Jerusalem in Korinth verfassten Römerbriefs bestätigt, wo Timotheus in der Grußliste an der Seite des Apostels Paulus begegnet (Röm 16,21). Danach versiegen die verlässlichen Nachrichten über Timotheus. Wenn die Angabe in Hebr 13,23 zuverlässig sein sollte, hätte Timotheus nach einem vorübergehenden Gefängnisaufenthalt noch viele Jahre in der Missionsarbeit gewirkt.

Timotheus war Begleiter des Paulus auf der Kollektenreise

Timotheusbriefe und Timotheuslegende

Als einer der engsten Vertrauten des Apostels wird Timotheus in den Pastoralbriefen gemeinsam mit Titus zum Paulusschüler schlechthin und zum testamentarisch beglaubigten Sachwalter der paulinischen Theologie. Dem ersten Timotheusbrief zufolge hat Paulus seinen Vertrauten in Ephesus zur Leitung der Gemeinde zurückgelassen und verfasst aus Mazedonien ein Schreiben an ihn. Der zweite Timotheusbrief führt in eine andere fiktive Situation. Paulus befindet sich in Rom in Gefangenschaft und sieht sein nahes Ende voraus. Vor diesem Hintergrund richtet er ein Schreiben an Timotheus, als dessen Aufenthaltsort nach wie vor Ephesus gilt. Der Brief wird damit als letztes Vermächtnis des Apostels Paulus ausgegeben, womit seine Weisungen an Timotheus zum kirchlichen Amt und zur Bekämpfung von Irrlehren besonderes Gewicht erhalten. In der altkirchlichen Tradition gilt Timotheus als erster Bischof von Ephesus. Die Timotheusakten aus dem 4. Jh. n. Chr. berichten in legendenhafter Form davon, wie Timotheus unter Kaiser Nerva (96-98 n. Chr.) das Martyrium erleidet.

■ Priscilla und Aquila

Zeltmacher aus Pontus und Opfer des Claudiusedikts

Priscilla (Prisca) und Aquila zählten zu den wichtigsten Förderern des Christentums im paulinischen Missionsgebiet, indem sie den Apostel materiell unterstützten, in bedrohlicher Situation Kopf und Kragen für ihn riskierten und der Gemeinde Räumlichkeiten zur gottesdienstlichen Versammlung zur Verfügung stellten. Aquila stammte aus der römischen Provinz Pontus am Schwarzen Meer und war somit wie Paulus ein kleinasiatischer Diasporajude. Zudem übte er als Zeltmacher das gleiche Handwerk aus, das auch der Apostel erlernt hatte. Gemeinsam mit seiner Frau Priscilla, die in den Paulusbriefen zur Unterstreichung ihrer hervorgehobenen Rolle immer vor ihm genannt wird, gewährte er Paulus bei der Gemeindegründung in Korinth Unterkunft und Arbeit (Apg 18,1-3). Das Ehepaar besaß dort einen eigenen Zeltmacherbetrieb. Erst kurz zuvor hatten beide infolge des Judenedikts von Kaiser Claudius, das in das Jahr 49 n. Chr. fällt, Rom verlassen müssen und waren nach Korinth übergesiedelt. Die Unruhen unter den Juden Roms waren wahrscheinlich durch die Christusverkündigung innerhalb der Synagogen ausgelöst worden und hatten dazu geführt, dass die Rädelsführer aus der Stadt vertrieben wurden. Dazu zählten auf judenchristlicher Seite Priscilla und Aquila. Mit ihnen gab es demnach bereits vor der Ankunft des Paulus Anhänger des christlichen Glaubens in Korinth. Später siedelte das Ehepaar nach Ephesus über und sammelte dort eine Hausgemeinde um sich (1Kor 16,19). Vermutlich geschah der Ortswechsel, um dem Apostel auch in Ephesus eine Arbeitsgrundlage zu verschaffen und die Verbreitung des Evangeliums zu fördern. Daneben kommen auch wirtschaftliche Gründe für die Verlagerung des Betriebs nach Kleinasien in Betracht. Da Paulus in Korinth trotz der Tätigkeit als Zeltmacher vor Eintreffen einer Geldspende aus Mazedonien Mangel gelitten hat (2Kor 11,9; vgl. Apg 18,5), scheinen die Geschäfte des Handwerksbetriebs nicht allzu gut gelaufen zu sein. In Ephesus sollen Priscilla und Aquila den aus Alexandria stammenden Apollos tiefer im christlichen Glauben unterwiesen haben (Apg 18,26).

Paulus weiß sich Priscilla und Aquila zu besonderem Dank verpflichtet, weil sich das Ehepaar unter Einsatz des eigenen Lebens für ihn stark machte und ihn aus einer äußerst bedrohlichen Situation rettete (Röm 16,4). Vermutlich spielt der Apostel auf ein Ereignis in Ephesus an, wo er sich in Lebensgefahr befand (1Kor 15,32; 2Kor 1,8-11). Die Unterstützung Priscillas und Aquilas für die Verbreitung des paulinischen Evangeliums ging so weit, dass ihnen nach fester Überzeugung des Apostels alle heidenchristlichen Gemeinden tiefen Dank schuldeten. Sofern die Grußliste in Röm 16 tatsächlich einen integralen Bestandteil des 56 n. Chr. entstandenen Römerbriefs darstellt und nicht ursprünglich nach Ephesus gerichtet ist, befanden sich Pricilla und Aquila zu jener Zeit wieder in Rom. Diese Annahme steht in Einklang damit, dass durch den Regierungsantritt Neros im Jahr 54 n. Chr. das Judenedikt des Claudius hinfällig geworden war und die aus Rom vertriebenen Juden dorthin zurückkehren konnten.

Einsatz des eigenen Lebens für Paulus

Priscilla und Aquila riskierten für Paulus Kopf und Kragen

■ Apollos

Der ägyptische Judenchrist Apollos zählte zu jenen Personen, die unabhängig von Paulus und unter Verfolgung eigener theologischer Zielsetzungen im östlichen Mittelmeerraum das Evangelium verbreiteten. In Korinth führte Apollos das Werk des Paulus fort und löste, wenn auch vielleicht ungewollt, eine gegen den Gründungsapostel gerichtete Stimmung in der Gemeinde aus. Später kreuzten sich die Wege beider Missionare in Ephesus. Apollos stammte aus Alexandria, das mit Beginn der Ptolemäerdynastie zu einer Hochburg der griechischen Bildung avancierte und sich bald auch zum unumschränkten Zentrum hellenistisch-jüdischer Gelehrsamkeit entwickelte. Das von der Apostelgeschichte vermittelte

Hellenistisch-jüdische Prägung in Alexandria

Bild von Apollos und die in Korinth durch seine Anhänger ausgelösten Konflikte deuten darauf hin, dass er eine von Hochschätzung des Geistes und der Weisheit geprägte Theologie mit enthusiastischen oder ekstatischen Zügen vertreten hat. Bereits der für einen Juden ungewöhnliche, vom griechischen Gott Apollo abgeleitete Name des Apollos deutet auf eine starke hellenistische Prägung seiner Familie hin. Lukas beschreibt Apollos als gebildeten Mann und ausgewiesenen Kenner der alttestamentlichen Schriften (Apg 18,24). Ergänzend ist davon die Rede, dass er in der Verkündigung die Dinge genau darzulegen verstand und zudem in besonderer Weise vom Geist inspiriert war (Apg 18,25). Die Charakteristik des Apollos als eines geistbegabten und rhetorisch versierten Schriftgelehrten aus dem Diasporajudentum Ägyptens legt die Vermutung nahe, dass Apollos zu den Schülern des berühmten jüdischen Religionsphilosophen Philo von Alexandria gezählt haben könnte. Philos Werk besteht in erster Linie aus exegetischen Kommentaren zum Pentateuch, die von einer allegorischen und weisheitlich inspirierten Schriftauslegung geprägt sind.

Apollos könnte ein Schüler Philos gewesen sein

Apollos und Johannes der Täufer

Wenn man der Darstellung der Apostelgeschichte weiter folgt, dann war Apollos bei seiner Ankunft in Ephesus einerseits bereits Christ, hatte aber andererseits bis dahin nur die Johannestaufe empfangen (Apg 18,25). Aus diesen Angaben des Lukas werden oftmals weit reichende Rückschlüsse auf die Vergangenheit des Apollos gezogen. So wird vermutet, dass Apollos einst in Palästina lebte und dort zum Schülerkreis von Johannes des Täufers gehörte. Später habe er sich der Jesusbewegung angeschlossen und nach Ostern in der Jerusalemer Urgemeinde zu den Anhängern des Stephanus gezählt. All diese Spekulationen entbehren aber der gesicherten Grundlage und werden hinfällig, wenn die Notiz von der Johannestaufe des Apollos eine literarische Fiktion des Lukas darstellen sollte, um die Bedeutsamkeit des Wirkens von Apollos in Ephesus herunterzuspielen. Da Paulus in seinen Briefen Apollos niemals als Apostel, sondern nur als Bruder, Diener und Mitarbeiter Gottes bezeichnet, gehörte er kaum zu den Empfängern einer Erscheinung des auferstandenen Herrn.

Wanderprediger im östlichen Mittelmeerraum

Vermutlich hat sich Apollos niemals in Palästina aufgehalten, sondern kam am ehesten in seiner Heimatstadt Alexandria mit dem Christentum in Berührung. Von dort begab er sich als Wanderprediger in den östlichen Mittelmeerraum und gelangte nach Ephesus, wo er die Bekanntschaft von Priscilla und Aquila machte, während Paulus nach Darstellung der Apostelgeschichte zu jenem Zeitpunkt in Galatien und Phrygien weilte (Apg 18,23). Ob die Johannesjünger in Ephesus (Apg 19,1-7) Schüler des Apollos waren und dieser dort vor der Rückkehr des Paulus eine Sonderform des Christentums mit einer eigenständigen Tauftheologie etabliert hatte, bleibt unsicher. In jedem Fall setzt die Apostelgeschichte missionarische Erfolge des Apollos in Ephesus voraus, da er bei seiner Abreise nach Griechenland von der Gemeinde mit einem Empfehlungsbrief ausgestattet wurde, in dem wohl seine besonderen Fähigkeiten gerühmt wurden (Apg 18,27). In Korinth setzte Apollos den von Paulus begonnenen Gemeindeaufbau fort (1Kor 3,6). Später kehrte er nach Kleinasien zurück und hielt sich erneut in Ephesus auf, als Paulus dort um 54 n. Chr. den ersten Korintherbrief verfasste (1Kor 16,12).

Entstehung einer Apollospartei in Korinth

Die Apostelgeschichte spricht davon, dass Apollos mit seiner charismatischen Befähigung und überzeugenden christologischen Auslegung der alttestamentlichen Schriften der Gemeinde in Korinth eine große Hilfe war (18,27f).

Auch Paulus lässt mit einem Bild aus der Landwirtschaft (»ich habe gepflanzt, Apollos hat es gegossen, Gott aber hat es wachsen lassen«) keinen Zweifel daran, dass das Wirken des Apollos in Korinth von Erfolg gekrönt war (1Kor 3,6). Gleichzeitig wird aber deutlich, dass die Missionsarbeit des Apollos einen entscheidenden Grund für den aufkeimenden Antipaulinismus und das Parteiwesen in der Gemeinde darstellte. In Korinth löste Apollos derart große Begeisterung aus, dass sich seine Anhänger zu einer Apollospartei zusammenschlossen (1Kor 1,12). Eine maßgebliche Rolle spielte dabei neben der Taufe durch Apollos offenkundig das Streben nach Weisheit. Paulus wurden bald nach seiner Abreise aus Korinth ein Mangel an rhetorischen Fähigkeiten und Schwächen im Auftreten vorgeworfen (2Kor 10,10; 11,6). Vor diesem Hintergrund kann man ermessen, dass Apollos mit seinen rhetorischen Fähigkeiten und seiner weisheitlich inspirierten Theologie in Korinth viele Sympathisanten fand, wobei er Paulus im direkten Vergleich schlecht aussehen ließ. Auch bei dem 1Kor 15 erkennbaren Konflikt um den Glauben an die Auferstehung der Toten kann die Theologie des Apollos eine gewichtige Rolle gespielt haben. Die Auferstehungsleugner in Korinth (15,12) haben sich wohl unter Einfluss der theologischen Verkündigung des Apollos das ewige Leben als Abstreifen des Körpers und leiblose Fortdauer der dank der Taufe pneumatisch qualifizierten Seele vorgestellt. Vermutlich vertraten sie eine hellenistisch-jüdische Anthropologie, derzufolge der Leib ohne Wenn und Aber vergänglich ist und die Seele nur dann Unsterblichkeit besitzt, wenn sie durch das Weisheitspneuma inspiriert ist.

> Apollos ließ den Apostel Paulus im direkten Vergleich schlecht aussehen

Inwieweit Apollos diese Entwicklungen in Korinth aktiv vorantrieb oder zumindest guthieß, bleibt unklar. Einerseits betont Paulus sein gutes Einvernehmen mit Apollos und die Übereinstimmung im Amtsverständnis (1Kor 3,6; 4,6). Andererseits wird deutlich, dass Apollos sich in Ephesus dem ausdrücklichen Wunsch des Paulus widersetzte, zeitnah nach Korinth zu reisen und das dortige Parteiwesen zur Räson zu bringen (1Kor 16,12). Dies mag belanglose äußere Gründe gehabt haben. Es kann aber auch so interpretiert werden, dass Apollos kein gesteigertes Interesse hatte, die durch seine Sympathisanten hervorgerufenen Entwicklungen zu korrigieren. Wenn Apollos vereinzelt sogar als Drahtzieher des 2Kor 10-13 erkennbaren Antipaulinismus betrachtet wird, hat dies allerdings im Licht der überwiegend positiven Aussagen des Paulus zu seiner Person wenig Wahrscheinlichkeit für sich. Auf jeden Fall zeigt sich, dass Apollos in keiner Weise gewillt war, von Paulus Aufträge anzunehmen und auszuführen, sondern in seinem missionarischen Wirken eigene Pläne und Zielsetzungen verfolgte.

> Apollos als Urheber des Antipaulinismus in Korinth?

■ Andronikus und Junia

Bei Andronikus und Junia, die in der Grußliste des Römerbriefs Erwähnung finden (Röm 16,7), handelt es sich wahrscheinlich wiederum um ein Ehepaar, das in den paulinischen Gemeinden missionarisch aktiv war. Die Auslegungsgeschichte von Röm 16,7 bietet ein Paradebeispiel frauenfeindlicher Bibelauslegung. Im griechischen Urtext steht die Akkusativform des Frauennamens Junia. Die Kirchenväter rühmen den Einsatz der Junia für das Evangelium und stellen Junia zuweilen sogar antithetisch Eva gegenüber. Erst im ausgehenden Mittel-

> Paradebeispiel frauenfeindlicher Bibelauslegung

alter begann es den Auslegern Bauchschmerzen zu bereiten, dass eine Frau das Apostelamt innehatte und sogar als hervorragend unter den Aposteln bezeichnet wird. Deshalb wurde behauptet, Paulus lasse in Wirklichkeit einen Mann namens Junias grüßen. Dabei soll es sich angeblich um eine Kurzform des gängigen Männernamens Junianus handeln. Dafür, dass der Name Junias in der Antike jemals existierte, gibt es allerdings nicht den geringsten Beweis. Er konnte bislang weder in literarischen Dokumenten noch auf Inschriften nachgewiesen werden. Erst nachdem Bernadette Brooten in einem kurzen Aufsatz 1978 auf diesen Skandal aufmerksam gemacht hatte, begann sich das Blatt wieder zu wenden. Die neueren Kommentare zum Römerbrief gehen einhellig davon aus, dass Paulus eine Frau namens Junia grüßen lässt. In deutschen Bibelübersetzungen begegnet allerdings in Röm 16,7 zuweilen immer noch der Männername Junias.

Apostel der ersten Stunde

Andronikus und Junia waren von Hause aus Juden, da Paulus sie als Stammesverwandte bezeichnet. Da sie zudem als Mitgefangene charakterisiert werden, müssen sie mit Paulus um des Glaubens willen eine Zeit der Gefangenschaft geteilt haben. Wann und wo sie gemeinsam mit dem Apostel inhaftiert waren, entzieht sich unserer Kenntnis. Ergänzend geht aus Röm 16,7 hervor, dass beide schon vor Paulus zum christlichen Glauben kamen und aus dem Kreis der Apostel herausragen. Wenn man sich vor Augen hält, dass sich das Damaskuserlebnis des Paulus wohl ungefähr zwei Jahre nach der Kreuzigung Jesu zutrug, kann man die Bedeutung von Andronikus und Junia als schon vor Paulus zum Glauben gekommenen Aposteln der ersten Stunde (vgl. Gal 1,17) ermessen. Sie zählen zum Urgestein der Kirche und werden zum Kreis jener Apostel gehört haben, denen nach der alten Bekenntnistradition in 1Kor 15,7 unmittelbar nach Ostern eine Erscheinung des auferstandenen Herrn zuteil wurde. Angesichts der späteren gemeinsamen Missionsarbeit mit Paulus spricht einiges für die Annahme, dass sie zu den Hellenisten in der Urgemeinde zählten. Wenn Junia den Aposteltitel trägt, war sie in gleicher Weise wie die männlichen Apostel in Wort und Tat für die Verbreitung des Evangeliums aktiv.

Andronikus und Junia zählen zum Urgestein der Kirche

■ Johannes Markus

Neffe des Barnabas

Johannes Markus stammte aus Jerusalem, wo seine Mutter Maria ein stattliches Anwesen mit Vorhof und Dienstpersonal besaß. Das Haus der Maria diente einer christlichen Hausgemeinde, der auch Petrus angehört zu haben scheint, als Ort gottesdienstlicher Versammlungen (Apg 12,12). Nach Auskunft des Kolosserbriefs war Johannes Markus der Neffe (*anepsios*) von Josef Barnabas (Kol 4,10). Das Wort *anepsios* kann zwar im weiteren Sinne auch den Vetter oder einen engeren Verwandten bezeichnen, hat aber die Grundbedeutung »Geschwistersohn« und wird dementsprechend von der Vulgata mit *consobrinus* wiedergegeben. Die spätere christliche Legende kennt einen Barnabasbruder namens Aristobul, der nicht nur als Ehemann der Maria und Vater des Johannes Markus gilt, sondern sogar der Schwiegervater von Simon Petrus gewesen sein soll.

Mitwirken an der Zypernmission

Johannes Markus siedelte in jungen Jahren mit Barnabas nach Antiochia über und nahm als Gehilfe an der »ersten Missionsreise« teil (Apg 13,5), beendete diese aber nach der Zypernmission vorzeitig und kehrte in seine Heimatstadt

Jerusalem zurück (Apg 13,13). Über die Motive lässt sich nur spekulieren. In Betracht gezogen wurden Heimweh, mangelnde Belastbarkeit oder theologische Vorbehalte gegenüber der beschneidungsfreien Mission. Am ehesten kehrte er wohl deshalb um, weil eine Kleinasienmission ursprünglich gar nicht eingeplant war, sondern erst durch den zyprischen Prokonsul Sergius Paulus angeregt wurde. Wegen seiner vorzeitigen Abreise nach Jerusalem war Johannes Markus für Paulus mit dem Makel der Unzuverlässigkeit behaftet. Nach Darstellung der Apostelgeschichte, die nichts über den antiochenischen Streit (Gal 2,11-14) verlauten lässt, entzündete sich an seiner Person sogar der Bruch zwischen Paulus und Barnabas, mit dem Johannes Markus dann zu einer neuerlichen Zypernmission aufbrach (Apg 15,36-40). Später gehörte Markus allerdings erneut zum Mitarbeiterstab des Apostels (Phlm 24; vgl. Kol 4,10; 2Tim 4,11). Wenn er im pseudepigraphen ersten Petrusbrief auch als enger Vertrauter des Petrus begegnet (1Petr 5,13), entspringt dies wohl der Absicht des unbekannten Briefautors, Anschluss an die Paulusschule herzustellen. Allerdings könnte sich in der Bezeichnung des Markus als »Sohn« des Petrus historische Erinnerung daran widerspiegeln, dass Johannes Markus vielleicht von dem zur Hausgemeinde seiner Mutter Maria gehörenden Petrus für den neuen Glauben gewonnen wurde.

> Markus war für Paulus lange mit dem Makel der Unzuverlässigkeit behaftet

In der altkirchlichen Tradition gilt Johannes Markus als Verfasser des Markusevangeliums. Dies könnte durchaus den Tatsachen entsprechen. Das Evangelium wurde von einer Person geschrieben, die sich mit jüdischen Bräuchen vertraut zeigt (Mk 7,3f.11) und aramäische Aussagen sachgerecht ins Griechische übersetzen konnte (Mk 5,41; 7,34; 15,22.34), wie es von einem zweisprachigen Judenchristen wie Johannes Markus erwartet werden kann. Abzulehnen ist allerdings die Behauptung des Papias von Hierapolis, Markus habe seine Darstellung des Lebens Jesu aus den Predigten des Petrus geschaffen. Diese offenkundig von 1Petr 5,13 inspirierte Behauptung versucht das Markusevangelium mit der apostolischen Autorität des Petrus in Verbindung zu bringen. Später wirkte Markus in Ägypten (Euseb, *hist. eccl.* 2,16,1), wo er den apokryphen Markusakten zufolge in Alexandria das Martyrium erlitt. Seine Reliquien werden heute in Venedig in der Markuskirche verehrt.

> Mutmaßlicher Verfasser des Markusevangeliums

■ Epaphras

Obwohl Epaphras nur an drei Stellen des Neuen Testament Erwähnung findet (Kol 1,7; 4,12; Phlm 23) und damit zu den weitgehend in Vergessenheit geratenen Schülern oder Mitarbeitern des Apostels Paulus zählt, lässt sich seine Bedeutung für die Verbreitung des Evangeliums im Hinterland von Ephesus mehr als nur erahnen. Das Wirken des Epaphras gibt zugleich einen anschaulichen Einblick in die Missionsstrategie des Paulus. Der Apostel steuerte die großen städtischen Zentren des Römischen Reichs an und gründete dort christliche Gemeinden, von denen aus sich das Evangelium durch Wanderprediger oder Mund-zu-Mund-Propaganda sternförmig in das Umland verbreitete. Ephesus machte Paulus zum Zentrum seiner Kleinasien-Mission und gründete eine Art Schule, deren Sitz sich wohl im Lehrsaal des Rhetors Tyrannos befand, wo er über einen längeren

> Ephesus als Zentrum der Kleinasienmission

Zeitraum predigte (Apg 19,9f). Während der knapp dreijährigen Verweildauer in Ephesus hat Paulus nicht nur renommierte Mitarbeiter wie Priscilla, Aquila, Titus oder Timotheus über einen längeren Zeitraum an seiner Seite gehabt und Abgesandte anderer Gemeinden theologisch unterwiesen, sondern auch von ihm neu für den christlichen Glauben geworbene Personen mit der Evangeliumsverkündigung in ihren Heimatorten beauftragt.

Verbreitung des paulinischen Evangeliums im Lykostal

Eine dieser Personen war Epaphras, der aus Kolossä stammte (Kol 4,12) und auf den die Gründung der dortigen Gemeinde zurückgeht (Kol 1,7). Kolossä liegt im Hinterland von Ephesus im oberen Lykostal, das Paulus während seiner missionarischen Wirksamkeit in Kleinasien nicht erreicht hat. Über die Umstände, unter denen Epaphras mit Paulus in Ephesus Bekanntschaft machte und von ihm für den christlichen Glauben gewonnen wurde, ist nichts bekannt. Vielleicht hatte er als Kaufmann geschäftlich in Ephesus zu tun, da Kolossä in der Antike für seine Schafwollprodukte berühmt war und regen Handel damit trieb, und kam auf diese Weise mit Paulus in Kontakt. Aus dem wahrscheinlich in Ephesus abgefassten Philemonbrief geht hervor, dass Epaphras sich gemeinsam mit Paulus in Haft befand (Phlm 23). Als von Paulus instruierter und legitimierter Mitarbeiter trug Epaphras dann das Evangelium in seine Heimat. Aller Wahrscheinlichkeit nach verdanken auch die in unmittelbarer Nähe von Kolossä im Lykostal gelegenen Gemeinden von Hierapolis und Laodizea, die schnell zu Stützpfeilern des kleinasiatischen Christentums wurden, ihre Gründung dem Wirken des Epaphras (vgl. Kol 4,13). Im deuteropaulinischen Kolosserbrief, der nicht allzu lange nach dem Tod des Paulus in Ephesus entstanden sein dürfte, gilt Epaphras als vom Apostel autorisierter Sachwalter der paulinischen Theologie (1,7f). Sein Name bürgt dafür, dass die Gemeinde im rechten Glauben unterwiesen wurde.

Epaphras gründete wahrscheinlich auch die Gemeinden in Laodizea und Hierapolis

XII. Die Paulusbriefsammlung

Von den dreizehn Briefen, die im Neuen Testament unter dem Namen des Paulus überliefert sind, wurden sieben (Röm; 1-2Kor; Gal; Phil; 1Thess; Phlm) mit Sicherheit auch von ihm verfasst. Für den Rest (Eph; Kol; 2Thess; 1-2Tim; Tit) ist die Bibelwissenschaft weithin zu der Überzeugung gekommen, dass sie erst nach dem Tod des Apostels unter seinem Namen entstanden, um in einer veränderten Situation wichtige Anliegen der paulinischen Theologie zur Geltung zu bringen. Diese »Deuteropaulinen« heben sich stilistisch wie theologisch deutlich von den echten Paulusbriefen ab. Beim Kolosserbrief, zweiten Thessalonicherbrief, zweiten Timotheusbrief und Titusbrief ziehen aber auch kritische Bibelwissenschaftler zuweilen in Erwägung, dass sie doch von Paulus selber stammen könnten. Die Pseudepigraphie war in der Antike weit verbreitet. Beispielsweise sind unter den Namen von Pythagoras, Hippokrates, Plato oder Aristoteles zahlreiche Schriften überliefert, die sicher nicht von ihnen stammen. Dabei geht es weniger um dreisten Betrug als um ein Weiterdenken in den geistigen Bahnen des Meisters. Die unechten Paulusbriefe sind Ausdruck eines lebendigen Umgangs mit der Tradition, indem sie das theologische Erbe des Paulus unter veränderten Bedingungen fortschreiben und absichern wollen. Die von den Bibeln gebotene Aneinanderreihung der Paulusbriefe spiegelt nicht die zeitliche Abfolge der Entstehung wider, sondern orientiert sich in absteigender Form am Umfang der einzelnen Schreiben. Dieses Gliederungsprinzip setzt mit dem ersten Timotheusbrief neu ein, was den Rückschluss darauf erlaubt, dass sich die Sammlung der Paulusbriefe in zwei Etappen vollzog. Vervollständigt wird die Paulusbriefsammlung durch den Hebräerbrief, dessen Verfasser zwar anonym bleibt, aber den Adressaten einen gemeinsamen Besuch mit Timotheus ankündigt (Hebr 13,23). Daher wurde der Hebräerbrief in der Alten Kirche vielfach für ein Werk des Paulus gehalten und in den griechischen Bibelhandschriften als vierzehnte Schrift in die Paulusbriefsammlung eingereiht. In der Lutherbibel findet er sich dagegen erst hinter den Johannesbriefen, da Martin Luther ihn wegen seiner Haltung zur Buße kritisch betrachtet hat.

Die Paulusbriefe folgen im Wesentlichen den Konventionen des antiken Privatbriefes, dessen Formular sie aber abwandeln und dessen Umfang sie bei weitem sprengen, sieht man einmal vom kurzen Philemonbrief ab. Sie zerfallen in drei Teile, nämlich Präskript, Briefkorpus und Briefschluss. Das Präskript antiker Privatbriefe besteht aus einer kurzen Grußadresse des Verfassers an den Empfänger, beispielsweise »Theon grüßt den hochgeschätzten Tyrannos vielmals« (POxy 292). Dagegen weisen die Paulusbriefe ein zweiteiliges Präskript auf, bei dem sich an die zum Teil sehr ausführliche Selbstvorstellung des Verfassers ein eigenständiger Gruß in Form des Friedens- und Gnadenwunsches anschließt. Danach folgt in der Regel ein Proömium, das aus einer Danksagung oder Segensformel besteht. Das umfangreiche Briefkorpus zerfällt meist in einen lehrhaften und einen ermahnenden Teil. Auch der Schluss ist gegenüber dem antiken Privatbrief, wo er meist aus einem einfachen »Lebe wohl« besteht, erheblich erweitert, indem er abschließende Ermahnungen, Hinweise auf Reisepläne oder Besuchsabsichten, ausführliche Grüße wie Grußaufträge, Empfehlungen und spezifisch christliche Segenswünsche enthält. Einzelne Briefe enden mit liturgischen Traditionen, die offenbar zur eucharistischen Mahlfeier überleiten. Dies zeigt, dass Paulus mit der Verlesung der Briefe im Gottesdienst rechnete. Dagegen fehlt in den Paulusbriefen eine Datumsangabe, wie sie sich in vielen Privatbriefen der Antike am Ende findet. Dadurch wird die zeitliche Einordnung der einzelnen Paulusbriefe erheblich erschwert.

Der Brief als Bindeglied zwischen Apostel und Gemeinde

Der Brief war, was vor dem Hintergrund der modernen Kommunikationsmittel beinahe schon in Vergessenheit geraten ist, bis zur Verbreitung des Telefons das Medium schlechthin, über das räumlich getrennte Personen sich miteinander verständigen konnten. Die Briefe des Paulus hielten die Verbindung zu den Gemeinden oder Mitarbeitern aufrecht, stellten einen Ersatz für seine persönliche Anwesenheit dar und wurden im Gottesdienst verlesen. Der jeweilige Abfassungszweck ist ganz unterschiedlich. Die Briefe sind Träger von Information, Argumentation und Instruktion. Nicht selten greift Paulus zur Feder, um zu Problemen in den Gemeinden Stellung zu nehmen. Die Entstehung eines Briefes kann aber auch durch das Anliegen des Apostels veranlasst sein, seiner engen Verbundenheit mit den Gläubigen Ausdruck zu verleihen, sie zu trösten, ihnen Dank für bestimmte Gaben auszusprechen oder Grundzüge seiner Theologie zu entfalten. Dem Inhalt der Paulusbriefe wurde früh eine Bedeutung beigemessen, die weit über den ursprünglichen Adressatenkreis hinausging. Daher bemühten sich christliche Gemeinden darum, auch von nicht an sie gerichteten Paulusbriefen Abschriften zu erlangen und zu archivieren (Kol 4,16).

Technische Anfertigung der Briefe

Die Paulusbriefe wurden sicher auf Papyrus geschrieben, der in der Antike das am weitesten verbreitete Beschreibmaterial war. Für den Umfang, den sie in Anspruch nehmen, mussten etliche Papyrusblätter aneinander geklebt werden. Beschriftet wurden die aus dem Mark der Papyrusstaude gefertigten Blätter mit Tinte, die aus Ruß und Wasser hergestellt wurde. Das Schreibrohr bestand aus Schilf. Die raue Papyrusoberfläche ließ keine Fließschrift zu, jeder Buchstabe musste einzeln angesetzt werden. Bei Erstellung seiner Briefe bediente sich Paulus in der Regel eines Sekretärs, wie es in der Antike den Gepflogenheiten entsprach.

Paulus diktierte seine Briefe einem Sekretär

Im Schlusskapitel des Römerbriefes meldet sich der Schreiber Tertius, dem Paulus den Brief diktierte, persönlich zu Wort (Röm 16,22). Der Galaterbrief endet mit eigenhändig von Paulus geschriebenen Ermahnungen (vgl. Gal 6,11), in anderen Briefen bietet der Apostel Grüße oder Versprechen von eigener Hand (1Kor 16,21; Phlm 19). In welchem Maße die Schreiber oder auch die im Briefpräskript als Mitabsender genannten Personen aus dem Umfeld des Apostels auf den Stil und Inhalt der Briefe Einfluss nahmen, bleibt im Dunkel. Die fertigen Briefe wurden zusammengefaltet oder zusammengerollt und mit Hilfe von Bindfaden verschlossen. Die nicht beschriftete Rückseite wurde so zur Außenseite und bot Raum für die Einfügung einer Adresse.

Beförderung der Paulusbriefe

Ein organisiertes Postsystem existierte im Römischen Reich nur für amtliche Schriftstücke. Privatpost musste auf anderen Wegen transportiert werden. Im frühen Christentum bestand zwischen den Gemeinden ein dichtes Beziehungsgeflecht und ein reger Reiseverkehr. Die briefliche Korrespondenz zwischen Paulus und seinen Adressaten wurde durch Personen aus den eigenen Reihen befördert, seien es Mitarbeiter des Paulus oder Boten aus den Gemeinden, die über das Geschriebene hinaus auch wichtige mündliche Erläuterungen gaben.

■ Der Römerbrief

Der Römerbrief steht als längstes Schreiben des Apostels am Anfang der Paulusbriefsammlung. Rom war die pulsierende Metropole des Reiches. Das Christentum hatte dort früh Fuß gefasst, wobei die Anfänge allerdings im Dunkel liegen. Vielleicht wurde das Evangelium von Mitgliedern der Jerusalemer Libertiner-Synagoge (Apg 6,9), die zur Urgemeinde gehörten und nach dem Tod des Stephanus zu Familienangehörigen in Rom zurückkehrten, in die Ewige Stadt gebracht. Es kann aber auch sein, dass der neue Glaube durch Handelsreisende den Weg nach Rom fand und in den Synagogen verbreitet wurde. Unter den Juden Roms kam es im Jahr 49 n. Chr., wie Suetons Notiz über das Judenedikt des Claudius zeigt, wegen der Christusverkündigung zu Unruhen (Suet., *Claud.* 25). Dies zog die Vertreibung der Unruhestifter, darunter Aquila und Priscilla (Apg 18,2), aus Rom nach sich. Mit dem Tod des Claudius verlor das Judenedikt seine Gültigkeit, so dass die von den Zwangsmaßnahmen betroffenen Judenchristen zurückkehren konnten. Bei Abfassung des Römerbriefs weilten auch Aquila und Priscilla wieder in Rom (Röm 16,3). Die römischen Christen lebten ihren Glauben in Hausgemeinden, die untereinander Kontakt hielten.

Adressaten

Der Römerbrief verdankt seine Abfassung in erster Linie missionsstrategischen Gründen. Paulus hatte Rom als Ausgangsbasis für seine Spanienmission auserkoren, die er im Anschluss an die Kollektenreise nach Jerusalem in Angriff nehmen wollte (Röm 15,22-29). Für den Aufbruch nach Spanien war er auf logistische Unterstützung und finanzielle Hilfe der Römer angewiesen. Dazu musste er die Gemeinde von seiner theologischen Position und seinem missionarischen Programm überzeugen. Nicht umsonst hat man den Römerbrief immer wieder als das theologische Testament des Paulus bezeichnet. Themen aus früheren Briefen werden aufgegriffen und neu durchdacht. Die zentralen Vorstellungen des Apostels zum Gesetz, zur Rechtfertigung des Sünders durch den Glauben und zum Schicksal Israels kommen in einzigartiger Tiefe zur Sprache. Vor dem Hintergrund der gemischten Gefühle, mit denen Paulus seinem bevorstehenden Empfang durch die Urgemeinde entgegenblickt (Röm 15,31), stellt der Römerbrief indirekt aber auch eine Art Verteidigungsrede für Jerusalem dar. Mit der Darlegung der Lehre von der Gerechtigkeit Gottes wappnet sich der Apostel argumentativ ein Stück weit gegen die in Jerusalem zu erwartenden Angriffe (vgl. Apg 21,21) auf sein Evangelium.

Abfassungszweck

RÖMERBRIEF	I. Offenbarung und Wirklichkeit der Gerechtigkeit Gottes (1,18-8,39)	II. Die Gerechtigkeit Gottes und das Schicksal Israels (9,1-11,36)	III. Mahnungen zum Gemeindeleben (12,1-15,13)	Briefschluss (15,14-16,27)
Briefeingang mit Grundthese (1,1-17)				

Im *Briefeingang* (1,1-1,17) stellt Paulus sich der Gemeinde in Rom mit seinem apostolischen Sendungsauftrag vor und spielt auf das Damaskuserlebnis an. In

Aufbau und Gedankengang

Röm 1,17 wird das Thema benannt, das überschriftartig die nachfolgenden Ausführungen bestimmt. Es geht um das Evangelium von der Gerechtigkeit Gottes aus Glauben, das im *ersten Hauptteil* (1,18-8,39) entfaltet wird. Zunächst macht Paulus deutlich, dass Juden wie Griechen gleichermaßen das Zorngericht Gottes droht und sie der Rettung bedürfen (1,18-3,20). Paulus bleibt aber nicht bei der abgrundtiefen Einsicht in die Schuldverfallenheit aller Menschen stehen, sondern zeigt den Weg der Errettung durch die Gerechtigkeit Gottes im Glauben auf, der sich durch das Christusgeschehen am Kreuz eröffnet (3,21-31). Der Sühnetod Jesu wird dabei als Überbietung des alttestamentlichen Rituals am Jom Kippur verstanden. Mit den Ausführungen zu Abraham als Vater der Glaubenden und dem daraus resultierenden Ertrag für die Rechtfertigung (4,1-5,11) knüpft Paulus an Gedanken des Galaterbriefes an. Die Gegenüberstellung von Adam und Christus (5,12-21), in deren Mittelpunkt der Gegensatz von Herrschaft der Sünde und Herrschaft der Gnade steht, bringt die Erörterungen über Sünde und Rechtfertigung zum Abschluss. Der Ort, wo sich die heilvolle Zueignung des Todes Christi vollzieht, ist die Taufe (6,1-23). Paulus interpretiert sie unter Rückgriff auf Gemeindetradition als Teilhabe am Todes- und Auferstehungsgeschick Christi, um dann die aus der Heilsgabe erwachsende ethische Verpflichtung zu betonen. Was Paulus über die Freiheit von der Sünde gesagt hat, präzisiert er als Freiheit vom Gesetz (7,1-25) und nimmt das durch den Wandel in der Kraft des Geistes gekennzeichnete neue Leben in den Blick (8,1-39). Im *zweiten Hauptteil* stellt Paulus das Schicksal Israels in den Mittelpunkt der Erörterung (9,1-11,36) und spitzt das Thema der Offenbarung der Gerechtigkeit Gottes auf die aktuelle Frage nach dem Weg Gottes mit seinem erwählten Volk zu. Im *dritten Hauptteil* wendet er sich den praktischen Konsequenzen zu, die sich für das Verhalten der Gemeinde im Zeichen der Rechtfertigung aus Glauben ergeben (12,1-15,13). Nach einer allgemeinen ethischen Unterweisung (12,1-13,14), die um die Gnadengaben des Geistes, den Wandel in der Liebe und das Verhalten gegenüber den staatlichen Organen kreist, richten sich die Mahnungen des Apostels an bestimmte Gruppen in der römischen Gemeinde (14,1-15,13). Der um die Einhaltung bestimmter Speisevorschriften und Feiertage kreisende Konflikt wird oft als Dissens zwischen Judenchristen und Heidenchristen gedeutet, was aber unsicher bleibt. Der *Schlussteil* des Römerbriefs (15,14-16,27) ist durch die die Darlegung von Reiseplänen und Grüße geprägt.

> Der letzte Hauptteil des Briefes enthält ethische Weisungen

> Literarische Einheitlichkeit und Teilungshypothesen

Für den Römerbrief wurde immer wieder erwogen, dass er aus unterschiedlichen Paulusbriefen zusammengesetzt sein könnte. Angesichts der gedanklichen Geschlossenheit des Schreibens besteht aber kein Anlass für literarkritische Operationen und Teilungshypothesen. Der einzige Abschnitt, dessen Zugehörigkeit zum Römerbrief ernsthaft in Frage gestellt werden kann, ist die Grußliste in Röm 16,1-23. Die älteste erhaltene Handschrift des Römerbriefs, der Papyrus 46 aus der Zeit um 200 n. Chr., bietet Röm 1,1-15,33, dann die Schlussdoxologie 16,25-27 und erst danach die Grußliste 16,1-23. Dies könnte sich dadurch erklären, dass der Römerbrief ursprünglich mit Kapitel 15 und der Schlussdoxologie endete, während 16,1-23 später angefügt wurde und möglicherweise gar nicht an die Römer gerichtet war. In der Tat sehen viele Exegeten in Röm 16,1-23 eine Grußliste oder ein Empfehlungsschreiben für Phöbe an die Gemeinde von Ephesus, zumal mit Epainetus auch der Erstbekehrte aus der römischen Provinz Asia gegrüßt wird. Zwingend ist diese Annahme allerdings nicht, da Epainetus ohne weiteres von Kleinasien nach Rom umgesiedelt sein könnte. Zu Recht wird Röm 16,1-23 in der Forschung überwiegend als ursprünglicher Bestandteil des Römerbriefes betrachtet.

Das Leitthema des Römerbriefes ist die Gerechtigkeit Gottes. Damit wird sowohl eine Eigenschaft Gottes als auch deren Auswirkung auf die Gläubigen umschrieben. Die Grundlage für den paulinischen Gebrauch dieses Begriffes bildet das Alte Testament. Dort bezeichnet die Gerechtigkeit nicht nur eine Eigenschaft Gottes, sondern ist auch Inbegriff seines heilvollen Handelns in der Welt (Ri 5,11; Ps 71,19; Jes 54,17). Für Paulus wird die Gerechtigkeit Gottes als Heilsmacht im Christusgeschehen unter den Menschen sichtbar und wirksam. Er kann dabei an ältere Bekenntnistraditionen anknüpfen, die den heilvollen Sühnetod Christi als entscheidenden Erweis der Gerechtigkeit Gottes betrachten (Röm 3,21-25) und in ihm den Ermöglichungsgrund sehen, vor Gott Gerechtigkeit zu erlangen (2Kor 5,21). Das für Paulus Entscheidende ist die Verbindung von Glauben und Gerechtigkeit Gottes. Die im Christusgeschehen als Heilsmacht Wirklichkeit gewordene Gerechtigkeit Gottes stellt eine Heilsgabe mit Geschenkcharakter dar, die im Glauben ergriffen werden will. Allein im Glauben an Jesus Christus als Versöhner und Herrn gewinnt der Mensch Anteil am Wirken des gerechten Gottes, der durch das Christusgeschehen Heil und Rettung herbeiführte, und kann angesichts des nahenden Gerichtes vor Gott Gerechtigkeit erlangen.

Gerechtigkeit Gottes

In Röm 5 veranschaulicht Paulus den Gegensatz von Herrschaft der Sünde und Herrschaft der Gnade mit der antithetischen Gegenüberstellung von Adam und Christus, deren jeweilige Tat in ihrer Wirkung für die Menschen bedacht wird. Unter Verweis auf die Sündenfallgeschichte wird die Teilhabe aller Menschen an Adams Sünde und ihren Folgen, nämlich dem Tod, thematisiert. Es handelt sich um eine Ursünde mit Breitenwirkung auf die gesamte Menschheit. Paulus kann dabei auf traditionelle Adam-Lehren aus der jüdischen Weisheit und Apokalyptik zurückgreifen. Dort wird im Zuge von Reflexionen über die Verbreitung der Sünde der Sündenfall Adams als Ursprung allen menschlichen Sündigens und dadurch bedingten Todesleidens namhaft gemacht (4Esr 7,118). Im Blick auf das Verhältnis von Sünde und Gesetz stellt Paulus klar, dass das Schuldverhängnis der Sünde bereits vor der Gesetzgebung am Sinai unentrinnbar auf der Menschheit lastete. Mit der Gabe des Gesetzes wird die Sünde dem Menschen rechtskräftig auf sein endzeitliches Schuldkonto angerechnet. Der Tat Adams steht die Tat Jesu Christi antithetisch gegenüber. Während Adam alle Menschen in den Strudel der Sünde riss, hat Christus durch seinen Kreuzestod die ungleich schwierigere Umkehrung dieses Prozesses vollbracht, indem er alle Menschen von der Macht der Sünde und des Todes befreite. Ähnliche Gedanken äußert Paulus bereits im ersten Korintherbrief (1Kor 15,21.45-49). Er ist dabei von der Gegenüberstellung eines sterblichen Adam und eines unvergänglichen Adam beeinflusst, wie sie sich bei Philo von Alexandria findet (*opific.* 134f).

Adam und Christus

Der Tat Adams steht die Tat Christi antithetisch gegenüber

Unter dem Gesetz (*nomos*) versteht Paulus die Tora des Mose. Im Galaterbrief hatte er sich in mehrerlei Hinsicht recht abwertend zum Gesetz geäußert. Das Gesetz erging erst 430 Jahre nach der Abraham gegebenen Verheißung der Glaubensgerechtigkeit (Gal 15,6) und ist dieser gegenüber zweitrangig. Es wurde nicht von Gott direkt, sondern durch Engel übermittelt und hat allein die negative

Verständnis des Gesetzes

Funktion, die Menschen bis zum Kommen Christi unter der Sünde zu verschließen und als »Zuchtmeister auf Christus hin« zu wirken (Gal 3,17-25). Auch im Römerbrief stellt Paulus heraus, dass Abraham die Verheißung durch die Glaubensgerechtigkeit und nicht durch das Gesetz zuteilwurde (Röm 4,9-25), und betont die durch das Christusgeschehen bewirkte Freiheit von der Herrschaft des Gesetzes (7,1-6). Die abwertenden Aussagen des Galaterbriefes werden allerdings nicht wiederholt, sondern das Gesetz gilt nun im Gegenteil als heilig, gerecht und gut (Röm 7,12). Zur Abwehr des Missverständnisses, das Gesetz selbst sei Sünde und Todesmacht, wird eine Apologie geboten. Erst in den Händen der Sünde verkehrte sich das Gesetz zur Unheilsmacht und ließ das Ich ein Kind des Todes werden. Dabei handelt es sich um einen Rückblick in die vorchristliche Vergangenheit, der das notwendige Scheitern des adamitischen Menschen am Gesetz in seiner grundsätzlichen Dimension entfaltet und dank der Rettung in Christus für die Getauften seinen Schrecken verloren hat. Inwieweit die gegenüber dem Galaterbrief deutlich differenzierteren und auf Polemik verzichtenden Aussagen des Römerbriefes zum Gesetz eine theologische Entwicklung des Paulus dokumentieren, ist umstritten. Sie dürften eher durch die unterschiedliche Abfassungsintention – hier »Bewerbungsschreiben«, dort »Kampfbrief«,– bedingt sein, zumal beide Briefe wohl nicht einmal ein Jahr auseinanderliegen.

Das Mysterium der Rettung Israels

Zu den leidvollen Erfahrungen des Apostels Paulus zählte, dass sich die Mehrheit seines eigenen Volkes der rettenden Christusbotschaft gegenüber verschloss und deren Verbreitung sogar behinderte. In 1Thess 2,14-16 ließ er sich deshalb zu der polemischen Aussage hinreißen, die Juden hätten bereits das Zorngericht Gottes auf sich gezogen. Im Römerbrief hat sich die Haltung des Paulus zu dieser Thematik radikal verändert. In Röm 9-11 wird vor dem Hintergrund der in Jesus Christus offenbar gewordenen Gerechtigkeit Gottes die Frage thematisiert, wie es um die Treue Gottes angesichts der an Israel ergangenen Verheißungen bestellt ist. Nachdem Paulus zunächst die Unentschuldbarkeit Israels aufgewiesen hat, läuft die Argumentation auf die Frage zu, ob Gott sein Volk verstoßen hat. Dies wird von Paulus entschieden verneint, indem er das Mysterium der Rettung Israels enthüllt (11,1-36). Das Verhalten Israels wird in heilsgeschichtlicher Perspektive als eine von Gott gewollte, zeitlich befristete Verstockung betrachtet und die Kirche vor Hochmut gegenüber Israel gewarnt. Israels Scheitern am Evangelium kommt der Errettung der nichtjüdischen Völkerwelt zugute, indem es den Heiden unverhofften Heilsgewinn bescherte. Auf die Frage nach der Rettung Israels gibt Paulus in kühner prophetischer Schau eine Antwort. Die Verstockung Israels wird ihr Ende finden, sobald die Vollzahl der Heiden Eingang in das Heil gefunden hat. Ganz Israel – und zwar das reale Israel und nicht die Kirche als das neue Israel – wird dann gerettet werden. Die Rettung am Ende der Tage versteht Paulus offenkundig als eine rätselhafte Hinwendung des nicht mehr verstockten Israels zum Glauben an Christus, die alleinige Tat Gottes an Israel ist und eine Art Sonderweg mit seinem erwählten Volk darstellt, der an der Kirche vorbei führt. Die Kirche löst nicht einfach Israel als erwähltes Gottesvolk ab. Sie tritt vorläufig an die Stelle des den Messias noch nicht erkennenden Israel und hält bis zur endzeitlichen Rettung Israels dessen Platz solidarisch offen. Dabei muss sie sich immer dessen bewusst sein, dass sie an der bleibenden Erwählungs- und Verheißungsgeschichte Israels partizipiert.

> **Paulus beschreibt in kühner prophetischer Schau die Rettung Israels**

Der Römerbrief wurde unmittelbar vor der Kollektenreise nach Jerusalem abgefasst (Röm 15,25). Paulus weilte in Griechenland, wo er sich nach Auskunft der Apostelgeschichte drei Monate lang aufgehalten hat (Apg 20,3). In Korinth diktierte er im Hause des Gaius (Röm 16,23; vgl. 1Kor 1,14) wohl Anfang 56 den Römerbrief dem Schreiber Tertius in die Feder, um dann nach Philippi in Mazedonien weiterzuziehen und dort das Passahfest zu feiern (Apg 20,6). Überbracht wurde das Schreiben aller Wahrscheinlichkeit nach von der Diakonin Phöbe aus der Korinther Hafenstadt Kenchreä, um deren freundliche Aufnahme Paulus die Gemeinde von Rom bittet (Röm 16,1f).

Abfassungsort und Entstehungszeit

■ Der erste Korintherbrief

Paulus war 50 n. Chr. während seiner Europamission von Athen nach Korinth gekommen und hatte sich etwa anderthalb Jahre der Verkündigung gewidmet, bevor es ihn nach Ephesus weiterzog und der aus dem ägyptischen Alexandria stammende Apollos den Gemeindeaufbau fortsetzte. Über die Gemeindegründung besitzen wir neben vereinzelten Anspielungen im ersten Korintherbrief auch einen ausführlichen Bericht des Lukas, der die Anfänge des Christentums in Korinth und die Anklage des Paulus vor dem römischen Statthalter Gallio zum Inhalt hat (Apg 18,1-17). Paulus arbeitete zunächst bei dem Ehepaar Priscilla und Aquila als Zeltmacher und konnte sich nach Ankunft einer Geldgabe aus Mazedonien mit voller Kraft der Verkündigung widmen (18,2-5). Die Gemeinde entstand im Umfeld der Synagoge, wo einzelne Juden und Gottesfürchtige für den Christusglauben gewonnen wurden. Dazu zählten drei prominente Personen, die von Paulus persönlich getauft wurden (1Kor 1,14-16). Es handelt sich um Stephanas, den Erstbekehrten der römischen Provinz Achaia (1Kor 16,15), um den Synagogenvorsteher Krispus und um Gaius, in dessen Haus Paulus später den Römerbrief verfasste. Mehrheitlich bestand die Gemeinde allerdings aus Griechen, die in ihrer vorchristlichen Vergangenheit dem Polytheismus verpflichtet waren (1Kor 12,2). Im Blick auf den sozialen Status der Gläubigen spiegeln sich die für die Stadt Korinth charakteristischen Gegensätze zwischen Reichtum und Armut ungebrochen in der Gemeinde wider. Sie rekrutiert sich ganz überwiegend aus der sozialen Unterschicht, doch gibt es auch wenige, die mächtig und von vornehmer Geburt sind (1Kor 1,26-28).

Adressaten

> Die sozialen Gegensätze Korinths spiegeln sich ungebrochen in der Gemeinde wider

Von Ephesus aus hielt Paulus durch Briefe und persönliche Kontakte die enge Bindung zu den Korinthern aufrecht. Der erste Korintherbrief steht keineswegs am Anfang der paulinischen Korrespondenz mit der Gemeinde. Der Apostel hatte schon zuvor einen Brief an sie gerichtet, der Warnungen vor dem Umgang mit Unzüchtigen wie Götzendienern enthielt (1Kor 5,9-11) und von dem in 2Kor 6,4-7,1 ein Stück erhalten sein könnte. Im Gegenzug wurde von den Korinthern ein Schreiben mit Anfragen zu unterschiedlichen Problemen des Gemeindelebens abgefasst (vgl. 7,1). Dieser Fragebrief wurde wahrscheinlich von Stephanas, Fortunatus und Achaikus überbracht, die Paulus in Ephesus aufsuchten (16,17). Weitere Informanten über die Entwicklungen in Korinth waren die Leute der Chloe, denen Paulus besorgniserregende Nachrichten über Parteiungen in der Gemeinde verdankte (1,11), und Apollos, der nach erfolgreicher Fortführung des von

Abfassungszweck und Vorgeschichte

Paulus begonnenen Gemeindeaufbaus aus Korinth nach Ephesus zurückgekehrt war (16,12). Mit dem ersten Korintherbrief reagiert Paulus auf den Fragebrief aus Korinth und sieht sich gleichzeitig veranlasst, zu einer Fülle weiterer innergemeindlicher Probleme Stellung zu beziehen, die ihm zu Gehör gekommen sind.

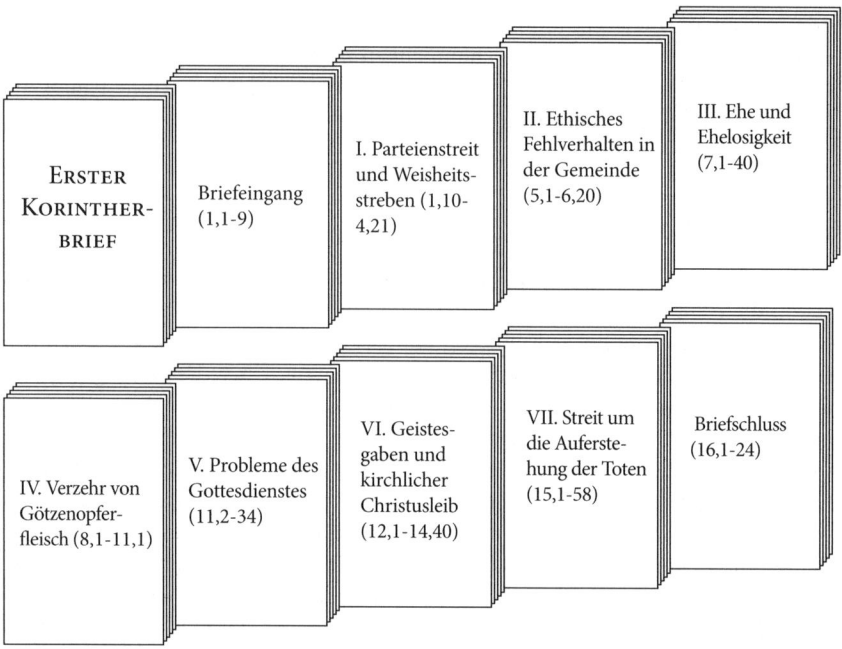

Aufbau und Gedankengang

Nach dem *Briefeingang* (1,1-9) geht es im *ersten Hauptteil* um das Parteiwesen in Korinth (1,10-4,21). Ausgelöst durch Weisheitsstreben gibt es rivalisierende Gruppen, die eine Bedrohung für die Einheit der Gemeinde darstellen. Im *zweiten Hauptteil* setzt sich Paulus mit ethischem Fehlverhalten auseinander (5,1-6,20). Konkret kritisiert er das sexuelle Verhältnis eines Mannes zur eigenen Stiefmutter (5,1-13), vor weltlichen Gerichten ausgetragene Rechtstreitigkeiten unter Gemeindegliedern (6,1-11) und die Inanspruchnahme der Dienste von Prostituierten (6,12-20). Nun beginnt der Apostel die schriftlichen Anfragen aus Korinth abzuarbeiten. Die Ausführungen zu Ehe und Ehelosigkeit im *dritten Hauptteil* (7,1-40) sind durch eine asketische Fraktion in Korinth motiviert, welche die Ehe grundsätzlich ablehnte und sexuelle Enthaltsamkeit forderte. Der *vierte Hauptteil* mit Weisungen zum Umgang mit Götzenopferfleisch (8,1-11,1) kreist um die Frage, ob Christen rituell geschlachtetes Fleisch verzehren dürfen, bei dem ein Stück des Tieres einer heidnischen Gottheit geopfert worden war, um in engen Kontakt mit ihr zu treten. Im *fünften Hauptteil* des Briefes wendet sich Paulus Problemen des Gottesdienstes in Korinth zu (11,2-34). Zunächst zielt die Kritik des Apostels auf Frauen ab, die mit offenem oder unbedecktem Haar zum Gottesdienst erscheinen, wie sie es aus ihrer vorchristlichen Vergangenheit gewohnt sind (11,2-16), dann richtet sich der Fokus auf sozial bedingte Spaltungen beim Herrenmahl (11,17-34). Mit seinen Äußerungen zu Geistesgaben und kirchlichem Christusleib (12,1-14,40) greift Paulus im *sechsten Hauptteil* eine weitere Frage aus Korinth auf. Das auf den ersten Blick wie ein Fremdkörper wirkende Hohelied der Liebe (13,1-13) spielt im argumentativen Duktus eine wichtige Rolle. Ohne die Liebe als grundlegende Gabe des Geistes sind auch die höchsten Charismen nichts wert. Konkret zeigt sich dies bei der Bewertung von Prophetie und Glossolalie (14,1-40). Der *siebte Hauptteil* des Briefes ist dem Streit um die Auferstehung der Toten gewidmet (15,1-58). Im *Briefschluss* (16,1-24) finden sich Anweisungen zur Kollekte, Reisepläne, Empfehlungen und Grüße.

Der Brief weist Spannungen auf, die immer wieder Anlass zu Teilungshypothesen gaben. Eng damit verbunden ist die Frage, ob der Vorbrief (1Kor 5,9) vollständig verlorenging oder sich zumindest in Teilen im ersten Korintherbrief wiederfindet. So werden Spaltungen in der Gemeinde in 1Kor 1,10 uneingeschränkt verurteilt, während Paulus ihnen in 11,19 bei aller Kritik auch eine positive Seite abgewinnen kann. Dies führte zu der Annahme, dass der Abschnitt 1Kor 11,2-34 ein harmloses Anfangsstadium des Parteiwesens widerspiegle und aus dem Vorbrief stamme. Zwingend ist dies allerdings nicht. Auch die Einheitlichkeit von 1Kor 8,1-11,1 wurde in Frage gestellt. Die rigorosen Ausführungen zum Opferfleisch in 10,1-22 stehen in Spannung dazu, dass Paulus in 8,1-9,27 und 10,23-11,1 mit Verweis auf das monotheistische Gottesbekenntnis den Genuss von Götzenopferfleisch grundsätzlich für unbedenklich hält und lediglich zur Rücksichtnahme gegenüber den Schwachen aufruft, die diese Erkenntnis noch nicht verinnerlicht haben. Vor diesem Hintergrund wird der Abschnitt 10,1-22 vielfach als Teil des Vorbriefes betrachtet und davon ausgegangen, dass Paulus nach Einwänden der »Starken« in Korinth seine Haltung neu überdachte. Allerdings geht es in 10,1-22 nicht allgemein um Opferfleisch, sondern speziell um die Teilnahme an heidnischen Kultmählern, so dass auch hier keine Notwendigkeit besteht, an der literarischen Einheitlichkeit des Briefes zu zweifeln.

Literarische Einheitlichkeit und Teilungshypothesen

Kein ursprünglicher Bestandteil des Briefes dürfte allerdings das Schweigegebot 1Kor 14,33b-36 gewesen sein. In 1Kor 11,5.13 spricht Paulus von der aktiven Beteiligung der Frau am gottesdienstlichen Leben durch Gebet und Prophetie, ohne dass er etwas dagegen einzuwenden hätte. Zudem war es entgegen der Behauptung von 14,33b in paulinischer Zeit keineswegs üblich, dass die Frau in der Kirche zu schweigen hatte. Mit Junia, die den Aposteldienst versah (Röm 16,7), oder den als Prophetinnen wirkenden Töchtern des Philippus (Apg 21,9) sind uns Frauen in hervorgehobenen kirchlichen Ämtern bekannt. Anders sieht dies in nachpaulinischer Zeit aus, wo Frauen zunehmend aus Lehre und Verkündigung verdrängt wurden. Der Briefabschnitt 14,33b-36 stellt wohl eine durch 1Tim 2,11f motivierte Interpolation in den ersten Korintherbrief dar, auch wenn einzelne Kommentatoren (C. Wolff, D. Zeller) ihn für paulinisch halten.

Das umstrittene Schweigegebot für Frauen

Frauen hatten in paulinischer Zeit wichtige kirchliche Ämter inne

Breiten Raum nimmt die Auseinandersetzung mit dem Parteiwesen in Korinth ein, das die Gemeinde vor eine Zerreißprobe stellt (1,10-4,21). Nach der Abreise des Apostels kam es zur Bildung einer Pauluspartei, Petruspartei und Apollospartei (1,12; 3,22). Die Initialzündung dazu ging wahrscheinlich von Sympathisanten des Apollos aus, die sich unter dem Eindruck seiner rhetorischen Fähigkeiten und pneumatisch-ekstatischen Theologie zu einer Apollospartei zusammenschlossen. Dies dürfte mit Kritik an Paulus einhergegangen sein, der im direkten Vergleich mit Apollos schlecht abschnitt. Rätselhaft bleibt die Entstehung der Petruspartei. Vermutlich besuchte Petrus (Kephas) mit seiner Frau Korinth (9,5) und trug dort gewollt oder ungewollt zu Antipaulinismus bei.

Kritik am Parteiwesen und Weisheitsstreben

Die Petruspartei könnte durch Personen begründet worden sein, die den Apostolat des Paulus anzweifelten, weil er anders als Petrus nicht das apostolische Unterhaltsrecht in Anspruch nahm (9,1-18). Vermutlich stellten sie zudem im Horizont des Jesuswortes Mt 16,18 ihr Schulhaupt Petrus als Fels der Kirche über Paulus. Unter dem Eindruck dieser Entwicklungen riefen dann wohl auch die Sympathisanten des Paulus eine eigene Partei als Gegengewicht zur Apollospartei und Petruspartei ins Leben. Sie dürfte sich in erster Linie aus Personen wie Krispus, Gaius und Stephanas rekrutiert haben, die von Paulus bekehrt und getauft wurden. Für Paulus ist das Parteiwesen in Korinth indiskutabel, da es die Einheit der Gemeinde als Christusleib gefährdet und die Gefahr in sich birgt, dass das jeweilige Parteihaupt die Stelle Jesu Christi einnimmt. Dem wohl primär von der Apollospartei propagierten Weisheitsstreben setzt Paulus die Torheit des Kreuzes entgegen (1,18-25). In Korinth wurde Christus wohl unter dem Einfluss alexandrinisch-jüdischer Weisheitsspekulationen, wie sie sich im Buch der Weisheit oder bei Philo finden und von Apollos gelehrt wurden, als Hypostase der Weisheit betrachtet und die Bedeutung seines Kreuzestodes heruntergespielt. Für Paulus erschließt sich dagegen das Wesen Christi erst vom Kreuz her in ganzer Tiefe.

Bekämpfung sexueller Verfehlungen

Der zweifelhafte Ruf, den die Hafenstadt Korinth in der Antike genoss, spiegelt sich im sexuellen Fehlverhalten einzelner Gemeindemitglieder wider, die mit der Parole »Alles ist mir erlaubt« ihre Freizügigkeit begründeten. Wenn ein Mitglied der Gemeinde ein eheähnliches Verhältnis zur eigenen Stiefmutter unterhält (5,1-13), handelt es sich um eine sexuelle Beziehung innerhalb des Familienverbundes, wie sie von der Tora streng untersagt wird (Lev 18,8). Ein derartiges Fehlverhalten kann für Paulus nur den Ausschluss aus der Gemeinde nach sich ziehen, damit diese ihre Reinheit bewahrt und nicht wie ein Teig vom Bösen durchsäuert wird.

In Korinth gingen auch Christen zu Prostituierten

Die Korinther sollen sich zusammenfinden und einen sakralen Fluch über den Sünder aussprechen. In 1Kor 6,12-20 geht es dann um Prostitution, die in der antiken Welt an der Tagesordnung war. Prostituierten begegnete man in der Taverne, in der Therme oder beim Friseur. Der Gang zur Dirne wurde auch von Christen in Korinth als etwas Normales betrachtet. Sie argumentierten, dass nur der Geist Christus gehöre und sie über den Leib frei verfügen könnten. Paulus widerspricht dem energisch. Weil die Auferstehung von den Toten leiblich erfolgen wird, gehört nicht nur die Seele, sondern auch der Körper Christus. Die ganze Person ist in die Kirche als Christusleib eingegliedert. Dies ist ein exklusiver Bezug, der es verbietet, den eigenen Leib zu einem Glied der Dirne zu machen.

Rücksichtnahme gegenüber Schwächeren

An mehreren Stellen des Briefes ruft Paulus zur Rücksichtnahme gegenüber Schwächeren und zum Verzicht auf verbürgte Rechte auf. So betrachtet er es als einen unhaltbaren Zustand, dass Gläubige in Korinth vor weltlichen Gerichten gegeneinander prozessieren. Wahrscheinlich geht es um finanzielle Ansprüche reicherer Gemeindemitglieder, die auf zivilrechtlichem Wege durchgesetzt wurden. Der Apostel fordert die innergemeindliche Schlichtung solcher Angelegenheiten. Noch besser wäre es, wenn Christen auf Rechtsansprüche verzichteten, anstatt andere womöglich wirtschaftlich zu schädigen. Im Streit um die Frage, ob Christen Opferfleisch verzehren dürfen, gibt Paulus den »Starken« in Korinth zwar grundsätzlich Recht, bleibt aber dabei nicht stehen (8,1-13). Die »Starken« berufen sich auf den Monotheismus. Wenn es nur den einen Gott der Bibel gibt, kann von Opferfleisch kein verhängnisvoller Kontakt mit anderen Göttern ausgehen. Paulus teilt diese Sicht, fordert aber Rücksichtnahme gegenüber den Schwachen, die diese Erkenntnis noch nicht verinnerlicht haben. Sie könnten der Versuchung nachgeben und Opferfleisch verzehren, um danach unter schweren Gewissensbissen zu leiden. Er selber würde im Zweifelsfall eher gänzlich auf Fleisch verzichten, als andere Gläubige in Gewissenskonflikte zu stürzen. Eine noch stärkere Bedrohung für die Einheit der Gemeinde stellten sozial bedingte Spaltungen beim Herrenmahl im sonntäglichen Abendgottesdienst dar (11,17-34). In die symbolische Kulthandlung war ein Sättigungsmahl eingebettet, zu dem alle nach Art eines »Potluck Dinner« etwas besteuerten. Die wenigen wohlhabenden Gemeindemitglieder brachten reichlichere Vorräte mit, damit auch die Armen daran teilhaben konnten. Die Konflikte entzündeten sich daran, dass die wohlhabenden Gemeindeglieder ihre mitgebrachten Lebensmittel bereits zu verzehren begannen, um die Wartezeit bis zum offiziellen Gottesdienstbeginn zu überbrücken. Die Folge war eine Beschämung der auf die letzte Minute Kommenden, bei denen es sich wohl in erster Linie um Sklaven oder abhängig Beschäftige handelte. Ihnen wurde zudem ein Teil der für die Gemeinschaftsfeier gedachten Lebensmittel vorenthalten. Die Reichen waren gewohnt, mehr für sich zu beanspruchen. Zur Eindämmung der Probleme ruft Paulus die Stiftung des Herrenmahls durch Jesus Christus in Erinnerung. Das Mahl hat die Funktion, den Tod des Herrn bis zu dessen Wiederkehr zu verkünden. Die Fehlgestaltung der im Schatten von Kreuz, Parusie und Gericht stehenden Mahlfeier in Korinth ist damit keine Nebensächlichkeit. Wer die im Herrenmahl sichtbare Teilhabe am Christusleib missachtet, indem er durch rücksichtsloses Verhalten die sozial schwächeren Glieder in der Gemeinde beschämt, kommt nicht ungeschoren davon, sondern riskiert nach Auffassung des Paulus sogar Krankheit und Tod.

Das Herrenmahl wurde in Korinth als »Potluck Dinner« begangen

Ein weiteres Thema, mit dem Paulus sich auseinandersetzen muss, ist die Überbetonung der Geistesgaben in Korinth. Dort verstanden viele Gläubige den mit der Taufe verliehenen Geist als substanzhaftes Medium, das in den Menschen eingeht, ihn unantastbar macht und zu großen Taten befähigt. Den »Starken« in Korinth hält Paulus vor Augen, dass die mit Taufe und Herrenmahl verbundenen Heilsgaben ethische Bewährung erfordern und nicht gegen Unheil immun machen (10,1-13). Im gottesdienstlichen Leben bereitete die Hochschätzung der in Korinth als besonderes Zeichen des Geistbesitzes geltenden Glossolalie, das mysteriöse und verzückte Reden in Zungen, Probleme. Paulus misst die geistgewirkten Gnadengaben daran, inwieweit sie dem Aufbau der Gemeinde dienen. Der Prophetie räumt er eine klare Vorrangstellung ein und betrachtet die nicht übersetzte Zungenrede als reine Selbsterbauung, die in den Privatbereich gehört und im Gottesdienst verstummen soll, zumal sie Besucher abschreckt.

Gegen eine Überbetonung der Geistesgaben

Eine namhafte Fraktion in der Gemeinde von Korinth behauptete, dass es keine Auferstehung gebe (15,12). Manche vermuten, dass die betreffenden Korinther unter dem Einfluss der Lehren Epikurs der Auffassung waren, mit dem Tod sei alles aus. Andere nehmen an, es habe sich wie in 2Tim 2,18 um Enthusiasten gehandelt, die sich kraft der Taufe schon im Besitz des ewigen Lebens sahen und in diesem Sinne die Auferstehung als bereits geschehen betrachteten. Am wahrscheinlichsten ist aber eine Ablehnung der Auferstehung wegen der damit verbundenen Leiblichkeit. Hinter den von Paulus kritisierten Korinthern

Auseinandersetzung mit Auferstehungsleugnern

steckten wohl Personen, die im Horizont der Philosophie Platons von Seelenwanderung oder einer Himmelfahrt der Seele ausgingen. Erlösung und ewiges Leben bestand für sie darin, dass die kraft der Taufe vom Geist getränkte Seele den Körper abstreifte und in die himmlischen Gefilde aufstieg. Dazu passt ihre Praxis der Totentaufe (15,29), bei der sich Lebende stellvertretend für bereits Verstorbene taufen ließen, um deren Seele nachträglich noch den Geist zukommen zu lassen. Paulus betont demgegenüber den Gedanken der leiblichen Auferstehung bei der Wiederkehr Jesu Christi, wobei er die Beziehung zwischen Todesleib und Auferstehungsleib durch Anknüpfung wie Neubeginn gekennzeichnet sieht. Der Tod bringt für die Gläubigen weder einen bloßen Übergang der Seele in eine andere Welt noch eine ungebrochene Auferstehung des Fleisches mit sich, sondern bedeutet ein ganzheitliches Vergehen des Erdenleibes mit nachfolgender Neuschöpfung eines Himmelsleibes. Auch für die bei der Wiederkunft des Herrn noch Lebenden wird es eine derartige Verwandlung geben (15,35-55).

Abfassungsort und Entstehungszeit

Der erste Korintherbrief ist das einzige Schreiben des Paulus, dessen Abfassungsort sich mit absoluter Sicherheit bestimmen lässt. Paulus schrieb ihn wahrscheinlich im Frühjahr 54 von Ephesus aus, wo er noch bis zum Pfingstfest bleiben und dann über Mazedonien nach Korinth aufbrechen wollte (1Kor 16,5-8). Diese Reisepläne hat Paulus allerdings später geändert. Als Mitabsender des Briefes wird Sosthenes genannt. Bei ihm dürfte es sich um den früheren Synagogenvorsteher von Korinth gehandelt haben (Apg 18,17). Als Überbringer des ersten Korintherbriefs kommen entweder die Leute der Chloe oder die bei Paulus weilende Gemeindedelegation um Stephanas in Betracht. Jedenfalls rechnet der Apostel damit, dass der Brief noch vor Timotheus, dessen Besuch der Gemeinde angekündigt wird, in Korinth eintreffen wird (16,10).

> Der erste Korintherbrief entstand in Ephesus

■ Der zweite Korintherbrief

Abfassungszweck und Vorgeschichte

Das Schreiben ist nicht nur an die Korinther adressiert, sondern richtet sich auch an Gemeinden, die mittlerweile in der Umgebung Korinths in der römischen Provinz Achaia existierten. Der Brief ist das Dokument einer einschneidenden Krise zwischen Paulus und der Gemeinde in Korinth, die um ein Haar mit dem völligen Bruch geendet hätte. Unter dem Eindruck einer gegen Paulus gerichteten Agitation hatten sich die Korinther weitgehend von ihrem Gründungsapostel abgewandt. Der bereits im ersten Korintherbrief erkennbare Antipaulinismus (1Kor 1,12; 9,1-18) war durch das Auftreten von Wanderaposteln in Korinth eskaliert, die mit ihren massiven Angriffen auf die Person des Paulus und die Rechtmäßigkeit seines Apostolats auf positive Resonanz stießen. Paulus befand sich zu dieser Zeit in Ephesus. Bei einem spontanen Zwischenbesuch in Korinth gelang es ihm nicht, die Gemeinde wieder hinter sich zu bringen. Es kam vielmehr zum offenen Zerwürfnis, nachdem ein Gemeindeglied den Apostel scheinbar unwidersprochen beleidigt hatte (2Kor 2,5-11). Paulus kehrte nach Ephesus zurück und schrieb unter Tränen einen Brief, dessen Schroffheit und Schärfe die Korinther betrübte (2Kor 2,4; 7,8f). Von Ephesus aus begab sich der Apostel dann über Troas nach Mazedonien (2Kor 2,12f). Dort stieß Titus, der den Tränenbrief wohl überbracht hat, wieder zu Paulus und übermittelte die freudige Nachricht, dass die Korinther zum Einlenken bereit waren (2Kor 7,5-7). Als Folge verfasste Paulus mit dem vorliegenden zweiten Korintherbrief oder zumindest Teilen davon ein Schreiben, das im Ton der Versöhnung gehalten ist und die wiedergewonnene Einheit mit der Gemeinde dokumentiert.

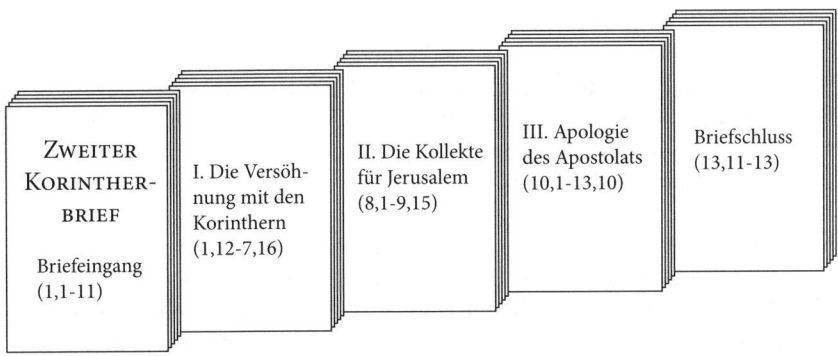

Im *Briefeingang* (1,1-11) verzichtet Paulus wie im Galaterbrief wegen der massiven Konflikte auf den sonst obligatorischen Eingangsdank für den Glaubensstand der Gemeinde. Der *erste Hauptteil* (1,12-7,16) hat, unterbrochen durch eine Apologie des paulinischen Apostolats, die Versöhnung mit den Korinthern zum Inhalt. In einer Selbstrechtfertigung mit Rückblick auf den Konflikt (1,12-2,13) verteidigt sich Paulus gegen den Vorwurf der Unzuverlässigkeit in seinen Reiseplänen und ruft die betrüblichen Ereignisse während seines Zwischenbesuchs in Korinth in Erinnerung. Mit den Ausführungen über den wahren Aposteldienst (2,14-6,10) leitet Paulus exkursartig zu einem neuen Gedankengang über. Seine Befähigung zum Aposteldienst begreift Paulus als Geschenk Gottes, der ihn zum Diener eines neuen Bundes berief. Die Gegenüberstellung des Dienstes im alten und im neuen Bund (3,7-3,18) knüpft in einem Rückschluss vom Kleineren auf das Größere an alttestamentliche Aussagen vom Bundesschluss am Sinai und von der Verheißung eines neuen Bundes beim Propheten Jeremia an. Die Berufung zum Apostel betrachtet Paulus in Anspielung auf das Damaskuserlebnis als schöpferische Tat Gottes, die mit einer Erleuchtung des Herzens zur Erkenntnis des Christusglaubens verbunden war (4,1-6). Nach den Ausführungen zur Herrlichkeit seines Dienstes rückt Paulus die Schwachheit des Apostels in den Mittelpunkt (4,7-5,10). Zunächst werden die mit dem Apostelmdasein verbundenen Bedrängnisse ins Gedächtnis gerufen, um dann die Hoffnung auf die Auferstehung als tragende Kraft im gegenwärtigen Leiden zu benennen. Mit den Ausführungen zur apostolischen Existenz als Dienst der Versöhnung und als Leben aus der Versöhnung (5,11-6,13) erreicht der Exkurs über das Apostelamt seinen theologischen Höhepunkt. Die in sich geschlossene Warnung vor der Gemeinschaft mit Götzendienern (6,14-7,1) wirkt dann wie ein Fremdkörper. Abschließend nimmt Paulus den Faden von 2,13 wieder auf, der durch die lange Apologie unterbrochen worden war, und verleiht seiner Freude über die Umkehr der Gemeinde Ausdruck (7,5-16). Der *zweite Hauptteil* widmet sich der Kollekte für Jerusalem (8,1-9,15). Nach einem Appell an die Spendefreudigkeit der Korinther kündigt Paulus die Entsendung des Titus mit zwei namentlich nicht genannten Begleitern an, um die Sammlung zum Abschluss zu bringen (8,1-24). Die wei-

Aufbau und Gedankengang

teren Kollektenanweisungen (9,1-15), die den Mazedoniern die Gemeinden der Provinz Achaia als Vorbild vor Augen halten, bieten einen Neuansatz. Im *dritten Hauptteil* geht es unvermittelt um die Auseinandersetzung mit Gegnern (10,1-13,10). Im Mittelpunkt des Briefabschnitts steht die Narrenrede (11,1-12,13). Paulus schlüpft in die Rolle des närrischen Wichtigtuers, um sich in parodistischer Form wie die Gegner in Korinth ebenfalls zu rühmen. Dabei rückt das Motiv der Kraft in der Schwachheit in den Vordergrund. Gerade in der persönlichen Schwachheit und der um des Evangeliums willen erlittenen Leiden des Apostels findet die Gnade und Kraft Christi ihre Vervollkommnung. Die Ankündigung seines insgesamt dritten Besuches in Korinth verbindet Paulus mit Mahnungen an die Gemeinde, deren Verhalten ihm nach wie vor Anlass zur Sorge gibt (12,14-13,10). Im außergewöhnlich kurzen *Briefschluss* (13,11-13) tritt angesichts der heftigen Kontroversen das persönliche Moment in den Hintergrund.

Literarische Einheitlichkeit und Teilungshypothesen

Der zweite Korintherbrief ist nicht aus einem Guss, sondern weist eine Vielzahl von Spannungen und Brüchen auf. Dazu zählen vor allem der abrupte Übergang zur Gegnerbekämpfung in 2Kor 10,1 und die Konkurrenz zwischen den Kollektenanweisungen in 2Kor 8 und 2Kor 9. Während Paulus in 8,1-24 die Gemeinden Mazedoniens mit ihrem Eifer für die Kollekte den Korinthern als leuchtendes Beispiel vor Augen hält, dienen in 9,1-15 die Gemeinden Achaias den Mazedoniern als Vorbild. Zudem unterbricht der Exkurs über den Aposteldienst (2,14-7,4) die Ausführungen über den Tränenbrief und innerhalb dieses Abschnittes bleibt die in sich geschlossene Warnung vor der Gemeinschaft mit Götzendienern (6,14-7,1) ohne Kontextbezug. Völlig umstritten ist, welche Folgerungen man aus diesen Beobachtungen zieht. Während auf der einen Seite nach wie vor an der Einheitlichkeit des Schreibens festgehalten wird (T. Schmeller), rechnet man auf der anderen Seite mit bis zu sechs eigenständigen Briefen, die in den zweiten Korintherbrief eingeflossen sein sollen. In seiner jetzigen Gestalt ist das Schreiben wohl eine Zusammenstellung von mindestens drei eigenständigen Paulusbriefen. Dabei handelt sich vermutlich um den Tränenbrief (2Kor 10-13), den Versöhnungsbrief mit Kollektenanweisungen (2Kor 1-8) und einen gesonderten Kollektenbrief (2Kor 9). Der als Fremdkörper erscheinende und durch stilistische Eigentümlichkeiten gekennzeichnete Abschnitt 2Kor 6,14-7,1 wird häufig als nicht von Paulus stammende Interpolation betrachtet, könnte aber auch dem verlorengegangenen Vorbrief des Paulus an die Korinther zugehören, in dem Paulus vor dem Umgang mit Unzüchtigen und Götzendienern gewarnt hatte (1Kor 5,9f). Manche rechnen auch die exkursartige Apologie des Apostolats (2Kor 2,14-7,4) zum Tränenbrief und gehen dementsprechend von einem deutlich geringeren Umfang des Versöhnungsbriefes aus. Es gibt aber auch die Annahme, dass der Tränenbrief unwiederbringlich verlorengegangen ist und es sich bei 2Kor 10-13 um einen Kampfbrief handelt, den Paulus aufgrund neuer besorgniserregender Nachrichten erst nach dem Versöhnungsbrief verfasst hat.

> Der zweite Korintherbrief weist eine Vielzahl von Brüchen und Spannungen auf

Entstehung der einzelnen Briefteile

Der Tränenbrief, der sich wahrscheinlich in 2Kor 10-13 wiederfindet, fällt in die Endphase des paulinischen Wirkens in Ephesus und entstand wohl Anfang 55 n. Chr. Den Versöhnungsbrief mit Kollektenanweisungen (2Kor 1-8) schrieb Paulus im Herbst 55 in Mazedonien als Reaktion auf die von Titus übermittelte Nachricht, dass die Korinther zum Einlenken bereit waren (2Kor 7,5-7). Vermutlich wurde er von Titus und dessen zwei namentlich nicht genannten Begleitern überbracht, die Paulus nach Korinth vorausschickte, um die Sammlung zum Abschluss zu bringen (8,1-24; vgl. 9,5) Der eigenständige Kollektenbrief 2Kor 9 spiegelt die Sorge wider, dass das Geld trotzdem nicht bereitliegen könnte, wenn Paulus mit mazedonischen Gemeindedelegierten eintrifft. Er wurde wohl im Spätherbst 55 unmittelbar vor seiner Abreise aus Mazedonien nach Korinth (Apg 20,2f) geschrieben.

Bei den von Paulus ironisch als »Überapostel« (12,11) titulierten Gegnern im zweiten Korintherbrief handelt es sich um judenchristlichen Wandermissionare, die sich aufgrund pneumatischer Machterweise als wahre Apostel und Geistträger betrachteten. Anders als die Gegner in Philippi und Galatien führten sie nicht die Beschneidungsforderung der Tora gegen das paulinische Evangelium ins Feld. Mit ihrer Selbstbezeichnung als Arbeiter (11,13), ihrer Hochschätzung von Wundertaten und ihrer Beanspruchung von Unterhalt durch die Gemeinde stützten sie sich auf die Aussendungsanordnungen Jesu (Mt 10,1-15par). Als Hauptvorwürfe gegen Paulus machten sie geltend, dass er schwach im Auftreten sei, aufgrund unzureichender Machttaten nicht über die notwendigen »Zeichen des Apostels« (2Kor 12,12) verfüge und mit dem Verzicht auf Unterhalt von vornherein den geringen Wert seiner Arbeit einräume. Wenn sie einen »anderen Jesus« verkündigten (11,4), maßen sie der für Paulus zentralen Botschaft vom gekreuzigten Christus (1Kor 1,23) als Verkündigungsinhalt offenkundig keine besondere Bedeutung bei und orientierten sich stattdessen an Evangelienüberlieferungen, in denen die Hoheit Jesu betont herausgestellt wird. Ihr Jesusbild dürfte entscheidend von Wundergeschichten geprägt gewesen sein und gleichzeitig ihr Selbstverständnis bestimmt haben, indem sie sich mit ihren Machttaten als Mittler der Wunderkraft Jesu betrachteten. In Korinth stießen sie mit ihren Lehren auf fruchtbaren Boden, zumal Paulus dort schon vorher wegen seines Verzichts auf das Unterhaltsrecht vorgeworfen wurde, kein wahrer Apostel zu sein (1Kor 9,1-18).

Profil der Gegner

Die Gegner verkündigten einen »anderen Jesus«

Der zweite Korintherbrief ist das persönlichste Schreiben des Paulus und gibt tiefe Einblicke in sein Selbstverständnis als Apostel, das er in Auseinandersetzung mit den Angriffen gegen seine Person als paradoxe Spannung zwischen Vollmacht und Niedrigkeit entfaltet. Nirgendwo anders betont er derart nachdrücklich, dass er in seiner Existenz als Apostel durch das Kreuz Jesu Christi geprägt ist und sich gerade in seiner Schwachheit als starker Repräsentant des Herrn erweist. Während die Gegner sich durch Empfehlungsbriefe legitimieren (2Kor 3,1), ist für ihn die Gemeinde in Korinth als symbolischer Brief Christi der sichtbare Beweis für seine Qualitäten als Apostel. Seine Befähigung zum Aposteldienst begreift Paulus als Geschenk Gottes, der ihn zum Diener eines neuen Bundes berief (3,7-3,18). Den Aposteldienst selbst qualifiziert Paulus als Dienst der Versöhnung (5,11-6,10), der ganz von der Versöhnung durch die Heilstat Gottes in Jesus Christus bestimmt ist. In diesem Zusammenhang findet sich erstmals die Vorstellung von der Sündlosigkeit Christi (5,21). Dem Vorwurf fehlender Machterweise tritt Paulus entgegen, indem er am Ende der Narrenrede visionäre Erfahrungen und das Vollbringen von Wundern in Erinnerung ruft. Er hat der Pflicht Genüge getan, will sich aber lieber seiner Schwachheit rühmen. Besonderes Gewicht kommt der Aufzählung seiner um des Evangeliums willen erlittenen Leiden (11,24-33) und dem Verweis auf seine Krankheit (12,7-10) zu, die mit schweren, wie Faustschlä-

Selbstverständnis des Paulus als Apostel

gen empfundenen Schmerzen verbunden war. Im Hinblick auf den gegen ihn erhobenen Vorwurf armseligen Auftretens und mangelnder Redebegabung betont Paulus, dass Christus persönlich ihm den Auftrag gegeben hat, durch Schwäche und Niedrigkeit die Macht des Gekreuzigten manifest werden zu lassen.

Individualisierte Auferstehungserwartung

In der Apologie seines Apostolats benennt Paulus 2Kor 5,1-10 die Hoffnung auf die Auferstehung als tragende Kraft im Aposteldienst mit seinen Leiden und Bedrängnissen. Das Bild vom Leib als Zelt und damit nur vorübergehender Wohnstätte des Selbst, die Nacktheit als Folge der Trennung von Leib und Seele und die Vorstellung von der eigentlichen Heimat im Jenseits mit gleichzeitiger Betrachtung des Diesseits als der Fremde weisen auf den Einfluss hellenistischer Philosophie hin. Vor dem Hintergrund der Leidenserfahrungen in Ephesus sehnt sich der Apostel nach dem Tod und einem Überkleidetwerden mit dem geistlichen Leib. Als Unterpfand des neuen Lebens hat Gott in der Taufe den Geist verliehen, der als unverlierbare Gabe das Sterben überdauert und die Auferstehung mit dem verwandelten Leib gewährleistet. Anders als noch in 1Thess 4,17 und 1Kor 15,52 rechnet Paulus nun mit der Möglichkeit, bereits vor der Wiederkunft Jesu Christi zu sterben. Gleichzeitig spielt das apokalyptische Szenario, dass die Erweckung der Toten erst bei der Parusie des Herrn eintritt (1Thess 4,16; 1Kor 15,51-53), keine erkennbare Rolle mehr. In 2Kor 5,1-10 tritt die kosmologisch-apokalyptische Heilsgeschichte zugunsten eines individualisierten Auferstehungsglaubens, bei dem das sofortige Überkleidetwerden des Einzelnen mit dem himmlischen Zelt im Zentrum der Hoffnung steht, in den Hintergrund.

■ Der Galaterbrief

Adressaten und Abfassungszweck

Der Galaterbrief ist an Heidenchristen gerichtet, die von Paulus ohne Verpflichtung auf das jüdische Ritualgesetz für den neuen Glauben gewonnen wurden. Bei Galatern handelt es sich um Kelten, die im 3. Jh. v. Chr. im Zuge ihrer von Gallien ausgehenden Wanderbewegung auch in das mittlere Kleinasien in der heutigen Türkei vorgedrungen waren. Ihr Siedlungsgebiet wird als die Landschaft Galatien bezeichnet. Die in den Tagen des Paulus bestehende römische Provinz Galatien umfasste im Süden auch Territorien, die nicht von Galatern im eigentlichen Sinne besiedelt waren. Dementsprechend ist umstritten, wo die Adressaten des Galaterbriefs zu lokalisieren sind. Entweder lebten sie im Süden der Provinz Galatien, wo es Anfang der 40er Jahre während der »ersten Missionsreise« zu Gemeindegründungen kam (Apg 13-14), oder im Norden der römischen Provinz in der Landschaft Galatien, die von Paulus im Jahr 49 beim Aufbruch nach Europa durchquert wurde (Apg 16,6; vgl. 18,23). Gegenwärtig wird in der Forschung eher die südgalatische Hypothese favorisiert. Dafür spricht auch die Erwähnung des Barnabas (Gal 2,1-14), der den südgalatischen Gemeinden als Gründergestalt persönlich bekannt war. Veranlasst wurde der Galaterbrief durch Vorgänge, die für Paulus den Charakter seines Evangeliums bedrohten und den Ertrag seiner beschneidungsfreien Völkermission in Frage stellten. In die Gemeinden Galatiens waren Gegner eingedrungen, die ein anderes Evangelium als der Apostel propagierten, indem sie die Gläubigen auf das Mosegesetz, allem voran die Beschneidung zu verpflichten suchten.

> Die Adressaten des Galaterbriefs lassen sich nicht zweifelsfrei lokalisieren

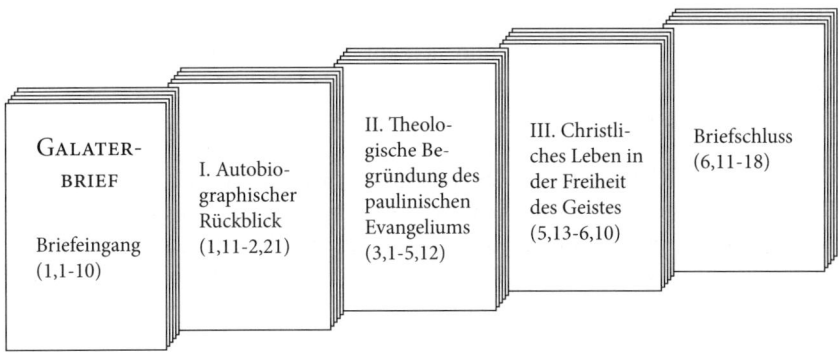

Aufbau und Gedankengang

Der Galaterbrief ist über weite Strecken eine Apologie, die sich zumindest partiell am Stil der Verteidigungsrede vor Gericht orientiert (H.D. Betz). Im *Briefeingang* (1,1-10) zeigt die ungewöhnlich ausführliche Selbstvorstellung des Paulus, dass sein Apostolat in den Gemeinden Galatiens umstritten war. Unter Verzicht auf die obligatorische Danksagung kommt Paulus ohne Umschweife zur Sache, indem er den Abfall der Galater zu einem anderen Evangelium scharf tadelt und über die dafür verantwortlichen Gegner einen Fluch ausspricht. Der *erste Hauptteil* des Briefes (Gal 1,11-2,21) bietet einen autobiographischen Rückblick, der den Weg des paulinischen Evangeliums vom Damaskuserlebnis über den Apostelkonvent bis zum antiochenischen Streit nachzeichnet. Es geht Paulus darum, den göttlichen Ursprung seines beschneidungsfreien Evangeliums und die Unabhängigkeit seines Apostolats von menschlichen Instanzen darzulegen. Der *zweite Hauptteil* mit theologischer Begründung des paulinischen Evangeliums stellt das Zentrum des Briefes dar (3,1-5,12). Der Apostel will mit Hilfe der Schrift erweisen, warum die Galater auf den Glauben und nicht auf Gesetzeswerke bauen sollen. Der *ermahnende Teil* des Galaterbriefs hat das christliche Leben in der Freiheit des Geistes zum Gegenstand (5,13-6,10). Die Berufung in den Stand der Freiheit zieht die Verpflichtung zum ethischen Wandel nach dem Geist mit sich. Freiheit ist nicht mit Zügellosigkeit zu verwechseln, sondern konkretisiert sich in der Nächstenliebe. Im eigenhändig geschriebenen *Briefschluss* (6,11-18) verzichtet Paulus gegen seine Gepflogenheiten auf Grüße. Stattdessen beendet er das Schreiben mit nochmaliger Polemik gegen seine Widersacher und eindringlichem Werben für das beschneidungsfreie Evangelium.

Profil der Gegner

Die Beschneidungsforderung (5,2; 6,12f) wie das offenkundige Insistieren auf Einhaltung des jüdischen Festkalenders (4,10) weist die im Galaterbrief bekämpften Gegner des Paulus als strenge Judenchristen aus. Sie wollten die unbeschnittenen Christusgläubigen, auch um ihnen Verfolgung zu ersparen (Gal 6,12), in das Judentum integrieren. Vermutlich steht die Religionspolitik von Kaiser Claudius, der zufolge das Judentum keine Unruhe stiftenden Neuerungen anstreben sollte, im Hintergrund. Das beschneidungsfreie paulinische Evangelium verstieß gegen die jüdische Tradition. Eine zentrale Rolle scheint im Denken der Gegner die Abrahamskindschaft gespielt zu haben, wobei sie den vorbildlichen Toragehorsam des Stammvaters Israels in den Vordergrund rückten. Um Christ sein zu können und an den Abraham gegebenen Verheißungen teilzuhaben, musste man nach ihrer Auffassung gleichzeitig gesetzestreuer Jude werden. Für Juden wie auch für toratreue Judenchristen war klar, dass nur Vollmitglied des endzeitlichen Gottesvolks sein kann, wer mit Abraham auf Gottes Ruf hört, sich beschneiden lässt, das Gesetz hält und sich auf diese Weise vor Gott im Glauben bewährt. Vermutlich war die Gegenmission in Galatien von Jerusalemer Christen gesteuert, denen es aufgrund des Drucks der jüdischen Umwelt nicht nur aus religiösen, sondern auch aus politischen Gründen um die Integration der heidenchristlichen Gemeinden in das Judentum ging. Die Gegner sind in solchen Kreisen der Urgemeinde zu suchen, die bereits zur Zeit des Apostelkonvents der beschneidungsfreien paulinischen Mission widersprochen hatten (Apg 15,5) und auch weiterhin als Eiferer für das Gesetz Stimmung gegen Paulus machten (Apg 21,20). Dabei handelte es sich um ehemalige Pharisäer, die den gekreuzigten Jesus als den Messias Israels bekannten, ohne dabei den Boden des toratreuen Judentums zu verlassen. Sie planten eine Korrektur der paulinischen Missionsarbeit, indem sie eigene Missionare auf die Spur des Paulus setzten, und stellten dabei auch den Status des Paulus als Apostel Jesu Christi massiv in Frage.

»Werke des Gesetzes«

Eine der zentralen Aussagen des Galaterbriefes besteht darin, dass der Mensch durch »Werke des Gesetzes« nicht gerecht wird (Gal 2,16; vgl. 3,2.5.10). Diese Wendung wurde vor allem im lutherischen Protestantismus lange so interpretiert, dass für Paulus schon das Bemühen um Erfüllung der Tora als sündig und verfehlt gelte. Im Hintergrund stand das Zerrbild eines nach Selbstruhm strebenden Judentums, das die Tora zum Vorwand nehme, um seinem eigenen Willen Gott gegenüber Raum zu schaffen, und damit den Willen Gottes verfehlt habe. Es ist das Verdienst von Ed P. Sanders als Begründer der »New Perspective on Paul«, mit diesem antijudaistischen Klischee aufgeräumt zu haben. Er weist darauf hin, dass im alttestamentlichen Denken die Erwählung und der Bund als Gnadengeschenk Gottes der Gabe des Gesetzes vorangehen. Die Tora wurde nicht gegeben, um sich Gerechtigkeit vor Gott zu verschaffen, sondern dient dazu, nicht aus dem Gnadenbund herauszufallen. Vertreter der neuen Paulusperspektive (J.D.G. Dunn; M. Bachmann) beziehen die Aussage von Gal 2,10 konkret auf den Wegfall der Beschneidung und des jüdischen Ritualgesetzes für die Christusgläubigen aus der Völkerwelt. Paulus betrachte die kultischen Regelungen der Tora als unnötiges Hindernis für die christliche Mission, ohne dass das gute Handeln diskreditiert würde. Dabei darf allerdings nicht übersehen werden, dass sich die Vorbehalte gegenüber der Tora für Paulus nicht in missionspragmatischen Erwägungen erschöpfen, sondern ungleich grundsätzlicherer Natur sind (Röm 7).

Die »New Perspective on Paul« räumt mit antijudaistischen Klischees auf

Abraham als Stammvater des Glaubens

Das Thema der Abrahamskindschaft (Gal 3,6-29) wurde Paulus vermutlich von seinen Gegnern vorgegeben. Die Galater wollten im Horizont von Gen 17 durch die Beschneidung Abrahamskinder werden. Paulus hingegen rückt andere Züge der Abrahamüberlieferung in den Blick. Er sieht in Abraham den Stammvater des Glaubens, der von Gott ohne alle Verdienste zum Segen für die Völker erwählt wurde (Gen 12,1-3) und Rechtfertigung aus Gnade erfuhr (Gen 15,6). Paulus isoliert dabei Gen 15,6 aus dem Gesamtkontext der Abrahamüberlieferung und interpretiert den Glauben des Erzvaters im Sinne seiner eigenen Theologie. Der Segen Abrahams wird den Völkern in Jesus Christus zuteil, der durch seinen Kreuzestod die Erlösung vom Gesetz gebracht hat. Die Abrahamskindschaft wird damit nicht genealogisch, sondern geistlich verstanden. Von der Bereitschaft zur Opferung Isaaks in Gen 22 schweigt Paulus völlig, auch die Beschneidung Abrahams in Gen 17 erwähnt er mit keiner Silbe. Erst in Röm 4,1-25 integriert er sie in seine Argumentation und schließt aus der Erzählabfolge im Genesisbuch, dass Abraham in Gen 15 als Unbeschnittener die Glaubensgerechtigkeit empfangen habe. Glaube und Gesetz werden in kühner Auslegung der alttestamentlichen Texte als konträr zueinander stehende Größen betrachtet, wobei der Stammvater Israels den christlichen Glauben bereits paradigmatisch vorweg nimmt. Ein derartiges Auseinanderreißen von Glaube und Werken lag der vorpaulinischen Auslegungsgeschichte der Abrahamerzählungen völlig fern und wird vom Verfasser des Jakobusbriefes korrigiert (Jak 2,21-24).

In einem weiteren Schriftbeweis (Gal 4,21-31) verortet Paulus das beschneidungsfreie Christentum auf der Seite Saras, während er das Leben unter dem Gesetz durch Hagar repräsentiert sieht. Die alttestamentlichen Aussagen über beide Frauen werden auf zwei unterschiedliche Bundesschlüsse gedeutet. Hagar versinnbildlicht den durch Sklaverei gekennzeichneten und durch das empirische Jerusalem repräsentierten Bundesschluss vom Sinai. Sara hingegen steht für Freiheit, wie sie das obere oder himmlische Jerusalem verkörpert, und wird damit zur Mutter der Kirche. Die Zugehörigkeit der Christusgläubigen zu Isaak sucht der Apostel dadurch zu untermauern, dass er die Verfolgung der christlichen Gemeinde durch Juden mit einer angeblichen Verfolgung des Sohnes der Freien durch den Sohn der Sklavin gleichsetzt. Im Hintergrund stehen jüdische Auslegungstraditionen von Gen 21, denen zufolge Ismael seinem Bruder Isaak beim gemeinsamen Spiel nach dem Leben trachtete. Dass hinter Gottes Zustimmung zur Vertreibung Hagars der heilsgeschichtliche Plan stand, auch Ismael zum Vater eines großen Volkes zu machen, wird von Paulus nicht reflektiert. In gewagter Umbiegung der alttestamentlichen Aussagen wird das historische Israel, das von Isaak abstammt, mit Ismael identifiziert und als dessen Nachkommenschaft betrachtet.

Hagar und Sara

Ismael soll Isaak nach dem Leben getrachtet haben

Der Galaterbrief wurde wohl im Herbst des Jahres 55 n. Chr. geschrieben, als Paulus Ephesus bereits verlassen hatte und sich in Mazedonien aufhielt (2Kor 2,12-13). Manche sehen ihn freilich noch in der Endphase des ungefähr bis zum Sommer 55 reichenden Wirkens in Ephesus abgefasst. Wenig plausibel sind extreme Früh- oder Spätdatierungen. Einzelne Vertreter der südgalatischen Hypothese, nach der die Gemeinden Galatiens bereits während der ersten Missionsreise gegründet wurden, betrachten den Galaterbrief als den ältesten erhaltenen Paulusbrief, was aber angesichts der voll ausgeprägten Rechtfertigungslehre des Schreibens recht unwahrscheinlich ist. Umgekehrt hat auch die These, der Galaterbrief sei erst nach dem Römerbrief entstanden (F. Vouga; P. Pilhofer) wenig für sich, da im Römerbrief recht deutlich theologische Vorstellungen des Galaterbriefes aufgenommen und neu durchdacht werden.

Abfassungsort und Entstehungszeit

■ Der Epheserbrief

Das Schreiben gibt sich als Gemeindebrief des Paulus an die Epheser aus. Ephesus war die viertgrößte Stadt im römischen Reich und die Hauptstadt der Provinz Asia. Paulus machte Ephesus von 52 bis 55 n. Chr. zum Zentrum seiner Mission im westlichen Kleinasien und gründete eine Art Schule, in der sein geistiges Erbe

Adressaten und Abfassungszweck

gepflegt wurde. Der Epheserbrief lässt aber jeden Verweis auf konkrete Gemeindeverhältnisse vermissen, obwohl Paulus etwa drei Jahre in Ephesus gewirkt hat. Am Ende des Schreibens finden sich weder persönliche Mitteilungen des Briefautors an die Epheser, beispielsweise Reisepläne oder die Ankündigung eines Besuchs, noch Grüße an bestimmte Personen in der Gemeinde. Inhaltlich zeigen sich im Epheserbrief derart enge Übereinstimmungen mit dem Kolosserbrief, dass dessen Benutzung durch den Briefautor außer Frage steht. Der Epheserbrief weist die Gestalt einer erweiterten, ins Grundsätzliche gezogenen Neubearbeitung des Kolosserbriefs auf und wirkt wie ein apostolisches Rundschreiben, das sich an alle Gemeinden im paulinischen Missionsgebiet richtet. Dabei hat der Briefautor stark heidenchristlich geprägte Gemeinden vor Augen, denen er seinen Entwurf von Kirche und christlichem Lebensstil nahebringen will. Der Briefabschnitt Eph 2,11-22 jedenfalls wendet sich betont an die Gläubigen aus der Völkerwelt und erinnert sie an ihre einstige Ferne zu Gott und den an Israel ergangenen Verheißungen, die erst durch Jesus Christus und seinen heilvollen Kreuzestod überwunden wurde. Ein konkreter Anlass für die Abfassung des Epheserbriefes ist nicht erkennbar, die im Kolosserbrief bekämpfte Irrlehre spielt in ihm keine Rolle. Statt Polemik stehen Frieden und Versöhnung im Zentrum.

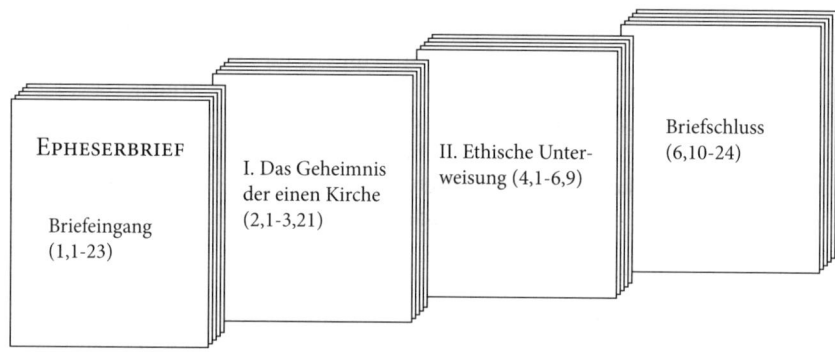

Aufbau und Gedankengang

Zwischen Briefeingang und Briefschluss zerfällt der Epheserbrief in einen lehrhaften und einen ermahnenden Teil. Der *Briefeingang* (1,1-23) setzt nach dem Präskript mit einem hymnischen Lobpreis Gottes ein. In kultischer Gebetssprache wird für die vor Grundlegung der Welt erfolgte Erwählung der Gläubigen als Berufung zur Kindschaft gedankt, bevor Jesus Christus mit seiner Sündenvergebung bewirkenden Heilstat am Kreuz in das Blickfeld rückt. Im lehrhaften *ersten Hauptteil* des Epheserbriefes entfaltet der Autor das Geheimnis der einen Kirche (2,1-3,21). Nach einer Erinnerung der Adressaten an die Heilsbedeutung ihrer Taufe wird die Einheit der Kirche zum alles beherrschenden Thema. Zunächst steht der durch Christus ermöglichte und über die Kirche erschlossene Zugang zu Gott im Mittelpunkt (2,11-22). Die nachfolgenden Darlegungen lüften das seit Ewigkeit verborgene und nun in der Kirche Jesu Christi offenbar gewordene Heilsgeheimnis (3,1-13). Ein Fürbittengebet mit Doxologie (3,14-21) wünscht den Gläubigen die Erkenntnis der Dimensionen des Heilsmysteriums und der Liebe Christi. Der *zweite Hauptteil* des Schreibens dient der ethischen Unterweisung (4,1-6,9). Zunächst wendet sich der Briefautor dem inneren Leben der Kirche zu (4,1-16), deren Einheit ihm in besonderer Weise am Herzen liegt und deren Dienste er erläutert. Die nachfolgenden Ermahnungen zu christlichem Leben in einer nichtchristlichen Umwelt (4,17-5,20) sind durch die strenge Gegenüberstellung vom Wandel des alten Menschen und der Verwirklichung des neuen Menschen, von Finsternis und Licht, von heidnischen Lastern und christlichen Tugenden gekennzeichnet. Der Briefautor ruft den Adressaten eindringlich in Erinnerung, dass die Kirche der Ort des neuen Lebens ist, und beschwört sie geradezu, sich vom Lebenswandel der Umwelt abzugrenzen, wobei insbesondere die Nächstenliebe eingeschärft wird. Die aus dem Kolosserbrief (Kol 3,18-4,1) übernommene und erweiterte Haustafel (Eph 5,21-6,9) bietet katalogartige Ermahnungen, die sich an die unterschiedlichen Personengruppen eines Haushalts richten. Der Briefschluss (6,10-24) enthält weder Mitteilungen noch Grüße an die Gemeinde. Stattdessen werden die Gläubigen zur Standhaftigkeit inmitten einer von den Mächten des Bösen beherrschten Welt aufgerufen.

Der Epheserbrief betont wie der Kolosserbrief die kosmische Tragweite des Christusgeschehens und bezieht sich explizit auf das aus Ps 110 abgeleitete Bekenntnis, dass dem von den Toten auferweckten und zur Rechten Gottes erhöhten Herrn als Weltenherrscher alle Mächte unterworfen sind (Eph 1,20-22). Schon vor seiner himmlischen Inthronisation hat er sich am Kreuz als Friedensbringer für die in sich zerrissene Menschheit erwiesen. Heiden und Juden, die einander feindselig gegenüberstanden, sind durch den Tod Jesu Christi miteinander versöhnt worden. Wenn metaphorisch davon die Rede ist, dass Christus die Scheidewand des Zaunes niedergerissen hat, bezieht sich dies auf die Überwindung der Tora, die vom Briefautor als Trennmauer zwischen Juden und Nichtjuden betrachtet wird. Die universale Friedensstiftung und Versöhnung durch das Christusgeschehen wird dabei immer im Blick auf die in Christus neu geschaffene Kirche bedacht, in der die beiden zuvor getrennten Gruppen vereint sind (2,18).

Christus als Weltenherrscher und Versöhner

Christus hat den Zaun zwischen Juden und Völkerwelt niedergerissen

Das alles beherrschende Thema des Epheserbriefes ist die Lehre von der Kirche, die Ekklesiologie, die aus der Christologie abgeleitet wird. Der Briefautor weitet die kosmische Perspektive des Herrschens Christi auf die Kirche aus, in deren Heilsgemeinschaft die in Urzeiten erwählten Gläubigen eingegliedert sind. Die metaphorisch als Tempelbau mit Christus als Eckstein umschriebene Kirche wird in Anknüpfung an den Kolosserbrief als den ganzen Kosmos durchdringender Leib gesehen, dessen Haupt Christus im Himmel ist (Eph 1,22). Sie ist für den Briefautor der durch Christi universale Versöhnungstat entstandene neue Heilsraum, in dem Trennmauern eingerissen und Feindschaften überwunden sind (2,11-22). Als Mitbürger der Heiligen und Hausgenossen Gottes haben die Gläubigen schon jetzt Anteil an der himmlischen Wirklichkeit. Bei der Darlegung des seit Ewigkeit verborgenen und nun in der Kirche Jesu Christi offenbar gewordenen Heilsgeheimnisses stützt sich der Briefautor gezielt auf die Autorität des Paulus (3,1-13), der nun zum großen Friedensapostel avanciert. Die Kirche gewinnt als Größe, durch die das Christusmysterium allen Mächten und Gewalten des Universums aufgedeckt wird, und als Ort, wo es sich geschichtlich verwirklicht, unmittelbare Heilsbedeutung. Glaube ohne Kirche ist nach dem Epheserbrief kaum denkbar. Damit geht ein spezifisches Amtsverständnis einher, das die Apostel und Propheten als unanfechtbare Autoritäten der Vergangenheit betrachtet, während in der Gegenwart des Briefautors die kirchliche Verkündigung und die

Lehre von der Kirche und Amtsverständnis

Gemeindeleitung in den Händen der Trias Evangelisten, Hirten und Lehrer liegt. Sie sollen den Kirchenbau, dessen Fundament die Apostel und Propheten sind (2,20), weiter vorantreiben und zur Vollendung bringen (4,11-13). Mit den Hirten sind die Ortsbischöfe gemeint.

Verfasser und Entstehungszeit

Der Epheserbrief stammt nicht von Paulus, sondern ist ein pseudepigraphes Schreiben. Der unbekannte Verfasser bedient sich der apostolischen Autorität des Paulus und kennzeichnet damit das, was er zu sagen hat, als eine dem Geist der paulinischen Theologie verpflichtete Auslegung des Evangeliums. Dabei macht er vom Kolosserbrief Gebrauch, aus dem einzelne Passagen fast wörtlich aufgenommen werden. Andererseits sind die theologischen Unterschiede zwischen Kolosserbrief und Epheserbrief zu groß, als dass für beide Schreiben derselbe Autor in Betracht käme. Der Epheserbrief wurde nach dem Kolosserbrief und wie dieser von einem in der Tradition des Paulus stehenden Theologen in Kleinasien verfasst. Da der Autor den Kolosserbrief als Vorlage verwendete, vermutet man zuweilen, dass er in Kolossä oder einer der anderen Gemeinden des Lykostals (Laodizea, Hierapolis) beheimatet war. Anders als der Verfasser der Pastoralbriefe bemüht er sich nicht um eine fiktive Einbettung der Abfassungssituation in die Paulusbiographie. Wenn Paulus als Gefangener gekennzeichnet wird (3,1.13), könnte aber an die Haft in Rom gedacht sein. Da Ignatius von Antiochien im frühen 2. Jh. n. Chr. bereits Kenntnis vom Epheserbrief zeigt, wird das Schreiben um 90 n. Chr. entstanden sein.

■ Der Philipperbrief

Adressaten und Abfassungszweck

In Philippi hatte Paulus 49 n. Chr. seine erste Gemeinde auf europäischem Boden gegründet (Apg 16,11-40), mit der ihn ein inniges Verhältnis verband und von der er sich mehrfach finanziell unterstützen ließ. Unmittelbarer Anlass für das Schreiben war die Sorge der Gemeinde um Epaphroditus, der dem Apostel eine Geldgabe überbrachte, einige Zeit bei ihm blieb und schwer erkrankte. Die Nachricht von seiner Erkrankung drang bis nach Philippi durch und rief dort Beunruhigung hervor, wovon wiederum Paulus Kenntnis erhielt. Vor diesem Hintergrund sendet er Epaphroditus mit einem Brief nach Philippi zurück, um alle Sorgen zu zerstreuen und für die unlängst erhaltene Geldsendung der Gemeinde zu danken. Darüber hinaus geht es dem Apostel um die Warnung vor Gegnern, die mit der Beschneidungsforderung das paulinische Evangelium torpedieren.

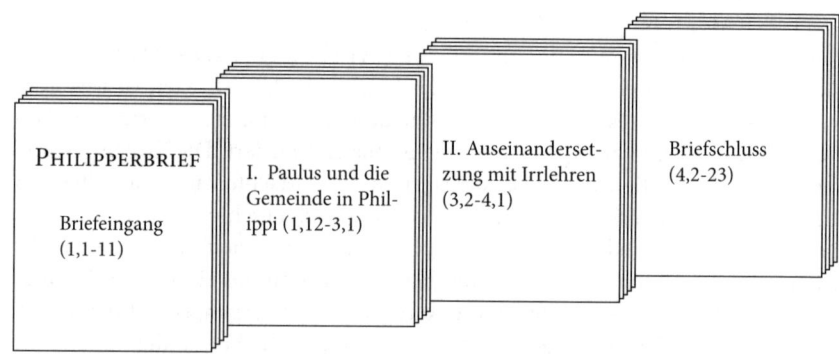

Im *Briefeingang* mit Präskript und Proömium (1,1-11) dankt Paulus für die enge Freundschaft, die ihn mit den Philippern verbindet. In der Situation der Gefangenschaft denkt er mit besonderer Freude an sie und sehnt sich nach ihrer Gegenwart. Der *erste Hauptteil* (1,12-3,1) kreist um das Verhältnis des inhaftierten Apostels zu seiner Gemeinde und ist durch das Motiv der Freude im Leiden geprägt. Zunächst kommt Paulus konkret auf seine Haftsituation im Prätorium zu sprechen (1,12-30), bei der er den Tod als realistische Möglichkeit einkalkuliert. Die Konfrontation mit der Todesgefahr hat seine Auferstehungshoffnung verändert. Das neue Leben erwartet er nun direkt nach dem Tod und nicht erst bei der Wiederkehr Christi. Da die Philipper im selben Kampf für das Evangelium stehen wie der Apostel, sollen auch sie sich mit ganzer Kraft unter Einschluss von Leidensbereitschaft dafür einsetzen. In den Ermahnungen zu Eintracht und Liebe (2,1-2,18) richtet Paulus den Fokus auf das Verhalten der Gemeindemitglieder untereinander, das durch die in Christus begründete Liebe bestimmt sein soll. Zur Illustration der vorbildhaften, von Selbstlosigkeit und Demut gekennzeichneten Haltung Christi zitiert Paulus einen traditionellen Hymnus (2,6-11). Der erste Hauptteil schließt mit Reiseplänen (2,19-3,1). Paulus stellt die Entsendung von Timotheus in Aussicht und hofft auch selbst bald nach Philippi kommen zu können. Zu Beginn des *zweiten Hauptteils* (3,2-4,1) schlägt der freundliche Tonfall unvermittelt in scharfe Polemik um. Paulus warnt vor Irrlehrern, die er als Hunde und böse Arbeiter beschimpft. Die von ihnen geforderte Beschneidung verunglimpft er als Zerschneidung. In einem autobiographischen Abriss zeigt Paulus auf, wie das Damaskuserlebnis seine Haltung gegenüber der Tora grundlegend verändert und eine radikale Neuausrichtung des Wertesystems nach sich gezogen hat. Was der untadelige Pharisäer Paulus als Gewinn betrachtete, stellt sich ihm aus christlicher Perspektive als Verlust dar. Mit dem Blick auf die Vollkommenheit der Christusgläubigen (3,12-20) wird ein neues Thema angeschlagen. Unter Heranziehung des Bildes vom Wettkämpfer, der nach der Siegermedaille strebt, kennzeichnet sich Paulus als eine Person, die sich mit aller Anstrengung noch auf dem Weg zur christlichen Vollkommenheit befindet. An die Philipper ergeht der Appell, es ihm nachzutun und sich nicht die Feinde des Kreuzes zum Vorbild zu nehmen. Der *Briefschluss* (4,2-23) setzt mit Mahnungen an zwei Mitarbeiterinnen in Philippi ein, die sich im Streit miteinander befinden. Den Dank für die durch Epaphroditus überbrachte Geldgabe der Philipper verbindet Paulus mit grundsätzlichen Bemerkungen über seine Apostelexistenz und dem Rückblick auf schon früher erhaltene Zuwendungen aus Philippi.

> Der freundliche Tonfall schlägt plötzlich in scharfe Polemik um

Der Philipperbrief ist nicht aus einem Guss, sondern weist Spannungen auf. Der Briefabschnitt 1,1-3,1 ist im Ton der Freude gehalten und endet mit Reiseplänen, wie sie meist am Schluss von Paulusbriefen begegnen. In 3,2 schlägt Paulus unvermittelt einen scharfen Ton an und warnt vor Gegnern, auf die bis dahin nichts hindeutete. Zudem fällt ins Auge, dass der Dank für die von Epaphroditus überbrachte Geldgabe erst in 4,10-20 und nicht schon in 2,20-25 erfolgt. Angesichts dieses Befundes wird oftmals angenommen, dass der Philipperbrief aus mehreren eigenständigen Schreiben des Paulus zusammengesetzt sei. Ergänzend beruft man sich darauf, dass Polykarp von Smyrna im 2. Jh. n. Chr. im Plural von *Briefen* des Paulus nach Philippi spricht (Polyk., *Phil.* 3,2). Man rechnet dann mit einem Dankschreiben für die Geldgabe als ältestem Teil der Philipperkorrespondenz (4,10-20), dem von Epaphroditus überbrachten Schreiben (1,1-3,1; 4,4-9.21-23) und einem späteren »Kampfbrief« (3,2-4,3), den Paulus aufgrund neuer Informationen über das Eindringen judenchristlicher Gegner nach Philippi abgefasst habe. Wirklich zwingend sind die Teilungshypothesen allerdings nicht. Der Bruch zwischen 3,1 und 3,2 kann damit zusammenhängen, dass Paulus erst während der Abfassung des Philipperbriefes Kenntnis von der Bedrohung der Gemeinde durch Irrlehrer erhielt. Insgesamt besteht keine Notwendigkeit, an der literarischen Einheitlichkeit des Philipperbriefes zu zweifeln, zumal Polykarp in Wirklichkeit ebenfalls nur einen einzigen Philipperbrief des Paulus tatsächlich auch zu kennen scheint (Polyk., *Phil.* 11,3).

Der Christushymnus Phil 2,6-11

Ernst Lohmeyer erbrachte in seiner Untersuchung »Kyrios Jesus« (1927/28) den Nachweis, dass in Phil 2,6-11 ein vorpaulinischer Christushymnus vorliegt, der den Weg Jesu Christi in drei Stufen von der Präexistenz im Himmel über die Menschwerdung bis zu der im Anschluss an die Kreuzigung erfolgten Erhöhung nachzeichnet. Der Akzent liegt auf der letzten Stufe, indem die Einsetzung des gekreuzigten, auferstandenen und in den Himmel aufgefahrenen Gottessohnes zum Herrscher über alle Weltmächte das Ziel des Schöpfungshandelns Gottes darstellt. Die Erhöhung des Kyrios Jesus Christus wird damit als endgültige Entmachtung der den Kosmos beherrschenden feindlichen Gewalten verstanden. Christushymnen mit dem Drei-Stufen-Schema begegnen an weiteren Stellen des Neuen Testamentes (Joh 1,1-18; Kol 1,15-20; 1Tim 3,16 ; Hebr 1,3f). Dabei ist im Johannesprolog und im Kolosserhymnus die Präexistenz Christi, die in Phil 2,6 nur gestreift wird, ungleich stärker betont und unter Aufnahme von Weisheitstheologie (Spr 8,22-31) auch von einer Beteiligung des präexistenten Gottessohnes an der Erschaffung der Welt die Rede. Die Christushymnen neigen dazu, das entscheidende Heilereignis bereits in der Menschwerdung des Gottessohnes zu sehen und die Kreuzigung Jesu lediglich als notwendigen Durchgang zur Erhöhung zu betrachten. Paulus hat daher in Phil 2,8 gezielt die Worte »bis zum Tod am Kreuz« eingefügt, um den Hymnus kreuzestheologisch einzufärben.

Profil der Gegner

Bei den im Philipperbrief bekämpften Gegnern handelt es sich um judenchristliche Missionare, wie ihre Verunglimpfung als »böse Arbeiter« und die Warnung vor ihrer »Zerschneidung« (Phil 3,2) zeigt. »Arbeiter« wurde unter dem Einfluss von Mt 10,10 zur gebräuchlichen Titulatur für christliche Apostel (2Kor 11,13), »Zerschneidung« ist eine bösartige Entstellung der Beschneidung. Auch aus der paulinischen Argumentation in Phil 3,3-9 geht indirekt hervor, dass von den Gegnern die Beschneidung, das Gesetz und die Vorzüge Israels propagiert wurden. Sofern die Polemik von Phil 3,18f ebenfalls auf die Gegner von 3,2 gemünzt ist, sieht Paulus in ihnen zudem Feinde des Kreuzes und wirft ihnen vor, dass ihr Gott der Bauch sei. Letzteres könnte sich auf die strenge Einhaltung der jüdischen Speisegebote beziehen, während sich ersteres als Missachtung der im Kreuzesgeschehen bewirkten Befreiung vom Fluch des Gesetzes (Gal 3,13) interpretieren ließe. Unter dem Strich zeigt sich, dass es sich bei den Irrlehrern um ganz ähnliche oder sogar dieselben Gegner des Paulus handelt, wie sie auch im Galaterbrief bekämpft werden.

> Es handelt sich wohl um dieselben Wanderapostel wie im Galaterbrief

Abfassungsort und Entstehungszeit

Bei Abfassung des Philipperbriefs befindet sich Paulus im Prätorium in Haft (Phil 1,13f). Als Mitabsender des Briefes wird Timotheus genannt (Phil 1,1). Während Cäsarea, wo Paulus zwei Jahre in Haft war (Apg 24-26), kaum noch als

Abfassungsort in Betracht gezogen wird, steht Rom (Apg 28,16.30) bei einigen Exegeten nach wie vor hoch im Kurs. Dann wäre der Brief das letzte Vermächtnis des Apostels. Die Erwähnung des Prätoriums (1,13) und kaiserlicher Sklaven (4,22) stützt diese These nicht, denn beides gab es auch in den Provinzen. Das Schreiben spiegelt einen regen Kontakt des inhaftierten Apostels mit den Philippern wider (2,19-30), wie er von Rom aus angesichts der weiten Wege kaum möglich war. Eine Schiffspassage zwischen Rom und Philippi dauerte etwa zwei Wochen, auf dem Landweg musste man eine Reisezeit von vier Wochen einkalkulieren. Gegen eine Abfassung des Briefes in Rom, von wo aus Paulus nach Spanien weiterreisen wollte (Röm 15,23f), spricht auch die Hoffnung auf einen baldigen Besuch in Philippi (2,24). Paulus müsste seine Reisepläne geändert und die ihm so wichtige Spanienmission zugunsten einer neuerlichen Mazedonienreise zurückgestellt haben, was kaum denkbar ist. Er sah die Arbeit im Osten als abgeschlossen an und wollte das Evangelium in den Westen des Römischen Reichs bringen (Röm 15,23). Wahrscheinlichster Abfassungsort des Philipperbriefes ist Ephesus, wo Paulus in der Endphase seines dortigen Wirkens ebenfalls einen Gefängnisaufenthalt durchlitten haben dürfte (2Kor 1,8f). In diesem Kontext entstand der Philipperbrief wohl 55 n. Chr. ungefähr zeitgleich mit dem Philemonbrief und dem Tränenbrief an die Korinther.

■ Der Kolosserbrief

Kolossä liegt im Hinterland von Ephesus im Lykostal. Mit Laodizea und Hierapolis befanden sich in unmittelbarer Nachbarschaft zwei weitere Orte, denen für die Anfänge der Kirche große Bedeutung zukommt. Paulus hat während seines missionarischen Wirkens in Kleinasien das Lykostal nicht erreicht. Die Gründung der Gemeinde geht auf Epaphras zurück (Kol 1,7), der aus Kolossä stammte und wohl in Ephesus die Bekanntschaft des Paulus machte. Bei seiner Rückkehr verkündete er in Kolossä das Evangelium und rief eine christliche Gemeinde ins Leben. In Kolossä befand sich auch die Hausgemeinde des Philemon. Maßgeblicher Abfassungszweck des Kolosserbriefes ist die Warnung vor Irrlehrern, die für die Gemeinden im Lykostal eine Gefahr darstellten.

Adressaten und Abfassungszweck

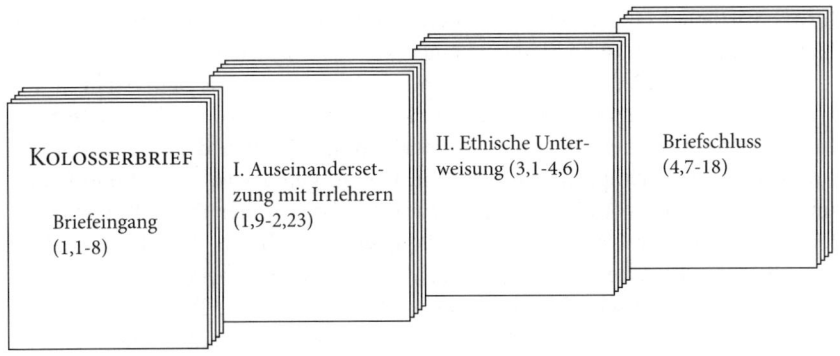

Nach dem *Briefeingang* (1,1-8) zerfällt der Brief in einen lehrhaften und einen ermahnenden Teil. Im Zentrum der lehrhaften Darbietungen des *ersten Haupt-*

Aufbau und Gedankengang

teils steht die Auseinandersetzung mit Irrlehren (1,9-2,23). Der Briefautor nimmt einen längeren Anlauf, bis er zum eigentlichen Thema kommt. Zunächst bietet er einen Rückblick auf das heilvolle Christusgeschehen (1,15-20). Dann werden scheinbar autobiographisch der von Leiden begleitete Dienst des Paulus in der Völkerwelt und der Einsatz des Apostels für die Gemeinde von Kolossä beschrieben (1,24-2,5). Die Verwurzelung der Adressaten im rechten Glauben ist allerdings durch das Auftreten von Irrlehren ernsthaft gefährdet, mit denen der Autor sich auseinandersetzt (2,6-2,23). Im *zweiten Hauptteil* bietet der Kolosserbrief ethische Unterweisung (3,1-4,6). Der Briefautor verknüpft den Zuspruch des in Christus geschenkten Heils mit dem Anspruch der sittlichen Bewährung (3,1-4). Die konkreten Weisungen setzen mit einer Gegenüberstellung von altem und neuem Leben der Gemeindeglieder ein (3,5-17). Danach bedient sich der Briefautor im Rahmen der ethischen Unterweisung der Form der Haustafel (3,18-4,1), in der sämtliche Glieder des Haushalts angesprochen und ermahnt werden. Der *Briefschluss* (4,7-18) bietet außergewöhnlich umfangreiche Empfehlungen und Grüße, wobei zahlreiche der angeblich bei Paulus weilenden Mitarbeiter namentlich Erwähnung finden. Zudem wird ein Laodizenerbrief des Paulus erwähnt, über den sonst nicht das Geringste bekannt ist.

Profil der Irrlehrer

Im Zentrum des Kolosserbriefes steht die Bekämpfung von Irrlehrern, deren Profil allerdings unscharf bleibt und viel Raum für Spekulationen lässt. Sie vertreten eine »Philosophie«, in der die Verehrung der Weltelemente (2,8), der »Mächte und Gewalten« (2,10) und der Engel (2,18) eine zentrale Rolle spielt. Diese werden offenbar als feindlich gesonnene und daher gütig zu stimmende Größen zwischen der irdischen und der göttlichen Welt betrachtet, denen der Mensch ausgeliefert ist und die das Schicksal bestimmen. Zudem forderten die Gegner die genaue Beachtung von Feiertagen und Planetenkonstellationen sowie die Einhaltung von Speisevorschriften (2,16). Die exakte religionsgeschichtliche Verortung der Gegner und ihrer Lehren, die auch für die benachbarten Gemeinden von Laodizea und Hierapolis eine Gefahr darstellen (4,13), fällt schwer. Die das All beherrschenden Mächte und deren Verehrung spielen in philosophischen oder religiösen Strömungen der Antike wie der Orphik, den Mysterienreligionen, dem Pythagoreismus und der Gnosis eine Rolle. Es könnte sich bei der im Kolosserbrief bekämpften Philosophie um eine Frühform christlicher Gnosis handeln, in die mit der Kalenderfrömmigkeit und den Speisetabus auch jüdische Elemente eingeflossen zu sein scheinen.

> Das Profil der Irrlehrer bleibt unscharf und lässt Raum für Spekulationen

Christus als Herrscher über Mächte und Gewalten

Der kultischen Verehrung von Mächten und Gewalten als Beherrschern und Ordnern des Alls setzt der Briefautor die kosmische Bedeutung Christi entgegen. In Kol 1,15-20 rezitiert er einen Christushymnus, der von der Vorstellung der Präexistenz und Schöpfungsmittlerschaft Christi geprägt ist. Als Abbild Gottes und Erstgeborener vor aller Schöpfung war Christus an der Erschaffung von allem Sichtbaren wie Unsichtbaren beteiligt, seien es Throne oder Herrschaften, Mächte oder Gewalten. Während es sich für die Irrlehrer bei den Mächten und Gewalten um kosmische Schicksalsmächte handelt, die eine Bedrohung für den Menschen und die Welt darstellen, steht für den Briefautor außer Frage, dass sie Christus unterstehen und den Gläubigen nichts anhaben können. Bei der konkreten Auseinandersetzung mit der gegnerischen Philosophie rückt er die Vorstellung vom erhöhten Christus als Haupt aller Mächte und Gewalten in den Vordergrund (2,10; vgl. Phil 2,9-11). Gott hat im Christusgeschehen die Mächte und Elemente besiegt, er stellt sie wie Kriegsgefangene beim Triumphzug öffentlich zur Schau (2,15). Religiöse Bindung an Christus ist gleichbedeutend mit Freiheit von allen anderen Mächten und Gewalten.

Herzstück der Ethik des Kolosserbriefes ist die Haustafel (3,18-4,1), die sich hier erstmals im Neuen Testament findet und in der Folgezeit zu einer beliebten Form der christlichen Unterweisung wurde. Die Haustafeln bieten eine Zusammenstellung von kurzen Mahnungen an sämtliche Mitglieder des Haushaltes. Frauen und Männer, Kinder und Eltern, Sklaven und Herren werden angewiesen, ihr Verhältnis zueinander in gegenseitiger Verpflichtung und im Bewusstsein der Herrschaft Jesu Christi zu gestalten. Es geht um die ethische Bewährung der Getauften im Alltag von Ehe, Familie und Arbeitswelt. Mit Verweis auf die allgemein sich ziemenden Sitten fordert die Haustafel eine einseitige Unterordnung von Frauen, Kindern und Sklaven gegenüber Ehemännern, Eltern und Herren, die allerdings ebenfalls in die Pflicht genommen werden. Dabei handelt es sich um zeitbedingte Weisungen, die mit ihrer patriarchalen Ethik der Unterordnung und des unhinterfragten Gehorsams nicht einfach in die heutige Wirklichkeit übertragen werden können. Entfernte Vorbilder haben die christlichen Haustafeln in der Morallehre der Stoa, wo das angemessene Verhalten des Mannes gegenüber Frauen, Kindern und Sklaven thematisiert wird, und in der Ethik des hellenistischen Judentums.

Patriarchale Ethik der Unterordnung

> Die Haustafeln bieten eine Ethik des unhinterfragten Gehorsams

Das Präskript des Schreibens entspricht mit Absenderangabe, Dank und Fürbitte dem Stil der echten Paulusbriefe. Als Mitabsender wird, wie in anderen Paulusbriefen auch, Timotheus genannt (1,1). Im Briefschluss ist davon die Rede, dass Paulus aus der Gefangenschaft schreibt (4,18). Der Kolosserbrief setzt damit die gleiche Abfassungssituation wie der Philipper- und Philemonbrief voraus, die wahrscheinlich im Jahr 55 n. Chr. in Ephesus entstanden. Wenn heute eine paulinische Verfasserschaft des Kolosserbriefes fast durchweg bezweifelt wird, hängt dies mit seinem von den übrigen Paulusbriefen abweichenden Stil und seiner vom theologischen Denken des Apostels deutlich unterschiedenen Gedankenwelt zusammen. Einige Beispiele sollen dies verdeutlichen. Paulus spricht von der Gemeinde als Leib Christi (1Kor12; Röm12), ohne dabei den erhöhten Christus als das Haupt des Leibes zu betrachten, wie es der Autor des Kolosserbriefes tut (Kol 1,18). Die Tauftheologie von Kol 2,12 sieht das zukünftige Auferstehungsgeschehen bereits in der Gegenwart verwirklicht, Paulus dagegen vermeidet diese Aussage in Röm 6,4 bewusst und stellt die Heilsgaben der Taufe unter den endzeitlichen Vorbehalt. Während für Paulus die Unterwerfung der kosmischen Mächte einen noch ausstehenden Akt des mit der Wiederkunft des Herrn einsetzenden apokalyptischen Szenarios darstellt (1Kor 15,24), sieht der Autor des Kolosserbriefes sie mit der Erhöhung Christi bereits vollzogen (Kol 2,10). Diese Unterschiede sprechen auch gegen die zuweilen geäußerte Vermutung, der Kolosserbrief sei noch zu Lebzeiten des Paulus in dessen Anwesenheit von Timotheus verfasst worden. Andererseits knüpft der Kolosserbrief in vielfältiger Weise an paulinische Theologie an. Er wurde wohl um 70 n. Chr. von einem unbekannten Paulusschüler verfasst. Entstanden ist er möglicherweise in Ephesus, wo die Paulustradition in besonderer Weise gepflegt wurde.

Verfasser und Entstehungszeit

■ Der erste Thessalonicherbrief

Adressaten und Abfassungszweck

Paulus hatte die Gemeinde Ende 49 oder Anfang 50 n. Chr. von Philippi kommend gegründet, bevor er sie angesichts einer drohenden Anklage überstürzt verließ und über Beröa nach Athen weiterzog (Apg 17). Die Apostelgeschichte weiß wenig Konkretes über die Anfänge des kirchlichen Lebens in Thessalonike zu berichten. Im Mittelpunkt ihrer Darstellung steht ein von Juden angezettelter Tumult, in den allerdings nicht Paulus, sondern sein Gastgeber Jason verwickelt ist. Die Anspielungen im ersten Thessalonicherbrief auf die Gemeindegründung ergänzen das von Lukas vermittelte Bild. Während die Gemeinde ihre Anfänge im Umfeld der Synagoge nahm, bestand sie mehrheitlich bald aus Personen, die in ihrer vorchristlichen Vergangenheit dem heidnischen Polytheismus verpflichtet waren (1Thess 1,9f). Vor dem Hintergrund der in Thessalonike dominanten religiösen Strömungen bedeutet dies, dass sich viele Gläubige vor ihrer Bekehrung an den Kulten griechischer und orientalischer Gottheiten wie Dionysos, Isis, Osiris oder Sarapis beteiligt haben. Dass Paulus die Gemeinde in einer unsicheren Situation zurückgelassen hatte, erfüllte ihn mit Sorge und wohl auch Schuldgefühlen. Von Athen aus entsandte er Timotheus nach Thessalonike (3,1-13). Seine Aufgabe bestand darin, den Thessalonichern beizustehen und ihnen Glaubenszuversicht zu vermitteln. Von Timotheus erfuhr Paulus, dass die Gläubigen in Thessalonike unter Anfeindungen seitens der griechischen Umwelt litten (2,14) und zudem durch Todesfälle in den eigenen Reihen beunruhigt waren (4,13-18). Timotheus brachte aber auch gute Nachrichten über den Glaubenszustand und die Liebe der Thessalonicher mit. Paulus will durch den ersten Thessalonicherbrief die Kommunikation mit der von ihm fluchtartig verlassenen Gemeinde aufrechterhalten, sie in ihrer bedrängten Situation stärken und ihr zugleich die Sorge nehmen, dass die vor der Wiederkunft des Herrn verstorbenen Gläubigen im Nachteil sein könnten.

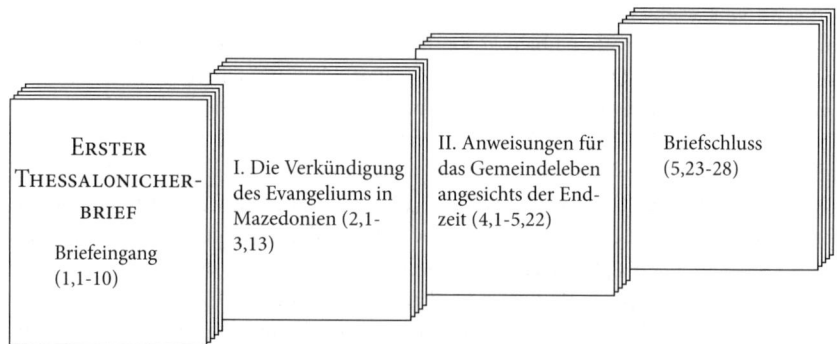

Erster Thessalonicherbrief

Briefeingang (1,1-10)

I. Die Verkündigung des Evangeliums in Mazedonien (2,1-3,13)

II. Anweisungen für das Gemeindeleben angesichts der Endzeit (4,1-5,22)

Briefschluss (5,23-28)

Aufbau und Inhalt

Der erste Thessalonicherbrief ist ein faszinierendes Zeugnis glühender Naherwartung. Theologische Zentralbegriffe der späteren Paulusbriefe wie Gesetz, Sünde, Kreuz oder Gerechtigkeit Gottes spielen in ihm keine Rolle. Zwischen *Briefeingang* (1,1-10) und *Briefschluss* (5,23-28) zerfällt das Schreiben in zwei große Blöcke. Im *ersten Hauptteil* blickt Paulus auf die Anfänge der Evangeliumsverkündigung in Mazedonien zurück (2,1-3,13), wobei er sein eigenes Wirken als Missionar ins rechte Licht rückt (2,1-12) und die Entwicklung der Gemeinde in Thessalonike seit seiner Abreise Revue passieren lässt (2,13-3,13). Der *zweite*

Hauptteil kreist thematisch um die Parusie, die Wiederkunft Christi am Ende der Tage. Der Apostel erteilt ethische Weisungen zum rechten Lebenswandel angesichts des kommenden Weltendes (4,1-12), spendet Trost angesichts von Todesfällen in der Gemeinde (4,13-18), gibt Belehrungen über das Kommen der Endzeit (5,1-11) und trifft Regelungen für das Gemeindeleben (5,12-21).

In 1Thess 2,13-16 geht Paulus auf die Leidenssituation der Gemeinde ein und setzt ihr Schicksal mit dem der Gläubigen in Judäa in Beziehung. Die Thessalonicher haben von ihren griechischen Landsleuten das Gleiche erlitten wie die Judenchristen Judäas von ihren jüdischen Landsleuten. In diesem Zusammenhang erlaubt sich Paulus eine mehr als problematische Entgleisung gegenüber dem Judentum, indem er die Juden als Christusmörder und allgemeine Menschenfeinde bezeichnet, die unwiderruflich den endzeitlichen Zorn Gottes auf sich gezogen haben. Der Vorwurf des Christusmordes, den Paulus gegen sein eigenes Volk erhebt und der sich auch bei Lukas findet (Apg 3,15), blendet die juristische Verantwortung der Römer für den Kreuzestod Jesu aus. Mit dem Motiv der Feindseligkeit gegenüber allen Menschen bedient sich Paulus eines gängigen Klischees des antiken Antijudaismus, wie es beispielsweise auch bei Tacitus begegnet (*hist.* 5,5). In Röm 11 äußert sich Paulus ungleich differenzierter zum endzeitlichen Geschick Israels und geht von der Errettung des erwählten Gottesvolkes aus.

Scharfe Polemik gegen die Juden

Die beiden Schlusskapitel des von glühender Naherwartung des Weltendes geprägten Briefes kreisen um die Frage nach der Auferstehung der Toten und dem Kommen der Endzeit. Unter dem Eindruck der paulinischen Missionspredigt rechneten die Thessalonicher mit dem baldigen Eintreten des Endgeschehens. Nach der Abreise des Apostels sorgten sie sich aufgrund unerwarteter Todesfälle um das Heil jener Personen, die vor der Wiederkunft des Herrn und dem Eintreffen des Weltendes gestorben waren. In seiner Antwort benennt Paulus Tod und Auferstehung Jesu als unumstößliches Fundament christlicher Hoffnung, um dann alle Sorgen zu zerstreuen. Die bereits gestorbenen Gläubigen profitieren als Erste von den apokalyptischen Ereignissen. Bei der Wiederkunft des Herrn werden sie durch ihre Auferweckung den Lebenden gleichgestellt. Beide Gruppen, die auferweckten und die noch lebenden Gläubigen, werden gemeinsam zur Begegnung mit Christus in die Lüfte emporgehoben. Höhepunkt und Ziel des dramatischen Endgeschehens ist die ewige Gemeinschaft mit dem Herrn. Die entschlafenen Gläubigen haben also keinerlei Nachteile bei der Wiederkunft des Herrn in Kauf zu nehmen. Wer früher stirbt, ist lediglich länger tot.

Wiederkunft des Herrn und Auferstehung der Toten

Wer früher stirbt ist nur länger tot

Klärungsbedarf sieht Paulus bei den Thessalonichern auch im Hinblick auf den Zeitpunkt des Weltendes. Er bekräftigt trotz der eingetretenen Todesfälle die Hoffnung auf das nahe Weltende, das er noch zu eigenen Lebzeiten erwartet und das ohne jedes Vorzeichen eintreten wird (5,1-11). Er wendet sich gegen die trügerische Parole »Frieden und Sicherheit«, die auf der Annahme basiert, solange Friede herrsche, müsse man noch nicht mit den apokalyptischen Geschehnissen rechnen, da Kriege und Gräueltaten auf Erden notwendige Vorzeichen der Parusie und des Endgerichts seien. Der Tag des Herrn, in biblischer Tradition die Bezeichnung für das Endgericht Gottes, kommt jedoch unvermittelt wie der Dieb in der Nacht. Daher ruft Paulus zu steter Wachsamkeit und gegenseitiger Tröstung auf. Die Gläubigen sollen sich in geistlicher Rüstung für den Tag des Herrn wappnen und einander im Bewusstsein der Heilsgewissheit in Christus stärken.

Unvermitteltes Kommen des Weltendes

Abfassungsort und Entstehungszeit

Der erste Thessalonicherbrief entstand wohl Ende 50 n. Chr. in Korinth und ist damit das älteste erhaltene Schreiben des Apostels. Als Mitabsender werden Silvanus und Timotheus angeführt. Nachdem Paulus von Athen aus Timotheus nach Thessalonike entsandt hatte (1Thess 3,1-5) und selbst nach Korinth weitergezogen war, stieß Timotheus dort wieder zu ihm (Apg 18,5) und brachte überwiegend erfreuliche Nachrichten aus Thessalonike mit (1Thess 3,6). Paulus zeigt sich erleichtert, dass trotz aller Sorgen und Nöte das Andenken der Gemeinde an ihren Gründungsapostel ungetrübt war. Vor diesem Hintergrund erfolgte die Abfassung des Briefes, der im Ton der Freude und Dankbarkeit gehalten ist.

■ Der zweite Thessalonicherbrief

Adressaten und Abfassungszweck

Im Neuen Testament ist ein weiterer Brief an die Thessalonicher überliefert. Im Mittelpunkt stehen erneut Fragen, die den Anbruch der Endzeit und die Wiederkunft Christi betreffen. Dem sich als Paulus ausgebenden Briefautor geht es darum, die Naherwartung des ersten Thessalonicherbriefes in entscheidenden Punkten zu korrigieren. Da der Brief kaum persönliche Passagen enthält, ist fraglich, ob er tatsächlich nach Thessalonike gerichtet war. Vermutlich hat er als Adressaten allgemein solche Gemeinden vor Augen, in denen der erste Thessalonicherbrief bekannt war.

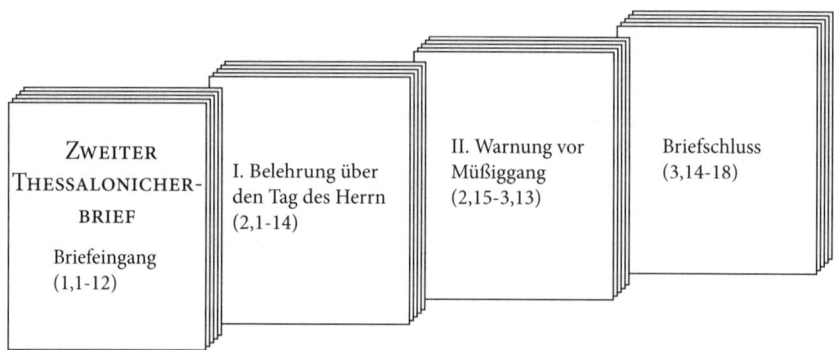

Aufbau und Inhalt

Der zweite Thessalonicherbrief kreist um die Themen Verfolgung, vermeintliche Nähe des Weltendes und Vernachlässigung der Arbeit. Der *Briefeingang* (1,1-12) nimmt die Situation der unter Verfolgung leidenden Adressaten und das zentrale Thema der Parusie in den Blick. In apokalyptischen Bildern schildert der Briefautor die endzeitliche Wiederkehr des Herrn, der mit den Engeln vom Himmel kommen wird, um das als Feuergericht vorgestellte Strafhandeln Gottes an den Ungläubigen zu vollziehen. Im *ersten Hauptteil* bietet der Verfasser eine Belehrung über den Tag des Herrn (2,1-14), die im *zweiten Hauptteil* um eine Mahnung zu ordentlichem Lebenswandel angesichts des sich verzögernden Weltendes ergänzt wird (2,15-3,13). Im *Briefschluss* (3,14-18) verlangt der Autor Gehorsam und Annahme seiner Lehre, rechnet aber damit, dass diese nicht bei allen Gläubigen auf Akzeptanz stoßen wird.

Belehrung über den Tag des Herrn

Die Belehrung über die Endzeitereignisse bildet das inhaltliche Zentrum des Briefes. Der Verfasser setzt sich mit einer von unmittelbarer Naherwartung und Heilsenthusiasmus geprägten Haltung auseinander, die durch geistgewirkte Prophetensprüche, mündliche Belehrung und ein Missverstehen des ersten Thessalonicherbriefes hervorgerufen wurde. Die Gemeinde glaubte, dass der von allen erwartete Tag des Herrn bereits im Anbruch sei und das endzeitliche Heil unmittelbar vor der Tür stehe. Der Briefautor korrigiert diese Sicht der Dinge mit dem Verweis darauf, dass die Wiederkehr des Herrn in der Zukunft liegt und die Welt in der Zeit bis dahin von anderen Mächten beherrscht wird. Dabei bietet er eine Art Fahrplan zum Ablauf der Endereignisse. Dem Tag des Herrn werden zwei noch nicht eingetretene Dinge vorausgehen, nämlich der Abfall der Menschen und das Auftreten des Widersachers. Mit dem endzeitlichen Widersacher ist jene Gestalt gemeint, die in anderen apokalyptischen Traditionen als der Antichrist (1Joh 4,3) bezeichnet wird. Mit einem Verweis auf mündliche Verkündigung des Paulus (2Thess 2,5) werden die Gläubigen an ihr Wissen darum erinnert, was das Auftreten des göttlichen Widersachers noch aufhält. Welche noch zu vernichtende Macht dies ist, bleibt im Dunkel. Der Antichrist, der sich danach in der Wirkkraft des Teufels mit Zeichen und Wundern offenbart, hat der machtvollen Erscheinung des wiederkehrenden Herrn nichts entgegenzusetzen. Ein Atemhauch Jesu wird genügen, um ihn zu vernichten.

Die Ethik des zweiten Thessalonicherbriefes richtet den Fokus auf das konkrete Problem der Arbeitsscheu einzelner Gemeindemitglieder, die mit Blick auf das scheinbar direkt bevorstehende Weltende die Füße hochlegten. Fleiß und Arbeitsethos werden unter Verweis auf das Vorbild des Paulus, der das Recht der Versorgung durch die Gemeinde nicht in Anspruch nahm, als zentrale christliche Tugenden benannt. Angesichts des Umstands, dass die enthusiastische Naherwartung des ersten Thessalonicherbriefes bei vielen Gläubigen ethischen Müßiggang und eine Art »Hängemattenchristentum« nach sich zog, bedarf es einer Klarstellung. Da der Tag des Herrn noch nicht unmittelbar vor der Tür steht und auch nicht urplötzlich kommen wird, sondern sich durch bestimmte Vorzeichen ankündigt, besteht kein Grund zur Vernachlässigung der irdischen Aufgaben.

Warnung vor Vernachlässigung der irdischen Aufgaben

Die glühende Naherwartung förderte ein Hängemattenchristentum

Der Brief erhebt den Anspruch, von Paulus zu stammen, und scheint sogar den Versuch zu unternehmen, den ersten Thessalonicherbrief als Fälschung zu stigmatisieren (2Thess 2,2). Dabei rechnet der sich als Paulus ausgebende Briefautor bereits selbst damit, dass die Echtheit seines Schreibens bestritten wird. Jedenfalls untermauert er die vermeintlich eigenhändige Unterschrift des Paulus in beispielloser Weise mit einer Beteuerungsformel, um Zweifeln an ihrer Authentizität zu begegnen (3,17). In der Regel wird der Brief zu Recht als das in nachpaulinischer Zeit entstandene Schreiben eines Theologen betrachtet, der auf der Folie des ersten Thessalonicherbriefes und unter Rückgriff auf Paulustradition das Problem der sich verzögernden Wiederkehr des Herrn zu verarbeiten sucht. Als Entstehungszeit kommt dann das ausgehende 1. Jh. n. Chr. in Betracht. Es gibt aber auch vereinzelte Stimmen, die den zweiten Thessalonicherbrief als echten Paulusbrief betrachten (W.G. Kümmel; K.W. Niebuhr). Dann wäre das Schreiben bald nach dem ersten Thessalonicherbrief entstanden und man müsste voraussetzen, dass Paulus binnen kürzester Zeit seine apokalyptische Naherwartung grundlegend korrigiert hätte. Dagegen spricht allerdings deutlich 1Kor 15,20-58, wo von bestimmten Vorzeichen der Parusie keine Rede ist.

Verfasser und Entstehungszeit

■ Der erste Timotheusbrief

Adressat und Abfassungszweck

Der Brief richtet sich an Timotheus, der seit dem Aufbruch nach Europa an der Seite des Paulus wirkte (Apg 16,1-3), den Apostel auch auf der Kollektenreise nach Jerusalem begleitete (Apg 20,4) und als Mitabsender mehrerer Paulusbriefe begegnet. Neben der Mitarbeit an der Evangeliumsverkündigung und dem Gemeindeaufbau fiel ihm vor allem die Aufgabe zu, durch Besuche die Verbindung mit den neu gegründeten Gemeinden aufrecht zu erhalten und sie im Glauben zu stärken. Angesichts der Bedeutung des Timotheus als einem der engsten Vertrauten des Paulus ist es nicht verwunderlich, wenn er in den beiden Timotheusbriefen zum Paulusschüler schlechthin und zum testamentarisch beglaubigten Sachwalter der paulinischen Theologie wird. Das primäre Ziel des ersten Timotheusbriefes besteht darin, Timotheus konkrete Weisungen für den Dienst als Gemeindeleiter in Ephesus zu geben. Im Mittelpunkt stehen die Bekämpfung von Irrlehrern, die Durchsetzung der Gemeindeordnung und die Verpflichtung der Gläubigen auf eine vorbildliche Lebensführung.

Die drei Pastoralbriefe

Das Schreiben zählt gemeinsam mit dem zweiten Timotheusbrief und dem Titusbrief zu den Pastoralbriefen, die eine eigenständige Schriftengruppe innerhalb des *Corpus Paulinum* darstellen. Die Bezeichnung Pastoralbriefe (Hirtenbriefe) kam im 18. Jh. auf. Sie nimmt darauf Bezug, dass in den betreffenden Briefen die sachgemäße Ausübung des Hirtenamtes im Zentrum steht, wobei allerdings das Bild vom kirchlichen Amtsträger als Hirten (Eph 4,11) in ihnen überhaupt nicht vorkommt. Sprachlich-stilistische und theologische Unterschiede gegenüber den zweifelsfrei echten Paulusbriefen führten im 19. Jh. zu der heute in der Bibelwissenschaft weithin anerkannten Einsicht, dass die Pastoralbriefe nicht von Paulus selbst stammen. Sie verwenden in überdurchschnittlichem Maße einen Wortschatz, der sich von dem der übrigen Paulusbriefe unterscheidet, spiegeln im Blick auf das kirchliche Amt eine gegenüber der paulinischen Zeit fortgeschrittene Entwicklung wider und stehen inhaltlich zum Teil in Spannung zu authentischen Aussagen des Paulus, etwa in der Bewertung der Ehelosigkeit und den Richtlinien zum Umgang mit Witwenschaft. Die Pastoralbriefe kreisen um die beiden großen Themen Gemeindeordnung und Ketzerpolemik, wobei sie zur richtigen Ausübung des Bischofsamtes und anderer gemeindlicher Dienste anleiten wollen. Es geht um die Verteidigung paulinischer Lehrtradition gegenüber Neuerungen und um die Instrumentalisierung des Apostels zur Durchsetzung einer konservativen Ethik der Unterordnung. Ein zentrales Anliegen besteht darin, Frauen vom kirchlichen Amt fernzuhalten. Von der fiktiven Verankerung der einzelnen Pastoralbriefe in der Paulusbiographie her ergibt sich die chronologische Abfolge erster Timotheusbrief – Titusbrief – zweiter Timotheusbrief. Angesichts der engen stilistischen und theologischen Verwandtschaft der Pastoralbriefe wird meist davon ausgegangen, dass sie alle drei vom selben Verfasser stammen und in der Zeit um 100 n. Chr. entstanden. Als Abfassungsort kommt Ephesus in Betracht, wo die Paulustradition in besonderer Weise gepflegt wurde. Es gibt allerdings auch Versuche, den zweiten Timotheusbrief und den Titusbrief als authentische Paulusbriefe zu betrachten und den ersten Timotheusbrief als vermeintlich jüngsten der drei Pastoralbriefe deutlich davon abzugrenzen und in das 2. Jh. n. Chr. zu datieren (J. Herzer).

> Die Pastoralbriefe kreisen um die Themen Gemeindeordnung und Ketzerbekämpfung

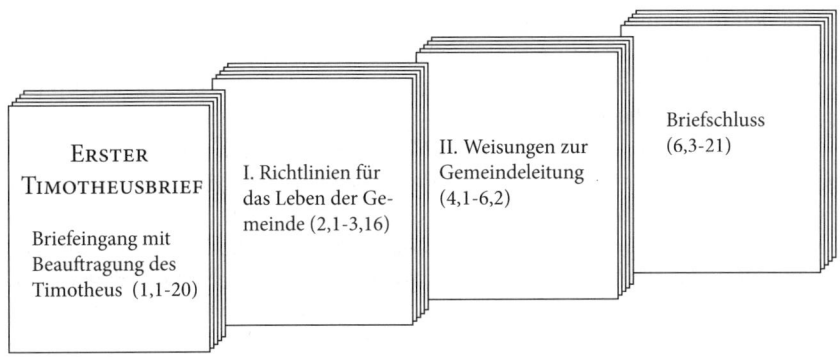

Aufbau und Inhalt

Der *Briefeingang* (1,1-20) umreißt nach einem Präskript im Stil der echten Paulusbriefe den Auftrag an Timotheus, in Ephesus die Gemeinde durch das Evangelium zu erhalten und vor Irrlehren zu schützen. Der *erste Hauptteil* des Briefes (2,1-3,16) entwirft verbindliche Richtlinien für das Leben der Gemeinde. Das Gebet der Gläubigen soll für alle Menschen, nicht zuletzt die Regierenden und Mächtigen, erfolgen. Begründet wird diese Weite mit der universalistischen Perspektive des stellvertretenden Sühnetodes Jesu Christi. In den Regelungen zum Verhalten von Mann und Frau im Gottesdienst (2,8-15) wird ein Stück konservativer hellenistisch-römischer Ethik aufgegriffen und schöpfungstheologisch untermauert. Danach werden die Kriterien benannt, nach denen unter verschiedenen Bewerbern eine Auswahl für das Bischofs- und Diakonenamt getroffen wird (3,1-13). Im *zweiten Hauptteil* des Briefes (4,1-6,2) rücken die Herausforderungen an Timotheus als Gemeindeleiter in das Zentrum. Vorrangigste Aufgabe ist die Bekämpfung von Irrlehrern (4,1-5), deren Auftreten als Zeichen der Endzeit gedeutet wird. Die weiteren Weisungen zur Gemeindeleitung beziehen sich im Wesentlichen auf die Ordination der kirchlichen Amtsträger, die Regelung der Witwenversorgung und den Umgang mit den Kirchenältesten. Der *Briefschluss* (6,3-21) ist durch die Warnung vor Geldgier und die Ermahnung zum Streben nach geistlichen Gütern bestimmt. Die feierlichen Schlussworte an Timotheus stellen ihm nochmals seine Berufung zum vorbildlichen Gemeindeleiter und treuen Bewahrer des paulinischen Erbes vor Augen.

Profil der Irrlehrer

Die im Brief bekämpften Irrlehrer riefen zum Verzicht auf die Ehe und zur Enthaltung von bestimmten Speisen auf (4,3). Die Vorwürfe, dass sie »ungeistliche Altweiberfabeln« (4,7; vgl. 1,4) ohne Wahrheitsgehalt verbreiten, sich in problematischer Weise mit den Geschlechtsregistern des Buches Genesis beschäftigen (1,4) und erfolglos die Schrift zu meistern versuchen (1,7), deuten auf einen spekulativen Umgang mit dem Alten Testament hin. Das asketisch-schöpfungsfeindliche Profil und die esoterisch-spekulative Schriftauslegung der von den Häretikern verkündeten Lehre legen die Annahme nahe, dass es sich bei ihnen um Vertreter einer Frühform der christlichen Gnosis handelt, zumal der Briefautor ihre Lehren als »fälschlich so genannte Erkenntnis (*gnōsis*)« bezeichnet (6,20). Zwei der Irrlehrer, nämlich Hymenäus und der Schmied Alexander (1,20; vgl. 2Tim 4,14), wurden im Rahmen eines Disziplinarverfahrens aus der Gemeinde entfernt. Der Verfasser des ersten Timotheusbriefes stellt der von den Gegnern erhobenen Forderung nach Sexual- und Nahrungsaskese eine positive Sicht der von Gott geschenkten Schöpfungsgaben entgegen.

Frauenbild und Rolle der Frau in der Gemeinde

In den Regelungen zum Verhalten von Mann und Frau im Gottesdienst (2,8-15) greift der Briefautor eine in der frühen Kaiserzeit weit verbreitete Kritik an vermeintlichen Verfallserscheinungen auf. Gegen einen als bedenklich empfundenen Frauentyp, der sich durch extravagante Frisuren, aufwändigen Schmuck und chice Kleidung auszeichnet, wird polemisch das Ideal der schlichten und tugendhaften Frau gesetzt, die durch innere Werte glänzt. Während das Lernen der Frau in Einklang mit der ihr gebotenen Unterordnung steht, wird ihr das Lehren untersagt. Im Vergleich zu der eng verwandten Aussage 1Kor 14,33b-36, die eine nachpaulinische Einfügung darstellt, wird der Schriftbeweis stark akzentuiert. Die tendenziöse Interpretation der Sündenfallgeschichte bedient das Klischee, dass die Frau an allem Schuld ist. Mit seinem Versuch, die Aktivitäten der Frau im Gottesdienst zurückzudrängen, bietet der Verfasser eine zeitbedingte, dem Geist des paulinischen Evangeliums (Gal 3,28) widersprechende und in Spannung zu den Gegebenheiten der paulinischen Zeit (1Kor 11,5; Röm 16,7; Apg 21,9) stehende Ethik, die eine frauenfeindliche Wirkungsgeschichte entfaltet hat.

Aufgaben und Qualifikationen der Amtsträger

Der Briefautor kennt drei kirchliche Ämter (Bischof, Älteste, Diakone) und vergleicht die Gemeinde mit einem geordneten Hauswesen (3,1-13). Die Amtsträger müssen die Qualifikationen und Kompetenzen mitbringen, die einen guten Hausvater auszeichnen. Geistliche Kriterien wie die feste Verwurzelung im Glauben kommen nur am Rande zur Sprache und werden wohl als selbstverständlich vorausgesetzt. Die Leitung der Ortsgemeinde liegt in den Händen des Bischofs (Episkop), der als oberster Repräsentant in seiner Lebensführung keinerlei Schwachstellen aufweisen und Angriffspunkte bieten darf. Seine zentralen Aufgaben sind Schriftauslegung, Lehre und seelsorgerlicher Zuspruch (4,13; vgl. Tit 1,9). Die nicht an ein Amt gebundene charismatische Lehre wird damit zurückgedrängt. Dem Bischof stehen Älteste (Presbyter) zur Seite, die ebenfalls Leitungsfunktionen übernehmen und dafür Vergütung erhalten (5,17f). Zu den Aufgaben des Ältestenrates zählt die erstmals in 1Tim 4,14 bezeugte Ordination des Gemeindeleiters durch Handauflegung, mit der die Gabe des Geistes verbunden ist. Vielleicht wurde der Bischof aus dem Kreis der Ältesten gewählt (vgl. Tit 5-9). Bei der liturgischen Tradition 1Tim 6,13-16 scheint es sich um das Bekenntnis zu handeln, auf das der Bischof bei seiner Ordination verpflichtet wurde. Als drittes Amt begegnet das der Diakonen. Auch sie sollen sich durch eine tadellose Lebensführung auszeichnen. Die Aussage in 1Tim 3,11 ist wohl so zu verstehen, dass auch Frauen das Diakonenamt ausüben konnte, und bezieht sich nicht auf die Ehefrauen von Diakonen, wie es in vielen Bibelübersetzungen suggeriert wird.

> Der Bischof darf in seiner Lebensführung keine Schwachstellen aufweisen

Das Problem der Witwenversorgung

Die Anordnungen im Blick auf den Witwenstand in der Gemeinde (5,3-16) zeigen, dass die in der christlichen Gemeinde praktizierte Witwenversorgung ein Problem darstellte. In der antiken Gesellschaft lebten die Witwen meist in sozialem Elend. Ein übermäßiges Anwachsen des Witwenstandes in der Gemeinde überstieg deren finanzielle Möglichkeiten. Während Paulus in 1Kor 7 noch die Witwen ermutigte, das Charisma der Ehelosigkeit zu ergreifen, wird hier die Aufnahme in den Witwenstand von einem Mindestalter abhängig gemacht und verwitweten Frauen unter sechzig Jahren eine erneute Heirat nahegelegt. Vor dem Hintergrund der von den Irrlehren geforderten Sexualaskese ist dem Briefautor ein eheloses Leben der jüngeren Witwen ohnehin suspekt.

Der Brief gibt sich als Werk des Paulus aus. Dem Präskript zufolge hat Paulus seinen engen Vertrauten Timotheus in Ephesus zur Leitung der Gemeinde zurückgelassen und richtet von Mazedonien aus ein Schreiben an ihn. Der Brief müsste dann im Herbst 55 n. Chr. ungefähr zur selben Zeit wie der Versöhnungsbrief nach Korinth (2Kor 1-8) entstanden sein. Nicht nur Sprache und Stil des ersten Timotheusbriefes, sondern auch eine gegenüber den echten Paulusbriefen deutlich veränderte kirchliche Situation sprechen gegen eine paulinische Verfasserschaft. Der unbekannte Autor schlüpft in die Rolle des Paulus und bedient sich der Autorität des Apostels, um vor dem Hintergrund einer Bedrohung der Gemeinde durch eine Frühform der Gnosis seinen Vorstellungen von Gemeindeordnung und christlichem Lebenswandel Nachdruck zu verleihen. Da die bekämpften Gegner sich in einzelnen Punkten, beispielsweise bei ihrer Forderung nach Sexualaskese, auf Paulus berufen konnten (vgl. 1Kor 7), spiegelt der Brief auch Auseinandersetzungen darüber wider, wer die rechtmäßigen Erben und Bewahrer der paulinischen Theologie sind. Timotheus, der die Weisungen des Briefautors befolgen soll, steht exemplarisch für jeden Gemeindeleiter.

Verfasser und Entstehungszeit

■ Der zweite Timotheusbrief

Der zweite Timotheusbrief zeigt thematisch eine enge Verwandtschaft mit dem ersten Timotheusbrief. Erneut geht es um die Festigung der Gemeinden durch die Bekämpfung von Irrlehrern, die Etablierung einer festen Kirchenordnung und das Festhalten an der paulinischen Tradition als heilsamer Lehre. Der Brief zeichnet Paulus als vorbildlichen Apostel, der sich bis zum Ende um die Belange der Kirche sorgt. Als Aufenthaltsort des Timotheus scheint nach wie vor Ephesus vorausgesetzt zu sein (2Tim 1,18; 4,12). Das Hauptanliegen des Briefautors besteht darin, über das kirchliche Amt die kontinuierliche Bewahrung der paulinischen Lehrtradition durch die Generationen hindurch zu sichern.

Abfassungszweck

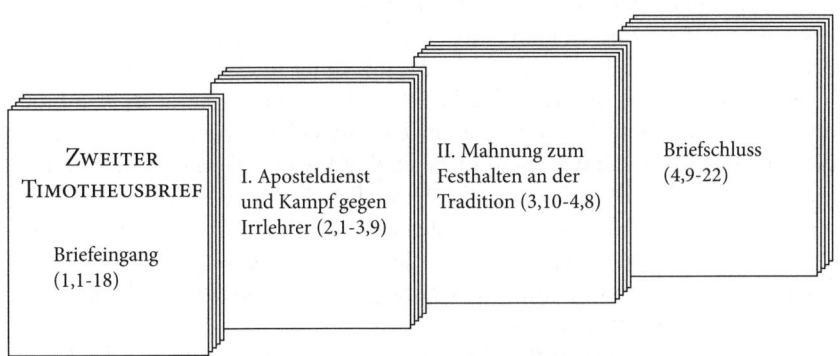

Bereits im *Briefeingang* (1,1-18) wird durch den Verweis auf den mustergültigen Dienst und die vorbildliche Religiosität der Vorfahren von Paulus wie Timotheus der Traditionsgedanke betont in den Vordergrund gerückt. Der *erste Hauptteil* des Briefes (2,1-3,9) nimmt Timotheus als idealtypischen Gemeindeleiter zum Zeugendienst und zur Irrlehrerbekämpfung nach dem Vorbild des Paulus in die Pflicht. Dabei wird die Traditionssicherung mit Rückbindung an

Aufbau und Inhalt

den Ursprung betont. Timotheus fällt die Aufgabe zu, das ihm von Paulus anvertraute Gut an zuverlässige Personen weiterzugeben, die ihrerseits ebenfalls dazu in der Lage sind, andere zu lehren. Bei diesen Lehrern dürfte an die Ortsbischöfe als Gemeindeleiter gedacht sein. Der *zweite Hauptteil* (3,10-4,8) vertieft den Gedanken der verbindlichen Weitergabe des paulinischen Erbes als der gesunden Lehre an alle nachfolgenden Generationen und des Festhaltens an der Tradition. Damit verbunden ist die Forderung, sich auch angesichts bedrohlicher Situationen ohne Angst und Verzagtheit für die Verkündigung des Wortes Gottes einzusetzen. Umrankt von bekenntnishaften Aussagen über Gott und Jesus Christus als Endzeitrichter, wird Timotheus der vorbildliche Aposteldienst des dem Tode entgegengehenden Paulus vor Augen gehalten, der die Bereitschaft zur Lebenshingabe um des Zeugendienstes willen einschließt. Bilder aus der Welt des Sports dienen einer Veranschaulichung des entbehrungsreichen und leidenschaftlichen Einsatzes für das Evangelium. Der *Briefschluss* (4,9-22) enthält neben Grüßen und Segenswünschen auch Informationen über die Situation und den Prozess des Paulus.

Bekämpfung der Irrlehrer

Bei den Häretikern handelt es sich um dieselben aus der Gemeinde hervorgegangenen Gegner, die auch im ersten Timotheusbrief bekämpft werden. Die Darstellung ihrer Lehren ist daher äußerst knapp gehalten. Über den aus der Gemeinde ausgeschlossenen Hymenäus (1Tim 1,20) und einen nicht näher bekannten Philetus wird berichtet, dass sie die Auferstehung als bereits geschehen betrachteten (2Tim 2,18). Vermutlich haben sie die mit der Taufe verbundene Heilszueignung enthusiastisch überinterpretiert und sich bereits im Besitz des ewigen Lebens gesehen, so dass sie von der Zukunft nichts mehr erwarteten, was sie nicht schon gegenwärtig besessen hätten. Nach dem Philippusevangelium muss die Auferstehung für den Gnostiker schon zu Lebzeiten zu einer geistlichen Realität werden, damit sie nach dem Tod erlangt werden kann (Ev Phil 21.90). Einerseits betont der Briefautor die Notwendigkeit einer Reinigung der Gemeinde von Irrlehrern (2,21), andererseits fordert er eine von Milde und Besonnenheit gekennzeichnete Zurechtweisung der von der Wahrheit abirrenden Gläubigen (2,24-26). Unter Rückgriff auf einen traditionellen Lasterkatalog wird das ethische Fehlverhalten der Irrlehrer als Phänomen der Endzeit gedeutet (3,1-9). In diesem Zusammenhang vertritt der Briefautor die Auffassung, dass Frauen besonders anfällig für die Häresie seien, und lässt sich in seiner Polemik zu dem unreflektierten Pauschalurteil verleiten, dass Frauen grundsätzlich sündhaft und trotz intensivster Lernbemühungen nicht zur Erkenntnis der Wahrheit fähig seien. Diese indiskutablen Aussagen wurden immer wieder zur Rechtfertigung einer Herausdrängung der Frau aus kirchlichen Lehr- und Leitungsfunktionen benutzt.

Der Briefautor lässt sich zu unreflektierten Pauschalurteilen über Frauen hinreißen

Verfasser und Entstehungszeit

Der zweite Timotheusbrief erhebt den Anspruch, ein Schreiben des Paulus aus der Gefangenschaft in Rom zu sein (1,16f). Der Apostel hat die erste Anhörung im Prozess bereits durchlaufen und sieht sein nahes Ende kommen (4,16-18). Der Brief wird damit als letztes Vermächtnis des Apostels ausgegeben, womit seine Weisungen zum kirchlichen Amt und zur Bekämpfung von Irrlehren besonderes Gewicht bekommen. Durch die Nennung einer Vielzahl von Personen aus dem Umfeld des Apostels wird der Eindruck der Echtheit des Briefes untermauert. Mit der Gefangenschaft scheint die in Apg 28 beschriebene Haft in Rom gemeint zu sein. Die vorausgesetzte Briefsituation fügt sich allerdings nicht in den Rahmen der aus den echten Briefen und der Apostelgeschichte rekonstruierbaren Paulusbiographie ein. Während nach 2Tim 4,20 Trophimus im Zuge der Kollektenreise krank in Milet zurückgelassen wurde, kam er in Wirklichkeit mit nach Jerusalem und wurde dort zum Grund für die Verhaftung des Paulus (Apg 21,29). Zudem ist in 2Tim 4,19 vorausgesetzt, dass Prisca und Aquila nach wie vor in Ephesus weilen, obwohl sie längst nach Rom zurückgekehrt waren (Röm 16,3). Am pseudepigraphen Charakter des Briefes können kaum Zweifel bestehen. Er wurde wohl um 100 n. Chr. vom selben Verfasser geschrieben, der auch den ersten Timotheusbrief verantwortet.

■ Der Titusbrief

Bei Titus handelt es sich um einen wahrscheinlich aus Antiochia stammenden und von Paulus bekehrten Heidenchristen. Er nahm am Apostelkonvent teil und zählte seit dem Aufbruch nach Europa zu den engsten Mitarbeitern des Paulus, auch wenn die Apostelgeschichte nichts über ihn verlauten lässt. In den Paulusbriefen ist er die nach Timotheus am häufigsten genannte Vertrauensperson an der Seite des Apostels. Paulus betraut ihn mit der Überbringung des Tränenbriefes nach Korinth (2Kor 7,5-9), würdigt ihn als zuverlässigen Mitarbeiter wie Weggefährten (2Kor 8,23) und betont das besondere Einvernehmen, das sich durch das Handeln im selben Geist und den Wandel in denselben Fußspuren zeigt (2Kor 12,18). Das Ziel des Titusbriefes besteht darin, dem angeblich von Paulus in Kreta zum Gemeindeaufbau zurückgelassenen Titus Instruktionen für die Einsetzung kirchlicher Amtsträger, die Bekämpfung von Irrlehrern und die ethische Unterweisung der einzelnen Stände in der Gemeinde zu geben.

Adressat und Abfassungszweck

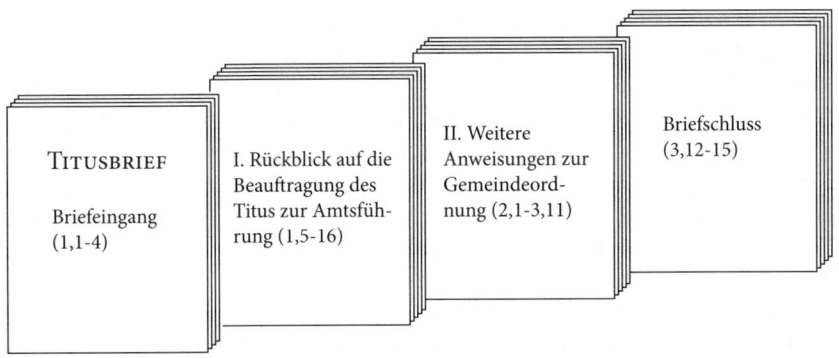

Zwischen Briefeingang (1,1-4) und Briefschluss (3,12-15) finden sich zwei Hauptteile, die unterschiedliche Facetten der Gemeindeordnung beleuchten. Im *ersten Hauptteil* erinnert der Verfasser in einer Rückschau an die Aufgabenstellung, mit der Titus auf Kreta betraut wurde (1,5-16). Dabei geht es einerseits ähnlich wie in 1Tim 3,1-7 um die Anforderungen, die von Presbytern und Bischöfen als kirchlichen Amtsträgern zu erfüllen sind, andererseits um die Ketzerbekämpfung. Im *zweiten Hauptteil* des Briefes wird Titus exemplarisch als Gemeindeleiter angesprochen, um das Leben und Verhalten der Gläubigen gemäß

Aufbau und Inhalt

dem zu regeln, was der Briefautor für die gesunde Lehre hält (2,1-3,11). Als Form der ethischen Unterweisung begegnet die Ständetafel, in der alle Gruppierungen innerhalb der Gemeinde an ihre Pflichten erinnert werden (2,2-10). Das dabei konstitutive Motiv der Unterordnung steht auch im Blick auf das Verhältnis der Gläubigen zur Außenwelt (3,1-9) im Vordergrund. Zentral ist der Gedanke eines von Freundlichkeit und Liebe geprägten Verhaltens gegenüber den staatlichen Autoritäten und aller Welt. Dies geht mit einer Rückbesinnung auf die entscheidenden Glaubensinhalte, nämlich die Güte Gottes im Christusgeschehen, die Glaubensgerechtigkeit und die Bedeutung der Taufe als Wiedergeburt mit Erneuerung durch den Geist einher.

Das Profil der Irrlehrer

Die vom Titusbrief bekämpften Irrlehrer (Tit 1,10-16), von denen die Gläubigen sich fernhalten sollen (3,9-10), werden recht holzschnittartig gezeichnet und mit pauschaler Polemik bedacht. Es bleibt offen, ob es sich um dieselben Repräsentanten einer Frühform der christlichen Gnosis handelt, die in den beiden Timotheusbriefen begegnen. Dass sie falsche Lehren vertreten, macht sich für den Autor des Titusbriefes bereits an ihrer mangelnden Bereitschaft zur Unterordnung gegenüber den Gemeindeleitern fest. Mehrheitlich scheint es sich um Judenchristen zu handeln (1,10), die weiterhin tief in jüdischen Glaubenstraditionen verwurzelt sind (1,14), rituelle Reinheitsvorschriften beachten (1,15), Diskussionen über die Tora entfachen (3,9) und damit von der Gemeinde als Gefahr empfunden werden.

> Die Irrlehrer werden holzschnittartig gezeichnet und mit pauschaler Polemik bedacht

Verfasser und Entstehungszeit

Als Ausgangssituation wird vorausgesetzt, dass Titus auf Kreta weilt, um dort den von Paulus begonnenen Gemeindeaufbau fortzusetzen (Tit 1,5). Paulus selbst befindet sich in Nikopolis, einer in Epirus an der Westküste Griechenlands gelegenen Hafenstadt, in der er den Winter verbringen will (3,12). In den Schlussgrüßen (3,12-15) soll durch Hinweise auf vielfältige Verbindungen des Briefautors mit Personen, die als Mitarbeiter des Paulus bekannt sind, der Eindruck verstärkt werden, dass es sich bei dem Titusbrief um ein authentisches Schreiben des Apostels handelt. Von einer Missionstätigkeit des Paulus oder seiner Mitarbeiter auf Kreta verlautet allerdings weder in der Apostelgeschichte noch in den übrigen Briefen etwas. Paulus hat die Insel nur als Gefangener auf dem Weg nach Rom gestreift (Apg 27,7f). Da die Briefsituation in der Paulusbiographie nicht unterzubringen ist, der Brief eine gegenüber der paulinischen Zeit veränderte Situation widerspiegelt und sich auch sprachlich-stilistisch von den unbestritten echten Paulusbriefen unterscheidet, handelt es sich um ein pseudepigraphes Schreiben. Nach den fiktiven Situationsangaben, die in den Pastoralbriefen gemacht werden, wäre der Titusbrief chronologisch zwischen erstem und zweitem Timotheusbrief einzuordnen. In Wirklichkeit könnte er der älteste der drei Pastoralbriefe sein, da sich die Irrlehrer offenkundig noch innerhalb der Gemeinde befinden und vermahnt werden (3,10).

■ Der Philemonbrief

Adressat und Abfassungszweck

Philemon, an den sich das Schreiben richtet, ist der Besitzer des Sklaven Onesimus. Er wird im Briefeingang als Mitarbeiter des Paulus und Vorsteher einer Hausgemeinde angesprochen, der auch Aphia und Archippus angehören. Diese

Hausgemeinde hat sich in Kolossä befunden, wie aus der Erwähnung von Onesimus und Archippus im Kolosserbrief (Kol 4,9.17) hervorgeht. Die Aussage, dass Philemon tief in der Schuld des Apostels steht (Phlm 19), spielt auf seine Bekehrung durch Paulus an, die sich in Ephesus zugetragen haben könnte. Als Sklavenhalter und Hauseigentümer gehörte Philemon der sozialen Oberschicht an. Der Brief ist ein Empfehlungsschreiben, das dem Sklaven Onesimus bei der Rückkehr in das Haus seines Herrn Philemon von Nutzen sein soll. Paulus richtet die Bitte an Philemon, Onesimus nicht mehr wie einen Sklaven zu behandeln, sondern in geschwisterlicher Liebe anzunehmen und ihm als Mitarbeiter zur Verfügung zu stellen.

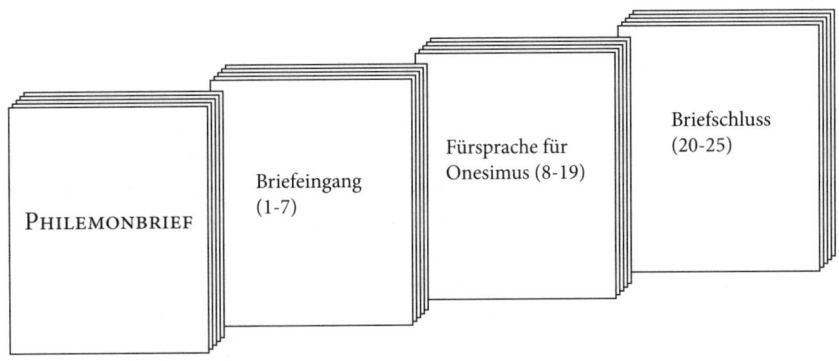

Der Philemonbrief ist das kürzeste Schreiben des Apostels Paulus. Er repräsentiert von allen Paulusbriefen am stärksten die Form des antiken Privatbriefes. Das Schreiben richtet sich zwar an Philemon, doch bezieht Paulus mit Aphia und Archippus weitere Mitglieder der von ihm geleiteten Hausgemeinde in den Adressatenkreis ein. Im Mittelpunkt des Briefes steht die Fürsprache für den Sklaven Onesimus. Onesimus hat seinem Herren Philemon materiellen Schaden zugefügt und daraufhin den im Gefängnis einsitzenden Paulus aufgesucht. Dabei wurde Onesimus, wie das Bild von der Zeugung in Fesseln veranschaulicht, von dem inhaftierten Apostel zum christlichen Glauben bekehrt. Paulus schickt Onesimus mit dem Philemonbrief an seinen Herrn zurück. Er bietet an, persönlich für den Schaden aufzukommen. Diese Zusage ist ihm derart wichtig, dass er sie mit eigener Hand schreibt (Phlm 19), während er den Rest des Briefes einem Sekretär diktiert. Paulus versäumt allerdings nicht den Hinweis darauf, dass Philemon selber tief in der Schuld des Apostels steht. Philemon soll Onesimus nicht mehr wie einen Sklaven behandeln, sondern ihm mit geschwisterlicher Liebe begegnen. Ob dies auch eine versteckte Aufforderung zur Freilassung des Sklaven beinhaltet, bleibt unklar. Der weitergehenden Bitte des Paulus, dass Philemon den Onesimus als Mitarbeiter an ihn zurücksende, scheint dieser nachgekommen zu sein (Kol 4,9).

Lange Zeit nahm man an, dass es sich bei Onesimus um einen *entflohenen* Sklaven gehandelt habe, der bei Paulus um Unterstützung nachsuchte und vom Apostel zu seinem Herrn zurückgeschickt wurde. Dies ging oftmals mit massiver Kritik an der Haltung des Paulus gegenüber der Sklaverei einher. Rechtsgeschichtliche Quellen aus der Spätantike zeigen allerdings, dass ein Sklave bei

Aufbau und Inhalt

Paulus will notfalls persönlich für den Schaden aufkommen

Rechtsgeschichtlicher Hintergrund

gravierendem Streit mit seinem Herren die Möglichkeit hatte, einen Freund des Herren aufzusuchen und als Vermittler einzuschalten, ohne sich dabei der Sklavenflucht strafbar zu machen. Vermutlich nahm Onesimus dieses Recht, auch wenn es für die neutestamentliche Zeit noch nicht zweifelsfrei verbürgt ist, in Anspruch (P. Lampe). Die Tatsache, dass Paulus ihn zurückschickte, kann damit nicht als Rechtfertigung der Sklaverei betrachtet werden. Andererseits enthält der Brief keine ausdrückliche Bitte des Paulus um Freilassung des Onesimus und hat damit bis in die Neuzeit hinein eine stabilisierende Wirkung auf die unmenschliche Praxis der Sklaverei ausgeübt.

Abfassungsort und Entstehungszeit

Der Philemonbrief wurde von Paulus aus der Gefangenschaft geschrieben. Timotheus befand sich an der Seite des Apostels und wird als Mitabsender genannt. Die Abfassungssituation ist folglich mit der des Philipperbriefes identisch und als Abfassungsort kommen wie dort Cäsarea, Ephesus oder Rom in Betracht. Dabei ist Ephesus auch hier wegen seiner geographischen Nähe zu Kolossä klar zu favorisieren. Der Brief spricht davon, dass der Sklave Onesimus infolge eines Konflikts mit Philemon den inhaftierten Apostel aufsuchte und dann zu seinem Herrn zurückgeschickt wurde. Dass Onesimus sich in der beschriebenen Situation von Kolossä aus bis nach Cäsarea oder Rom begeben haben könnte, ist wegen der vergleichsweise großen Entfernung zu beiden Städten kaum denkbar. Gegen Rom als Abfassungsort spricht zudem der von Paulus angekündigte Besuch bei Philemon (Phlm 22), denn von Rom aus wollte sich Paulus nach Spanien und nicht zurück in den Osten begeben. Aller Wahrscheinlichkeit fällt die Abfassung des Philemonbriefs in die Endphase des paulinischen Ephesusaufenthalts und damit in das Jahr 55.

■ Der Hebräerbrief

Adressaten und Abfassungszweck

Das Werk wird zwar traditionell als Brief bezeichnet, ist in Wirklichkeit aber eine Predigt oder gelehrte theologische Abhandlung von hohem Niveau. Statt eines stilgemäßen Briefeingangs mit Selbstvorstellung des Verfassers und Grußadresse an die Empfänger bildet ein Prolog mit Christushymnus den Auftakt (1,1-4), der Briefschluss (13,22-25) könnte erst nachträglich angefügt worden sein. Die Briefüberschrift bezeichnet die Adressaten als »Hebräer«, der Briefinhalt weist sie zweifelsfrei als Christen aus. Dies legt auf den ersten Blick aramäischsprachige Judenchristen nahe (Apg 6,1), doch ist der Brief auf Griechisch geschrieben und eine in der Alten Kirche etwa von Clemens Alexandrinus vermutete hebräische Urfassung nicht nachweisbar. Der Rückblick auf die Bekehrung der Adressaten zum christlichen Glauben, die als Abkehr von toten Werken und Hinwendung zu Gott beschrieben wird (Hebr 6,1), lässt zudem ungleich eher an Christusgläubige aus der Völkerwelt als an Judenchristen denken, so dass die Adressatenangabe höchst rätselhaft bleibt. Ob der Autor mit den christlichen »Hebräern« eine konkrete Gemeinde oder ein bestimmtes Kirchengebiet im Auge hat, geht aus dem Schreiben nicht hervor. Beim Rätselraten, wohin der Hebräerbrief adressiert war, wurden von Rom über Korinth, Ephesus, Kolossä und Antiochia bis Jerusalem viele Zentren des frühen Christentums ins Spiel gebracht. Klar erkennbar ist zumindest der Abfassungszweck. Der Autor

> Der Hebräerbrief ist in Wirklichkeit eine theologische Abhandlung und kein Brief

verfolgt das pastorale Anliegen, die von Anfechtung und Verfolgung bedrohten Gläubigen zum standhaften Ausharren im Bekenntnis zu ermutigen und im Glauben zu stärken.

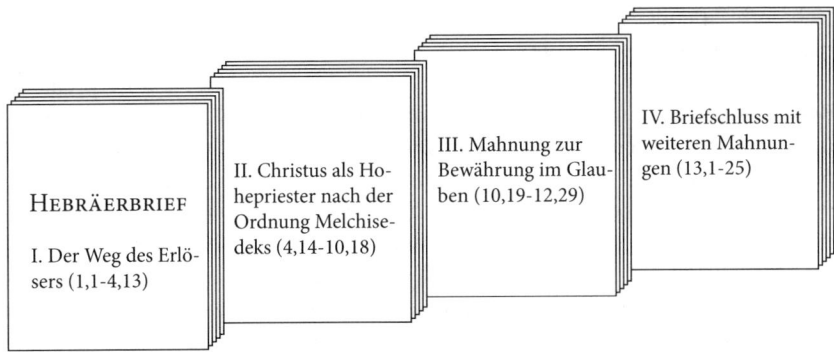

Der *erste Hauptteil* schildert den Weg des Erlösers von der präexistenten Herrlichkeit über die Menschwerdung und den Kreuzestod bis zur Erhöhung (1,1-4,13). Die analogielose Würde des weit über den Engeln stehenden Gottessohnes als Mitschöpfer des Universums und ewiger Weltenherrscher (1,5-14), aber auch die heilvolle Bedeutung seiner Menschwerdung und seiner in brüderlicher Solidarität erfolgten Lebenshingabe am Kreuz (2,5-18) werden in beeindruckender Tiefe entfaltet. Der *zweite Hauptteil* mit den Ausführungen zu Jesus Christus als dem wahren Hohepriester (4,14-10,18) führt in das gedankliche Zentrum des Briefes. Zunächst geht es um den Nachweis, dass Christus in Überbietung des von Aaron repräsentierten irdischen Priestertums die Kriterien für den hohepriesterlichen Dienst wie kein anderer erfüllt und Träger des ewigen Priestertums nach der Weise Melchisedeks ist (4,14-5,10). Ein ermahnender Exkurs wendet sich dem Problem der Sünde in der Gemeinde zu (5,11-6,20). Der Autor erinnert die Gemeinde an die Grundlagen des christlichen Glaubens und warnt eindringlich davor, diese zu verlassen, da es keine weitere Möglichkeit der Buße gibt. Mit den Ausführungen zur Würde und zum Dienst des Hohepriesters (7,1-8,13) greift er sein eigentliches Thema wieder auf. Als vollkommener Hohepriester nach der Weise Melchisedeks, der im Gegensatz zu den sterblichen levitischen Priestern in Ewigkeit bleibt und daher für alle Zeiten bei Gott für die Gläubigen eintreten kann, ist Christus der Bürge und Mittler des Jer 31 verheißenen neuen Bundes. Indem er sich in einem alle irdischen Opfer überbietenden Selbstopfer darbrachte und die ewige Erlösung von der Sünde bewirkte, hat der im Geschehen des Jom Kippur gipfelnde Opferkult des alten Bundes seine Geltung verloren (9,1-10,18). Im ermahnenden *dritten Hauptteil* (10,19-13,21), dem es mit seinem raschen Wechsel an Bildern und Vergleichen ein wenig an thematischer Geschlossenheit mangelt, zieht der Briefautor Folgerungen aus dem Christusgeschehen für den Weg des Glaubens. Dabei hält er den Adressaten eine Vielzahl von Glaubenszeugen aus dem Alten Testament vor Augen (11,1-40), aus denen Abraham mit seinem Vertrauen auf Gottes Ruf unter Preisgabe aller irdischen Sicherheiten herausragt. Mit der typologischen Gegenüberstellung von Sinai und Zion als Symbolen des alten und neuen Bundes erreicht die Mahnrede ihren gedanklichen Höhepunkt (12,1-29). Der *Briefschluss* (13,1-25) enthält weitere

Aufbau und Gedankengang

Mahnungen, die stilistisch wie inhaltlich durch einen Bruch zum Vorgehenden gekennzeichnet sind und den Charakter eines Anhangs haben. Sie bieten eine Aufzählung christlicher Grundtugenden und rufen zur Unterordnung gegenüber dem Gemeindeleiter und zum rechten Gottesdienst des neuen Bundes auf. Der Hebräerbrief endet mit mit einer Besuchsankündigung und Grüßen (13,22-25) nach Muster der Paulusbriefe.

Christus als wahrer Hohepriester

Das alles beherrschende Thema des Hebräerbriefes ist die Neuinterpretation des Christusbekenntnisses vor dem Hintergrund des alttestamentlichen Kultes, die völlig neue Akzente setzt und eine imposante denkerische Leistung darstellt. Nie zuvor wurde von Christus als Hohepriester gesprochen. Durch die Ausübung von Mitmenschlichkeit, die Opferdarbringung für die Sünden und die ordnungsgemäße Einsetzung durch Gott erfüllt Christus für den Briefautor wie kein anderer die elementaren Bedingungen für das Hohepriesteramt. Die Figur des legendären Jerusalemer Priesterkönigs Melchisedek (Gen 14,18; Ps 110,4) wird zum Vorläufer und geradezu Doppelgänger Jesu Christi stilisiert.

> **Nie zuvor wurde von Christus als Hohepriester gesprochen**

Melchisedeks Priestertum ist für den Briefautor göttlichen Ursprungs und steht in betontem Kontrast zum levitischen Priestertum, das aus leiblicher Abstammung und gesetzlich geregelter Geschlechterfolge resultiert. Daraus ergibt sich, dass Christi ewiges Priestertum nach der Weise Melchisedeks das am Jerusalemer Tempel praktizierte irdische Priestertum überbietet und ablöst. Der alte Bund mit seinem priesterlich-kultischen Charakter ist aufgrund des Kreuzestodes Christi an sein Ende gekommen. Exemplarisch wird dies an zwei der wichtigsten alttestamentlichen Sühneriten veranschaulicht (9,1-28). Am Jom Kippur sprengte der Priester im Allerheiligsten das Blut von Opfertieren auf den Deckel der Bundeslade, um Sühne für die gegenüber dem Tempel begangenen Sünden zu erwirken (Lev 16). Beim »Ritus der roten Kuh« diente die in Wasser aufgelöste Asche des Tieres dazu, Menschen oder Gegenstände von Sünden zu reinigen (Num 19). Während diese regelmäßig durchgeführten Sühneriten nichts bewirken konnten, hat Christus als der himmlische Hohepriester mit seinem einmaligen Selbstopfer die ewige Erlösung von der Sünde gebracht und eine neue Heilsordnung in Kraft gesetzt (10,1-18). Die in der Tora geforderte Makellosigkeit des Opfers wird vom Briefautor mit der Vorstellung von der Sündlosigkeit Christi verbunden (9,14).

Ablehnung der »zweiten Buße«

Mit der beim Übertritt zum Christentum empfangenen Taufe, der die Umkehr oder Buße vorausging, verbanden sich Sündenvergebung und Geistverleihung (1Kor 6,11). Theoretisch waren die Gläubigen damit ein für allemal der Macht der Sünde entrissen (Röm 6,6-11), während die praktische Erfahrung schnell zeigte, dass auch getaufte Christen vor schweren Verfehlungen nicht gefeit waren. Vor diesem Hintergrund wurde die Frage virulent, ob es bei Sünden wie Ehebruch, Mord oder Abfall vom Glauben eine neuerliche Vergebungsmöglichkeit, eine »zweite Buße«, und einen Verbleib in der Gemeinde geben konnte. Der Hebräerbrief verneint dies entschieden. Für einmal Erleuchtete, die sich von den Grundlagen des Glaubens entfernt und schwer gesündigt haben, besteht keine weitere Möglichkeit der Buße (6,4-8; 10,26-31). Am Beispiel Esaus, der die von ihm bitterlich bereute Preisgabe des Erstgeburtsrechtes nicht rückgängig machen konnte, wird vor Abfall gewarnt und eine Umkehrmöglichkeit kategorisch ausgeschlossen (12,14-17). Der Hebräerbrief verfolgt damit eine rigoristische Linie, die bei schweren Sünden getaufter Gläubiger das Heil ein für allemal verwirkt sieht.

Die Ekklesiologie des Hebräerbriefes ist von der Vorstellung der Kirche als wanderndes Gottesvolk geprägt, dessen Weg im Schicksal der Wüstenwanderung Israels antithetisch vorabgebildet ist. Mit seiner typologischen Gegenüberstellung der beiden Heilsgestalten Mose und Christus (3,16), die durch Entsprechung und Überbietung gekennzeichnet ist, schafft sich der Briefautor die Basis, um die eigene Gemeindesituation als ein den Exodus bei weitem übertreffendes Heilsgeschehen zu kennzeichnen (3,7-4,13). In Israels Zug durch die Wüste ist die Wanderung der Kirche als des endzeitlichen Gottesvolkes durch die Welt vorabgebildet. Die Israeliten haben jedoch das Ziel verfehlt und den Einzug in das gelobte Land nicht mehr am eigenen Leibe miterlebt, weil sie trotz der heilvollen Erfahrung der Herausführung aus Ägypten sündigten und den Zorn Gottes zu spüren bekamen (Num 14). Die Kirche wird dagegen den Eingang in die Gottesruhe erreichen, wenn sie Glaubensgehorsam zeigt. Weil sie als das wandernde Gottesvolk unterwegs ist und ihr Ziel noch nicht erreicht hat, lauert wie damals beim Exodus ständig die Gefahr des Ermattens und des Abfalls am Wegesrand. Die Heilshoffnung bleibt aber kein unerfüllbarer Traum, sondern die Gläubigen haben den Zion und das himmlische Jerusalem bereits vor Augen (12,22). Dies gibt ihnen die Kraft, den Versuchungen in der Zeit der letzten apokalyptischen Erschütterung zu widerstehen und standhaft im Glauben zu bleiben.

»Kirche unterwegs«

Der Hebräerbrief macht keine Angaben zu seinem Absender. Der unbekannte Autor schreibt ein vorzügliches Griechisch, zeigt sich bestens mit dem Alten Testament vertraut und ist tief in der Gedankenwelt wie auch in Auslegungstraditionen des hellenistischen Judentums verwurzelt. Am Ende findet sich ein formeller Briefschluss (13,22-25), in dem der Verfasser einen gemeinsamen Besuch mit Timotheus ankündigt. Damit versucht der Hebräerbrief sich den Anschein eines von Paulus verfassten Schreibens zu geben oder sich zumindest in die Nähe der Paulustradition zu rücken. Vielleicht handelt es sich um ein Postskriptum von späterer Hand, das dem umstrittenen Hebräerbrief den Weg in den Bibelkanon ebnen sollte. Es könnte sich aber auch der Versuch des Briefautors vorliegen, eine Art geistiger Kontaktaufnahme zur Paulusschule in Gang zu setzen. In der Alten Kirche zog man neben Paulus auch Barnabas, Lukas und Clemens von Rom als Verfasser in Erwägung. In der Neuzeit wurde diese illustre Liste um Namen wie Petrus, Apollos, Silas oder sogar Priscilla bereichert. Schon der Kirchenvater Origenes resümiert, dass letztlich allein Gott wisse, wer den Hebräerbrief geschrieben hat. Auch der Abfassungsort muss offen bleiben. Inhaltliche Berührungen mit dem Ende des 1. Jh. in Rom verfassten ersten Clemensbrief könnten ebenso wie die Grüße der in der Umgebung des Autors weilenden Italiener (13,24) darauf hindeuten, dass der Hebräerbrief in der Ewigen Stadt entstand. Die von ihm reflektierte Situation, in der Debatten um die Bedeutung des jüdischen Gesetzes für die Christusgläubigen keine erkennbare Rolle mehr spielen und über die Erwähnung des Timotheus Anschluss an die Paulustradition gesucht wird, weist in die nachpaulinische Zeit. Andererseits erfolgt wohl bereits im ersten Clemensbrief eine Benutzung des Hebräerbriefs (vgl. Euseb, *hist. eccl.* 3,38,1). Der Hebräerbrief dürfte damit um 90 n. Chr. entstanden sein.

Verfasser und Abfassungsumstände

Wer den Hebräerbrief geschrieben hat weiß nur Gott

Nur mit Mühe konnte sich der Hebräerbrief im Bibelkanon etablieren. Im Osten der Kirche stand er, zumal man ihn dort meist für paulinisch hielt, früh in kanonischem Ansehen. Anders sah dies im Westen aus. Dort beriefen sich Rigo-

Stellung im Kanon

risten wie Tertullian mit ihrer Vision von der Gemeinde als sündenfreiem Raum auf den Hebräerbrief, während die Großkirche, die längst im Geiste Jesu eine grenzenlose Vergebungsbereitschaft praktizierte, eine Verfasserschaft des Paulus bestritt und dem Brief daher mit größter Skepsis begegnete (vgl. Euseb, *hist. eccl.* 3,3,5). Auch Martin Luther hat die rigoristische Bußlehre des Hebräerbriefes verworfen, obwohl er ihn wegen seiner Christologie schätzte. Während die Mehrzahl der griechischen Bibelhandschriften den Hebräerbrief im Anschluss an den Philemonbrief bietet, hat Luther ihn in seiner deutschen Bibel hinter die Johannesbriefe gerückt, um seinen Bedenken Ausdruck zu verleihen.

XIII. Katholische Briefe und prophetisches Buch

Neben der Paulusbriefsammlung findet sich im Neuen Testament ein Korpus von sieben weiteren Briefen, für die sich schon in der Alten Kirche die Bezeichnung »Katholische Briefe« etablierte. Von den Paulusbriefen unterscheiden sie sich bereits auf den ersten Blick dadurch, dass sie nicht nach ihren Empfängern, sondern nach ihren vermeintlichen Verfassern benannt wurden. Es handelt sich um den Jakobusbrief, die beiden Petrusbriefe, die drei Johannesbriefe und den Judasbrief. Der Begriff »katholisch« hat die Grundbedeutung »allgemein«. Die Katholischen Briefe verdanken ihren Namen der Tatsache, dass sie sich als Lehrschreiben an die Allgemeinheit im Sinne der gesamten Christenheit wenden. Mit Ausnahme der Johannesbriefe sind sie von vornherein nicht an Einzelgemeinden oder Einzelpersonen gerichtet, sondern für einen breiteren Leserkreis oder ein größeres Kirchengebiet bestimmt und lassen konkrete Informationen über die Adressaten vermissen. Die Katholischen Briefe gehören zu den Spätschriften des Neuen Testaments. Ihre Verfasserangaben haben sich im Licht der kritischen Bibelwissenschaft als Fiktion erwiesen. Die unbekannten Briefautoren bedienen sich der Namen herausragender Gestalten aus der Familie Jesu oder dem Kreis der zwölf Apostel, um den Inhalt ihrer Schreiben mit besonderer Autorität zu versehen. Auch hier machen die Johannesbriefe eine Ausnahme, da sie selbst noch nicht den Anspruch erheben, vom Apostel Johannes zu stammen, und damit keine Pseudepigraphen sind. Das Korpus der sieben Katholischen Briefe hat erst im späten 4. Jh. n. Chr. im Osterfestbrief des Athanasius von Alexandria volle Anerkennung gefunden. Die Mehrzahl der Katholischen Briefe musste bis dahin hart um die Aufnahme in den Kanon ringen. Noch im frühen 4. Jh. n. Chr. waren im Osten allein der erste Petrusbrief und der erste Johannesbrief über jeden Zweifel erhaben (Euseb, *hist. eccl.* 3,25,2). Völlig aus dem Rahmen fällt die Johannesoffenbarung. Sie ist das einzige apokalyptische Buch oder prophetische Buch des Urchristentums, das Eingang in den Bibelkanon fand.

Das Korpus der Katholischen Briefe

Die Katholischen Briefe wenden sich an ein breiteres Publikum

■ Der Jakobusbrief

Als Adressaten benennt der Jakobusbrief die zwölf Stämme in der Diaspora (1,1). Er richtet sich damit als eine Art Rundschreiben an die christlichen Gemeinden in aller Welt, die das neue Israel verkörpern und deren Existenz als ein Leben in der Fremde betrachtet wird. Vor diesem Hintergrund versteht es sich von selbst, dass der Briefautor kaum mit konkreten Kenntnissen über die Situation seiner Adressaten aufwarten kann. Im Mittelpunkt des Briefes steht die Stellungnahme zu Gemeindeproblemen, die dem Verfasser aus eigener Anschauung bekannt sind und ihm als derart typisch erscheinen, dass er die Kirchen in aller Welt davon bedroht sieht. Dazu zählen vor allem soziale Konflikte in der Gemeinde, die mit einer Verachtung der Armen durch die Reichen einhergingen, und ein falsches Verständnis der paulinischen Theologie, das die Bewährung des Glaubens im Handeln aus dem Auge zu verlieren drohte. Die vom Briefautor vorgenom-

Adressaten und Abfassungszweck

mene Korrektur des paulinischen Abrahambildes setzt voraus, dass in den angeschriebenen Gemeinden die wesentlichen Inhalte des Galaterbriefes bzw. des Römerbriefes bekannt waren, wo Abraham als Vater der Glaubensgerechtigkeit in Anspruch genommen wird.

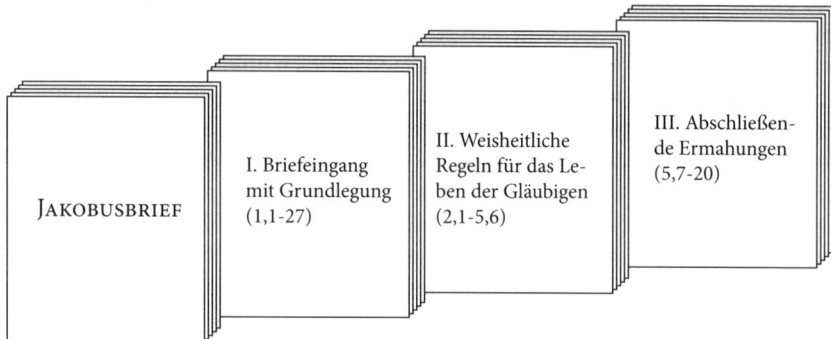

Aufbau und Gedankengang

Der Jakobusbrief bietet eine Aneinanderreihung von überwiegend ethischen Abhandlungen, die nur locker miteinander verbunden sind und mit minimalem Aufwand in Briefform gegossen wurden, um die Verlesung des Lehrschreibens im Gottesdienst zu gewährleisten. Man hat daher seinen Briefcharakter immer wieder völlig in Frage gestellt und ihn als Katechese, Spruchsammlung oder ethisches Traktat betrachtet. Da das Bekenntnis zum gekreuzigten und auferstandenen Christus als Fundament des Glaubens merkwürdig in den Hintergrund tritt, wurde von der älteren Forschung in Erwägung gezogen, dass es sich bei dem Jakobusbrief um ein ursprünglich jüdisches und später durch wenige Hinzufügungen verchristlichtes Werk handele. Diese Vermutung ist allerdings abwegig.

Der Jakobusbrief prangert eine Benachteiligung der Armen an

Es gibt keinen Brief im gesamten Neuen Testament, der derart mit Anklängen an die Verkündigung Jesu gespickt ist wie der Jakobusbrief. Der *Briefeingang mit theologischer Grundlegung* (1,1-27) handelt von der Bewährung des Glaubens in Anfechtungen (1,2-18) und von der Notwendigkeit ethischen Handelns, durch das sich der Glaube in der Praxis auszeichnet (1,19-27). Der *Hauptteil* des Briefes enthält weisheitliche Regeln für das Leben der Gläubigen (2,1-5,6). Zunächst prangert der Autor eine Benachteiligung der Armen in der Gemeinde an (2,1-13), die dem Willen Gottes widerspricht und gegen das Liebesgebot verstößt. Das bewusst überzeichnete Hofieren der Reichen im Gemeindegottesdienst zeigt, in welchem Maße die sozialen Gegensätze sich zu einem innerkirchlichen Problem von immenser Sprengkraft entwickelten. Danach kommt der Brief erneut auf den Zusammenhang von Glaube und Werken zu sprechen (2,14-26). Mit der Warnung vor der gefährlichen Macht der Zunge (3,1-12) wird ein neues Thema angeschnitten. Der Autor sieht den Frieden in den Gemeinden durch rechthaberische Lehrer bedroht und benennt vor diesem Hintergrund die Kennzeichen wahrer Lehrweisheit (3,13-18). Mit den Ausführungen gegen Streitsucht und Verleumdung (4,1-12) wird die Kritik an unerfreulichen Entwicklungen in den Gemeinden fortgeführt. Die vom Denken der Weisheit geprägte Rüge des eigenmächtigen Lebensentwurfs (4,13-17) lässt keinen unmittelbaren Zusammenhang mit den vorausgehenden Darlegungen erkennen. Die scharfe Gerichtspredigt gegen Gläubige, deren Denken nur um die Anhäufung irdischer Güter kreist

(5,1-6), greift nochmals die Problematik des sozialen Gefälles in den Gemeinden auf und erinnert an Jesu Reichtumskritik in der Bergpredigt. Der *Briefschluss* (5,7-20) enthält weitere Anweisungen und Ermahnungen zu verschiedenen Situationen des Lebens. Nachdem der Briefautor die Gemeinden zur geduldigen Erwartung der Wiederkehr des Herrn und zum Ausharren im Leiden ermahnt hat (5,7-11), ruft er Jesu Verbot des Schwörens in Erinnerung und fordert die unbedingte Liebe zur Wahrheit (5,12). Danach geht es um den Umgang mit Krankheit und Sünde in der Gemeinde (5,13-18). Mit seiner Abschlussmahnung, dem vom rechten Weg abgeirrten Bruder geistlichen Beistand zukommen zu lassen (5,19-20), unterstreicht der Briefautor sein zentrales Anliegen, Sünder zur Umkehr zu bewegen und für die Gemeinde zurückzugewinnen.

In seinen Ausführungen über den Zusammenhang von Glaube und Werken (2,14-26) wendet sich der Verfasser des Jakobusbriefes gegen ein Missverständnis der paulinischen Rechtfertigungslehre, dass allein der Glaube den Menschen vor Gott gerecht mache und Werke ohne Belang seien. Nach dem Jakobusbrief rechtfertigt nur ein Glaube, der sich auch in den Werken der Liebe bewährt. Dabei wird die Abrahamrezeption des Apostels Paulus, wie sie im Galater- und Römerbrief begegnet, einer Korrektur unterzogen. Paulus hatte in einseitiger Fokussierung auf Gen 15 Glaube und Gesetz als gegensätzliche Größen betrachtet, um dann Abraham in kühner Schriftauslegung allein auf der Seite des Glaubens zu verorten (Gal 3,6-29; Röm 4,1-25). Der Verfasser des Jakobusbriefes interpretiert dagegen in Einklang mit der jüdischen Abrahamrezeption die Glaubensgerechtigkeit des Stammvaters Israels (Gen 15,6) im Lichte von Gen 22 und betrachtet Abrahams Bereitschaft zur Opferung Isaaks als hervorgehobenes Beispiel eines Glaubens, der sich in Werken bewährt. In diesem Punkt scheint direkte Polemik gegen Paulus vorzuliegen. Aufs Ganze gesehen will der Jakobusbrief aber nicht die paulinische Theologie auf den Kopf stellen und eine Heilsbedeutung der Werke proklamieren, sondern eher eine in den Gemeinden unter Berufung auf Paulus eingetretene Fehlentwicklung bekämpfen, die in einseitiger Fixierung auf den Glauben das ethische Handeln vernachlässigt. Dass der Briefautor sich bei den notwendigen Werken des Glaubens am Liebesgebot als »königlichem Gesetz« (Jak 2,8) und nicht etwa an rituellen Vorschriften der Tora orientiert, steht in Einklang mit den Überzeugungen des Paulus, der keinen vom Handeln entbindenden Glauben kennt (Gal 5,6) und das Liebesgebot als Quintessenz des Gesetzes einschärft (Gal 5,14; Röm 13,8-10). Wenn Martin Luther den Jakobusbrief wegen seiner vermeintlichen Werkgerechtigkeit und seiner vergleichsweise schwach ausgeprägten Christologie als »strohene Epistel« abwertet und im Bibelkanon willkürlich nach hinten rückt, wird dies der Bedeutung des Schreibens nicht gerecht. Der Jakobusbrief ist ein beeindruckendes Dokument frühchristlichen Weisheitsdenkens und verankert wie keine andere neutestamentliche Schrift außerhalb der Evangelien die bleibende Bedeutung der ethischen Forderungen Jesu tief im Bewusstsein der Kirche.

Glaube und Werke

> Der Glaube muss sich nach dem Jakobusbrief in den Werken der Liebe bewähren

Im Blick auf die kirchlichen Ämter spricht der Jakobusbrief von Lehrern (3,1), die für die Verkündigung zuständig sind, und Ältesten (5,14), in deren Händen die Angelegenheiten der Gemeinde liegen. Der Brief spiegelt damit eine Presbyteralverfassung wider, die keinen Episkopen als Gemeindeleiter kennt. Geistgewirkte Charismen, wie sie für die paulinische Zeit charakteristisch sind, werden

Amtsverständnis und Krankensalbung

nicht erwähnt. Die Gabe der Heilung ist an das kirchliche Amt gebunden und fällt in den Aufgabenbereich der Ältesten, die durch Gebet und Ölsalbung die Kranken gesund machen (5,14-18). Dabei wird mit Schuld als möglicher Ursache von Krankheit gerechnet und zu einem Sündenbekenntnis ermutigt. Falls der Kranke Schuld auf sich geladen hat, wird sie ihm vergeben werden. Die römisch-katholische Kirche leitet aus Jak 5,14 das Sakrament der Krankensalbung ab.

Verfasser und Entstehungszeit

Der Briefautor stellt sich als Jakobus vor, betont seine Würdestellung als Knecht Gottes und des Herrn Jesus Christus, bezeichnet sich jedoch nicht als Apostel. Dies zeigt, dass sich hinter dem vermeintlichen Verfasser weder Jakobus Zebedäus noch Jakobus Alphaei aus dem Kreis der zwölf Apostel, sondern nur der Herrenbruder Jakobus (Mk 6,3; Gal 1,19) verbergen kann, der bereits zur Zeit des Apostelkonvents an der Spitze der Jerusalemer Urgemeinde stand (Gal 2,9) und im Jahr 62 n. Chr. vom Hohepriester Ananus hingerichtet wurde (Joseph., *ant.* 20,200). Würde der Brief tatsächlich vom Herrenbruder Jakobus stammen, wovon vereinzelt auch in der kritischen Bibelwissenschaft ausgegangen wird (F. Mussner; M. Hengel), müsste er vor 62 n. Chr. in Jerusalem abgefasst worden sein. Während es aber dem historischen Jakobus darum ging, mit Rücksicht auf die jüdische Tradition zumindest ein Minimum ritueller Vorschriften aus der Tora in der christlichen Gemeinde zu bewahren (Gal 2,12; Apg 15,20), ist davon im Jakobusbrief nichts zu spüren. Auch das elegante Griechisch spricht trotz der Hellenisierung Jerusalems wohl gegen den Herrenbruder als Verfasser. Es handelt sich beim Jakobusbrief um ein pseudepigraphes Schreiben, womit die Frage nach den Abfassungsumständen offen bleiben muss. Die geistige Nähe des Verfassers zum Matthäusevangelium, von dem er aber nicht literarisch abhängig ist, lässt vermuten, dass der Jakobusbrief zwischen 80 und 90 n. Chr. in Syrien entstand.

Der Herrenbruder Jakobus war kaum der Verfasser des Jakobusbriefes

■ Der erste Petrusbrief

Adressaten und Abfassungszweck

Der erste Petrusbrief wendet sich als Rundschreiben an die christlichen Gemeinden in den kleinasiatischen Provinzen Pontus, Galatien, Kappadokien, Asia und Bithynien. Warum er die Gläubigen in den im Süden Kleinasiens gelegenen Provinzen Pamphylien und Kilikien ausklammert, bleibt unklar. Die Adressaten des Briefes sind keine Judenchristen, sondern Gläubige aus der Völkerwelt, die in ihrer vorchristlichen Vergangenheit in Finsternis wandelten (2,9) und Götzendienst betrieben (4,3). Wenn sie als »auserwählte Fremdlinge in der Zerstreuung« angesprochen werden (1,1), klingt schon im Präskript ein Zentralmotiv des Briefes an. Der Briefautor will den Christen in den Gemeinden Kleinasiens, die von ihrer heidnischen Umgebung angefeindet werden und ihre Heimat nicht in dieser Welt haben, Hoffnung spenden und sie in ihrem Glauben stärken. Er entwickelt dabei unter dem Einfluss paulinischen Denkens, ohne aber gezielt die paulinische Tradition fortzuschreiben, eine ausgeprägte Theologie des Leidens. Die Gläubigen sollen sich den staatlichen Organen gegenüber loyal verhalten, um der Kriminalisierung des Christentums den Wind aus den Segeln zu nehmen, und Anfeindung in der Nachfolge Christi als einen Akt demonstrativer Selbststigmatisierung erdulden, um damit die heidnische Gesellschaft zu beeindrucken.

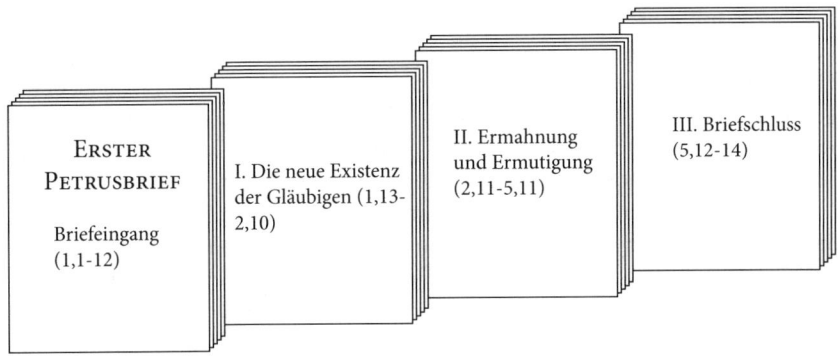

Aufbau und Gedankengang

Der erste Petrusbrief verfügt über einen stilgemäßen brieflichen Rahmen, hat aber über weite Strecken den Charakter eines Traktates mit recht allgemeinen, nicht auf konkrete Gemeindeverhältnisse bezogenen Anweisungen. Im *Briefeingang* (1,1-12) schließt sich an das Präskript ein Lobpreis Gottes mit Dank für das in Christus geschenkte Heil an. Die gegenwärtige Zeit des Leidens und der Glaubensbewährung wird in apokalyptischen Denkmustern als glückliche Epoche entschlüsselt, die als letzte Drangsal das heilvolle Ende der Geschichte einläutet. Der *erste Hauptteil* des Briefes (1,13-2,10) hat die neue Existenz der Gläubigen zum Inhalt. Der Briefautor betont, dass angesichts der besonderen zeitgeschichtlichen Umstände Wachsamkeit geboten ist und das durch Christi Blut teuer erkaufte Heil ein geheiligtes Leben nach sich ziehen muss, das sich durch Nächstenliebe und Abkehr von Lastern auszeichnet. Die Kirche wird metaphorisch als geistlicher Tempel mit Christus als dem von den Ungläubigen verworfenen, für die Gläubigen hingegen das Fundament der Hoffnung darstellenden Eckstein beschrieben. Die erwählten Gläubigen gelten als königliche Priesterschaft und heiliges Gottesvolk, wobei sich der Briefautor mehrfach auf Aussagen aus dem Heiligkeitsgesetz (Lev 19) bezieht. Im *zweiten Hauptteil* (2,11-5,11), der ethische Ermahnung und tröstende Ermutigung bietet, wird das zentrale Anliegen des Briefautors deutlich. Es geht ihm um die Bewährung des christlichen Glaubens in der heidnischen Gesellschaft, die ihrerseits die Christen kriminalisiert und verfolgt. Dabei äußert er die Überzeugung, dass die Gläubigen mit ihrem vorbildhaften Verhalten Einfluss auf die übrigen Menschen und deren Verhältnis zu Gott nehmen können. Er propagiert eine pragmatische Ethik des Gehorsams, die nicht zu Unrecht häufig als Ethik der Unterwerfung und Anpassung kritisiert wird. Das Motiv der Unterordnung steht nicht nur beim Verhalten der Gläubigen gegenüber den staatlichen Instanzen im Mittelpunkt (2,13-17), sondern stellt auch innerhalb des christlichen Haushalts die Leitlinie des ethischen Handelns dar (2,18-3,7). Sklaven werden zur klaglosen Unterordnung auch gegenüber ungerechten Herren aufgefordert, Frauen als das vermeintlich schwächere Geschlecht sollen nach dem Vorbild Saras ihren Männern Gehorsam leisten. In einem Katalog, der Forderungen der Bergpredigt anklingen lässt, werden elementare christliche Tugenden angesprochen (3,8-12), darunter das Leiden um der Gerechtigkeit willen. Dabei vermag der Autor die in Bedrängnis und Verfolgung lebenden Adressaten mit dem Bild des zur Rechten Gottes erhöhten Christus zu trösten, dem alle bösen Mächte unterworfen sind und an dessen Sieg sie kraft der Taufe bereits Anteil haben. Das an der Passion Christi orientierte Leiden der Gläubigen geht für den

Briefautor mit einer positiv auf die heidnische Gesellschaft abstrahlenden Abkehr vom alten Lebenswandel einher. Angesichts des nahen Weltendes sollen sich die Gläubigen auf die Liebe als das Entscheidende konzentrieren (4,7-11), deren Praxis an konkreten Beispielen veranschaulicht wird. Vor dem Hintergrund von Kriminalisierung und gesellschaftlicher Isolation um des Glaubens willen (4,12-19) ruft der Briefautor die Adressaten zur Standhaftigkeit auf und spricht ihnen Mut zu, indem er ihnen den tieferen Sinn ihrer bedrängten Situation erschließt. Sie stehen gemeinsam mit den Gläubigen auf der ganzen Welt nur noch für kurze Zeit im Kampf gegen die Macht des Bösen, während die Geschichte bereits auf ihr heilvolles Ende zutreibt (5,8f). Der *Briefschluss* (5,12-14) benennt Silvanus als angeblichen Überbringer des Schreibens und enthält Grüße der Gemeinde aus »Babylon« und des Markus.

Leben in der Fremde und Teilhabe am Leiden Christi

Der Verfasser des ersten Petrusbriefes spricht die Adressaten als Gäste oder Fremdlinge in der Welt an, mit der sie nichts mehr gemein haben können. Das Leben der Christen ist für ihn eine Existenz in der Fremde und Zerstreuung (1,17; 2,11), wo sie der Anfeindung ausgesetzt sind (4,12-19). Ihre wahre Heimat liegt woanders als in dieser Welt. Vor diesem Hintergrund wird eine pointierte Theologie des Leidens entworfen. In der Verfolgung durch die Welt gewinnen die Gläubigen Anteil am Leiden Christi und damit zugleich an seiner Herrlichkeit, die bei der Parusie offenbar werden wird (1,7; 4,13). Der Briefautor tröstet die Adressaten damit, dass zu Unrecht erlittenes Leid nicht sinnlos ist, sondern auf den Spuren Jesu zur Verherrlichung führt. Die Vorstellung, dass geduldig ertragenes Leiden zur Nachfolge Christi dazu gehört und nichts Befremdliches darstellt, prägt auch die vom Briefautor vertretene Ethik der Unterordnung und des Gehorsams. Wenn dabei von Sklaven der Gehorsam auch gegenüber schlechten Herren eingefordert und das klaglose Erdulden von Misshandlungen durch Sklavenhalter als angemessene Kreuzesnachfolge Christi verklärt wird, ist dies aus heutiger Perspektive nicht hinnehmbar. Befremdlich ist zudem, dass im Gegensatz zu anderen neutestamentlichen Haustafeln (Kol 4,1; Eph 6,9) nicht auch die Herren zu einem angemessenen Verhalten gegenüber den Sklaven in die Pflicht genommen werden.

Unverschuldetes Leiden von Sklaven wird als Kreuzesnachfolge verklärt

Die Höllenfahrt Christi

Im Rahmen seiner Aussagen über die Würdestellung Christi als Weltenherrscher (3,18-22) bietet der Briefautor einen rätselhaften Verweis auf die Predigt Christi an die Geister im Gefängnis. Im Hintergrund stehen jüdische Mythen, nach denen die auch als Geister bezeichneten gefallenen Engel (Gen 6,1-6) für die Sintflut verantwortlich sind und bis zum Endgericht in einem unterirdischen Gefängnis festgehalten werden. Derartige aus Gen 6-8 abgeleitete Vorstellungen finden sich in Schriften wie der Henochapokalypse (äthHen 10) oder dem Jubiläenbuch (Jub 5), die sich im frühen Christentum großer Beliebtheit erfreuen. In 1Petr 3,19f wird zum Ausdruck gebracht, dass sich die kosmische Herrschaft Christi bis in den letzten Winkel der Unterwelt erstreckt (vgl. Phil 2,10). Eine ausführliche Schilderung der Höllenfahrt Christi begegnet in den apokryphen Pilatusakten als Anhang. Dort befreit Christus nach der Kreuzigung die alttestamentlichen Gerechten aus dem Hades und führt sie in das Paradies, wobei aber von einer Predigt an die in der Totenwelt gefangengehaltenen Geister keine Rede ist. Inwieweit 1Petr 3,19 das Apostolische Glaubensbekenntnis mit der Aussage »hinabgestiegen in das Reich des Todes« beeinflusst hat, bleibt unsicher.

Die Christen bilden für den Verfasser des ersten Petrusbriefes eine heilige oder königliche Priesterschaft, deren Aufgabe die Darbringung geistlicher Opfer und die Verkündigung der Großtaten Gottes ist (2,5.9). Während am Jerusalemer Tempel der Priesterdienst den Nachkommen Aarons vorbehalten ist, wird er in der Kirche als geistigem Tempel von allen Gläubigen wahrgenommen. Dabei geht es in erster Linie um das ethische Verhalten in priesterlicher Heiligkeit und Reinheit. Kritik am kirchlichen Amt und an einer hierarchischen Kirchenordnung wird aus der Vorstellung vom Priestertum aller Gläubigen jedoch nicht abgeleitet. Der Briefautor setzt in den Gemeinden seiner Adressaten eine Presbyteralverfassung voraus und fordert zum Gehorsam gegenüber dem Ältestenkollegium auf (5,1-5). Umgekehrt stehen die Presbyter, deren Leitungsaufgaben mit Hirtenmetaphorik umschrieben werden, in der Pflicht, auf herrschaftliches Gehabe, Machtgier und Gewinnstreben zu verzichten. Für ihre uneigennützige Dienste an der Gemeinde werden sie bei der Parusie von dem »Erzhirten« Christus den unverwelklichen Siegerkranz der Herrlichkeit empfangen.

Priestertum aller Gläubigen und Ältestenamt

Der Brief erhebt den Anspruch, von Petrus in »Babylon« (5,13) verfasst zu sein. An seiner Seite sollen sich Silvanus und Johannes Markus befunden haben. »Babylon« ist hier ein nach dem Jüdischen Krieg aufgekommener und aus der jüdischen Apokalyptik entlehnter Deckname für Rom, der sich der Tatsache verdankt, dass die Römer 70 n. Chr. wie einst die Babylonier den Jerusalemer Tempel zerstörten. Der erste Petrusbrief ist damit erst nach der Tempelzerstörung entstanden, als der historische Petrus unter Nero bereits den Märtyrertod erlitten hatte. Auch das gute Griechisch und die Anlehnung an die Septuaginta sprechen gegen den Apostel Petrus als Verfasser. Der unbekannte Briefautor bedient sich der apostolischen Autorität des Petrus, um die von ihrer heidnischen Umwelt angefeindeten Gemeinden im Glauben zu stärken. Konkreter Hintergrund dürften die Zwangsmaßnahmen gegen die Christen Kleinasiens in der Endphase der Regierungszeit Domitians (81-96 n. Chr.) sein. Andere vermuten als zeitgeschichtlichen Kontext die Kriminalisierung des Christentums unter Trajan (98-117 n. Chr.). Der Hinweis auf »Babylon« und damit Rom als Abfassungsort kann den Tatsachen entsprechen, aber auch eine fiktive Ortsangabe darstellen, die der Petrus-Rom-Tradition geschuldet ist. Da sich der Brief an die Gemeinden Kleinasiens richtet, vermuten viele dort auch die Heimat seines unbekannten Autors, der Repräsentant einer dem Paulinismus gegenüber eigenständigen theologischen Denkrichtung ist. Die Erwähnung von Silvanus und Markus, die eigentlich in das Umfeld des Paulus gehören (1Thess 1,1; Phlm 24), aber wie Petrus aus der Jerusalemer Urgemeinde stammen, soll dem Brief wohl zur Akzeptanz in paulinisch geprägten Gemeinden verhelfen.

Verfasser und Entstehungszeit

»Babylon« ist ein Deckname für Rom

■ Der zweite Petrusbrief

Der zweite Petrusbrief ist nicht an eine bestimmte Gemeinde gerichtet, sondern wendet sich in der Grußadresse allgemein an alle Christusgläubigen. Aus deren Anfälligkeit für eine präsentische Heilserwartung unter Leugnung der futurischen Eschatologie schließt man häufig, dass es sich um Heidenchristen handele. Eine geographische Verortung der Empfängergemeinden wird nicht geboten. Die

Adressaten und Abfassungszweck

nicht selten zur Gewissheit erhobene Annahme, sie seien in Kleinasien beheimatet, bleibt pure Spekulation. Der Verfasser des zweiten Petrusbriefes greift vor dem Hintergrund einer akuten Bedrohung des Glaubens zur Feder und benutzt dabei den Judasbrief, von dem er weite Teile übernimmt, als literarische Vorlage. Es geht ihm um die Warnung der Gemeinden vor falschen Lehrern, von denen er eine massive Gefahr für die überlieferte Zukunftserwartung und die christliche Lebensführung ausgehen sieht.

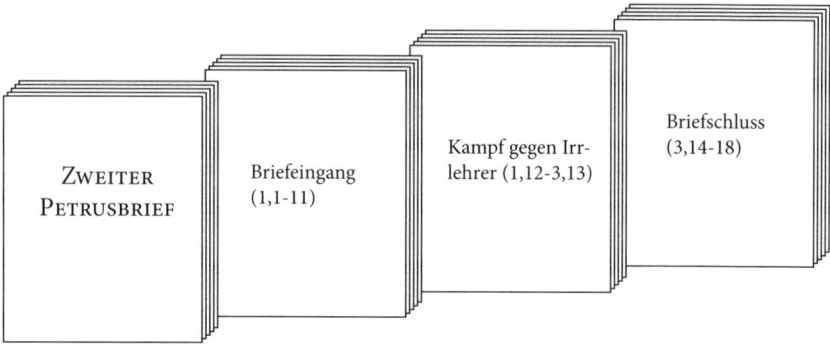

Aufbau und Gedankengang

Um die Adressaten auf die Auseinandersetzung mit falschen Glaubenslehren einzustimmen, hält der Briefautor ihnen im *Briefeingang* (1,1-11) zunächst die empfangenen Heilsgaben, allen voran die in der Taufe erfolgte Reinigung von den Sünden, und die daraus erwachsende Verpflichtung zu ethischer Bewährung vor Augen. Der *Hauptteil* (1,12-3,13) des zweiten Petrusbriefes ist dem Kampf gegen Irrlehrer und der Verteidigung des Parusieglaubens gewidmet. Der sich als Petrus ausgebende Briefautor beschwört die Situation des unmittelbar bevorstehenden Abschieds aus der Welt herauf, um seinen Ausführungen als letztem Vermächtnis des Apostels besonderen Nachdruck zu verleihen (1,12-15). Der im Wesentlichen aus Ermahnungen bestehende und auf Grüße verzichtende *Briefschluss* (3,14-18) zeigt, dass der Streit um das geistige Erbe des Paulus und um die richtige Interpretation seiner Theologie im Mittelpunkt der Auseinandersetzung mit den Pseudolehrern steht.

Profil der Irrlehrer

Die Gegner werden vom Briefautor als falsche Lehrer gebrandmarkt. Sie verwiesen den Glauben an die endzeitliche Wiederkunft Jesu Christi in das Reich der Fabeln (1,16), nachdem die Gründergeneration der Kirche verstorben war, ohne dass es zum Eintreten der prophezeiten Endzeitereignisse gekommen wäre. Dabei beriefen sie sich auf die Permanenz der Welt seit der Schöpfung (3,4) und betrieben eigenwillige Schriftauslegung (1,20). Konkret wird ihnen vorgeworfen, schwierige Passagen aus den Paulusbriefen zu verdrehen (3,16). Vermutlich haben die Gegner apokalyptische Passagen wie 1Thess 4,13-18, 1Kor 15,20-28 oder Phil 3,20f in ihrem Sinne uminterpretiert und sich auf solche Abschnitte der Paulusbriefsammlung berufen, in denen die aus der Erhöhung Christi zum Weltenherrscher resultierende Heilsgegenwart in besonderer Weise betont wird (Phil 2,6-11; Kol 1,15-20). Die darüber hinausgehenden Aussagen über die Irrlehrer (2,1-22) wurden über weite Strecken aus dem Judasbrief entnommen und um neue Bezichtigungen bereichert. Vor allem der Vorwurf des unmoralischen Verhaltens wird zugespitzt und gipfelt in dem eher peinlichen Vergleich der Gegner mit Hunden und Schweinen.

Der zweite Petrusbrief spiegelt die tiefe Verunsicherung der Gemeinden wider, die durch die ausbleibende Wiederkehr des Herrn ausgelöst wurde. In den Evangelien spricht Jesus in apokalyptischen Bildern davon, dass er nach den Wirren der Endzeit auf die Erde zurückkommen wird, um Gericht zu halten und die Auserwählten zu sammeln (Mk 13). Die ersten Christen lebten in unmittelbarer Naherwartung des Weltendes und verbanden damit die Hoffnung auf die baldige Wiederkehr des Herrn und die Auferstehung der Toten. Paulus war der festen Überzeugung, dass dies noch zu seinen eigenen Lebzeiten eintreten werde (1Thess 4,13-18; 1Kor 15,52). Mit dem Ausbleiben der Endereignisse schwand in den Gemeinden die Naherwartung. Nicht wenige Gläubige erklärten die Erwartung des Weltendes und der Wiederkehr des Herrn für nichtig, indem sie mit der Erhöhung des auferstandenen Christus zum kosmischen Herrscher die Heilsgeschichte zum Abschluss gekommen sahen. Der Verfasser des zweiten Petrusbriefes verteidigt vor diesem Hintergrund energisch den Glauben an die endzeitliche Wiederkunft Jesu Christi (3,1-13). Er relativiert das Problem der Parusieverzögerung mit dem Verweis darauf, dass tausend Jahre vor Gott wie ein Tag sind (Ps 90,4), und betrachtet das ausbleibende Weltende als Teil des Heilsplans Gottes, der den Menschen eine längere Zeit zur Umkehr einräumen will. Daran, dass der Tag des Herrn unvermittelt wie der Dieb in der Nacht kommen wird, kann für ihn aber kein Zweifel bestehen. Die apokalyptische Hoffnung auf das Kommen eines neuen Himmels und einer neuen Erde wird vom zweiten Petrusbrief als unverzichtbarer Glaubensgegenstand betrachtet.

Festhalten am Glauben an die Wiederkehr Christi

Tausend Jahre sind vor Gott wie ein einziger Tag

Der Briefautor gibt sich als Simon Petrus aus (1,1), will Augenzeuge der Verklärung Jesu gewesen sein (1,16-21) und verweist auf den angeblich ebenfalls von ihm stammenden ersten Petrusbrief (3,1). All dies entspricht kaum den Tatsachen. Aufgrund sprachlich-stilistischer wie theologischer Unterschiede stammen die beiden Petrusbriefe kaum von ein und derselben Person, wobei der historische Petrus auch für den zweiten Petrusbrief nicht als Verfasser in Betracht kommt. Petrus hat längst den Märtyrertod erlitten, als der unbekannte Autor des zweiten Petrusbriefes sich dessen Autorität nutzbar macht, um gegen Irrlehrer den apokalyptischen Glauben an die Wiederkehr Jesu Christi und das Kommen der neuen Welt Gottes wachzuhalten. Der in vorzüglichem Griechisch geschriebene Brief blickt auf die Väterzeit des Christentums als abgeschlossene Periode zurück (3,4) und entstand im frühen 2. Jh. n. Chr., da er einerseits Kenntnis des ersten Petrusbriefes und des Judasbriefes voraussetzt, sich andererseits in der um 135 n. Chr. entstandenen Petrusapokalypse Anklänge an ihn finden. Der wegen seines Festhaltens am apokalyptischen Denken meist für einen Judenchristen gehaltene Briefautor versteht sich als rechtmäßiger Sachwalter und Interpret der paulinischen Theologie (3,15f). Über den Abfassungsort macht der Brief keine Angaben. Zuweilen wird auf Alexandria getippt, weil Origenes dort den Brief erstmals als autoritative Schrift zitiert. Es kommen aber auch Rom oder Kleinasien in Frage.

Verfasser und Entstehungszeit

■ Der erste Johannesbrief

Der erste Johannesbrief weicht stark von der Normalform eines Briefes ab, da er weder einen stilgemäßen Briefeingang noch einen stilgemäßen Briefschluss auf-

Adressaten und Abfassungszweck

weist. Wiederholte Verweise auf den Akt des Schreibens (u.a. 2,1.7f.12-14) und die stereotype direkte Anrede der Adressaten als Kinder oder Geliebte zeigen allerdings, dass es sich bei dem ersten Johannesbrief um ein Dokument der brieflichen Kommunikation handelt. Der Brief reagiert auf einen schweren Konflikt innerhalb des johanneischen Gemeindeverbundes, bei dem es sich vermutlich um einen Kreis mehrerer Hausgemeinden handelte, und versucht die daraus resultierende traumatische Erfahrung zu verarbeiten. Aus den eigenen Reihen hat sich infolge eines nicht mehr überbrückbaren theologischen Dissenses eine Gruppe abgespalten und ist eigene Wege gegangen (2,19). Dabei scheint es sich um begüterte und einflussreiche Gläubige gehandelt zu haben, deren materielle Ressourcen nun fehlen (3,17). Dadurch, dass die Gegner sich abgespalten und vermutlich am selben Ort eine neue Gemeinde gegründet haben, sind die Zurückgebliebenen in ihrer Existenz bedroht und zugleich in einen Kampf darum verwickelt, wer die rechtmäßigen Erben und Verwalter der johanneischen Theologie sind. Der erste Johannesbrief bemüht sich in dieser Situation um eine Stabilisierung des schwer angeschlagenen johanneischen Gemeindeverbundes nach innen und eine scharfe Abgrenzung gegenüber den Gegnern nach außen. Wenn er, wie meist angenommen wird, erst nach dem Johannesevangelium entstanden ist, ist er als eine Art Interpretationshilfe zu dessen richtigem Verständnis gedacht. Der erste Johannesbrief macht keine geographischen Angaben zu den Adressaten, doch dürften sie im westlichen Kleinasien gelebt haben, da die altkirchliche Überlieferung die johanneische Schultradition in Ephesus lokalisiert.

> Der Autor versucht ein Trennungstrauma zu verarbeiten

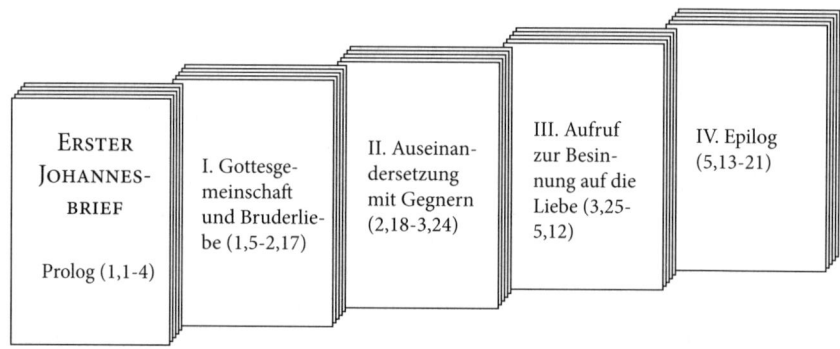

Aufbau und Gedankengang

An Stelle der üblichen Formeln, die einen Brief eröffnen, setzt das Schreiben mit einem *Prolog* (1,1-4) von großer theologischer Tiefe ein, der an den Auftakt des Johannesevangeliums erinnert. Im Briefkorpus dreht sich die Argumentation immer wieder um die beiden Themen Rechtgläubigkeit und Ethik. Die Gemeinde wird in Abgrenzung von der gegnerischen Lehre zum Festhalten am richtigen Christusbekenntnis und zur Praktizierung der Nächstenliebe aufgerufen. Dies variiert der Briefautor in drei Durchgängen. Der *erste Hauptteil* des Briefkorpus ist auf Gottesgemeinschaft und Bruderliebe fokussiert (1,5-2,17). Die im Raum der Gemeinde geschehende und im Sühnetod Jesu gründende Sündenvergebung stellt die Voraussetzung dafür dar, dass die Gemeinschaft der Gläubigen intakt bleibt. Religiöse Erkenntnis lässt sich nicht vom konkreten Lebensvollzug trennen, sondern zeigt sich im Halten der Gebote. In diesem Zusammenhang wird das Gebot der Bruderliebe in Erinnerung gerufen, das bereits im Johannesevangelium die Quintessenz der Ethik Jesu darstellt. Die sich im Licht wähnenden Gegner lassen ihrem Anspruch wahrer Erkenntnis dagegen die gemeinschaftszerstörende Haltung des Bruderhasses folgen und wandeln in Wirklichkeit in der Finsternis. Im *zweiten Hauptteil* (2,18-3,24) kommt der Autor konkret auf die Gegner zu sprechen, die sich von der Gemeinde abgespalten haben. Die Adressaten werden ermahnt, gegenüber den falschen Lehren der Gegner am wahren Bekenntnis festzuhalten. Breiten Raum nehmen die Ausführungen zur endzeitlichen Bewährung der Hoffnung in der tätigen Bruderliebe ein (3,4-24). Das Bleiben in Christus befreit zu einem neuen Leben außerhalb des Einflussbereiches der Sünde. Die Ermahnung zur Bruderliebe wird am Negativbeispiel Kains und Abels eingeschärft. Die Person des Kain dient dabei als Kontrastfolie, vor deren düsterem Hintergrund das Liebesgebot umso heller erstrahlt. Der *dritte Hauptteil* (3,25-5,12) schärft nochmals pointiert das Liebesgebot ein. In einer Art »Lied auf die Liebe« (4,7-21) wird die geschwisterliche Liebe unter den Gläubigen in einer Kausalkette über Jesus Christus zu Gott als ihrem Ursprung zurückverfolgt. Den Gegnern wird dagegen Bruderhass vorgeworfen, mit dem sich ihr Reden von der Liebe zu Gott als Lüge erweist. Der Briefautor stellt heraus, dass der wahre Glaube, der sich im richtigen Christusbekenntnis zeigt und in der Liebe bewährt, den Sieg über die Welt davontragen und ewiges Leben bringen wird (5,1-12). Dabei wird nochmals auf die wirkliche Menschwerdung Jesu Christi abgehoben, der in »Wasser und Blut« gekommen ist (vgl. Joh 19,34). Statt eines formellen Briefschlusses steht am Ende ein Epilog (5,13-21). Dort kommen etwas nachklappend Fragen des Fürbittegebets und der Sündenvergebung zur Sprache. Grundsätzlich räumt der erste Johannesbrief sündigenden Gläubigen die Möglichkeit einer »zweiten Buße« ein. Er kennt aber eine »Sünde zum Tode« (5,16), die unwiderruflich den Ausschluss aus der Gemeinde nach sich zieht. Dabei könnte es sich um schwere moralische Verfehlungen wie Ehebruch oder Mord, aber auch um ein Abfallen zu den Glaubenslehren der Gegner handeln.

> Der Brief kennt eine nicht vergebbare »Sünde zum Tode«

Die aus der Mitte der Gemeinde hervorgegangenen Gegner leugneten die Identität von Jesus und Christus (2,22), indem sie die reale Menschwerdung Jesu Christi in Abrede stellten und sich dabei auf prophetische Inspiration beriefen (4,1-6). Vermutlich rückten sie den Glauben an Jesus Christus als höheres Lichtwesen, das schon vor der Schöpfung in der göttlichen Welt beim Vater weilte (Joh 1,1), derart in den Vordergrund, dass sie das gesamte Erdenleben des Gottessohnes als eine Scheinexistenz betrachteten. Diese christologische Lehre bezeichnet man, abgeleitet von dem lateinischen Wort *docēre* (scheinen), als Doketismus. In den gnostischen Johannesakten aus dem späten 2. Jh. n. Chr. ist beispielsweise davon die Rede, dass man zumindest zeitweise durch den Körper Jesu hindurchfassen konnte, als ob er überhaupt nicht existent sei, und dass Jesus über die Erde wandelte, ohne eine Spur auf dem Boden zu hinterlassen (ActJoh 93). Wenn die vom Briefautor bekämpften Gegner Jesus nicht für den Christus hielten, vertraten sie wohl die Auffassung, dass sich der himmlische Christus des irdischen Jesus lediglich zum Zwecke seines Erscheinens auf Erden bediente und beide Personen sich wesensmäßig klar voneinander abheben lassen. Sie dürften eine Unterscheidung zwischen dem leidenden Jesus und dem nicht leidensfähigen Christus als unterschiedlichen Personen getroffen haben, die sich nur vorü-

Die Lehre der Gegner

bergehend verbunden haben. Dann hätte ihr Christusbekenntnis den Lehren des Gnostikers Kerinth entsprochen. Dieser stellte im 2. Jh. n. Chr. die These auf, dass der göttliche Christus bei der Taufe in Gestalt der Taube auf den Menschen Jesus herabgekommen sei und diesen vor der Kreuzigung bereits wieder verlassen habe (Iren., *adv. haer.* 1,26,1). Mit ihrer Theologie sind die Gegner offensichtlich auf große Resonanz gestoßen (4,5). Der Briefautor tritt demgegenüber entschieden für den Glauben an die reale Menschwerdung des Gottessohnes ein (4,2). Die Gegner bezichtigt er der Lügenprophetie und verortet sie auf der Seite des Antichristen, der als endzeitlicher Gegenspieler des Messias und Verführer der Rechtgläubigen auftritt (2,18; 4,3).

Chronologische Abfolge der johanneischen Schriften

An der engen geistigen Verwandtschaft zwischen Johannesevangelium und Johannesbriefen kann kein Zweifel bestehen. Umstritten ist allerdings die Frage, in welcher chronologischen Abfolge die johanneischen Schriften entstanden sind. In der Regel wird davon ausgegangen, dass das Johannesevangelium am Anfang stand und das vom ersten Johannesbrief widergespiegelte Schisma sich an einer unterschiedlichen Interpretation der Christologie des Johannesevangeliums entzündete. Das Johannesevangelium zeichnet ungleich stärker als die anderen Evangelien die göttlichen Züge Jesu Christi in die Darstellung seines Erdenlebens ein, indem es die Herrlichkeit seiner Wunder steigert und ihn souverän in den Tod gehen lässt. Die im ersten Johannesbrief bekämpften Gegner haben sich mit ihrem Doketismus wahrscheinlich auf die Herrlichkeitschristologie des Johannesevangeliums berufen, während der Briefautor klarzustellen scheint, dass das Johannesevangelium von einer realen Menschwerdung des göttlichen Logos spricht. Es wird zwar nirgendwo im ersten Johannesbrief ausdrücklich zitiert, doch legen die zahlreichen thematischen Überschneidungen die Annahme nahe, dass es diesem als Prätext zugrundeliegt. Der Autor kämpft mit seinen Gegnern um die Deutungshoheit über das Johannesevangelium. Der zweite und dritte Johannesbrief sind wohl nach dem ersten Johannesbrief entstandene Zeugnisse und dokumentieren, wie sowohl die eine als auch die andere Seite die Gemeinden durch Aussendung von Wanderpredigern für ihre Position zu gewinnen suchte. Es gibt aber auch die These, dass das Johannesevangelium den von den Johannesbriefen thematisierten Sachkonflikt aufgreife und verarbeite (G. Strecker; U. Schnelle). Der zweite und dritte Johannesbrief werden in diesem Zusammenhang als die ältesten Zeugnisse der johanneischen Schule angesehen, an die sich dann der erste Johannesbrief und das Johannesevangelium angeschlossen hätten.

> **Der Briefautor kämpft um die Deutungshoheit über das Johannesevangelium**

Verfasser und Entstehungszeit

Der Brief selbst bietet keinen Hinweis auf seinen Verfasser. Der Briefautor gibt sich zwar als Mitglied eines größeren Kreises von Christuszeugen zu erkennen (1,1-4) und beansprucht gegenüber den als Kindern bezeichneten Adressaten eine besondere Autorität, bleibt aber anonym. Wenn der Brief schon im 2. Jh. n. Chr. von Papias von Hierapolis (Euseb, *hist. eccl.* 3,39,17) und Irenäus (*adv. haer.* 3,16) Johannes zugeschrieben wird, steht die Überzeugung im Hintergrund, dass er wie das vierte Evangelium vom Apostel Johannes stammt. Der erste Johannesbrief ist zwar im Blick auf Sprache, Stil und Gedankenwelt eng mit dem Johannesevangelium verwandt, hat allerdings einen anderen Verfasser als jenes, da subtile inhaltliche Verschiebungen vorliegen. Beispielsweise ist im Evangelium der verheißene Paraklet der Geist der Wahrheit auf Erden (Joh 15,16f), im Brief dagegen der erhöhte Christus im Himmel (2,1). Der erste Johannesbrief könnte von jenem »Alten« geschrieben worden sein, der auch den zweiten und dritten Johannesbrief verfasst hat. Er kann aber auch auf einen unbekannten Autor aus der johanneischen Schule zurückgehen. Unter der Prämisse, dass der erste Johannesbrief das Johannesevangelium als Prätext verarbeitet, fällt seine Abfassung in das frühe 2. Jh. n. Chr., wobei er wahrscheinlich in Ephesus entstanden ist.

■ Der zweite Johannesbrief

Adressaten und Abfassungszweck

Der zweite Johannesbrief ist an eine »auserwählte Herrin und ihre Kinder« gerichtet. Während man dabei früher an eine Einzelperson und deren Familie dachte, hat sich heute die Überzeugung durchgesetzt, dass sich die Adressatenangabe im übertragenen Sinne auf eine Kirchengemeinde und deren Mitglieder bezieht. Der Brief selbst macht keine Angaben darüber, wo diese Hausgemeinde zu lokalisieren ist. Da das Schreiben dieselben Konflikte wie der erste Johannesbrief widerspiegelt, ist davon auszugehen, dass die Adressaten wohl im Umland von Ephesus lebten. Der zweite Johannesbrief wurde abgefasst, um die Gemeinde vor der Aufnahme von Wanderpredigern zu warnen, bei denen es sich um Irrlehrer handelt.

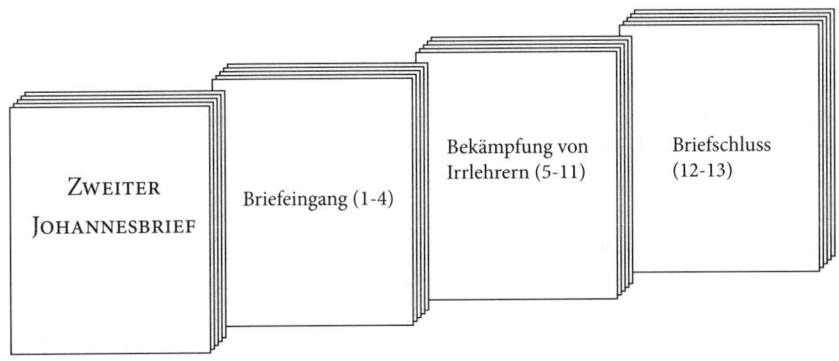

Aufbau und Gedankengang

Der zweite Johannesbrief ist neben dem dritten Johannesbrief die kürzeste Schrift des gesamten Neuen Testamentes. Sein Inhalt passte problemlos auf ein einziges Papyrusblatt. Anders als der erste Johannesbrief hat er die Form eines wirklichen Briefes. Im *Briefeingang* (1-4) verweist der Autor auf das einigende Band aufrichtiger Liebe, das ihn mit den Adressaten verbindet. Es basiert auf der Erkenntnis der Wahrheit, welche die Gläubigen miteinander teilen. Im *Briefkorpus* (5-11) geht es um die Auseinandersetzung mit Irrlehrern. Zunächst ruft der Briefautor das Gebot der geschwisterlichen Liebe in Erinnerung, das den durch falsche Glaubenslehren drohenden Zerfall der Gemeinde zu verhindern vermag. Danach fordert er die Adressaten auf, den Irrlehrern rigoros die Gastfreundschaft verweigern und jede Art der Gemeinschaft mit ihnen zu meiden. Der *Briefschluss* (12-13) enthält neben Grüßen eine Besuchsankündigung. Mit seinem Brief versucht der Autor in knapp bemessener Form die angeschriebene Gemeinde vor dem gröbsten Schaden zu bewahren. Näheres will er dann bei einem Besuch im persönlichen Gespräch erläutern.

Profil der Irrlehrer

Der Briefautor erhebt gegen die von ihm bekämpften Wanderprediger den Vorwurf, die Fleischwerdung Jesu Christi zu leugnen. Es handelt sich um die gleiche Irrlehre, die bereits im ersten Johannesbrief bekämpft wird. In einem apokalyptischen Schreckensgemälde sieht der Briefautor in den Gegnern den Antichrist verkörpert, der die Gläubigen in der Endzeit zu verführen und um ihren himmlischen Lohn zu bringen droht.

Verfasser und Entstehungszeit

Der Verfasser des zweiten Johannesbriefes meldet sich nicht mit seinem eigentlichen Namen zu Wort, sondern stellt sich im Präskript einfach als der »*presbyteros*« vor. Unter dieser Bezeichnung war er offensichtlich bei den Adressaten bestens bekannt und strahlte Autorität aus. Es handelt sich wohl nicht um einen gewöhnlichen Kirchenältesten (Presbyter), sondern um einen Lehrer oder Propheten, der unter dem Ehrentitel »der Alte« besondere Hochschätzung genoss. Vermutlich lebte er in Ephesus. Gegenüber der immer wieder geäußerten Vermutung, er sei mit dem von Papias von Hierapolis erwähnten Presbyter Johannes identisch, ist Vorsicht geboten, zumal Euseb den besagten Presbyter Johannes für den Verfasser der *Johannesoffenbarung* und nicht der Johannesbriefe hält (*hist. eccl.* 3,19,6).

■ Der dritte Johannesbrief

Adressat und Abfassungszweck

Auch der dritte Johannesbrief, der wiederum von dem »Alten« abgefasst wurde, ist das Dokument erbitterter Kontroversen um die richtigen Glaubenslehren. Sowohl der Alte als auch seine Gegner versuchten, durch Aussendung von Wanderpredigern die Gemeinden im Umland von ihrer Position zu überzeugen und hinter sich zu bringen. Ortsbischöfe wie Diotrephes machten in dieser Situation vom Instrument einer Verweigerung der Gastfreundschaft Gebrauch, um ihre Gemeinden aus dem Konflikt herauszuhalten oder vor scheinbar falschen Glaubenslehren zu schützen. Vor diesem Hintergrund wendet sich der dritte Johannesbrief an einen Christen namens Gaius, der im Kampf um die Wahrheit mit dem Alten theologisch auf einer Linie liegt und dessen Abgesandte gastlich aufgenommen hat. Versuche, den Adressaten mit Gaius aus Korinth (1Kor 1,14; Röm 16,23) oder Gaius aus Derbe (Apg 20,4) zu identifizieren, sind abwegig.

Der »Alte« und seine Gegner ringen um Einfluss in den Gemeinden

Der sonst unbekannte Gaius, an den der dritte Johannesbrief gerichtet ist, gehörte kaum der Gemeinde des Diotrephes an, da er sonst von diesem für sein Verhalten exkommuniziert worden wäre (vgl. 3Joh 10). Zudem schreibt der Alte an Gaius, dass Diotrephes der erste »unter *ihnen*« (9) sein wolle, während man im Falle einer Zugehörigkeit des Gaius zur Gemeinde des Diotrephes ein »unter *euch*« erwarten würde. Gaius war wohl der Leiter einer eigenen Hausgemeinde, die sich in derselben Stadt oder Gegend wie die Gemeinde des Diotrephes befand. Der dritte Johannesbrief verfolgt das Ziel, Gaius dazu zu bewegen, auch weiterhin den vom Alten ausgesandten Wanderpredigern Gastfreundschaft zu gewähren und ihnen für die Weiterreise unter die Arme zu greifen. Der 3Joh 9 erwähnte Brief des Alten an die Gemeinde des Diotrephes, den dieser missachtete, war kaum der zweite Johannesbrief. Vielmehr dürfte es sich um einen verlorengegangenen Empfehlungsbrief für Sendboten des Alten gehandelt haben, um diesen gastliche Aufnahme in den Gemeinden zu verschaffen.

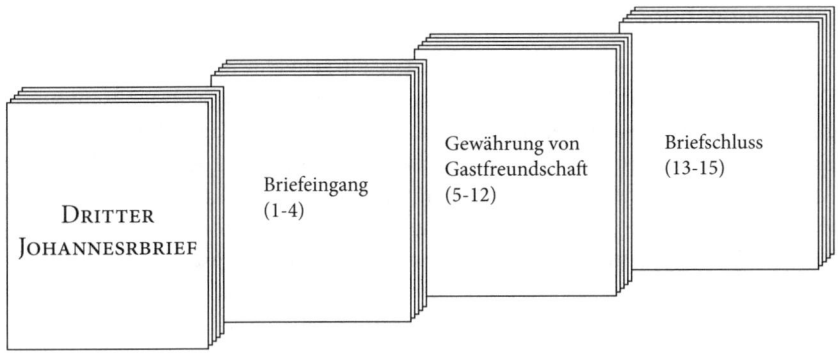

Der dritte Johannesbrief ist ähnlich kurz wie der zweite Johannesbrief. Im *Briefeingang* (1-4) verbindet sich mit der Adressatenangabe ein Wohlergehenswunsch, der auch das Seelenheil im Blick hat. Im *Briefkorpus* (5-12) kommt der Alte zu seinem unmittelbaren Anliegen, nämlich der Bitte um Gewährung von Gastfreundschaft für Wanderprediger. Der *Briefschluss* (13-15) gleicht dem des zweiten Johannesbriefes. Neben einer Besuchsankündigung, die eine gewisse räumliche Distanz des Alten zu Gaius wie auch Diotrephes voraussetzt, beinhaltet er einen Friedensgruß.

Aufbau und Gedankengang

Eine zentrale Rolle in dem vom dritten Johannesbrief widergespiegelten Konflikt um Rechtgläubigkeit und Ketzerei spielt Diotrephes. Bei ihm handelt es sich um einen Ortsbischof mit beachtlichen Machtbefugnissen. Trotz eines Empfehlungsbriefs des Alten verweigerte Diotrephes dessen Wanderpredigern nicht nur selbst das Gastrecht, sondern verlangte dies auch von seinen Gemeindegliedern und machte im Falle der Zuwiderhandlung vom Instrument der Exkommunikation Gebrauch (9f). Dies könnte darauf hindeuten, dass Diotrephes theologisch die Position der Gegner des Alten teilte, also ebenfalls die reale Menschwerdung Jesu Christi in Abrede stellte. Allerdings stigmatisiert ihn der Alte nicht als Häretiker und scheint die Hoffnung zu hegen, ihn im persönlichen Gespräch durch Zurechtweisung zu einer Verhaltensänderung bewegen zu können. Dies deutet darauf hin, dass Diotrephes seine Gemeinde aus den aktuellen Konflikten heraushalten wollte und den Wanderpredigern beider Fraktionen den Zutritt verweigerte. Unklar bleibt die Rolle des recht unvermittelt eingeführten Demetrius, für dessen Rechtgläubigkeit der Alte sich gegenüber Gaius vehement verbürgt. Er könnte zur Gemeinde des Gaius gehört und diesem wegen einer bis dahin schwankenden Haltung als unzuverlässig gegolten haben. Andere vermuten, dass es sich bei Demetrius um einen Christen aus der Gemeinde des Alten und den Überbringer des dritten Johannesbriefes handelt.

Die Rolle von Diotrephes

Diotrephes war wohl kein Häretiker

Der dritte Johannesbrief wurde von dem Alten ungefähr zur selben Zeit geschrieben wie der zweite Johannesbrief. Der Alte hatte nicht nur Warnbriefe geschrieben, welche die Gemeinden zur Verweigerung des Gastrechts für die gegnerischen Wanderprediger bewegen sollten, sondern auch Empfehlungsbriefe für die von ihm selbst ausgesandten Wanderprediger abgefasst. Nachdem solch ein Empfehlungsbrief bei Diotrephes seine Wirkung verfehlt hatte, wandte sich der Alte an Gaius, um diesen weiterhin als Verbündeten im Kampf um den rechten Glauben an sich zu binden.

Verfasser und Entstehungszeit

■ Der Judasbrief

Adressaten und Abfassungszweck

Es handelt sich beim Judasbrief um einen tatsächlich auch versandten Brief. Dass er am Ende briefliche Stilelemente, beispielsweise eine Besuchsankündigung oder Schlussgrüße, vermissen lässt, berechtigt nicht dazu, in ihm lediglich eine Predigt oder ein antihäretisches Traktat zu sehen. Der Autor verfasst eine Art Rundschreiben an alle Gläubigen in einem größeren Kirchengebiet, die er als Berufene auf ihre göttliche Erwählung anspricht. Die intensiven Verweise auf das Alte Testament und außerkanonische jüdische Apokalypsen (Henochapokalypse, Himmelfahrt Moses) legen die Vermutung nahe, dass er Gemeinden mit jüdischem Hintergrund im Auge hat. Die Annahme, dass sie in Palästina, Syrien oder Ägypten zu suchen seien, bleibt allerdings pure Spekulation, da sich im Brief keinerlei Ortsangabe findet. Der Briefautor will die Adressaten dazu bewegen, sich in Abgrenzung gegenüber Irrlehrern für den überlieferten Glauben einzusetzen, diesen auch zu leben und gefährdete Gemeindeglieder vor dem Abfall zu bewahren.

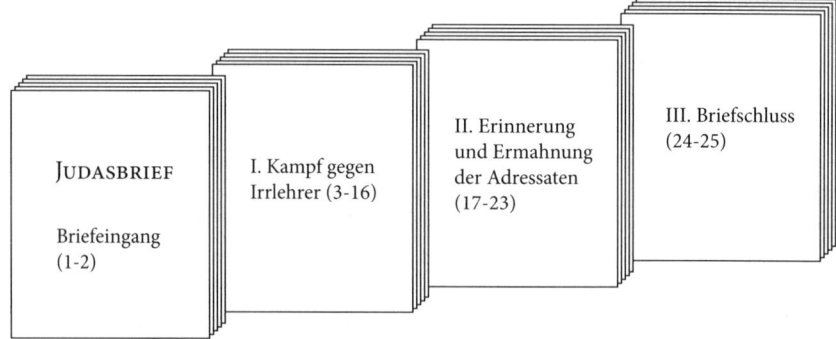

Aufbau und Inhalt

Der Judasbrief beginnt mit einem stilgemäßen *Briefeingang* (1-2). Der *erste Hauptteil* (3-16) setzt sich polemisch mit Irrlehrern auseinander und bemüht sich um den Nachweis, dass diese dem Zorngericht Gottes verfallen sind. Den argumentativen Höhepunkt bietet dabei ein als Schriftbeweis angeführtes Zitat aus der apokryphen Henochapokalypse (15f). Der *zweite Hauptteil* (17-23) bietet tröstende Ermahnung. Das Auftreten der Irrlehrer wird unter Berufung auf die Apostel als Zeichen der Endzeit gedeutet, um dann die Adressaten zu rechter Lebensführung zu ermuntern und zu erbarmender Zuwendung gegenüber jenen Gemeindegliedern aufzurufen, die durch die Irrlehren verunsichert oder gefährdet sind. Der *Briefschluss* (24-25) besteht aus einer Doxologie.

> Der Judasbrief zitiert apokryphe Apokalypsen als Heilige Schrift

Profil der Irrlehrer

Bei den Irrlehrern, die polemisch als Gefolgsleute der Bösewichte Kain, Bileam und Korach charakterisiert werden, handelt es sich um christliche Wanderprediger. Sie haben gastliche Aufnahme bei den Adressaten gefunden und nehmen ohne Scheu am Gemeindemahl teil, das neben der sakramentalen Kulthandlung auch der Sättigung diente und daher vom Briefautor als Liebesmahl (Agape) bezeichnet wird. Der Judasbrief attestiert den Gegnern pauschal Gottlosigkeit und Christusverleugnung (Jud 4), die sich in Unzucht (Befleckung des Fleisches), mangelnder Furcht vor dem Endgericht (Verwerfung der Herrschergewalt) und Ablehnung der Engelverehrung (Lästerung der Herrlichkeiten) manifestiert (Jud 8). Der Vorwurf der sexuellen Ausschweifungen zählt zu den wenig aussagekräftigen Allgemeinplätzen der Ketzerbekämpfung und muss sich nicht zwingend im Verhalten der Irrlehrer abgebildet haben. Wichtiger sind die anderen Aussagen. Sie legen nahe, dass die Irrlehrer die Vorstellung von Christus als kosmischem Weltenherrscher, dem alle Mächte und damit auch die Engel unterworfen sind, in den Mittelpunkt stellten. Daraus leiteten sie offenkundig eine enthusiastische Heilsgewissheit ab, die sich auf die Gewissheit gründete, dass das Gericht an den kosmischen Gewalten bereits vollzogen war und von den gottfeindlichen Engelmächten keinerlei Bedrohung mehr ausging. Vor diesem Hintergrund könnten sie auch die endzeitliche Wiederkehr Jesu Christi als Weltenrichter in Abrede gestellt haben, doch sollte diesbezüglich nicht zu viel aus dem zweiten Petrusbrief in den Judasbrief hineingelesen werden. Die Wanderprediger vertraten offenkundig in zugespitzter Form ganz ähnliche Lehren wie der Autor des Kolosserbriefes, der sich im Horizont des Glaubens an den erhöhten Christus als Herrscher über den Kosmos entschieden gegen die Engelverehrung ausprach (Kol 2,18). Vor diesem Hintergrund ist es mit Vorsicht zu genießen, wenn der Judasbrief sie als Ketzer der übelsten Sorte stigmatisiert. Der Briefautor selbst will am Beispiel vom Kampf Michaels mit dem Teufel um den Leichnam des Mose zeigen, dass sogar der Erzengel Michael es nicht wagte, die gottfeindlichen Mächte zu lästern. Die rätselhafte Geschichte stammt nach Auskunft der Kirchenväter aus der »Himmelfahrt des Mose«, einer apokryphen jüdischen Apokalypse, die allerdings nur noch fragmentarisch erhalten ist.

Die »Häretiker« stehen in geistiger Nähe zum Verfasser des Kolosserbriefes

Nachdem der Verfasser sich im Präskript als Judas vorgestellt hat, verweist er sofort auf seinen Bruder Jakobus. Er gibt sich damit als jener Judas aus, der nach Mk 6,3 gemeinsam mit Jakobus zu den Geschwistern Jesu zählte. Auf den ersten Blick scheint die intensive Bezugnahme auf das Alte Testament und außerkanonische jüdische Schriften, die auf einen aus dem Judentum stammenden Autor hindeutet, dies zu untermauern. Gegen den Herrenbruder Judas als Verfasser sprechen allerdings der Stil und die späte Entstehungszeit des Briefes. Der Autor schreibt in einem hervorragenden Griechisch und spiegelt in seinem Schreiben die Situation der Kirche in nachpaulinischer Zeit wider, indem er auf die Apostel als eine Größe aus der Vergangenheit zurückblickt (Jud 17). Der Judasbrief wurde um 100 n. Chr. von einem unbekannten Judenchristen mit hellenistischer Bildung verfasst. Dieser wählte den Namen des zu jener Zeit wahrscheinlich längst verstorbenen Herrenbruders Judas als Pseudonym, um seinem Schreiben besondere Autorität zu verleihen. Seine Argumentation im Blick auf die Engelverehrung lässt ihn in geistige Nähe zu der im Kolosserbrief bekämpften Philosophie rücken.

Verfasser und Entstehungszeit

Der Judasbrief musste hart um seine Aufnahme in den Bibelkanon kämpfen. Da der Verfasser sich bei seiner Argumentation konstitutiv auf Schriftbeweise aus zwei jüdischen Apokalypsen stützt, die bei der endgültigen Umfangsbestimmung der hebräischen Bibel durch die Rabbinen unter den Tisch fielen und damit kein Bestandteil des christlichen Alten Testamentes wurden, stand er immer wieder im Zwielicht. Didymus der Blinde nennt die Geschichte vom Kampf Michaels mit dem Teufel als Grund für die Ablehnung des Judasbriefes, nach Hieronymus haben ihn viele aber auch wegen des Zitats aus der apokryphen Henochapokalypse verworfen. Martin Luther hat den Judasbrief als Schrift, welche das Christuszeugnis nicht klar wiedergebe, ebenfalls recht kritisch betrachtet.

Stellung im Kanon

Die Johannesoffenbarung

Literarische Gattung

Die Offenbarung des Johannes ist die einzige Apokalypse im Neuen Testament. Das Wort *apokalypsis* (1,1) bezeichnet allgemein die Offenbarung oder Aufdeckung von bisher Verborgenem. Konkret geht es in unserem Zusammenhang um die Enthüllung der unmittelbar bevorstehenden Endzeitereignisse. Das Phänomen der Apokalyptik reicht in alttestamentliche Zeit zurück. Einzelne Prophetenbücher enthalten apokalyptische Passagen (u.a. Jes 24-27) und mit dem Buch Daniel (um 165 v. Chr.) findet sich im Alten Testament auch eine rein apokalyptische Schrift. Im antiken Judentum kursierte eine Vielzahl weiterer Apokalypsen, die sich auch bei den frühen Christen großer Beliebtheit erfreuten. Die bekanntesten davon sind die Henochapokalypse, die Himmelfahrt Moses, das vierte Esrabuch und die Baruchapokalypse. In den meisten Apokalypsen gibt es stereotyp wiederkehrende Elemente, die man als Stilmerkmale dieser Literaturgattung ansehen kann. Dazu zählen Visionen mit Jenseitsschilderungen, die Verwendung von Bildersprache und Zahlenschemata sowie ein ausgeprägter Dualismus, der den Gegensatz zwischen den zu Ende gehenden Reichen dieser Welt und dem bevorstehenden Reich Gottes zum Ausdruck bringt. Die gegenwärtige Welt gilt meist als der heillose Äon, der zumal in der Endzeit von bösen Mächten beherrscht wird und durch moralischen Verfall gekennzeichnet ist. Während heute mit dem Wort Apokalypse fast ausschließlich kosmische Katastrophen assoziiert werden, läuft die Geschichtsschau der antiken Apokalypsen auf die heilvolle Welt Gottes und damit auf ein Happy End zu. Apokalyptische Theologie spiegelt sich an vielen Stellen der neutestamentlichen Evangelien und Briefe wider (u.a. Mk 13; 1Thess 4,13-18; 2Thess 2,1-12). Zudem hat das frühe Christentum zahlreiche lupenreine Apokalypsen hervorgebracht. Eingang in den Kanon hat nur die Johannesoffenbarung gefunden, deren Besonderheit darin liegt, dass es sich um eine Apokalypse mit brieflichem Rahmen handelt und sie nicht unter einem Pseudonym veröffentlicht wurde.

> Die Geschichtsschau von Apokalypsen läuft auf die neue Welt Gottes zu

Adressaten und Abfassungszweck

Die Johannesoffenbarung ist an sieben Gemeinden in der römischen Provinz Asia im Westen der heutigen Türkei gerichtet. Konkret handelt es sich um die Gemeinden von Ephesus, Smyrna, Pergamon, Thyatira, Sardes, Philadelphia und Laodizea. Die sieben Sendschreiben, die der eigentlichen Apokalypse vorangestellt sind, vermitteln ein bedrückendes Bild von der Situation der Adressaten. Einerseits sind die Christen der Provinz Asia wegen der Verweigerung des Kaiserkultes von Strafverfolgung durch die lokalen Behörden betroffen, andererseits durch innerkirchliche theologische Konflikte in der Glaubenseinheit bedroht. Der Seher Johannes weiß von Zwangsmaßnahmen, die einzelne Christen bereits mit dem Leben bezahlt haben (2,13), und rechnet offenkundig mit einer allgemeinen Christenverfolgung (3,10), bei der viele vom Glauben abfallen könnten. Vor diesem Hintergrund besteht die primäre Absicht des Buches darin, die Adressaten durch die Offenbarung der Endzeitereignisse zur Standhaftigkeit gegenüber dem Kaiserkult und zum Festhalten am christlichen Glauben zu ermutigen. Johannes enthüllt den göttlichen Heilsplan der Geschichte, wie er ihn in ekstatischen Visionen geschaut hat. Die Not der Gegenwart kann überstanden werden, weil das Ende dieses Äons nahe ist und der Anbruch der neuen Welt Gottes unmittelbar bevorsteht. Daneben geht es dem Verfasser aber auch um die Bekämpfung christlicher Glaubenslehren, die er für falsch hält. In den Gemeinden von Ephesus, Pergamon und Thyatira verfügen die Nikolaiten, denen Götzendienst und Unzucht vorgeworfen werden, über erheblichen Einfluss.

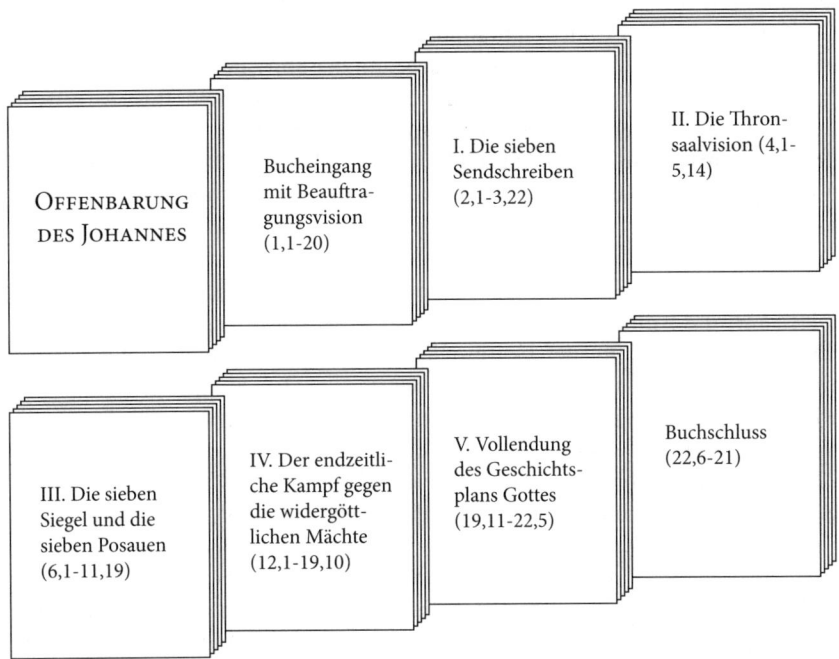

Johannes eröffnet sein Werk im *Bucheingang* (1,1-20) mit Vorwort, Briefpräskript und einer Schilderung seiner Beauftragung. Im Vorwort wird der Inhalt des Buches in einer Traditionskette als von Gott stammende, an Jesus Christus weitergegebene, durch einen Engel vermittelte und von Johannes authentisch aufgezeichnete Offenbarung ausgegeben. Nach der Grußadresse an die sieben Empfängergemeinden beschreibt Johannes, wie ihm auf der Insel Patmos eine Beauftragungsvision nach dem Muster alttestamentlicher Prophetenberufungen zuteil wurde (1,9-20). Der eigentlichen Apokalypse werden im *ersten Hauptteil* (2,1-3,22) die sieben Sendschreiben vorangestellt, die der Gattung des prophetischen Briefes zuzurechnen sind. Sie drohen massiv mit dem Gericht und rufen zur Buße auf. Mit der den *zweiten Hauptteil* markierenden Thronsaalvision (4,1-5,14) setzt die Wiedergabe der apokalyptischen Zukunftsschau ein. Die Thronsaalvision bietet eine Art Vorspiel im Himmel und gipfelt in die Übergabe des Buches mit den sieben Siegeln an den zur Rechten Gottes erhöhten Christus. Der *dritte Hauptteil* (6,1-11,19) mit den Visionen der sieben Siegel, darunter die vier apokalyptischen Reiter, und der sieben Posaunen läutet das Endzeitgeschehen ein. Während der Reiter auf dem weißen Pferd, der mit dem ersten Siegel verbunden ist, wohl Christus als Heilsgestalt repräsentiert (vgl. 19,11-16), löst das Öffnen der weiteren Siegel kosmische Katastrophen unbeschreiblichen Ausmaßes aus. Die Öffnung des siebten Siegels zieht vorübergehende Stille nach sich und setzt das Gerichtsgeschehen der sieben Posaunen in Gang. Indem dort jeweils ein Engel eine Posaune bläst, werden neue Plagen für die gottlosen Bewohner der Erde ausgelöst. Die siebte Posaunenvision bietet eine Heilszusage, indem sie

Aufbau und Inhalt

in einer Vorausschau den Herrschaftsantritt Gottes und seines Messias proklamiert. Die christliche Gemeinde steht indes, wie der *vierte Hauptteil* (12,1-19,10) veranschaulicht, noch im Kampf mit den widergöttlichen Mächten, dessen Hintergrund Johannes zunächst beleuchtet. Nach der Erhöhung des auferstandenen Christus zur Rechten Gottes entbrannte im Himmel ein Krieg zwischen dem Erzengel Michael und dem Satan. Am Ende stand der Sturz des »Drachens« auf die Erde, wo er nun die Gläubigen mit Hilfe der beiden »Tiere« bedrängt. Angesichts der scheinbaren Übermacht des Bösen spricht Johannes den vom Kaiserkult bedrängten Christen mit einem Ausblick auf die Vollendung Mut zu (14,1-5). Die mit dem Ausgießen der sieben Zornesschalen (15,1-16,21) verbundenen Ereignisse haben wie die Posaunen die Plagen beim Exodus Israels aus Ägypten zum Vorbild. Die vom Gerichtsgeschehen Betroffenen sind die Anhänger des Kaiserkultes und das Römische Imperium als der Herrschaftsbereich des Tieres. Nachfolgend wird das in einer Vorwegschau (14,6-20) schon angeklungene Gericht über Rom als Zentrum der Gottlosigkeit ausführlich geschildert (17,1-19,10). Da die Römer wie einst die Babylonier den Jerusalemer Tempel zerstört haben, wird für Rom der apokalyptische Deckname »Babylon« verwendet. Der *fünfte und letzte Hauptteil* schildert die Vollendung des Geschichtsplans Gottes (19,11-22,5). Der wiederkehrende Christus, der in den Farben eines messianischen Kriegers mit Reiterheer und scharfem Schwert gezeichnet wird, schaltet die beiden Handlanger des Satans, das Tier aus dem Meer und das Tier aus der Erde, aus.

> Das neue Jerusalem ist der Paradiesgarten mit dem Strom des Lebenswassers

Während sie in einem Feuersee bei lebendigem Leib ewige Qualen ertragen müssen, wird der Satan von einem Engel in Ketten gelegt und in der Unterwelt verschlossen. Es schließt sich die Auferstehung der Gläubigen an, die in den Genuss eines tausendjährigen Zwischenreiches unter der Herrschaft Christi kommen (20,4-6). Nach Ablauf der tausend Jahre wird der Satan wieder freigelassen und beginnt die noch verbliebenen Völker zu verführen, um schließlich dasselbe Geschick wie die beiden Tiere zu erleiden. An dieses Geschehen schließt sich die Auferstehung der Ungläubigen zum Gericht an. In seiner Abschlussvision vom neuen Jerusalem (21,1-22,5) entwirft Johannes ein eindrucksvolles Bild der innigen Zukunftsgemeinschaft in der Welt Gottes. Auf die Gläubigen, die sich nicht von der Hure Babylon blenden lassen, wartet das neue Jerusalem als Ort der paradiesischen Gemeinschaft mit Gott und Christus. Im *Buchschluss* (22,6-21) betont Johannes nochmals den göttlichen Ursprung seiner gesamten Botschaft und will mit drastischen Strafandrohungen erreichen, dass sein Buch vollständig im Gottesdienst der Gemeinden verlesen wird. Gleichzeitig schärft er eine intensive Naherwartung ein, die unmittelbar mit der Wiederkehr Christi und dem Anbruch der neuen Welt Gottes rechnet.

> Die Nikolaiten

Die in den Gemeinden von Ephesus, Pergamon und Thyatira einflussreichen Nikoaliten (2,6.15) führten sich auf Nikolaos aus dem Stephanuskreis (Apg 6,5) zurück und sahen im Genuss von Opferfleisch, bei dem ein Teil des Tieres einer heidnischen Gottheit geopfert worden war, keine Gefahr für Christen. Johannes bringt sie deshalb mit dem Erzfrevler Bileam in Verbindung, der Israel zum Götzendienst verführte (Num 22-24). Man wird ihre Position als Weiterführung einer geistigen Haltung betrachten dürfen, mit der sich bereits Paulus in Korinth auseinandersetzt und der er theologisch grundsätzlich Recht gibt (1Kor 8,4-6; 10,25-27). Wie die »Starken« in Korinth haben sich die Nikolaiten wohl auf ihre monotheistische Erkenntnis berufen und daher keine Furcht vor dem Kontakt mit Göttern gehabt, die gar nicht existieren. Die nikolaitische Prophetin aus der Gemeinde von Thyatira, die von Johannes als Baalsdienerin Isebel (2,20; vgl. 2Kön 9,22) verunglimpft wird, rühmte sich mit ihren Anhängern sogar, die Tiefen des Satans erkannt zu haben. Anders als der Seher Johannes propagierten die Nikolaiten keine strikte Abgrenzung von der heidnischen Umwelt. Wollte man als Christ weiterhin am gesellschaftlichen Leben teilnehmen, so war der Verzehr von Opferfleisch geradezu unumgänglich. Man begegnete ihm nicht nur bei Feierlichkeiten in heidnischen Tempeln, sondern auch bei Versammlungen der Handwerkerzünfte oder bei Privateinladungen. Der zusätzlich gegen die Nikolaiten erhobene Vorwurf der Unzucht ist ein Allgemeinplatz der Ketzerbekämpfung, den man nicht auf die Goldwaage legen sollte. Möglicherweise haben sie sich nicht an alle Vorschriften aus Leviticus 18 gehalten. Der Seher Johannes scheint sich dagegen mit dem Verbot von Opferfleisch und »Unzucht« auf die Regelungen des Apostelbedekretes zu stützen (Apg 15,29).

> Die Nikolaiten mieden den völligen Bruch mit der heidnischen Gesellschaft

An die Schilderung der mit Öffnung des sechsten Siegels verbundenen Katastrophen schließt sich ein Exkurs an, der von der Versiegelung der 144.000 handelt (7,1-8). Die Versiegelung ist ein Hinweis auf die Taufe (2Kor 1,22; Eph 1,13). Aus jedem der zwölf Stämme Israels empfangen 12.000 Personen das Siegel. Die Schar der 144.000 Versiegelten repräsentiert somit für den Seher Johannes die Kirche als den gewaltig vergrößerten Zwölf-Stämme-Bund und das neue Israel. Eine besondere Personengruppe, beispielsweise Judenchristen oder Märtyrer, hat er dabei nicht im Blick. Im weiteren Verlauf der Geschichtsschau wird enthüllt, dass die standhaft gebliebenen Gläubigen die Schar der 144.000 bilden, die im übertragenen Sinne die Jungfräulichkeit bewahrt und sich nicht dem Kaiserkult hingegeben haben. Sie werden am Ende der Tage mit Christus als dem Lamm auf dem Zion versammelt sein und dem Herrn ein neues Lied singen (14,1-5). Da es sich um eine Symbolzahl handelt, ist die Rettung nicht auf 144.000 Personen beschränkt.

Die 144.000 Versiegelten

Für seinen Kampf gegen die Christen rekrutierte der Satan nach dem Sturz aus dem Himmel zwei Tiere als irdische Mitstreiter (13,1-18). Beide verkörpern in unterschiedlicher Weise die römische Macht. Bei dem Tier aus dem Meer, in dessen Beschreibung Züge aus Daniel 7 eingeflossen sind, handelt es sich um den wiederkehrenden Nero, der in der jüdischen Apokalyptik zur Schreckensgestalt der Endzeit wurde. Da das Tier auf seinen Hörnern zehn Diademe trägt und sonst in der Offenbarung nur Christus mit Diademen ausgestattet ist, wird es zum Antichrist schlechthin stilisiert. Die Schwertwunde spielt darauf an, dass Nero sich erdolchte. Auch die geheimnisvolle Zahl 666, die als gematrisches Rätsel den Namen des Tieres aus dem Meer bezeichnet, ist auf Nero gemünzt. Sie bildet im Hebräischen, das keine Zahlzeichen kennt und stattdessen Buchstaben mit festgelegten Zahlenwerten verwendet, die Quersumme von קסר נרון (Kaiser Neron). Das Tier aus der Erde ist keine konkret fassbare historische Figur, sondern allgemein der Propagandist des Kaiserkultes, der die Menschen zur Anbetung des Kaiserbildes verführt.

Die beiden Tiere und die Zahl 666

Die Johannesoffenbarung ist die einzige neutestamentliche Schrift, die ein messianisches Zwischenreich kennt. Es ist zwischen der Wiederkunft Christi und der Auferstehung der Gläubigen einerseits, dem Endgericht und dem Anbruch

Das messianische Zwischenreich

der neuen Welt Gottes andererseits angesiedelt. Ein Vorbild bietet die jüdische Esraapokalypse, wo der Messias nach seinem Kommen 400 Jahre herrscht (4Esra 7,28). Wenn in der Johannesoffenbarung von 1000 Jahren die Rede ist, steht das Schema der Weltenwoche im Hintergrund, wobei nach Ps 90,4 ein Tag vor Gott 1000 Jahren entspricht. Auf die 6000 Jahre dauernde Weltgeschichte folgt der siebte Tag als tausendjähriger Weltensabbat, an dem Gott ruht und der Messias mit den Seinen herrscht. Die auch als Chiliasmus oder Millenarismus bezeichnete Erwartung eines tausendjährigen Christusreiches auf Erden war im Christentum immer umstritten und ein Grund dafür, warum die Johannesoffenbarung zunächst in vielen Kirchengebieten auf Ablehnung stieß. Prominente frühchristliche Verfechter der chiliastischen Erwartung waren Papias von Hierapolis (Euseb, *hist. eccl.* 3,39,12) und der Häretiker Kerinth (Euseb, *hist. eccl.* 3,28,2).

Zwiespältigkeit apokalyptischen Denkens

Die apokalyptische Theologie steht immer wieder in der Kritik. Der ungeduldige Ruf des Sehers Johannes nach Rache an den Gottlosen (6,10) und seine sichtliche Freude an der Vernichtung der gottfeindlichen Welt zog nicht ganz zu Unrecht den Vorwurf inhumanen Denkens nach sich, auch wenn er vor dem Hintergrund blutiger Christenverfolgung nachvollziehbar sein mag. Der Religionskritiker Franz Buggle betrachtet die Johannesoffenbarung mit ihren Strafphantasien und Gerichtsankündigungen gegenüber Menschen, die von den eigenen Glaubens- und Sittenmaßstäben abweichen, als ein Buch extrem sadistischer Inhalte. Eugen Drewermann sieht dagegen vom Standpunkt der Tiefenpsychologie aus in den Bildern der biblischen Apokalyptik eine elementare Hilfe zur Lebensbewältigung. Die Weltuntergangsphantasien mit ihrer Nähe zu schizophrenem Erleben lösten das Problem, wie man mit einer Welt leben soll, die ganz anders sein müsste, um mit ihr leben zu können.

> **Religionskritiker sehen in der Offenbarung ein Buch extrem sadistischer Inhalte**

Apokalyptische Weltdeutung sei die Extremform einer verzweifelten Hoffnung und eine für die menschliche Psyche hilfreiche Möglichkeit, auf eine als lebensfeindlich empfundene Außenwelt zu reagieren und die eigentliche Wirklichkeit der Innenwelt dagegen zu setzen. Auch von anderen Theologen wird die positive Bedeutung der Apokalyptik betont. Gegenüber Rudolf Bultmann, der die von der Johannesoffenbarung repräsentierte Glaubensrichtung als ein schwach christianisiertes und den eigentümlichen Zwischencharakter der christlichen Existenz nicht erfassendes Judentum bezeichnete, hob Ernst Käsemann hervor, dass apokalyptische Denkmuster nicht nur ein wichtiges jüdisches Erbe des Christentums darstellen, sondern ihnen auch eine unverzichtbare Bedeutung für eine realistische und nicht von Enthusiasmus geprägte Sicht der gegenwärtigen Wirklichkeit zukommt. Für Ulrich H.J. Körtner ist die Apokalyptik eine Form der Aufklärung, indem sie Strukturen des Bösen ans Licht bringt und entlarvt. Die Apokalyptik beugt einem individualistischen Heilsenthusiasmus vor, hält das Bewusstsein für Gott als Herrn über die Geschichte wach und entmythologisiert die Ansprüche der politischen Herrscher. Auch losgelöst von ihrem zeitgeschichtlichen Kontext können apokalyptische Bilder wie die Vision der neuen Welt Gottes, die von der Kraft der Zukunft zeugen und die Gegenwart gleichsam als davon bereits durchleuchtet erscheinen lassen, Trost spenden und Hoffnung geben

Verfasser und Abfassungsort

Apokalypsen sind in der Regel Pseudepigraphen, deren Autoren unter dem Pseudonym großer Gestalten aus grauer Vorzeit wie Henoch, Mose oder Baruch schreiben. Der Verfasser der Offenbarung gibt sich dagegen namentlich zu erkennen. Es handelt sich um einen christlichen Propheten namens Johannes (Offb 22,8f), der um des Glaubens willen auf die Insel Patmos verbannt worden war und dort an einem Sonntag in geistverzückter Ekstase seine Zukunftsschau empfing (1,9f). Die detaillierten Kenntnisse über die Situation in den Adressatengemeinden zeigen, dass er im kirchlichen Milieu der römischen Provinz Asia verwurzelt ist und dort vermutlich als Wanderprophet wirkte. Die Gedankenwelt und der sprachliche Charakter der Offenbarung weisen ihn als Judenchristen aus, dessen Griechisch hebräisch eingefärbt ist und der möglicherweise aus Palästina stammte. Sein Name hat schon im 2. Jh. n. Chr. zu der Vermutung Anlass gegeben, es handele sich um den Apostel Johannes Zebedäus, den vermeintlichen Verfasser der anderen johanneischen Schriften (Justin, *dial.* 81,4; Iren., *adv. haer.* 3,11,1). Demgegenüber hat schon Dionysius von Alexandria im frühen 3. Jh. n. Chr. sprachliche wie inhaltliche Gründe gegen die Annahme angeführt, dass die Johannesoffenbarung denselben Verfasser wie das Johannesevangelium und die Johannesbriefe hat (Euseb, *hist. eccl.* 7,25). Johannes Zebedäus aus dem Zwölferkreis kommt bereits aus textimmanenten Gründen kaum als Autor der Offenbarung in Frage. Der Seher Johannes erwähnt die zwölf Apostel (21,14), spricht von sich selbst aber nur als Diener Christi und Bruder der Propheten. Wenn es sich tatsächlich um den Apostel Johannes handeln würde, wäre unverständlich, warum er seine Zukunftsschau nicht mit apostolischer Autorität untermauert. Zumindest diskutabel ist dagegen die Annahme von Euseb (*hist. eccl.* 3,39,5f), dass es sich bei dem Verfasser der Johannesoffenbarung um den Presbyter Johannes handelt, der bei Papias von Hierapolis erwähnt wird und dem dieser die apokalyptische Lehre vom tausendjährigen Reich verdanken könnte. Als Johannes seine Visionen empfing, befand er sich auf der Insel Patmos, die der kleinasiatischen Küste südwestlich vorgelagert ist. Entweder hat er seine Apokalypse noch dort verfasst oder das Werk ist nach Aufhebung der Verbannung auf dem Festland entstanden, wo sich die Adressatengemeinden befanden und er als Prophet wirkte. Auch wenn sich die Johannesoffenbarung in der Zukunftserwartung und im Geschichtsverständnis signifikant vom Johannesevangelium unterscheidet, teilt sie mit diesem eine Reihe vom Motiven, etwa die Wassersymbolik, die Bezeichnung Christi als Lamm und die starke Gewichtung des Zeugnisablegens. Vor diesem Hintergrund kann man den Propheten Johannes durchaus als Repräsentanten der sich auffächernden johanneischen Schule im westlichen Kleinasien betrachten.

> Euseb hält den Presbyter Johannes für den Verfasser der Offenbarung

Der aktuelle zeitgeschichtliche Hintergrund der Johannesoffenbarung ist die Bedrohung der Gemeinden durch den Kaiserkult (13,12-15; 14,9-12; 16,12), der von den provinzialen Eliten aus freien Stücken als Loyalitätsbeweis gegenüber Rom erbracht wurde. Schon unter Nero wetteiferten die Städte der Provinz Asia um die Ehre, als Standort für den Bau eines Kaisertempels auserkoren zu werden (Tac., *ann.* 4,55). Durch die Übernahme der begehrten Priesterämter steigerte die lokale Oberschicht ihre soziale Reputation und brachte ihre Verbundenheit mit der Reichsidee zum Ausdruck. Wer sich dem Kaiserkult verweigerte, war im gesellschaftlichen wie wirtschaftlichen Leben isoliert und musste mit Anzeigen bei den Behörden rechnen, die oft anonym eingereicht wurden. Zumindest in Smyrna scheinen nicht zuletzt Juden für die Anschuldigungen gegen Christen verantwortlich zu sein (2,9). Dabei drohte den Christen die Todesstrafe wegen

> Zeitgeschichtlicher Hintergrund und Entstehungszeit

mangelnder Loyalität gegenüber dem römischen Staat. Die Vorschläge zur Datierung der Johannesoffenbarung decken die gesamte Bandbreite von der Zeit Neros auf der einen Seite bis zu der Zeit Hadrians auf der anderen Seite ab. Am wahrscheinlichsten ist eine bereits von Irenäus (*adv. haer.* 5,30,3) vermutete Abfassung der Johannesoffenbarung unter Domitian (81-96 n. Chr.), ohne dass dieser selbst systematische Christenverfolgungen angeordnet hätte. Die Zwangsmaßnahmen gehen vielmehr auf örtliche Propagandisten des Kaiserkults zurück. In Ephesus wurde 90 n. Chr. ein monumentaler Tempel zu Ehren der flavischen Kaiser eingeweiht, in dem eine etwa sieben Meter hohe Statue von Titus oder Domitian angebetet wurde. Das Bekenntnis im himmlischen Thronsaal »würdig bist du, unser Herr und Gott« (Offb 4,11) scheint ein gezielter Gegenentwurf dazu zu sein, dass Domitian sich als erster Kaiser mit dem Würdetitel »unser Herr und Gott« anreden ließ (Sueton, *Domit.* 13,2). Wenn einzelne der um 112 n. Chr. von Plinius verhörten Verdächtigen angaben, sie hätten bereits zwanzig Jahre zuvor dem christlichen Glauben abgeschworen (Plin., *ep.* 10,96,6), belegt dies, dass es in der Regierungszeit Domitians in Kleinasien zu Zwangsmaßnahmen der lokalen Behörden gegen Christen gekommen ist.

Stellung im Kanon

Im Westen begegnet die Johannesoffenbarung um 200 n. Chr. im *Kanon Muratori* unter den heiligen Schriften. Im Osten wurde sie zwar von Papias von Hierapolis und Melito von Sardes früh geschätzt, stieß aber lange Zeit auch auf heftige Kritik. Dionysios von Alexandria zufolge wurde sie wegen ihrer Rätselhaftigkeit und ihrer Lehre vom tausendjährigen Christusreich auf Erden von vielen abgelehnt, wobei manche sogar den Häretiker Kerinth für ihren Verfasser hielten (Euseb, *hist. eccl.* 7,25,1-3). Im 4. Jh. n. Chr. ist Euseb in der Bewertung des Werkes, »das von den einen verworfen, von anderen aber zu den echten Schriften gerechnet wird«, schwankend (*hist. eccl.* 3,25). Während Didymus der Blinde einen Kommentar über die Johannesoffenbarung schrieb, übergeht Cyrill von Jerusalem sie in seiner Auflistung der heiligen Schriften völlig (*catech.* 4,36). Der umstrittene Charakter der Johannesoffenbarung in der griechischen Kirche lässt sich noch bis in das 10. Jh. verfolgen, obgleich Athanasius von Alexandria sie in seinem Osterfestbrief von 367 n. Chr. zum Kanon rechnet. Auch Martin Luther äußerte sich in seiner Vorrede zum Neuen Testament 1522 kritisch über das Werk, das er weder für apostolisch noch für prophetisch hielt. Später rang er sich unter dem Eindruck der Belagerung Wiens durch die Türken, die apokalyptische Erwartungen anheizte, zu einem etwas positiveren Urteil durch.

> **Für Martin Luther war die Johannesoffenbarung weder apostolisch noch prophetisch**

XIV. Blick auf die außerkanonischen Schriften

Die Literatur des frühen Christentums war ungleich reichhaltiger und vielfältiger, als es das Neue Testament widerspiegelt. Aus der Frühzeit der Kirche ist eine Vielzahl von Schriften bekannt, die aus unterschiedlichen Gründen keine Aufnahme in den Bibelkanon gefunden haben. Nicht wenige von ihnen galten in einzelnen Kirchengebieten zumindest zeitweilig als Heilige Schrift, konnten sich aber auf Dauer nicht durchsetzen. Dazu zählen die Didache, der Barnabasbrief, die beiden Clemensbriefe, der Hirt des Hermas, die Paulusakten und die Petrusapokalypse. Auch solche Werke, denen die Aufnahme in den Kanon verwehrt blieb oder die sogar im Verdacht der Häresie standen, erfreuten sich weiter Verbreitung und übten nachhaltigen Einfluss auf die Volksfrömmigkeit aus. Erst als die Reichskirche nach der Konstantinischen Wende über die Macht verfügte, missliebige christliche Gruppierungen und deren Literatur zu unterdrücken, begann sich das Blatt zu wenden. So führt Athanasius von Alexandrien in seinem Osterfestbrief von 367 n. Chr. einen offenen Feldzug gegen die »Apokryphen«. Das sogenannte Decretum Gelasianum aus dem 6. Jh. n. Chr. listet nicht weniger als sechzig Bücher auf, deren Lektüre für rechtgläubige Christen verboten wird. Vor diesem Hintergrund ist es kaum verwunderlich, dass vor allem aus dem Bereich der Gnosis und des Judenchristentums viele Werke lediglich fragmentarisch erhalten blieben oder nur dem Namen nach bekannt sind.

Außerkanonische Literatur

Missliebige Gruppierungen und deren Schriften wurden unterdrückt

■ Apostolische Väter und verwandte Schriften

Als »Apostolische Väter« bezeichnet man seit dem 17. Jh. eine Gruppe nichtkanonischer Schriften des Urchristentums, deren Verfasser im weiteren Sinne noch in der Tradition der Apostel stehen. Bei der allerdings erst 1873 wiederentdeckten Didache (»Lehre der zwölf Apostel«) handelt es sich um die älteste erhaltene Kirchenordnung. Sie bietet keine tieferen theologischen Erörterungen, sondern praxisbezogene Regelungen für die Organisation des Gemeindelebens. Der *erste Hauptteil* (Did 1-6) besteht aus ethischer Unterweisung in Form einer »Zwei-Wege-Lehre«, die den Weg des Lebens und den Weg des Todes aufzeigt. Der *zweite Hauptteil* der Didache (7-10) enthält liturgische Anordnungen zu Taufe, Fasten, Gebet und Eucharistie. Die Zwei-Wege-Lehre wird als Teil des katechetischen Taufunterrichts der Gemeinde kenntlich gemacht. In den von der Didache repräsentierten Gemeinden wurde die Erwachsenentaufe vollzogen, die nach Möglichkeit als Untertauchtaufe in »lebendigem Wasser«, das heißt in einem fließenden Gewässer zu erfolgen hatte. Vorgeschaltet war ein gemeinsames Fasten von Täufer und Täufling. Aus den allgemeinen Weisungen zum Fasten geht hervor, dass die judenchristlichen Gemeinden der Didache mittwochs und freitags fasteten, um sich gezielt von der montags und donnerstags geübten Fastenpraxis des pharisäisch bestimmten Judentums in ihrem Umfeld abzugrenzen. Als Gemeindegebet wird das Vaterunser eingeschärft. Die Weisungen zu der auch als Brotbrechen bezeichneten Eucharistie spiegeln ein christliches Kultmahl wider, das sich deutlich von dem Herrenmahl paulinisch-synoptischer Prägung abhebt.

Didache

Die beim Mahl rezitierten Segenssprüche über Wein und Brot sind im Kern jüdischer Herkunft. Das Brot gilt als geistliche Speise und Brot des Lebens. Der *dritte Hauptteil* der Didache (Did 11-13) enthält Anweisungen zum Verhalten gegenüber Wanderpredigern, wobei vor allem die großzügige Inanspruchnahme des apostolischen Unterhaltsrechts Probleme bereitete. Vor diesem Hintergrund wird als Kriterium für echte Apostel und Propheten festgelegt, dass sie nach drei Tagen weiterziehen und der Gemeinde nicht länger zur Last fallen. Im *vierten Hauptteil* (Did 14-15) schließen sich weitere Anweisungen zum Gemeindeleben an. Dabei geht es um Zulassungsbedingungen zur Eucharistie, Regelungen zur Wahl kirchlicher Amtsträger und die Verpflichtung zu liebevoller geschwisterlicher Zurechtweisung. Den *Schluss* (Did 16) bildet eine Apokalypse mit Mahnung zur Wachsamkeit angesichts der Parusie Christi. Der unbekannte Verfasser der Didache hatte Kenntnis vom Matthäusevangelium, das er als Autorität zitiert (15,3). Entstanden ist die Didache um 100 n. Chr., und zwar vermutlich in Syrien.

Erster Clemensbrief

Der erste Clemensbrief ist ein Sendschreiben der Gemeinde von Rom an die Gemeinde in Korinth, das aller Wahrscheinlichkeit nach von dem römischen Ortsbischof Clemens gegen Ende der Regierungszeit Domitians (81-96 n. Chr.) abgefasst wurde und in der ägyptischen wie syrischen Kirche zeitweilig Bestandteil des Bibelkanons war. Versuche einer Frühdatierung in die Zeit Neros oder einer Spätdatierung in die Zeit von Hadrian oder gar Antonius Pius konnten sich nicht durchsetzen. Der Brief ist von hoher kirchenpolitischer Bedeutung, da er den Anspruch der römischen Christen widerspiegelt, in die inneren Angelegenheiten der Gemeinde von Korinth einzugreifen, wo es infolge nicht mehr aufhellbarer Streitigkeiten zur Absetzung von Kirchenältesten gekommen war. Nach dem *Briefeingang* (1-3) wird in einem *ersten Hauptteil* (4-39), der das berühmte Zeugnis vom Märtyrertod des Petrus und Paulus enthält (5,1-7), zunächst allgemeine Belehrung und Unterweisung geboten. Neben Mahnungen, sich vor Neid wie Eifersucht zu hüten und nach Friedfertigkeit, Demut wie Einheit zu trachten, findet sich auch eine Abhandlung über die Auferstehung (23-27). Darin wird der Glaube an die leibliche Auferstehung mit Beweisen aus der Natur, darunter der Mythos des Vogels Phönix, eingeschärft. Der *zweite Hauptteil* (40-58) geht auf die Konflikte in Korinth ein, wobei der Briefautor zur Wiederherstellung der kirchlichen Ordnung aufruft und die Rückkehr der abgesetzten Presbyter in ihr Amt fordert. Aus dem *Briefschluss* (59-65) sticht das große Kirchengebet 1Clem 59-61 hervor.

> Rom mischt sich in die inneren Angelegenheiten der Gemeinde von Korinth ein

Zweiter Clemensbrief

Der zweite Clemensbrief dagegen ist weder ein Brief noch geht er auf Clemens von Rom zurück. Es handelt sich um die Predigt eines unbekannten Theologen aus der Zeit um 150 n. Chr., die im Wesentlichen ethische Unterweisung mit Ermahnung zur Buße und Ratschlägen zum rechten Lebenswandel bietet. In diesem Zusammenhang scheint eine implizite Auseinandersetzung mit der valentinianischen Gnosis zu erfolgen, was auf Ägypten als Entstehungsort hindeutet. An mehreren Stellen zitiert der Autor unbekannte Jesusworte, die aus einer apokryphen Evangelienschrift, möglicherweise dem Ägypterevangelium, stammen. In der altkirchlichen Tradition wurde das Werk Clemens von Rom zugeschrieben und stand wie der erste Clemensbrief in hohem Ansehen. Versuche einer Identifizierung des tatsächlichen Verfassers – in Erwägung gezogen wurden beispielsweise Soter von Rom oder Clemens von Alexandria – bleiben spekulativ.

Ignatius von Antiochia wurde während der Christenverfolgungen unter Kaiser Traian zum Tode verurteilt und mit weiteren Gefangenen zur Vollstreckung des Urteils nach Rom überführt, wo er um 110 n. Chr. den Bestien zum Opfer fiel. Die Datierung des Martyriums in die Zeit Traians stützt sich allerdings ausschließlich auf Euseb und ist daher nicht unumstritten. Die sieben allgemein als echt anerkannten Ignatiusbriefe wurden von dem antiochenischen Bischof innerhalb eines relativ kurzen Zeitraums während seines Transportes von Antiochia nach Rom abgefasst. Die Briefe an die Gemeinden von Ephesus, Magnesia, Tralles und Rom entstanden bei einem Zwischenaufenthalt in Smyrna. Die Briefe an die Gemeinden von Philadelphia und Smyrna und der Brief an Polykarp wurden dagegen in Troas geschrieben. Darin dankt Ignatius für die ihm und den anderen Gefangenen erwiesene Gastfreundschaft. Trotz des unterschiedlichen Adressatenkreises bewegen sich sämtliche Ignatiusbriefe um *ein* zentrales Thema, nämlich die bedrohte Einheit der Kirche. In diesem Zusammenhang wird immer wieder zum Kampf gegen häretische Strömungen und zum Gehorsam gegenüber den rechtgläubigen Ortsbischöfen aufgerufen. Bei den Häretikern handelt es sich um ähnliche Gnostiker, wie sie in den Johannesbriefen bekämpft werden. Sie bezeichnen sich als Pneumatiker und glauben nicht an die reale Menschwerdung Jesu Christi, wobei mit diesem Doketismus ein symbolisches Verständnis der Eucharistie und eine Leugnung der leiblichen Auferstehung einhergeht. Ignatius verteidigt demgegenüber die Realpräsenz des wirklich menschgewordenen Heilands in den Mahlelementen und bezeichnet die Eucharistie als Arznei der Unsterblichkeit und Gegengift gegen den Tod (Ign., *Eph.* 20,2). Seinem bevorstehenden Märtyrertod, den er als realen Nachvollzug der Passion Christi betrachtet, blickt er furchtlos und sogar mit Freude entgegen.

Der Bischof Polykarp von Smyrna war nicht nur der Empfänger eines Ignatiusbriefes, sondern hat auch selbst eine ausgedehnte Korrespondenz mit Gemeinden und Einzelpersonen geführt. Dies bezeugt bereits Irenäus, der den Bischof in jungen Jahren noch persönlich erlebte (Euseb, *hist. eccl.* 5,20,6). Erhalten blieb nur Polykarps Philipperbrief, dessen Einheitlichkeit umstritten ist. Meistens rechnet man damit, dass in ihm zwei ursprünglich selbstständige Philipperbriefe des Bischofs von Smyrna vereinigt sind, nämlich ein um 110 n. Chr. verfasstes Begleitschreiben zur Übersendung von Abschriften der Ignatiusbriefe nach Philippi (Pol., *Phil.* 13) und ein einige Zeit später aufgrund einer Anfrage aus Philippi entstandenes Schreiben (Pol., *Phil.* 1-12.14). Dieser um das Thema Gerechtigkeit kreisende zweite Philipperbrief Polykarps wurde durch das Fehlverhalten des Presbyters Valens und seiner Frau veranlasst, die wahrscheinlich durch Unterschlagung von Gemeindegeldern einen Skandal in Philippi heraufbeschworen hatten. Einerseits betont Polykarp ganz ähnlich wie die Pastoralbriefe die untadelige Lebensführung als zentrales Qualifikationsmerkmal aller kirchlichen Amtsträger; andererseits rät er den Philippern, Valens und seiner Ehefrau im Geiste der christlichen Vergebungsbereitschaft die Möglichkeit der Buße einzuräumen.

Das Martyrium Polykarps bietet einen mit brieflichem Rahmen versehenen und später um mehrere Anhänge bereicherten Bericht über den Märtyrertod des Bischofs von Smyrna. Veranlasst wurde das Werk, das bald nach dem wohl in die Zeit um 160 n. Chr. fallenden Tod Polykarps entstand, durch die Bitte der Gemeinde von Philomelion an die Smyrnäer, das Ende des Bischofs schriftlich festzuhalten. Dementsprechend berichtet das Werk über Verhaftung, Prozess und Feuertod Polykarps. Dabei handelt es sich nicht um einen reinen Tatsachenbericht, sondern um eine erbauliche Abhandlung mit kerygmatischen und paränetischen Tendenzen, in der sich zugleich die Anfänge des christlichen Märtyrerkults widerspiegeln. Dass der Martyriumsbericht in die Form eines Rundbriefs an eine Vielzahl von Gemeinden gekleidet wird, verfolgt die Absicht, ihm eine Verlesung im Gottesdienst zu sichern und einem alljährlichen rituellen Gedenken Polykarps an dessen Todestag den Weg zu bahnen (Mart Pol 18,3).

Papias von Hierapolis

Papias war ein Zeitgenosse von Polykarp. Er wirkte als Bischof der Gemeinde von Hierapolis, das unweit von Kolossä und Laodizea in Phrygien im Tal des Lykos, einem Nebenfluss des Mäander, liegt. In den Tagen Trajans (98-117 n. Chr.) oder Hadrians (117-140 n. Chr.) verfasste Papias in griechischer Sprache ein fünfbändiges Werk, das die »Auslegung (exēgēsis) von Herrenworten« zum Inhalt hatte. Bei diesem Werk, das nur noch aus einzelnen Zitaten bei den Kirchenvätern bekannt ist, dürfte es sich um eine mit kommentierenden Erklärungen versehene Sammlung von Jesusüberlieferungen gehandelt haben. Die Mehrzahl der von Papias dargebotenen Texte stammte aus der mündlichen Überlieferung, wobei er neben ehrwürdigen Presbytern auch die Töchter des Evangelisten Philippus (Apg 21,9) als Gewährsleute nannte. Vollständig erhalten geblieben ist ein bei Apollinaris von Laodizea zitierter Bericht vom Ende des Judas. Daneben hat das Werk des Papias auch Gleichnisse Jesu, andere Lehren des Erlösers und wunderhafte Legenden enthalten, die keinen Eingang in die kanonischen Evangelien fanden (Euseb, *hist. eccl.* 3,39,8-12). Offenkundig kannte Papias auch die nachträglich in das Johannesevangelium gelangte apokryphe Geschichte von Jesus und der Ehebrecherin (Euseb, *hist. eccl.* 3,39,17). Von hervorgehobener Bedeutung sind die hinsichtlich ihres historischen Wertes allerdings höchst umstrittenen Angaben des Papias zur Entstehung des Markus- und Matthäusevangeliums (Euseb, *hist. eccl.* 3,39,15f).

> Das fünfbändige Werk des Papias hat nur in wenigen Zitaten überlebt

Barnabasbrief

Der Barnabasbrief stellt eine in Briefform gekleidete theologische Abhandlung dar, die in der Zeit um 130 n. Chr. entstand, als die Hoffnung auf einen Wiederaufbau des Jerusalemer Tempels durch Hadrian lebendig war (Barn 16,3f). Bereits bei seiner erstmaligen Erwähnung durch Clemens Alexandrinus wird er dem aus der Apostelgeschichte und den Paulusbriefen bekannten Josef Barnabas zugeschrieben, der zunächst in der Jerusalemer Urgemeinde und später dann in der Christengemeinde von Antiochia eine zentrale Rolle spielte. Dieser scheidet aber bereits deshalb als Verfasser aus, weil der Barnabasbrief unverkennbar von einem Heidenchristen stammt. Kein gebürtiger Jude könnte die Bekehrung zum Christentum in der Wir-Form als Abkehr vom Götzendienst charakterisieren und dabei seine vorchristliche Vergangenheit mit den Worten »bevor wir an Gott glaubten« umschreiben (16,7). Zudem offenbart der Barnabasbrief vereinzelt eine Unkenntnis jüdischer Riten (7,4; 8,1), und Josef Barnabas kann bei der Abfassung des Werkes im 2. Jh. n. Chr. nicht mehr am Leben gewesen sein. Auf den *Briefeingang* (1,1-8) folgt zunächst ein lehrhafter *erster Hauptteil* (2-17). Er handelt von der »vollkommenen Erkenntnis«, die in der Enthüllung des tieferen Sinns unterschiedlichster alttestamentlicher Aussagen besteht. Bei der Interpretation der Speisegesetze etwa ist grundlegendes Axiom, dass Mose bei dem verbotenen Genuss unreiner Tiere im geistlichen Sinne geredet habe, während die

Juden irrtümlicherweise meinten, es ginge um tatsächlichen Speiseverzehr (10,9). Der wahre Sinn der betreffenden Gebote besteht für den Verfasser des Barnabasbriefes darin, den Kontakt zu solchen Menschen zu meiden, die von ihren Eigenschaften her in unterschiedlicher Weise den in der Mosetora als unrein geltenden Tieren gleichen. In ähnlicher Weise werden alttestamentliche Opfervorschriften (2,1-10), Beschneidungsgebot (9,4-6) und Sabbatgesetzgebung (15,1-9) spiritualisiert. Der Verfasser erhebt ohne jedes Bewusstsein für die bleibende jüdische Erwählungsgeschichte den Anspruch, dass das Alte Testament ausschließlich den Christen gilt und im übertragenen Sinne zu verstehen ist. In einem ermahnenden *zweiten Hauptteil* (Barn 18-20) wird die auch aus der Didache bekannte Zwei-Wege-Lehre als christliche Handlungsorientierung geboten. Kurze *Schlussgrüße* (21,7-9) beenden das von Origenes zu den katholischen Briefen gerechnete und zeitweilig als kanonisch geltende Werk.

■ Apokryphe Evangelien

Neben den Evangelien des Matthäus, Markus, Lukas und Johannes gab es in der Frühzeit der Kirche unzählige weitere Evangelien, denen die Aufnahme in den Kanon verwehrt blieb, weil sie als häretisch galten oder sich bei ihrer Entstehung der Viervangelienkanon bereits fest etabliert hatte. Einzelne dieser apokryphen Evangelien boten wie die kanonischen Evangelien eine Beschreibung des gesamten Weges Jesu, andere widmeten sich speziell der Kindheit Jesu oder richteten den Fokus allein auf die mit Tod und Auferstehung Jesu verbundenen Ereignisse. Die Gnosis entwickelte zudem die Form des Dialogevangeliums, das meist in der Situation nach Ostern angesiedelt ist und fiktive Gespräche des auferstandenen Herrn mit seinen Vertrauten zum Inhalt hat. Wie dehnbar der Begriff Evangelium war, zeigen apokryphe Evangelien in Gestalt von Spruchsammlungen, die ohne zeitlichen oder geographischen Rahmen bleiben. Sie heben sich deutlich davon ab, was man normalerweise unter einer Evangelienschrift versteht.

Vielfalt apokrypher Evangelien

Sieht man von den Vorgeschichten bei Matthäus und Lukas ab, so zeigen die neutestamentlichen Evangelien kein ausgeprägtes Interesse an den familiären Wurzeln und der Kindheit Jesu. Diese Lücke rief geradezu nach Auffüllung, um die natürliche Wissbegierde über die im Dunkeln liegenden Lebensabschnitte Jesu zu befriedigen. Das Ergebnis sind apokryphe Kindheitsevangelien, die von der Bibel nicht gelieferte Informationen über die heilige Familie geben wollen und die Kindheit Jesu wunderbar ausschmücken. Der geschichtliche Wert bewegt sich gegen null. Das in der zweiten Hälfte des 2. Jh. n. Chr. entstandene Protevangelium (»Erstevangelium«) des Jakobus gibt sich als Werk des Bruders Jesu aus und unternimmt den Versuch, die Spannungen zwischen den Geburtsgeschichten des Matthäus und Lukas zu glätten. Das Hauptinteresse der Schrift gilt aber Maria, über die bis dahin gänzlich unbekanntes Material geliefert wird. Wir lernen ihre Familie kennen, hören von den wunderbaren Umständen ihrer Zeugung und erfahren Details aus ihrer Jugend. Der Fokus liegt dann auf dem Dogma der Jungfrauengeburt, das gegen alle Zweifel abgesichert werden soll und um den Gedanken der immer währenden Jungfräulichkeit bereichert wird. Die unbefleckte Empfängnis Jesu wird durch die nun bei der Geburt in Bethlehem anwesende

Protevangelium des Jakobus

> Die Lücken im Leben Jesu riefen nach Auffüllung

Hebamme bezeugt. Später vergewissert sich eine kleingläubige Frau namens Salome durch eine eingehende Untersuchung Marias, dass deren Jungfräulichkeit nach wie vor besteht. In der Erzählung von der Eheschließung Marias mit dem alleinerziehenden Witwer Josef gelten die im Neuen Testament bezeugten Geschwister Jesu als Kinder aus einer früheren Ehe Josefs. Diese Darstellungstendenzen stehen im Zusammenhang mit der Vorstellung einer immer währenden Jungfräulichkeit der Gottesmutter vor, während und nach der Geburt Jesu, wie sie dann 553 vom Konzil in Konstantinopel zum Dogma erhoben wurde und bis heute die Marienfrömmigkeit prägt.

Kindheitsevangelium des Thomas

Während das Protevangelium des Jakobus die Geschichte von den Anfängen Jesu mit dem angeblichen Kindermord von Bethlehem enden lässt, liefert das ungefähr zeitgleich entstandene Kindheitsevangelium des Thomas frei erfundene Momentaufnahmen aus dem Leben des fünf- bis zwölfjährigen Jesus. Es zeigt den göttlichen Knaben beim Vollbringen abenteuerlichster Wunder und beim Disput mit gestandenen Lehrern, denen er eindrucksvoll seine geistige Überlegenheit demonstriert. Das Jesusbild zeigt höchst problematische Züge. Beim Versuch, den kleinen Jesus als allmächtiges Wunderkind zu zeichnen, nimmt dieser die Züge eines rabiaten Bengels an, der von seiner Umgebung gefürchtet wird und den Eltern als unheimlich erscheint. Die abenteuerlichen Wunder des Jesusknaben beginnen damit, dass der fünfjährige Jesus aus Lehm zwölf Vögel formt, die auf sein Klatschen hin lebendig werden und davonfliegen. Spielkameraden, die ihn ärgern, lässt der Wunderknabe verdorren, erblinden oder tot umfallen. Erst als sich die betroffenen Eltern vehement bei Maria und Josef beschweren, macht der kleine Jesus seine Strafwunder wieder rückgängig. Seinen Bruder Jakobus kuriert er vom tödlichen Biss einer Natter, wobei er die Schlange nur anzuhauchen braucht, um sie zerplatzen zu lassen.

Jesus begegnet als Wunderknabe und gefürchteter Bengel

Als Josef beim Ausführen eines lukrativen Arbeitsauftrags aus Versehen ein Brett zu kurz gesägt hat, stellt auch dies kein Problem für seinen Knaben dar, der das Holz sogleich mit bloßen Händen auf die richtige Länge zieht. Zudem verfügt Jesus über die Fähigkeit, nach Zerbrechen des Krugs das Wasser im Obergewand nach Hause zu bringen und aus einem gesäten Weizenkorn etliche Tonnen Getreide als Ernte einzufahren. Die ungeheure Popularität, deren sich das Kindheitsevangelium des Thomas erfreute, wird durch die Vielzahl von Übersetzungen dokumentiert. Das griechische Original wurde in die syrische, lateinische, georgische, slawische und äthiopische Sprache übertragen. Hinzu kommen Werke wie das arabische Kindheitsevangelium, das armenische Kindheitsevangelium oder das lateinische Pseudo-Matthäusevangelium, welche die Erzählungen aus dem Kindheitsevangelium des Thomas mehr oder weniger geschlossen in ihre Darstellung von Geburt und Kindheit Jesu integrieren. Da das Kindheitsevangelium des Thomas eine Sammlung locker miteinander verbundener Einzelgeschichten darstellt, lag es in der Natur der Sache, dass im Verlauf der Überlieferungsgeschichte neues Material hinzukam. Dabei wurden vor allem weitere Wundergeschichten eingefügt. Das arabische Kindheitsevangelium lässt die Wunder Jesu schon im Säuglingsalter in Ägypten beginnen. Nicht ohne Grund attestiert man dem Kindheitsevangelium des Thomas immer wieder einen unbeschreiblich einfältigen Darstellungsstil, eine banale Theologie und erschreckende Züge im Jesusbild. Den Geschmack der breiten Massen hat diese Jesusdarstellung aber offenkundig bestens bedient, wie ihre immense Verbreitung in verschiedensten Sprachen und die vielfältige Wirkungsgeschichte eindrucksvoll beweisen. Das Vogelwunder floss über das arabische Kindheitsevangelium sogar in den Koran ein (Sure 3,49) und wurde so ein fester Bestandteil des muslimischen Jesusbildes.

Das nicht mit dem Kindheitsevangelium des Thomas zu verwechselnde Thomasevangelium aus Nag Hammadi ist eine Spruchsammlung und wird wegen seiner Bedeutung zuweilen sogar als fünftes Evangelium bezeichnet. Das griechische Original, von dem einzelne Papyrusfragmente erhalten sind, entstand vermutlich Mitte des 2. Jh. n. Chr. in Syrien und gelangte dann nach Ägypten, wo es ins Koptische übersetzt wurde. Das Thomasevangelium ist gnostisch geprägt, indem es mit der Bezeichnung der Welt als Leiche ein gebrochenes Verhältnis gegenüber der Schöpfung zeigt (Log. 56), Jesus als von den trunkenen Menschen nicht erkannten Offenbarer betrachtet (Log. 28) und Hinweise zur Bewältigung des Seelenaufstiegs gibt (Log. 50). Es enthält allerdings weder umfangreichere Geheimunterweisungen noch einen ausgeprägten gnostischen Erlösermythos und wirkt damit in der Bibliothek von Nag Hammadi ein Stück weit wie ein Fremdling. In der literarischen Form unterscheidet es sich grundlegend von den biblischen Evangelien. Es bietet keine zusammenhängende Erzählung des Lebens Jesu. Kreuzestod und Auferstehung kommen überhaupt nicht vor. Stattdessen sind einzelne Worte Jesu und seltener auch kürzere Erzählungen in insgesamt 114 Sprüchen vereinigt, die ohne chronologischen oder geographischen Rahmen einfach aneinandergehängt werden.

Thomasevangelium

> Das Thomasevangelium wirkt in der Bibliothek von Nag Hammadi wie ein Fremdkörper

Vereinzelt tendiert man zu der Annahme, dass das Thomasevangelium mit seiner reinen Spruchsammlung älter als die biblischen Evangelien sei und uns einen authentischen Zugang zum geschichtlichen Jesus als Weisheitslehrer oder Kyniker eröffne. Obwohl das Thomasevangelium punktuell Abhängigkeit von den biblischen Evangelien erkennen lässt, hat es in der Tat auch sehr alte Tradition bewahrt. Es enthält sogar einige in den neutestamentlichen Schriften nicht belegte Überlieferungen, die mit hoher Wahrscheinlichkeit der historischen Verkündigung Jesu zugerechnet werden können. Dazu gehört das anstößige Gleichnis vom Attentäter (Log. 98), in dem Jesus das rechte Verhalten angesichts des anbrechenden Gottesreiches am Beispiel des von Umsicht und Entschlossenheit gekennzeichneten Handelns eines gedungenen Mörders veranschaulicht. Allerdings sollte man aus dem Thomasevangelium nicht den Fehlschluss ziehen, am Anfang der kirchlichen Entwicklung habe ein Christentum gestanden, das Jesus allein als Weisheitslehrer verehrte und dem die Vorstellung vom Kreuzestod völlig fremd gewesen sei.

Auch das Evangelium des Philippus zählt zu den Funden von Nag Hammadi. Der Apostel Philippus, auf den es zurückgeführt wird, begegnet nur an einer Stelle (Ev Phil 91). Es handelt sich um die koptische Übersetzung eines verlorengegangenen griechischen Originals, das vermutlich im späten 2. Jh. n. Chr. in Kreisen des Gnostikers Valentinus in Syrien verfasst wurde und mit einem »klassischen« Evangelium im Sinne einer »Jesusbiographie« noch weniger als das Thomasevangelium etwas gemeinsam hat. Neben vereinzelten Jesuserzählungen bietet das Werk im Wesentlichen eine unstrukturierte Aneinanderreihung geheimnisvoller Sprüche und kürzerer theologischer Abhandlungen, von denen nur wenige als Worte Jesu gekennzeichnet sind. Eine wichtige Rolle spielen die Sakramente, wo-

Philippusevangelium

bei auch von einer der Taufe überlegenen Salbung die Rede ist (Ev Phil 95). Die Auferstehung muss für den Gnostiker schon zu Lebzeiten zu einer geistlichen Realität werden, damit sie nach dem Tod erlangt werden kann (Ev Phil 21.90). An mehreren Stellen ist von dem Mysterium des Brautgemachs die Rede, das die sakramentale Vereinigung des Pneumatikers mit seinem himmlischen Gegenbild und damit die Erlösung darstellt. In die Schlagzeilen geriet das Evangelium des Philippus durch die Aussage, dass Maria Magdalena die Gefährtin des Erlösers war (Ev Phil 33), dieser sie mehr als seine Jünger liebte und sie oft auf den Mund küsste (Ev Phil 55). Dies stellt allerdings keineswegs einen Hinweis auf eine sexuelle Beziehung oder eine Ehe Jesu mit Maria Magdalena dar, sondern spiegelt die gnostische Vorstellung wider, dass die Wesen aus der himmlischen Welt stets paarweise vorkommen und so höchste Vollkommenheit repräsentieren. Als Gefährtin oder Paargenossin Jesu verkörpert die offensichtlich mit der Weisheit identifizierte Maria Magdalena gewissermaßen seine weibliche Seite und lässt ihn so vollkommen werden. Auch das Küssen ist im Philippusevangelium kein erotischer Akt oder gar ein versteckter Hinweis auf Geschlechtsverkehr, sondern ein Gestus, der die spirituelle Befruchtung symbolisiert und mit dem die Gnostiker sich gegenseitig ihrer innigen geistlichen Gemeinschaft versichern.

Evangelien der Hebräer, Nazoräer und Ebionäer

Das bis in das 4. Jh. n. Chr. greifbare Judenchristentum hat eigene Evangelien verwendet, die wie die neutestamentlichen Evangelien den Weg Jesu von den Anfängen bis zur Kreuzigung und Auferstehung schilderten, von denen aber nur noch Bruchstücke bekannt sind. In den altkirchlichen Quellen finden sich bei Clemens von Alexandria, Origenes und Didymus dem Blinden Zitate aus einem »Evangelium nach den Hebräern«. Dabei handelt es sich um ein vermutlich im frühen 2. Jh. n. Chr. entstandenes Evangelium, das von ägyptischen Judenchristen auf Griechisch abgefasst wurde. Davon zu unterscheiden ist ein bei Euseb und Hieronymus erwähntes Evangelium, das »in hebräischer Schrift« geschrieben wurde. Dieses Werk war offenkundig eine auf Aramäisch verfasste Evangelienschrift, die im aramäischsprachigen Judenchristentum Syriens oder des Ostjordanlands entstand und für die sich die Bezeichnung Nazoräerevangelium eingebürgert hat. Bei den Nazoräern handelt es sich um eine judenchristliche Gruppierung, die ihr Zentrum in Syrien im heutigen Aleppo hatte und von der Epiphanias wie auch Hieronymus berichten, dass sie über eine Variante des Matthäusevangeliums in hebräischer Schrift verfügte. Im Einzelnen ist bei vielen altkirchlichen Zitaten umstritten, ob sie dem Hebräerevangelium oder dem Nazoräerevangelium zugeordnet werden sollen. Einer der interessantesten Texte, der wahrscheinlich aus dem Hebräerevangelium stammt, ist der Bericht von einer Erscheinung des auferstandenen Jesus vor seinem leiblichen Bruder Jakobus (Hier., *vir. illust.* 2,12f), bei dem es sich um eine erzählerische Entfaltung von 1Kor 15,7 handelt. Das Hebräerevangelium enthielt zudem die aus dem Johannesevangelium bekannte, dort aber nicht zum ursprünglichen Text gehörende Erzählung von Jesus und der Ehebrecherin. Auch die judenchristliche Sekte der Ebionäer verwendete eine eigene Evangelienschrift. Dieses sogenannte Ebionäerevangelium war eine korrigierte Fassung des Matthäusevangeliums, aus dem die Ebionäer die Vorgeschichten tilgten, weil sie die Vorstellung der Jungfrauengeburt ablehnten (Iren., *haer.* 1,26,2). Der Bericht vom letzten Mahl Jesu wurde vor dem Hintergrund des von den Ebioniten praktizierten Ve-

> Die bald ins Abseits gedrängten Judenchristen besaßen eigene Evangelien

getarismus dahingehend umgeformt, dass Jesus beim Passah einen Verzicht auf den Verzehr von Fleisch ausspricht.

Das in altkirchlichen Quellen erwähnte Petrusevangelium aus dem 2. Jh. n. Chr. ist nur in Ausschnitten erhalten, die sich auf die Passion und Auferstehung Jesu beziehen. Das Ende des 19. Jh. in Ägypten gefundene Fragment dieser Evangelienschrift schildert unter Berufung auf die Autorität des Petrus, der sich zweimal in der Ich-Form zu Wort meldet, die Ereignisse vom Prozess Jesu vor Pontius Pilatus bis hin zur Entdeckung des leeren Grabes. Mit viel Phantasie wird erstmals konkret der Vorgang der Auferstehung Jesu beschrieben, um der gegen das Christentum gerichteten These vom Diebstahl des Leichnams Jesu durch die Jünger den Wind aus den Segeln zu nehmen. Die Grabwache wird von dem Hauptmann Petronius als besonders glaubwürdiger Autoritätsperson angeführt und ist um jüdische Würdenträger bereichert. Übereinstimmend berichten diese scheinbar unverfänglichen Zeugen dem Statthalter Pontius Pilatus, wie sie mit eigenen Augen den Auferstandenen, gestützt von zwei Engeln, aus der Grabhöhle herauskommen sahen. Ob sich das Petrusevangelium auf die Darstellung der Passions- und Osterereignisse beschränkte oder in den verlorengegangenen Teilen auch eine Beschreibung des Lebens Jesu vorausschickte, lässt sich nicht sagen.

Petrusevangelium

> Phantasievoll werden erstmals die Details der Auferstehung Jesu geschildert

Das Nikodemusevangelium, in dem der aus dem Johannesevangelium bekannte Ratsherr und Pharisäer Nikodemus eine prominente Rolle spielt, erweist sich dagegen klar als ein reines Passions- und Osterevangelium. Im Mittelpunkt des ersten Hauptteils (Ev Nik 1-11) steht eine legendenhafte Schilderung des Prozesses Jesu vor Pontius Pilatus, wegen der das Werk auch unter der Bezeichnung »Pilatusakten« bekannt ist. Neben Nikodemus lässt der unbekannte Autor auch zahlreiche der von Jesus geheilten Personen als Zeugen auftreten, um dessen Unschuld zu erweisen. Die Darstellung verfolgt deutlich die Tendenz, Pontius Pilatus auf Kosten der jüdischen Führungsschicht von der Schuld am Tod Jesu zu entlasten. Der zweite Hauptteil (Ev Nik 12-16) bewegt sich thematisch um das leere Grab Jesu und die wunderbare Befreiung des Josef von Arimathäa aus dem Gefängnis. Als Anhang enthält das Nikodemusevangelium zudem eine ausführliche Schilderung des Abstiegs Jesu in die Unterwelt (Ev Nik 17-27), die sogenannte »Höllenfahrt Christi«. Das Alter des Nikodemusevangeliums bzw. der Pilatusakten ist umstritten. Es herrscht die Annahme vor, das Werk sei erst im frühen 4. Jh. n. Chr. als Reaktion auf die von Kaiser Maximinus in Auftrag gegebenen heidnischen Pilatusakten erfunden worden. Allerdings beruft sich bereits um 150 n. Chr. der christliche Schriftsteller Justin an zwei Stellen seiner Apologie des Christentums auf Akten des Prozesses Jesu vor Pilatus und behauptet, dass aus ihnen die Glaubwürdigkeit der Wunder Jesu hervorgehe. Da im Nikodemusevangelium tatsächlich die Wunder Jesu eine zentrale Rolle spielen, könnte es im Kern bereits Justin vorgelegen haben.

Nikodemusevangelium/Pilatusakten

Mit der sensationellen Präsentation des koptischen Judasevangeliums durch die *National Geographic Society* trat 2006 eine apokryphe Evangelienschrift an die Öffentlichkeit, die bis dahin nur aus Kirchenväternotizen bekannt war und ein völlig neues Licht auf den Verräter wirft. Bereits Irenäus bezeugt um 180 n. Chr., dass in gnostischen Kreisen dem Verräter Judas höchste Verehrung zuteil wurde und dort sogar ein Evangelium unter seinem Namen kursierte. Dieses Werk

Judasevangelium

betrachte Judas als denjenigen Jünger, der allein im Besitz der Wahrheit gewesen sei und aufgrund der Erkenntnis, dass die wahre göttliche Macht nicht mit dem Schöpfergott des Alten Testaments gleichgesetzt werden dürfe, das Geheimnis des Verrats begangen habe (Iren., *haer.* 1,31). Mit dem nun vorliegenden koptischen Judasevangelium, das auf einer griechischen Vorlage aus der Mitte des 2. Jh. n. Chr. basiert, lassen sich die Aussagen des Irenäus erhärten und weitergehend erhellen. Obwohl der Text aufgrund des katastrophalen Zustandes der Handschrift zu mehr als einem Zehntel unwiderruflich zerstört ist, lässt sich der Inhalt des Judasevangeliums in Grundzügen rekonstruieren. Es berichtet von den letzten Tagen Jesu in Jerusalem und endet mit dem Verrat des Judas. Das Werk wartet nicht mit verlässlichen neuen Informationen über die Passionsereignisse auf, sondern deutet die Gestalt Jesu im gnostischen Sinne um. Wie in gnostischen Evangelien üblich, werden ausgewählten Personen aus dem Jüngerkreis geheime Offenbarungen zuteil. Judas hat in dem nach ihm benannten Evangelium die Führungsrolle innerhalb des Jüngerkreises inne. Er weiß als einziger um die Herkunft Jesu aus der ewigen göttlichen Welt und empfängt als engster Vertrauter Jesu Geheimnisse, die den anderen Jüngern verborgen bleiben. Nur ihm hat Jesus das zur Erlösung der unsterblichen Seele notwendige Wissen offenbar gemacht. Dabei geht es im Wesentlichen um komplexe und teilweise schwer verständliche Vorstellungen von der Erschaffung der Welt und dem Geschick des Menschen. Mit anderen gnostischen Schriften teilt das Judasevangelium die Vorstellung, dass der Schöpfergott des Alten Testaments lediglich eine untergeordnete Macht ist und Erlösung die Rückkehr der im menschlichen Körper gebundenen unsterblichen Seele in die himmlische Welt bedeutet. Vor diesem Hintergrund scheint der von Judas herbeigeführte Tod Jesu nicht als verwerfliche Tat, sondern als Akt der Befreiung zu gelten, der dem Erlöser die Rückkehr aus der gottfeindlichen Welt in die himmlischen Sphären ermöglicht. Jesus sagt jedenfalls zu Judas: »Du aber wirst sie alle übertreffen. Denn du wirst den Menschen, der mich trägt, opfern.«

Allein Judas wird in die Geheimnisse Jesu eingeweiht und übertrifft mit seiner Tat alle Menschen

Evangelium der Maria

Die Mehrzahl der rund 20 bekannten Dialogevangelien spielt in der Situation nach Ostern und hat fiktive Gespräche des auferstandenen Jesus mit seinen engsten Vertrauten zum Inhalt. Das gnostische Evangelium der Maria steht in einem koptischen Kodex, der Ende des 19. Jh. auf dem Antiquitätenmarkt in Kairo erworben wurde und bald darauf in die ägyptische Sammlung der Staatlichen Museen in Berlin gelangte. Im 20. Jh. fand man in Ägypten auch zwei Fragmente in der griechischen Ursprache, die heute in britischen Bibliotheken aufbewahrt werden. In der nicht vollständig erhaltenen Schrift erscheint der auferstandene Erlöser seinen Vertrauten, um mit ihnen grundlegende Fragen des gnostischen Weltverständnisses und Menschenbildes zu erörtern. Dabei werden Jesus gnostische Erlösungslehren in den Mund gelegt, um ihnen besondere Autorität zu verleihen. Wenn Dan Brown in seinem »Da-Vinci-Code« diese Schrift aus dem 2. Jh. n. Chr. zu den alten und unverfälschten Evangelien rechnet, geht dies völlig an der Sache vorbei. Historische Rückschlüsse auf das Verhältnis zwischen Jesus und Maria Magdalena bietet das Evangelium der Maria nicht. Allerdings ist es das faszinierende Dokument einer Strömung des Christentums, für die nicht Petrus, sondern Maria Magdalena die entscheidende Größe war und eine Lehrautorität von Frauen kein Problem darstellte. Während in der etablierten Großkirche die anfangs noch gleichberechtigte Frau längst aus den Leitungsfunktionen herausgedrängt worden war, spielten Frauen in den gnostischen Gemeinden eine zentrale Rolle und beriefen sich dabei auf Maria Magdalena. Im Evangelium der Maria wird sie daher als Lieblingsjüngerin porträtiert, welche die Jünger nach Ostern tröstet, sie aus der Unentschlossenheit herausreißt und ihnen auf Drängen des Petrus die Geheimoffenbarungen Jesu mitteilt. Ein besonderes Anliegen des Evangeliums besteht darin, die Frau als christliche Lehrerin vor Angriffen zu verteidigen. Als Petrus die Lehren Maria Magdalenas in Frage stellt, wird er vom Apostel Levi scharf dafür kritisiert.

Eine ähnlich hervorgehobene Position hat Maria Magdalena in zwei weiteren gnostischen Erscheinungsevangelien inne. Die im 2. Jh. n. Chr. auf Griechisch verfasste »Sophia Jesu Christi« liegt in zwei koptischen Versionen vollständig vor, eine davon aus Nag Hammadi. In diesem Werk versammelt der auferstandene Erlöser neben den zwölf Jüngern auch sieben Jüngerinnen auf einem Berg in Galiläa, um mit ihnen Grundfragen des gnostischen Welt- und Erlösungsverständnisses zu erörtern. Dabei rückt zweimal Maria Magdalena als Fragestellerin ins Rampenlicht. In der »Pistis Sophia« aus dem 3. Jh. n. Chr., wo Jesus nach der Erweckung von den Toten noch elf Jahre mit seinen Vertrauten verbringt und ihnen esoterische Unterweisungen zuteil werden lässt, überragt Maria Magdalena alle Jünger. Von 46 theologischen Fragen, die an den auferstandenen Erlöser gerichtet werden, entfallen 39 auf sie.

Sophia Jesu Christi und Pistis Sophia

Der Auferstandene erörtert die entscheidenden Fragen mit Maria Magdalena

Die »Epistula Apostolorum« aus dem 2. Jh. n. Chr. schildert Gespräche des Auferstandenen mit seinen Jüngern, die in die Form eines Briefes des Apostelkollegiums an die Kirchen in den vier Weltgegenden gefasst sind. Das 51 Kapitel umfassende Werk ist nur in koptischer und äthiopischer Übersetzung erhalten geblieben. Als einziges rechtgläubiges Erscheinungsevangelium, das gegen die Erzgnostiker Simon Magus und Kerinth Frontstellung bezieht, fällt es völlig aus dem Rahmen. Ein besonderes Anliegen des Werkes besteht darin, die reale Menschwerdung und die leibliche Auferstehung Jesu Christi gegen die gnostische Irrlehre des Doketismus zu betonen. So können sich die Apostel aufgrund der Fußspuren, die der Auferstandene im Sand hinterlässt, davon überzeugen, dass er kein körperloser Dämon ist (Ep Apost 12). Folgerichtig lehrt Jesus, dass sich analog zu seiner Auferweckung die Auferstehung der Gläubigen im Fleisch vollziehen wird (Ep Apost 21). Auch der Apostel Paulus wird in die Darstellung integriert, indem der auferstandene Jesus dessen zukünftiges Wirken ankündigt (Ep Apost 31). Das Werk schließt mit der Himmelfahrt.

Epistula Apostolorum

■ Apokryphe Apostelakten

Bei den apokryphen Apostelakten stellt sich der Überlieferungsbefund besonders kompliziert dar. Frühe Zweifel an ihrer Rechtgläubigkeit sind wohl der Grund dafür, warum sie fast ausnahmslos nicht mehr vollständig erhalten sind. Da sie wegen ihrer Popularität nicht vollständig unterdrückt werden konnten, erfolgte vielfach eine Bereinigung um anstößig erscheinende Passagen. Die Martyriumsberichte, mit denen die meisten Apostelakten schließen, wurden häufig abgetrennt und eigenständig weiterüberliefert.

Schwieriger Überlieferungsbefund

Johannesakten

Die Johannesakten sind wahrscheinlich die ältesten der überlieferten Apostelakten. Sie entstanden in der zweiten Hälfte des 2. Jh. n. Chr. in Kleinasien, Syrien oder Ägypten. Der erhaltene Bestand, der schätzungsweise zwei Drittel des ursprünglichen Werks ausmacht, umfasst im Wesentlichen die ausführliche Schilderung von zwei längeren Ephesusaufenthalten des Johannes, einen Rückblick auf Schlüsselszenen aus den gemeinsamen Zeiten mit dem irdischen Jesus und einen Bericht über den Tod des Apostels. Im Mittelpunkt des von einer Reise nach Smyrna unterbrochenen zweimaligen Wirkens in Ephesus (Act Joh 18-86) stehen Wundertaten des Johannes, darunter mehrere Totenerweckungen und die Zerstörung des zu den sieben Weltwundern der Antike zählenden Artemistempels, der auf das Gebet des Apostels hin in Stücke zerfällt. Der als Predigt des Johannes eingeführte Rückblick auf das Erdenleben Jesu (Act Joh 87-105) bietet eine Neuerzählung ausgewählter kanonischer und apokrypher Jesustraditionen aus gnostischer Perspektive. Die zum Doketismus hin tendierende Christologie der Johannesakten ist vom Motiv der Vielgestaltigkeit Jesu geprägt, dessen Leiblichkeit und menschliche Natur deutlich in Frage gestellt werden. So ist davon die Rede, dass der irdische Jesus zuweilen einen immateriellen Körper hatte, durch den man hindurchfassen konnte, und über die Erde wandelte, ohne Fußspuren im Sand zu hinterlassen. Vor seinem Tod setzt Jesus eine Art rituellen Tanz ein und rezitiert einen Hymnus, der metaphorisch den Weg des gnostischen Erlösers in die materielle Welt zur Befreiung der zu ihm gehörenden Menschen beschreibt. In der Stunde seiner Kreuzigung lässt Jesus dem Apostel Johannes die Vision eines kosmischen Lichtkreuzes zuteilwerden, um das sich offenkundig die auf Vereinigung mit dem bereits entrückten Erlöser harrenden Gläubigen sammeln. Der abschließende Bericht vom Tod des Johannes (Act Joh 106-115) besteht aus einer Abschiedsrede und einem letzten Abendmahl mit seinen Vertrauten, bevor sich der Apostel vor den Stadttoren von Ephesus in eine Grube legt und nach einem längeren Gebet sein Leben aushaucht.

Paulusakten

Die Paulusakten aus der Zeit um 190 n. Chr. sind laut Tertullian von einem unbekannten Presbyter aus der Provinz Asia verfasst worden (Tert., *bapt.* 17,5) und stellen eine Art Alternativentwurf zur Apostelgeschichte des Lukas dar. Aus dem ursprünglich sehr umfangreichen Werk blieben drei auch eigenständig überlieferte Teile vollständig erhalten, nämlich die Akten der Thekla, der sogenannte dritte Korintherbrief und das Martyrium des Paulus. Aus dem stark beschädigten koptischen *Papyrus Heidelbergensis* und etlichen kleineren Papyrusfunden lassen sich weitere Passagen der Paulusakten zumindest umrisshaft rekonstruieren. Die Paulusakten zeichnen in legendarischer Form den gesamten christlichen Lebensweg des Apostels vom Damaskuserlebnis bis zum Märtyrertod in Rom mit den Zwischenetappen Jerusalem, Antiochia in Syrien, Ikonion, Antiochia in Pisidien, Myra, Sidon, Tyrus, Smyrna, Ephesus, Philippi und Korinth nach. In Ikonion wird Thekla für den christlichen Glauben gewonnen. Sie löst sofort ihre Verlobung, verkörpert in vorbildlicher Weise das Ideal des jungfräulichen Lebens in sexueller Enthaltsamkeit und wird zur wichtigsten Person an der Seite des Apostels. Zu den berühmten Szenen aus den Theklaakten zählt neben der Geschichte vom getauften Löwen die physiognomische Beschreibung des Apostels bei seiner Ankunft in Ikonion. Dieses literarische Paulusporträt (Act Thek 3) zeigt, wie Menschen im 2. Jh. n. Chr. sich den Apostel vorstell-

> Thekla wird zur wichtigsten Person an der Seite des Paulus

ten, nämlich als körperlich wenig schmeichelhaften kleinen, kahlköpfigen und krummbeinigen Mann, der aber mit zusammengewachsenen Augenbrauen und hervortretender Nase über einen Charakterkopf nach Art von Kaisern oder Philosophen verfügte, voller Anmut war und dessen Antlitz zuweilen wie das eines Engels strahlte. Die aus 1Kor 15,32 herausgesponnene Legende vom getauften Löwen (*PapHeid* 1-5) erzählt, wie Paulus in der Arena von Ephesus einem wilden Löwen vorgeworfen wird, die Bestie aber besänftigen kann, da er in ihr jenes Tier wiedererkennt, das er zuvor im Gebirge bekehrt und getauft hatte. Allen Versuchen, den Apostel durch weitere in die Arena geschickte Bestien zu töten, bereitet ein plötzlicher Hagelsturm ein Ende, der die wilden Tiere niederstreckt und dem verantwortlichen Prokonsul ein Ohr abreißt. Der pseudepigraphe dritte Korintherbrief schärft in Frontstellung gegen gnostische Lehren die Erschaffung der Welt durch den allmächtigen Gott, die reale Menschwerdung Jesu und die Auferstehung des Leibes ein. Das Martyrium des Paulus bietet in legendarischer Form den ältesten Bericht von der Hinrichtung des Paulus unter Nero und erzählt, wie nach der Enthauptung Milch statt Blut aus dem Hals des Apostels floss.

Die ursprünglich auf Griechisch verfassten Petrusakten, in deren Zentrum die Auseinandersetzung des Apostels Petrus mit Simon Magus steht, stammen aus dem späten 2. Jh. n. Chr. und sind nur unvollständig überliefert, wobei der lateinischen Fassung in den *Actus Vercellenses* aus dem 6. oder 7. Jh. für die Rekonstruktion des Werks besondere Bedeutung zukommt. Die erhaltenen Teile erzählen davon, wie nach der Abreise des Paulus von Rom nach Spanien zunächst Simon Magus und dann Petrus in der Ewigen Stadt eintreffen, dort in heftige Auseinandersetzungen miteinander geraten, Petrus sich seinem Gegner beim Schaukampf auf dem Forum als überlegen erweist und schließlich den Märtyrertod stirbt, indem er während der Herrschaft Neros von dem Präfekten Agrippa kopfunter gekreuzigt wird. Ein nicht mehr erhaltener Anfangsteil der Petrusakten handelte offenkundig von einem früheren Zusammenstoß zwischen Petrus und Simon in Jerusalem. Trotz einzelner theologischer Reden stehen die Wundertaten des Petrus eindeutig im Vordergrund. Petrus erweist sich nicht nur durch Exorzismen, Heilungen und Totenerweckungen als Retter in der Not, sondern imponiert den Römern auch dadurch, dass er einen Hund zum Reden bringt, einen Säugling mit Männerstimme sprechen lässt und einen geräucherten Fisch wiederbelebt, so dass er munter im Wasser schwimmt. Den Höhepunkt der Petrusakten markiert das durch massive Schauwunder des Apostels gekennzeichnete Duell mit Simon Magus (Act Petr 23-29), der bei seinem spektakulären Flugwunder über dem Forum von Petrus durch Gebet zum Absturz gebracht wird. Die Ethik der Petrusakten ist durch eine starke Betonung der Forderung nach geschlechtlicher Enthaltsamkeit gekennzeichnet. Petrus stirbt nicht etwa infolge der nach dem Brand von Rom gegen die Christen vorgebrachten Anschuldigungen, sondern weil er die Ehefrauen oder Konkubinen von führenden Mitgliedern der römischen Oberschicht zur Sexualaskese bekehrte und damit den Hass der betroffenen Männer auf sich zog.

> **Petrus bringt sogar einen geräucherten Fisch zum Schwimmen**

Die Andreasakten aus der Zeit um 200 n. Chr. sind nur noch in Auszügen vorhanden. Ursprünglich berichtete das Werk ausführlich über die Wanderungen des Apostels Andreas durch Kleinasien und Griechenland, um dann seinen Märtyrertod in Patras zu schildern. Da die Andreasakten eine asketische Ethik

Petrusakten

Andreasakten

mit strikter Ablehnung von Sexualität vertreten und der Gnosis zumindest nahe stehen, waren sie in ihrer ursprünglichen Form für die Großkirche nicht akzeptabel. Die erhalten gebliebenen Fragmente beziehen sich überwiegend auf den Schlussteil mit Schilderung des Martyriums. Allerdings existiert aus der Feder des Bischofs Gregor von Tours (6. Jh. n. Chr.) ein Werk »Über die Wunder des Apostels Andreas«, das eine stark gekürzte und von anstößigen Lehren bereinigte Bearbeitung der Andreasakten darstellt. Nach eigenem Bekunden hat Gregor die Andreasakten einer theologischen Revision unterzogen, die Reden weitgehend gestrichen und sich auf die Wunder fokussiert. Sein Werk vermittelt zumindest noch einen Eindruck vom Erzählgerüst der Andreasakten. Startpunkt der Wanderungen des Andreas ist Pontus am Schwarzen Meer. Von dort durchzieht der Apostel weite Teile Kleinasiens, setzt dann nach Mazedonien über und kommt schließlich auf die Peloponnes, wo er in Patras das Martyrium am Kreuz erleidet.

Thomasakten

Die vermutlich im frühen 3. Jh. n. Chr. in Syrien entstandenen Thomasakten erzählen davon, wie der Apostel Thomas das Evangelium nach Indien brachte. Sie sind als einzige der alten Apostelakten vollständig erhalten. Ihr hoch gebildeter, vielleicht in Edessa beheimateter Verfasser erschafft aus konkreten historischen Informationen und allgemeinem kulturellen Wissen über Indien den stimmigen Entwurf einer angeblichen Indienmission des Thomas. Seine Darstellung der Aktivitäten des Thomas in Indien ist durch eine bunte Mischung von phantastischen Erzählungen, Reden, Gebeten, Hymnen – darunter das berühmte Perlenlied (Act Thom 108-113) – und liturgischen Traditionen gekennzeichnet. Das Werk zerfällt in dreizehn Taten (Praxeis) und das Martyrium des Apostels Thomas. Während der im romanhaften Episodenstil gehaltene erste Teil (Act Thom 1-81) von Wundertaten und Abenteuern des Apostels beherrscht wird, steht im zweiten Teil (Act Thom 82-169) die Schilderung dessen im Mittelpunkt, wie Thomas mit Mygdonia und Tertia zwei Frauen aus dem indischen Königshaus zur geschlechtlichen Enthaltsamkeit bekehrt, sich dadurch den Zorn ihrer Ehemänner zuzieht und infolge dessen hingerichtet wird. Theologisch erweisen sich die Thomasakten als Dokument der christlichen Gnosis. Sie sind von einem strengen Dualismus zwischen Tod und Leben, Finsternis und Licht, Irrtum und Wahrheit geprägt. Der fundamentale Gegensatz, der die durch Unwissenheit und geschlechtliche Begierden gekennzeichnete irdische Existenz von dem geistlichen Dasein unterscheidet, durchzieht die gesamte Darstellung und wird immer wieder in schillernden Farben ausgemalt. Durch die Erkenntnis der Wahrheit und das Abschwören gegenüber der Sexualität kann der Mensch Erlösung aus seinem Elend finden. Die Taufe wird in den Thomasakten als eine mit Ölsalbung verbundene Versiegelung betrachtet. Das sakramentale Mahl wird allein mit Brot oder mit Brot und Wasser, nicht aber mit Wein gefeiert.

Die Thomasakten schildern die Indienmission des Apostels

Pseudoclementinen

Unter den Pseudoclementinen versteht man einen in zwei unterschiedlichen Fassungen, nämlich den Homilien (Predigten) und den Rekognitionen (Wiedererkennungen) überlieferten frühchristlichen Roman. Es handelt sich um ein pseudepigraphes Werk aus der Zeit um 300 n. Chr., das den Anspruch erhebt, aus der Feder des Bischofs Clemens von Rom (spätes 1. Jh. n. Chr.) zu stammen. In dessen Person fließen in den Pseudoclementinen Züge des römischen Senators Titus Flavius Clemens ein, bei dem es sich um einem engen Verwandten des Kaisers Domitian handelte (Suet., *Domit.* 15,1). Die Rekonstruktion der komplexen Entstehungsgeschichte der Pseudoclementinen ist mit vielen Fragezeichen behaftet. Die in der griechischen Originalsprache erhaltenen Homilien und die nur noch in der lateinischen Übersetzung des Rufinus komplett vorliegenden Rekognitionen werden von einem identischen Erzählgerüst getragen, das auf einen in beiden Versionen als Grundschrift verarbeiteten Clemensroman zurückgehen dürfte. Der früh nach Antworten auf die großen Sinnfragen des Lebens suchende Protagonist Clemens erzählt darin aus der Ich-Perspektive, wie er in Rom von dem Wundertäter und Gottessohn Jesus hörte, sich in den Osten des Reichs begab, dort in Cäsarea die Bekanntschaft des Petrus machte und Zeuge von dessen Auseinandersetzungen mit Simon Magus wurde. Im weiteren Verlauf der Erzählung begleitet Clemens den Apostel Petrus nach Tripolis, wo er die Taufe empfängt, und zieht mit ihm nach Laodizea weiter. Dort findet er schließlich seine verschollenen Familienangehörigen wieder, von denen er in jungen Jahren auf schicksalhafte Weise getrennt worden war. Dieser in Grundzügen rekonstruierbare Clemensroman aus dem frühen 3. Jh. n. Chr., der neben Traditionen über den Konflikt des Petrus mit seinem Erzfeind Simon Magus auch beliebte Motive der griechisch-römischen Romanliteratur aufgriff, wird in den Homilien und den Rekognitionen unter Integration umfänglichen Sondergutes in unterschiedlicher Weise ausgestaltet und überarbeitet, wobei die Homilien einen längeren Vorspann voranstellen. Theologiegeschichtlich sind die wohl aus Syrien stammenden Pseudoclementinen in mehrerlei Hinsicht von Bedeutung. Sie integrieren Vorstellungen aus der Gnosis und der Popularphilosophie in ihr theologisches Denken, wenden sich allerdings entschieden gegen die im Munde von Simon Magus gebündelte gnostische wie marcionitische Unterscheidung zwischen dem verborgenen höchsten Gott und einem niederen Schöpfergott, repräsentieren ein an der Tora festhaltendes Judenchristentum mit rigoristischer Ethik und üben implizit deutliche Kritik am Apostel Paulus als visionärem Offenbarungsempfänger.

> Clemens sucht Antworten auf die großen Fragen des Lebens

■ Apokryphe Apokalypsen

Als einziges apokalyptisches Buch konnte sich die Johannesoffenbarung im neutestamentlichen Bibelkanon etablieren. Die in der ersten Hälfte des 2. Jh. n. Chr. in Ägypten oder Palästina entstandene Petrusapokalypse erfreute sich in der Frühzeit der Kirche ebenfalls großer Wertschätzung. Sie wurde von Clemens Alexandrinus und einzelnen Kanonverzeichnissen, darunter der um 200 n. Chr. in der Gemeinde von Rom entstandene *Kanon Muratori*, zu den heiligen Schriften gezählt. Später geriet sie ins Abseits und hat in voller Länge lediglich in einer 1910 bekannt gewordenen äthiopischen Übersetzung überlebt. Der ursprüngliche griechische Text blieb in Fragmenten und Kirchenväterzitaten ungefähr zur Hälfte erhalten. Die Rahmenhandlung der Petrusapokalypse ist in der Situation zwischen Ostern und Himmelfahrt angesiedelt, indem der auferstandene Jesus auf dem Ölberg von den Jüngern nach den Zeichen der Parusie und des Weltendes gefragt wird. In der Deutung des Feigenbaumgleichnisses (Apk Petr 2) sind die Aussagen über den die Christen verfolgenden falschen Messias offenkundig auf Simon Bar Kochba (Sternensohn) gemünzt, der vom Gesetzeslehrer Aquiba

> Petrusapokalypse

zum verheißenen messianischen Stern Jakobs aus Num 24,17 erklärt worden war. Der zeitgeschichtliche Kontext der Petrusapokalypse ist damit der Bar-Kochba-Aufstand (132-135 n. Chr.), der als untrügliches Zeichen der unmittelbar bevorstehenden Endereignisse betrachtet wird. Diese beginnen in der Petrusapokalypse damit, dass am Tag des Herrn eine allgemeine Totenauferstehung erfolgt. Dabei dominiert ein massiver Auferstehungsrealismus mit der Erwartung, dass selbst die von den wilden Tieren verschlungenen Menschenkörper ausgespien und in ihrer ursprünglichen Gestalt wiederbelebt werden. Der Tag des Herrn ist mit einem kosmischen Inferno verbunden, das die Auflösung der gesamten geschaffenen Welt nach sich zieht, bevor es zu der in den Farben von Dan 7,13 und Mt 24,30 gemalten Wiederkunft Jesu auf Wolken kommt. Das zentrale Anliegen der Petrusapokalypse ist die detaillierte Schilderung des Endgerichts und der daraus resultierenden Folgen. In seiner richterlichen Vollmacht spricht der wiedergekommene Herr das Urteil über die Gottlosen, denen nach ihren Taten vergolten wird. Breiten Raum nimmt die Höllenschilderung ein (Apk Petr 7-12), wo eine Auflistung von nicht weniger als einundzwanzig unterschiedlichen Formen der Strafe erfolgt, an denen sich die Gerechten ergötzen. Dabei ist die Petrusapokalypse penibel um eine möglichst exakte Entsprechung zwischen Sünde und Bestrafung bemüht, indem beispielsweise Lästerer an ihren Zungen aufgehängt oder Götzendiener unermüdlich von Dämonen gequält werden. Entschieden kürzer fällt die abschließende Paradiesschilderung aus. Dass die Petrusapokalypse großes Gefallen daran findet, die Höllenqualen der Gottlosen in düsteren Farben genüsslich auszumalen, resultiert aus der Verfolgungssituation, in der sie entstanden ist. Bei aller Problematik, welche diese apokalyptische Jenseitsschau mit sich bringt, sind das seelsorgerliche Grundanliegen und der ethische Anspruch des Werkes nicht aus dem Auge zu verlieren. Die Schilderung des Paradiesgartens mit seinen Freuden will Trost spenden und zur Standhaftigkeit anhalten, während die allerdings an Grausamkeit keine Wünsche offen lassende Darstellung der Hölle und ihrer Strafen dazu dient, die Folgen des Abfalls drastisch vor Augen zu führen.

> Die Darstellung der Höllenqualen lässt an Grausamkeit keine Wünsche offen

Hirt des Hermas — Der »Hirt des Hermas« ist eine um 140 n. Chr. in Rom entstandene Schrift, die zu den populärsten Büchern der Frühzeit des Christentums gehört und in der altkirchlichen Literatur vielfältig rezipiert wird. Es handelt sich aufgrund der im Zentrum stehenden visionären Offenbarungen um eine Apokalypse, auch wenn Enthüllungen über den endzeitlichen Geschichtsablauf, kosmische Katastrophen und die Beschaffenheit der jenseitigen Welt völlig fehlen. Das Werk wurde auf Griechisch abgefasst, liegt aber auch in lateinischer, koptischer, äthiopischer und mittelpersischer Übersetzung vor. Die Aufnahme des Hirten des Hermas in den Codex Sinaiticus, eine der wichtigsten alten Bibelhandschriften, deutet darauf hin, dass er im 4. Jh. n. Chr. in Kirchengebieten des Ostens zum Kanon der heiligen Schriften gerechnet wurde. Der Verfasser Hermas, bei dem es sich um einen ehemaligen Sklaven handelt und dessen Bruder Pius in der Gemeinde von Rom das Bischofsamt innehatte, berichtet in Ich-Form von seinen Visionen. Der Titel der Schrift erklärt sich dadurch, dass in der fünften Vision ein Engel mit dem Aussehen eines Hirten erscheint, dessen Verkündigung an Hermas dem apokalyptischen Buch den Stempel aufdrückt. Der Hirt des Hermas zerfällt in drei Teile, nämlich Visionen (*visiones*), Gebote (*mandata*) und Gleichnisse (*simil-*

tudines). Das Buch beginnt damit, dass Hermas am Tiber seine ehemalige Herrin Rhode baden sieht und sie in Gedanken als Frau begehrt. Wenige Tage später wird er im Geist entrückt und begegnet Rhode als himmlischer Gestalt, die ihn wegen seiner Begierde tadelt und zur Buße ermahnt. Nachfolgend tritt eine alte Frau auf und zeigt Hermas unter anderem, wie himmlische Wesen einen die Kirche symbolisierenden Turm errichten, wobei sich zahlreiche der die Christen repräsentierenden Steine als unbrauchbar erweisen (vis III). Das Ziel der Vision ist der Appell an die Sünder, umzukehren und sich für den Kirchenbau als nützlich zu erweisen. Die Gebote (*mandata*) und Gleichnisse (*similtudines*) des in Hirtengestalt erscheinenden Offenbarungsengels machen den weitaus größten Teil des Hirten des Hermas aus. Sie umfassen im Wesentlichen ethische Appelle zur christlichen Lebensführung und Belehrungen über die Buße. Das entscheidende Anliegen des apokalyptischen Buches besteht darin, die Gerechten zu einem weiterhin tadellosen Lebenswandel anzuleiten und die Sünder zur Umkehr zu bewegen. Dabei beschreitet das Werk einen Mittelweg zwischen strikter Ablehnung einer zweiten Buße für getaufte Christen einerseits, wie sie beispielsweise vom Hebräerbrief (6,4-6) vertreten wird, und unbegrenzter Bußmöglichkeit andererseits. Hermas hält am ethischen Rigorismus fest, propagiert aber das der Barmherzigkeit Gottes zu verdankende Angebot, dass die Gläubigen noch ein einziges Mal Buße für ihre nach der Taufe begangenen Verfehlungen tun können und Vergebung empfangen werden.

Die ebenfalls aus dem 2. Jh. n. Chr. stammende »Himmelfahrt Jesajas« (*ascensio Jesaiae*) basiert auf einer jüdischen Legende vom Märtyrertod Jesajas, die durch christliche Erweiterungen zu einer Apokalypse umgeformt wurde. Der Martyriumsbericht erzählt davon, wie König Manasse den Propheten Jesaja verfolgen und mit einer Baumsäge zerstückeln lässt (Asc Jes 1-5). Als christlichen Einschub bietet er eine apokalyptische Passage, in der Jesaja zunächst das Christusgeschehen mit Menschwerdung, Tod und Auferstehung schaut, um dann das Endzeitszenario mit Spaltung der Kirche, Auftreten des Antichristen in Gestalt des zum Kaiserkult verführenden Muttermörders Nero, Wiederkehr des Herrn und Durchführung des Endgerichts zu enthüllen (3,13-5,1). In diesem Einschub klingen bereits einzelne Motive der visionären Himmelsreise des Propheten Jesaja an, um die der jüdische Martyriumsbericht im frühen Christentum bereichert wurde (Asc Jes 6-11). Die Himmelfahrt Jesajas, die dem Werk seinen Namen gab, soll sich einige Jahre vor seinem Tod zugetragen haben und wird als Grund für seine Hinrichtung ausgegeben. Demnach fiel Jesaja vor König Hiskia und dem Hofstaat in Ekstase, wurde von einem Engel durch die verschiedenen Himmel geführt und berichtete anschließend von dem, was er dort gesehen hatte. Dabei geht es neben Enthüllungen über die Beschaffenheit der jenseitigen Welt im Wesentlichen um die fiktive prophetische Vorausschau des Christusgeschehens. Jesaja will in der jenseitigen Welt die Herabkunft des präexistenten Erlösers durch die verschiedenen Himmel hindurch auf die Erde, sein Erdenleben von der Geburt bis zur Kreuzigung und schließlich seine nach der Auferstehung erfolgte Erhöhung zum kosmischen Herrscher an der Seite Gottes geschaut haben (Asc Jes 10f). Es handelt sich um eine in Form der Vision gegossene Entfaltung des Christusmythos, wie er in Kurzform in neutestamentlichen Hymnen wie Phil 2,6-11 oder Hebr 1,3f vorliegt.

<small>Himmelfahrt Jesajas</small>

<small>Jesaja fällt in Ekstase und schaut das Christusgeschehen</small>

5. und 6. Esrabuch

Weitere bedeutsame Apokalypsen aus der Frühzeit des Christentums sind das fünfte und sechste Esrabuch. Diese Bezeichnungen haben sich für christliche Zusätze eingebürgert, um die das jüdische vierte Esrabuch in den Druckausgaben der lateinischen Bibel bereichert wird (4Esr 1-2.15-16). Das sogenannte fünfte Esrabuch (4Esr 1-2) aus der Zeit um 200 n. Chr. bietet eine fiktive Geschichtsschau Esras, die zunächst um das Gericht an Israel kreist und dann das Heil für die Christen als neues Gottesvolk thematisiert. Seinen Höhepunkt erreicht es in der Vorwegschau dessen, wie die Schar der versiegelten Gerechten am Ende der Tage auf dem Zion von Christus als Sohn Gottes gekrönt wird (4Esr 2,38-47). Das sogenannte sechste Esrabuch (4Esr 15-16) aus dem 2. oder 3. Jh. n. Chr. spiegelt eine schwere Verfolgungssituation der Kirche wider, vor deren Hintergrund zur Standhaftigkeit im Glauben ermahnt und Trost zugesprochen wird.

Gnostische Paulusapokalypse

Auch die christliche Gnosis hat Apokalypsen hervorgebracht. Unter den Funden von Nag Hammadi befinden sich mehrere Schriften, die sich als Apokalypsen betiteln. Dabei geht es allerdings nicht um eine Geschichtsschau mit Enthüllung des Endzeitgeschehens, sondern um die Offenbarung gnostischer Heilslehren.

Paulus wird von Jesus an die Hand genommen und durch die himmlische Welt geführt

Am ehesten trägt noch die vermutlich auf einem griechischen Original aus dem 2. oder 3. Jh. n. Chr. basierende koptische Paulusapokalypse aus Nag Hammadi Züge einer traditionellen Offenbarung, da sie in Form einer Vision Geheimnisse des Lebens in der himmlischen Welt enthüllt. Sie knüpft an die von Paulus selbst geschilderte Entrückung ins Paradies von 2Kor 12,2-4 an, die situativ in die erste Jerusalemreise des Apostels nach seinem Damaskuserlebnis eingebettet wird. In freier Ausschmückung von 2Kor 12,2-4 erzählt die Paulusapokalypse, wie Jesus in Gestalt eines kleinen Knaben den Apostel an der Hand durch die himmlische Welt führt und ihm zur Überwindung der im siebten Himmel angesiedelten Grenze verhilft, die zwischen den feindlichen niederen und den als Heimat der Seele geltenden höheren Himmelssphären verläuft. Im siebten Himmel begegnet Paulus dem alttestamentlichen Schöpfergott, der nach Verständnis der Gnosis gegen den Willen des höchsten Gottes die Welt geschaffen hat und mit den ihm unterstehenden Gestirnmächten eine feindliche Größe darstellt. Neben der koptischen Paulusapokalypse aus Nag Hammadi ist eine weitere altkirchliche Paulusapokalypse überliefert, die ebenfalls die Himmelsreise des Apostels aus 2Kor 12,2-4 zum Ausgangspunkt nimmt, allerdings andere Enthüllungen aus der jenseitigen Welt bietet und ungleich ausführlicher ist.

XV. Thematische Querschnitte durch das Neue Testament

Innerhalb des Neuen Testaments kristallisiert sich eine Reihe von Schlüsselthemen heraus, die sich nicht zuletzt auch unter wirkungsgeschichtlichen Aspekten als besonders bedeutsam erweisen. Wunder, Gleichnisse und Bergpredigt zählen zum Urgestein der Jesusüberlieferung, werfen allerdings in ihrer Auslegung auch vielfältige Fragen auf. Taufe und Abendmahl sind die beiden sakramentalen Riten des Urchristentums schlechthin, so dass es wenig verwunderlich ist, wenn sie in einer Reihe neutestamentlicher Schriften angesprochen werden. Themen wie die Deutung des Todes, die Anfänge der Christologie und der Glaube an die Auferstehung ziehen sich wie ein roter Faden durch den gesamten Kanon und führen in das Zentrum der neutestamentlichen Theologie.

Neutestamentliche Schlüsselthemen

■ Wundererzählungen

Während aus der Glaubensperspektive auch rational erfassbare Ereignisse als Wunder gedeutet werden, liegt ein eigentliches Wunder erst dann vor, wenn etwas gegen die Naturgesetze geschieht und wissenschaftlich nicht erklärbar erscheint. Dieser Begriff des Wunders ist im Horizont des von der Aufklärung geprägten neuzeitlichen Weltbildes brüchig geworden. Das Wirklichkeitsverständnis der neutestamentlichen Zeit wird von dieser Problematik noch nicht berührt. Für den antiken Menschen stellt ein Wunder ein Geschehen dar, das außerhalb des Gewohnten liegt und das Wirken der die Welt durchdringenden göttlichen Kräfte besonders intensiv erfahrbar macht

Definition eines Wunders

Zu den neutestamentlichen Wundergeschichten gibt es eine Vielzahl von Parallelen. Im Alten Testament werden von den Propheten Elia und Elisa Heilungen, Totenerweckungen und Speisevermehrungen erzählt (1Kön 17; 2Kön 4-5). Im antiken Judentum bieten der Exorzismus des Eleazar und die Wunder des Chanina ben Dosa die unmittelbarsten Analogien. Unter dem hellenistischen Vergleichsmaterial ragen die mit dem Heilgott Asklepios und dem neupythagoreischen Philosophen Apollonius von Tyana verbundenen Wunder heraus. Antike Wundergeschichten haben, soweit es sich nicht um Straf- oder Schauwunder handelt, die Überwindung einer Notsituation durch mirakulöses Handeln einer Gottheit oder eines in besonderer Weise befähigten Menschen zum Inhalt. Sie folgen einem Erzählmuster, das die neutestamentlichen Texte mit ihren religionsgeschichtlichen Parallelen in wesentlichen Punkten teilen. Es handelt sich um einen meist viergliedrigen Aufbau, bestehend aus Einleitung, Exposition, Wunderhandlung und Demonstration, innerhalb dessen ein bestimmtes Repertoire von Motiven in unterschiedlichen Kombinationen begegnen kann. In der Einleitung werden die Situation und das Auftreten der beteiligten Personen beschrieben. Die dem Spannungsaufbau dienende Exposition charakterisiert die Not und die Annäherung an den Wundertäter. Im Zentrum des Erzählgeschehens steht die Wunderhandlung mit szenischer Vorbereitung, Darstellung der Wundertechniken und Konstatierung des Wunders. Der Wundertäter kann dabei als Träger, Bittsteller oder Vermitt-

Aufbau von Wundergeschichten

> Zu den neutestamentlichen Wundergeschichten gibt es eine Vielzahl antiker Parallelen

ler übernatürlicher Macht fungieren. Der Demonstrationsschluss beschreibt die Wirkung des Wunders auf die Anwesenden.

Untergruppen der Wundergeschichten

Wundergeschichten machen einen Löwenanteil der Jesustradition aus und werden darin nicht einmal von den Gleichnissen übertroffen. Bei der Formbestimmung hat sich eine Unterscheidung zwischen Exorzismen, Therapien, Normenwundern, Rettungswundern, Geschenkwundern und Epiphanien (G. Theißen) weitgehend durchgesetzt. Während die drei erstgenannten Gattungen in hohem Maße Reflexe des historischen Wirkens Jesu bieten, sind die drei letztgenannten Gattungen ungleich stärker Produkte des nachösterlichen Glaubens. Exorzismuserzählungen (Mk 1,21-28; 5,1-20; 9,14-29) sind durch einen Machtkampf zwischen Wundertäter und dem im Körper der erkrankten Person lebenden bösen Geist gekennzeichnet. In den Therapieerzählungen (u.a. Mk 2,1-12; 8,22-26) geht es vor allem um die Heilung von Leiden wie Blindheit, Lähmung, Aussatz oder Hörstummheit. Unter den Normenwundern, bei der die Normierung einer Lehrentscheidung durch das Wunder im Mittelpunkt steht, ragen die Sabbatheilungen (u.a. Mk 3,1-6; Lk 13,10-17) heraus. Die Berichte über Rettungswunder (Mk 4,35-41), Geschenkwunder (Mk 6,30-44; Joh 2,1-11) und Epiphanien (Mk 6,45-52) sind legendarische Glaubenszeugnisse der frühen Christenheit, die unter Rückgriff auf alttestamentlich-jüdische wie hellenistische Wundertradition das Bekenntnis zum gekreuzigten und auferstandenen Herrn entfalten. Sie zielen darauf ab, die göttliche Macht des erhöhten Christus zu veranschaulichen, und zeichnen sie in das Bild des irdischen Jesus ein, indem dieser eine über alles Menschliche hinausgehende Befähigung gewinnt. Ähnlich wollen die Totenerweckungen, die den Therapien zuzurechnen sind, aus der Perspektive des Osterglaubens vom Sieg Jesu über die Macht des Todes Kunde geben. Jesus wird als messianischer Endzeitprophet porträtiert, der sich in der Auferweckung Toter gleichermaßen mit den großen Wunderpropheten Elia und Elisa wie mit griechisch-römischen Gottmenschen messen kann.

> Vereinzelt steht die Normierung einer Lehrentscheidung durch das Wunder im Mittelpunkt

Wunderverständnis der Evangelisten

Die Evangelien halten an Wundern als unentbehrlichem Bestandteil des Wirkens Jesu fest, ohne sie kritiklos der volkstümlichen Wundersucht preiszugeben. Bei Markus werden die Dämonenaustreibungen durch Schweigegebote im Rahmen der Messiasgeheimnistheorie relativiert. Es handelt sich um gebrochene, erst vom Kreuz her vollgültige Offenbarung. Die Naturwunder weist Markus noch deutlicher in die Schranken, indem er sie mit dem Unverständnis der Jünger belegt. Matthäus ordnet bei der Komposition seines Evangeliums den »Messias der Tat« (Mt 8-9) dem »Messias des Wortes« (Mt 5-7) unter. Gleichzeitig zeichnet er den Wundertäter Jesus als Davidssohn und Gottesknecht, um einer Fehldeutung seiner Messianität vorzubeugen. Einzelne Wundergeschichten wollen ungleich eher über die Situation der Kirche als über das Wesen Jesu Auskunft geben. Bei Lukas gewinnt die Vorstellung von Jesus als endzeitlichem Wunderpropheten, der seine Vollmacht gleichermaßen durch Taten wie Worte erweist, hervorgehobene Bedeutung (Lk 24,19). Johannes misst den Wundern eine wichtige christologische Zeugnisfunktion zu, hält aber einen allein auf dem Schauen von Wundern gründenden Glauben für ergänzungsbedürftig (Joh 20,29). Die Mehrzahl der Wunder Jesu wird im vierten Evangelium durch Offenbarungsreden metaphorisch in ihrem tieferen Sinn erschlossen.

Auch die Apostelgeschichte ist von Wundererzählungen durchzogen. Nahezu alle ausführlicher geschilderten Wunder sind mit Petrus oder Paulus verbunden, wobei Lukas darstellerisch um eine weit reichende Parallelisierung des Wirkens der beiden Lichtgestalten des frühen Christentums bemüht ist. Es dominieren Heilungen, Totenerweckungen und Befreiungswunder. Als ethisch bedenkliche Form kommt das Strafwunder an Menschen hinzu (Apg 13,6-12). Petrus wurde bereits vom geschichtlichen Jesus zu Heilung und Verkündigung beauftragt. Für die Petruswunder der Apostelgeschichte ist ein klarer historischer Haftpunkt gegeben, auch wenn sie die Tendenz verfolgen, Petrus als legitimen Sachwalter der Wundermacht Jesu zu zeichnen. Auch die Pauluswunder der Apostelgeschichte haben mehrheitlich einen harten historischen Kern, zumal Paulus in seinen Briefen von Wundern als selbstverständlichen Begleiterscheinungen seines Apostelwirkens spricht (Röm 15,18f; 2Kor 12,12).

Wundererzählungen der Apostelgeschichte

Bis in die Neuzeit hinein wurden die biblischen Wunder mit großer Selbstverständlichkeit supranaturalistisch als Eingriff Gottes in das Naturgeschehen erklärt. Diese Sehweise ist im Horizont des von der Aufklärung geprägten Wirklichkeitsverständnisses brüchig geworden. Massive Kritik am Wunder kam zunächst von philosophischer Seite. Baruch de Spinoza (1632-1677) und David Hume (1711-1776) machten einen unüberbrückbaren Gegensatz zwischen Wunderglaube und Vernunft aus. Für Ludwig Feuerbach (1804-1872) sind Wunder abergläubische Phantasieprodukte, die einer kindlichen Befriedigung der Sehnsüchte dienen und den Menschen an der Selbstverwirklichung hindern. Als nicht tragfähig erwies sich der Versuch rationalistischer Theologen des 18. und 19. Jh., durch eine natürliche Erklärung die Wunder mit dem modernen Weltbild in Einklang zu bringen und den Widerspruch zur Vernunft auszuräumen. Bahnbrechend wirkte vielmehr David Friedrich Strauß (1808-1874) mit seiner Betrachtung der Wunder als weithin ungeschichtlicher, vom Osterglauben geprägter Mythen, die man Jesus zum Erweis seiner Messianität zugeschrieben habe. Daran anknüpfend interpretierte Rudolf Bultmann (1884-1976) die Wunder als zeitbedingte, aus dem mythischen Weltbild der Antike erwachsene Entfaltungen der Christusbotschaft, die im Horizont neuzeitlich-aufgeklärten Denkens kein Glaubensgegenstand sein könnten. Das an sich bedeutungslose Wunder gilt als Träger einer durch Entmythologisierung freizulegenden Glaubenserfahrung, die das Existenzverständnis des Menschen radikal in Frage stellt und ihm eine neue Daseinsmöglichkeit erschließt.

Etappen der Wunderkritik

Die Rationalisten wollten die Wunder mit dem modernen Weltbild in Einklang bringen

In jüngerer Vergangenheit kommt es dagegen zu einer Rehabilitierung von Wunderglauben und mythischem Denken. Der tiefenpsychologische Ansatz von Eugen Drewermann würdigt die in den Kontext schamanistischer Heilungen gestellten Wunder Jesu als Zeugnisse ganzheitlicher Religiosität, die dem Menschen Wege der Befreiung von Angst und innerer Zerrissenheit aufzeigen. Gerd Theißen stellt unter Einfluss von Ernst Bloch (1885-1977) die Hoffnung stiftende Dimension der Wundergeschichten heraus. Der Wunderglaube setzt mit seinem Gegenentwurf von heilem Leben ein Zeichen des Protestes gegen die Wirklichkeit und entlarvt die bestehenden Verhältnisse als unvollkommen. Indem die biblischen Wunder davon Kunde geben, wie der Kreislauf des Leidens durchbrochen und Verzweiflung überwunden wird, strahlen sie als Hoffnungsbilder hell in das von vielerlei Bedrängnissen gezeichnete Dasein der Menschen hinein und sind

Rehabilitierung mythischen Denkens

von bleibender Bedeutung. Semiotische Bibelexegese (S. Alkier) will Wundergeschichten jenseits von Entmythologisierung und Historisierung als fremde Lebenswelten verstehen lernen, deren Wirklichkeitsverständnis es zu respektieren gelte. In eine ähnliche Richtung geht der ethnologische oder kulturanthropologische Ansatz (W. Stegemann; C. Strecker). Er schärft das Bewusstsein dafür, dass die neutestamentlichen Texte der mediterranen Welt der Zeitenwende und damit einer uns fremden Kultur entstammen. Die neuzeitliche Wunderkritik wird mit dem Vorwurf bedacht, die biblischen Wundergeschichten in unzulässiger Weise am Erfahrungshorizont der modernen westlichen, eurozentrischen Kultur zu messen und als Repräsentanten eines überholten Weltbildes zu betrachten.

Wunderlektüre aus der Disability-Perspektive

Die Lektüre neutestamentlicher Wundererzählungen aus der Disability-Perspektive als hermeneutischer Leitkategorie (D. Willms, S. Krahe, M. Schiefer Ferrari) nimmt daran Anstoß, dass in den Heilungsgeschichten der gesunde Körper zum Maßstab von Normalität erhoben wird und jede Abweichung davon mit Leiden gleichgesetzt wird. Epileptiker, Erblindete, Gelähmte oder Taubstumme werden durch das Wunder in den körperlichen Zustand der »Normalität« versetzt und können endlich so sein wie die anderen. Indem die neutestamentlichen Heilungswunder damit latent einer Abwertung nicht normgemäßer Körperlichkeit Vorschub leisten, werden sie von behinderten Menschen als Ärgernis oder sogar als »texts of terror« (S. Betcher) empfunden. Sie sind aus der Perspektive derjenigen erzählt, die sich selbst für nichtbehindert halten und sich durch das Ereignis der Heilung in ihrer scheinbaren Normalität bestätigt fühlen. Dass Menschen mit Behinderung leiden, wird zum Problem der betroffenen Personen statt der betroffenen Umgebung. Vor diesem Hintergrund will eine vom Disability-Diskurs geprägte Hermeneutik zu einer kritischen Auseinandersetzung mit den biblischen Heilungserzählungen provozieren und dazu anregen, eigene Exklusions- oder Normalitätsvorstellungen zu hinterfragen. Die »gestörte Lektüre« bezeichnet eine Wahrnehmung der neutestamentlichen Wundergeschichten, die auf die kritische Reflexion des eigenen Verständnisses, der eigenen Haltung und des eigenen Verhaltens im Angesicht von vermeintlicher Behinderung abzielt.

Behinderte empfinden neutestamentliche Heilungsberichte als »texts of terror«

■ Gleichnisse

Urgestein der Verkündigung Jesu

Die Gleichnisse zählen zum Urgestein der Verkündigung Jesu und sind zu einem Stück Weltliteratur geworden. Wegen ihrer Anschaulichkeit und Lebendigkeit erfreuen sie sich größter Beliebtheit und sind aus der christlichen Tradition nicht wegzudenken. Als Form bildhafter Sprache wollen die Gleichnisse einen Verstehensprozess auslösen. In der überlieferten Form spiegeln sie allerdings die Verkündigung Jesu nicht ungebrochen wider, da sie im Laufe des Überlieferungsprozesses vielfach verändert und ausgeschmückt wurden. Gegenstand kontroverser Diskussionen ist die Frage nach der formkritischen Differenzierung innerhalb der Gleichnisüberlieferung. Besonders intensiv wird um die Deutung der Gleichnisse gerungen.

Formen der Gleichnisüberlieferung

Adolf Jülicher etablierte in der neutestamentlichen Forschung eine Unterscheidung zwischen Gleichnissen im engeren Sinne, Parabeln, Beispielerzählungen und Allegorien. Als *Gleichnis im engeren Sinne* bestimmte er eine Erzählung, die auf vertraute Bilder aus dem Alltagsleben oder der Natur zurückgreift und damit eine immer so wiederkehrende Situation widerspiegelt. Die *Parabel* bringt dagegen nicht das Gewohnte und Alltägliche, sondern einen außergewöhnlichen Sachverhalt zum Ausdruck, beispielsweise die Ablehnung der Einladung zu einem Festmahl oder die einheitliche Entlohnung für völlig unterschiedliche Arbeit. Der Kategorie der *Beispielerzählung* wies Jülicher vier Gleichnisse des lukanischen Sonderguts zu (Lk 10,30-37; 12,16-21; 16,19-31; 18,9-14). Während im eigentlichen Gleichnis wie auch in der Parabel die Botschaft in einem Übertragungsprozess erschlossen werden muss, liege sie in einer Beispielerzählung wie etwa dem Gleichnis vom barmherzigen Samariter als Handlungsanweisung offen zutage. Die *Allegorie* (Mk 4,13-20; Mt 13,36-43) schließlich stellt anders als die drei ersten Gleichnisgattungen eine Form von verschlüsselter Rede dar, zu deren Dechiffrierung es besonderer Kenntnisse bedarf. An dieser Systematisierung sind in mehrerlei Hinsicht Einschränkungen vorzunehmen. Terminologisch hat sie in den Evangelien keinen Anhalt, da dort alle von Jülicher unterschiedenen Gattungen einheitlich als Parabeln (*parabolai*) bezeichnet werden und dies der eigentlich angemessene Begriff für die Gleichnisse Jesu wäre (R. Zimmermann). Zudem bleibt die Grenze zwischen Gleichnis im engeren Sinne und Parabel unscharf, da es oft dem subjektiven Urteil oder auch dem Grad der Kenntnisse über den sozialgeschichtlichen Hintergrund unterworfen ist, ob ein Erzählgeschehen als alltäglich oder aus dem Rahmen fallend bewertet wird. An der Kategorie der Beispielerzählung ist problematisch, dass sie von vornherein auf eine ganz bestimmte Deutung festlegt und damit eine interpretatorische Engführung beinhaltet.

Die Kategorie der »Beispielerzählung« beinhaltet eine interpretatorische Engführung

Die Deutung der Gleichnisse war lange Zeit untrennbar mit der Rückfrage nach dem geschichtlichen Jesus verbunden. Der historische Ansatz der Gleichnishermeneutik ist dadurch gekennzeichnet, dass er das Sachanliegen eines Gleichnisses durch den Rekurs auf die Ursprungssituation im Leben Jesu zu ermitteln sucht. Jülicher löste die Gleichnisse aus den Fesseln der bis dahin dominierenden allegorischen Auslegung und betrachtete sie als bildhafte Darstellungen allgemeiner Wahrheiten. Die befreiende Grundannahme Jülichers lautete, dass Jesus mit der durch Klarheit und Schlichtheit gekennzeichneten Gleichnisverkündigung seine Botschaft nicht in Rätselworte kleidete, sondern sie gerade Menschen einfachen Denkens argumentativ verständlich machen wollte. Ausgehend von der aristotelischen Rhetorik unterschied Jülicher das auf dem Vergleich basierende Gleichnis streng von der auf die Metapher aufbauenden Allegorie, der Jesus sich nicht bedient habe. Als rhetorische Formen suchten die Gleichnisse Jesu ein bestimmtes Urteil einleuchtend zu machen. Dieses bestehe in einem einzigen, offen zutage liegenden Vergleichspunkt (*tertium comparationis*) zwischen Bildhälfte und Sachhälfte. Als Reden, die in einer konkreten Situation ein bestimmtes rhetorisches Ziel verfolgen, sah Jülicher die Mehrzahl der Gleichnisse Jesu an Pharisäer und Schriftgelehrte gerichtet. Allerdings zog er die Kritik auf sich, den historischen Kontext der Gleichnisreden nicht in voller Tiefe auszuloten, sondern Jesus eher als Verkünder abstrakter zeitloser Weisheiten zu porträtieren. Demgegenüber präzisierte Joachim Jeremias in Anknüpfung an Charles Harold Dodd die Situationsgebundenheit der Gleichnisse Jesu, indem er sie inhaltlich

Historische Deutung im Kontext des Auftretens Jesu

von der eschatologischen Naherwartung bestimmt sah und im Blick auf ihre historische Ursprungssituation als Kampfmittel betrachtete, mit denen Jesus seine Botschaft gegenüber Gegnern verteidigte und zur Entscheidung angesichts der Gottesherrschaft aufrief.

Metapherntheoretischer Ansatz

Die existenziale oder metapherntheoretische Konzeption leitete eine Wende in der neutestamentlichen Gleichnisforschung ein. Es wurde deutlich, dass sich Jülichers negative Betrachtung der Metapher als uneigentlicher und von Jesus nicht verwendeter Rede nicht aufrechterhalten lässt. Im Zuge einer Neubewertung der Gleichnisse als erweiterter Metaphern wird unter dem Eindruck existenzialer Theologie gegen Jülicher eingewandt, dass die Gleichnisse keine allgemeinen Wahrheiten über Gott in die Welt setzen, sondern als dynamisches Sprachgeschehen die Nähe Gottes zum Ereignis machen und den Adressaten neue Existenzmöglichkeiten aufzeigen. Dabei wird auch die Unterscheidung zwischen Bild- und Sachhälfte in Frage gestellt. Mit der existenzialen Interpretation der Gleichnisse verliert zudem die Rekonstruktion ihres historischen Kontextes an Bedeutung. Ernst Fuchs bemühte sich um ein Verständnis der Gleichnisse als einem die Verkündigung Jesu auszeichnenden Sprachgeschehen, in dem es um das rechte Ereigniswerden der Existenz gehe. Eberhard Jüngel betrachtet in Anknüpfung daran die Gleichnisse Jesu als Sprachereignisse, in denen die in ihnen zur Sprache kommende Gottesherrschaft als Gleichnis präsent ist. Mit ihrer analogischen Kraft brächten Jesu Gleichnisse die Zukunft Gottes so zur Sprache, dass die Gleichnisse selbst zum Sprachereignis der Zukunft Gottes würden. Die Identifikation der Pointe mit einem Bild- und Sachhälfte verbindenden *tertium comparationis* erübrige sich daher. Von Eta Linnemann wird das Sprachereignis als Akt der Verschränkung zwischen Erzähler- und Hörerperspektive bestimmt, in dem um Einverständnis für eine neue Wirklichkeitssicht geworben und ein Existenzwechsel ermöglicht wird. Hans Weder macht im Gefolge der Neubewertung der Metapher durch Paul Ricoeur auf die positive, sinnstiftende Funktion metaphorischer Rede aufmerksam. Die Metapher bringt demnach verschiedene Sinnhorizonte zusammen, stiftet Beziehungen und ermöglicht die Entdeckung neuer Zusammenhänge.

> Jülichers negative Betrachtung der Metapher ließ sich nicht aufrechterhalten

Literaturwissenschaftliches Modell

In Weiterentwicklung des metapherntheoretischen Ansatzes durch literaturwissenschaftliche Betrachtungsweisen werden die Gleichnisse von Dan Otto Via und Wolfgang Harnisch als autonome Objekte und Miniaturkunstwerke betrachtet, deren Aufbau und szenisches Gefälle Übereinstimmungen mit der Struktur antiker Komödien oder Tragödien aufweist. Gleichnisse können demnach unabhängig von ihrer Ursprungssituation und ihrem Autor verstanden werden, wobei sie als ästhetische Objekte eine weitergehende Wirkung entfalten. Die eigentliche Wirkkraft eines Gleichnisses soll durch konsequente Ausblendung des ursprünglichen Evangelienkontextes und durch eine Freilegung des Beziehungsgeflechts innerhalb des Miniaturkunstwerkes wiederentdeckt werden. Wolfgang Harnisch arbeitet in diesem Zusammenhang für zahlreiche Parabeln Jesu ein dramatisches Dreieck als Grundstruktur heraus, das aus einem Handlungssouverän und einem diesem gegenüber stehenden antithetischen Zwillingspaar besteht. Die als dramatische Hauptfigur und dramatische Nebenfigur in Erscheinung tretenden Zwillinge stehen dabei für den Gewinn oder Verlust von Existenz. Wie ein gelungenes Bühnenstück verwickeln Gleichnisse ihre Hörer in den Gang der Handlung und eröffnen ihnen so die Möglichkeit, neue Existenzweisen zu entdecken und zu verwirklichen. Über die Wahrnehmung der Metapher und die Realisierung von Existenzmöglichkeiten gelangen die Adressaten der Gleichnisse zur Erfahrung des Reiches Gottes. Gleichnisse sind demnach autonome Kunstwerke, die völlig losgelöst von ihrem ursprünglichen Kontext Existenzmöglichkeiten aufzeigen, ihren Adressaten durch Einbeziehung in das dramatische oder komische Bühnenspiel eigenen Spielraum eröffnen und Menschen in Bewegung setzen. Damit erweist sich der literaturwissenschaftliche Ansatz als ausgesprochen fruchtbar für eine lebendige, kreative und auf die eigene Lebenswirklichkeit bezogene Auseinandersetzung mit den biblischen Gleichniserzählungen.

Tiefenpsychologische Zugänge zu den Gleichnissen zeigen, dass diese nicht nur neue Existenzmöglichkeiten anbieten, sondern auch wichtige Anstöße zur Selbsterfahrung bieten. Eine Paradebeispiel ist das Gleichnis vom verlorenen Sohn, das sich vor dem Hintergrund der Persönlichkeitstypen betrachten lässt, die der Tiefenpsychologe Fritz Riemann (1902-1979) herausgearbeitet hat. Der jüngere Sohn verkörpert die »hysterische Persönlichkeit«, die ohne feste Pläne und klare Ziele ständig von der Suche nach dem Neuen getrieben ist und unbändige Sehnsucht nach dem Gefühl der Freiheit verspürt (M. Mausshardt). Sein Beispiel zeigt, dass die Suche nach Glück mit einem schmerzhaften Emanzipationsprozess verbunden ist, der ein hohes Risiko für Leib und Leben in sich birgt. Der ältere Sohn trägt Züge sowohl des »depressiven« Persönlichkeitstyps, der aus Angst von anderen nicht mehr geliebt zu werden vor der eigenständigen Entfaltung zurückschreckt, als auch des »zwanghaften« Persönlichkeitstyps, der jeden Zufall ausschalten will und von einem übermäßigen Sicherheitsbedürfnis geleitet wird. Glück besteht für ihn in der Vermeidung von Unglück. Er wird von dem Streben beherrscht, möglichst alles beim Alten zu lassen, und sucht die größtmögliche Nähe zum Elternhaus als Schutz gegen das Verlassenwerden. Jesu Gleichnis verwickelt die Rezipienten in eine tiefe Auseinandersetzung darüber, welcher Lebensentwurf unter dem Strich der glücklichere sein könnte, und ermöglicht neue Erfahrungen mit sich selbst.

Tiefenpsychologische Zugänge

Der verlorene Sohn trägt Züge der hysterischen Persönlichkeit

Die Rezeptionsästhetik betrachtet den Text als eine unfertige Größe, ein offenes Kunstwerk, das Steuerungssignale enthält und durch den Interpreten zur Vollendung kommt. Rezeptionsästhetischen Modellen der Gleichnishermeneutik, wie sie von Dieter Massa und Stefanie Schulte entwickelt wurden, geht es um die Klärung der Verstehensbedingungen und der Wirkungsästhetik von Gleichnissen. Massa betont, dass die verantwortete Interpretation von Gleichnissen einer theoretischen Reflexion dessen bedarf, wie bei einem Gleichnis die Erweiterung des Sinnpotenzials funktioniert, welche kognitiven Operationen im Prozess der Rezeption stattfinden, von welchen Textelementen diese ausgehen und welche Voraussetzungen der Rezipient zum Verstehen mitbringt. Der Sinn eines Gleichnisses werde als konstruktive Leistung des Hörers oder Lesers im Zuge der rezeptiven Verarbeitung mit ihren Möglichkeiten und Regeln konstituiert. Die Hinweise auf eine Mehrsinnigkeit beim Gleichnis veranlassten die Rezipienten dazu, durch eine Bearbeitung der fiktionalen Ebene eine weitere Bedeutungsdimension zu suchen. In diesem Zusammenhang wendet sich Massa gegen eine »geschichtsfreie« existenziale Interpretation und entwirft das an den historischen Verstehensbedingungen von Gleichnissen ausgerichtete Interpretationsverfahren

Gleichnisauslegung als offener Verstehensprozess

einer methodischen oder kognitiven Hermeneutik. Auch Stefanie Schulte erhebt im Rahmen der wirkungsästhetischen Theorie die heutigen Rezipienten zum Ausgangspunkt der Betrachtung und begreift den Akt des Gleichnisverstehens als Interaktion von Text und Leser, in der der Rezipient Strukturen und Strategien der biblischen Gleichniserzählung aufnimmt und konkretisiert. Die wirkungsästhetische Theorie lasse Raum dafür, die Unbestimmtheit der Gleichniserzählungen mit eigenen Vorstellungen zu füllen und individuelle Wege der Interpretation und damit der Sinnkonstituierung zu finden. In diesem Zusammenhang gilt es bereits als unzulässige Einengung und Bevormundung des Rezipienten, wenn von diesem erwartet wird, das Gleichnis als Gleichnis zu lesen. Welchen Sinn ein Gleichnis im Akt der Rezeption gewinnt, entziehe sich dem Einfluss der Außenstehenden. Neben einer religiös-metaphorischen könne dies auch eine wörtliche oder eine moralische Aktualisierung sein. Gerade in der Behauptung einer beliebig und postmodern wirkenden Vielfalt von möglichen Erfahrungen mit den Gleichnissen liege die große Chance der Texte und ihrer Vermittlung.

Faustregeln zum methodischen Vorgehen

Am Anfang des Prozesses der Gleichnisauslegung stehen eine synchrone Analyse zur Erhellung der im Text vorhandenen Strukturen und eine diachrone Analyse zur Rekonstruktion der ältesten Textgestalt. Danach empfiehlt es sich, zunächst auf der Bildebene der Gleichniserzählung zu bleiben. Eine zentrale Rolle spielt die Ausleuchtung des traditions- und sozialgeschichtlichen Hintergrunds. Die Rekonstruktion des historischen Kontextes ist zur Erhellung der Sache, die bildhaft zur Sprache gebracht werden soll, unverzichtbar. Eine Klärung dessen, welche traditionellen Metaphern eingesetzt werden, welche Alltagswirklichkeit die Erzählung widerspiegelt und wo diese durchbrochen wird, ist für ein angemessenes Verstehen unumgänglich. Nach Ermittlung der Pointe kann der Transfer von der Bildhälfte zur Sachhälfte erfolgen. Für die Frage, welches Thema zur Debatte steht, geben häufig Einleitungsformeln, die das Gleichnis mit der Gottesherrschaft in Beziehung setzen, einen ersten entscheidenden Hinweis. Bei der Ermittlung der Gleichnisbotschaft kann sich eine kritische Auseinandersetzung mit der Wirkungsgeschichte als hilfreich erweisen. Vor dem Hintergrund der Textautonomie lässt sich die Bedeutung eines Gleichnisses nicht auf seinen ursprünglichen Sinn im Rahmen der Verkündigung Jesu beschränken. Zur Bestimmung dessen, in welche Richtung das Gleichnis seine Rezipienten in Bewegung setzen will, ist eine textpragmatische Analyse von Nutzen, die nach der Kommunikationsabsicht des Textes und den vom Autor zum Erreichen der gewünschten Wirkung eingebauten Steuerungssignalen fragt. Die Rolle des Rezipienten bei der Sinnermittlung darf allerdings nicht in völlige Willkür beim Umgang mit dem Text umschlagen.

Einleitungsformeln der Gleichnisse geben oft einen Hinweis auf die Gottesherrschaft

■ Die Bergpredigt

Aufbau

Bei der Bergpredigt (Mt 5–7) handelt es sich um die erste der fünf großen Redekompositionen des Matthäusevangeliums. In der vorliegenden Gestalt stellt sie ein Werk des Matthäus dar. Grundlage ist die wesentlich kürzere Feldrede Jesu aus der Spruchquelle Q (Lk 6,20–49). Diese wurde von Matthäus erweitert und mit dem Motiv des Berges verbunden (Mt 5,1), der als Ort göttlicher Offenbarung besondere theologische Bedeutung besitzt und zudem die Erinnerung an den Empfang des Dekalogs auf dem Sinai wachruft. Der Aufbau der Bergpredigt ist durch eine ringförmige Komposition von geradezu architektonischer Symmetrie geprägt, die sich in mehreren Schichten um das Vaterunser als unumschränktes Zentrum lagert.

Eingeleitet wird die Bergpredigt durch die Seligpreisungen (Mt 5,3-12). Jesus knüpft dabei an eine in der Antike vor allem im weisheitlichen Denken weit verbreitete Form an, gibt ihr aber ein unverwechselbares Gepräge. Menschen, die unter materieller Not leiden und zu keiner Leistung fähig sind, werden selig gesprochen und mit der Aussicht auf eine paradoxe Umkehr ihres Geschicks am Ende der Tage getröstet. Matthäus versteht dagegen Armut und Hunger im übertragenen Sinne und sieht in den Seligpreisungen Anweisungen für christliches Handeln. Dieser ethische Anspruch wird durch die Bildworte vom Salz der Erde und Licht der Welt verstärkt (Mt 5,13-16).

Seligpreisungen

Zu den bekanntesten Worten der Bergpredigt zählen die »Antithesen« (Mt 5,21-48), in denen Jesus seine Ethik im Gegenüber zum alttestamentlichen Gesetz entwickelt. Der überschriftartig vorangestellte Abschnitt Mt 5,17-20 spiegelt in besonderer Weise das theologische Denken des Matthäus wider. Während Paulus von Christus als Ende des Gesetzes sprechen kann (Röm 10,4), empfindet Matthäus keinen Widerspruch zwischen den Forderungen der Tora und dem Gesetzesverständnis Jesu. Die antithetische Redeform »ich aber sage euch« ist auch für Rabbinen bezeugt. Anders als der Jesus der Bergpredigt grenzen diese sich damit nie von einer Vorschrift der Tora ab, sondern beziehen zu Lehrmeinungen anderer Rabbinen Stellung. Die Antithesen vom Töten, vom Ehebruch und vom Schwören sind Sondergut des Matthäus und waren wohl von Anfang an antithetisch gefasst. Die Weisungen von der Ehescheidung, der Wiedervergeltung und der Feindesliebe gehen dagegen auf die Feldrede des Lukas zurück, ohne dass sie dort bereits antithetisch zur Tora formuliert gewesen wären. Bei den Antithesen vom Töten, vom Ehebruch und von der Feindesliebe liegt eine Radikalisierung der Tora vor. Das Zürnen wird auf eine Stufe mit dem Töten gerückt, der Ehebruch in Gedanken dem tatsächlichen Ehebruch gleichgestellt und die Nächstenliebe auf die Feindesliebe hin ausgeweitet. In den Antithesen von der Ehescheidung, vom Schwören und von der Wiedervergeltung werden von der Tora bereitgehaltene Optionen außer Kraft gesetzt, ohne dass Jesus damit den Boden des Judentums verlassen hätte. Für Matthäus stellt die Befolgung der Weisungen Jesu das Tun der besseren Gerechtigkeit dar, das ein Leitgedanke der matthäischen Ethik ist. Er sieht die Antithesen nicht als Gegensatz zum Mosegesetz, sondern als dessen Erfüllung an.

»Antithesen«

Jesus verlässt mit den »Antithesen« nicht den Boden des Judentums

Der in sich geschlossene Abschnitt Mt 6,1-18 handelt von den Frömmigkeitswerken Almosen, Beten und Fasten. Die zentralen Äußerungen gelebten Glaubens werden vom Judentum übernommen, sollen aber mit einer radikal veränderten inneren Einstellung und äußeren Haltung getan werden. Diesen Gemeindekatechismus hat Matthäus wohl bereits als Einheit vorgefunden und *en bloc* in die Bergpredigt integriert. Wenn die judenchristliche Gemeinde des Matthäus sich von der verzerrt dargestellten Frömmigkeitspraxis der Pharisäer abgrenzt, indem sie diese als heuchlerisch bezeichnet, handelt es sich um innerjüdische Polemik, die allerdings in der Folgezeit eine verhängnisvolle anti-

Belehrung über Almosen, Beten und Fasten

judaistische Wirkung entfaltete. Das im Zentrum dieser Gemeindeordnung wie der gesamten Bergpredigt stehende Vaterunser berührt sich in vielfältiger Weise mit zeitgenössischen jüdischen Gebeten und bietet eine Art »Blütenlese aus dem Gebetbuch der Synagoge« (P. Lapide). Es besticht durch seine prägnante Kürze und wird zum zeitlosen Gebet der Christenheit, indem es die Grundbedürfnisse des Menschen artikuliert und in offener Form allgemeine Sehnsüchte ausspricht. Gegenüber der kürzeren Urform in Lk 11,2-4 wurde das Vater-Gebet in der matthäischen Gemeinde erweitert, womit sich ein kunstvoller Aufbau von drei Du-Bitten und drei Wir-Bitten ergibt. Durch Mt 6,14f wird die Vergebungsbitte des Vaterunsers verstärkt und als eine über die Gemeindegrenzen hinausgehende Vergebungspflicht bestimmt.

Worte vom Reichtum, Sorgen, Richten und Gebet

Mit den heute so weltfern erscheinenden Sprüchen vom Reichtum (Mt 6,19-24) und vom Sorgen (6,25-34) wandelt Jesus nicht einfach auf den ausgetretenen Pfaden antiker Weisheitslehrer und kynischer Wanderprediger, sondern verleiht traditionellen Warnungen vor einer Überbewertung irdischer Schätze und vor Sorge um alltägliche Dinge eine neue Stoßrichtung, indem er das unbedingte Vertrauen in die Fürsorge Gottes und den Bezug zur Gottesherrschaft herausstellt. In Mt 7,1-6 wird weit verbreitete Kritik am Richten aufgegriffen und zu einem radikalen Verbot zugespitzt. Neben dem Aufruf zu Feindesliebe und Gewaltverzicht hat kaum eine andere Weisung Jesu bereits im Neuen Testament selber eine vergleichbare Resonanz hervorgerufen. Für Paulus ist der Gedanke zentral, dass ein Richten über andere Menschen in unzulässiger Weise dem endzeitlichen Richterhandeln Gottes vorgreift (1Kor 4,5; Röm 2,1-3). Nach Ausführungen zur Zuversicht der Gebetserhörung (Mt 7,7-11) wird mit der Goldenen Regel (7,12) ein klassischer Grundsatz universaler Weisheit geboten, der das Liebesgebot zur Richtschnur allen Handelns erhebt. Matthäus hat sie aus ihrem ursprünglichen Kontext (vgl. Lk 6,27-35) gelöst und zur Zusammenfassung der Weisungen der Bergpredigt erhoben. Zugleich gilt ihm die Goldene Regel als Quintessenz des von Gesetz und Propheten dokumentierten Gotteswillens, wie er durch Jesus erfüllt wird. Mit den Bildworten vom engen und breiten Tor (7,13f) läutet Matthäus den Abschluss der Bergpredigt ein. In der auf die Gegenwart der Kirche gemünzten Gerichtsszene (7,15-23) werden Probleme mit Propheten im Umfeld der matthäischen Gemeinde sichtbar, die sich im Endgericht vergeblich ihrer Wundertaten rühmen. Matthäus beschließt die Bergpredigt mit einem Gerichtsgleichnis (7,24-27), das davor warnt, sein Haus auf Sand zu bauen.

> **Kaum irgendwo erscheint die Ethik Jesu derart weltfremd wie in den Sprüchen vom Sorgen**

Wörtliche Befolgung der Bergpredigt

In der bewegenden Auslegungsgeschichte der Bergpredigt geht es vor allem um die Erfüllbarkeit ihrer Weisungen. Dabei zeigt sich, dass es ganz unterschiedliche Möglichkeiten des Umgangs mit der Ethik Jesu gibt. Ein wörtliches Verständnis der Bergpredigt zieht sich wie ein roter Faden durch die Kirchengeschichte und hat nichts an Aktualität eingebüßt. Christliche Gruppierungen wie Waldenser, Quäker oder Amish People vertreten eine radikale Ethik, die unter Berufung auf die Bergpredigt den Kriegsdienst wie jede andere Form der Gewaltanwendung ablehnt, dem Gebot der Feindesliebe uneingeschränkte Gültigkeit beimisst und den Eid vor Gericht verweigert. Dabei neigt man um der Reinheit des Evangeliums willen zum Rückzug aus der Welt. Es gibt aber auch Versuche, die Bergpredigt unmittelbar auf die Gesellschaft zu beziehen und ihre Forderungen zum politischen Programm zu erheben. Beispiele dafür bieten Leo Tolstoi, Mahatma Gandhi oder Franz Alt.

Die im Mittelalter uneingeschränkt vorherrschende Auslegung der Bergpredigt war die Zweistufenethik, wie sie sich etwa bei Thomas von Aquin (1225-1274) findet. Sie unterschied zwischen Geboten, die heilsnotwendig und verpflichtend sind, und Ratschlägen, die den Menschen lediglich ungehinderter das Heil erlangen lassen. Die Forderungen der Bergpredigt werden zu den Ratschlägen gezählt und richten sich demnach nur an jene Gläubigen, die für sich den besonderen Stand der Vollkommenheit gewählt haben. Demgegenüber hat Martin Luther in Form der »Zwei-Reiche-Lehre« (der Begriff stammt nicht von Luther selbst, sondern kam erst im 20. Jh. auf) das wohl bedeutsamste Auslegungsmodell der Bergpredigt entwickelt. Die Bergpredigt spricht für Luther alle Christen in gleicher Weise verbindlich an, gilt aber in strenger Unterscheidung einer Ethik des Amtes und einer Ethik der Person nur in einem fest umrissenen Teilbereich christlichen Handelns auch tatsächlich als normative Richtschnur, während sie für das weltliche Leben keine unmittelbare Gültigkeit hat. Geht es um die eigenen Interessen als Privatperson, hat der Christ Gewaltverzicht und Feindesliebe zu üben. Als Amtsperson hingegen steht er ganz in fremden Diensten und ist zum Schutz des Nächsten nicht an die Weisungen der Bergpredigt gebunden, sondern im Gegenteil zur Gewaltanwendung bis hin zum Töten angehalten.

Zwei-Stufen-Ethik und Zwei-Reiche-Lehre

Der historische Auslegungstypus sieht in der Naherwartung Jesu den Schlüssel für das Verständnis der Bergpredigt und betrachtet sie als zeitgebundene, durch den »Ernst des Augenblicks« begründete Weisung, die mit dem Ausbleiben von Weltende und Gottesreich ihren normativen Charakter eingebüßt habe. Johannes Weiß (1863-1914) zufolge hat Jesus kein bleibendes Sittengesetz für die Christenheit aller Jahrhunderte gepredigt, sondern in Erwartung des baldigen Weltendes eine radikale Ethik entworfen, die Einlassbedingungen für das bevorstehende Gottesreich formulierte. Wie im Kriege Ausnahmegesetze in Kraft träten, die sich so im Frieden nicht durchführen ließen, so fordere auch Jesus Gewaltiges, zum Teil Übermenschliches, das unter gewöhnlichen Verhältnissen einfach unmöglich einzulösen sei. Für eine auf Dauer gegründete Gemeinschaft wie die Kirche habe die Ethik Jesu ihre absolute Verbindlichkeit verloren. Ähnlich konsequent stellte Albert Schweitzer (1875-1965) die von Jesu Naherwartung bestimmte Zeitgebundenheit der Bergpredigt heraus und prägte für sie den Begriff der Interimsethik, da sie als Ethik zwischen den Zeiten, konkret in der kurzen Spanne zwischen Erwartung und alsbaldigem Eintreffen des Gottesreiches, ihren historischen Ort habe. Entgegen einem weit verbreiteten Missverständnis wollte Schweitzer damit allerdings die Ethik Jesu nicht außer Kraft setzen, sondern hielt an ihr als verbindlicher Grundlage für sein Christentum fest.

Historischer Auslegungstypus

Albert Schweitzer sprach von der Bergpredigt als »Interimsethik«

Als besonders einflussreich für die politische Ethik hat sich das Konzept von Max Weber (1864-1920) erwiesen. Er verstand die radikalen Bergpredigtforderungen als eine von lauterer Gesinnung getragene, nicht nach den Folgen ihres Tuns fragende Ethik absoluter Gewaltlosigkeit und Wahrhaftigkeit, die für politisches Handeln gänzlich ungeeignet sei. Der vermeintlichen Gesinnungsethik der Bergpredigt stellte Weber eine Verantwortungsethik gegenüber, die nicht darum umhin komme, sich zur Durchsetzung guter Ziele auch bedenklicher Mittel zu bedienen und notfalls negative Nebenwirkungen mit in Kauf zu nehmen.

Forderungen der Bergpredigt als Gesinnungsethik

Bergpredigt als unerfüllbares Gesetz

Auch ein Verständnis der Bergpredigt als unerfüllbares Gesetz oder »Sündenspiegel« läuft auf eine massive Abschwächung ihrer Forderungen hinaus. Es ist bereits bei Luther angelegt, begegnet aber in dessen Bergpredigtauslegung nur ganz am Rande, während lutherische Theologen wie Helmut Thielicke (1908-1986) diesen Aspekt in das Zentrum der Betrachtung rücken. Die Bergpredigt wird dabei im Horizont des paulinischen Gesetzesverständnisses und der reformatorischen Entdeckung Luthers als eine Art »Zuchtmeister auf Christus« interpretiert. Wenn der Mensch bereits am alttestamentlichen Gesetz scheitere, dadurch zur Erkenntnis der Sünde wie zur Einsicht in die Erlösungsbedürftigkeit geführt und dem Evangelium in die Arme getrieben werde, gelte dies umso mehr von der Bergpredigt mit ihrer Radikalisierung der Mosetora. Die Forderungen der Bergpredigt erinnern demnach wie alle Gebote Gottes den Menschen daran, was er nach Ursprung und Bestimmung eigentlich zu sein hätte, infolge des Sündenfalls aber nicht mehr ist und dank der geschenkten Gnade Gottes erst im künftigen Äon wieder werden kann.

Bergpredigt als »Kontrastethik«

Bedenkenswert sind neuere Versuche, in einer Art modifizierter Zwei-Stufen-Ethik das reformatorische Modell mit einer wörtlichen Bergpredigtauslegung zu verbinden (U. Luz; G. Theißen). Dabei wird die Zwei-Reiche-Lehre mit ihrer Unterscheidung einer Ethik des Amtes und der Person grundsätzlich anerkannt oder in ihrer Dominanz zumindest als Realität hingenommen, ihr aber als kritisches Korrektiv eine wörtliche Befolgung der Bergpredigt zur Seite gestellt. Minderheiten oder Randgruppen mit der Bereitschaft, ihr Leben konsequent nach der Bergpredigt zu gestalten, sensibilisieren die an der Zwei-Reiche-Lehre orientierte Gesellschaft für das Gute und halten ihr einen kritischen Spiegel vor Augen. Die wörtlich verstandene Bergpredigt wird zur Kontrastethik, die jenseits aller von Sachzwängen diktierten Verantwortungsethik Visionen des Friedens entwirft und Handlungsprogramme für eine bessere Welt einklagt.

> Die Bergpredigt hält uns einen kritischen Spiegel vor Augen und sensibilisiert für das Gute

■ Taufe

Ursprünge der christlichen Taufe

Im frühen Christentum war von Anfang an mit dem Eintritt in die Gemeinde die sakramentale Handlung der Taufe verbunden. Auch wenn Berührungen mit rituellen Waschungen oder Tauchbädern aus Welt des antiken Judentums und des Hellenismus vorliegen, haben die Christen mit ihrer Taufe nicht einfach einen Ritus aus ihrer Umwelt nachgeahmt. Die Ursprünge der christlichen Taufe liegen vielmehr bei Jesus selber, der sich von Johannes taufen ließ und als dessen Schüler eine Zeit lang die Johannestaufe fortgeführt hat. Die betreffenden Nachrichten des Johannesevangeliums (Joh 3,22.26; 4,1) sind deshalb besonders glaubwürdig, weil sie der für die Evangelientradition charakteristischen Degradierung des Täufers zum Vorläufer Jesu zuwiderlaufen und der Korrektur unterzogen werden (Joh 4,2). Die Taufpraxis des Johannes ist damit die wichtigste Voraussetzung für das Aufkommen der christlichen Taufe. Wenn die christliche Taufe ein einmaliges, nicht wiederholbares Tauchbad zur Vergebung der Sünden darstellt, ist dies durch die Johannestaufe vorgezeichnet. Neu hinzu kommen bei der christlichen Taufe die Funktion als Aufnahmeritus in die Gemeinde, die Übereignung des

Täuflings an Christus und die Geistverleihung. Die Taufbefehle Jesu (Mt 28,19; Apg 1,5) sind von der Tendenz geprägt, die Taufpraxis der Gemeinde durch den auferstandenen Herrn legitimiert zu wissen.

Wenn die neutestamentlichen Autoren auf die Taufe zu sprechen kommen, bedienen sie sich häufig traditioneller Wendungen, die einen Rückschluss auf das Verständnis der Taufe im frühen Christentum erlauben. Dabei dominieren Bilder aus dem Wirtschaftsleben. Die offenkundig älteste Formel ist das Taufen »auf den Namen Jesu« (Apg 8,16; 19,5) oder verkürzt »auf Christus« (Gal 3,27; Röm 6,3). In antiken griechischen Papyri aus der Geschäftswelt begegnet die Formel »auf den Namen« (*eis to onoma*), um die Übertragung von Geld auf ein Konto festzuhalten. Die Tauformel bringt damit den Gedanken der Eigentumsübertragung und des Herrschaftswechsels zum Ausdruck. Mit der Taufe werden die Gläubigen sozusagen auf das Konto Jesu Christi gebucht. In der Tauftradition Gal 3,27 wird die Taufe auf Christus bildhaft als ein »Anziehen Christi« qualifiziert, um den engen Christusbezug der Taufe zu veranschaulichen. Das hellenistische Christentum deutete die Taufe unter Einfluss von Mysterienvorstellungen als Teilhabe am Todes- und Auferstehungsgeschick Christi (Kol 2,12f; vgl. Röm 6,3f). Die mit der Taufe verbundene Geistverleihung wird durch Bilder wie »Wiedergeburt« (Joh 3,5; Tit 3,5), »Versiegelung« (2Kor 1,22; Eph 1,13; 4,30) und »Angeld« (2Kor 1,22; 5,5) in ihrer tieferen Bedeutung erschlossen. Das Bild der Wiedergeburt bringt zum Ausdruck, dass mit der Taufe ein neues Leben beginnt. Das Siegel (*sphragis*) diente in der hellenistischen Welt in erster Linie der Kennzeichnung des Eigentums. Die durch die Taufe Versiegelten werden im Endgericht von Gott als sein Eigentum erkannt und bleiben verschont (Offb 7,1-8). Der Begriff Angeld oder Unterpfand (*arrabōn*) stammt aus dem Wirtschaftsleben. Es handelt sich um eine Werthinterlegung, die den Geschäftsvertrag trotz der noch ausstehenden vollständigen Zahlung rechtsverbindlich werden lässt. Wenn von Gott mit der Taufe der Geist als Angeld gegeben wird, erwirbt man eine Art Anwartschaft auf die endzeitliche Rettung.

Die Taufe wurde unter Anrufung des Namens Jesu (Apg 22,16) als Tauchbad vollzogen, bei dem Täufer und Täufling gemeinsam in das Wasser stiegen (Apg 8,36-39). Durch Handauflegung wurde die Übermittlung des Geistes versinnbildlicht (Apg 8,17). Die Didache, eine Kirchenordnung aus der Zeit um 100 n. Chr., gibt Anweisungen für den Taufvollzug in wasserarmen Regionen. Wenn keine Untertauchtaufe in einem fließenden oder stehenden Gewässer möglich war, konnte die Taufe durch dreimaliges Übergießen des Kopfes mit Wasser gespendet werden (Did 7,1-3). Vorgeschaltet waren eine umfassende ethische Unterweisung des Taufbewerbers in der Zwei-Wege-Lehre (Did 1-6) sowie ein gemeinsames Fasten mit dem Täufer. Spätestens im 2. Jh. n. Chr. wurde das Verständnis der Taufe als Versiegelung durch eine Salbung des Täuflings mit Öl zum Ausdruck gebracht, wie es der Hirt des Hermas und die Thomasakten bezeugen.

Paulus teilt die traditionelle Vorstellung, dass mit der Taufe die Abwaschung der Sünden und die Verleihung des Geistes verbunden sind (1Kor 6,11). Die Taufe ist der Ort, wo das in Christus geschenkte Heil den Gläubigen zugeeignet wird. In besonderer Weise betont Paulus die Bedeutung der Taufe als Initiationsritus, der die Eingliederung in den kirchlichen Christusleib bewirkt (1Kor 12,13), wo kraft der Taufe alle ethnischen, sozialen und geschlechtlichen Unterschiede aufgehoben sind (Gal 3,28). Paulus selbst hat etliche Gläubige getauft, ohne darin seine Hauptaufgabe zu sehen (1Kor 1,14-17). In Auseinandersetzung mit den »Starken« in Korinth stellt er heraus, dass die in der Taufe geschenkten Heilsgaben der ethischen Bewährung bedürfen und der Empfang der Sakramente bei Fehlverhalten nicht vor dem Gericht schützt (1Kor 10,1-13). An der im hellenistischen Christentum unter Mysterieneinfluss entwickelten Vorstellung, dass die Taufe Teilhabe am Tod und an der Auferstehung Christi bietet (Kol 2,12f), nimmt Paulus eine entscheidende Korrektur vor, indem er mit futurischen Formulierungen auf die noch ausstehende Auferstehungswirklichkeit verweist und damit ein enthusiastisches Heilsverständnis korrigiert (Röm 6,3-8). An dem magischen Ritus in Korinth, dass Gemeindemitglieder sich stellvertretend für verstorbene Familienangehörige taufen lassen, um diese noch in den Genuss ewigen Lebens zu bringen (1Kor 15,29), übt er allerdings merkwürdigerweise keine Kritik.

Wassertaufe und »Geisttaufe« in der Apostelgeschichte

Aus der Apostelgeschichte geht hervor, dass die Taufe von Anfang mit großer Selbstverständlichkeit konstitutiver Aufnahmeritus beim Eintritt in die Kirche war, und zwar unabhängig davon, ob sich Juden oder Heiden zum Christentum bekehrten. Taufe und Geistempfang fallen dabei allerdings oft auseinander. Philippus tauft in Samaria »auf den Namen des Herrn Jesus«, doch der Geistempfang erfolgt erst im Nachhinein durch Handauflegung der Jerusalemer Autoritäten Petrus und Johannes (Apg 8,12-17). Bei der Taufe des Kämmerers (8,36-39) ist von Geistempfang überhaupt keine Rede. Kornelius und sein Haus besitzen dagegen bereits vor der Taufe den Geist (10,44-48). Apollos kann »flammend im Geiste« reden (18,25), obwohl er bis dahin lediglich die Johannestaufe empfangen hat, die gerade keine Geistübereignung einschließt (19,1-7). Karl Barth und Markus Barth wollten vor diesem Hintergrund theologisch zwischen Geisttaufe und Wassertaufe unterscheiden. Die »Geisttaufe« (keine wirkliche Taufe, sondern in übertragener Bedeutung die Geistverleihung durch Gott) sei als ein dem Menschen unverfügbarer Akt streng von der Wassertaufe zu trennen, in der es lediglich um bittende oder dankende Bestätigung der »Geisttaufe« gehe. Bei der Wassertaufe handele es sich folglich nicht um ein Sakrament, sondern um die Antwort des Menschen auf das Gnadenhandeln Gottes. Derartige Schlussfolgerungen aus der Apostelgeschichte verbieten sich, da die Trennung von Taufe und Geistempfang ein Konstrukt des Lukas darstellt, mit dem er bestimmte Absichten in seiner Geschichtsdarstellung verfolgt, nicht zuletzt die Bindung des Geistes an die Autoritäten der Urgemeinde.

> **Die Taufe ist ungleich mehr als nur die Antwort des Menschen auf die Gnade Gottes**

Das Problem der Säuglingstaufe

Die Diskussion um das Alter der Säuglingstaufe ist durch die völlig gegensätzlichen Positionen von Joachim Jeremias und Kurt Aland geprägt. Zweifelsfrei bezeugt ist die Säuglingstaufe erstmals um 200 n. Chr. bei Tertullian, der sie ablehnt (Tert., *bapt.* 18,3-6). Aland vertritt daher die Auffassung, dass die Säuglingstaufe eine Neuentwicklung des späten 2. Jh. n. Chr. darstellt. Jeremias will dagegen plausibel machen, dass Kinder aus nichtchristlichen Familien von Anfang an beim Übertritt der Eltern zum Christentum mitgetauft wurden und in christliche Familien hineingeborene Kinder ab der Zeit um 60 n. Chr. im Säuglingsalter das Taufsakrament empfingen. Für ersteres beruft er sich auf formelhafte Wendungen, in denen von der Taufe ganzer Häuser beim Übertritt des Hausvorstands zum Christentum die Rede ist (Apg 11,14; 16,15.33; 18,8; 1Kor 1,16), und schließt daraus, dass Kinder mit eingeschlossen seien. Dies lässt sich allerdings nicht beweisen, da es sich bei den mitgetauften Personen um erwachsene Familienangehörige und Sklaven gehandelt haben dürfte. Die baldige Taufe von Kindern, die bei Geburt mindestens einen christlichen Elternteil aufwiesen, leitet Jeremias aus der vormarkinischen Gemeindeordnung Mk 10,1-27 ab, in der Fragen von Ehe, Kindertaufe und Besitz geregelt würden. Ein Bezug von Mk 10,13-16 zur Kindertaufe ist allerdings nicht nachweisbar. Von Taufe ist dort keine Rede und in der jetzigen Gestalt handelt der Text nicht von Kindern, sondern von Erwachsenen, die wie Kinder werden sollen. Nicht zuletzt die Didache mit ihren Anweisungen zur Taufbelehrung, zum vorbereitenden Fasten des Taufbewerbers und zur Untertauchtaufe in fließenden Gewässern zeigen deutlich, dass in den ersten beiden Jahrhunderten der Kirche die Erwachsenentaufe die Regeltaufe war. Allerdings lässt sich mit August Strobel in Erwägung ziehen, dass ältere Kinder, die über intellektuelle Aufnahmefähigkeit verfügten, in neutestamentlicher Zeit getauft wurden. Er beruft sich auf die Haustafeln, die der ethischen Unterweisung taufwilliger Personen gedient haben könnten und in denen auch Kinder angesprochen werden (Eph 6,1-3; Kol 3,20).

■ Abendmahl

Die frühchristlichen Quellen verwenden für das sakramentale Mahl der Gemeinde unterschiedlichste Bezeichnungen, die jeweils einen bestimmten Aspekt des Mahlgeschehens in den Vordergrund rücken. In den paulinischen Gemeinden wurde vom »Herrenmahl« (*kyriakon deipnon*) gesprochen (1Kor 11,20). Darin kommt zum Ausdruck, dass es sich um ein abendliches Mahl (*deipnon*) mit dem Herrn Jesus Christus als Urheber und ideellem Gastgeber handelt, an dessen Tisch man saß (10,21). Der in der protestantischen Tradition verwendete Begriff »Abendmahl« hat keinen direkten Anhalt an den frühchristlichen Quellen. Er geht darauf zurück, dass Jesu Abschiedsmahl nach Sonnenuntergang stattfand. Die in der römisch-katholischen Tradition übliche Bezeichnung »Eucharistie« (Danksagung), die an die während des Mahls rezitierten Dankgebete anknüpft, findet sich erstmals in der Didache und bei Ignatius von Antiochia. Als »Brotbrechen« wird das sakramentale Mahl der Gemeinde von Lukas (Apg 2,42; 20.7.11), der Didache (Did 14,1) und Ignatius (Ign., *Eph.* 20,2) bezeichnet. Das Brechen des Brotes ist der Eröffnungsritus einer jeden jüdischen Mahlzeit, wie es sich im Neuen Testament nicht nur in den Berichten von Jesu letztem Mahl, sondern auch in den Erzählungen von der wunderbaren Speisung (Mk 6,41; 8,6) und in der Emmausgeschichte (Lk 24,30) widerspiegelt. Der im Judasbrief (Jud 12) und erneut auch bei Ignatius belegte Begriff »Agape« (Liebesmahl) hebt den Liebesgedanken der im frühen Christentum mit einem Sättigungsmahl verbundenen sakramentalen Mahlfeier hervor.

Die Mahlpraxis des frühen Christentums ist durch eine große Vielfalt geprägt, wobei keineswegs alle Formen der sakramentalen Mahlfeier an das Abschiedsmahl Jesu anknüpfen. Neben dem Herrenmahl paulinisch-synoptischer Prägung zeichnen sich mit dem Kultmahl der johanneischen Gemeinden und der Eucharistie der Didache zwei weitere eigenständige Mahltypen ab. Zur Begehung eines sakramentalen Mahls bedurfte es nicht zwingend des Anstoßes einer auf Jesus zurückgeführten Anordnung. Sowohl im antiken Judentum als auch in der griechisch-römischen Welt war die Praxis eines Mahls als Zentrum des Gemeinschaftslebens weit verbreitet und drängte sich somit auch für die christlichen Gemeinden automatisch auf. Die unterschiedlichen Typen der christlichen Mahlfeier sind schöpferische Neuentwürfe, berühren sich aber in vielerlei Hinsicht mit geselligen oder kultischen Mählern aus der Umwelt. Aus dem Bereich des Judentums sind die Gemeinschaftsmähler der Essener, der Qumrangemeinde und der Therapeuten sowie das von dem Bekehrungsroman »Josef und Aseneth« widergespiegelte Kultmahl die wichtigsten Analogien, während das Passahmahl lediglich auf die liturgische Praxis der lukanischen Gemeinden erkennbar Einfluss genommen hat. In der griechisch-römischen Welt bieten Opfermähler, Totengedächtnismahlzeiten, Vereinsmähler und Mähler in den Mysterienkulten Parallelen zu einzelnen Aspekten der christlichen Kultmahlzeiten.

Das Herrenmahl in den paulinischen Gemeinden

In den paulinischen Gemeinden wurde das Herrenmahl nach Muster des 1Kor 11,23b-25 rezitierten Einsetzungsberichtes gefeiert. Dieser identifiziert das Brot mit dem »für uns« dahingegebenen Leib Christi, während der Kelch auf den durch Christi Blut besiegelten neuen Bund gedeutet wird. Die Wendung »nach dem Essen« (11,25) zeigt, dass in die symbolische Kulthandlung ein Sättigungsmahl eingebettet war. Dazu steuerten alle nach Art eines »Potluck Dinner« etwas bei. Die wenigen wohlhabenden Gemeindemitglieder brachten reichlichere Vorräte mit, damit auch die Armen daran teilhaben konnten. Der zweimalige Befehl »Dies tut zu meinem Gedächtnis (*eis tēn emēn anamnēsin*)« macht die Abendmahlsworte Jesu zu einer auf Wiederholung angelegten Kulthandlung und ruft die Erinnerung an griechische Totengedächtnismahlzeiten wach. Diese beruhten auf testamentarischen Stiftungen von Personen, die über ihren Tod hinaus in freudiger Erinnerung bleiben wollten. Einmal im Jahr, in der Regel am Geburtstag des Verstorbenen, wurde zu dessen Gedächtnis (*eis mnēmēn* o.ä.) aus dem Stiftungsvermögen eine gesellige Mahlzeit ausgerichtet. Im paulinischen Herrenmahlsbericht erfüllt der Gedächtnisbefehl die Funktion, die Rückbindung der Mahlfeier an den Kreuzestod als ihrem geschichtlichen Ursprung betont in den Vordergrund zu stellen. Paulus verstärkt diesen Aspekt. Die Begehung des Herrenmahls hat die Funktion, den Tod des Herrn bis zu dessen Wiederkehr zu verkünden. In Abgrenzung gegen eine enthusiastische Sakramentsgläubigkeit in Korinth, die mit dem Genuss von Brot und Wein bereits eine uneingeschränkte Teilhabe am zukünftigen Heil verbunden sieht, rückt Paulus das Herrenmahl in den Schatten des Kreuzes und des mit der Parusie verbundenen Gerichts.

> Das paulinische Herrenmahl weist Parallelen zum antiken Totengedächtnismahl auf

Abendmahlsliturgie in den Gemeinden der Synoptiker

Auch die Abendmahlsberichte der synoptischen Evangelien spiegeln als liturgische Traditionen die Mahlpraxis der Gemeinden wider. Bei Markus lautet das Brotwort »Das ist mein Leib«, während der Kelchinhalt unter Einfluss von Ex 24,8 mit dem Bundesblut Jesu gleichgesetzt wird, das für viele vergossen wurde (Mk 14,22-25). Matthäus folgt weitgehend dem Bericht des Markus, betont aber mit der Einfügung der Sündenvergebung in das Kelchwort, dass die Gemeinde im Abendmahl Anteil an der Sünden vergebenden Heilskraft des Todes Jesu gewinnt (Mt 26,26-29). Lukas verfügt für das Abschiedsmahl Jesu über eine mit 1Kor 11,23b-25 verwandte Tradition, die er mit dem Bericht des Markus zu einer Einheit verschmilzt, um dabei den Passahcharakter des Geschehens schärfer zu profilieren (Lk 22,15-20). Anders als in den Parallelberichten wird das Brotwort von zwei Kelchworten gerahmt. Mit dem ersten Becher ist eine Verzichtserklärung Jesu verbunden, die einen Ausblick auf das Heilsmahl in der zukünftigen Welt beinhaltet. Das Brot wird nicht, wie beim Passah üblich, zu dem Exodusgeschehen in Beziehung gesetzt, sondern auf den am Kreuz dahingegebenen Leib Jesu gedeutet. Der zweite Becher ist auf den von Jeremia verheißenen neuen Bund bezogen, der durch das für die Menschen vergossene Blut Jesu in Kraft gesetzt wird. Der Wiederholungsbefehl mit Gedächtnismotiv ordnet den regelmäßigen Nachvollzug des Abschiedsmahls Jesu im Gottesdienst der Gemeinde an.

Das Johannesevangelium führt das in der Gemeinde gefeierte Kultmahl nicht auf eine Einsetzung Jesu am Vorabend seines Todes zurück, sondern sieht es in der wunderbaren Speisung am See Genessaret verankert. Die Abendmahlsworte finden sich nicht im Kontext des Abschiedsmahls Jesu (13,1-20), sondern markieren den Höhepunkt der Brotrede (6,51-58). Die Mahlelemente gelten als Fleisch und Blut Jesu. Mit der Bezeichnung der eucharistischen Speise als Brot des Lebens greift Johannes einen Begriff auf, der aus dem hellenistisch-jüdischen Bekehrungsroman »Josef und Aseneth« bekannt ist. Während dort das Manna das Brot des Lebens ist, stellt in Joh 6,58 die das Fleisch Jesu repräsentierende eucharistische Speise in antithetischer Überbietung des Mannas das wirkliche Lebensbrot dar. Entscheidende Heilsgaben der Eucharistie sind ewiges Leben und die intensive Bindung an Christus, die mit einer Immanenzformel umschrieben wird (6,56). In unmittelbare Nähe zur johanneischen Eucharistie gehört das von Ignatius beschriebene sakramentale Mahl, das als »Arznei der Unsterblichkeit« gilt (Ign., *Eph.* 20,2) und bei dem das eucharistische Brot ebenfalls als Fleisch (und nicht als Leib) Jesu bezeichnet wird.

Das Kultmahl der johanneischen Gemeinden

Für Ignatius von Antiochia ist die Eucharistie eine »Arznei der Unsterblichkeit«

In der um 100 n. Chr. vermutlich in Syrien entstandenen Didache finden sich detaillierte Anweisungen zur Gestaltung einer Eucharistie (Did 9,1-10,8; 14,1-3), die sich noch deutlicher vom Herrenmahl paulinisch-synoptischer Prägung unterscheidet. Es handelt sich um ein sonntäglich begangenes Kultmahl mit Sättigungscharakter, an dem nur Getaufte teilnehmen dürfen. Brot und Wein gelten in den Mahlgebeten der Didache als Träger des Geistes (vgl. 1Kor 10,3f), nicht aber als Leib oder Blut Christi. Statt von einer Realpräsenz kann man von einer »Kausalpräsenz« Jesu sprechen, der als Gottesknecht die pneumatische Speise und den pneumatischen Trank offenbar gemacht hat. Von einem Einsetzungsbericht nach synoptisch-paulinischem Muster findet sich in der Didache keine Spur. Allerdings interpretiert man Did 9,1-10,8 immer wieder dahingehend, dass hier die Gebete für ein »profanes« Liebesmahl mitgeteilt würden, an das sich stillschweigend ein von der Didache nicht erwähntes Kultmahl paulinisch-synoptischer Prägung angeschlossen habe. Diese Annahme hat wenig für sich. Die Eucharistie der Didache ist trotz ihres Sättigungscharakters ein vollwertiges sakramentales Mahl, dessen Elemente als stoffliche Träger des Heiligen Geistes ewiges Leben spenden (10,3). Eine Kirchenordnung wie die Didache, die bis in die Details alle wichtigen Dinge des Gemeindelebens regelt, hätte auch den normativen Wortlaut des Einsetzungsberichtes rezitiert, wenn dieser in der liturgischen Praxis tatsächlich eine Rolle gespielt hätte. Die Gemeinden der Didache feierten ein Kultmahl, das sich weder auf eine Stiftung des Herrn am Vorabend seines Todes zurückführt noch dessen Präsenz in Brot und Wein voraussetzt.

Die Eucharistie der Didache

■ Konzeptionen der Christologie

Systematische Reflexion über die Bedeutung Jesu

Christologie ist die Lehre von Jesus Christus und seiner Heilsbedeutung. Unter dem Eindruck des Osterglaubens setzte im frühen Christentum die systematische Reflexion über die Person Jesu im Horizont der alttestamentlich-jüdischen Tradition und religiöser Vorstellungen aus der hellenistischen Umwelt ein. In Bekenntnisformeln, Hymnen und Lehraussagen entwickelte sich eine komplexe und vielgestaltige Christologie, die durch die Übernahme von Hoheitstiteln und Würdeprädikaten aus unterschiedlichen Kontexten die Bedeutung Jesu zu erfassen sucht. Die Christologie ist dabei eng mit der Soteriologie (Erlösungslehre) verbunden. Als besonders bedeutsam erweisen sich die Verehrung Jesu als Gesalbter Gottes (Messias, Christus) mit Neuinterpretation alttestamentlicher Messiasvorstellungen im Lichte des Kreuzestodes, die Akklamation Jesu als Kyrios (Herr), die Betrachtung der Sendung Jesu vor dem Hintergrund von Jes 53 und die Vorstellung von der Präexistenz des Gottessohnes. Für Hoheitstitel wie Christus, Sohn Gottes, Davidssohn oder Menschensohn ist umstritten, inwieweit sie bereits den Anspruch des geschichtlichen Jesus widerspiegeln oder reine Entfaltungen des Osterglaubens darstellen. Mit dem Vollmachtsbewusstsein, durch sein Wirken die neue Welt Gottes herbeizuführen, sah Jesus sich in engster Nähe zu Gott und erweckte messianische Erwartungen. Daher wird man sagen können, dass die nachösterliche christologische Traditionsbildung nicht in völliger Diskontinuität zum Selbstverständnis des geschichtlichen Jesus steht, wie es oftmals behauptet wurde, sondern zumindest ein Stück weit von ihm in Gang gesetzt wurde.

> Die nachösterliche Christologie wurde ein Stück weit vom Vollmachtsbewusstsein Jesu evoziert

Drei-Stufen-Christologie

Ausgangspunkt der Christologie ist die durch die Ostererfahrung gewonnene Einsicht, dass Gott den gekreuzigten Jesus von den Toten auferweckt und zu seiner Rechten erhöht hat. Die früh im Licht von Ps 110,1 betrachtete Erhöhung beinhaltet die Einsetzung in eine einzigartige Herrschaftsstellung. Dem zur Rechten Gottes sitzenden Jesus Christus sind alle kosmischen Gewalten unterworfen. Der an das Kreuz führende Erdenweg Jesu einerseits, die Auferweckung und Erhöhung andererseits wurden im Rahmen einer Zwei-Stufen-Christologie als die beiden entscheidenden Etappen des Christusgeschehens in den Blick genommen, wie es sich in der alten Bekenntnisformel Röm 1,3f und dem Markusevangelium widerspiegelt. Mit früh einsetzenden Reflexionen über die Präexistenz Jesu Christi wurde im hellenistischen Judenchristentum der Zwei-Stufen-Christologie bald eine weitere Stufe vorgeschaltet. Zentrale Zeugnisse dafür sind Christushymnen oder christologische Bekenntnisformeln, in denen von der Seinsweise Jesu Christi vor seiner Menschwerdung (Phil 2,6; Hebr 1,3) und einer Beteiligung des präexistenten Gottessohnes an der Erschaffung der Welt die Rede ist (Joh 1,1-3; Kol 1,15-17; 1Kor 8,6). Die Vorstellung von der Präexistenz und Schöpfungsmittlerschaft Jesu entwickelte sich unter Rezeption hellenistisch-jüdischer Weisheitsspekulation. In den Sprüchen Salomos begegnet die Weisheit als präexistente Größe, die schon vor allen Schöpfungswerken da war und Gott bei der Schöpfung als geliebtes Kind zur Seite stand (Spr 8,22-31).

Vielfalt christologischer Entwürfe

Im Neuen Testament begegnet eine Vielzahl christologischer Entwürfe. Die Evangelien setzen unterschiedliche Schwerpunkte. Markus stellt die mit der Taufe einsetzende und in der Kreuzigung gipfelnde Offenbarung Jesu als Gottessohn in den Mittelpunkt seiner Christologie. Die Evangelien des Matthäus und Lukas veranschaulichen die Bedeutung Jesu Christi mit der sonst im Neuen Testament nicht belegten Glaubensaussage von der Jungfrauengeburt. Von Matthäus wird Jesus zudem bevorzugt als Davidssohn bezeichnet, in dem die alttestamentliche Hoffnung auf einen Messias aus dem Stamme Davids ihre Erfüllung findet. Lukas hingegen hebt betont die Bedeutung Jesu als Heiland (*sōtēr*) und Endzeitprophet hervor (2,11; 24,19). Johannes stellt Jesus als inkarnierten Logos und göttlichen Offenbarer in den Mittelpunkt, während nicht zuletzt im Passionsbericht die zutiefst menschlichen Züge Jesu als leidender Gerechter in den Hintergrund treten. Paulus greift die Drei-Stufen-Christologie der Christushymnen auf (Phil 2,6-11), rückt dabei allerdings den Kreuzestod gezielt in das Zentrum seines theologischen Denkens. Eigene christologische Akzente setzt der Verfasser des Hebräerbriefes mit seiner Konzeption von Christus als himmlischem Hohepriester, der mit seiner Selbsthingabe am Kreuz den alttestamentlichen Opferkult überbietet und zur Vollendung bringt.

Nur in Ansätzen reflektiert das Neue Testament darüber, wie die enge Zusammengehörigkeit von Vater, Sohn und Geist zu denken ist. Diese Frage wurde im 4. Jh. n. Chr. im Zuge des Arianischen Streites entschieden. Wichtige Impulse für eine Klärung der Beziehung Jesu zu Gott kommen von den neutestamentlichen Christushymnen, in denen vom präexistenten Jesus als Wesen in göttlicher Gestalt (*en morphē theou* Phil 2,6), Ebenbild des unsichtbaren Gottes (*eikōn tou theou tou aoratou* Kol 1,15) und Abglanz von Gottes Herrlichkeit und Ebenbild seines Wesens (*apaugasma tēs doxēs kai charaktēr tēs hyostaseōs autou* Hebr 1,3) die Rede ist. Arius, ein Presbyter aus Alexandria, hatte eine Gleichheit Christi mit Gott zurückgewiesen und den Sohn Gottes als oberstes Geschöpf bezeichnet, das nicht von Ewigkeit an da war und daher Gott nur ähnlich (*homoios*) sei. Jesus Christus drohte damit in seiner Bedeutung auf ein sittliches Vorbild reduziert zu werden. Demgegenüber wurde 325 n. Chr. auf dem Konzil von Nizäa ein Bekenntnis verabschiedet, das die volle Göttlichkeit Jesu proklamiert und die Weseneinheit von Vater und Sohn zum verbindlichen Glaubensgegenstand erhebt. Jesus ist »wahrer Gott vom wahren Gott, gezeugt, nicht geschaffen, wesensgleich (*homoousios*) mit dem Vater«. Mit der auf dem Konzil von Konstantinopel 381 n. Chr. vorgenommenen Präzisierung »ein Wesen – drei Gestalten« (*mia ousia – treis hypostaseis*) war geklärt, dass Jesus Christus die zweite Person der einen ungeteilten Gottheit darstellt, ohne mit Gottvater identisch zu sein. Umso dringlicher stellte sich nun die Frage, wie sich das Göttliche und das Menschliche in Jesus zueinander verhalten. Auf der Grundlage des Nizänums entbrannte im 5. Jh. ein Streit zwischen Monophysiten, welche die göttliche Natur Jesu Christi absolut setzten, und Dyophysiten, die neben dieser göttlichen Seite auch noch eine menschliche Seite in Christus annahmen. Das Konzil von Chalkedon verabschiedete 451 n. Chr. ein Bekenntnis, das sich um einen Mittelweg zwischen beiden Positionen bemüht, indem es einerseits eine christologische Zwei-Naturen-Lehre vertritt, andererseits mit der Bekräftigung des Glaubens an Maria als Gottesgebärerin und der Betonung der Einheit der Person Jesu Christi entscheidende Anliegen des Monophysitismus aufnimmt. Von den Monophysiten wurde das Bekenntnis von Chalkedon allerdings als Niederlage empfunden und abgelehnt.

> Wesensverwandtschaft von Vater und Sohn

> Das Bekenntnis von Nizäa proklamiert die volle Göttlichkeit Jesu

■ Deutungen des Todes Jesu

Vielfalt an Deutungsmustern

Die Frage nach der Bedeutung des Todes Jesu zieht sich wie ein roter Faden durch das Neue Testament und stellt dessen thematische Mitte dar. Die Vielgestaltigkeit der Deutungen des Todes Jesu lässt sich kaum auf einen Nenner bringen. Der Tod Jesu wird in eine Reihe mit dem Schicksal des leidenden Gerechten aus Psalm 22 (Mk 15,24) und dem gewaltsamen Ende der Propheten in Israel (Apg 7,52) gerückt. Im Rahmen eines kausalen Deutungsmusters stellt der Kreuzestod Jesu die Vorbedingung des heilvollen Ostergeschehens dar, indem die Dahingabe Jesu in enger Verflechtung mit seiner nachfolgenden Auferweckung von den Toten als heilsgeschichtlich notwendige Anordnung Gottes betrachtet wird (Mk 8,31; 9,31). An anderen Stellen des Neuen Testaments, die den scharfen Kontrast zwischen der Verwerfung Jesu durch die Menschen und dem gänzlich entgegengesetzten Urteil Gottes betonen, dient das Kreuz als dunkles Gegenbild zur Auferweckung und Erhöhung Jesu (Apg 4,10; 5,30f; 10,39f). Wo dem Tod Jesu eine eigenständige Heilsbedeutung beigemessen wird, wird diese vor allem als Sterben für andere, Sühne, Opfer und Loskauf gedanklich entfaltet.

Jesu Sterben für andere

Die in den neutestamentlichen Schriften am meisten verbreitete Deutung des Todes Jesu ist die des Sterbens für andere. Maßgeblicher Bezugspunkt dafür ist einerseits das hellenistische Ideal des Sterbens für Freunde, Nahestehende oder das Gemeinwesen, um anderen Menschen den Tod zu ersparen oder Unheil von ihnen abzuwenden, andererseits die Tradition vom Gottesknecht aus Deuterojesaja, der unter Hingabe seines Lebens die Verpflichtung der Schuldigen zur Schuldtilgung (hebr. *ascham*) auf sich genommen hat (Jes 53,4.12). Das frühe Christentum hat das Wirken Jesu gezielt im Licht von Jes 53 betrachtet (Mt 8,17; Apg 8,32-35). Der Tod Jesu »für uns« (Röm 5,8), »für viele« (Mk 14,24), »für das Volk« (Joh 11,52), »für die Freunde« (Joh 15,13) oder »für alle« (2Kor 5,14) beinhaltet die Hingabe seines eigenen Lebens, damit andere Menschen ihr Leben behalten können. Das »für« umfasst dabei im Sinne von »anstelle« das Motiv der Stellvertretung, es schwingt aber auch der Gedanke des »zugunsten von« mit. Die Vorstellung kultischer Sühne ist den Aussagen vom Sterben Jesu für andere ursprünglich fremd. Allerdings konnten sie später um Sühne- und Opfergedanken erweitert werden (Eph 5,2).

> Im Hellenismus gab es das Ideal des Sterbens für die Freunde oder das Gemeinwesen

Sühnetod

In Röm 3,21-26 wird der Tod Jesu vor dem Hintergrund des Jom-Kippur-Rituals in Sühnekategorien gedeutet. Das von deutschen Bibeln meist mit »Sühne« oder »Sühnemittel« wiedergegebene Wort *hilasterion* aus Röm 3,25 bezeichnet in der Septuaginta den Deckel der Bundeslade (hebr. *kapporeth*), die sich im Tempel Salomos im Allerheiligsten befand und als Thronsitz Jahwes galt. Deshalb findet sich in älteren Lutherbibeln für *hilasterion* die Übersetzung »Gnadenstuhl«. Der erste Teil des Jom-Kippur-Rituals diente der Reinigung des Tempels von allen Sünden, die dort im Verlauf des Jahres durch den Klerus und die Kultgemeinde begangen worden waren. Dazu sprengte der Hohepriester das Blut eines Stieres für die Verfehlungen der Priester und das Blut eines Ziegenbocks für die Verfehlungen des Volkes auf den Deckel der Bundeslade. Vor diesem Hintergrund wird der Kreuzestod Jesu auf Golgotha in Röm 3,25 in tempelkritischer Akzentuierung als kultische Sühne verstanden. Dabei schwingt der Gedanke mit, dass die durch Jesus gewirkte Sühne das alttestamentliche Sühneritual, das alljährlich wiederholt werden musste und auf Israel beschränkt war, überbietet. Dieser Aspekt wird dann vom Verfasser des Hebräerbriefes breit entfaltet. Er stellt die kultische Komponente des Todes Jesu in den absoluten Mittelpunkt und betrachtet Jesus als wahren Hohepriester, der durch seine einmalige Selbstdarbringung das bewirkt hat, was die Riten am Jerusalemer Tempel nicht leisten konnten, nämlich die ewige Erlösung der gesamten Menschheit (Hebr 9,11-17).

Opfertod

Während in Röm 3,25 und im Hebräerbrief der Tod Jesu vor dem Hintergrund kultischer Sühneriten gedeutet wird, die von der Vorstellung der reinigenden Wirkung des Blutes geprägt sind, sprechen andere Stellen des Neuen Testaments vom Tod Jesu als Opferdarbringung nach Vorbild der alttestamentlichen Brandopfer. Nach Eph 5,2 hat Christus sich in seiner Liebe für uns hingegeben als »Gabe und Opfer zu herrlichem Wohlgeruch«. Das johanneische Motiv von Jesus als Lamm Gottes, das die Sünde der Welt trägt (Joh 1,29), und die Aussage des ersten Petrusbriefs, dass die Gläubigen mit dem teuren Blut Christi als eines unschuldigen und unbefleckten Lammes erlöst sind (1Petr 1,18f), spielt vermutlich auf das Tamid (Brandopfer) im Tempel an, bei dem die Priester Tag für Tag vormittags und nachmittags ein einjähriges Lamm opferten (Ex 29,38). Die stereotype Bezeichnung Christi als Lamm (*arnion*, eigentlich »Widder«) in der Johannesoffenbarung (u.a. Offb 5,6-13) dürfte auf alttestamentliche Schuldopfer (Lev 5,15-19; Num 5,5-8) Bezug nehmen. Auch die Betrachtung Christi als Passahlamm (1Kor 5,7) hat kultische Implikationen, da sich das Schlachten der Passahlämmer im Tempel vollzog. Allerdings verbanden sich damit im antiken Judentum keine Opfer- oder Sühnevorstellungen. Der Parallelisierung der Kreuzigung Jesu mit dem Schlachten des Passahlamms liegt als Vergleichspunkt offenkundig die Freude über das durch den Tod Jesu wie den Auszug aus Ägypten erfahrene Heilshandeln Gottes zugrunde.

Ist der Gedanke vom Sühnopfer Jesu nur »primitive Mythologie«?

Loskauf

An einer Reihe von neutestamentlichen Stellen ist vom Tod Jesu als Freikauf oder Loskauf die Rede (u.a. Gal 3,13; 2Petr 2,1). Im Hintergrund steht die antike Praxis des Freikaufs von Menschen aus der Sklaverei oder Kriegsgefangenschaft. Jesu am Kreuz dahingegebenes Leben gilt als der Kaufpreis (1Kor 7,22) oder das Lösegeld (Mk 10,45; 1Tim 2,6), mit dem die Menschen vom Fluch des Gesetzes und der Macht des Todes freigekauft wurden. Mit dem Loskaufgedanken wird ein in der Antike allgemein bekannter Vorgang aufgegriffen, um die Heilsbedeutung des Todes Jesu als Befreiung von den versklavenden Mächten des bisherigen Lebens und als Herrschaftswechsel zu veranschaulichen. Die Vorstellung des Loskaufs kann sich mit Sühnevorstellungen vermischen (1Petr 1,18f).

Kritik an der Sühnetodvorstellung

Ein theologisch sachgemäßes Reden vom heilvollen Kreuzestod Jesu stellt eine anspruchsvolle Aufgabe und erhebliche Herausforderung dar. Die Vorstellung, dass ein Sterben Jesu »für uns« heilsnotwendig war, stößt auch innerhalb der Theologie auf Unverständnis und Ablehnung. Rudolf Bultmann bezeichnete die Lehre, dass ein Mensch gewordenes Gotteswesen durch sein Blut die Sünden der Menschen sühnt, als »primitive Mythologie« und sah sie von der überholten Überzeugung geprägt, dass man Gottes Handeln durch kultische Akte beeinflussen kann. Von radikalen Strömungen der feministischen Theologie wurde die Vorstellung vom heilvollen Kreuzestod auf das vermeintlich blutrünstige Denken von Männern zurückgeführt. In jüngerer Vergangenheit hat die Debatte an Fahrt aufgenommen und es mehren sich die Stimmen, die vor dem Hintergrund der Botschaft von der grenzenlosen Güte Gottes die Forderung erheben, von der Vorstellung des Sühne- oder Opfertods Jesu Abschied zu nehmen. Nach fester Überzeugung von Klaus Peter Jörns sind wir Gott nicht dadurch wichtig, dass jemand für unsere Sünden blutige Sühne geleistet hätte. Wer Gott um Vergebung bitte, werde sie bekommen und könne sie an andere weitergeben. Auch für Werner Zager kann der Gedanke eines Sühnetods keine theologische Verbindlichkeit beanspruchen, da er in Spannung zu Jesu Verkündigung eines unmittelbar aus der Barmherzigkeit kommenden Verzeihens Gottes stehe.

Sachgemäßes Reden vom Heilstod

Bei einer sachgemäßen Rede vom Kreuz Jesu kann es weder darum gehen, sich leichtfertig von der biblischen Deutung des Sterbens Jesu als Heilstod »für uns« loszusagen, noch sich auf eine gebetsmühlenartige Wiederholung der neutestamentlichen Aussagen als in Stein gemeißelter Dogmen zu beschränken. Vielmehr muss das Bemühen im Vordergrund stehen, die Inhalte der vertrauten Deutungsmodelle auf ihre theologische Substanz zu befragen, sie vor Fehldeutungen zu bewahren und das Heilshandeln Gottes unter veränderten Verstehensbedingungen neu zur Sprache zu bringen. Gut nachvollziehbar ist auch für den modernen Menschen der Gedanke der Hingabe des eigenen Lebens für das Wohlergehen anderer Menschen. Bei Vorstellungen wie Opfer, Sühne oder Loskauf ist zu bedenken, dass sie Bilder oder Vergleiche sind, um die Bedeutung des Todes Jesu zu umschreiben. Es geht nicht darum, mit Gott Handel zu treiben, ihn im Widerspruch zur Lehre von der Glaubensgerechtigkeit durch kultische Akte gütig zu stimmen oder gar seine angebliche Gier nach Blut zu befriedigen. Dem Tod Jesu wird in bildhafter Sprache eine Wirkung zugeschrieben, wie sie nach antikem Verständnis auch die kultischen Riten am Tempel und die Praxis des Sklavenfreikaufs besitzen, nämlich die Befreiung von den alten Mächten mit ihren Unheilsfolgen und die Ermöglichung von Leben. Dabei kann der Tod Jesu immer nur in seiner engen Verflechtung mit der Auferweckung Jesu betrachtet werden. Das Heil hängt nach neutestamentlichem Verständnis nicht an einer bestimmten Deutung des Kreuzesgeschehens, sondern an dem Kreuz wie Auferstehung umfassenden Handeln Gottes.

Das Heilshandeln Gottes muss unter veränderten Verstehensbedingungen zur Sprache gebracht werden

■ Auferstehung der Toten

Alttestamentlich-jüdische Voraussetzungen

Der Glaube an die Auferstehung ist das zentrale Hoffnungsbild des Christentums. Er beinhaltet die Gewissheit, dass in Christus die Macht des Todes überwunden wurde und der Schöpfergott den Gläubigen Anteil am ewigen Leben schenkt. Dem Alten Testament ist die Vorstellung ewigen Lebens nach dem Tod weitgehend fremd. Prophetische Visionen wie Jes 26,19 oder Ez 37,1-14 wurden zwar sekundär auf die Totenauferstehung gedeutet, stellen aber ursprünglich dem bildhaft im Tode befindlichen Israel einen Neubeginn nach dem Exil in Aussicht. Im 2. Jh. v. Chr. begegnet hingegen bei Daniel (12,2f) und im zweiten Makkabäerbuch (7,9-14; 12,43-45) eine umfassende Hoffnung auf die Auferstehung der Gerechten, die wesentlich in der Bewältigung der Verfolgungserfahrungen der Makkabäerzeit wurzelt. Während bei den Pharisäern und Essenern die Hoffnung auf ewiges Leben einen zentralen Glaubensinhalt ausmachte, lehnten die Sadduzäer und die Samaritaner den Gedanken eines Fortlebens nach dem Tod ab, da er in der Tora nicht begegnet. Im rabbinischen Judentum wird dann der Auferstehungsglaube unter pharisäischem Einfluss für verbindlich erklärt (*Sanh* 10,1).

Auferstehungsglaube Jesu

Jesus hat mit weiten Teilen des Judentums seiner Zeit die Hoffnung auf ein Leben nach dem Tod geteilt. Gegenüber den Sadduzäern, die sich allein auf die fünf Bücher Moses beriefen und keinerlei Jenseitserwartung hatten, versucht er aus Ex 3,6 die Auferstehung der Toten zu beweisen (Mk 12,18-27). In ähnlicher Weise bemühten sich die Rabbinen darum, Schriftbeweise für die Auferstehung in der Tora zu finden (*bSanh* 90b-91b). Das zukünftige Leben stellte sich Jesus in engelähnlicher Körperlichkeit vor (Mk 12,25). Auch das Gleichnis vom reichen Mann und armen Lazarus (Lk 16,19-31) spiegelt wider, dass Jesus fest mit einem leiblichen Fortleben nach dem Tode rechnete.

Griechische Seelenwanderungslehre

In der griechischen Welt wurde entweder in Anlehnung an Epikur die Vorstellung vertreten, dass sich mit dem Tod auch die Seele unwiderruflich in ihre Atome zersetzt, oder an ein Weiterleben der vom vergänglichen Körper befreiten Seele geglaubt. Die Orphiker waren offenbar die ersten, die eine genau umrissene Lehre vom Jenseits und der Seelenwanderung entwarfen. Anschauliche Zeugnisse dafür sind in Gräbern entdeckte Goldplättchen, die den Verstorbenen als Totenpässe mit auf den Weg ins Jenseits gegeben wurden. Eng mit der Orphik verbunden war Pythagoras (6. Jh. v. Chr.), der ebenfalls die Seelenwanderung lehrte. Platon gebührt das Verdienst, dem bis dahin eher in exklusiven Zirkeln verbreiteten Jenseitsdenken zum entscheidenden Durchbruch verholfen und es in der griechischen Philosophie fest etabliert zu haben. Seine Seelenlehre, deren wichtigstes Zeugnis der *Phaidon* ist, verdichtet

Platon erhob die Seelenwanderungslehre in höhere geistige Sphären

gewissermaßen den Unsterblichkeitsglauben der Orphik wie des Pythagoreismus und erhebt ihn in höhere geistige Sphären. Oberstes Ziel ist es, die Seele aus dem verhängnisvollen Kreislauf der Reinkarnation zu befreien und ihr zu ihrem wesensmäßigen Idealzustand eines dauerhaft leiblosen Lebens in der göttlichen Sphäre zurückzuverhelfen, was allein dem wahren Philosophen gelingt.

Aussagen des Paulus zur Auferstehung

Entscheidende Grundlage des christlichen Auferstehungsglaubens ist die Auferweckung Jesu Christi von den Toten, die als Beginn des endzeitlichen Handelns Gottes verstanden wird und vorbildhafte Bedeutung für das künftige Geschick der Christen gewinnt. Niemand äußert sich darüber in den neutestamentlichen Schriften in solcher Tiefe, wie Paulus es tut. Im Rahmen apokalyptischer Naherwartung rechnete Paulus bei der unmittelbar bevorstehenden Wiederkehr Jesu Christi mit einer kollektiven Erweckung der verstorbenen Gläubigen (1Thess 4,13-18; 1Kor 15,20-24; Phil 3,20f). In 1Kor 15,12-58 setzt der Apostel sich mit Christen in Korinth auseinander, die unter Einfluss griechischen Denkens offenkundig allein an Unsterblichkeit der Seele glauben und eine leibliche Auferstehung in Abrede stellen. Demgegenüber entwickelt Paulus sein Verständnis von Auferstehung als Neuschöpfung in Leiblichkeit. Vorbildhaft vorweggenommen ist dies in der Auferweckung Jesu Christi, der als endzeitlicher Adam und »Erstling der Entschlafenen« (15,20) die Macht des Todes durchbrochen hat. In 2Kor 5,1-10 wird der Gedanke, dass Auferstehung ungleich mehr als nur ein leibloses Fortleben der Seele beinhaltet, vertieft. Wie in Phil 1,23 ist der Auferstehungsgedanke dabei nicht in ein apokalyptisches Szenario eingebunden, sondern Paulus scheint nun die Vorstellung eines sofortigen individuellen Weiterlebens nach dem Tod zum Ausdruck zu bringen. Anders als Paulus rechnet die Offenbarung des Johannes nach der Auferstehung der Gläubigen und einem tausendjährigen Friedensreich auch mit einer Auferstehung zum Gericht (Offb 20,1-25). Die Petrusoffenbarung, die in einzelnen Kirchengebieten des frühen Christentums zum Kanon zählte und stark auf die Volksfrömmigkeit eingewirkt hat, malt das Geschick der zum Gericht auferstandenen Ungläubigen in bunten Farben aus.

Leibliche Auferstehung oder Unsterblichkeit der Seele?

Während bei Paulus vom neugeschaffenen geistlichen Leib die Rede ist, dominierte in weiten Teilen des frühen Christentums bald die Vorstellung von der Auferstehung des Fleisches. Damit waren massive Spannungen zu der in reinster Form bei Platon greifbaren Vorstellung von der Unsterblichkeit der Seele vorgezeichnet. Christengegner wie Celsus (2. Jh. n. Chr.) oder Porphyrius (4. Jh. n. Chr.) polemisierten vom Standpunkt der platonischen Philosophie aus gegen den christlichen Auferstehungsglauben. Innerhalb des Christentums selber gewannen in der Gnosis griechische Vorstellungen vom leiblosen Fortleben der zu Lebzeiten des Menschen vom Körper geknechteten Seele zentrale Bedeutung. Die Großkirche beharrte darauf, dass im Horizont des biblischen Schöpfungsverständnisses Leiblichkeit ein konstitutives Wesensmerkmal von Menschsein und damit auch von der Auferstehungswirklichkeit darstellt.

Wirkungsgeschichte und Gegenwartsbedeutung

In der mittelalterlichen Scholastik wurde unter dem Einfluss von Platons Seelenlehre der Tod als Trennung der unsterblichen Seele vom Leib betrachtet und Auferstehung als Wiedervereinigung der Seele mit ihrem Leib verstanden. Damit rückte der Gedanke einer unmittelbar nach dem Tod einsetzenden Seligkeit der Seele verstärkt in den Mittelpunkt, wodurch die leibliche Auferstehung am Ende der Tage an Bedeutung verliert. Hinzu kam die 1439 auf dem Konzil von Florenz festgeschriebene Lehre vom Fegefeuer, in dem die Seelen der Verstorbenen von Sünden gereinigt werden. Biblische Bezugspunkte sind 2Makk 12,43-45, wo von Sühnopfern und Fürbitten für die sündig verstorbenen makkabäischen Kämpfer die Rede ist, und 1Kor 3,13-15, wo schon einzelne Kirchenväter nicht die Höllenstrafe, sondern ein zeitlich befristetes Gerichtsfeuer zur Reinigung von Sünde (Purgatorium) thematisiert sahen. Martin Luther hat die Lehre vom Fegefeuer zunächst für richtig gehalten, dies aber 1530 widerrufen. In der römisch-katholischen Tradition wird an der Vorstellung des Purgatoriums festgehalten und davon ausgegangen, dass die Lebenden den Verstorbenen durch Gebet, Mitfeiern der Messe und Taten der Nächstenliebe zu Hilfe kommen können. Die evangelische Dogmatik rechnet eher mit einem ganzheitlichen Tod und völliger endzeitlicher Neuschöpfung des Menschen. Während Rudolf Bultmann im apokalyptischen Auferstehungsglauben des Neuen Testaments einen durch Entmythologisierung in seiner existenzialen Bedeutung zu erschließenden Mythos sah, wird von anderen die Wichtigkeit des Festhaltens am apokalyptischen Denken und der Hoffnung auf das geschichtsmächtige Wirken Gottes betont. In der individuellen Frömmigkeit wird der Glaube an Auferstehung und ewiges Leben mit unterschiedlichsten Sinngehalten und Sehnsüchten gefüllt, wobei vielfach auch Jenseitsvorstellungen anderer Religionen einfließen. Bei all seiner Vielfalt ist ein an das Neue Testament rückgebundener Auferstehungsglaube dadurch gekennzeichnet, dass er im Ostergeschehen gründet und im Vertrauen auf das schöpferische Handeln Gottes ein zukünftiges Leben in leiblicher Gestalt, wie auch immer diese aussehen mag, erhofft.

> **Das »Fegefeuer« ist ein zeitlich befristetes Gericht zur Reinigung der Seele**

XVI. Grundthemen der neutestamentlichen Ethik

Das Wort *ēthikos* stammt aus dem Griechischen und hat dort die Bedeutung moralisch, sittlich oder gesittet. Die Ethik befasst sich mit den Kriterien und Normen sittlichen Handelns. Von ihrer Zielsetzung her ist sie eine praktische Wissenschaft, die dem Menschen allgemeine Prinzipien guten Handelns oder ethischen Urteilens sowie konkrete Verhaltensregeln für bestimmte Problemsituationen an die Hand geben will. Wenn es um die Frage einer spezifisch christlichen Lebensführung und Handlungspraxis geht, ist eine von kritischer Reflexion begleitete Rückbesinnung auf ethische Leitmotive und Themenfelder des Neuen Testaments unverzichtbar. Auf der einen Seite liefert das Neue Testament wichtige Impulse für die heutige ethische Urteilsbildung. Auf der anderen Seite verbietet sich angesichts der Zeitgebundenheit und des eschatologischen Referenzrahmens der neutestamentlichen Ethik, die im Horizont einer Erwartung des baldigen Weltendes steht, eine unhinterfragte biblizistische Übertragung frühchristlicher Weisungen in unsere Zeit. Ohnehin ist das Neue Testament kein Kompendium christlicher Ethik mit einer allgemeinen theoretischen Grundlegung und einem umfassenden Verhaltenskatalog für alle Lebenslagen. Es bietet weder eine normative Ethik, die eine Tugendlehre ausarbeitet und allgemeingültige Prinzipien eines moralisch richtigen Handelns entwickelt, noch eine systematisierte angewandte Ethik, die konkrete Verhaltensrichtlinien für sämtliche Handlungsfelder des menschlichen Lebens benennt. Stattdessen finden sich in den neutestamentlichen Schriften Gelegenheitsäußerungen zu unterschiedlichsten Themenfeldern der Ethik, wobei allerdings trotz des Fehlens einer ethischen Theoriebildung in gewissem Maße durchaus das Bemühen um eine argumentative Begründung des rechten Handelns erkennbar ist. Dass man auf viele drängende Fragen des heutigen Lebens im Neuen Testament vergeblich nach verbindlichen Antworten und Verhaltensregeln fragt, versteht sich von selbst.

Charakteristika der Ethik des Neuen Testaments

Das Neue Testament bietet kein Kompendium christlicher Ethik

Darstellungen der neutestamentlichen Ethik sind häufig von der Frage bestimmt, in welcher Beziehung das ethische Handeln zu dem im Glauben geschenkten Heil steht. Das Verhältnis von Dogmatik und Ethik wird in keiner neutestamentlichen Schrift grundsätzlich erörtert und systematisch durchdacht. Etliche Briefe des Neuen Testaments weisen allerdings im Briefkorpus eine strukturelle Untergliederung in einen lehrhaften und einen ermahnenden Teil auf. Zudem spricht Paulus programmatisch davon, dass das Leben im Geist auch einen Wandel im Geist nach sich ziehen muss (Gal 5,25). Vielfach wird daher ein zeitliches, logisches und qualitatives Gefälle von der Dogmatik zur Ethik hin postuliert, indem man die Ethik als etwas Sekundäres betrachtet, das der Soteriologie nachgeordnet ist. In diesem Zusammenhang ist mit latenter oder offener Abwertung der Ethik häufig von einer Priorität des Indikativs gegenüber dem Imperativ, des Zuspruchs gegenüber dem Anspruch oder der Rechtfertigung gegenüber der Heiligung die Rede. Demgegenüber setzt sich zunehmend die Erkenntnis durch, dass diese maßgeblich von der lutherischen Tradition geprägten Deutekategorien dem komplexen Textbefund und den vielfältigen Begründungsmustern der neutestamentlichen Ethik nicht gerecht werden.

Qualitatives Gefälle von der Dogmatik zur Ethik?

■ Nächstenliebe und Gewaltverzicht

Das Liebesgebot in der Verkündigung Jesu

Wenn es so etwas wie ein Grundprinzip der neutestamentlichen Ethik gibt, dann ist es das Liebesgebot, das uneingeschränkt im Zentrum steht und vom Verfasser des Jakobusbriefs als »königliches Gesetz« bezeichnet gilt (Jak 2,8). Jesus betrachtete in Anknüpfung an Traditionen des zeitgenössischen Judentums das Doppelgebot der Gottesliebe und Nächstenliebe als Summe der Tora (Mk 12,28-34). Das im Alten Testament auf den Angehörigen der eigenen Gemeinschaft begrenzte Gebot der Nächstenliebe (Lev 19,18) weitete er auf den Feind hin aus und forderte anstelle von Rache das aktive Erdulden von Unrecht (Lk 6,27-30par). Im Gleichnis vom barmherzigen Samariter (Lk 10,25-37) wird am Handeln des Protagonisten beispielhaft eine universale Nächstenliebe veranschaulicht, die sich auch auf Angehörige eines verhassten Nachbarvolkes erstreckt. In der vermutlich allerdings erst auf Lukas zurückgehenden Rahmung des Gleichnisses wird die Frage nach dem Nächsten unter einem neuen Blickwinkel beleuchtet und die Forderung erhoben, anderen Menschen durch ein von Liebe geprägtes Handeln aktiv zum Nächsten zu werden (Lk 10,36).

Die »Goldene Regel« als Axiom der Ethik

Als einprägsames Axiom eines von Liebe und Mitmenschlichkeit geleiteten ethischen Handelns hat Jesus die »Goldene Regel« gelehrt (Mt 7,12/Lk 6,31). Er greift damit eine in der Antike allgemein verbreitete Maxime auf, die auf die Forderung hinausläuft, andere so zu behandeln, wie man von ihnen behandelt zu werden wünscht. Die neuzeitliche Kritik an der Goldenen Regel ist unberechtigt. Immanuel Kant fällte in seiner »Grundlegung zur Metaphysik der Sitten« das vernichtende Urteil, die Goldene Regel atme den Geist der Trivialität und komme als Richtschnur des sittlichen Handelns nicht in Betracht. Andere werfen ihr vor, dass sie als formales Entsprechungsprinzip auch zu zweifelhaften Zielen instrumentalisiert werden könne, von egoistischem Eigeninteresse geprägt sei und letztlich über ein Ethos der Gegenseitigkeit nicht hinauskomme. Diese Einwände lassen sich durchweg entkräften. Jesus erhebt in seiner Version der Goldenen Regel nicht die individuellen Wünsche zum Maßstab des eigenen Handelns, sondern was die Menschen allgemein in idealer Weise anderen antun. Indem sie nicht das tatsächliche, sondern das gewünschte Handeln anderer uns gegenüber zum Maßstab des eigenen Handelns macht, ist die Goldene Regel Jesu mitnichten von einem formalen Vergeltungs- oder Entsprechungsdenken bestimmt. Sie setzt das Liebeshandeln unter Menschen einseitig in Gang und nimmt dabei die Möglichkeit einer ausbleibenden Erwiderung in Kauf. Die Gegenseitigkeit ist das erhoffte Ziel, nicht aber die Motivation oder Bedingung für das eigene Verhalten anderen gegenüber.

> Die seit Kant immer wieder geäußerte Kritik an der »Goldenen Regel« ist unberechtigt

Das Liebesgebot als Erfüllung der Tora

Für das frühe Christentum, das mehrheitlich bald eine freizügige Haltung gegenüber den rituellen Vorschriften des Mosegesetzes einnahm, ist das Liebesgebot die Quintessenz der Tora, die auch im Raum der Kirche nichts von ihrer Bedeutung eingebüßt hat. Paulus betrachtet das Liebesgebot als Erfüllung des alttestamentlichen Gesetzes (Röm 13,8-10; Gal 5,14) und spricht vom Gesetz Christi, das darin besteht, die Lasten der anderen in Liebe zu tragen (Gal 6,2). Die Forderung der Nächstenliebe schließt im Geiste Jesu den Verzicht auf Vergeltung und die Zuwendung gegenüber dem Feind mit ein (Röm 12,17-20). In der Gemeinde manifestiert sich Liebe nicht zuletzt darin, Rücksicht auf andere nehmen und im Zweifelsfall auf eigene Rechte zu verzichten. Mit dem »Hohelied der Liebe« (1Kor 13,1-13) verdeutlicht Paulus, dass ohne die Liebe auch die größten Geistesgaben nichts wert sind. Allein die Liebe führt dazu, bei der Praktizierung der Charismen im Gottesdienst den anderen nicht aus dem Auge zu verlieren.

In den johanneischen Schriften ist das Liebesgebot als Zeichen wahrer Jüngerschaft binnenchristlich akzentuiert. Die Weisung zur Feindesliebe begegnet nicht. Ob man daraus schlussfolgern kann, die johanneische Gemeinde habe die universale Weite des Liebesgebots Jesu preisgegeben, bleibt unsicher. Das Johannesevangelium wertet das Liebesgebot (13,34; 15,10-12) dadurch auf, dass es als »neues Gebot« gilt und durch die Einbettung in die Abschiedsreden betont als testamentarisches Vermächtnis Jesu charakterisiert wird. Das »Neue« an dem Liebesgebot ist für den vierten Evangelisten wohl in erster Linie, dass es durch Jesus seinen konstitutiven Inhalt und seine besondere Autorität erhalten hat. In der Weinstockrede (15,1-17) wird die Befähigung des Menschen zur Liebe in einer fallenden Traditionskette von der Liebe Gottes und der Liebe Jesu Christi abgeleitet. Ganz ähnlich verfolgt der erste Johannesbrief in einer Art »Lied auf die Liebe« (4,7-21) die geschwisterliche Liebe unter den Gläubigen über Jesus Christus zu Gott als ihrem Ursprung zurück.

Das Liebesgebot in den johanneischen Schriften

Im Neuen Testament werden das Liebesgebot und die Forderung des Gewaltverzichts als verbindliche Handlungsmaximen für alle Bereiche des Lebens verstanden. Als gesellschaftliche Randgruppe haben die frühen Christen im Allgemeinen keine Personen in ihren Reihen gehabt, die von Berufs wegen mit der Verpflichtung zu aktiver Gewaltanwendung konfrontiert gewesen wären. Für den heutigen Umgang mit diesen ethischen Maximen stellt sich die Frage, inwieweit Christen der Eintritt in den Polizei- oder Militärdienst erlaubt ist, wo im Ernstfall Gewaltanwendung bis hin zum Töten anderer Menschen unausweichlich ist. Auf diese Frage gibt es keine allgemeinverbindliche Antwort. Einerseits hat eine wörtliche Befolgung der ethischen Forderungen des Neuen Testaments ihre Berechtigung, andererseits hat Martin Luther im Wissen um die gesellschaftliche Verantwortung der Gläubigen eine Unterscheidung zwischen Privatperson und Amtsperson getroffen. In eigener Sache sollen Christen Gewaltverzicht üben und Unrecht erleiden. Als Amtspersonen sollen sie um der Nächstenliebe willen den Staat bei der Durchsetzung des Rechts unterstützen und sind zur Gewaltanwendung bis zum Töten befugt, wenn dies zum Schutz der Schwachen als unumgänglich erscheint.

Gegenwartsbedeutung

Nach Martin Luther sind Christen als Amtspersonen zur Gewaltanwendung berechtigt

■ Ehe und Ehescheidung

Die Aussagen Jesu zu Ehe und Ehescheidung sind entscheidend vom Schöpfungsdenken geprägt. Im Streitgespräch über die Ehescheidung (Mk 10,1-9) kritisiert Jesus die von der Tora erlaubte Ehescheidung, wie sie sich in der alttestamentlichen Praxis des Scheidebriefs (Dtn 24,1) widerspiegelt. Der vom Ehemann bei der Trennung auszustellende Scheidebrief ist ein für antike Verhältnisse fortschrittliches Rechtsinstrument, das die entlassene Frau vor Willkür schützt. In ihm verpflichtet sich der Mann zur Rückgabe der Mitgift und ermöglicht der Frau damit eine neue Eheschließung. Jesus dagegen betont unter Verweis auf die

Die rigorosen Weisungen Jesu

Schöpfungsordnung Gottes die Unverbrüchlichkeit der Ehe. Durch eine Zusammenschau von Gen 1,27 und 2,24 wird das Zusammenleben von Mann und Frau als eine nach Gottes Willen untrennbare Gemeinschaft qualifiziert. Was Gott bei der Schöpfung zusammengefügt hat, soll der Mensch nicht auseinanderreißen. Das alttestamentliche Verbot des Ehebruchs (Ex 20,14/Dtn 5,18) wird von Jesus radikalisiert, indem er bereits den begehrlichen Blick als Ehebruch in Gedanken verurteilt und mit dem tatsächlichen Ehebruch auf eine Stufe stellt (Mt 5,27f). Allerdings warnt Jesus vor selbstgerechter Überheblichkeit und spricht einer Frau, die sich des Ehebruchs schuldig gemacht hat und gemäß der Tora dafür gesteinigt werden müsste, Vergebung zu (Joh 8,3-11). In dem Jesuswort Mk 10,11f/ Mt 5,32 liegt der Akzent nicht auf der Ehescheidung, sondern auf dem Verbot einer neuerlichen Heirat, die als Bruch der ersten Ehe betrachtet wird. Für alleinstehende geschiedene Frauen konnte sich solch ein Verbot der Wiederheirat in den patriarchalischen Strukturen der antiken Gesellschaftsordnungen als verheerend erweisen. Wie schwer Jesu Verbot der Ehescheidung und der Wiederheirat durchzuhalten war, zeigt sich bei Matthäus, wo durch die nachträglich eingefügte »Unzuchtsklausel« (Mt 5,32; 19,9) eine Ausnahme eingeräumt und der ethische Rigorismus Jesu abgeschwächt wird.

Das Eheverständnis des Paulus

Paulus nimmt in 1Kor 7,1-40 ausführlich zum Zusammenleben von Mann und Frau Stellung. Er lässt deutlich seine eigene Sympathie für die Ehelosigkeit erkennen, ohne dies zur normativen Richtschnur für alle Christen zu erheben. In Korinth gab es eine asketische Fraktion, welche die Ehe grundsätzlich ablehnte und sexuelle Enthaltsamkeit forderte (7,1-7). Paulus betont, dass sich eine zölibatäre Existenz nicht aus eigener Anstrengung verwirklichen lässt, sondern eine Gabe des Geistes darstellt. Wer dieses Charisma nicht besitzt, soll heiraten. Dabei entsteht der Eindruck, als ob die Ehe für den Apostel in erster Linie ein Sicherheitsventil gegen sexuelle Ausschweifungen darstellt. Die Eheleute sollen sich einander allenfalls für befristete Zeit zum Gebet entziehen, ansonsten aber geschlechtlich füreinander da sein, um nicht der Versuchung zu erliegen. Dass Sexualität für Paulus nur in der Ehe angemessen gelebt werden kann, zeigt sich in dem Verbot, Prostituierte aufzusuchen (1Kor 6,12-20).

> **Für Paulus scheint die Ehe primär ein Sicherheitsventil gegen sexuelle Ausschweifungen darzustellen**

Die Ledigen und Verwitweten sollen wie Paulus selbst auf die Ehe bzw. die erneute Eheschließung verzichten, sofern sie sich nicht vor geschlechtlicher Begierde verzehren. Den Verheirateten wird das Scheidungsverbot Jesu in Erinnerung gerufen (7,10f). Ein besonderes Problem stellten in Korinth Mischehen dar, in denen nur ein Partner zum Christentum übergetreten war. Wenn der nichtchristliche Ehepartner an der Lebensgemeinschaft festhalten will, soll diese nach Auffassung des Paulus vom christlichen Partner nicht gelöst werden. Der Glaube strahlt derart kräftig auf die Umwelt ab, dass der heidnische Partner und die gemeinsamen Kinder durch den christlichen Partner mitgeheiligt sind. Für die Bewertung der paulinischen Aussagen ist zu bedenken, dass Paulus keine zeitlos gültige Ehe- und Sexualethik entwickelt, sondern situationsbezogen auf konkrete Probleme in Korinth reagiert und seine Präferenz für ein eheloses Leben der unmittelbaren Naherwartung des Weltendes geschuldet ist.

Die Ehe als »großes Geheimnis«

Eine ungleich tiefere theologische Füllung gewinnt die Ehe im Epheserbrief, wo das gottgewollte Zusammenleben von Mann und Frau (Gen 2,24) im Licht der Einheit von Christus und Kirche als »großes Geheimnis« (Eph 5,32) bezeichnet wird. Die Liebe zwischen Mann und Frau stellt die Liebe zwischen Christus und der Kirche abbildlich dar, womit die Institution der Ehe eine besondere Würde gewinnt. Die römisch-katholische Dogmatik zieht daraus die Folgerung, dass der Ehe die Heiligkeit eines Sakraments zukomme. Begünstigt wurde diese Auslegung dadurch, dass in einem Teil der lateinischen Bibeln des Mittelalters *mystērion* (Geheimnis) mit *sacramentum* wiedergegeben wird. Nach protestantischem Verständnis dagegen handelt es sich bei der Ehe nicht um ein Sakrament, sondern trotz ihrer religiösen Dimension um »ein weltlich Ding« (M. Luther).

Für die christliche Ethik stellt sich angesichts der gesellschaftlichen Entwicklungen die Frage, wie das neutestamentliche Eheverständnis mit der massiv in die Krise geratenen und sich zunehmend im Erosionsprozess befindlichen Institution Ehe in Einklang zu bringen ist. Das bürgerliche Recht sieht mit großer Selbstverständlichkeit die Ehescheidung und die erneute Eheschließung vor, wobei an die Stelle des früheren Schuldprinzips das Zerrüttungsprinzip getreten ist. Nach römisch-katholischem Verständnis stellt dagegen die kirchlich geschlossene Ehe ein nur durch den Tod auflösbares Sakrament dar. Geschiedene können keine neue Ehe schließen, die im kirchenrechtlichen Sinne gültig wäre. Die protestantische Ethik hält zwar unter dem Eindruck der neutestamentlichen Aussagen ebenfalls an der Überzeugung fest, dass die Ehe zwischen Christen auf Lebenszeit geschlossen wird, räumt aber ein Scheidungsrecht ein und lässt neue Eheschließungen geschiedener Personen zu. Im Hintergrund steht die Einsicht, dass bei einem Scheitern der Ehe mit Blick auf das Wohl der betroffenen Personen (Eheleute und gegebenenfalls auch Kinder) keine formale Aufrechterhaltung der Ehe eingefordert werden kann. Im Blick auf die steigende Zahl eheähnlicher Lebensgemeinschaften wächst zudem auch im kirchlichen Bereich die Einsicht, dass sich wichtige Elemente von Ehe und Familie auch in anderen Formen des Zusammenlebens ethisch verantwortbar verwirklichen lassen.

Bedeutung für die ethische Urteilsbildung

In der Bewertung von Ehescheidung gibt es interkonfessionell einen fundamentalen Dissens

■ Homosexualität

Das Thema Homosexualität ist durch die gesellschaftlichen Veränderungen der letzten Jahrzehnte und die kontroverse Diskussion um die rechtliche Gleichstellung gleichgeschlechtlicher Lebensgemeinschaften mit der Ehe verstärkt in den Fokus des öffentlichen Interesses gerückt. Im Neuen Testament findet Homosexualität an drei Stellen der Paulusbriefsammlung Erwähnung. In dem Lasterkatalog 1Kor 6,9f rechnet Paulus homosexuell aktive Männer zu denjenigen Personen, die das Gottesreich nicht ererben werden. Er nimmt dabei zwei unterschiedliche Formen männlicher Homosexualität in den Blick. Während der *arsenikoitēs* als »Männerschänder« jemand ist, der aktiv mit Männern oder Knaben sexuell verkehrt, handelt es sich bei dem *malakos* (»Weichling«) um sein passives Gegenstück. In Röm 1,27 stellt Paulus im Rahmen seiner Aussagen über das Zorngericht Gottes sowohl weibliche als auch männliche Homosexualität als heidnische Laster an den Pranger. Versuche in der Literatur, den »widernatürlichen Verkehr« von Frauen in Röm 1,27 auf Empfängnisverhütung oder sexuelle Handlungen mit Tieren zu deuten, können nicht überzeugen. Im deuteropaulini-

Verurteilung von Homosexualität im Neuen Testament

schen ersten Timotheusbrief werden »Männerschänder« in einem Atemzug mit Muttermördern, Totschlägern, Menschenhändlern und ähnlichen Gestalten zu jenem Personenkreis von Gottlosen und Ungerechten gezählt, derentwegen das Gesetz gegeben wurde.

Haltung des antiken Judentums zu Homosexualität

Wenn Paulus sowohl weibliche als auch männliche Homosexualität entschieden verurteilt, orientiert er sich an der Ethik des antiken Judentums. Nach der Tora sollen homosexuelle Handlungen unter Männern mit dem Tode bestraft werden (Lev 20,13). Weibliche Homosexualität wird im Alten Testament noch nicht thematisiert, aber in dem um die Zeitenwende entstandenen Werk des Pseudo-Phokylides verurteilt (Ps.-Phok. 192). Das negative Urteil des antiken Judentums über Homosexualität beruht im Wesentlichen darauf, dass sie den gottgewollten Zusammenhang von Sexualität und Fortpflanzung zerreißt. Philo von Alexandria behandelt Homosexualität in einem Atemzug mit zwei anderen vermeintlichen Übeln, nämlich dem Geschlechtsverkehr mit einer menstruierenden Frau und der Eheschließung mit einer nachweislich unfruchtbaren Frau, und macht sie für Bevölkerungsschwund und Depopulation der Städte verantwortlich (*spec. leg.* 3,32-36). Während in der griechisch-römischen Welt gleichgeschlechtliche Liebe unter Einschluss von Päderastie weit verbreitet war und vielfach sogar idealisiert wurde, folgt Paulus der religiös begründeten Abscheu des Judentums gegenüber Homosexualität, die er als typisches Beispiel der sittlichen Verkommenheit und des gottlosen Wandels der Heiden betrachtet. Dabei geht er davon aus, dass der Mensch sich aus freien Stücken von Homosexualität abwenden kann (1Kor 6,11). Teilhabe an Homosexualität ist nach Paulus keine Möglichkeit von Christsein, vielmehr Kennzeichen vorchristlicher heidnischer Vergangenheit.

Paulus geht davon aus, dass man sich aus freien Stücken von Homosexualität abwenden kann

Bedeutung für die aktuelle Diskussion

Im Blick auf die aktuelle Diskussion um die ethische Bewertung von gleichgeschlechtlicher Liebe wird es aus unterschiedlichen Gründen der Komplexität der Thematik nicht gerecht, mit rein biblizistischer Argumentation Homosexualität pauschal zu verurteilen. Für Paulus war Homosexualität ein Laster, dem der Mensch aus freien Stücken nachgeht und von dem er sich »bekehren« kann. Wissenschaftliche Erkenntnisse zeigen dagegen, dass Homosexualität entweder eine angeborene Neigung darstellt oder eine Folge bestimmter Sozialisationsbedingungen ist. In beiden Fällen kann man sich weder durch eine gezielte Entscheidung noch durch besondere Willenskraft zur Heterosexualität umorientieren. Wenn Homosexualität angeboren ist, zieht dies die für viele Gläubige unbequeme Wahrheit nach sich, dass Gott Menschen nicht nur heterosexuell, sondern auch homosexuell geschaffen hat. Zudem liegt im antiken Judentum und damit wohl auch für den Judenchristen Paulus der Haupteinwand gegen Homosexualität darin begründet, dass sie keine Zeugung von Nachkommen ermöglicht. Heterosexuelle, die sich ohne Fortpflanzungsabsicht empfängnisverhütend der Lust erfreuen und auf Homosexuelle herabschauen, sitzen in Wirklichkeit aus biblischer Sicht mit diesen im selben Boot und können sich »wohl nur auf Kosten einer unbiblischen Überheblichkeit ... in einer besonderen Nähe zu Paulus glauben« (P. von der Osten-Sacken). Schließlich ist bei der Bewertung des neutestamentlichen Befunds auch zu bedenken, dass Homosexualität in der Antike überwiegend im Kontext von Päderastie, käuflicher Liebe und häufig wechselnden Beziehungen begegnet. Die paulinischen Aussagen zur Homosexualität können daher nicht unreflektiert zur Verurteilung der sogenannten »Homo-Ehe« instrumentalisiert werden, zumal der Satz »Es ist nicht gut, dass der Mensch allein sei« (Gen 2,18) auch für Homosexuelle gilt. Für gleichgeschlechtliche Paarbeziehungen, welche die entscheidenden Kriterien des christlichen Beziehungsverständnisses (Freiwilligkeit, Treue, Verbindlichkeit, gegenseitige Fürsorge) erfüllen, kann mit guten Gründen sowohl eine vollständige rechtliche Gleichstellung mit der Ehe als auch eine Begleitung durch kirchliche Segenshandlungen befürwortet werden.

■ Kinder

Die Beurteilung von Kindern im Christentum hat ihre Prägung vom alttestamentlich-jüdischen Denken her erfahren. »Kinder sind eine Gabe des Herrn, die Frucht des Leibes ist sein Geschenk« heißt es programmatisch in Psalm 127,3. Die Geburt eines Kindes und Kinderreichtum gelten als Ausdruck des Segens Gottes, während umgekehrt Kinderlosigkeit als Unglück und zuweilen auch als Strafe Gottes betrachtet wird. Vor diesem Hintergrund ist es nicht verwunderlich, wenn die Themen »Kinder« und »Aufnahme von Kindern« im Neuen Testament ausgesprochen positiv besetzt sind. Der bekannteste Text aus den Evangelien ist die Erzählung von der Segnung der Kinder (Mk 10,13-16), in der Jesus gegen den Widerstand der Jünger eine Segenshandlung an Kindern vollzieht. In der Umarmung zeigt sich die liebende Hinwendung Jesu zu den Kindern, die von ihrer Bedeutung her den Erwachsenen in nichts nachstehen. In dem wohl nachträglich in die Episode eingefügten und auf eine neue Sinnebene führenden Jesuswort Mk 10,15 ist zudem davon die Rede, dass Erwachsene wie Kinder werden sollen, um Zugang zum Heil zu erlangen. Die kindliche Unbefangenheit und Naivität wird zur vorbildhaften Haltung angesichts der Gottesherrschaft erklärt.

Segnung der Kinder durch Jesus

Die Geburt eines Kindes ist besonderer Ausdruck des Segens Gottes

Auch in der eng mit Mk 10,13-16 verwandten Szene Mk 9,33-37 geht es zunächst um die Vorbildfunktion von Kindern. In einem Rangstreit der Jünger, wer der Größte sei, fordert Jesus zur Selbsterniedrigung auf. Anschließend illustriert er dies durch eine Zeichenhandlung, indem er ein Kind in die Mitte des Jüngerkreises stellt und die erklärenden Worte »Wer eines von diesen Kindern aufnimmt in meinem Namen, der nimmt mich auf« hinzufügt. Wird in Mk 10,15 das Annehmen der Gottesherrschaft mit der inneren Einstellung eines Kindes thematisiert, so geht es Mk 9,37 um das Aufnehmen von Kindern im Namen Jesu. Das dafür verwendete Verb *dechesthai* steht in der Evangelienüberlieferung überwiegend im konkreten Kontext der Gastfreundschaft und meint mehr als nur die Annahme von Kindern im Sinne einer allgemeinen Akzeptanz. Gleichzeitig spricht wenig dafür, die Kinder von vornherein metaphorisch auf die Jünger zu deuten und in Mk 9,37 einen Appell zur gastlichen Aufnahme von Wanderaposteln zu sehen, auch wenn der Text später so gelesen wurde. Ursprünglich ist von wirklichen Kindern die Rede, die in der griechisch-römischen Welt häufig unmittelbar nach der Geburt ausgesetzt wurden, weil man sie als wirtschaftliche Last oder als Einschränkung des Lebensgenusses empfand. Im Judentum wurde die antike Praxis der Kinderaussetzung scharf kritisiert und strikt abgelehnt, war aber in der hellenisierten Lebenswelt Jesu durchaus präsent. Von den Essenern wird berichtet, dass sie sich um elternlose Kinder kümmerten und sie in

Aufnahme von verlassenen Kindern

ihre Gemeinschaft aufnahmen. Auch in rabbinischen Texten ist die Aufnahme elternloser Kinder positiv besetzt (*bMeg* 13a). Das Jesuswort Mk 9,37 enthält die Aufforderung zur Zuwendung gegenüber Kindern ohne eigene Familie und gibt damit ethische Impulse, die sich bis in die Gegenwart als bedeutsam erweisen.

Schwangerschaftsabbruch

Der Schwangerschaftsabbruch wird im Neuen Testament nicht thematisiert, doch kann kein Zweifel daran bestehen, dass er in den Gemeinden entschieden verurteilt wurde. Das frühe Christentum grenzte sich vor dem Hintergrund der alttestamentlichen Betrachtung von Nachkommenschaft und Kinderreichtum als Segen Gottes entschieden von seiner griechisch-römischen Umwelt ab, wo der Schwangerschaftsabbruch und die Tötung neugeborener Kinder weitgehend geduldet waren oder aus ökonomischen Gründen sogar ausdrücklich befürwortet werden konnten. Die Didache (Zwölfapostellehre) und der Barnabasbrief bieten unter jüdischem Einfluss ein striktes Verbot der Abtreibung und der Tötung Neugeborener (Did 2,2; Barn 18,5). Für den Kirchenvater Tertullian ist Abtreibung gleichbedeutend mit Mord (Tert., *apol.* 9,8). Ethisch gewinnt das Thema dadurch eine praktisch unlösbare Spannung, dass im Konfliktfall der ungewollten Schwangerschaft sich der Anspruch der Frau auf freie Lebensentfaltung und das Recht des ungeborenen Kindes auf Leben unversöhnlich gegenüberstehen. In der Gesetzgebung der meisten westlichen Länder werden dabei in problematischer Weise die Interessen der Frau einseitig über die Interessen des ungeborenen Kindes gestellt.

Juden und Christen lehnten Abtreibung und Tötung Neugeborener strikt ab

■ Eigentum

Kein Interesse an Sozialreformen

Die Lebenswelt Jesu und der frühen christlichen Gemeinden ist durch scharfe soziale Gegensätze gekennzeichnet. Im Gegensatz zum Alten Testament entwickelt das Neue Testament kein spezifisches Eigentums- oder Besitzrecht. Allerdings gibt es zahlreiche neutestamentliche Texte, die sich mit dem Verhältnis des Menschen zum Eigentum beschäftigen und Kritik am Reichtum üben. Die Besitzstrukturen innerhalb der Gesellschaft werden dabei nicht grundsätzlich hinterfragt. Sozialreformen und eine Veränderung der bestehenden Besitzverhältnisse lagen für Jesus und das frühe Christentum schon aufgrund einer unmittelbaren Erwartung des Weltendes außerhalb des Blickfeldes.

Reichtumskritik Jesu

Jesus forderte eine kompromisslose Entscheidung zwischen der Verehrung Gottes und dem Mammondienst, die einander ausschließen (Mt 6,24). Reichtum wurde von ihm als signifikantes Hindernis für den Eintritt in die Gottesherrschaft und den Gewinn ewigen Lebens betrachtet, wie das berühmte Bildwort vom Kamel und dem Nadelöhr anschaulich zeigt (Mk 10,25). Die Nähe der Gottesherrschaft fordert den Verzicht auf das Sorgen um irdische Güter und das Unbedingte Vertrauen auf die Fürsorge Gottes. Der Seligpreisung der Armen steht als Gegenstück ein Weheruf über die Reichen zur Seite (Lk 6,24). Die Gleichnisse vom reichen Kornbauer (12,16-21) und vom reichen Mann und armen Lazarus (16,19-31) halten den Wohlhabenden eindrücklich vor Augen, welches Geschick ihnen bei einem sozial unverantwortlichen Umgang mit ihrem Besitz droht.

Besitzverzicht in den Gemeinden

In der Jerusalemer Urgemeinde herrschte zwar kein allgemeiner Besitzverzicht, wie Lukas in den Summarien der Apostelgeschichte unter Einfluss des antiken Ideals organisierter Gütergemeinschaft glaubhaft machen will (Apg 2,44f; 4,32-35), doch kam es auf freiwilliger Basis zu einem Solidarausgleich zwischen Armen und Reichen. Grundbesitzer trennten sich von einem Teil ihres Eigentums und stellten den Kauferlös der Gemeindekasse zur Verfügung (Apg 4,37; 5,1-11). Das Leben der paulinischen Gemeinden mit ihrem starken Sozialgefälle ist durch einen Liebespatriarchalismus geprägt, indem reiche Gemeindeglieder ihre Häuser als Versammlungsort zur Verfügung stellten und bei den gemeinschaftlichen Mahlfeiern den Löwenanteil an Lebensmitteln beisteuerten. Zudem herrschte eine organisierte Sozialfürsorge, wie sie sich beispielsweise in der Witwenversorgung widerspiegelt. In den Paulusbriefen rücken Fragen von Besitz und Reichtum eher an den Rand. Paulus fordert dazu auf, vor der materiellen Not nicht die Augen zu verschließen (Röm 12,13), und warnt vor Habgier und Geiz (Röm 1,29; 1Kor 6,10). Zivilprozesse vor weltlichen Gerichten, in denen wohl reiche Gemeindeglieder finanzielle Ansprüche gegen ärmere Mitchristen durchsetzen, werden von ihm scharf kritisiert (1Kor 6,1-8). In nachpaulinischer Zeit übt der Jakobusbrief im Geiste Jesu scharfe Kritik am Reichtum. Er prangert die Verachtung der Armen in der Gemeinde an (2,1-13) und verkündigt das Strafgericht Gottes über die Reichen (5,1-6). Aus den neutestamentlichen Aussagen ergibt sich somit deutlich, dass die einseitige Fokussierung auf materielle Güter dem Gewinn wirklichen Lebens im Wege steht und mit Eigentum im Horizont der Verpflichtung zur Nächstenliebe sozialverantwortlich umzugehen ist.

> Das Leben der paulinischen Gemeinden ist durch einen Liebespatriarchalismus geprägt

■ Sklaverei

Die Institution der Sklaverei war ein prägendes Element der antiken Gesellschaftsordnungen. Bei Sklaven im engeren Sinne handelt es sich um Menschen, die keine Persönlichkeitsrechte besitzen und dauerhaft im Eigentum eines Herrn stehen, dessen Verfügungsgewalt sie bedingungslos unterworfen sind und ohne dessen Zustimmung sie keine familiären Bindungen eingehen können. Sie werden als Sache betrachtet und können wie anderer beweglicher Besitz nach Belieben verkauft, verpfändet oder vererbt werden. Zum Sklaven wurde man, sofern man nicht schon in Unfreiheit geboren wurde, meist infolge von Kriegsgefangenschaft, Menschenraub oder Schuldknechtschaft. Sklaven kamen in allen Wirtschaftssektoren zum Einsatz. Dazu zählten Landwirtschaft, Viehzucht, Bergbau, Bauhandwerk, Textilproduktion, Keramik- und Ziegelherstellung, Metallverarbeitung, Dienstleistungsgewerbe, Verwaltung, Haushalt und Erziehung. Die Züchtigung und Misshandlung von Sklaven gehörte im gewerblichen und häuslichen Bereich zum Alltag, hielt sich aber wohl aus wirtschaftlichen Motiven in Grenzen, da die Sklaven einen materiellen Wert für ihre Besitzer darstellten. Die überwiegende Mehrheit der antiken Sklaven übte anstrengende körperliche Arbeiten aus und zählte zur sozialen Unterschicht. Es gab aber auch gebildete, wohlhabende und einflussreiche Sklaven, die im Finanzsektor, Handel oder Erziehungswesen tätig waren und mit Zustimmung ihrer Herren eigene Vermögenswerte verwalteten. Viele dieser Sklaven wurden als Lohn für treue Dienste freigelassen oder konnten sich selbst und ihre Familienangehörigen freikaufen. Urkundlich vielfach be-

> Sklaverei in der Antike

zeugt ist die Praxis, dass Patrone testamentarisch für den Zeitpunkt ihres Todes die Freilassung verdienter Sklaven verfügten. Nach geflohenen Sklaven wurde steckbrieflich gefahndet, wovon Papyri aus Ägypten anschaulich Zeugnis geben. Fluchtversuche zogen zur Abschreckung Bestrafungen wie Auspeitschung, Fesselung oder Brandmarkung nach sich. In den herrschenden Schichten fand die Institution der Sklaverei einhellige Akzeptanz und galt geradezu als naturgegeben. In den beiden Jahrhunderten vor der Zeitenwende entlud sich in Italien die soziale Problematik der Sklaverei in mehreren großen Sklavenaufständen, von denen die Revolte des Spartakus (73 v. Chr.) der bekannteste ist.

Sklaverei im Neuen Testament

In den frühchristlichen Gemeinden begegneten sich Sklaven und Sklavenhalter beim Gottesdienst und dem Gemeinschaftsmahl auf Augenhöhe. Gal 3,26-28 spricht davon, dass kraft der Taufe alle Unterschiede zwischen den Menschen aufgehoben sind, auch der zwischen Sklave und Herr. An einer Veränderung der Sozialordnung und rechtlichen Gleichstellung von Sklaven zeigt das Neue Testament kein Interesse. In 1Kor 7,20-23 betont Paulus vor dem Hintergrund der Naherwartung, dass die Sklavinnen und Sklaven in der Gemeinde von Korinth sich nicht um ihren Status sorgen sollen. In der Kürze der noch verbliebenen Zeit bis zur Wiederkehr Christi gilt es in dem Stand zu bleiben, in dem man berufen wurde. Auch der gesellschaftlich verachtete Sklavenstand ist ein Ort, wo man sich im Glauben bewähren kann, zumal auch Sklaven frei sind, wenn sie die innere Freiheit in Christus besitzen. In 1Kor 7,21 scheint Paulus auch solche Sklaven, welche die Möglichkeit der Freilassung hatten, zum Bleiben in der Knechtschaft zu ermahnen. Dass Paulus kein Sozialrevolutionär war, der auf Sklavenemanzipation gedrängt hätte, zeigt auch der Philemonbrief. Zumindest wird Philemon von Paulus aufgefordert, seinen zum Christentum bekehrten Sklaven Onesimus nun als geliebten Bruder zu behandeln (Phlm 16f). Wenn Onesimus nicht entlaufen war, sondern von dem Recht Gebrauch machte, Paulus als Vermittler im Konflikt mit Philemon einzuschalten (P. Lampe), kann man nicht den Vorwurf gegen den Apostel erheben, er habe einen geflohenen Sklaven zu seinem Herrn in ein ungewisses Schicksal zurückgesandt. Der versteckt vorgetragenen Bitte des Paulus, ihm Onesimus als Mitarbeiter zur Verfügung zu stellen (Phlm 13f), scheint Philemon nachgekommen zu sein (Kol 4,9). Den von einer Ethik der Unterordnung geprägten Haustafeln aus nachpaulinischer Zeit (Eph 6,5-8; Kol 3,22-4,1; 1Petr 2,18-25) ist vorzuhalten, dass sie auch im Horizont der verblassenden Naherwartung die inhumane Praxis der Sklaverei kritiklos anerkennen und theologisch zementieren. Als besonders problematisch erweisen sich die Aussagen des ersten Petrusbriefs. Anders als im Kolosser- und Epheserbrief werden die christlichen Sklavenhalter dort nicht einmal in die Pflicht zu gerechtem Verhalten gegenüber den Sklaven genommen. Zudem fordert der Autor von den Sklaven sogar das geduldige Erleiden körperlicher Misshandlungen und verklärt dies als Kreuzesnachfolge.

> In den frühchristlichen Gemeinden begegneten sich Sklaven und Sklavenhalter auf Augenhöhe

Gegenwartsbedeutung der biblischen Aussagen

Obwohl die Sklaverei auf dem Papier weltweit geächtet und abgeschafft ist, befindet sie sich faktisch wieder auf dem Vormarsch. Zu den modernen Formen der Sklaverei zählen Zwangsprostitution, organisierter Menschenhandel, Kinderarbeit, Zwangsrekrutierung von Kindersoldaten und Zwangsarbeit politischer Gefangener. In einzelnen Golfstaaten leben Gastarbeiter, denen bei der Einreise die Pässe weggenommen werden und die uneingeschränkt der Willkür ihrer Arbeitgeber ausgesetzt sind, wie Sklaven. Für die heutige ethische Urteilsbildung sind von Paulus und den neutestamentlichen Haustafeln keine förderlichen Impulse zu erwarten. Die paulinischen Aussagen von 1Kor 7,20-23 stellen eine Art Interimsethik für die kurze Zeit bis zum erwarteten Weltende dar und können vor dem Hintergrund der Parusieverzögerung nicht unreflektiert in die Gegenwart übertragen werden. Die Haustafeln haben mit ihrer Ethik des Gehorsams und der Unterordnung in problematischer Weise die inhumane, gegen die Menschenrechte verstoßende und dem Geist des Evangeliums widersprechende Praxis der Sklaverei über viele Jahrhunderte stabilisiert. Dabei wurde unter Berufung auf den ersten Petrusbrief sogar die Misshandlung von Sklaven im Namen Christi gerechtfertigt. Stattdessen sind andere neutestamentliche Texte in den Vordergrund zu stellen, und zwar neben dem Liebesgebot in erster Linie die Goldene Regel Mt 7,12 »Alles nun, was ihr wollt, dass euch die Menschen tun, das tut ihnen ebenfalls«. Diese ethische Leitlinie Jesu inspirierte ab dem 17. Jh. christliche Gruppierungen wie Quäker, Mennoniten, Baptisten und Methodisten in den Vereinigten Staaten entscheidend zu ihrem Kampf für die Abschaffung der Sklaverei.

> Von den neutestamentlichen Briefautoren sind keine Impulse zur Sklavenbefreiung zu erwarten

■ Verhältnis zum Staat

Das Verhältnis zum Staat zählt zu den brennendsten Fragen der christlichen Ethik, zumal wenn sich der Staat in Form eines Unrechtsstaates zeigt. Das Neue Testament entwickelt keine Staatstheorie, sondern thematisiert das Verhalten gegenüber den Trägern politischer Herrschaft, wobei sich der Staat als das römische Kaiserreich mit seinen Repräsentanten darstellt. Jesus erkennt in der Steuerfrage (Mk 12,13-17) die Herrschaft des Kaisers und den Anspruch des Staates grundsätzlich an, zeigt ihnen aber unter Verweis auf den Anspruch Gottes gleichzeitig auch deutliche Grenzen auf. Paulus fordert in Röm 13,1-7 zum Gehorsam gegenüber den staatlichen Gewalten (*exousiai*) auf, da jede Gewalt auf Gottes Anordnung hin existiert. Vor den Herrschenden müsse man sich nur wegen böser Werke fürchten. Die Staatsmacht wird als Gottes Dienerin betrachtet, die mit der Schwertgewalt das Recht durchsetzt und die Bösen straft. Die Entrichtung von Steuern und Zöllen zählt Paulus zu den selbstverständlichen bürgerlichen Pflichten, durch die dem Staat Furcht und Ehre erwiesen werden. Auch für den Verfasser des ersten Petrusbriefs ist die Loyalität gegenüber Kaiser und Statthaltern ein zentrales Feld der ethischen Bewährung (2,13-17). Ähnlich wie in Röm 13 wird dem Staat die Gewalt zur Durchsetzung des Rechtes zugesprochen und die Unterordnung der Christen unter die Obrigkeit gefordert. Neu ist der Gedanke, dass damit den heidnischen Vorwürfen gegen das Christentum der Wind aus den Segeln genommen werden kann. Auf eine Röm 13 vergleichbare theologische Qualifikation der Herrschaftsgewalten als Anordnung Gottes wird allerdings verzichtet und stattdessen vom Staat als »menschlicher Schöpfung« gesprochen. Ausdruck der christlichen Loyalität gegenüber dem römischen Kaiserreich ist auch das Gebet für die Herrschenden (1Tim 2,1-4).

Loyalität der Christen gegenüber dem Kaiserreich

Für das Verständnis der neutestamentlichen Aussagen ist umstritten, ob ihnen eine Zwei-Reiche-Lehre oder eher ein Konzept von »Königsherrschaft Christi«

Lutherische Zwei-Reiche-Lehre

gerecht wird. Martin Luther unterschied in seiner »Obrigkeitsschrift« von 1523 unter Berufung auf die Bergpredigt einerseits, Röm 13 andererseits zwischen zwei Reichen bzw. Arten der Herrschaftsausübung Gottes. Im geistlichen Reich oder Reich Christi, das auf das ewige Leben abzielt, regiert Gott mit dem Evangelium. Im weltlichen Reich, wo es um die Bewahrung äußeren Friedens geht, bedient Gott sich der Obrigkeit, die in seinem Auftrag mit der Schwertgewalt das Recht durchsetzt. In der lutherischen Tradition wurde dies nicht selten so interpretiert, dass sich aus Röm 13 eine völlige Eigengesetzlichkeit der weltlichen Ordnungen ergebe und der Christ auch dem Unrechtsstaat gegenüber zu uneingeschränkter Loyalität verpflichtet sei. Die Anfälligkeit bestimmter Ausprägungen der Zwei-Reiche-Lehre für blinden Gehorsam oder sogar die Verklärung von Despoten als guten Werkzeugen Gottes zeigt sich anschaulich im »Ansbacher Ratschlag«,

Lutherische Theologen sahen im NS-Staat unter Berufung auf Röm 13 eine »gute Ordnung Gottes«

der 1934 von den lutherischen Theologen Werner Elert und Paul Althaus als Gegenentwurf zur »Barmer Theologischen Erklärung« verfasst wurde. Dort heißt es: »Als Christen ehren wir mit Dank gegen Gott jede Ordnung, also auch jede Obrigkeit, selbst in der Entstellung, als Werkzeug göttlicher Erhaltung, aber wir unterscheiden auch als Christen gütige und wunderliche Herren, gesunde und entstellte Ordnungen. In dieser Erkenntnis danken wir als glaubende Christen Gott dem Herrn, dass er unserem Volk in seiner Not den Führer als ›frommen und getreuen Oberherren‹ geschenkt hat und in der nationalsozialistischen Staatsordnung ›gut Regiment‹, ein Regiment mit ›Zucht und Ehre‹ bereiten will. Wir wissen uns daher vor Gott verantwortlich, zu dem Werk des Führers in unserem Beruf und Stand mitzuhelfen.« Nach 1945 versuchte Elert in dem apologetischen Vortrag »Paulus und Nero« unter Berufung auf Röm 13 seine Haltung damit zu rechtfertigen, dass Paulus an seiner Stelle genauso geurteilt hätte.

»Königsherrschaft Christi«

Karl Barths Konzept der Königsherrschaft Christi wendet sich gegen eine strikte Trennung von Reich Christi und Reich der Welt. Er zieht Verbindungslinien von Röm 13 zu den Christushymnen (Kol 1,16; Eph 1,21; vgl. Phil 2,9f), wo die *exousiai* (dort aber anders als in Röm 13,1 »himmlische Gewalten« oder »Engelmächte«) Christus unterworfen sind. Wenn das Neue Testament vom Staat rede, befänden wir uns im christologischen Bereich. Christen könnten auch als Staatsbürger ihren Herrn nicht verleugnen. Der Staat unterstehe Gott nicht isoliert von Christus, sondern sei sekundär-christologische Sphäre mit der Aufgabe zur menschlichen Rechtssetzung und Rechtspflege. Das Verhältnis von »Christengemeinde« und »Bürgergemeinde« wird in Form von zwei konzentrischen Kreisen mit Jesus Christus als gemeinsamem Mittelpunkt veranschaulicht. Kirche als innerer Kreis des Reiches Christi sei für den Bestand des Staates als äußerem Kreis des Reiches Christi mitverantwortlich. Gleichzeitig ergibt sich für Barth daraus, dass Christen immer jene Staatsform zu favorisieren haben, die am ehesten ein Analogon zur Christengemeinde darstellt. Christen haben sich demnach bei politischen Entscheidungen immer auf die Seite zu stellen, wo der Staat sich am ehesten auf das Reich Gottes hin und nicht von ihm weg bewegt, beispielsweise auf die Seite der Demokratie statt auf die Seite der Diktatur.

XVII. Anhang

■ Ausgewählte Literatur

I. Einführung in das Neue Testament

- *Überblickswerke und Einleitungen in das Neue Testament*: S. Alkier, Neues Testament, UTB 3404, Tübingen 2010 • I. Broer/H.-U. Weidemann, Einleitung in das Neue Testament, Würzburg ³2010 • H. Conzelmann/A. Lindemann, Arbeitsbuch zum Neuen Testament, UTB 52, Tübingen ¹⁴2004 • D. Dieckmann/B. Kollmann, Das Buch zur Bibel, Gütersloh 2010 • M. Ebner/S. Schreiber (Hg.), Einleitung in das Neue Testament, Stuttgart ²2013 • K.W. Niebuhr u.a., Grundinformation Neues Testament, UTB 2108, Göttingen ⁴2011 • P. Pokorný/U. Heckel, Einleitung in das Neue Testament, UTB 2798, Tübingen 2007 • J. Roloff, Einführung in das Neue Testament, Stuttgart 1995 • U. Schnelle, Einleitung in das Neue Testament, UTB 1830, Göttingen ⁸2013 • P. Vielhauer, Geschichte der urchristlichen Literatur, Berlin/New York ²1978.
- *Lehrbücher zur Bibelkunde*: D.C. Bienert, Bibelkunde des Neuen Testaments, Gütersloh 2010 • L. Bormann, Bibelkunde, UTB 2654, Göttingen ³2009 • K.-M. Bull, Bibelkunde des Neuen Testaments, Neukirchen-Vluyn ⁷2011 • P. Wick, Bibelkunde des Neuen Testaments, Stuttgart 2004.
- *Zur Textüberlieferung:* K. Aland/B. Aland, Der Text des Neuen Testaments, Stuttgart ²1989.
- *Quellen zur Umwelt des NT*: J. Schröter/J.K. Zangenberg (Hg.), Quellen zur Umwelt des Neuen Testaments, UTB 3663, Tübingen 2013.

II. Methoden der Textanalyse

- M. Ebner/B. Heininger, Exegese des Neuen Testaments, UTB 2677, Paderborn ²2011 • W. Egger/P. Wick, Methodenlehre zum Neuen Testament, Freiburg ⁶2011 • W. Fenske, Arbeitsbuch zur Exegese des Neuen Testaments, Gütersloh 1999 • M. Meiser u.a., Proseminar II. Neues Testament – Kirchengeschichte, Stuttgart 2000 • V. Nünning/A. Nünning (Hg.), Methoden der literatur- und kulturwissenschaftlichen Textanalyse, Stuttgart/Weimar 2010 • U. Schnelle, Einführung in die neutestamentliche Exegese, UTB 1253, Göttingen ⁷2008 • T. Söding, Wege der Schriftauslegung. Methodenbuch zum Neuen Testament, Freiburg 1998 • T.E. Zimmermann, Einführung in die Semantik, Darmstadt 2014.

III. Ausgewählte hermeneutische Zugänge

- *Gesamtdarstellungen:* H.K. Berg, Ein Wort wie Feuer. Wege lebendiger Bibelauslegung, München/Stuttgart ³1996 • M. Oeming, Biblische Hermeneutik, Darmstadt ⁴2013 • P. Stuhlmacher, Vom Verstehen des Neuen Testaments, GNT 6, Göttingen ²1986 • O. Wischmeyer, Hermeneutik des Neuen Testaments, Tübingen 2004.
- *Zu einzelnen hermeneutischen Zugängen*: E. Drewermann, Tiefenpsychologie und Exegese Bd. I-II, Olten ³1992 • U. Eisen/C. Gerber/A. Standhartinger (Hg.), Doing Gender – Doing Religion, WUNT 302, Tübingen 2013 • J. Frey, Der implizite Leser und die biblischen Texte, ThBeitr 23 (1992) 266-290 • C. Gerber, In Bewegung. Zur Frage der Geschlechterdifferenz und zu feministischen Diskursen in den Bibelwissenschaften, ThLZ 12 (2005) 1365-1386 • U. Luz, Wirkungsgeschichtliche Exegese, BThZ 2 (1985) 18-32 • T. Schmeller, Sozialgeschichtliche Auslegung, in: M. Meiser, u.a., Proseminar II. Neues Testament – Kirchengeschichte, Stuttgart 2000, 276-285 • L. Schottroff/S. Schroer/M.-T. Wacker, Feministische Exegese, Darmstadt 1995 • L. Schottroff/M.-T. Wacker (Hg.), Kompendium Feministische Bibelauslegung, Gütersloh 1998 • H. Stadelmann, Evangelikales Schriftverständnis, Hammerbrücke 2002 • P. Stuhlmacher, Biblische Theologie des Neuen Testaments Bd. 1-2, Göttingen ³2005/²2012 • ders., Wie treibt man Biblische Theologie?, BThSt 24, Neukirchen-Vluyn 1995 • R. Warning, Rezeptionsästhetik, UTB 303, München ⁴1994.

IV. Der zeitgeschichtliche Kontext des Neuen Testaments

- *Gesamtdarstellungen:* K. Bringmann, Geschichte der Juden im Altertum. Vom babylonischen Exil bis zur arabischen Eroberung, Stuttgart 2005 • B. Kollmann, Einführung in die Neutestamentliche Zeitgeschichte,

Darmstadt ³2014 • J. MAIER, Zwischen den Testamenten. Geschichte und Religion in der Zeit des zweiten Tempels, Würzburg 1990 • M. SASSE, Geschichte Israels in der Zeit des Zweiten Tempels. Historische Ereignisse – Archäologie – Sozialgeschichte – Religions- und Geistesgeschichte, Neukirchen-Vluyn ²2009 • P. SCHÄFER, Geschichte der Juden in der Antike, Tübingen ²2010 • E. SCHÜRER, The History of the Jewish People in the Age of Jesus Christ (175 B.C. – A.D. 135), ed. G. Vermes u.a., 3 vols., Edinburgh 1973-1987.

▪ *Zu ausgewählten Aspekten der Neutestamentlichen Zeitgeschichte*: E. BALTRUSCH, Herodes – König im Heiligen Land. Eine Biografie, München 2012 • A.M. BERLIN/J.A. OVERMAN, The First Jewish Revolt: Archaeology, History, and Ideology, London/New York 2002 • M. CLAUSS, (Hg.), Die römischen Kaiser. 55 historische Portraits von Caesar bis Justinian, München ²2001 • M.L. GÜNTHER, Herodes der Große, Darmstadt ²2012 • M.H. JENSEN, Herod Antipas in Galilee, WUNT II/215, Tübingen ²2010 • N. KOKKINOS, The Herodian Dynasty. Origins, Role in Society and Eclipse, JSPE.S 30, Sheffield 1998 • P. SCHÄFER, Der Bar Kokhba-Aufstand. Studien zum zweiten jüdischen Krieg gegen Rom, TSAJ 1, Tübingen 1981 • DERS. (Hg.), The Bar Kokhba War Reconsidered. New Perspectives on the Second Jewish Revolt against Rome, TSAJ 100, Tübingen 2003 • A. SCHALIT, König Herodes. Der Mann und sein Werk, Berlin/New York ²2001 • D.R. SCHWARTZ, Agrippa I. The Last King of Judaea, TSAJ 23, Tübingen 1990 • E.M. SMALLWOOD, The Jews under Roman Rule. From Pompey to Diocletian, StJLA 20, Leiden 1976 • M. VOGEL, Herodes. König der Juden, Freund der Römer, Leipzig 2002.

V. Das antike Judentum

▪ *Jüdische Schriften aus hellenistisch-römischer Zeit:* J.H. CHARLESWORTH (ed.), The Old Testament Pseudepigrapha, 2 vols., New York 1983/1985 • W.G. KÜMMEL u.a. (Hg.), Jüdische Schriften aus hellenistisch-römischer Zeit, Gütersloh 1973ff. • H. LICHTENBERGER/G.S. OEGEMA (Hg.), Jüdische Schriften aus hellenistisch-römischer Zeit. Neue Folge, Gütersloh 2005ff.
▪ *Flavius Josephus:* P. BILDE, Flavius Josephus between Jerusalem and Rome. His Life, Works and their Importance, JSPE.S 2, Sheffield 1988 • S. MASON, Flavius Josephus und das Neue Testament, UTB 2130, Tübingen/Basel 2000.
▪ *Jüdische Religionsparteien:* R. DEINES, Die Pharisäer. Ihr Verständnis im Spiegel der christlichen und jüdischen Forschung seit Wellhausen und Graetz, Tübingen 1997 • M. HENGEL, Die Zeloten. Untersuchungen zur jüdischen Freiheitsbewegung in der Zeit von Herodes I. bis 70 n. Chr., WUNT 283, Tübingen ³2013 • R.A. HORSLEY/J.S. HANSON, Bandits, Prophets, and Messiahs. Popular Movements at the Time of Jesus, Minneapolis 1985 • G. STEMBERGER, Pharisäer, Sadduzäer, Essener, Stuttgart 2013.
▪ *Qumrangemeinde:* R. BERGMEIER, Die Qumran-Essener-Hypothese, BThSt 133, Neukirchen-Vluyn 2013 • J. FREY/C. CLAUSSEN/N. KESSLER (Hg.), Qumran und die Archäologie. Texte und Kontexte, WUNT 278, Tübingen 2011 • K. GALOR/J.-B. HUMBERT/J. ZANGENBERG, The Site of the Dead Sea Scrolls: Archaeological Interpretations and Debates, STDJ 57, Leiden 2006 • E. LOHSE, Die Texte aus Qumran Bd. I, Darmstadt ⁴1986 • J. MAIER, Die Qumran-Essener: Die Texte vom Toten Meer, 3 Bde., UTB 1862/1863/1916, München 1995-1996 • H. STEGEMANN, Die Essener, Qumran, Johannes der Täufer und Jesus, Herder Spektrum 4128, Freiburg ¹⁰2007 • A. STEUDEL, Die Texte aus Qumran Bd. II, Darmstadt 2001 • J.C. VANDERKAM, Einführung in die Qumranforschung. Geschichte und Bedeutung der Schriften vom Toten Meer, UTB 1998, Göttingen 1998.
▪ *Samaritaner:* R.T. ANDERSON/T. GILES, The Keepers: An Introduction to the History and Culture of the Samaritans, Peabody 2002 • A.D. CROWN, (ed.), The Samaritans, Tübingen 1989 • F. DEXINGER/R. PUMMER, (Hg.), Die Samaritaner, WdF 604, Darmstadt 1992 • H.G. KIPPENBERG, Garizim und Synagoge. Traditionsgeschichtliche Untersuchungen zur samaritanischen Religion der aramäischen Periode, RVV 30, Berlin/New York 1971 • J. ZANGENBERG, ΣΑΜΑΡΕΙΑ. Antike Quellen zur Geschichte und Kultur der Samaritaner in deutscher Übersetzung, TANZ 15, Tübingen 1994.
▪ *Hellenistisches Judentum:* P. BORGEN, Philo of Alexandria. An Exegete for his Time, NT.S 86, Leiden 1997 • P.R. TREBILCO, Jewish Communities in Asia Minor, SNTS.MS 69, Cambridge 1991 • S. SANDMEL, Philo of Alexandria. An Introduction, New York 1979.
▪ *Tempel:* J. ADNA, Jerusalemer Tempel und Tempelmarkt im 1. Jahrhundert n. Chr., ADPV 25, Wiesbaden 1999 • O. GUSSMANN, Das Priesterverständnis des Flavius Josephus, TSAJ 124, Tübingen 2008.
▪ *Rabbinisches Judentum:* C. HEZSER, The Social Structure of the Rabbinic Movement in Roman Palestine, TSAJ 66, Tübingen 1997 • L.I. LEVINE, The Rabbinic Class of Roman Palestine in Late Antiquity, Jerusalem/New York 1989 • G. STEMBERGER, Einleitung in Talmud und Midrasch, München ⁹2011.

VI. Jesus von Nazaret

- *Gesamtdarstellungen:* J. Becker, Jesus von Nazaret, Berlin/New York 1996 • J.D. Crossan, Der historische Jesus, München 1994 • M. Ebner, Jesus von Nazaret. Was wir von ihm wissen können, Stuttgart ²2012 • J. Gnilka, Jesus von Nazaret, Freiburg ²2007 • M. Karrer, Jesus Christus im Neuen Testament, NTD Erg. 11, Göttingen 1998 • J.P. Meier, A Marginal Jew. Rethinking the Historical Jesus, 4 vols., New York 1991-220 • L. Schenke u.a., Jesus von Nazaret – Spuren und Konturen, Stuttgart 2004 • J. Schröter, Jesus von Nazaret. Jude aus Galiläa – Retter der Welt, BG 15, Leipzig ⁴2012 • W. Stegemann, Jesus und seine Zeit, BE 10, Stuttgart 2010 • G. Theissen/A. Merz, Der historische Jesus, Göttingen ⁴2011.
- *Zu ausgewählten Aspekten des Lebens und der Wirkungsgeschichte Jesu*: M. Bauschke, Der Sohn Marias. Jesus im Koran, Darmstadt 2013 • J. Becker, Die Auferstehung Jesu Christi nach dem Neuen Testament, Tübingen 2007 • W. Fenske, Wie Jesus zum »Arier« wurde, Darmstadt 2005 • T. Holmén/S.E. Porter (ed.), Handbook for the Study of the Historical Jesus, 4 vols., Leiden 2010 • B. Kollmann, Die Jesusmythen. Sensationen und Legenden, Freiburg ²2009 • P. Schäfer, Jesus im Talmud, Tübingen 2007 • R. Zimmermann u.a. (Hg.), Kompendium der Gleichnisse Jesu, Gütersloh 2007 • ders. u.a. (Hg.), Kompendium der frühchristlichen Wundergeschichten Bd. 1. Die Wunder Jesu, Gütersloh 2013.

VII. Schlüsselfiguren im Umfeld Jesu

- J. Becker, Maria. Mutter Jesu und erwählte Jungfrau, BG 4, Leipzig 2001 • ders., Simon Petrus im Urchristentum, BThSt 105, Neukirchen-Vluyn ²2011 • C. Böttrich, Petrus. Fischer, Fels und Funktionär, BG 2, Leipzig 2001 • A. Demandt, Hände in Unschuld. Pontius Pilatus in der Geschichte, Köln u. a. 1999 • J. Ernst, Johannes der Täufer. Interpretation – Geschichte – Wirkungsgeschichte, BZNW 53, Berlin/New York 1989 • M. Hengel, Der unterschätzte Petrus, Tübingen ²2007 • R. Heiligenthal/A. von Dobbeler, Menschen um Jesus. Lebensbilder aus neutestamentlicher Zeit, Darmstadt 2001 • H.E. Lona, Judas Iskariot. Legende und Wahrheit, Freiburg 2007 • R.-P. Märtin, Pontius Pilatus – Römer, Ritter, Richter, Frankfurt a.M. 2012 • M. Meiser, Judas Iskariot. Einer von uns, BG 10, Leipzig 2004 • R. Metzner, Kaiphas. Der Hohepriester jenes Jahres. Geschichte und Deutung, AJEC 75, Leiden/Boston 2010 • U.B. Müller, Johannes der Täufer. Jüdischer Prophet und Wegbereiter Jesu, BG 6, Leipzig 2002 • S. Petersen, Maria aus Magdala. Die Jüngerin, die Jesus liebte, BG 23, Leipzig 2011 • W. Pratscher, Der Herrenbruder Jakobus und die Jakobustradition, FRLANT 139, Göttingen 1987.

VIII. Evangelien und Apostelgeschichte

- *Spruchquelle:* H. T. Fledderman, Q. A Reconstruction and Commentary, Leuven 2005 • P. Hoffmann/C. Heil, Die Spruchquelle Q, Darmstadt ³2009 (*griech.-dt. Textausgabe*) • J.S. Kloppenborg, The Formation of Q, Harrisburg 1999 • M. Labahn, Der Gekommene als Wiederkommender. Die Logienquelle als erzählte Geschichte, ABG 32, Leipzig 2010.
- *Markusevangelium:* P. Dschulnigg, Das Markusevangelium, ThKNT 2, Stuttgart 2007 • W. Eckey, Das Markusevangelium, Neukirchen-Vluyn ²2008 • J. Gnilka, Das Evangelium nach Markus Bd. I-II, EKK II/1, Zürich u.a. ⁶2008/⁶2008 • J. Marcus, Mark 1-8/8-16, AncB 27/27A, New Haven/London 2000/2009 • R. Pesch, Das Markusevangelium Bd. I-II, Freiburg, HThK II/1-2, ⁵1989/⁴1991 • L. Schenke, Das Markusevangelium, Stuttgart 2005 • A. Yarbro Collins, Mark, Herm. 55, Minneapolis 2007.
- *Matthäusevangelium:* P. Fiedler, Das Matthäusevangelium ThKNT 1, Stuttgart 2006 • J. Gnilka, Das Matthäusevangelium, Bd. I-II, HThK I/1-2, Freiburg 1986/1988 • U. Luck, Das Evangelium nach Matthäus, ZBK.NT 1, Zürich 1993 • U. Luz, Das Evangelium nach Matthäus, Bd. I-IV, EKK I/1-4, Zürich u.a. ⁵2002/⁴2007/²2012/2002 • W. Wiefel, Das Evangelium nach Matthäus, ThHK I, Leipzig 1998.
- *Lukasevangelium:* F. Bovon, Das Evangelium nach Lukas Bd. I-IV, EKK III/1-4, Zürich u.a. ²2012/²2008/2001/2009 • W. Eckey, Das Lukas-Evangelium Bd. I-II, Neukirchen-Vluyn 2004 • H. Klein, Das Lukasevangelium, KEK 1/3, Göttingen 2006 • M. Wolter, Das Lukasevangelium, HNT 3, Tübingen 2008 • W. Wiefel, Das Evangelium nach Lukas, ThHK III, Leipzig 1988.
- *Johannesevangelium:* J. Becker, Das Evangelium nach Johannes Bd. I-II, ÖTK 4/1-2, Gütersloh/Würzburg ³1991 • C. Dietzfelbinger, Das Evangelium nach Johannes, ZBK.NT 4, Zürich ²2004 • R. Schnackenburg, Das Johannesevangelium Bd. I-IV, HThK IV/1-4, Freiburg ⁷1992/⁴1985/⁶1992/³1994 • U. Schnelle, Das Evan-

gelium nach Johannes, ThHK 4, Leipzig ⁴2009 • M. THEOBALD, Das Evangelium nach Johannes Bd. I, RNT 4/1, Regensburg 2009 • H. THYEN, Das Johannesevangelium, HNT 6, Tübingen 2005 • K. WENGST, Das Johannesevangelium Bd. I-II, ThKNT 4/1-2, Stuttgart 2000/2001 • U. WILCKENS, Das Evangelium nach Johannes, NTD 4, Göttingen ²2000.

- *Apostelgeschichte:* W. ECKEY, Die Apostelgeschichte, Bd. I-II, Neukirchen-Vluyn ²2011• J.A. FITZMYER, The Acts of the Apostles, AncB 31, New York u.a. 1998 • J. JERVELL, Die Apostelgeschichte, KEK 3, Göttingen 1998 • R. PESCH, Die Apostelgeschichte Bd. I-II, EKK V/1-2, Zürich u.a. ³2005/²2003 • J. ROLOFF, Die Apostelgeschichte, NTD 5, Göttingen ³2010 • G. SCHNEIDER, Die Apostelgeschichte I-II, HThK 5/1-2, Freiburg 1980/1982.

IX. Geschichte des Urchristentums

- *Gesamtdarstellungen:* D.A. KOCH, Geschichte des Urchristentums, Göttingen 2013 • F. VOUGA, Geschichte des frühen Christentums, UTB 1933, Tübingen 1994 • A.J.M. WEDDERBURN, A History of the First Christians, London/New York 2004 • D. ZELLER (Hg.), Christentum I. Von den Anfängen bis zur Konstantinischen Wende, RdM 28, Stuttgart 2002.
- *Zur Jerusalemer Urgemeinde*: L. SCHENKE, Die Urgemeinde. Geschichtliche und theologische Entwicklung, Stuttgart 1990.
- *Zum sozialen und religiösen Umfeld:* M. CLAUSS, Kaiser und Gott. Herrscherkult im römischen Reich, Stuttgart/Leipzig 1999 • M. EBNER, Die Stadt als Lebensraum der ersten Christen, GNT 1/1, Göttingen 2012 • K. ERLEMANN, u.a. (Hg.), Neues Testament und Antike Kultur, 5 Bde., Neukirchen-Vluyn 2004-2008 • H. FLASHAR (Hg.), Die Philosophie der Antike 4. Die hellenistische Philosophie, 2 Bde., Basel 1994 • M. GIEBEL, Das Geheimnis der Mysterien, Düsseldorf/Zürich ³2003 • H.-J. KLAUCK, Die religiöse Umwelt des Urchristentums, 2 Bde., KStTh 9,1-2, Stuttgart 1995/1996 • H. KLOFT, Mysterienkulte der Antike. Götter – Menschen – Rituale, München 1999 • W. RIETHMÜLLER, Asklepios. Heiligtümer und Kulte, 2 Bde., Heidelberg 2005.

X. Paulus von Tarsus

- *Gesamtdarstellungen:* J. BECKER, Paulus. Der Apostel der Völker, Tübingen ³1998 • W. FENSKE, Paulus lesen und verstehen, Stuttgart 2003 • J. GNILKA, Paulus von Tarsus. Apostel und Zeuge, Freiburg 1996 • F.W. HORN (Hg.), Paulus Handbuch, Tübingen 2013 • E. LOHSE, Paulus. Eine Biographie, München ²2009 • E. REINMUTH, Paulus. Gott neu denken, BG 9, Leipzig 2004 • U. SCHNELLE, Paulus. Leben und Denken, Berlin/New York 2003 • P. WICK, Paulus, UTB 2858, Göttingen 2006 • O. WISCHMEYER, (Hg.), Paulus. Leben – Umwelt – Werk – Briefe, UTB 2767, Tübingen ²2012 • M. WOLTER, Paulus. Ein Grundriss seiner Theologie, Neukirchen-Vluyn 2011.
- *Zu ausgewählten Aspekten der Paulusbiographie*: C. BREYTENBACH, Paulus und Barnabas in der Provinz Galatien, AGJU 38, Leiden/New York/Köln 1996 • C. DIETZFELBINGER, Die Berufung des Paulus als Ursprung seiner Theologie, WMANT 58, Neukirchen-Vluyn ²1989 • D. GEORGI, Der Armen zu gedenken. Die Geschichte der Kollekte des Paulus für Jerusalem, Neukirchen-Vluyn ²1994 • K. HAACKER, Paulus. Der Werdegang eines Apostels, SBS 171, Stuttgart 1997 • B. HEININGER, Paulus als Visionär, HBSt 9, Freiburg 1996 • M. HENGEL, Der vorchristliche Paulus, in: M. Hengel/U. Heckel (Hg.), Paulus und das antike Judentum, WUNT 58, Tübingen 1991, 177-291 • M. HENGEL/A.M. SCHWEMER, Paulus zwischen Damaskus und Antiochien. Die unbekannten Jahre des Apostels, WUNT 108, Tübingen 1998 • F. W. HORN (Hg.), Das Ende des Paulus. Historische, theologische und literaturgeschichtliche Aspekte, BZNW 106, Berlin/New York 2001 • B. KOLLMANN, Das Glamourpaar und der Apostel. Paulus vor Agrippa II. und Berenike (Apg 25,13-26,32), in: R. Hoppe/M. Reichardt (Hg.), Lukas – Paulus – Pastoralbriefe (FS A.Weiser), SBS 230, Stuttgart 2014, 145-159 • H. OMERZU, Der Prozeß des Paulus. Eine exegetische und rechtshistorische Untersuchung der Apostelgeschichte, BZNW 115, Berlin/New York 2002 • R. RIESNER, Die Frühzeit des Apostels Paulus. Studien zur Chronologie, Missionsstrategie und Theologie, WUNT 71, Tübingen 1994.
- *Zu einzelnen Orten des paulinischen Wirkens:* L. BORMANN, Philippi – Stadt und Christengemeinde zur Zeit des Paulus, NT.S 78, Leiden 1995 • C. VOM BROCKE, Thessaloniki – Stadt des Kassander und Gemeinde des Paulus, WUNT II/125, Tübingen 2001 • W. ELLIGER, Paulus in Griechenland, Stuttgart 1987 • DERS., Ephesos. Geschichte einer antiken Weltstadt, Urban TB 375, Stuttgart ²1992 • M. GÜNTHER, Die Frühgeschichte des Christentums in Ephesus, ARGU 1, Frankfurt a.M. 1995 • B. KOLLMANN, Jerusalem. Geschichte der Heiligen

Stadt im Zeitalter Jesu Christi, Darmstadt 2013 • J. Murphy-O'Connor, St. Paul's Corinth. Texts and Archaeology, Wilmington 1983 • P. Pilhofer, Philippi Bd. I. Die erste christliche Gemeinde Europas/Bd. II. Katalog der Inschriften von Philippi, WUNT 87/119, Tübingen 1995/²2009 • R. Strelan, Paul, Artemis, and the Jews in Ephesus, BZNW 80, Berlin/New York 1996 • W. Thiessen, Christen in Ephesus, TANZ 12, Tübingen/Basel 1995.

XI. Mitarbeiter des Paulus und Förderer seiner Mission

▪ P.F. Beatrice, Apollos of Alexandria and the Origins of the Jewish-Christian Baptist Encratism, ANRW II.26.2 (1995) 1232-1275 • B. Brooten, »Junia ... hervorragend unter den Aposteln« (Röm 16,7), in: E. Moltmann-Wendel (Hg.), Frauenbefreiung. Biblische und theologische Argumente, München/Mainz 1978, 149-151 • A. von Dobbeler, Der Evangelist Philippus in der Geschichte des Urchristentums, TANZ 30, Tübingen 2000 • B. Kollmann, Joseph Barnabas. Leben und Wirkungsgeschichte, SBS 175, Stuttgart 1998 • ders., Philippus der Evangelist und die Anfänge der Heidenmission, Bib. 81 (2000) 551-565 • H. von Lips, Timotheus und Titus. Unterwegs für Paulus, BG 19, Leipzig 2008 • C.R. Matthews, Philip: Apostle and Evangelist, NT.S 105, Leiden 2002 • C.G. Müller, Frühchristliche Ehepaare und paulinische Mission, SBS 215, Stuttgart 2008 • M. Öhler, Barnabas. Der Mann in der Mitte, BG 12, Leipzig 2005 • W.-H. Ollrog, Paulus und seine Mitarbeiter, WMANT 50, Neukirchen-Vluyn 1979 • M. Trainor, Epaphras: Paul's Educator at Colossae, Collegeville 2008.

XII. Die Paulusbriefsammlung

▪ *Römerbrief*: J.A. Fitzmyer, Romans, AncB 33, London 1993 • K. Haacker, Der Brief des Paulus an die Römer, ThHK 6, Leipzig ²2002 • R. Jewett, Romans, Minneapolis 2007 • E. Lohse, Der Brief an die Römer, KEK 4, Göttingen 2003 • P. Stuhlmacher, Der Brief an die Römer, NTD 6, Göttingen ²1998 • M. Theobald, Der Römerbrief, EdF 294, Darmstadt 2000 • U. Wilckens, Der Brief an die Römer Bd. I-III, EKK VI/1-3, Zürich u.a ⁴2008/⁴2003/⁴2008 • D. Zeller, Der Brief an die Römer, RNT, Regensburg 1985.
▪ *1. Korintherbrief*: J.A. Fitzmyer, First Corinthians, AnchBib, New Haven/London 2008 • J. Kremer, Der erste Brief an die Korinther, RNT, Regensburg 1997 • F. Lang, Die Briefe an die Korinther, NTD 7, Göttingen ²1994 • A. Lindemann, Der erste Korintherbrief, HNT 9, Tübingen 2000 • H. Merklein/M. Gielen, Der erste Brief an die Korinther, ÖTK 7,1-3, 1992/2000/2005 • L. Schottroff, Der erste Brief an die Gemeinde in Korinth, ThKNT 7, Stuttgart 2013 • W. Schrage, Der erste Brief an die Korinther, Bd. I-IV, EKK VII/1-4, Zürich u.a. ³2011/1995/²2012/2001 • G. Sellin, Hauptprobleme des ersten Korintherbriefes, ANRW II 25,4 (1987) 2940-3044 • C. Wolff, Der erste Brief des Paulus an die Korinther, ThHK 7, Leipzig ²2000 • D. Zeller, Der erste Brief an die Korinther, KEK 5, Göttingen 2010.
▪ *2. Korintherbrief*: P. Barnett, The Second Epistle to the Corinthians, NIC, Grand Rapids/Cambridge 1997 • E. Grässer, Der zweite Brief an die Korinther, ÖTK 8/1-2, Gütersloh/Würzburg 2002/2005 • F. Lang, Die Briefe an die Korinther, NTD 7, Göttingen ²1994 • D. Sänger (Hg.), Der zweite Korintherbrief. Literarische Gestalt, historische Situation, theologische Argumentation (FS D.-A. Koch), FRLANT 250, Göttingen 2012 • T. Schmeller, Der zweite Brief an die Korinther Bd. I, EKK VIII/1, Zürich u.a. 2010 • C. Wolff, Der zweite Brief des Paulus an die Korinther, ThHK 8, Berlin 1989.
▪ *Galaterbrief*: M. Bachmann/B. Kollmann (Hg.), Umstrittener Galaterbrief, BThSt 106, Neukirchen-Vluyn 2010 • J. Becker/U. Luz, Die Briefe an die Galater, Epheser und Kolosser, NTD 8/1, Göttingen 1998 • H.D. Betz, Der Galaterbrief, München 1988 • W. Klaiber, Der Galaterbrief, Neukirchen-Vluyn 2013 • D. Lührmann, Der Brief an die Galater, ZBK.NT 7, Zürich ³2001 • F. Vouga, An die Galater, HNT 10, Tübingen 1999.
▪ *Epheserbrief*: J. Becker/U. Luz, Die Briefe an die Galater, Epheser und Kolosser, NTD 8/1, Göttingen 1998 • J. Gnilka, Der Epheserbrief, HThK 10/2, Freiburg ⁴1990 • H. Hübner, An Philemon. An die Epheser, HNT 12, Tübingen 1997 • P. Pokorný, Der Brief des Paulus an die Epheser ThHK 10/2, Leipzig 1992 • R. Schnackenburg, Der Epheserbrief, EKK X. Zürich u.a. 1980 • G. Sellin, Der Epheserbrief, KEK 8, Göttingen 2008.
▪ *Philipperbrief*: J. Gnilka, Der Philipperbrief, HThK 10/3, Freiburg ³⁴1987 • U.B. Müller, Der Brief des Paulus an die Philipper, ThHK 11/1, Leipzig ²2002 • N. Walter/E. Reinmuth/P. Lampe, Die Briefe an die Philipper, Thessalonicher und an Philemon, NTD 8/2, Göttingen 1998.
▪ *Kolosserbrief*: J. Becker/U. Luz, Die Briefe an die Galater, Epheser und Kolosser, NTD 8/1, Göttingen 1998

- L. Bormann, Der Brief des Paulus an die Kolosser, ThHK 10/1, Leipzig 2012 • H. Hübner, An Philemon. An die Kolosser. An die Epheser, HNT 12, Tübingen 1997 • I. Maisch, Der Brief an die Gemeinde in Kolossä, ThKNT 12, Stuttgart 2003 • P. Müller (Hg.), Kolosser-Studien, BThSt 103, Neukirchen-Vluyn 2009 • E. Schweizer, Der Brief an die Kolosser, EKK 12, Zürich u.a. ⁴1997 • M. Wolter, Der Brief an die Kolosser. Der Brief an Philemon, ÖTK 12, Gütersloh/Würzburg, 1993.

- *Thessalonicherbriefe*: G. Haufe, Der erste Brief des Paulus an die Thessalonicher, ThKNT 12/1, Leipzig 1999 • T. Holtz, Der erste Brief an die Thessalonicher, EKK 13, Zürich u.a. ²1990 • P.-G. Müller, Der erste und zweite Brief an die Thessalonicher, RNT, Regensburg 2001 • W. Trilling, Der zweite Brief an die Thessalonicher, EKK 14, Zürich u.a. 1980 • N. Walter/E. Reinmuth/P. Lampe, Die Briefe an die Philipper, Thessalonicher und an Philemon, NTD 8/2, Göttingen 1998 • B. Witherington III, 1 and 2 Thessalonians. A Socio-rhetorical Commentary, Grand Rapids 2006.

- *Pastoralbriefe*: N. Brox, Die Pastoralbriefe, RNT, Regensburg ⁵1989 • L. Oberlinner, Die Pastoralbriefe Bd. I-III, HThK 11/2,1-3, Freiburg 1994-1996 • J. Roloff, Der erste Brief an Timotheus, EKK XV, Zürich u.a. 1988 • P.H. Towner, The Letters to Timothy and Titus, NICNT, Grand Rapids 2006 • A. Weiser, Der zweite Brief an Timotheus, EKK XVI/1, Zürich u.a. 2003.

- *Philemonbrief*: H. Hübner, An. Philemon. An die Kolosser, HNT 12, Tübingen 1997 • P. Müller, Der Brief an Philemon, KEK 9/3, Göttingen 2012 • E. Reinmuth, Der Brief des Paulus an Philemon, ThHK 11/3, Berlin 2006 • P. Stuhlmacher, Der Brief an Philemon, EKK XVIII, Zürich u.a. ⁴2004 • D.F. Tolmie (ed.), Philemon in Perspective : Interpreting a Pauline Letter, BZNW 169, Berlin/New York 2010 • N. Walter/E. Reinmuth/P. Lampe, Die Briefe an die Philipper, Thessalonicher und an Philemon, NTD 8/2, Göttingen 1998 • K. Wengst, Der Brief an Philemon, ThKNT 16, Stuttgart 2005 • M. Wolter, Der Brief an die Kolosser. Der Brief an Philemon, ÖTK 12, Gütersloh/Würzburg, 1993.

- *Hebräerbrief*: E. Grässer, An die Hebräer, EKK XVII/1-3, Zürich u.a. 1990/1993/1997 • M. Karrer, Der Brief an die Hebräer, ÖTK 20/1-2, Gütersloh/Würzburg 2002/2008 • G. Schunack, Der Hebräerbrief, ZBK. NT 14, Zürich 2002 • H.-F. Weiss, Der Hebräerbrief, KEK 13, Göttingen 1991.

XIII. Katholische Briefe und prophetisches Buch

- *Jakobusbrief*: C. Burchard, Der Jakobusbrief, HNT 15/1, Tübingen 2000 • H. Frankemölle, Der Brief des Jakobus, ÖTK 17/1-2, Gütersloh/Würzburg 1994 • W. Popkes, Der Brief des Jakobus, ThK 14, Leipzig 2001 • P. Wick, Der Brief des Jakobus, ThKNT 18, Stuttgart 2014.

- *Petrusbriefe und Judasbrief*: P. Achtemeier, 1 Peter, Minneapolis 1996 • N. Brox, Der erste Petrusbrief, EKK XXI, Zürich u.a. ⁴1993 • R. Feldmeier, Der erste Brief des Petrus, ThKNT 15/1, Leipzig 2005 • L. Goppelt, Der erste Petrusbrief, KEK 12/1, Göttingen 1978 • O. Knoch, Der erste und zweite Petrusbrief. Der Judasbrief, RNT, Regensburg 1990 • H. Paulsen, Der zweite Petrusbrief und der Judasbrief, KEK 12/2, Göttingen 1992 • K.H. Schelkle, Die Petrusbriefe. Der Judasbrief, HThK XIII/2, Freiburg ⁶1988 • E. Schweizer, Der erste Petrusbrief, ZBK.NT 15, Zürich ⁴1998 • A. Vögtle, Der Judasbrief. Der zweite Petrusbrief, EKK XXII, Zürich u.a. 1994.

- *Johannesbriefe*: J. Beutler, Die Johannesbriefe, RNT, Regensburg 2000 • H.-J. Klauck, Der erste Johannesbrief, EKK XXIII/1, Zürich u.a. 1991 • ders., Der zweite und dritte Johannesbrief, EKK XXIII/2, Zürich u.a. 1992 • G. Strecker, Die Johannesbriefe, KEK 14, Göttingen 1989 • F. Vouga, Die Johannes-Briefe, HNT 15/3, Tübingen 1990 • K. Wengst, Der erste, zweite und dritte Brief des Johannes, ÖTK 16, Gütersloh/Würzburg ²1990.

- *Johannesoffenbarung*: D. Aune, Revelation, 3 Vols., WBC 52A-C, Nashville 1997/1998/1998 • H. Giesen, Die Offenbarung des Johannes, RNT, Regensburg 1997 • T. Holtz, Die Offenbarung des Johannes, NTD 11, Göttingen 2008 • H. Lichtenberger, Die Apokalypse, ThKNT 23, Stuttgart 2013 • U.B. Müller, Die Offenbarung des Johannes, ÖTK 19, Gütersloh/Würzburg ²1995 • J. Roloff, Die Offenbarung des Johannes, ZBK.NT 18, Zürich ²1987 • A. Satake, Die Offenbarung des Johannes, KEK 16, Göttingen 2008.

XIV. Blick auf die außerkanonischen Schriften

- *Textausgaben*: J.A. Fischer (Hg.), Die Apostolischen Väter, SUC 1, Darmstadt 1981 • U.H.J. Körtner/M. Leutzsch (Hg.), Papiasfragmente. Hirt des Hermas, SUC 3, Darmstadt 1998 • A. Lindemann/H. Paulsen (Hg.), Die Apostolischen Väter, Tübingen 1992 • C. Markschies/J. Schröter (Hg.), Antike christliche Apo-

kryphen in deutscher Übersetzung Bd. 1/1-2, Tübingen 2012 • W. Schneemelcher (Hg.), Neutestamentliche Apokryphen Bd. 1-2, Tübingen ⁶1990/⁵1989 • J. Wehnert (Hg.), Pseudoklementinische Homilien, KAL 1/1, Göttingen 2010 • K. Wengst (Hg.), Didache (Apostellehre). Barnabasbrief. Zweiter Klemensbrief. Schrift an Diognet, SUC 2, Darmstadt 1984.
- *Sekundärliteratur:* J.B. Bauer, Die Polykarpbriefe, KAV 5, Göttingen 1995 • W. Bauer/H. Paulsen, Die Briefe des Ignatius von Antiochia und der Polykarpbrief, HNT 18, Tübingen 1985 • N. Brox, Der Hirt des Hermas, KAV 6, Göttingen 1991 • G. Buschmann, Das Martyrium des Polykarp, KAV 6, Göttingen 1998 • H.-J. Klauck, Apokryphe Evangelien, Stuttgart 2002 • Ders., Apokryphe Apostelakten, Stuttgart 2005 • H.E. Lona, Der erste Clemensbrief, KAV 2, Göttingen 1998 • K. Niederwimmer, Die Didache, KAV 1, Göttingen 1989 • W. Pratscher, Der zweite Clemensbrief, KAV 3, Göttingen 2007 • F.R. Prostmeier, Der Barnabasbrief, KAV 8, Göttingen 1999 • M. Tilly, Apokalyptik, Tübingen 2012.

XV. Thematische Querschnitte durch das Neue Testament

- *Allgemein:* L. Bormann (Hg.), Arbeitsbuch Neues Testament, Neukirchen-Vluyn 2014 (im Druck).
- *Wundergeschichten:* B. Kollmann, Neutestamentliche Wundergeschichten, Urban-TB 477, Stuttgart ³2011 • B. Kollmann/R. Zimmermann (Hg.), Hermeneutik der frühchristlichen Wundererzählungen, Tübingen 2014 (im Druck) • R. Zimmermann u.a. (Hg.), Kompendium der frühchristlichen Wundergeschichten Bd. 1-2, Gütersloh 2013/2014 (Bd. 2 im Druck).
- *Gleichnisse:* K. Erlemann, Gleichnisauslegung, UTB 2093, Tübingen 1999 • P. Müller u.a., Die Gleichnisse Jesu, Stuttgart 2002 • R. Zimmermann u.a. (Hg.), Kompendium der Gleichnisse Jesu, Gütersloh 2007.
- *Bergpredigt:* R. Feldmeier (Hg.), Salz der Erde. Zugänge zur Bergpredigt, Göttingen 1998 • B. Kollmann, Christliche Lebenspraxis im Angesicht der Bergpredigt, in: T. Naumann/A. Kurschus (Hg.), Wo ist denn nun euer Gott?, Neukirchen-Vluyn 2010, 60-74 • G. Strecker, Die Bergpredigt, Göttingen 1984 • H.-U. Weidemann (Hg.), Er stieg auf den Berg ... und lehrte sie (Mt 5,1f.). Exegetische und rezeptionsgeschichtliche Studien zur Bergpredigt, SBS 226, Stuttgart 2012.
- *Taufe:* G. Barth, Die Taufe in frühchristlicher Zeit, Neukirchen-Vluyn ²2002 • L. Hartman, Auf den Namen des Herrn Jesus. Die Taufe in den neutestamentlichen Schriften, SBS 148, Stuttgart 1992 • M. Öhler (Hg.), Taufe, Tübingen 2012.
- *Abendmahl:* H. Löhr (Hg.), Abendmahl, Tübingen 2012 • J. Schröter, Das Abendmahl, SBS 210, Stuttgart 2006.
- *Deutungen des Todes Jesu:* G. Barth, Der Tod Jesu im Verständnis des Neuen Testaments, Neukirchen-Vluyn 1992 • J. Frey/J. Schröter (Hg.), Deutungen des Todes Jesu im Neuen Testament, UTB 2953, Tübingen ²2012 • V. Hampel/R. Weth, Für uns gestorben. Sühne – Opfer – Stellvertretung, Neukirchen-Vluyn 1982 • W.H. Ritter (Hg.), Erlösung ohne Opfer?, BThS 22, Göttingen 2003.
- *Auferstehung der Toten:* F. Avemarie/H. Lichtenberger (Hg.), Auferstehung – Resurrection, WUNT 135, Tübingen 2001 • A. Lindemann, Auferstehung. Gedanken zur biblischen Überlieferung, Göttingen 2009.

XVI. Grundthemen der neutestamentlichen Ethik

- *Allgemein:* R.B. Hays, The Moral Vision of the New Testament. A Contemporary Introduction to New Testament Ethics, San Francisco 1996 • M. Honecker, Grundriß der Sozialethik, Berlin/New York 1995 • F.W. Horn/R. Zimmermann (Hg.), Jenseits von Indikativ und Imperativ, WUNT 238, Tübingen 2009 • U.H.J. Körtner, Evangelische Sozialethik UTB 2107, Göttingen ³2012 • W. Schrage, Ethik des Neuen Testaments, GNT 4, Göttingen ⁵1989.
- *Zu einzelnen Themen:* M. Hengel, Eigentum und Reichtum in der frühen Kirche, Stuttgart 1973 • E. Herrmann-Otto, Antike Sklaverei, Darmstadt 2013 • H. Lutterbach, Kinder und Christentum, Stuttgart 2010 • P. Müller, In der Mitte der Gemeinde. Kinder im Neuen Testament, Neukirchen-Vluyn 1992 • P. von der Osten-Sacken, Paulinisches Evangelium und Homosexualität, BThZ 3 (1986) 28-49 • M. Stowasser, Homosexualität und Bibel, NTS 43 (1997) 503-526.

■ Glossar

Apokryphen: »Verborgene Bücher«, die nicht in den Bibelkanon aufgenommen wurden.

Dekalog: Die zehn Gebote (Ex 20,2-17/Dtn 5,6-21).

Dekapolis: Bund von zehn selbstständigen Städten, die überwiegend im Ostjordanland lagen und der Provinz Syrien angegliedert waren.

Doketismus: Christologische Irrlehre, nach der Jesus nur zum Schein Mensch geworden ist.

Eschatologie: Lehre von den letzten Dingen (u.a. Totenauferstehung, Gericht) oder von der Endzeit.

Ekklesiologie: Lehre von der Kirche.

Götzenopferfleisch: Jüdisch-christlicher Begriff für Fleisch, bei dem ein Teil des Tieres einer paganen Gottheit geopfert wurde.

Gottesfürchtige: Personen aus der griechischen Welt, die am Synagogengottesdienst teilnehmen, ohne vollständig zum Judentum überzutreten.

Halacha: »Wandel« oder »Brauch«; die von Schriftgelehrten entwickelte Auslegung der → Tora, wie sie später hochgradig in → Mischna, Tosefta und Talmud einging.

Hellenisten: Griechischsprachige Juden oder Judenchristen in Jerusalem, insbesondere der Stephanuskreis.

Heiden (griech.: ta ethnē): allgemein Angehörige fremder Völker, im Neuen Testament Menschen aus der nichtjüdischen Völkerwelt.

Heidenchristen: Christusgläubige aus der nichtjüdischen Völkerwelt.

Judenchristen: Christusgläubige, die von Hause aus Juden sind.

Mischna: Rabbinischer Gesetzeskommentar zur → Tora; Grundlage des Talmuds.

Opferfleisch: Fleisch, bei dem ein Teil des Tieres einer Gottheit geopfert wurde.

Parusie: Wiederkehr Jesu Christi am Ende der Tage.

Pentateuch: »Fünfteiliges Gefäß«; die fünf Bücher Moses.

Perikope: »Das Abgeschnittene«, kleinere Texteinheit aus der Bibel.

Prinzipat: Herrschaftsform des römischen Kaiserreichs, welche die formal weiterhin bestehende Republik ablöste.

Proselyten: Personen, die zum Judentum übergetreten sind.

Pseudepigraphen: Schriften mit fiktivem Verfassernamen.

Septuaginta: Griechische Übersetzung des Alten Testaments.

Sondergut: Evangelientexte, die nur bei jeweils einem Evangelisten überliefert sind.

Synedrion (Sanhedrin): Der jüdische Hohe Rat, der sich aus siebzig Mitgliedern und dem Hohenpriester an der Spitze zusammensetzte.

Tora: »Weisung«; im engeren Sinne Bezeichnung für den → Pentateuch; im weiteren Sinne das jüdische Religionsgesetz (Pentateuch und dazugehörige Auslegungstraditionen).

Tetrarch: »Viertelsfürst«; Bezeichnung eines Herrschers, dem nur ein Teil eines größeren Herrschaftsgebietes untersteht.

Vulgata: Lateinische Übersetzung des Alten Testaments.

Zeittafel

200-142 v.Chr.	Judäa als Teil des Seleukidenreichs
172 v.Chr.	Beginn des Makkabäeraufstands
164 v.Chr.	Rückeroberung des Tempels durch Judas Makkabäus; Chanukka-Fest
152 v.Chr.	Usurpation des Hohepriesteramts durch den Makkabäer Jonathan
142 v.Chr.	Begründung der hasmonäischen Herrscherdynastie durch den Makkabäer Simon
63 v.Chr.	Einmarsch des Pompeius in Jerusalem; Untergang des Hasmonäerreichs
60 v.Chr.	Erstes Triumvirat (Pompeius, Crassus, Cäsar)
44 v.Chr.	Ermordung von Cäsar
43 v.Chr.	Zweites Triumvirat (Markus Antonius, Oktavian, Lepidus)
40-37 v.Chr.	Wiederherstellung des Hasmonäerreichs durch Antigonos
37-4 v.Chr.	Königreich von Herodes dem Großen
30 v.Chr.	Ende von Markus Antonius und Kleopatra
30 v.Chr. -14 n.Chr.	Prinzipat von Augustus (Oktavian)
um 4 v.Chr.	Geburt Jesu
4 v.Chr.-6 n.Chr.	Tetrarchie des Archelaus
4 v.Chr. -39 n.Chr.	Tetrarchie des Herodes Antipas
4 v.Chr.-34 n.Chr.	Tetrarchie des Philippus
6 n.Chr.	Einrichtung der römischen Provinz Judäa; Zensus des Quirinius
14-37 n.Chr.	Kaiser Tiberius
18-36 n.Chr.	Josef Kajafas Hoherpriester
26-36 n.Chr.	Pontius Pilatus Statthalter von Judäa
30 n.Chr.	Kreuzigung Jesu von Nazaret
32 n.Chr.	Martyrium des Stephanus; Damaskuserlebnis des Paulus
37-41 n.Chr.	Kaiser Caligula
ab ca. 40 n.Chr.	Paulus in Antiochia
ab ca. 42 n.Chr.	»Erste Missionsreise«
41-54 n.Chr.	Kaiser Claudius
41-44 n.Chr.	Königreich von Agrippa I.; Hinrichtung des Apostels Jakobus
ab 41 n.Chr.	Zweite Provinz Judäa
48 n.Chr.	Apostelkonvent
48/49 n.Chr.	Antiochenischer Streit
49 n.Chr.	Beginn der »zweiten Missionsreise« des Paulus; Judenedikt des Claudius
50 n.Chr.	Übertragung der Tempelaufsicht an Agrippa II.
50-52 n.Chr.	Paulus in Korinth
ca. 51-56 n.Chr.	Entstehung der echten Paulusbriefe
52-55 n.Chr.	Paulus in Ephesus
54-68 n.Chr.	Kaiser Nero
Winter 55/56 n.Chr.	Paulus in Korinth; Abfassung des Römerbriefs
57 n.Chr.	Verhaftung des Paulus in Jerusalem und Überstellung nach Cäsarea
59 od. 60 n.Chr.	Amtsantritt des Festus; Überführung des Paulus nach Rom
62 n.Chr.	Hinrichtung des Herrenbruders Jakobus
ca. 62 n.Chr.	Hinrichtung des Paulus in Rom
ca. 64 n.Chr.	Brand Roms und Christenverfolgungen Neros; Tod des Petrus
66-70 n.Chr.	Erster Jüdischer Krieg gegen Rom
69 n.Chr.	Vier-Kaiser-Jahr (Galba, Vitellius, Otho, Vespasian)
69-79 n.Chr.	Kaiser Vespasian
70 n.Chr.	Zerstörung Jerusalems und des Tempels
ab 70 n.Chr.	Neukonstituierung des Judentums in Jabne
70-100 n.Chr.	Entstehung der vier Evangelien
73 od. 74 n.Chr.	Eroberung Masadas
79-81 n.Chr.	Kaiser Titus
81-96 n.Chr.	Kaiser Domitian
ca. 95 n.Chr.	Mutmaßliche Entstehung der Johannesoffenbarung und des 1. Petrusbriefs
96-98 n.Chr.	Kaiser Nerva
99-117 n.Chr.	Kaiser Traian
ca. 110 n.Chr.	Martyrium des Ignatius von Antiochia; Christenverfolgungen in Kleinasien
ca. 113-117n.Chr.	Judenrevolte im Römischen Reich
117-138 n.Chr.	Kaiser Hadrian
ca. 130 n.Chr.	Endgültige Festlegung des Umfangs der Hebräischen Bibel in Jabne
132 n.Chr.	Beginn des Bar-Kochba-Aufstands gegen Rom
135 n.Chr.	Umwandlung Jerusalems in Aelia Capitolina und Umbenennung der Provinz Judäa in Palästina
um 200 n.Chr.	Vorläufiger Abschluss des neutestamentlichen Bibelkanons

XVII. Anhang

■ Landkarten

Karte 1: Herrschaftsverhältnisse in Palästina nach dem Tod Herodes' des Großen (4 v. Chr.)

LANDKARTEN 355

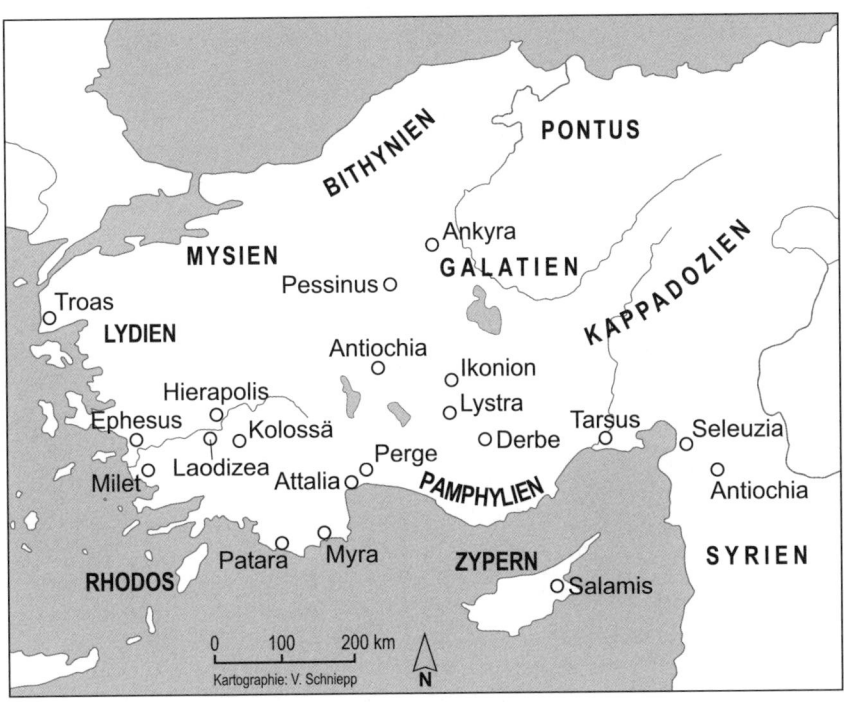

Karte 2: Landschaften in Kleinasien

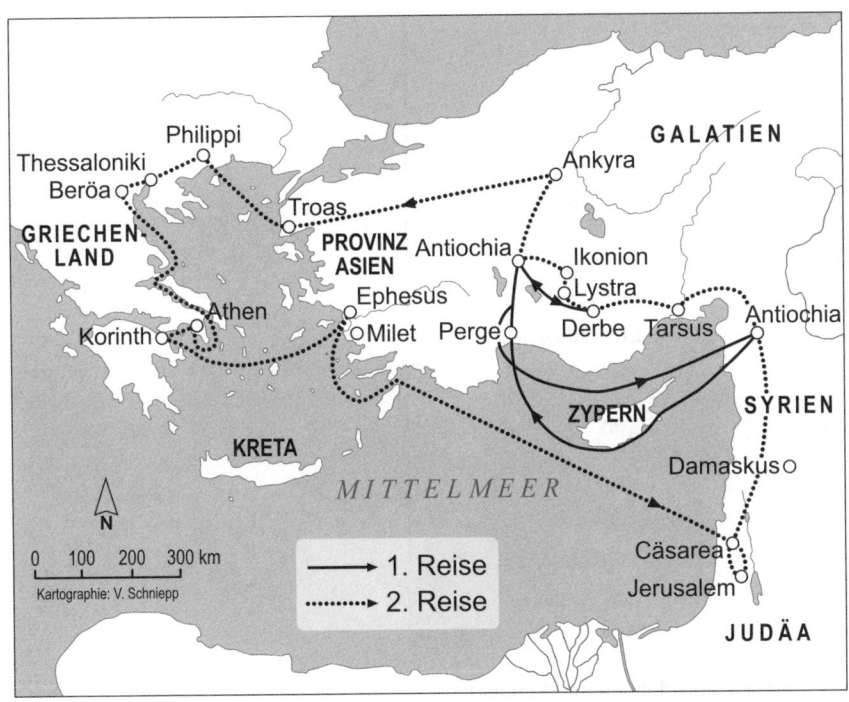

Karte 3: Die Missionsreisen des Paulus (nach der Apostelgeschichte des Lukas)

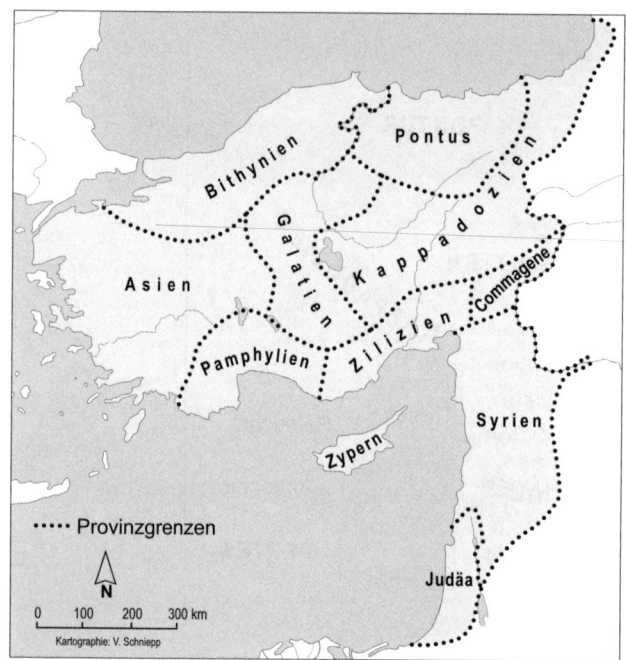

Karte 4: Römische Provinzen am Ende des 1. Jh. n. Chr.

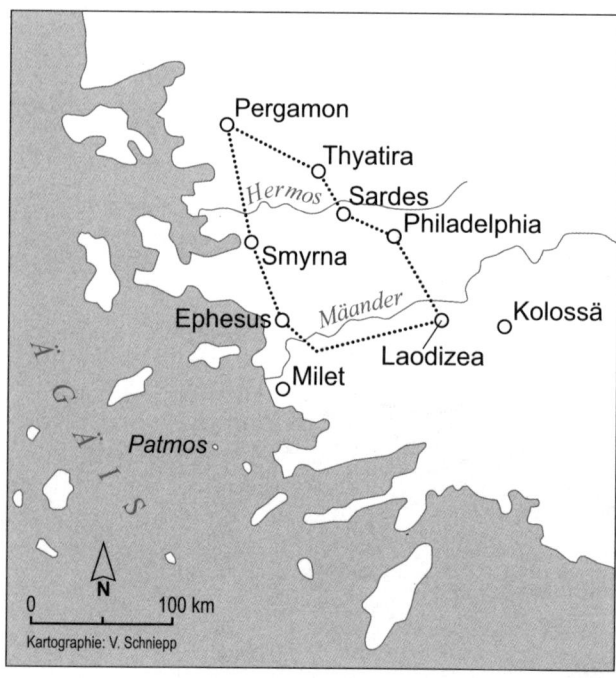

Karte 5: Die sieben Gemeinden der Offenbarung des Johannes

(alle Karten aus: M. EBNER/S. SCHREIBER [Hg.], Einleitung in das Neue Testament, Stuttgart ²2013)